鎮魂と再生

東日本大震災・東北からの声100

赤坂憲雄【編】

編集協力＝荒蝦夷

藤原書店

はしがき——広やかな記憶の場を組織するために

ここに収められた一〇〇人の聞き書きは、ささやかなはじまりの石碑《いしぶみ》である。わたしたちはそれぞれに被災地を訪ね、被災された方たちに会い、その語りに耳を傾けてきた。それぞれの聞き書きの旅は始まったばかりだ。東北の復興と再生の日々に寄り添いながら、その旅はきっと五年、一〇年、二〇年とそれぞれに継続されていくことになるだろう。それはいずれ、東日本大震災にまつわる巨大な記憶のアーカイヴの一部を成していくはずだが、いまはまだ、その最終的なかたちを思い描くことはむずかしい。やがて、被災された方たち自身が、みずからその体験と記憶を書き留める仕事にとりかかるにちがいない、そう、わたしは想像している。それは確実に、記憶のアーカイヴのたいせつな核となることだろう。

わたしは〈3・11〉から二週間足らずの頃に、「広やかな記憶の場を」と題したエッセイを書き、『日本経済新聞』(二〇一一年三月二九日)に寄せている。だれもが精神的に変調を来たし、右往左往しながら、縁《よすが》となりそうな言葉を探していた時期だった。このとき、わたしはまだ東京に留まり、動けずにいた。被災地を巡りあるく旅へと踏み出していくのは、それから一週間足らずあとのことだ。

以下に、その全文を引いておく。

大正九（一九二〇）年の八月のことだ。柳田国男は仙台を起点にして、野蒜・女川・石巻から気仙沼・釜石・大槌・吉里吉里・山田・宮古・田老、そして小子内・八戸へと、徒歩や船でたどる旅をしている。まさに、このたびの大震災によって壊滅的な被害を受けた、三陸海岸の村や町を歩いたのである。海沿いを行く道はなく、むろん鉄道もなかった。

その折りに書き継がれた紀行が、「豆手帖から」と題して残されている。名所旧跡はあえて外した。暮らしのなかに息づく民俗知を掘り起こすための旅だった。気仙沼湾に浮かぶ大島では、村長にオシラサマやザシキワラシについて尋ねて、一蹴された。柳田はメモに、「蒼生《そうせい》を問わずして鬼神を問われたることを、非常に憤る心持が見える」と書いた（高柳俊郎『柳田国男の遠野紀行』）。蒼生とは人民や民衆を指す。いわば、民衆の暮らしや生業を問わずに、小さな家の神々について問いかけるなど、何の役にも立たない好事家的な関心にすぎない、相手をしている暇はない、そう、村長はまっとうにも考えたのだ。柳田はそれにたいして、憤然として一喝したという。民俗知の掘り起こしこそが、経世済民に繋がると信じられていた。

その前日には、島の対岸の唐桑半島に発動機船で渡っている。半島の突端に近い崎浜に泊まったらしい。「社参、好風景」とメモに見える。御崎神社に参詣して、その風光明媚を楽しんだのである。同時に、柳田はどこの浜でも、老人たちが語る「無細工なる海嘯史論」（「豆手帖から」）に耳を傾けている。ここで、「二十五箇年後」というエッセイが書かれた。

その冒頭には、唐桑浜のある集落では「家の数が四十戸足らずの中、只の一戸だけ残って他は悉くあの海嘯で潰れた」とある。この二十五年ほど前、明治二十九（一八九六）年の六月、旧暦の五月節句の夜に起こった「三陸大津波」にかかわる、ささやかな聞き書きだった。その残った家でも、津波は床の上に四尺上がり、さっと引いて、浮くほどの物はすべて持って行ってしまった。八歳の男の子が亡くなった。この話をした女性は、津波のときには十四歳であったが、高潮の力に押し回され、柱と蚕棚のあいだに挟まって、動けずにいるうちに水が引いて助かった。その晩は、三百束ほどの薪を焚いた。海上にまで流され、この光を目当てに泳いで帰った者も大分あった、という。

柳田の旅から九十年あまりが過ぎた。唐桑半島の村々はまたしても、巨大な津波に襲われることになった。あるブログに出会った。そこには、この半島に生きてきた人々が取り交わす、安否情報や消息を求める声があふれていて、胸を衝かれた。途方もない出来事が起こってしまったのだ。おそらく、その全貌を知ることはだれにもできない。マス・メディアにはむろん、その細部を伝えたり、記録することはできない。しかし、どうやらわたしたちの時代は、まったく別種の記憶／記録のメディアを手に入れたらしい。

柳田は書いていた。大津波についての文字なき記録は、「話になるような話」だけが繰り返され、濃厚に語り継がれているうちに、しだいに減少してゆく。ほかの数も知れぬ大切な死者たちの記憶は、肉親のなかだけに残り、やがて忘却される。文明年間の大津波は、いまでは完全なる伝説であり、金石文などの遺物はひとつもない。そして、明治二十九年の大津波の記念塔は村ごとにあるが、その碑文は漢語で書かれており、もはやその前に立つ人はいない、と。

いまはまだ、あまりに多くの悲惨が転がっている。九十年も前に書かれた紀行文など読んでいる余裕は、だれにもない。それでも、何とかこれからの礎石を築くために働き始めたい。わたしは民俗学に連なる者のひとりとして、何をなしうるのか。広範に、記憶の場を組織しなければならない、と思う。無数の記憶を集積するデジタル・ミュージアムのようなものが構想されるのかもしれない。それはたとえば、「東日本大震災の記憶」と呼ばれる、だれもが参加できる記憶／記録の広場といったものだ。

二十五年の後に、この大震災はどのように語り継がれているのか。広やかに組織される記憶の場こそが、やがて鎮魂の碑となり、未来へと架け渡される希望の礎となるだろう。息の長い戦いが、いま始まろうとしている。

その後、時を経ずして、わたしはまったく不思議な縁《えにし》に導かれて、震災からの復興のために働くことになった。政府の東日本大震災復興構想会議のメンバーに指名されたのである。その会議のなかで、わたしはひとつの文章を公開している。「鎮魂と再生のために――復興構想会議２０１１・４・30発表レジュメ」と題されており、多くの人の眼に触れることになったようだ。その最後の部分、「二、鎮魂と記憶の場の創出のために」を引いておく。

・鎮魂の森から再生の森へ

大震災の犠牲になった人々を鎮魂・供養するために、「鎮魂の森」を作るという安藤〔忠雄氏〕提案に共感を覚える。

留意したいのは、三陸のリアス式海岸の村や町が、それぞれに「海山のあいだ」に開かれた小宇宙という風土的な条件を抱えていることである。

背後に山が迫り、海に面したわずかな平地に、海と関わる暮らしと生業の場がある。「森は海の恋人」（畠山重篤、気仙沼市「牡蠣の森を慕う会」）と名づけられた運動のなかで、漁民による森作りと海の再生、森・川・海を繋ぐ環境教育が展開されてきた。三陸の漁民のリーダーたちが、しばしば広大な山林を所有し、植林をおこなっていたという歴史もある。豊かな漁場を守るために。

震災の犠牲者たちへの鎮魂のために作られる「鎮魂の森」は、そのままに三陸の美しい海と漁場を取り戻すための「再生の森」となる可能性があるのかもしれない。

・東北災害アーカイヴセンターの設立へ

東北は県ごとに、知と情報のネットワークが分断されており、東北一円を視野に納めた博物館施設が存在しない。

今回の東日本大震災についても、その体験と記憶はあまりに広範な地域に分散しており、まとまった形での「東日本大震災の記憶」といったものは残りにくい。

犠牲者への鎮魂と、次代への体験の継承のために、たとえば「東北災害アーカイヴセンター」の設立が望まれる。

それは、日本ではじめての災害と環境にかかわる、総合的な情報のアーカイヴセンター／調査・研究拠点となる。

災害をテーマとする、歴史学・民俗学・社会学、自然科学系の研究者が結集する。

①東日本大震災についての情報のデジタル・アーカイヴの拠点

体験と記憶の聞き書き、映像記録

マスメディアの報道記録

インターネットの情報記録、など

②あらゆる災害（地震・津波・飢饉・冷害・火山噴火・洪水・高潮・原発事故など）にかかわる情報や資料の収集

近代の新聞・雑誌などによる災害報道

歴史資料のなかの災害の記録

人文科学系・自然科学系の研究報告書、など

③災害時の文化財レスキューについての研究
④災害教育の普及の拠点
学校や地域社会が災害への備えを怠らぬために。
東北とかぎらず、全国で、それぞれの地域の災害の歴史を踏まえた、災害教育の普及と実践を呼びかける。

鎮魂の森については、さまざまなレヴェルでの動きが始まっているが、災害アーカイヴセンターはどうやら迷走状態のようだ。それゆえ、「東日本大震災の記憶」と名づけておいた記憶のアーカイヴが、国家プロジェクトとして設立される可能性は、かならずしも高くはない。それならば、民間の力で創ればいい、と思う。たとえば、ネットワーク型の、なにかまったく新しいデジタル・ミュージアムが構想されるのはどうか。それは、すでに草の根で始まっている動きを繋いでいくことで、やがて巨大な記憶のアーカイヴ・センターへと成長を遂げていくのかもしれない。「だれもが参加できる記憶／記録の広場」といったところか。

それにしても、被災地には数も知れぬ〈3・11〉が、また〈3・11以後〉が転がっている。ここに収められているのは、そのほんの一部にすぎない。とはいえ、それぞれに紙一重の偶然のなかに生き延びた人々が静かに語った、〈3・11〉や〈3・11以後〉の体験や記憶は、これまでメディアのなかで語られてきたものとは、いくらか肌触りが異なっているかもしれない。マス・メディアだからやれることがあり、やれないことがある。しかも、ここに書き手として参加している者たちは、それぞれに東北とのゆかりが深いジャーナリストやライターであり、どれひとつとして一過性の聞き書きではないことに、注意を促しておきたい。たんなる行きずりの関係からは生まれてこない感触が、そこかしこで感じ取られるのではないか。

それにしても、わたしはふと、厳粛な思いに打たれている。亡くなった人たちは語ることができないのだ、というあまりに当たり前の現実に気づかされた瞬間があった。記憶とは、いま・ここに在る、かろうじて生き延びた者たちが、これからを生きてゆくためにこそ存在するのかもしれない。喪の仕事も、鎮魂や供養のいとなみも、とても残酷なことに、きっと生ける者たちのために求められるのである。しかし、そうして死せる者たちは生ける者らの記憶の襞深くに宿り、棲みつくことによって、生ける者たちとともに永く生きていくのかもしれない。

東日本大震災のすべての犠牲者たちを鎮魂するために、そして、生き延びた方たちへの支援と連帯をあらわすために、この書を捧げたいと思う。

負けられぬ戦いが始まっている。

二〇一二年二月一日の夜に

編集代表　赤坂憲雄

鎮魂と再生　目次

岩手県　289

鎮魂と再生

東日本大震災・東北からの声100

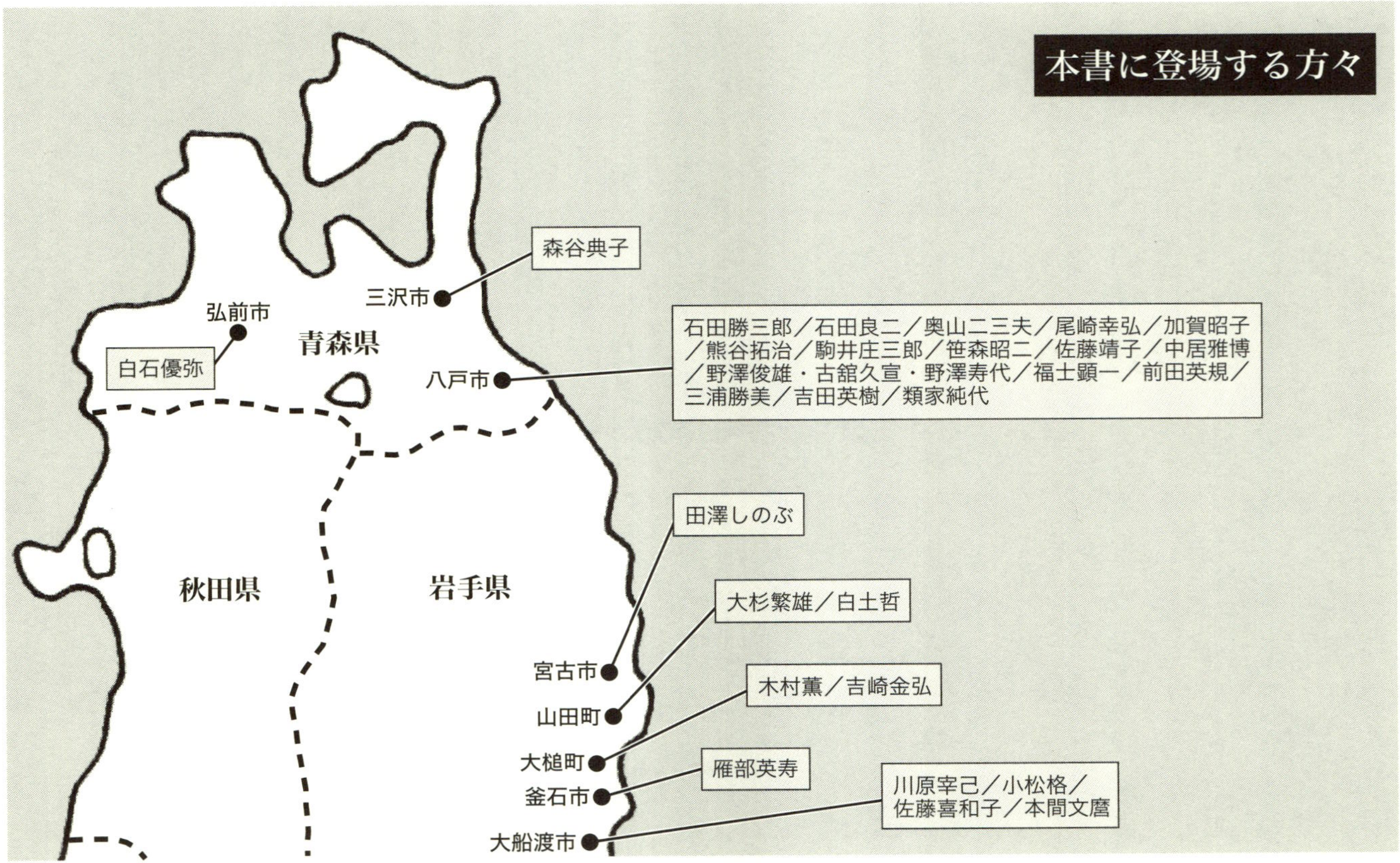
本書に登場する方々
森谷典子
三沢市
弘前市
青森県
白石優弥
八戸市
石田勝三郎／石田良二／奥山二三夫／尾崎幸弘／加賀昭子／熊谷拓治／駒井庄三郎／笹森昭二／佐藤靖子／中居雅博／野澤俊雄・古舘久宣・野澤寿代／福士顕一／前田英規／三浦勝美／吉田英樹／類家純代
秋田県
岩手県
田澤しのぶ
大杉繁雄／白土哲
宮古市
山田町
木村薫／吉崎金弘
大槌町
雁部英寿
釜石市
川原宰己／小松格／佐藤喜和子／本間文麿
大船渡市

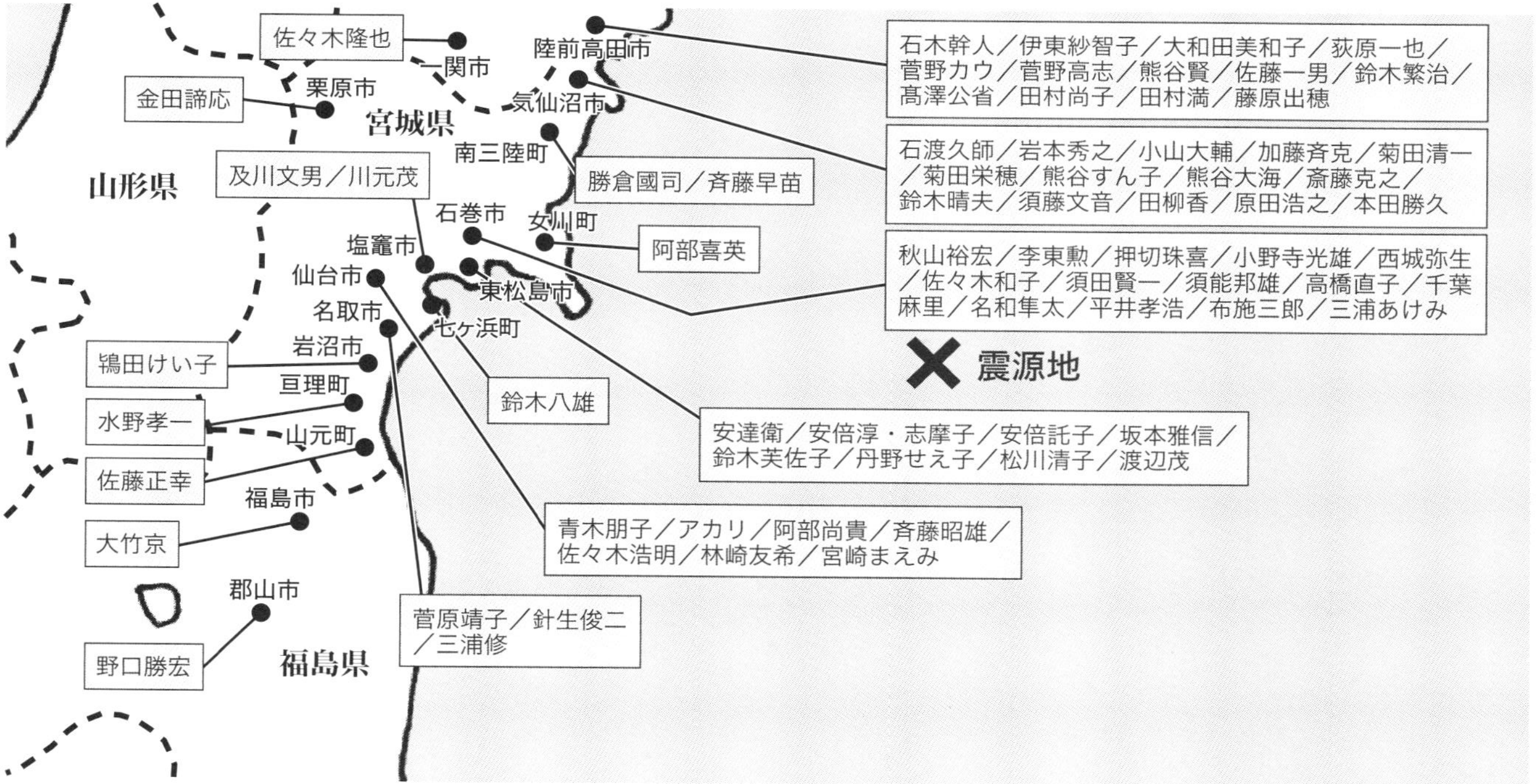
山形県
宮城県
福島県
佐々木隆也
一関市
陸前高田市
金田諦応
栗原市
気仙沼市
南三陸町
勝倉國司／斉藤早苗
及川文男／川元茂
石巻市
女川町
阿部喜英
塩竈市
仙台市
東松島市
名取市
七ヶ浜町
岩沼市
鴇田けい子
亘理町
水野孝一
山元町
佐藤正幸
福島市
大竹京
郡山市
野口勝宏
鈴木八雄
石木幹人／伊東紗智子／大和田美和子／荻原一也／菅野カウ／菅野高志／熊谷賢／佐藤一男／鈴木繁治／髙澤公省／田村尚子／田村満／藤原出穂
石渡久師／岩本秀之／小山大輔／加藤斉克／菊田清一／菊田栄穂／熊谷すん子／熊谷大海／斎藤克之／鈴木晴夫／須藤文音／田柳香／原田浩之／本田勝久
秋山裕宏／李東勲／押切珠喜／小野寺光雄／西城弥生／佐々木和子／須田賢一／須能邦雄／高橋直子／千葉麻里／名和隼太／平井孝浩／布施三郎／三浦あけみ
震源地
安達衛／安倍淳・志摩子／安倍託子／坂本雅信／鈴木芙佐子／丹野せえ子／松川清子／渡辺茂
青木朋子／アカリ／阿部尚貴／斉藤昭雄／佐々木浩明／林崎友希／宮崎まえみ
菅原靖子／針生俊二／三浦修

編集部付記

語り手の年齢・職業は、取材時のものである。

季刊『環』46〜48号（二〇一一年夏〜二〇一二年冬、藤原書店）掲載の聞き書き（三〇本）に、本書初出の聞き書きを多数加えた。熊谷達也、関野吉晴、山川徹、高成田享、斎藤純各氏のコラムは、前掲『環』各号が初出である。

原田浩之さん「生きてゆかねば」、勝倉國司さん「もうたくさん三度目の津波」、斉藤早苗さん「子供たちを護らねば」、鈴木八雄さん「梁にすがって漂流一キロ」、水野孝一さん「消防隊　開墾の町駆け巡る」、雁部英寿さん「津波にめげず生き抜く」は、『みやぎ聞き書き村草子　第十一集』（みやぎ聞き書き村草子舎）より転載した。

宮城県

気仙沼市
南三陸町
女川町
石巻市
東松島市
塩竈市
七ヶ浜町
仙台市
名取市
岩沼市
亘理町
山元町
栗原市

宮城県気仙沼市　2011 年 4 月 25 日〈撮影／荒蝦夷〉

気仙沼市

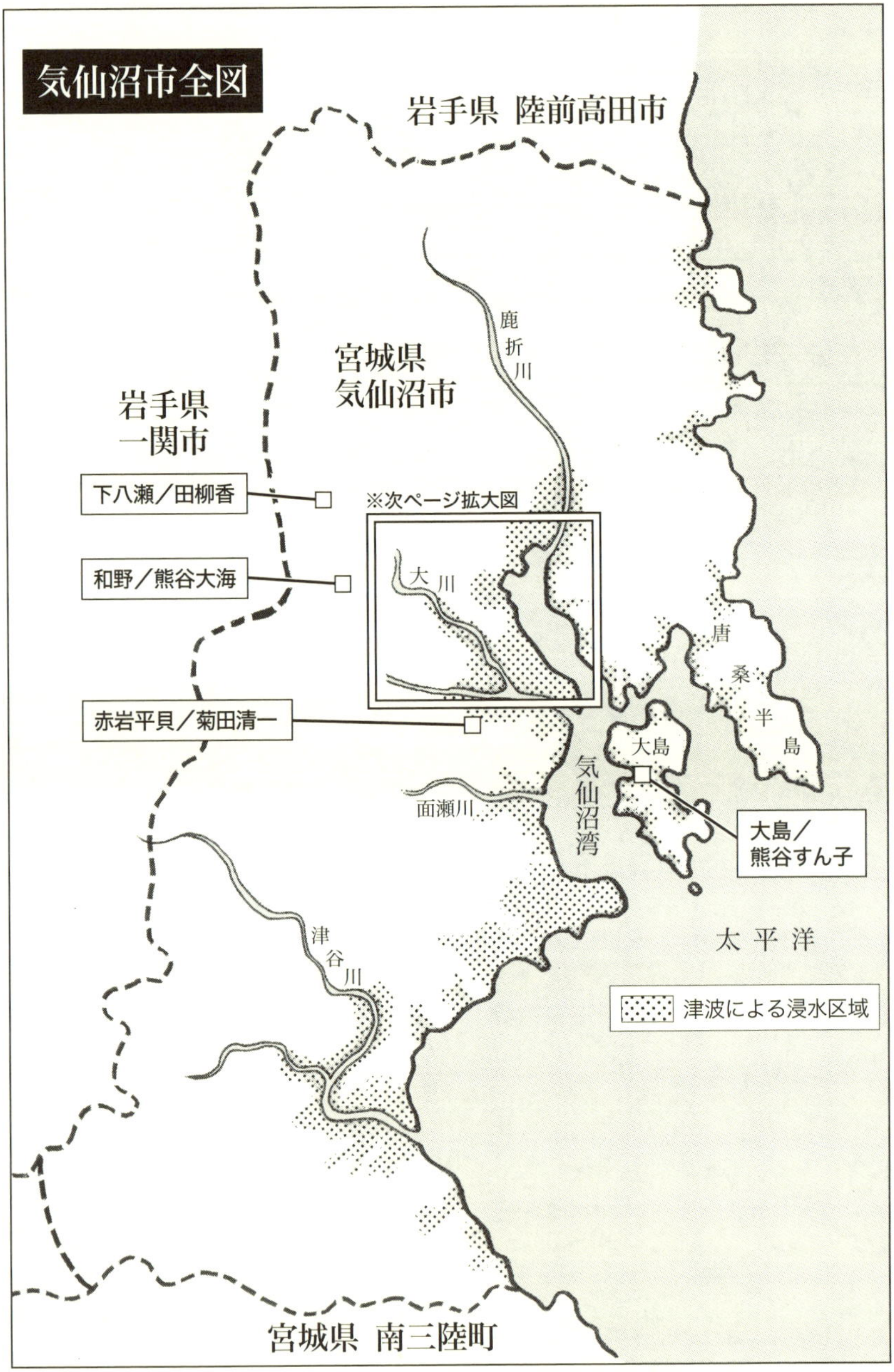
気仙沼市全図
岩手県 陸前高田市
鹿折川
宮城県
気仙沼市
岩手県
一関市
下八瀬／田柳香
※次ページ拡大図
和野／熊谷大海
大川
唐桑半島
赤岩平貝／菊田清一
大島
気仙沼湾
面瀬川
大島／
熊谷すん子
津谷川
太平洋
津波による浸水区域
宮城県 南三陸町

◉気仙沼市の被災状況

死亡者数[人]	1,030
行方不明者数[人]	338
	(宮城県HP／2012. 1. 25現在)
震災前住民数[人]	74,247
	(気仙沼市HP／2011. 2末)
ピーク時避難者数[人]	20,086
	(気仙沼市HP／3月17日に最大)
浸水面積[km^2](行政域)	18.65(333.37)
	(気仙沼市HP)

海で生かされ、生きてきた街

作家
熊谷達也《くまがいたつや》

いまから二〇年ほど前、昭和六三（一九八八）年四月から平成三（一九九一）年三月までの三年間、私の住民票は宮城県気仙沼市にあった。大学卒業後、教員として埼玉県の中学校に四年間勤務したあと、故郷の宮城県に戻って来たのだが、その際に赴任したのが気仙沼市立気仙沼中学校だったのである。

校舎は、平成の大合併前の、気仙沼市のほぼ中心にあった。一方、私のアパートは、上田中《かみたなか》という若干内陸寄りの、国道四五号線のバイパス近くにあった。といっても、それほど大きな街ではないので通勤時間は車で一五分程度だ。気仙沼はリアス式海岸の入り江にあるので、平地が少なく坂が多い。私が勤めていた気中《けちゅう》（気仙沼中学校の略称）は、笹《ささ》が陣《じん》という住所の小高い丘の上にあり、近道をするために裏道から行くと、地元民が「ザワザワ」と呼んでいる、うっかりするとエンストしそうになるくらいの、とんでもない急坂を登り切る必要があった（あまりに急なので背筋がザワッとするから「ザワザワ」なのだという噂があったが、真偽のほどは定かではない）。気仙沼市民のひとりとして暮らしていたのはわずか三年にすぎないものの、個人的に大変思い出深く、愛着のある街だ。実は、私が妻と出会ったのも気仙沼だった。

ただし、宮城県の県庁所在地である仙台から気仙沼まで行くとなると、正直言ってアクセスが悪い。地図を見てもらえばわかる通り、県境が岩手県に食い込んだような形をしているため、電車を使っても車を使っても、仙台からは三時間内外を要する。同じ県内なのに、東京へ行くよりも大変だ。

そのせいもあると思うのだが、もっと仙台に近い石巻や女川《おながわ》と比べると、同じ港町でも気仙沼には独特の雰囲気があるように思う。なんと言えばよいのだろう。生粋の漁師町というか、海によって生き、海によって生かされてきた街の匂いが、気仙沼には濃厚にある。

気仙沼に限らず、東北や北海道の太平洋側の港町にはおおむね共通しているのだが、どの町も、大正期から昭和四〇年代あたりまでが最盛期だった北洋漁業（サケ・マス及びカニ漁）とともに大きく発展してきた。加えて気仙沼の場合は、むしろこちらのほうが主なのだが、サンマやカツオ、近海及び遠洋マグロの漁業基地として、全国有数の水揚高を誇ってきた。そういえば、気仙沼での教員時代、家庭訪問の帰りに丸々と太ったカツオを一本とか、マグロのブロックをひと塊とか、気前よくお土産に持たされた（長閑な時代だった）ものだ。あるいは、フカヒレといえば気仙沼、というのも最近では周知のことだし、唐桑《からくわ》半島を中心に牡蠣の養殖も盛んだ。実際のところ、単なる漁港というより、まさしく一大漁業基地で、地元の船だけではなく全国から漁船が集まり、気仙沼港に水揚げをしてきたのである。

そうして気仙沼が発展してきた背景には、漁港としての優れた立地がある。太平洋に面しているとはいえ、気仙沼湾内に浮かぶ大島《おおしま》（周囲二二キロメートル、面積九・〇五平方キロメートル）が天然の防波堤となり、港を守っていることが大きい。私が通っていた気仙沼中学校の職員室からも、すぐそばに大島が見えるくらい近かった。そのため、どんなに海が時化《しけ》ていても湾内は穏やかで、時化や嵐の際の漁船の避難場所として最適なのだ。そうしたことで、昭和の初めごろから、気仙沼に入港する漁船がどんどん増えてきたらしい。

海とはあまり縁のない生活をしていると、漁港＝魚市場、程度の認識で終わってしまいがちだが、海の仕事で生きているのは漁師だけではない。関連産業が山ほどある。魚の水揚げには絶対に欠かせない製氷業をはじめ、巨大な冷蔵庫や冷凍庫、その他の倉庫群が、港にはひしめきあっていた。様々な種類の水産加工場があちこちにあったし、加工品を包装したり梱包したりするプラスチックや段ボールを専門に製造している会社もあった。また、船のメンテナンスに関わる仕事も多岐にわたる。船体、エンジンだけでなく、無線や魚群探知機、自動航行装置等々、それぞれの機器にあわせて専門のエンジニアが必要になるのだ。

そして、寄港した船からは乗組員が溢れ出てくる。当然ながら、彼らが束の間の休息を楽しむための飲食街も発展する。港のそばにある太田《おおた》という地区がそれで、私の教え子にも太田に家のある生徒がいた。その生徒のお母さんが、自分が子どものころは、昼間でも怖くて表を歩けないくらい漁船の乗組員で賑わっていた、と笑っていたのが印象深い。

気仙沼では全人口の七割が漁業関連の仕事に就いていると言われるが、私の持ったクラスの教え子の家庭の職業も、ほぼその割合だったと思う。私が暮らしていた当時、漁業自体が斜陽になりつつあり、街もだいぶ寂しくなっていたものの、それでも、過日の賑わいの残り香は十分に感じ取ることができた。

ところで、気仙沼に生まれ育った当の本人たちはまったく意に介していないと思うのだが、外から入っていくと商売のやりにくい土地柄だという評判が、気仙沼にはある。事実、私がいた当時、大手チェーンのファミリーレストランが一軒もなかったことを覚えている。おそらく、進出したくてもできなかったのだろう。業種を問わず、気仙沼支店に余所から赴任したサラリーマンは、商習慣の違いに戸惑い、最初は苦労する、とも囁かれてきた。

そう聞いて、気仙沼という街や人々に対して閉鎖的なイメージを抱くのは間違いだ。事情はまったく逆なのである。気仙沼の人々は、ずいぶん早くから、海を通して外の世界と繋がっていたのである。典型的なのは遠洋マグロ漁で、ハワイ近海からペルー沖、オーストラリアやニュージーランドと、太平洋を駆け巡り、異国の街の土を踏んできた。漁船の乗組員だけでなく、船のエンジンや搭載機器のエンジニアもしょっちゅう海外出張をして、外国の港で船の面倒を見てきたという。現役を引退したお年寄りが、スペイン語がぺらぺら、などということもざらにあるのが気仙沼である。ようするに、宮城県の経済の中心地である仙台のほうを見たり、顔色を窺ったりする必要は、端からなかったのだ。

そんな親たちの姿を見て育つのだから当たり前だが、気仙沼の子どもたちは、おしなべて逞《たくま》しい。なにに対しても、物怖じをするということがない。当時私は、陸上部の顧問をしていて、県大会の引率で仙台まで子どもたちを連れて行くことも多かったのだが、気仙沼と比べれば遥かに大都会の仙台に来ても、まったく萎縮しない（私にはそう見えた）のである。自己主張がはっきりしていて、嫌なものは嫌だとはっきり口にする。悪く言えばわがままなのだが、一度仲良くなってしまうと、きわめて人懐こくて可愛い子どもたちだった。

そんな具合に、人も街も妙に濃くて、それがゆえに、私にとって魅力的な街だった。

その気仙沼が、3・11の大津波によって消えた。私の勤務校の学区の半分近くが、津波に流されて、あるいは、火災によって、消滅した。震災後、私が初めて気仙沼を訪ねたのは、三週間ほど経った四月一日のことだったのだが、なにもかもがカオスになった街と浜の光景に、月並みだが言葉を失った。なんの言葉も出てこなかった。自分の身体の一部がもげたような気分になった。

それからほぼ半年。月に一度ずつ気仙沼には足を運んでいるのだが、報道で言われている以上に、復興と再生への道のりは険しそうだ、というのが私の正直な感想だ。

ときに比較される、戦後の焼け野原からの復興や、阪神・淡路大震災のときのような都市型災害とは、前提条件が根本的に違っている。終戦後の復興時には、労働力の需要と供給のバランスが、うまい具合に取れていた。それが、いまの時代、とりわけ高齢化と過疎に悩む沿岸部の被災地にはない。おそらく、この震災をきっかけに地図上から消えていく集落がいくつも出てくると思う。町そのものが消えかねない地域もある。

加えて、沿岸部の地形そのものが大きく変わってしまった。現地に行ってみればよくわかるが、沿岸部の地盤沈下は、小手先のかさ上げ程度で対処できるようなものではない。地盤沈下というよりは、地形変化と言ったほうがよいかもしれない。実際、気仙沼で最も被害の大きかった地区は、いまだに海面すれすれの、ヘドロの悪臭が充満する湿地帯、といった様相を呈している。仮に元に戻すとしたら、かなり大規模な埋め立て工事を一からやり直さないと無理だろう。すると当然、果たしてそこまでする必要があるのか、という議論も出てくる。

なにより、復興に伴う財源をいまなお国が明確に示せていないことが大きい。そのために、当該の自治体は動きたくても動けないでいる。そうして、なにもできないまま時間が経過していくとともに、被災地の人々は疲れ果て、徐々に心が折れていく。

手遅れになっては遅いのだ。復興や再生の基本は、気仙沼に限らず、そこに留まって生きていこうと決めた人々の、とりわけ若い世代の知恵と意思を尊重することに尽きると、私は思う。外野で誰がなにを言おうと、そこに暮らす人々以外に街づくりの担い手はいない。どう生きていくかの選択権は彼らにある。

先日、二〇年ぶりに気仙沼時代の教え子に会う機会があった。父親がマグロ船の船長をしていた生徒だ。ご両親とも無事ではあったが、実家は津波で流された。港に近い埋立地に建てた家だった。それに対して、「そろそろこっちに返してくれ、と海に言われたような気がする」と言っていた教え子の言葉が、ずしりと胸に響いてならない。

（二〇一一年九月）

気仙沼に行く

探検家・医師
関野吉晴《せきのよしはる》

阪神・淡路大震災の時、神戸の中でも被害の大きかった六甲《ろっこう》小学校の避難所で診療活動をした。このときはＮＰＯ、

SHARE（シェア＝国際保健協力市民の会）の一員として参加した。私は二五年前の創設時からSHAREの会員だった。代表の本田徹《ほんだとおる》さんに相談した。SHAREは気仙沼で、避難所に入らない、あるいは入れない人々を対象に医療、保健、介護活動をするという。私もそこに参加することにした。

地震から三週間経って、東北自動車道は多少凸凹はあるものの通行可能になっていた。一関から気仙沼に向かった。神戸の状況をイメージしていたので、車窓から光景を見ながら、思ったより被害は少ないではないかと思った。しかし海に近づくと様相は一変した。泥と瓦礫の山、打ち上げられた船。あちこちで車が横転し、ビルに突っ込んだり、乗ったりしていた。火災があった地域はさらに悲惨だった。外見は被害のない家々も電気、水道、ガスといったライフラインが断たれている。

おばあちゃんが壊された自分の家を見ながら呆然としていたので、「何か必要なものはありませんか」と尋ねた。しかし、「何にもいらねーよ」と私に目も合わさずに、呟くように答えた。住んでいた家に三〇メートルほど離れた家が津波に押し流されてきた。相当な圧力だったのだろう。おばあちゃんは親戚の家に避難している。壊れた家の屋根の下にまだ使えるものはないかと探しに来ていたのだ。欲しいものはたくさんあるだろうに、私たちの好意は受け入れてもらえなかった。東京で見た新聞には、地域ごとに今何を必要としているかが書かれていた。その情報をもとに物資を揃えて来たのだが、突然「足りていないものはありませんか」と尋ねられ、驚いてしまったのかもしれない。親戚の者たちの車に乗せられて、立ち去っていた。

気仙沼の医療支援の本部は市の健康増進センターにあった。様々な医療機関から、ボランティアが集まり、活動していた。皆、阪神大震災での状況を想定して、救急医療チームが送られてきた。しかし建物の崩壊で押しつぶされたという地震による症例は少なく、ほとんどが津波による溺死、あるいは低体温症だった。それらは最初の三日間が勝負だ。その後は慢性疾患の治療、寝たきり老人のケアなどが主な活動になっていった。救急医療チームは本来の力を発揮できなかった。

被災者は避難所で、医療サービスは受けられた。大学病院や大きな病院が交代で医療スタッフを送り込んでいたからだ。問題はむしろ今まで医療過疎だったところに手厚い医療をした場合、ボランティアたちが立ち去った後に起こる事態だ。多くの医師や病院が被災している。復興には時間がかかるし、元には戻らないだろう。以前より医療過疎が進むはずだ。実際半年たった現在はスタッフが減り、医療スタッフ不足が起こっている。

SHAREは、寝たきりの患者、半壊など様々な事情で避難所に入れない人たちを探し出し診て回ることにした。私が最初に見た症例では、おじいちゃんは高血圧で、脳梗塞後寝たきりになった。褥瘡（床ずれ）を起こしていた。それを防ぐマットを持っているのだが、電気がなければ使えない。おばあちゃんが食事を与えケアをしていた。夜も数時間おきに寝返りをうたせてあげていた。このままではおばあちゃんがダウンしてしまうので、入院させたいが、他に病院でなければ治療ができない疾患を持っていないと入院できない。

それ以降も私の見た症例のほとんどが褥瘡の処置だった。家でケアできるのに入院させてしまう例も多かった。東京などでは最近、家族の協力で患者をケアし、在宅医が支えるケースが多くなった。しかしここでは在宅医療が普及していない。病院側も患者家族も家で診れるならば家で診たいのだが、ここでは家で患者を看取ると、手を抜いた、あるいは手厚い治療をしなかったと評価されるのだ。数少ない在宅医は「世間体を気にするので在宅医はとても難しいんですよ」と言う。在宅で、痛みや苦しみを取り除く治療だけをすると家族が決断して、家に帰ってきても、病態が悪化するとすぐに救急車を呼んで病院に戻ってしまう。周囲のあるいは世間の評価を気にすることが多い。経済的ゆとりのある家族は一関や仙台の病院で治療を受けようとする。一関や仙台の患者は東京の病院を目指す。より良い治療を受けるためだけではなく、周囲の目を気にするからだ。「あの家は患者に十分な治療を受けさせている」という評価を得たい。

今回の震災で、一時海外のメディアが日本人が平然として助け合い、買い占めなどに走らなかったと、冷静な行動を称賛した。大きな被害は東北でも、主に沿岸部で起こった。もし東京や他の大都会で大きな災害が起こったら同じように行動するとは思えない。現に東京や関西では水、ガソリンなどの買い占めが行われていた。共同体あるいは結が残っている地域だから、奥ゆかしく、助け合い、整然と行動した。しかしそのことは世間体を気にしなければならない社会であることと表裏一体で、若者たちが外に出ていき、過疎化の一因ともなっている。

（二〇一一年九月）

◇宮城県気仙沼市

応援してくれるお客様のために

株式会社石渡商店専務取締役
石渡久師《いしわたひさし》さん（30歳）

■ふかひれ水揚げ日本一を誇る宮城県気仙沼市で昭和三二年に創業。以来、ふかひれ専門店として買い付けから加工、販売までを一手に担い、気仙沼ブランドの確立に尽力してきた。今回の震災により工場と会社を失った。再建に向けて、動き回る日々。【聞き手／川元茂】

あの日は上海《しゃんはい》にいました。商談が終わって、ホテルに戻ろうとタクシーに乗っていたとき、友人からメールが入りました。「気仙沼、大丈夫か？」という内容です。事態がつかめず、妻に電話したところ、たまたま電話がつながりました。「いま津波に追いかけられている。どうしていいのか分からない」と妻は叫んでいました。

車で移動中、渋滞でつかまった時に電話がつながったんです。この地区は上に逃げるか、橋を渡るしか逃げる方法はありません。妻は子供をふたり抱えていましたから、「とにかくどこか鉄筋の高い建物に逃げろ」と伝えたところで、電話が切れました。たまたま近くに立派な飲み屋ビルがあって、妻たちはそこに逃げ込みました。次に電話がつながったときは建物の三階にいて、窓すれすれまで水が来ていました。アイフォンでのテレビ電話でした。電話が切れました。

妻は結局そこで子供と一泊して、次の日たまたま自衛隊が脇を通ったときに救助されました。「助けてくれ」と叫びながら流されていく人を何人も見たそうです。プロパンガスが花火のように打ち上がっていて、ろうそくを持っていたそうですが、ガスが充満している可能性があったので怖くて点けられなかったと言っていました。大島《おおしま》方向からは火が点いた瓦礫や丸太がどんどん迫ってきていて、風向きによってはどうなるか分からない状況でした。後日談ですが、救助された次の日にその鉄筋ビルが燃えたそうです。従業員本当に紙一重でした。奇跡的に家族は無事でした。従業員に犠牲者が一人出てしまったのが残念でなりません。

私は翌日の中国国際航空で日本に帰ってきました。成田空港に着きましたがタクシーは八時間待ち、成田エクスプレスも動いていないという状態でした。友人にバイクで迎えにきてもらって、我孫子でレンタカーを借りようとしたら、全部貸し出し中でした。板金屋さんに「これから宮城に帰らなくてはならないので」と、なんとかお願いをして、車を借りて、作戦会議をしていたところ、原発が爆発したというニュース飛び込んできました。友人には「行っても何もできないから行くな」と言われたんですが、子供がいたし、とりあえず出発すると決めました。我孫子を一六時に出発し、停電中の道路は真っ暗でしたが、たくさんの車が東北に戻ろうと飛ばしていました。緊急地震速報が鳴り響く中、二二時間後、気仙沼に到着しました。震災の三日後です。早いほうだと思います。

家族とは「地震があったらここに」と、集合場所を決めていましたから、みなそこで待っていました。「こんなに早く帰ってくるとは思わなかった」と喜ばれました。帰っては来ましたが、電気・水道もない状態で、気仙沼の人たちの顔はこわばっていました。どうやったら生きていけるのかという顔つきでした。私は津波を実際味わっていないので、外部からの視点と震災を味わった人間の気持ち、両方それなりに分かると思っていましたので、気仙沼に入るまではそんな深刻な顔つきではありませんでした。

工場が心配なので弟と工場に行きました。工場は内《ない》ノ脇《わき》地区にあります。川沿いで、すこし高くなっている場所です。当日は川ではなく海から波が来たそうで、潮見町《しおみまち》から流れてきた瓦礫が押し寄せてきたと聞いています。通常車で一〇分しかかからない場所ですが、歩いて四時間かかりました。瓦礫の山を乗り越えて、工場に入ったときに「ああ、こういうことが起こったんだな」と実感しました。はじめて地震を認識したと言いますか、気仙沼に起きた事態をようやく知りました。そこから時間が止まりました。何も考えられない状態が続き、頭が真っ白でした。そんな日が何日も続きました。

今後どうするのかを兄弟で話し合いました。うちの店はふかひれ専門なので、それしかないし、気仙沼を復活させるためにはふかひれが必要だと思っていました。「じゃあいま何ができるのか」を話し合い、まずは工場を片付けることにしましたが、兄弟ふたりで一日五〇センチしか進みません。今考えれば無謀だったんですが、片付くまで一カ月以上かかりました。従業員に手伝ってもらいながら、ようやく昔の看板だったり、作業していた場所が見え始めました。一階部分のすべてと二階の一部が瓦礫で埋まり、自分の会社なのかどうなのか分からない状態から、なんとか片付け、ようやく時間が進み始めました。

そのタイミングでＮＰＯ法人ファイブブリッジの山田さんからメールをいただきました。「復興に向けてセキュリテ被災地応援ファンドというものがあるんだけど、石渡さんにも紹介したい」という内容でした。正直ファンドという意味を知らなかったし、興味もありませんでしたが、事業の内容を聞いたところ、「このタイミングでこういうのが出てくるのか」というほど素晴らしい仕組みでした。義援金などの短期的な支援ではなく、一口一万五〇〇〇円を出資してもらい、消費者と事業者が継続的な関係を構築する点が魅力でした。気仙沼に留まらず、南三陸《みなみさんりく》、北上、石巻などの事業者が続々参加しています。

ファンドを使って九月までに一億円の資金を集めようと思っています。現段階で三〇〇〇万ちょっとですから、正直伸び悩んでいます（二〇一二年一月時点で二〇〇〇人以上が出資し、八〇〇〇万以上を調達した）。期限までに集まらない場合は延長するつもりです。はじめのうちは注目度も高く、メディアの露出があればそこの企業の応募が伸びるという状況が続いていました。私も説明会などでプレゼンテーションを行い、ファンドに力を入れておりました。

ファンドの資金は、新工場の建設と機械に使うつもりです。設備と施設でだいたい三億ぐらいかかります。県の補助事業に応募していますので、通れば四分の三は国が負担してくれますので、ずいぶん楽になります。宮城県全体で六〇数億円の予算です。優先されるのは地域への経済波及効果ですから、雇用に与える影響が大きいところを選ぶという話でした。今後補正予算に合わせて応募する企業が増えてくるでしょうね。競争率が高くなります。二〇一二年の五月に本工場を建てるまで、仮工場でつなぎます。以前の二〇分の一程度ですけど。

ファンドへの参加を決め、早い時点で気仙沼の今を伝えたいという気持ちになりました。在庫をかき集め、五月一一、一二日の二日間、横浜の中央郵便局の前で気仙沼復興物産市を開きました。パネル展だったり、募金活動だったり、商品の購入で被災地を応援してほしいというイベントです。二日分商品を持っていったつもりだったんですが、九時に並べている最中からお客さんが殺到して、昼にはすべて売り切れてしまいました。急遽その三倍を送ってもらったんですが、翌日は一一時から開始して一四時には売り切れてしまいました。みなさんの気持ちが本当にありがたかったです。

ただ早い段階からそういったイベントを行ってきましたが、震災への関心が段々薄れているのを感じています。メディアが「ガレキ撤去がはじまりました」というニュースを伝えると、一般の人は「もう終わったのか」と思うぐらい、落差を感じるときがあります。まだまだ気仙沼は復興なんて言える場所じゃないですから。瓦礫はたくさん残っていますし、一見キレイには見えますけれど、単に一カ所に集めているだけですからね。

　私たちが早く工場を片付けなくてはならないと思ったのは、流れてきた魚が夏には腐るという頭があったからです。できるだけ有機物を排除して、きれいな状況にしようと動いたんですが、いまになってハエや悪臭の問題が起きていますよね。あんなに魚がちらばっていればハエだらけになるし、なんとか国のほうも対処できたのではないかと思ってしまいます。仮工場も立ち上げましたが、問題がいろいろ生じてきて、それをひとつずつつぶしている段階です。山沿いの仮工場にはハエは来ないと思っていたのですが、ふかひれを蒸すと一〇分もしないうちに凄い数が集ってくる。おそらく気仙沼のどこの場所でやっても同じですね。

　被災地応援ファンドの仕組みは、時間が経てば経つほど、私たちの経済的精神的後押しになっていると感じています。お金をいただくこともありがたいのですが、応援の声が寄せられるのも同じくらいありがたいことです。復興まで、会社が再建されるまで、一緒についてきてくださるお客様ですから、めげそうになったときに、その人たちが応援してくれることを思うと、「がんばらないとなあ」という気持ちになるんです。

（二〇一一年七月一二日）

◇宮城県気仙沼市

震災が教えてくれたこと

喫茶マンボ

岩本《いわもと》秀之《ひでゆき》さん（41歳）

■南町商店街の一角にある「マンボ通り」。路地の名前にまでなっている店が「喫茶マンボ」だ。半世紀以上にわたって多くのファンに愛されてきたが、六月、店舗跡は更地となった。仮設店舗の開業をめざす三代目・岩本秀之さんが、震災を機に胸に芽生えた思いを語る。

［聞き手／千葉由香］

　昼の営業を終えて、いったん高台にある自宅に戻ろうとした、ちょうどそのときでした。一階は家族で経営する「喫茶マンボ」、二階は両親と弟の住まいです。階段の下から二階を見上げたら、揺れに揺れている。「崩れるぞ、降りて来い」と叫びましたが、「だめだ動けない」って。みんながやっと外に出たとき、大津波警報が聞こえました。両親と弟に「うちに逃げろ」と言い残して、かみさんと三歳の末っ子のいるキムチの工場に、バイクで向かいました。上の娘は小学校、二番目の娘は保育園にいる時間です。かみさんは末っ子を連れて高台の小学校へ、僕は保育園に娘を迎えに行った。道路がひどく渋滞してきたので、バイクを保育園に乗り捨てて、娘をおんぶして自宅にたどり着きました。

自宅には、僕の同級生母子も避難してきました。娘同士が同じ保育園に通っていることから家族ぐるみで付き合っているんです。彼女の家は大火災になった鹿折《ししおり》地区にある。とても戻れる状況にないし、ご主人とも連絡が取れない。ご主人が帰ってきたのは六日後だったかな。結局、一カ月ほど一緒に避難生活を送りました。

震災の翌朝、弟と行ってみると、マンボはめちゃめちゃでした。一階部分がつぶれて、二階の床がたれさがっている状態。正面から入った瓦礫が後ろの外壁を突き抜けたんでしょう、裏の駐車場に積み重なっていました。二〇〇キロ以上ある食器洗浄機も、もみくちゃにされて転がっていました。翌日から弟とリュックを背負って、裏手から「二階だったところ」に入り、両親と弟の身の回りのものや、店を再建するときに使えそうな食器などを探し集めました。

喫茶マンボは昭和三三年の開店。祖父が始めた店です。気仙沼で初めてコーヒーを出したと言われています。最初のころはコーヒーとカクテル、音楽がメインで、主なお客さんは漁船の船員さん。両親の代になってから母の得意なラーメンを出すようになりました。いちごババロアも人気です。季節になると、地元紙に「いちごババロア始めました」と広告を出すのが恒例です。内装もメニューも少しずつ手を入れているんですが、シャンデリアとかステンドグラスとか、開店当時のままの雰囲気を保ってきました。だからでしょうね、昔のお客さんが「懐かしい」といらしてくれたり、年配の方たちが同級会の二次会で寄ってくれたり。店のある通りは大通りから裏に入ったところなんですが、物心ついたころはもう「マンボ通り」と呼ばれていました。

僕は地元の高校を卒業後すぐ調理の専門学校に進んで、神奈川県藤沢市のレストランに就職しました。平成元年、バブル真っ盛りのころです。売り手市場なので就職にはまったく困らなかった。最初は大学進学も考えたんですが、手に職をつけて店を継ごうと進路を変えました。ただ、帰る時期は漠然と「いつか」と考えていただけ。あと五年くらいはレストランで働いていたいと思っていたころ、「食事メニューに重点を置いてリニューアルするから帰って来い」と、親父に呼び戻されました。二二歳のときでした。祖父母はもう引退していたんですが、祖父は体を動かしていないと気のすまない人です。毎日、開店前に店に出て朝のコーヒーを準備して、掃除洗濯をして。脳梗塞で倒れるまでの三〜四年間は、祖父と父と私、三代で店に立っていましたね。

そのマンボがなくなりました。震災直後は電気も水道も止まって、食べ物も満足にない。情報も入ってこない。三日目ごろから支援物資が配られ始めましたが、おにぎりだけで、おかずがない。そこでやっと「キムチがあるじゃないか」と気づいたんです。キムチは四〜五年前から厨房の片隅で仕込んでいました。震災の四カ月ほど前に工場を独立させて「キムチ部」としていました。マンボから少し離れたところ。津波の被害がほとんどなかった地区にあります。さっそく在庫していたキムチをかき集めて、ご近所さんや避難所に配りました。喜んでもらいました。

三月末に水道が出てすぐ、キムチ作りに取りかかりました。まだまだ食料に困っていた時期だったから、作れるだけ作ってみなさんに配ろうと。今は僕のかみさんと弟と三人、「マンボ・キムチ部」としてキムチの製造販売に精を出しています。

作るといっても最初は大変でしたよ。材料の野菜は気仙沼でも手に入りましたが、唐辛子や調味料は東京方面からの取り寄せです。気仙沼宛と告げると、どの業者にも断られました。物流が混乱していましたからね。郵便局の「ゆうパック」だけは配達が回復していたものの、業者はそれぞれ契約している配送ルートがあります。こちらから「ゆうパックで」と指定することはできない。だから、まず業者から神奈川県に住む私の叔母と姉宛に送ってもらい、受け取った叔母と姉がゆうパックで気仙沼に送る、という方法を取りました。送料も時間も倍ですが、そうするしかなかった。必死でした。子供たちを食べさせていかなくちゃいけませんから。

六月には店舗兼住宅を解体して、更地にしました。両親はもちろん気落ちしています。でも、家族の命は助かったし、住む場所もあります。まわりから聞こえてくるのは信じられないような話ばっかりですからね。家が流されたとか家族が亡くなったとか。店をなくしたからと、がっかりしてばかりはいられません。

目下の目標は、マンボの仮設店舗開店。友人やマンボファンのみなさんも応援してくれています。南町《みなみまち》商店街で仮設店舗の話が出たのは四月ごろでした。着工から二カ月で完成という話だったので、すぐ申請して六月着工、早ければお盆ごろには営業を始められると期待しました。でも、世の中そう甘くなかった。土地の確保のほか、商店街としてクリアすべき問題や複雑な手続きがありました。六月に申請して三カ月になりますけど、いまだ着工できていません。

仮設商店街は二階建てプレハブ五棟。南町では店という店が被災して、ほとんどが営業再開できないままです。そんな店を中心に五二店舗が入る予定です。経営者は僕と同世代が多いんですよ。同級生も多い。震災前から地区や商店街の活動を一緒にやってきた仲間です。気心が知れているので、何をするにも動きやすい。市内の商店街の中では割と活発に活動していた方です。震災前からそうですが、年配のご主人の多い商店街は何かしようとしても、なかなか動きが取れないという悩みを抱えているようです。地方都市の商店街はどこも同じかも知れませんが。

仮設商店街の期限は二年間です。一店舗あたりのスペースは六メートル×八メートル。うちの場合、どうしても面積の半分近くを厨房機器が占めることになります。仮設用と割り切って、コンパクトな道具を揃える方法もあるでしょうが、それでは二年後に捨てるはめになる。本店舗を再開してからも使える業務用機器を揃えるつもりです。限られたスペースをどう使うか。仮設店舗を構えるのは飲食店が多いので、みんな同じ悩みを抱えていますよ。

震災前の気仙沼は、「高校を卒業したら出て行くのが当たり前」という街でした。働く場所もないし、若者にとっての楽しみや魅力が少ないですからね。人口はどんどん減っていました。さらに今は、街を出たくなくても、被災したために出て行かなきゃいけない人がたくさんいます。これからは人口がもっと減っていくでしょう。

僕も若いうちは気仙沼から離れていようと思っていた方です。しかし、僕らはこれから街づくりをする立場になりました。きちんと復興するには一五年、二〇年という時間が必要だと言われていますよね。一五年、二〇年先とは、今保育園に通う末っ子が高校を出て、社会に出ていく時期です。自分たちの力で復興して何かを創りだすとしたら、僕ら世代の子供たちが、「高校を卒業した後も気仙沼で暮らしたい。働きたい。気仙沼で結婚して子供を育てたい」と思うような街にしなきゃいけない。そんな魅力ある場所にしていくにはどうしたらいいのか。元通りではダメなんです。そこを考えないと、復興はありえないと思っています。

正直、震災前は、ここまで考えてはいませんでした。もちろん商店街の活性化や街おこしの活動はしてきましたよ。気仙沼がどんどんさびれて、元気がなくなっていくことに、危機感を覚えていましたから。ただ、今のように明確な気持ちはなかった。一五年、二〇年先のことなんてまったく想像できなかったんです。だけど、震災を機にはっきりと考えられるようになりました。人口減少とか、高齢化とか、商店街の衰退とか、同じような問題を日本全体が抱えて、政治家がそれぞれ考えている。そんな大きな問題を僕が考えたところでたかが知れている、と思うこともありました。

大島へ向かう。宮城県気仙沼市　2011年8月23日〈撮影／荒蝦夷〉

お前に何ができるのかと問われても、今は何もできない。じゃあどうすればいいんだ。何度も考えました。ずっと考えています。

神戸に住む知人は震災以来、僕の家族をすごく気遣ってくれました。直後は逐一電話やメールで、被害の状況を伝えてくれました。大津波に襲われたのは気仙沼だけじゃないと知ったときのあの驚き……。一〇日目くらいからは、行政の手続きや、これから考えるべきこと、やるべきことなどをアドバイスしてくれて、とても助かりました。

振り返ると、僕は阪神大震災のときも中越地震のときも、せいぜいコンビニで募金するぐらいでした。本当の意味での災害をまったく実感できていなかった。自分が被災して初めて、「助け合う」とか「復興」という言葉の意味が、わかったような気がします。

（二〇一一年九月一日）

◆宮城県気仙沼市

希望の光を胸に

准看護師

小山大輔《おやまだいすけ》さん（31歳）

■勤務先の病院は津波に襲われ、瓦礫とヘドロにまみれた、あの日を境に市街地の光景は大きく変わったが、一方ではあの日以前と地続きの日常もある。被災地となった故郷を冷静に眺め、小山大輔さんは小さな決意を抱いている。

［聞き手／黒木あるじ］

震災当時、自分は気仙沼市の南町《みなみまち》にある病院で准看護師として勤めていました。あの日は手術の立ち会いがあって、看護学校の学生数名と一緒に執刀を見守っていたんです。

揺れはじめた当初は呑気なものでした。「地震の時の対応なんて滅多に見れないからね、良かったね」なんて学生さんたちに話しかけていたんですが、そのうち揺れが大きくなって「これはただ事じゃない」と気づきました。看護師長から、入院病棟にいる患者さんたち五〇名ほどの様子を確認するよう指示されて手術室を飛び出したんです。そうしたら、新館と旧館を繋いでいる渡り廊下の継ぎ目が交差するように、がっくんがっくん揺れてるんですよ。普通の地震なら同じ方向に揺れるじゃないですか。ところがあまりにも揺れが酷かったのか、まるでデタラメにそれぞれが揺れてるんで「あ、本当に尋常じゃない事態が起きているんだ」と、改めて思いました。

揺れている最中に市内は停電になっていたみたいですが、病院は非常用電源のおかげで、テレビのニュースを確認できたんです。「大津波警報」という言葉を聞いて、ひとまず患者さんたちを病院から避難させようと決まりました。幸い、うちの病院は裏口が高台に続く道へと繋がっていたので、患者さんたちの大半は医師やスタッフに連れられて、高台にある神社へ逃げることが出来ました。ただ、確認したところ一名だけ来院していた患者さんの姿が見えない。慌てて診療室に戻ると、椅子に座って誰か来るのを待っていらっしゃいました。普段は車椅子で移動なさる高齢の患者さんなんですが、車椅子を探している余裕も無かったので、おぶって皆のところへ運びました。

けれども、この時点で津波はそれほど心配していなかったんですよ。チリ地震の時も「四メートルの波が来る」と報道されていたけれど、結局それほど被害は大きくなかったので、正直なところ「一階が少し水を被るかもしれないな」といった程度に楽観視していました。

揺れがおさまってから病院の機材や施設をひととおり確

認して、皆がいる神社への道を上っていた時でした。前を歩く人たちが一斉に、自分の後ろ、港の方向を見て何か叫んでいるんです。振り返った瞬間、住宅街の隙間を木材やら車やらがびっしり埋めているのが見えました。最初はそれが津波だと認識できなかったんです。あまりに瓦礫が表面にあったもんで、水が全く見えなかったんですね。でも、しばらく見ていたら瓦礫の絨毯が上下に動いている。そこで初めて「あ、あれは波だ」と判りました。神社にたどり着いてから他のスタッフと協議して「ここより高い場所へ移動しよう」と決め、患者さんを連れて更に高台にある気仙沼小学校まで避難したんです。

私たちが学校へ着いた頃には、まだ人で溢れかえる前だったので、患者さんのために部屋をひとつお借りしまして、ひとまずは落ち着きました。けれども電気が通ってないからひどく寒い。高齢の方だといちばん怖いのは低体温症なんですよ。いったん体温が下がってしまうと、ちょっと温めたくらいではなかなか戻らない。そこで、病院の上階にある毛布や布団を運び出そうということになったんです。まだ波が来ている中を、坂を下って病院へ裏口から入りました。

まだ日が暮れる前でしたが、電気の点かない病院はとても薄暗かったのを覚えています。下の階は波が来ているので、足下からはじゃあじゃあと水音が絶えず聞こえていました。真っ暗な中、無我夢中で荷物を運び出しましたが、怖かったですね。

ようやく小学校に戻ったのが五時くらい。ひと息ついていたら、町を見ていた人たちが何かを指さして騒いでいる。見ると、港の方で黒い煙がもくもくと立ちのぼっていて。流されたガスタンクに火が点いた、と周りで騒いでいる声が聞こえました。

私自身は最初の爆発音には気づかなかったんですが、それから間もなくして、あちこちから、どん、どん、と低い音が聞こえはじめたんです。どうも、プロパンガスのボンベが流されて、車や住宅とぶつかった際に静電気が発生して引火したらしいです。爆発するたびに、小学校の窓がびりびり震えていました。

日が暮れていくにしたがって、町のあちこちから火の手があがっているのが分かるようになりました。患者さんの様子をチェックしつつ、時々港の様子を確認しに表へ出て、炎に包まれた大型タンカーが内湾をぐるぐる回っているのを、呆然と見ていました。翌日から大変なことになるだろうと思っていたので寝ようと努めましたが、その日は一睡もできませんでしたね。

やがて朝を迎え、町の惨状が判明してからの数週間は、正直なところ記憶がはっきりしないんですよ。出来事ひとつひとつは覚えているんだけれど、時系列がうまく繋がらないというか。避難先の気仙沼小学校にいる患者さんを石巻市の病院に移送してもらって、病院の先生方やスタッフと一緒に、泥まみれの病院や倒壊した薬局から、外箱が汚れただけの使えそうな薬を探して……。ようやく落ち着いて周囲を見られるようになったのは、五月の連休が明けたあたりですね。

避難所にボランティアの炊き出しが来たのは三日目くらいだったと思います。気仙沼小学校は避難されていた人数が多かったので、色々な炊き出しの方が各地から来てくださいました。ただ、あとになってから、市の外れにある小さな避難所に居た知り合いに話を聞いたら、そっちはなかなか炊き出しや配給が来なくて、大変だったみたいです。

自分の祖母を見ていて思うのは、気仙沼の人たちって「米が穫れなきゃ海に行ってアワビを採れば良い」「野菜が無いなら浜で海藻を拾えば良い」、そんな発想で海を頼りに生きてきたんですよ。だから海の幸を失うと大変なんですね。炊き出しが来ない小規模の避難所ほど大変だったと、しばらく経ってから色々なところで耳にしました。

忘れられないのは二週間目、避難所に電気が通った瞬間ですね。何日か前から、遠くの地区の街灯が復旧して、ぽつ、ぽつ、とこっちに灯りが近づいて来るんですよ。今日か明日かと待ちわびていたある日、電力会社の方が小学校に来まして。漏電箇所が無いかなど確認して電灯が点いた瞬間、体育館で歓声があがりました。ただ、電気が復旧するとテレビやインターネットで情報を収集できるせいか、それまでは聞こえてこなかった噂が色々なところから届くようになりました。「石巻はギャングのような連中に占拠されて、そいつらが間もなく北上して気仙沼に来るらしい」とか「外国人が大挙して略奪行為を繰り返しているらしい」とか。今では笑い話ですが、あの頃は、なかば本気で信じていた人も多かったと思います。ネットに書き込まれている、気仙沼の根も葉もないデマを見て「何で住んでいる自分より詳しい人間が東京に居るんだよ」と呆れかえったのを覚えています。

幸い私の実家は海沿いではなく山側に建っていたので、家族も車も家も全て無事でした。患者さんたちを移送し終えてからは、私も避難所を離れて実家に戻りました。実家にかかわる話で興味深かったのは、山側にある住宅地の買い物事情ですね。高齢者が多いので、買い物に行こうにも市街地の大型スーパーへ向かう足が無い。しかも当時は二、三時間並んで数個の物品を買うなんてのがザラでしたから、とても身体の悪い爺ちゃん婆ちゃんには無理なんです。そこへやって来たのが、ワゴン車に野菜や魚、惣菜やお菓子を積んで売りに来る移動販売車だったんですよ。普段から山沿いに来てくれていたんですが、自分は内心「言えば自分がスーパーで菓子でも肉でも魚でも買ってきてあげるのに、なんで割高な商品をわざわざ購入するかなあ」なんて思っていたんです。けれど、考えが改まりました。日頃から交流があったからこそ、移動販売のおじちゃんもガソリンも物資も足りていない中、わざわざ来てくれたわけですからね。生活の中で人と繋がることが、本当に大切だと痛感しました。

まもなく一年が経ちます。私の勤めている病院も、院長先生が退職なさったり医師の方が辞めたりと、未だ大変な状況に変わりはありません。ただ、他県から「自分たちに出来ることがあるんじゃないか」と看護師さんが何名も来てくれているのが今のところいちばんの希望です。よそから来てくれた看護師さんをはじめ、震災が無ければ一生会うことの無かった人たちと一緒にこの町を立て直して行くのが、今の漠然とした目標です。移動販売のおじちゃんじゃ無いですけれど、人と繋がっていることが、最後には活きてくるように思います。

それと、もうひとつの希望は漁業ですね。もともと気仙沼は内湾だったのも手伝って、海底にヘドロが溜まりやすい地形なんだそうです。ところが今回の津波で海底のヘドロが陸地に打ち上げられた結果、前は底なんて見えなかった港沿いの海が、今では透き通っているんですよ。聞いた話では、今年はワカメの生育も例年より早いし、カキも順調に育っているそうです。もちろん、だから津波があって良かったなんて話じゃあ無いですよ。けれども、ほんの少しずつであっても、希望の光が見えてくるのはやっぱり嬉しいです。

「前を向いて頑張ろう」というよりは、「何だかんだ言っても、結局自分たちはこの気仙沼で暮らすよりほかに無い、だから頑張る」というのが正直な今の気持ちです。ネガティブなポジティブとでも言うんですかね。悲観しているわけじゃないですよ。ただ、明日には良くなるとか来年には劇的に改善される、なんて次元の話じゃないですから。やたら浮かれたり落ちこんだりせずに、ゆっくり進むしか無いかなと思っています。

（二〇一二年二月五日）

◎宮城県気仙沼市

瓦礫の街に凧が舞う

「気仙沼凧の会」代表世話人

加藤斉克《かとうまさかつ》さん（62歳）

■気仙沼では古くから凧を「天旗《てんばた》」と称して親しんできた。冬になると安波山《あんばさん》から気仙沼湾へと吹き下ろす強い風が、凧揚げにぴったりなのだという。「気仙沼凧の会」では風土に根付いた凧揚げの楽しみを知ってもらおうと、毎年一月、「気仙沼天旗祭り」を開催している。今年も大勢の子供たちが凧揚げを満喫。しかし、会場となった岸壁は、その二〇日後に沈んだ。気仙沼凧の会代表世話人の加藤斉克さんが語る。【聞き手／千葉由香】

あれから知り合いに会うと、最初の挨拶は「お宅はどうでした」。相手が家や会社を流されたり、家族を亡くしたと分かっているときは、とりあえず「大変だったね」とお見舞いを言います。我が家は津波の被害はなかった。ライフラインが止まって不便したのは皆さんと同じですが、まったく幸いなことに被害は少なくて済んだ。当たり前ですが、被災の程度が軽い友人同士と話す場合と、家や家族を失った人と話す場合とでは、次に出てくる話の仕方が無意識のうちに違うんだよね。家を失った友人の一人ははっきりと、「自分と同じように被災した人としか話したくない」と言いますよ。むしろ親しい者同士の方が感情は複雑なんじゃないでしょうか。

あの日は女房と、同居する娘夫婦と二歳になる孫、それに市内に住む女房の姉がいました。義姉は野菜を届けに来てくれていて、帰るというので見送りに出たとき、グラグラっと。長い揺れがやっと収まると即、義姉は車で帰りました。後から聞いたら、渋滞が始まる直前だったみたいね。津波が到達する寸前の国道を通り過ぎて、スムーズに帰宅できたって。それでも「水が見えた」と言っていましたから、間一髪です。

私たちは念のため、気仙沼高校に避難しました。津波警報は聞こえた。ラジオも付けた。でも、耳を傾けても状況がまったく摑めない。しばらくしたら内湾の空が、炎で真っ赤に染まった。ただごとでないということだけはわかりました。娘は市の総合体育館勤務、娘の夫は老人介護施設の職員です。珍しく二人とも休みで家にいたんですが、すぐに職場に駆け付けました。総合体育館には二〇〇〇人近くが避難したんじゃないかな。介護施設も大変な状況です。しばらく休みなしで出勤。とにかく仕事に追われて、気持ちが折れる暇なんてなかったようですよ。

私たちは自宅に戻ってからも、とにかく不安でね。そんなとき孫の存在は大きかった。子供はマイペースです。津波が来ようが火事になろうがお構いなし。泣くときは泣くし、笑うときは笑う。甘えるときは甘える。孫の世話をするのが私たちにとっての日常です。家族の関心が孫に集中して、それによってある程度の日常が回復した。孫の存在にどんなに助けられたことか。

携帯電話が繋がらなくて困りましたけど、まずは親戚、次に同級生たち、そして昔住んでいた海沿いの南町《みなみまち》の人たち。順繰りに気になる人の顔が頭に浮かんできたね。凧が趣味なもんだから、凧揚げの仲間も心配だった。凧仲間は奇跡的にほとんど無事でしたけど、中学時代の同級生は、知っているだけで六人亡くなりました。責任感が強くて、逃げるときに「あれをしなくちゃ」「これをしてから」と考えた人ほど津波にのまれています。誰に聞いても同じようなことを言いますね。これ以上積極的に消息を尋ねる気は起きません。何人亡くなったかなんてもう知りたくないというか。

私は凧を揚げるのも、凧絵を描いて凧を作るのも、好きなんですよ。凧愛好家の全国組織「日本凧の会」に入っていて、「気仙沼凧の会」代表世話人でもあります。

気仙沼では凧のことを「天旗」といいます。昔から凧揚げが盛んで、正月には魚問屋が屋号を描いた大きな天旗を競って揚げたりしました。伝統的なのは「日の出凧」。海の日の出を描いた意匠です。創作したのは、故・熊谷慶治《くまがいけいじ》さん。この凧は大正初期に生まれたのですが、昭和初期に廃絶してしまった。それを甦らせ、復活させたのが故・山浦八郎《やまうらはちろう》さんといって、気仙沼凧の会を始めた方です。私たち気仙沼凧の会は故郷に生まれ、伝わる日の出凧を地元の宝として伝承し、次の世代に伝えるべく頑張っています。日の出凧が見る人に強いエネルギーを与えてくれる。創作凧も楽しいけど、日の出凧は特別な存在ですねえ。

日本凧の会会員は全国に約二〇〇〇人。それが地域ごとにグループを作っています。お互い、あちこちで開かれる大会に顔を出して、語り合うのも楽しい。気仙沼凧の会では毎年二月、商港岸壁で「気仙沼天旗祭り」を開催しています。今年は二月二〇日でした。お天気に恵まれて最高の一日だった。震災が起きたのはその二〇日後でした。

「凧揚げしてます」なんて言うと、皆さんに「優雅だね」と言われるんです。だいたい皮肉が込められているね。ことに震災後は、凧を揚げていると「こんな大変な状況なのに」と呆れられたり、怒られたり。街はめちゃめちゃになった。皆さんあの日を境に生活ががらりと変わった。でも、「こんなとき」だからこそ楽しみが必要だと思うんです。

凧を見ると誰でも笑顔になりますよ。気持ちが高揚するんでしょう。私が凧を揚げていると、小さい子供たちが寄ってきます。凧を摑んでみたくて、糸を引く私に「触らせて」と言う。そして一〇〇パーセント、空を見上げて笑います。そんな魅力が凧にはあります。

震災後初めて日本凧の会の世話人と連絡が取れたとき、何かお見舞いを送りたいと言われました。私は和紙に寄せ書きをくださいと伝えた。すぐに全国に散らばる二〇数人の世話人のメッセージが届いてね。私はそれに竹ひごを貼って凧に仕上げました。気持ちの込もった、一生もののお見舞い。何にも代えがたいですよ。

五月の連休には全国の仲間が、何百もの凧を気仙沼の子供たちにプレゼントしてくれました。広いところで遊んで、少しでも元気になってほしい。そう思って、丘の上にある気仙沼小学校の校庭で三日間、凧揚げイベントを開いたんです。予想以上にたくさんの人が集まった。避難所で過ごす子供、わざわざ遠くから来た子供。みんな空を見上げて笑っていました。子供たち以上に喜んだのが親たちでね。「うちの子の本来の笑顔が戻った」という言葉を聞いたとき、ああ、やってよかったと思いました。

天旗祭りの会場となっていた岸壁周辺は地盤沈下がひどい。市内でもことに悲惨な状態です。もちろん凧揚げできるような広場は街中にありません。だからこそ「あそこに行くと凧が見られる」という場、子供たちが空高く舞う凧に見とれるような情景を残したい。私らの使命は凧の楽しさを次世代に手渡すこと。今は還暦過ぎのおじさんたちがワイワイやっているから何とか続いていますが、子供たちが凧を揚げなくなったら、凧そのものが消えてしまう。だから私は頼まれもしないのに、いろんなところへ行って、凧を揚げているんです。

凧の舞う空は平和の象徴ですよ。コツを摑んだら誰でも揚げられます。揚げた者勝ち、遊んだ者勝ち。子供だって大人だって、楽しんでなんぼの人生。凧がそのきっかけになれば、それほど嬉しいことはありません。気仙沼弁でおせっかい焼きのことを「くまんつぁん」というんです。上手く使えば役に立つ人、ある人にとっては煙たい存在。私は、凧を広めるくまんつぁんになりたいな、と。自宅には数え切れないほどの凧があるんですが、一つも壊れることなく、不思議と無傷でした。これは「凧を続けなさい」と誰かが言ってくれているのだと思います。

楽しみの場ということでいうと、四〇年以上続いてきたジャズ喫茶ヴァンガードが七月に再開したのは嬉しかったですね。大学生のころ、休みに帰省するたび通い詰めた店です。でも津波でいためつけられてね。オーナーとその仲間が頑張って店を再開させた。大切な場が甦りました。でも、評判の寿司屋も何代も続く鰻屋も、気仙沼ではいろんな店が閉まったままです。移転して再開するのか、商売を辞めてしまうのか、まだ分かりません。

このごろ、店は誰のためにあるのかなと考えるんです。店を維持しているのは店主のように見えて、支えているのはお客さん、応援団です。店主が再開したいと思っても、応援団がいなければ商売が成り立たない。どれだけ応援してくれるかは、店主の迫力というか意志にかかっています。気仙沼のお客さんたちはこれからどういう選択をしていくでしょうね。実は私も、親父から引き継いだレストランをやむなく閉店した経験があります。親父が戦後、旧市街に開店した店だったんですが、昭和も終わりになるころ、人の流れががらっと変わってね。みな車で移動するようになった。駐車場のない中心部の店から、郊外店へとお客が流れた。お袋が倒れたのをきっかけに、四五年続いた店を閉めて会社勤めを始めました。

これだけの大災害を経験して、街はこんな状況になった。ものの考え方も変えざるを得ません。「元通りに戻す」は無理だと思う。新しい街をひとつ作るくらいの心構えでないと立ち行かない。先人に学び、若い世代の志向も把握して、新しい街づくりのグランドデザイン、背骨を議論して作っていかないと。例えば、車社会はますます進むはずですから、店ごとに駐車場を構えるのはやめる。商店街全体の駐車場を高台にまとめて、お客さんは街中を歩いて買い物を楽しむ――。それくらい大胆な発想がほしい。よその町との連携も大切です。町内だけで一から一〇まで揃える必要はない。「これはこっち、あれは隣町で」と、お互いが補えばいい。その町にしかないものを選んで、残して、エネルギーを注ぐべきなんじゃないかな。行政がそんなグランドデザインを早めに作らないと、みんな商売を再興する前にくたびれて、気仙沼を離れて内陸に移転してしまいますよ。

気仙沼の魚市場はひどいダメージを受けたけど、道路を嵩上げして市場が機能し始めました。やはり漁業が街を引っ張るという自覚はありますね。こんなことになっても、さんざん世話になってきた海は、今もそこにあるから。ただ、岸壁や船の被害がこれだけ大きいと、個人の力ではすぐに漁を再開できません。その点、農家はたくましいね。米とか、野菜や果物をこつこつ作り続けてきた。気仙沼の人たちの間では、海の仕事が一番上位という意識が根深いんですが、今回はその意識が少し変わったんじゃないでしょうか。気仙沼には海だけでなく山も田んぼもあるんですよ。そしてまた、人々が長い時間をかけて育んだ文化は、これからも日々の暮らしの支えとして、この港町気仙沼に光と彩りを与えてくれると信じています。

（二〇一一年八月三〇日）

◇宮城県気仙沼市

津波め、後世に伝えてやるぞ

元気仙沼・本吉広域消防本部消防長
菊田清一《きくたせいいち》さん（63歳）

■長らく地域の消防に携わってきた菊田清一さん。たびたび津波に襲われてきた地域に生まれた者として、そして家族や後輩消防士を失った一人として、自然災害の恐ろしさと防災について語り継ぐ。［聞き手／千葉由香］

消防士として四〇年間、仕事をしてきました。役職を退いてからはいろんな集まりでお話をするなど、火災や防災についての知識を広める活動をしてきたんですよ。今回の震災を経験して、その気持ちがなおいっそう強くなりましたね。

　私の家は坂の上にあります。あの日は、揺れが収まると同時に、ドドドーンと屋根瓦が大量に落ちました。ご近所さんが心配して集まってきたほどの大音響でした。玄関から出ようとしたら、携帯電話に毎日放送ラジオから着信がありました。地震の状況を尋ねられたので、話しながら海岸に目を向けると、信じられない光景が飛び込んできたんです。横に倒れた建物が一斉に動いている。その向かいでは漁船が行ったり来たりしています。煙も上がってきました。「ただごとじゃない」と私が興奮してまくしたてる言葉が、そのまま生中継されたと後で聞きました。方言だったので、ラジオを聴いていた方には意味不明だったかも知れません。

　電話の直前、友人から「これから逃げます」とメールが入りました。海岸近くの職場からでしたが、この様子ではめざす避難場所も危ない。ラジオ中継の後、慌ててクルマを走らせました。ところが、まさかと思うところまで津波が来ていました。雪が降り、夕方になると空が真っ赤に燃えて、サイレンが鳴り響きました。「地獄絵だ」と血の気が失せました。

　現役消防士のころ最も心配していたのは、気仙沼湾の石油タンクが流されることでした。商港岸壁の南にある石油タンクが湾内に流れれば、市街地は間違いなく火災で壊滅する。結局、津波は大島《おおしま》の東側と北側から勢いよく流れ込んで市街地、そして鹿折《ししおり》方面へと向かい、鹿折地区は炎に包まれました。よく「津波が川を遡上した」と言いますが、気仙沼湾の津波は陸地全部をなめるように入り込んだんですね。いろんな角度から流れた水が建物に襲いかかりました。

一二日の早朝、気仙沼・本吉《もとよし》広域消防本部へと向かいました。友人と連絡が取れず、わらにもすがる思いでした。そこで東京消防庁の消防車が五〇台ほど到着したのを見て、「来てくれたんだ。これで彼女も助かる」と無性に涙があふれ出たね。自分が働いていたころの場面ともオーバーラップしました。隣接する町の消防署がすべて被災していますから、どんな状態になっても誰も助けに来てくれないと悲観していたんですよ。この日、避難場所からヘリコプターで救助された友人と会うことができました。翌日から行方のわからない彼女の父親、私の甥、開業医をしている友人……。安否確認に歩きました。最初は避難所、病院、そして遺体安置所です。

歩きながら自分にできることを考えました。私は趣味で写真を撮ってきました。毎朝、港や漁船、街の風景を撮っていたんです。気仙沼はいいところなんですよ。海は毎日、違う表情を見せてくれます。街には大正から昭和の凝った建築物が立ち並んで、絵になりますしね。経験をもとにできることはないか——。私は、警察の活動の様子を撮影させてほしいと申し出ました。黙々と捜索や救助に励む姿に打たれたからです。

慎重に遺体を運び出し、毛布に丁寧にくるんで、移送する前に全員でひざまずき、手を合わせる……。死者を悼む気持ちが体全体から伝わってきました。カメラを構えるのは辛いですけど、当人たちはもっと辛いはずです。ほとんどが瓦礫とヘドロにまみれた凄惨な現場です。遺体安置所で、帰らぬ人となった甥や友人の父親の棺に案内されたとき、その案内してくれた警察官が口を一文字に結んで、涙をこらえているのがわかりました。そういう意味では、自衛隊員も消防士も同じように、精神的重圧のもと任務を遂行していたんですね。津波で命を落とした人はもちろんですが、こうして救助救援に当たった人たちも被災者です。戦場です。みな傷を負ったのです。

被災の現実を後世に残さなければと、自分なりに撮影に歩き始めました。休みなく八時間歩いた日もありましたね。いろんな方に会います。奥さんを失くした場所でお線香を手向ける人、家族全員がいなくなって一人避難所で暮らす人……。

私は五年前に妻を病気で亡くしました。あのときは頭がおかしくなるかと思うほど悲しくて、辛くて、「死んでもいい」と、自暴自棄になりました。娘や友人に諭されたくらいです。連れ合いを亡くす辛さは、親を送るときとはまた違うものですね。あのとき、妻を亡くしたのは周囲で私一人でしたけど、今回は伴侶を亡くした人がたくさんいます。何千人という人が一斉に、あのときの私と同じような気持ちを抱いているという事実に愕然とします。しかも、突然大切な人を奪われたわけです。その悲しみや喪失感は私にも知りえない。

残された人たちは感情をあまりストレートに出さないような気がしますよ。これだけたくさんの人が同時に亡くなった、悲しんでいる人がいっぱいいる、自分だけ泣くわけにはいかない。そんな気持ちがあるからじゃないでしょうかね。よく「あなたの気持ちがわかる」と言う人がいますが、簡単に口にできる言葉ではありません。私はみなさんの話を聞きはしても、かける言葉はなかなかない。言えるとしたら「頑張ってください」ではなくて、「お互い頑張っていきましょう」。今朝も撮影しながら四人の方とお話ししましたが、誰一人として暗くなってはいない。「前に進まなくちゃいけないですよね」という話になります。

ただ、生存罪悪感というようなものも感じます。「生き残ってしまった」と自分を責める人が多い。たとえば、一緒の部屋にいた四人で同時に津波に流され、自分だけが奇跡的に助かった、という知人がいます。他の三人は行方不明。「毎日が苦しい。俺は生きていてよかったのか」と涙ながらに話してくれました。

もう一つお話ししておきたいことがあります。私には姉弟同様に育った従姉妹がいました。気仙沼市立病院で人工透析をしていました。震災直後、水道も電気がないため透析治療が受けられず、他の透析患者七七人と一緒に東北大学附属病院に移送されて、次に札幌の病院に送られた。毎日「寂しい。気仙沼に帰りたい」と自宅に電話をよこしていたんですが、四月一日、病院で息を引き取りました。生きるために札幌まで行ったのに。見知らぬ土地でどんなに心細かったか。従姉妹も震災の犠牲者の一人です。

親戚と連れだって従姉妹のお骨を迎えに行きました。私は甥や友人の父親が遺体で見つかっても、後輩の消防士たちが殉職しても、津波に対する憤りから、涙は出ませんでした。だけど、このときだけは泣けたね。医療スタッフや葬儀社の方に対する感謝の涙です。従姉妹の死を知らされても、私ら気仙沼の身内は何もできなかった。葬儀社の方は、「知らない土地で亡くなられた方への供養になれば」と、一切の費用抜きでお坊さんをお迎えし、火葬、葬儀までしてくださったんです。お気遣いには本当に頭が下がりました。人の情をこんなに感じたことはありません。

九死に一生を得た全員が物語を、すごい体験談を持っています。私が見聞きし、体験したことは、後世に必ず伝えなければと思うんです。私が通い詰めている階上《はしかみ》地区は、市内でも被害の大きかったところです。地区だけで二〇〇人以上の死者・行方不明者。お寺の過去帳によると明治二九年の三陸地震津波では約四〇〇人が亡くなっています。特に犠牲者の多かった明戸《あけど》という集落は津波の後、集落ごと高地移転したんですが、今回は移転先まで津波が来たんですよ。規模の大きさがわかるでしょう。和尚さんは、「せっかく高い土地に移転しても、災害は時間が経つと忘れられる。次第に海岸の方に家を建て、住み始めたようだ」と教えてくれました。一番恐ろしいのは忘れること。だから、伝えなければ。

明治二九年の大津波を記録したグラフ誌『風俗画報』があります。さし絵と文章で記録されているんです。実は絵も文章も、悲惨さを誇張しているのだろうと思っていました。でも、私が実際に見たものは、そこに書かれているのとまったく同じでした。何が起きたのかを書き留めて、子供や孫に体験を伝えて、自分たちはどうやって生きていかなければならないかを考える。津波襲来地方に生まれ、生き残った者の宿命だと思います。

私は明治三〇年生まれの祖母から「地震が来たら、まず戸を開けて、すぐには外に出ないで、収まったら竹藪さ逃げろ」と教わったんですよ。ずっと頭に残っています。大津波の翌年に生まれた祖母は、親からそう教わって育ったんでしょう。自分が体験したことも大切です。また、津波についてはいろんな研究がなされて、膨大な情報となって流れてきます。だけど、それだけでは不十分です。いろんな人たちの生還体験からも学ばなくてはいけない。そして、「地震＝津波」「逃げるが助かる」と体に叩き込むこと。自然災害をあなどっていけませんよ。私には二歳の孫がいます。私が語り部として孫に語って聞かせれば、年月を超えて伝わっていくでしょう。

今回「想定外」という言葉が飛び交いましたよね。この期に及んで、おかしな話です。誰かが勝手に「こうなるはず」と枠を作ってしまうから、その枠から外れたものが「自分の想定外」となるだけでしょう。災害はいつも想定外です。想定外だから災害。災害というものは常に想定を飛び越える。消防士はいつもそこに出動するんです。想定外を想定しないと、災害対策なんてできっこありません。

忘れられない光景があります。火葬場でした。次から次へと棺が運ばれ、次から次へと窯に火が入り、たくさんの人が行ったり来たりする中で、その棺にはたった一人のお婆さんが付き添うだけでした。家族は、親戚はどうしたんだろう。ポツンと立つお婆さんの丸い背中を見て、「津波め」

と猛烈な怒りが込み上げてきました。この怒りも含めて、私は伝えていきたいです。

（二〇一一年八月三一日）

◈宮城県気仙沼市

心に大漁旗をはためかせて

菊田染工場
菊田栄穂《きくたひでお》さん（53歳）

■鉄路、住宅、商店、歩道橋——。津波直後に発生した大火災により、街のほとんどが消失した気仙沼市鹿折《ししおり》地区。テレビなどに映し出される映像をご記憶の方も多いだろう。鹿折川の畔、辛うじて残った一角に菊田染工場がある。漁船の大漁と安全を祈願する縁起物、大漁旗の製作所だ。菊田栄穂さんは、今では市内唯一となった染工場の六代目。別名「福来旗《ふらいき》」と呼ばれる旗を、震災後再び作り始めた。

【聞き手／千葉由香】

鹿折地区はほとんどが燃えてしまって、今はうちと隣の変電所周辺だけが残っています。うちは漁船が進水式で甲板に掲げる大漁旗を作ってきました。作業場を修理して、六月から少しずつ仕事を再開しました。自宅は全壊の判定ですが、何とか住めるようにしました。新たに船を購入した船主さんから大漁旗の注文がぽつぽつ入ります。たくさんは作れないですが、けっこう忙しくしています。何とかここまで来ました。

大変は大変でした。でも仕事場も家も残ったし、家族も無事だった。だから立ち止まらず来られたのだと思います。私たちは地震の後すぐ避難したんですよ。街が津波に飲み込まれる瞬間は見ていないし、親兄弟親類に何もなかった。津波の本当の怖さを体験していない。だから、この同じ場所で再開する気持ちになれたんです。津波がまた来たら逃げるだけです。

揺れたとき、私は作業場の一階、女房は二階で仕事していました。防災無線からは最初「三メートルの津波が来ます」と聞こえました。それなら去年のチリ地震津波と同じだから、大丈夫、堤防は越えないと思いました。ところが、すぐ「六メートル」「一〇メートル」と修正されたので、逃げなきゃとなったんです。自宅にいたお袋を急いで車に乗せ、五〜六キロ北にある上鹿折《かみししおり》の義姉《ねえ》さんの家に向かいました。でも、津波が本当に堤防を越えて来るなんて思ってもいませんでした。

義姉さんの家に着いたのが三時二〇分ごろ。家ともう一台の車が心配で、姉さんに車で送ってもらったんですが、途中からえらいことになっていた。川の中に瓦礫、船。そこにあるはずのないモノで道がふさがって、ついさっき逃げながら見た光景とまったく違う。車を降りて義姉さんを帰し、歩いて自宅に向かいました。冠水しているところを避けて大船渡線の線路を歩いていると、「危なく死ぬとこだった」と這い上がってきた人にも会いました。

線路より高い国道に上がり、鹿折川沿いまで来て、自宅と工場があることを確認。が、サンダル履きでは、ヘドロと瓦礫で近づけない。大津波の避難指示のサイレンが鳴り続けて、ときどき「津波が来るぞーっ」と叫ぶ声が聞こえました。

そのうち、あっちこっちが燃え始めたんですよ。「津波なら水だろう。なんで燃えるんだ」と混乱しました。そこに日が暮れて雪も降り始めた。薄着のまま逃げたので寒い。とにかく明日は片付けが大変だ、燃えなきゃいいなと思いながら、歩いて上鹿折へ帰りました。上鹿折からは一晩中真っ赤に燃える夜空を見ながら、自宅も作業場も燃えないことを祈り続けました。後から考えると、私が自宅近くに戻ったのは一番大きい波が来た直後だったんです。車や位牌、貴重品を取りに戻った人がだいぶやられています。私もあと一〇分早かったらやられていました。

次の日の朝早く、女房と自宅へ向かいました。東京消防庁の消防車が十数台国道に並んでいて、心強かったです。付近はもうもうと煙が上がって、川に車が突っ込み、道にはいろんなものが転がっている。正直、「お仏がなければいいな」と思いながら歩きました。自宅と作業場は大丈夫。車庫と物置はぺしゃんこです。が、大丈夫と思った自宅は畳がすべてめくれ上がり、散乱する物とヘドロでぐちゃぐちゃ。工場も同じ。一日で終わると思っていた片付けはまるで見当もつかない状況でした。規模は小さいものの余震と津波が繰り返し、何をするにも三日間ほどは高台と自宅を行ったり来たり。

私は現状を受け入れるというか、起きたことはしょうがない、すぐに「次は何をしたらいいか」と思う性質《たち》です。私にできることは染めの仕事だけです。何日かかっても片付ければ何とかなると思い、体を動かしていたら次々と助けてくれる人が現れて、復旧の流れができていきました。誰ということもなく「ここで仕事、生活をやれ」と言ってくれているような気がしました。

片付けは自宅から始めることにしました。でも水道も電気もダメ。ヘドロを洗い流す水は鹿折川に汲みに行きました。親父の代まで、染め物を洗っていた川です。津波が落ち着いて川に水汲みに行けるまで一週間かかりました。しかも水を汲めるのは午前中だけ。なぜか午前一一時ごろ川に潮が以前より高く上がってくるからです。それが地盤沈下のためと分かったのはしばらくしてからでした。

三月下旬、震災で亡くなった友人の奥様の火葬に出るため隣町の千厩《せんまや》へ行ったとき、エンジンポンプなるものを見付けて買ってみました。自己流でサランラップをぐるぐる巻きにして井戸ポンプに繋いでみたら、水が出た。これで作業が少し楽になりました。水のありがたさを感じました。床や壁の洗浄には、盛岡の染物屋さんから贈られた高圧洗浄機がすごく活躍しました。

疲れが出てきた四月半ば、ボランティアセンターに応援を頼みました。自宅内部のヘドロをかき出し、泥を吸って重くなった畳や箪笥などを庭に運び出してもらい、気分的にだいぶ楽になりましたね。遠く栃木県から来てくれた九名でした。本当にありがたかったです。日本に生まれてよかったと思いました。五月の連休からは地元気仙沼のNGO「IVY」のみなさんが床下や庭のヘドロを出してくれました。ヘドロは土嚢袋に三〇〇〇以上。砕石を綺麗にしてくれたのもありがたかった。旗を乾かす工程で庭に出しますから、庭も作業場の一部です。敷き詰めていた砕石がヘドロと混じってしまったのを、丁寧にふるいにかけて洗ってくれたんです。

染めの道具類は泥にまみれましたが、ほぼ無事でした。旗を張るときに使う張手《はって》や針子、その他の道具類はほとんどが木製か竹製ですので、泥を洗い流せば使える物ばかり。染料も缶入りですから大丈夫でした。ただ、染め型紙はだいぶ破れてしまいました。今は一枚ずつ作り直しています。

九月には仕事を再開できそうだと算段していた四月末、お得意様から「五月末まで大漁旗三枚、何とかならないか」という注文が入りました。無理かと思いましたが引き受けてしまいました。思えば、この仕事が、再開時期を早める原動力となりました。また、伝統芸能「平磯虎舞保存会《ひらいそとらまい》」からも虎皮など一式をお盆までと頼まれました。保存会の人たちは家や会社、道具の一切が流されながらも、伝統を絶やしたくない、こんなときだからこそ恒例の祭りをやる、というのです。

さらには、船も家も女房もなくしたけど避難先の孫三人に励まされて「友達の船を買って、もう一回海に出るから船名旗を頼む」との注文もありました。震災後の注文は話を聞くと、こちらが逆に力づけられるようなものがほとんどです。

震災当日、制作中の旗が一〇枚ほどありましたが、三月一五日に受け渡す予定の「誕生旗」の一枚だけがなぜか泥と潮水を被りながらも残りました。不思議でした。商品にはならないけど何か感じるものがあって、そのまま残していました。そうしたところ五月の連休直前、注文主の南三《みなみさん》陸《りく》町のおじいさんが「どうなってるっぺ」とひょっこり訪ねてきたんですよ。気仙沼までの道がようやく通じたばかりでした。旗をお見せしたら「残ってたのか。おらの孫が頑張れと言っているようだな」って涙をこぼして喜んでね。船は流されたけど家も孫も家族も全員無事だと。私も泣けました。後日作り直してお渡しすることができ大変喜ばれました。汚れたけど残った旗は仕上げて記念に保存してあります。

でも、気持ちが揺れるときもありました。姉の世話になっているお袋に会いに、六月に仙台へ行ったんです。ショックでした。内陸経由で行ったので、仙台の街は3・11以前と何も変わっていないように見えました。沿岸以外では震災前の、ごく普通の暮らしが続いている。気仙沼のできごとは、悪い夢ではないのか……。あの違和感。気仙沼にいる分には張りつめていた心が、仙台の雑踏の中で萎えそうになりました。

気仙沼に戻れば、片付けようのない瓦礫が山となっている現実。うちは少し片付いたけど、五〇メートル先に行けばあの日のままの光景が広がっています。この厳しいままの状況は、被災していない地域の人には伝えられないまま、忘れられていくのかなあ……。そうも思うんです。もし自分が逆の立場だったら、「テレビの中の大変なできごと」として、私も意に介さなくなるように。一方で、比較するわけじゃないけど、ヘドロは目に見えて片付けられるだけ放射能よりはまだいいのかな、福島の原発近くの皆さんは住める家があっても帰れないんだからもっとずっと大変だと思います。

あの日、自分の家を見て「地獄だ」と思いました。でも、次第に「これは地獄の入り口にすぎない。この先に本当の地獄がある」と思えてきました。人それぞれ、置かれた立場で分かり合えない気持ちを抱えています。避難所から自宅の片付けに通っていた友人が、避難所に戻って何気なく「疲れた」と言ったら、そばにいた人に「片付ける家があっていいね」と言われたそうです。生き残った人、家や船を失った人、家族、友人を失った人、自分だけ残された人……。同じ被災者であっても計り知れない溝、理解し合えない気持ち。この先いつまで続くか分からない複雑な状況です。

そういう意味で、簡単に「頑張ろう」なんて言えないし、言いたくない。今は気仙沼で暮らす皆それぞれが精一杯生きているから。

子供のころからアユ釣りが趣味なんです。漁期は陸前高田の気仙《けせん》川に通います。七月一日の解禁日を励みに、以前の暮らしに何とかして戻したくて、今年も行って来ました。みんなが「祝大漁」になるようにとの思いを抱きつつ……。

（二〇一一年八月三〇日）

◆宮城県気仙沼市

大島に生きる

有限会社宮古屋

熊谷《くまがい》すん子《こ》さん（84歳）

■気仙沼湾に浮かぶ大島《おおしま》は周囲二四キロ、人口約三二〇〇人。観光と漁業の島だ。本土の汽船乗り場から大島へは所要時間二五分。しかし、震災直後は本土との交通は寸断された。船の発着所である浦《うら》の浜《はま》で、「Welcome to OSHIMA」という看板を掲げてひときわ目を引いていた「宮古屋」の熊谷すん子さんは今、仮設住宅に暮らす。

［聞き手／千葉由香］

明日は震災後初めての句会があるんです。三〇年以上続く大島句会という集まりがありましてね。句稿もできましたから今日は安心して、午前中に床屋さんへ行って髪をさっぱりしてきたところです。会場はいつも公民館でしたが、今は今ボランティアセンターとして使われているから、明日の会場は料理屋さん。昼食を挟んで催されます。

震災直後には句を詠む気持ちにはなかなかなれませんでした。でも、みなさんが私を訪ねてきて、力づけてくださったので、少しずつ作句するようになりました。気仙沼は昔から俳句や短歌がさかんな土地柄です。歌人・落合直文《おちあいなおぶみ》の生家もありますし、海をテーマとした俳句の全国大会も毎年開かれています。

我が家は汽船発着所のそばで「宮古屋」を営んでいました。米穀や薬品、燃料、お土産の店舗兼住宅です。もともとは、亡くなった主人の父が食糧営団大島第一配給所として任せられたお店でした。それを私たち夫婦が継ぎ、主人と長男が亡くなってからは私と長男の妻、社員とで切り盛りしてきました。

地震が起きたときは店にいました。最初は、必要なものを二階に運び上げた。チリ地震津波のときも二階に避難して大丈夫でしたからね。でも、どうもダメそうだと、クルマで逃げました。高い場所にある親戚の家にたどり着いて、降りると同時に、「浦の浜が全部流された」と聞かされました。本当に、何としようと思いました。おかげさまで私は水もかぶらず避難できましたが、二軒隣のご夫妻は助かりませんでした。

最初の八〇日間は親戚の家にお世話になりました。次は、二次避難所となった旅館で四〇日あまり、一〇世帯で共同生活をしておりました。そして抽選に当たったので、大島中学校の仮設住宅に入居しました。長男の妻は私をクルマに乗せて助けてくれ、自身も助かりましたが、その後の心労が重なったんでしょう。体調を崩して北海道函館市の実家に帰り、入院してしまいました。島内にある私の実家も流されました。母屋も離れも倉庫も、もろともです。住んでいた九四歳の兄嫁は行方不明。その近くには九二歳になる私の姉が暮らしていたんですが、三日目につぶれた家の中から遺体で見つかりました。本当に大変な災害です。

私は震災以来、心因性狭心症で体調がすぐれなくて、救急車で運ばれたりしたんです。これだけ元気になったのは、島でたった一人の医師、大島医院の山本馨《やまもとかおる》先生のおかげです。震災の当日から不眠不休で島民の診療にあたってくださった先生に心から感謝しています。先生の奥様も大変だったでしょう。

離島ですから、みな不安なときを過ごしたんですよ。持病のお薬を流された人もいっぱいいました。定期船は動かない。船を出せたとしても、スクリューにロープや網などの浮遊物がからまって危険です。どこへも行ません。先生だけが頼りでした。私だけではなく、大島に暮らす人はみな先生がいたから生きてこられたようなものです。大島では毎年、花火大会を開いています。今年は先生が「島民の健康を守ります」というメッセージとともに大きな花火を上げてくださった。これに私は元気づけられました。

この八月、東京に住む次男夫婦が帰ってきて、事業を継いでくれています。海岸近くの店舗はなくなりましたが、プロパンガスの配達やガソリンスタンドなどの燃料部門は復活させたんです。次男の妻は、大島で暮らすには必要だからと、急いで車の免許を取ってから引っ越してきたのです。

私は大島で生まれて、ずっと大島に暮らしています。尊敬する旧家の小山良治《おやまりょうじ》先生という方や、母方の祖母から島に伝わる話を聞いて育ちました。そんな民話を語り継ぐボランティアもしてきました。民話の中には、津波の話がいくつかあります。代表的なのが「導き地蔵」。島の東側の地蔵堂に祀られる三体のお地蔵様のお話です。

あるとき、若い農民が畑仕事の帰りに、白装束の人が大勢ぞろぞろと地蔵堂に入っていくのを見た。びっくりして、恐ろしくて、高台にある家に帰ってぶるぶる震えていたところ、大きな地震があり、海の方で大きな音が響いた。大津波でたくさんの島民が亡くなった。そこで農夫は「地蔵堂に入って行ったのは津波で亡くなった島民だった」と知って、お地蔵様をより厚くお祀りするようになりました。一一〇〇年前の貞観《じょうがん》地震の大津波のことだと伝わっています。

導き地蔵は、罪なくして死ななければならない人を極楽浄土に導くためのお地蔵さんです。大島は再三津波に襲われたうえ、漁業の島ですから海難事故などで命を落とす人も多かった。だから、亡くなった人を悼む、こうした信仰が生まれたんですね。太平洋を見晴らす場所には「壇《だん》の平《ひら》」や「経壇《きょうだん》」など、仏教に関連する地名が付いたところがあります。お寺や神社が比較的多いのも、心のよりどころとして必要だったからでしょう。

貞観の津波では、大島は三つに分かれたと言われています。島内の二カ所を水が越えていったんです。そのとき分かれ目となった場所の一つには、「境《さかい》」という地名が付いています。今回の津波では、ここは水が越えませんでした。でも過去に被害を受けたことのない地蔵堂がすっかり流されました。離岸堤とかテトラポッドとか、今はあの時代になかった構造物がたくさんありますからね。波の流れが昔とは違うんでしょう。今、地蔵堂を新築する話が進んでいます。大島出身で仏門に入った若者が、心を込めて新しい導き地蔵を制作しているんです。

このところ「絆」という言葉をよく聞きますけれど、大島では昔から絆を大切にしてきましたよ。外の世界と隔絶された離島だから、住民同士で力を合わせないといけない。ほとんどの人たちが顔見知りで、やったりとったりのお付き合いを大切にしてきました。それが当たり前でした。天明・天保の大飢饉でも、餓死者を一人も出さなかったそうです。みんなで協力し合って、海で捕れる魚や野草や山菜を食い繋いで、生き延びたんですね。島の人たちは限られた地域の中で暮らすため、知恵を絞って生きてきたのだと思います。ただ、離島だからこその閉鎖性がないとは申せません。その点では日本の国の縮図みたいなものですね。

私は若いころからお料理が大好きです。白菜漬と魚、酒粕を煮た郷土料理「あざら」や、蕗のお菓子、ホヤとフルーツのお刺身など、いろんな方に紹介してきました。やはり食べ物に縁があるんでしょうね。私の父は唐桑《からくわ》半島の舞根《もうね》というところでホヤの養殖を始めた人なんです。友人と協力して、山ブドウの蔓を編んでロープ状にしたものにホヤの種を付ける技術を開発しました。昭和二〇年五月には宮城県気仙沼水産試験場として、海水とともにホヤを酒樽に詰めて木炭トラックで運び、昭和天皇に献上したんですよ。金の紋章の付いた「恩賜のたばこ」が大きなカートンで贈られてきたのを覚えています。そのときの箱などを実家では大切にしまっていましたが、もちろん津波で流されました。三陸一帯のホヤ養殖もだいぶ被害を受けて、しばらくは食べることができませんね。

仮設住宅ではよく談話室に集まって、みなさんとお話ししたりしています。一人で部屋にいるより、行ったり来たりする方がいいので、出かけるんです。少しでも楽しみが増えればと、気に入った詩や歌詞を紙に書いて談話室の壁に貼ったりしています。仮設住宅には私と同じような世代が多いから、どうしても時間をもてあましてしまうんですよ。

　半年が経つんですねえ。「命得ればこそ老鶯の谷渡り」という句を詠みました。ここまで立ち直ることができたのは、たくさんの方の物心両面の支援のおかげだと実感しています。あの日あのときのショックを振り返れば、こうしておしゃべりしたり、句会に出たりする日々が来るとは思っていませんでした。

（二〇一一年九月八日）

◈宮城県気仙沼市

ミニコミ誌、奮い立つ

遠洋漁船ミニコミ誌『月刊みなと便り』編集長

熊谷《くまがい》大海《たいかい》さん（54歳）

■遠洋漁業基地として隆盛を誇った時代があった――。気仙沼の歴史を伝えるため、日本唯一の「遠洋漁船ミニコミ誌」として立ち上がった『みなと便り』。編集長の熊谷大海さんは新たな使命を感じている。

【聞き手／千葉由香】

　私の小学校時代のあだ名は「漁船博士」。漁船が大好きで、船名を聞いただけでトン数や船主、設備をすらすら言えました。夢は当時の花形、遠洋マグロ船の漁労長になることでした。遠洋漁業の隆盛期ですからね、造船所では工夫を凝らした船を競って作っていました。日曜日には港へ行って船の写真を撮り、知らない船が入港していると、中を見学させてもらいました。新造船の写真に仕様を添えた「主要目」も集めていました。全国の造船所や船主さんに手紙でお願いして送ってもらうんです。郵送料や現像代を捻出するためにアルバイトもしました。夕刊紙『漁況新聞』の配達です。

　一八歳からの七年間は、遠洋マグロ船に乗りました。結婚を機に陸に上がってからは、もう一つの憧れだった会社経営に挑戦しました。ビデオレンタルを主とする会社です。一時は三〇人の社員を抱えましたが、いろいろありまして、軽印刷部門だけを残して整理しました。平成一六年です。途方に暮れてふらふらしていたとき、知り合いの船主さんに「気仙沼の遠洋漁業の記録を伝えてくれ」と言われたんです。

民宿が立ち並んでいた浜辺。宮城県気仙沼市，2011 年 3 月 28 日〈撮影／荒蝦夷〉

考えてみれば、資料と知識、人脈は十分ある。やってみようと思いました。それが、遠洋漁船ミニコミ誌『月刊みなと便り』です。名漁労長の経験談などを掲載したら「面白かった」「俺の話も聞いてくれ」と評判になった。船と漁業の話題満載です。今では全国に定期購読者がいますよ。

昨年一一月には隔月タウン誌『浜らいん』も創刊しました。ちょうど二番目の娘が勤め先を退職して、友人と一緒に手伝ってくれることになりました。三月一日号では昭和四年、大火から復興する気仙沼の写真を紹介したんです。その矢先の震災です。

あの日の午後は、南三陸《みなみさんりく》町の鮮魚店を取材していました。「大津波が来る。内陸の道を通って逃げろ」と鮮魚店の社長に言われたので、山の方の道をめざした。どこをどう走ったのか、家が軒並み倒壊している町も通りました。ラジオで「六メートル以上の津波が来る」と聞いたときは、「日本沈没か」とまで考えました。

道に迷いながら家にたどり着きました。自宅は内陸の高台です。揺れの被害も軽かった。でも、市街地の炎は見えた。津波をギリギリで免れたアパートに住む長女一家が、生後四カ月の赤ん坊を連れて避難してきました。家内は高齢者施設に勤めていますが、施設の周囲が冠水。身動きが取れなくて。帰宅できたのは三日目でしたね。

震災翌日、私はカメラを持って魚町を歩きました。旧市街一の繁華街です。廃墟でした。人っ子一人いない。物音一つしない。生活の営みが何も感じられない。見慣れた建物が壊滅。凶暴な怪獣でも、ここまでは壊さないだろうと思いました。シャッターを切る音だけが瓦礫の中に響きました。あの光景は一生忘れないですね。

一週間ほど経ったとき、娘たちが『みなと便り』と『浜らいん』を避難所で配ろう」と言い出しました。避難所にいる人たちは着の身着のまま逃げてきた。テレビもパソコンもない。新聞の配達もストップしている。情報源は個人所有のラジオくらい。みんな退屈しているはずだというんです。在庫を引っ張り出して、高校生の末娘と避難所をまわりました。昔の気仙沼、遠洋漁業が華やかだったころの港の様子を眺めて、みなさん少しでも元気が出るといいと思いました。

このとき、「気仙沼はどうなっているのか」「何もわからなくて不安だ」という声をよく聞きました。これが『浜らいん』五月号刊行の原動力となった。本来は広告収入が頼りの印刷物なんですが、今は広告を出す人もいないし、採算度外視で作ろうと。震災後に撮った写真で構成しました。一部三〇〇円で二〇〇〇部。半分を無料配布。買ってくれる人がいれば印刷代は出るか、という程度の読みでした。

地元紙に「出します」と小さな広告を出しました。
驚きました。発売当日の朝、起きたら家の前にクルマがびっしり。二時間で販売分の一〇〇〇部がなくなった。三日間は注文の電話が鳴りっぱなしでした。繋がらないから直接来たよという人が途切れない。三〇冊、五〇冊とまとめて買う人もいるんですよ。親戚や友達に「ふるさとがこんな状態になっているよ」と送るんだそうです。すぐ五〇〇〇部増刷しましたが、これも二日でなくなり、最終的に三万部出ました。

同時に、「俺はこんな写真を撮った」という情報や写真が寄せられました。それを『市民が撮った気仙沼』という一冊にまとめ、さらに少しページ数の多い永久保存版を出しました。どちらもすぐ完売です。写真は各地区をまんべんなく見られるようにセレクトしました。例えば、大島は大変な被害を受けた割に、マスメディアでは取り上げられなかった。離島だから交通が寸断されて報道陣が入りにくかったからでしょう。それだけに、大島からは「俺たちのことも載せてくれ」と熱心に写真が送られてきました。みんな自分のことを伝えたいんですよ。ならばその気持ちを十二分に汲んで作ろうと考えました。今は同じ趣旨でDVDも製作中です。

根底には、自分自身が、気仙沼の人たちにお世話になってきたという気持ちがあります。子供のころから港や漁船に楽しみをもらい、船員さんや船主さんたちから親切にしてもらった。海に憧れた。船に乗って先輩からいろんなことを学んだ。『みなと便り』だって『浜らいん』だって、人がいて初めて成り立つ。そんな気仙沼の人が必死になって撮った写真です。大切に扱って、安価で提供したい。受けた恩は返すべきだという新たな決意が生まれました。読み手の見えるミニコミ誌の醍醐味ですね。

震災以来、いいことも悪いこともあって、いろんな感情が交錯しました。女房の実家が農家なので、米の蓄えはありました。普段から缶詰やレトルト食品の類をたくさん買い込んでいた。山の湧水をポリタンクに汲んで飲水にしていた。これで少しはしのげたから、よかったですね。電気がないからテレビもパソコンも、読書もダメ。時間だけはあるので、娘夫婦も含めて家族でじっくり話をしました。そうそう、何年かぶりで娘たちとトランプもしましたよ。最近は仕事に忙殺されて忘れていた、ほんのりした時間を持てました。

一方で、胸が締めつけられるような思いにかられました。経済的に恵まれた暮らしをしていた人が、年老いた両親が亡くなったり、目の前で子供が流されたり、仕事を失ったり。そんな話が身近にあふれています。涙もろくなりました。地図を開いて、撮影したばかりの写真と照らし合わせていると、ああ、もうあの風景はないんだよな、だんだん忘れられていくんだろうなと、無性に寂しい。もっともっと、何気ない街角の写真を撮っておけばよかったと後悔しています。

人間の嫌な面も見てしまいました。店が開いていなかったでしょう。孫のミルクを手に入れるために駆け回りました。ホームセンターが営業していると聞きつけて行ってみたら、販売は一時間で終わったと告げられた。商品はふんだんにあるのに、頑として売ってくれない。私のほかにも女の人たちが数十人、「売ってくれ」と必死に頼んでも「売れません」と冷たく断られた。あれは何だったんでしょう。非常時には情けとか思いやりまでなくなるのかと、怒りを通り越して、がっかりしました。

反省もしました。我が家のあたり、津波とは無縁でした。震災翌日も、近所では何事もなかったかのように犬を散歩させたりしていました。遠くから被災地へボランティアの人たちがたくさん来ているのに、私ら近くに暮らす者が積極的に力を貸したという話はあまり聞きません。もっと手助けできることがあったんじゃないかな。

でもやっぱり、とも思います。一人の人間ができることはそう多くない。私の役割は、写真を撮り、ミニコミ誌として伝えることです。伝え続けることで、気仙沼の力になりたい。一〇〇〇年に一度のできごとに立ち会ったからには、この姿を伝えていく責任が発生したんですよね。一つでも自分にできることをやっていく人がたくさん集まれば、希望も湧くし勇気も出る。復興にも近づけるんじゃないでしょうか。本当は私がこうして前に出るより、商売をしている人が出た方がいいんですよ。商売が復興しないと、地域は絶対に復興しませんから。

これまで企業や個人から船や港に関する古い写真をお借りして、こつこつとデータ化してきました。「活用してくれ」と、船主さんが古い大漁旗を譲ってくださったり、貴重な資料を寄せてくれたりもした。津波では、そんな漁業・水産関係の会社や事務所がほとんど流されました。膨大な一次資料が失われた。気が遠くなります。ただ、ちょうど震災の時期に私がお借りしていた資料もあったんです。全体から見ればわずかですけれど、図らずも貴重な資料が流されずに残りました。

今は仕事の合間を縫って、写真を流されてしまった方たちに、写真データをCDに焼いてお届けしています。進水式の記念写真とか、海の上で働いているスナップ写真とか。津波で亡くなった方もいました。息子さんにお渡ししたら喜んでいました。手間暇がかかる作業ですよ。でも、写真は命を張って生きた証だから、本人の手元に残しておいてほしいです。

人生って、終わるまでわからないですね。他人のためになることをすれば、いつか返ってくる。幸せなときもあれば不運なときもある。私は苦しい状況に陥ったこともありましたけど、今は家族にも恵まれてこうして生きています。今は困難な境遇にある人も、きっとよいときがやって来ると思います。


（二〇一一年九月八日）

◇宮城県気仙沼市

船の男たちを支える

「亀の湯」主人
斎藤克之《さいとうかつゆき》さん（70歳）

■かつての魚市場に近く、商店や住宅が立ち並ぶ魚町《さかなまち》。明治一九年創業の「亀の湯」は、地元の人のほか漁船の船員たちが一風呂浴びにくる名物銭湯だ。津波が浴室やボイラーを飲み込み、倒壊した隣家が外壁を打ち破った建物には今、大阪府池田市からの支援で入浴設備が仮設されている。四代目のご主人、斎藤克之さんは妻のちか子さんとともに忙しく立ち働く。［聞き手／千葉由香］

「亀の湯」は私の曾祖父さんが始めました。気仙沼は昔から銭湯が多かったんです。理由の一つは、火事が多いから。山が海に迫る地形なので土地が狭い。家がくっつき合って建っている。しかも、山から海に強い風が吹き下ろすので、火が出ると風に煽られて燃え広がるんです。だから行政は火元となりやすい風呂は一般家庭には作らせず、銭湯に入るよう奨励したんですね。風呂は火を扱うプロである風呂屋にまかせろ、と。

もう一つには、漁船の船員さんが入りに来るからです。夏から秋はサンマ船、次に全国のカツオ船が続々と入港します。地元の船員は家に帰るけど、宮崎、三重、静岡など遠くの船の人たちはまず一風呂浴びに亀の湯に来ます。魚町にずらりと並ぶ船主、「船かけさん」の大旦那さんたちも、故郷を遠く離れて気仙沼にやってきた船員さんたちも集まる風呂屋なんです。毎年やってくる船頭さんの中には家族ぐるみで付き合ってきた方も多いんですよ。うちの女房は船頭さんたちに妙に気に入られてね（笑）。船頭さんの息子さんや娘さんの結婚式に呼ばれて、はるばる三重や宮崎まで出かけて行ったことも二度や三度じゃありません。

この魚町の隣には太田《おおた》という花街がありました。昔の船員さんは風呂から上がったらそろって太田に繰り出した。日本全国、カツオ船に乗っている人なら誰でも太田という地名を知っていたそうです。嵐になるとさらに賑わいました。気仙沼湾は本当に静かな海だから、嵐が来ると近くを航行している船は気仙沼湾に避難して、風が収まるのを待つんです。そして船員さんたちが街に繰り出すわけです。

でも、どこでもそうだろうけど、銭湯の数は年々減ってきました。船も昔みたいに入らない。それに一間のアパートにさえ風呂が付いている時代でしょう。銭湯の商売は大変ですよ。うちだって船が入る期間はなんとかやっているけど、船が少なくなると赤字。創業以来ずっと燃料はおがくずや木ですから燃料費がかからない方だけど、それでもプラスマイナスゼロみたいなものです。そこに今回の津波だもの。

津波は一階の天井近くまで来ました。浴室のタイル、お湯を沸かす釜場、ろ過機はめちゃくちゃ。建物そのものだって、しっかり改修しないと、次に何か災害が起きたらどうなるか不安です。しかも、大金かけて営業再開したところで、果たして採算が取れるのかどうか……。隣近所はほぼ全壊で、まともに建っている家は一軒もありません。もちろん誰も住んでいない。ここから海岸にかけての道路は毎日冠水するうえに、街灯もないから夜は真っ暗です。従来の設備で昔どおりに営業していれば何とか続けていられただろうけど、これだけやられてしまうと、再開の決心はなかなかつきません。

そんなとき、大阪の池田市が仮設の入浴設備一式を気仙沼市に貸してくれたんです。それを亀の湯の脱衣所だった空間に設置して、八月六日から営業を始めました。営業時間は午後二時から七時まで。そのうち四時から五時までは女性専用です。おなじみの船頭さんや船員さんが入りに来るし、ボランティアに来ているおにいちゃんたちとか、かってのご近所さんも来ます。賑やかになりました。でも、亀の湯として営業再開したわけじゃないですからね。実際の業務は私と女房が担当していますが、管理は市、運営は気仙沼漁業協同組合。正式名称は「池田ふれあいの湯」です。

発端は、大阪府の各都市の市長たちが陸前高田市や南三陸町《みなみさんりく》、気仙沼市などにお見舞いに来たことでした。気仙沼市が「七月からカツオ船が入港するが、海岸に入浴施設がなくて困っている」と話したところ、池田市が提供を申し出てくれました。浴槽、シャワー、ボイラー設備一式で七〇〇~八〇〇万円、それに気仙沼までの運賃を入れて約一〇〇〇万円だそうです。それをポンと議会を通して貸してくれたんだから、池田市は大したものだなと思います。

震災当日は私ら夫婦、逃げ遅れたんですよ。揺れが少し収まって釜場を点検しに行ったら、上の方に設置したタンクの管がはずれてね。水が滝みたいに溢れ出ていました。咄嗟に「建物が水浸しになったら大変だ」と思ったんだなあ。近所の人が「陣山《じんやま》に逃げるから、お前も早く来いよー」と叫びながら走って行くのを横目に、梯子をかけてタンクを直し始めました。そこに、車を高台に置いて戻ってきた女房が「何やってるの」と慌てて飛び込んできた。二人で家を出たら、水がもう目の前まで迫っていました。家の中に戻って二階に逃げて、屋根伝いに隣のビルの屋上へ行って、そこで一晩。ただ沖を見てるしかなかったねえ。

津波っていうのは、さーっと来て、さーっと引く。その繰り返しなんですね。一回目、二回目は上澄みみたいな水だけど、三回、四回と来るうちに、海の底の油みたいな汚れを巻き込んでいるんです。恐ろしいのは深さですよ。深さ五〜六メートルの水が目の前の一〇メートル幅の道路に押し寄せたとき、かかる圧力といったらすごい。水がいろんなところにぶつかって、渦巻いて、滝壺みたいでした。分厚い水の中に乗用車やトラックが五台も一〇台もこんがらがりながら、家を吹き飛ばして行きました。そっちこっちから「助けて」って声が聞こえてきて、「今は助けてやれねえ。大丈夫だからそこにいろ」なんて励ましました。女房とは、ただただ目の前の光景に驚くばかりで、「あの家も転げた」「こっちも流されていく」と言い合っていたような気がします。

翌日、息子が迎えに来てくれて、息子の家で三人の生活が始まりました。内陸の住宅地、サラリーマンばかりの街だから静かでねえ。活気のある魚町とは違って、昼間なんか物音一つしない。いつも元気いっぱいの女房も、「もう魚町の人たちと会えない。風呂屋を閉めたら船の人たちとも会えなくなる」って、毎日涙をこぼしていました。嫁に来て四〇年以上、仕事が生き甲斐みたいなものでしたからね。

今は息子の家から出勤しています。気持ちに張り合いが出たのは確かです。女房も張り切ってます。こないだ、台風が近づいたときには船がたくさん気仙沼港に入ってね。私は仙台に暮らす娘にこんなメールを出したんですよ。「台風でお母さん船のみんなと会えて、興奮して大きな声で駆け回っています」(笑)。

ただし、この風呂は期限付きです。カツオの漁期の終わる一一月には閉めます。設備を池田市にお返しした後、亀の湯が営業再開するかどうかは白紙状態。浴室だけはタイルを修理したりして、綺麗に直してあるんですが、他の設備はすぐ着工できる状態にはありません。私だってもう七〇歳。再開したとして何年続けられるか。後継者がいるなら考えようもあるけど、息子は他の仕事をしていますからね。頭が痛いです。そりゃあ、一二〇年以上続いてきたんだもの。最後の最後まで風呂屋を続けられないものかと考えています。一度壊したら終わりですからね。一方で、厳しい現実もわかっています。毎日、その板挟みです。街の基幹産業である漁業にとって必要な施設であるだけに、市なり魚市場なりに何とか助けていただきたいという気持ちもあります。前向きな話がないかなあと思いを巡らす毎日です。

繰り返すようだけど、気仙沼は港町です。漁船を降りた船員さんたちがハイヤーを使ったり、パチンコ屋に行ったり、飲み屋に行ったりして、街にお金が落ちる。水揚高が年間二〇〇億円だ二五〇億円だと言うけれど、魚だけの問題じゃありません。それに応じていろんな施設が必要です。製氷会社、水産加工場、冷蔵庫会社……。それが今回は一気にやられてしまいました。入港するカツオ船が例年より少ないのも、気仙沼では十分な氷が積めないとわかっているからです。港が発展するには、何か一つ欠けてもダメです。漁業再生のためには、周辺の産業も再生しないと。風呂屋もその大切な要素の一つですよ。

実は魚市場には市が設置した入浴設備があるんです。でも、小さな浴槽とシャワーがちょっとあるだけ。船の上で肉体労働する人がゆっくり体を休めるためには少々もの足りないんです。やはり熱いお湯に入って体温を上げて、深い眠りにつく。そうやって疲れを取りたいですよね。

三重県のカツオ船の船頭さんは、「気仙沼港に入ったら、必ず亀の湯へ行って、一時間風呂に入れ」と船員さんたちに言い含めています。カツオ船は水揚げが終わるとすぐ餌場に移動して、次の漁のための餌を釣り、漁場へと急ぐものです。私は「忙しくて時間がもったいないだろうに、どうしてお風呂に入る時間を取るの」と船頭さんに聞いたことがあるんですよ。すると、「ゆっくり風呂に入ると、カツオを捕るときの体の動きが違う。働きぶりが違う」って。餌場から漁場に移動する二〇数時間あるいは三〇数時間は、船員たちの娯楽タイム。このとき睡眠を十分取って体を休めるためには、餌場に向かう前、つまり気仙沼で風呂に入るのがいいって。だから、予算がないから風呂は小さくてもいい、という役所の考えはちょっと違うんだなあ。

銭湯は歌舞伎や落語と同じように、江戸時代に庶民の間からさかんになった文化です。それが平成の世の中になくなってしまうのは寂しいですね。

（二〇一一年九月一日）

◆宮城県気仙沼市

仮設住宅の暮らしに娯楽を

観光ボランティアガイド

鈴木晴夫《すずきはるお》さん（71歳）

■気仙沼市の山間部にある水梨《みずなし》小学校。校庭に建つ四〇戸の仮設住宅に、鈴木晴夫さんを訪ねた。一八歳から六〇歳までの年月を漁船員として暮らしてきた鈴木さん。気仙沼の遠洋漁業華やかなりしころマグロ延縄船の機関長として世界の海を駆け巡り、陸に上がってからは観光ボランティアガイドとして第二の人生を歩んできた。

［聞き手／千葉由香］

仮設住宅に引っ越したのは七月三〇日。一カ月が経ちました。入居の申込みから五カ月かかりましたが、抽選に当たったんです。もとのように家内と二人で生活できてホッとしました。避難所を出てからは姪夫婦や息子の家に世話になってきました。本当によくしてもらった。だけど、やっぱり、ここに来てホッとしています。

街の中心部にある魚市場までは七キロ。歩いて一時間半。歩くのはそんなに苦になりません。二日前、仙台に住む息子が軽自動車を一台ゆずってくれたので、だいぶ便利になりました。静かで環境がいいんですよ。なーに、狭いとか何とか言ったら切りがない。ただ冬はちょっと寒いだろうね。

あの日、私は旅客船発着所のビル、エースポートにいました。研修室で観光ボランティアガイドの新人さん向けに講演していました。観光協会でガイドのボランティアを始めて一〇年になるんです。水産高校を卒業してすぐカツオ船に乗って、サンマ船、北洋サケ・マス船、遠洋マグロ延縄船の機関長と、ずっと海の仕事をしてきました。船を降りたとき、「気仙沼は港や市場も観光資源だ。魚や船のことをよく知っているあんたはガイドにぴったりだね」と誘われました。人前でしゃべるなんてできるかなと思ったけど、やり始めたら楽しい。気仙沼のこと、漁業のことを皆さんに知ってもらいたいなあって、いろいろ勉強もしました。

ともかく、体験したことのない揺れだったから、ただごとでない、津波が来ると直感しました。会合を解散して、建物の下に停めていた車に乗り込みました。自宅は大川《おお》の川っぷち。普段なら一五分もあれば着きます。ところが、いくらも走らないうちに渋滞になった。余震が来ると時化の海みたいに車ごと大きく揺さぶられました。咄嗟に目に入った駐車場に車を乗り捨てて、高台に走りました。他に車から降りる人はいなかった。あの場所は津波に直撃されたんですよ。車を捨てなかったら私もどうなっていたか……。

細い坂道を上がって市民会館をめざす途中、海を見ると煙がもうもうと上がっていました。火事かと思った。でも違う。土煙でした。建物が津波に押しつぶされて、舞い上がったゴミ。大きなタンクも海に流れている。市民会館にはどんどん人が集まってきたので、山伝いに市立病院へ移動しました。しかし、そこも救急車で運ばれてきた患者さんでみるみるうちに一杯になった。「一般の人は気仙沼高校に移動してください」と言われたから、今度は顔見知りのおばあさんたちと一緒に、気仙沼高校に向かいました。真っ暗闇の中、廊下も階段も人がひしめいて、混乱してました。何より寒かった。カーテンを体に巻き付けて、段ボールを敷いて座りました。誰かが連れてきた犬がワンワン吠えるし、救急車で運ばれて行く人もいるし、家内のことも心配だし、なかなか眠れませんでした。

夜が明けてすぐ、総合体育館「ケーウェーブ」を目指しました。そこで無事であった家内と会うことができて、ホッとしました。その後は姪夫婦の家にお世話になりました。

自宅を見に行ったのは震災の次の日です。一苦労でした。瓦礫がどこまでも積み重なって、道がないんだもの。大きなタンカーが大川を遡って、橋の上流で横倒しになっていました。実は震災当日、避難する途中で遠目に家の形が残っているのを確認しました。流されてない、つぶれていないと、ちょっとは期待していたんです。でも、実際は想像とまったく違った。一階は全滅。泥と瓦礫でいっぱい。ご近所もぜんぶ似たようなものです。貴重品などを取りに三回は行ったかな。書類関係が割と流されずに残っていたのが不幸中の幸いでした。

しかし、津波というものは恐ろしいね。船の下積み生活から始めて、命を張って経験を積みながら、四〇年も五〇年もかけて生活を、財産を築いてきた。それを一瞬にして奪うんだから。

避難所を出て姪の家にしばらくお世話になった後、四月から仙台市の長男の住まいに身を寄せました。仙石線の駅のそばに建つマンションの六階です。自宅が全壊ですから、やらなきゃいけない手続きがたくさんある。仙台にいると情報が届きにくいもんだから、その都度、気仙沼にいる姪や友達が携帯電話で教えてくれました。書類の提出などのために、高速バスで二時間半かけて気仙沼に通いました。

震災後のガイド初仕事は五月二日。ツツジの名所、徳仙丈山《とくせんじょう》に、秋田県の団体を案内しました。雨模様でしたけどツツジが満開で、皆さん喜んでくれた。嬉しかったですね。観光協会は三月一一日まで、春の観光シーズンに向けて張り切っていたんですよ。新しい観光ルートを紹介したマップを印刷して、大島クルーズの予約もたくさん入っていました。でも、かなりの観光ポイントが消えてしまった。ルートを全面的に見直さないといけません。危険な場所に観光客を案内するわけにはいかないし、津波に備えた避難ルートの確保も重要です。直接被害を受けなかった山間部の観光ポイントを押し出すのもいい。同時に、観光とは何か、その根本まで遡って考えなくちゃならない。どこの観光協会でも厳しい状況が続くでしょうね。

私たちの役目の一つは、子供たちに津波の恐ろしさを伝えることです。語り部として、個人的な体験だけでなく、ちゃんと地図を作って「何時何分に警報が出た、何時何分に水がこの場所まで来た」という正確な情報を伝えたい。私の実家のある唐桑半島には全国唯一の津波体験館という施設があります。この機会に設備も展示内容もより一層充実させ、復活させてほしい。

津波の記憶は昔話にも残っているし、チリ地震津波なら私ら世代も体験しています。ところが、ひどい災害に遭っても、日常生活に戻ると災害の記憶ってのは忘れられてしまうんですね。今回だって、津波が来たら高台に逃げろという教えを知っていても、自分の身に結び付いていないために命を落とした人も多かった。

自分が海の上で六分儀を使って目で位置確認する方法を徹底的に仕込まれた世代だから、よけいそう感じるんでしょうか。危険を察知するには、知識だけでなく経験とか感覚、体で感じることが重要だと思うんです。

大がかりに考えなくてもできる「防災」があるとも思います。漁船では時化のとき甲板の作業場に太いロープを張るんです。波をかぶっても、ロープに摑まっていたから吹っ飛ばされずに助かった、という経験をしてきました。頑丈な鉄筋コンクリートの建物が津波のときの避難場所になるとすると、屋上にしっかり握れるロープや手すりがあるだけで役に立つはずですよ。

仮設住宅には「よつば会」という自治会ができました。知らない同士ですから、まずは談話室でお茶飲み話の会を催しました。私はそのうち皆さんをどこかのウォーキングコースに案内しようと思っているんです。道具があるからパークゴルフもいいね。仮設住宅暮らしの今だからこそ娯楽が大切ですよ。環境がこれまでと違うでしょう。じっとしていると考え込んで、何て言うか、疲れてしまうんですよ。一人暮らしの人は孤独になるかも知れない。だから気分転換が大切。カラオケとか読み書きをして頭を使うのもいいね。

将来の住まいのことは、仮設暮らしの二年なり三年の間に決めようと思います。息子には仙台で一緒に暮らそうと言われています。それはそれで嬉しい。でもね、私は海で育って、海で生きてきたから。あと一〇年や二〇年、元気でいられる間は海の見える気仙沼で、ガイドのボランティアをし、また友達とゴルフやったりして暮らしたいですね。

（二〇一一年八月三一日）

◈宮城県気仙沼市

父について

福祉施設職員
須藤《すとう》文音《あやね》さん（24歳）

■気仙沼市の高校を卒業後、仙台市の福祉専門学校に進学。現在は宮城県塩竈市の福祉施設に勤務。あの日の津波で、気仙沼で船舶技術者として働く父・勉さんを亡くした。【聞き手／土方正志】

宮城県仙台市のアパートで妹と二人で暮らしています。私は塩竈市の福祉施設の職員、妹は大学生ですが、実家は気仙沼です。地震の日は、両親と祖父母、それと帰省していた妹が気仙沼にいました。幸い地震の直後に電話が繋がって「家にいた家族はみんな無事。お父さんは会社にいるから安否がわからない。これからみんな避難する」って。それからずっと電話が繋がらなくなった。実家は海からは少し離れてはいるのですが、川沿いなんです。津波が川を逆流したと聞いて、もしかしたらって、最悪の事態も覚悟しました。

数日経って、友達が連絡をくれた。ＮＨＫのテレビで、気仙沼市役所が映った。壁に行方不明の家族を捜す貼り紙がたくさんあった。その父の情報を求める母の貼り紙があった、それを見て連絡をくれたんです。ああ、母は無事だったんだ、だけどほかのみんなはどうしているんだろうって思いました。

やっと家族と連絡が取れたのは一週間後です。実家は幸い津波の被害はなかったのですが、やはり父は見つかっていなかった。父は魚群探知機とか船舶無線とか、漁船の通信機器の技術者でした。会社は港のすぐそばにありました。会社のあったあたりは壊滅状態でした。気仙沼に帰ってもどうしようもないから、仙台にいるようにと母に言われました。母が遺体安置所を探しまわっていました。父の遺体が発見されたのは地震から二週間目です。五五歳でした。

うーん。この二週間、どんな気持ちだったか、あんまりよく覚えていないんです。家族と連絡が取れるようになって、仕事に戻りました。塩竈の職場は建物は無事だったのですが、ライフラインが止まったために、仙台市内の系列の施設に入所者さんたちを避難させていました。そこで仕事に復帰しました。仕事がありましたから落ち着いているようには見えたかも知れませんが、混乱していた。パニックだった。ただ、父の死は受け入れていました。無事だったらなんとしてでも連絡をくれるはずです。きっとダメだったんだ、これは家族みんなが思っていた。だから、母も遺体安置所をまわり始めたのでしょう。

父の遺体が発見されて、気仙沼の実家に戻りました。家に着いてしばらくすると、遺体安置所から白木の柩に入れられて父が帰ってきました。お棺のちいさな窓から父の顔が見えました。ただ、お棺の蓋に隠れたからだがどうなっているのか……。死亡診断書に胸部圧迫骨折により即死とありましたから、上半身はある。だけど、下半身はあるのか、あったとしても傷はどうなのか。妹と二人でそんな話をしたのを覚えています。

火葬場がいっぱいで、遺体をなかなか焼けなかった。土葬が始まっていましたが、二週間後なら焼けるという岩手県の火葬場にお願いしました。お骨を拾ったら、きちんと足の骨もありました。妹と「お父さん、からだみんなあったね」って。それから、よかったというとおかしいんですけど、即死だったじゃないですか。冷たい水に浸かって苦しみながら死んだわけじゃなかったとわかって、やっぱりよかったな、と。

気仙沼は太鼓の盛んな土地柄で、父も太鼓グループに入っていました。仕事や趣味でたくさん仲間の人たちがいて、みんな大変なときなのに、お葬式に二〇〇人も集ってくれました。これも、よかったな。

ただ、どうやって津波に呑まれたのか、いまもまったくわからないんです。気仙沼から離れていた人と、得意先に出ていてたまたま助かった人と、会社にいてすぐ逃げた人と、父の会社、三人しか生存者がいない。ほかの人たち、全滅です。だから、父だけではなく、あのとき会社にいた人たちがどんな状況で亡くなったのか、わからない。

父が持っていたのは、ディズニーのキャラクター、ティガーの携帯ストラップと、仕事で使っていた小型の懐中電灯だけでした。携帯ストラップは、地震の半月ほど前に私と妹が東京ディズニーランドに遊びに行ったときの父へのおみやげでした。それだけ。しばらく経ってから、父の知り合いが運転免許証を届けてくれました。瓦礫の中から回収されたものが公開されていて、そこで見つけてくれたんです。ただ、免許証が見つかったのに父のクルマが見つからない。打ち上げられたクルマはみんな片付けられましたから、きっと引き波で海に持って行かれて沈んでいるんじゃないかって、家族で話しています。

父の葬儀を終えて仙台に戻って、暇さえあれば街に出ました。別に何かあるわけじゃないんです。一人でいるといろいろ考えちゃう。それよりも人ごみのなかにいるほうが気がまぎれる。ただ、最初は違和感がありました。仙台の繁華街は一見すると普通じゃないですか。お店もやっていたり、みんないつも通りお化粧していたり。気仙沼とのギャップがなかなか埋らない。とはいえ、私も気分を変えたくておしゃれしてたりするんですけれど。ある日、気がついたんです。もしかすると、この人ごみの中に、私と同じような気持ちの人がたくさんいるんじゃないかって。家族を亡くして、家を流されて、いろんな思いをしていて、それを忘れたくて街に出ているんじゃないかって。そう思えるようになって、なんだか落ち着きました。

一緒に暮らす妹とは、どうしても父の思い出話をしてしまいます。二人ともできるだけ楽しかった思い出を話そうとしているかな。本当に元気で楽しい父でしたから。お父さん、こんなこと言ってたよねとか、あんなことしてたよねとか、そんな話ばっかり。

父は海外出張も多かったんですよ。気仙沼の漁船が遠洋に出かけて、いろんな国の港に寄港する。そこに先まわりして待っていて、機器のメンテナンスなどをするんです。いろいろな国からおみやげを買ってきてくれたのですが、南米のどこかの国はハエとかが多いみたいで、むぎわら帽子にハエ取り紙みたいのがたくさんぶらさがってる。それを娘のおみやげに買ってくるんです。もらっても、気仙沼ではかぶれない(笑)。あと、家の窓ガラスに指で何かいたずら書きがしてある。なんだろうって見たら、父と母の名前を書いた相合い傘。私たちに見られるように父がわざと書いている。何やってるんだか(笑)。そんな父でした。

だけど、寂しいです。実家に帰ってみんなでご飯を食べても、そこに元気な父が晩酌している姿がない。ぽっかり隙き間があるようで、寂しいです。家族みんなそうです。お客さんがいるといいんだけど、家族だけになると、どうしても……。あまりに突然でしたから。

あと、私が悲しいのは、父とのさいごの会話がどうしても思い出せないんです。帰省して、父と別れたときにさいごに何を話したのか……。きっとなんてことのない会話だった。「それじゃあ帰るから」「おっ、気をつけてな」みたいな、記憶にも残らないようなほんとに日常的なやりとりだった、だから特に覚えていない。悲しいです。どうでもいいような会話でも、覚えていたかった。

四カ月が過ぎて、テレビとかで気になってしまうのは「もう、四カ月」って言葉です。この「もう」にどきっとしてしまう。私たち家族にとっては「まだ」なのにって思ってしまう。ただ、悲しい気持ちはあまり外に出さないようにしています。だって二万人以上もの死者・行方不明者です。私たちのような家族がたくさんいる。私たちばかりが悲しいわけじゃない……複雑です。たとえば、こんな大災害ではなくて、普通にっていうとおかしいけれど、父が交通事故や病気で亡くなったのなら思い切り悲しみを外に出せたかも知れない。だけど、私たちだけじゃないから。とはいえ私たちだけじゃないからこそ耐えられているところもある……やっぱり複雑です。

ただ、目標はできました。私、殖やそうと思うんです。結婚したら、たくさん子どもを産みます。家族が一人いなくなったんだから殖やさなくちゃ。二万人もいなくなっちゃったんだから、殖やさなくちゃ。増殖計画、これがこれからの私の人生の目標です（笑）。（二〇一一年七月一五日）

宮城県気仙沼市

大切な人たちのこと

アルバイト　田《た》柳香《やなぎかおり》さん（24歳）

■気仙沼市の高校を卒業後、地元の水産会社で事務員として働いていた田柳香さん。震災の八カ月前に退職し、アルバイトとして気仙沼市役所に通い詰めていた。現在は仙台に住所を移し、新生活を送っている。

［聞き手／須藤文音］

あの日、私は気仙沼市役所にいました。確定申告の時期だったから、税務課で臨時のアルバイトをしていたんです。四年続けていた水産会社を辞めて、一月下旬から始めたものでした。

揺れが来て、大きいな、と思ったら、すぐに立っていられないほど大きくなりました。建物の中にいたらやばいってことで、駐車場に出たんです。中にいた職員や市民も出てきました。すぐに大津波警報が発令されて、防災無線で何度も津波が来る、っていっていました。私たちは第二庁舎に避難することにしました。市役所の裏の山に、古い木造の庁舎があるんです。そこに移動しました。

時間はあいまいなんですけど、日が暮れる前。津波が引いたって話がどこかから聞こえてきたんです。ちょうど私がいたのが市役所だったから、市役所のすぐ隣にある、地域交流センターが入った商業ビルに移動して、状況を把握しようってことになったみたいなんです。ここにいてもしょうがないし、私たちもみんなで移動することになりました。そこで、初めて道路の状況を見ました。正直、市役所のほうまで津波が来るとは思っていませんでした。結構海からは距離があるんです。なのに、駐車場に停まっていた車はめちゃくちゃになっていて、がれきが流されてきていた。横目で見ながらビルの中に入りました。道路の水も引かなくて、帰ることができない。というか、ここから出たらどうなるかわからない。そんな恐怖もあって、みんなで泊まることにしたんです。その日の夜は、ひとつのカンパンを六等分して、みんなで分けて食べました。でも、食欲がなくて食べられなかった。一緒にアルバイトをしていた友人がいて、ずっと話をしていたので、気分的には少し楽でした。でも、窓から汽船乗り場のエースポートのあたりが赤くなっているのが見えたんです。火事だということがわかって、いつ炎がこっちまで来るのかとどきどきしました。段ボールと新聞紙を敷いても、寝られる気がしませんでした。

幸運なことに、私以外の家族はその時全員家にいました。母が心配して、夜に迎えに来てくれて無事に家に帰ることができたんですが、そのころには水も引いていました。

うちは岩手県に近い、山沿いにあるんです。だから津波の被害はないことは分かっていた。しかも農家なんで、発電機があった。だから、停電した気仙沼の中でもテレビをつけることができたんです。ただ、燃料はガソリンですから限りはありました。携帯電話の充電と、ニュースを見ること。絶対に必要なものだけに使うことにしました。うちの近所は昔ながらの家が多くて、井戸水を引いているから水はある。石油ストーブがあるから寒くもない。プロパンガスだし、米も野菜もありました。だから食べることも寝ることも、困らなかった。幸運だったと思います。

家に帰ってすぐにテレビを見ることができました。東北・関東中心に日本中が震度の表示で埋め尽くされていた。その上、「太平洋沿岸の町は壊滅状態」だなんていう。気仙沼が燃えている映像を見るのは、本当に辛かったですね。暗闇の中で、気仙沼が燃えている。衝撃でした。

高校を出てから働いていた水産会社が、海の近くにあったんです。あそこも流されて、燃えてしまったんだろうか。そう思いました。あとから私がいた事務所に行ってみたんですが、すっぽりなくなっていました。ショックでしたね、やっぱり。
私、高校三年生の時に気仙沼市民吹奏楽団に入団したんです。中学、高校と吹奏楽部に入っていたんですが、社会人になっても続けたかったから。団員は四〇人弱。高校生から五〇代まで、幅広い世代の人たちで構成されています。定期演奏会や気仙沼みなとまつり街頭パレードなどに参加しては、みんなで演奏を楽しんでいました。私の担当楽器はユーフォニウム。中音域を担当する金管楽器です。

団員の中にも、家を失った人がいます。もちろん一緒に楽器も流されてしまいました。これまで練習は週一度、気仙沼市民会館で行っていましたが、そこも避難所になったために使えなくなりました。それでも、市民から演奏会をしてくれないかっていう声が上がってきたんです。役員で集まって、四月の上旬に演奏会を開くことになりました。お客さんは集まらないかもしれないけど、聞いてくれる人が一人でもいるならやろうって。失った楽器は支援物資で寄付していただきました。

でも、今思うと自分たちが発散したかっただけなのかもしれません。震災からずっと、もやもやしていたんです。何もできないし、何の力にもなれない。だから、何かしていたかった。市民会館の隣に大きな公園があるんですが、避難所から来てくれた人も含めて、多くの人が集まってくれました。この時、地域によってはまだライフラインが戻ってないところもありました。気仙沼は地域によって、全然状況が違うんです。

私の住む地区は、二週間たっても物資が来なかった。街中の避難所だとか、被害の大きかったところに支援が集中して、山際の被害の少ない地域まで手が回らなかったんでしょう。

買い物は岩手県の千厩《せんまや》町や室根《むろね》町に行きました。車で一〇分くらいなので、気仙沼市街よりも近いんです。そんなわけでうちで携帯電話を使うと、岩手県からの電波をキャッチできる。山の上だから、電波も通りやすかった。比較的早いうちからインターネットにアクセスできる状況だったんですね。

ミクシィというSNS（ソーシャル・ネットワーキング・サービス）があって、震災の前からそれに登録していました。近所の友人や高校の同級生、市民吹奏楽団の団員も何人も登録していて、日記やコメントで情報を発信すれば、指定した人すべてが個人のページを閲覧することができます。

ミクシィにアクセスすると、気仙沼を離れて関東に行った人たちの不安と焦燥が、すごく伝わってきました。震災時に東北にいた人たちは電気もないからテレビも見れないし、携帯を充電することもできない。でも、関東の人たちは違った。すぐにテレビで津波の映像を見て、気仙沼が燃え続ける映像を見てしまったんですよね。故郷がぼろぼろに傷ついていく様子をリアルタイムで見てしまった。でも実家にも友達にも連絡はつかないわけで。すぐに気仙沼に行くこともできないし、どうすることもできない。もどかしさが伝わってきました。

まず、知人の安否確認をすることにしました。気仙沼にいるからには確認しなくちゃ。少なくとも私の地区の人たちの確認はできる。そう思った。だからミクシィに書き込んで、家族と連絡が取れない人たちに声をかけた。そうしたら、仙台に住んでいる同級生からメールが入って、自分の家を見てくれと頼まれた。近くの中学校に毛布を届けながら彼女の家に寄って、家族が家にいたことを伝えました。あまり交流のなかった先輩からもメールが来ました。うちがすぐ近くなんですけど、見てきてくださいっていう内容で。自分が分かることは全部伝えようと思いました。

もう一つミクシィを活用して助かったことがありました。うち、猫を七匹飼ってるんですけど、米を食べないんですよ。どうしようかなと思っていたら、ミクシィのコミュニティで、キャットフードの支援要請のページを見つけて。すぐに書き込みました。そしたら私と同じような人が何人もいて、東京からトラックにキャットフードやら衛生用品やらを大量に積み込んで、気仙沼駅まで届けてくれた人がいたんです。あとは開いてるスーパーの情報が書き込まれたり。助かりましたね。

もちろん、ネット上には嘘やデマもたくさんありました。そりゃないだろうって思ったのが、「大島が二つに割れた」っていうやつ。でも壊滅状態ならそんなこともあるのかなあなんて、あの時の状況下ではみんななんでも鵜呑みにしちゃってましたよね。

実は、その時お付き合いしていた人が、新聞記者だったんです。地震の後、偶然にもすぐに電話がつながりました。後ろで警報が鳴っていて聞こえにくかったけど、「今は仙台にいて、これから石巻に向かう」と言っていた。もちろん心配でした。石巻も、気仙沼と一緒で「壊滅状態」なんて言われてたし。でも頑張ってね、気を付けてね、なんてことしか言えなくて。その電話のあと、まったく連絡がつかなくなりました。でも三月下旬にガソリンを入れていたら急に電話が来て「今取材で気仙沼に来てる」っていうんですよ。驚いて顔をあげたら、目の前を彼が歩いていたんです。あっちは気づいてないみたいで。まさか偶然会えるとは思ってなかったから、すごく驚きました。

次の日、彼が実家に来ました。前々から結婚に向けて話し合いは進めていたんですが、結婚する時は彼のいる仙台に引っ越すことが前提になっていたんです。でも、私の気持ちの整理がつきませんでした。家族や親戚はみんな無事でしたけど、知り合いは亡くなりました。友達のお父さんとか、幼馴染のお兄さんだとか、よくしてくれた人たちが何人も亡くなってしまった。このまま私ひとり仙台に行って、幸せになっていいのか。気仙沼を離れていいのか。またこんなことが起きたら、家族はどうなるんだろうとか、不安ばかりが募りました。でも、家族が行ってもいいよと言ってくれた。幸せになってもいいんだと思った。

　この前、入籍したんです。旦那さんも気仙沼市民吹奏楽団の団員で、クラリネットを吹いていました。これからは仙台の吹奏楽団でも旦那さんと一緒に吹奏楽を続けたいと思っています。震災後、周りの人たちがより大切に思えました。気仙沼の友人たちとも、これからもっともっと、会いたいですね。

（二〇一一年一二月二三日）

◆宮城県気仙沼市

生きてゆかねば

カネショウ原田商店専務取締役

原田浩之《はらだひろゆき》さん（52歳）

■渋滞を見越して地域の避難ビル、気仙沼魚市場三階屋上駐車場に上った原田さん。津波が岸壁を越え街を瓦礫に砕き流していく。我が家の形も消えた。仕入れたばかりの新ワカメもすべて消えた。湾内は一晩中瓦礫が燃え上がり、ゆらゆらと鎮魂の灯篭流しのようだった。翌日家族の安否確認をしたあと、原田さんは岩手県平《ひら》泉《いずみ》町へ向かった。現在は気仙沼市と平泉町を往復しながら事業の再建に奔走している。

【聞き手／境数樹】

私は気仙沼市の魚市場前郵便局の隣で、海草卸問屋をしていました。株式会社カネショウ原田商店の専務取締役ですが、同族会社で従業員ふたりだけの小さい店でした。店も工場も住まいも兼用でしてね。主な取扱商品は三陸産ワカメですね。お得意先は宮城、岩手の観光地のお土産屋さんでした。

　私の祖父は四国の鳴門で海草卸問屋を営んでいたんですがね、ええ、もう随分前に亡くなりましたが、毎年一月、三月にワカメの買い付けに、三陸まで船で来ていたそうです。一緒に付いてきた父が、縁あって母と結婚し気仙沼に店を構えました。ですから私は気仙沼生れの気仙沼育ちです。

私の家族ですが、母は昭和一一（一九三六）年生れ、七五歳になります。六四歳の時心臓のバイパス手術をして腿の血管を移植してましてね。医者には二〇年は持ちますといわれましたが、その時は寿命をつけられたかなと思いました。市内の鹿折《ししおり》の介護施設に入っていて介護認定は要介護四でした。母の実家は岩手県の大船渡市です。父も心臓病で、カテーテルで血管を広げていて、気仙沼市立病院に通っていましてね、昭和七（一九三二）年生れの今年七九歳になります。一番目の娘は二〇歳で東京に住んでいて、私と同居していたのは響《ひびき》高校二年生の二番目の娘と父です。

あの日、三月一一日の午後は、娘がたまたま学校休みで、私の父と二人でくつろいでいたんでしょうねえ。従業員さん二人は、子供が進学するのでアパート探しをするといって休んだので、私がワカメの袋詰めをしていました。段ボールの箱に入れ、今乗っているこのワゴン車にですね、積み込んで市内のお得意さんへ配達しに出たんです。三月とはいえ寒い冬空らしい曇りの日でしたね。そういえば、今年の冬も寒かったんですねえ。

ところが、配達の途中で突然、携帯電話が緊急地震速報を伝えてきました。三月九日に強い地震があったばかりなので驚きましたが、スピードを落とし車を路肩に止めました。速報から一〇秒位たったころ揺れ始めましたね。その揺れといったら道路は波打っていたし、こんなに長くて強い地震に遭ったの生れて初めてで、びっくりしてしまいましたねえ。

急いで家に戻りました。途中、建物の倒壊は見当たりませんでしたが、気仙沼プラザホテルのところの崖が崩れていたのを見て、大変な地震であることは判りましたね。家がどうなったか、父と娘の安否が、それは心配でした。

家に帰ってから、消防のスピーカーで「六メートルの大津波警報」のアナウンスが流れ、その後パトカーだと思いましたが「急いで高台に避難して下さい」というのを聞いて、私は、父と娘をあらかじめ決めていた気仙沼中学校の体育館に急いで避難させました。

そこから家に戻り、商品や家財を片付け、戸締りをして、父と娘に再び合流しようとして車に乗りました。しかし渋滞で、とても追いつけないことがすぐわかりましたね。このあたりは昼と夜の人口に格差がある所で、住民は少ないんです。ですから一斉に車が移動しだすとひどい渋滞が起ります。

湾内をゆく。宮城県気仙沼市　2011年8月23日〈撮影／荒蝦夷〉

気仙沼では、去年のチリ地震津波の時、警報が出てもさっぱり市民が逃げなかったので各方面から随分叩かれましたから、今回は皆逃げることにしたのかもしれませんね。津波警報が出ても去年は六〇センチくらいだったが、六メートルとは随分大きくて見当もつかないな、などと、私は呑気なことを思っていました。津波の実感がないまま、それでも逃げないと危険だと感じ、とっさに魚市場の三階駐車場に向いました。地域の避難場所です。渋滞を避けて上ることができました。

魚市場ですから海がまん前にあります。津波が岸壁を越えれば直撃されるんですが、市も漁協も、おそらくあんなに大きな津波を予測してなかったと思いますね。津波が押し寄せて来る頃には三五〇人くらいの人が三階屋上にいたんですが、たぶん皆、ここまでは津波が上がってこないと思っていたでしょう。だってね、かなりの人がケータイで写真撮ってたりビデオ回したりしてましたもの。そして全員が海に向って津波が来るのを見てましたから。

大津波が沖の方から白波をたてて、湾の正面の大島にぶつかり、波しぶきを上げ、その島を乗り越えて来ました。誰からともなくオーっと声があがり、しかし、次に声が聞こえることはありませんでした。さらに、右側の岩井崎《いわいさき》の方からも津波が押し寄せ、船どうしが湾内をぶつかり合いながらぐるぐる回っていました。

船に人が乗っているのが見え「とうちゃんの船だ、頑張って、死なないで」と激しく叫んでいた女性がいました。私はただ同情し、祈るしかできませんでした。でも二、三日後、避難所で夫婦一緒にいるのに会いましたが、助かったんですねえ。本当によかった。

大きなタンクが流されてきて黒い重油が漏れ出しました。浮いているガレキに引火し、火災が発生して黒煙が上がりました。津波は岸壁を越えて街のなかに押し寄せ、建物を倒し車を浮かべてガレキと一緒にどんどん流していきます。ついに水は、避難した魚市場ビルの二階の高さまで達しました。街のビルや建物が流されてしまったので、あたり一面が見通せるようになり、我が家の所は何も無くなっているのが見えました。ぎしぎしと音がなるので後ろを振り向くと、家が流されぶつかり合い、さらに火災が起こっていました。

津波は湾に注ぎ込んでいる鹿折川を逆流し、三〇〇トン級の船を押し流し一帯を飲み込んでしまったんです。ガレキが火を運びそこでも火災が発生していました。母のいる介護施設「リバーサイド春圃《しゅんぽ》」の方は、火災は免れそうに見えましたが、津波には襲われたように思えました。

後で、皆さんから怖かったろうって言われるんですが、全然怖いなんて思わなかったですね。大体自分がどこに立っているのか、呆然として判らないような状態でした。昼間ですから起こっていることが全部見わたせたんですが、見たこともない、信じられない光景が次々と起こって、頭のなかが空っぽになってしまったんです。ついさっきまで街の中にいたことと、今の自分の状態が繋がらないんです。

何もかも、自分の家が流されただけでなく、周り一面がガレキになって失われたことが、見えていても心が受け入れられないんですかねえ。頭の中が追いつけないんですね。夢を見ているというのとも違う、これは現実なんだとわかっているんです。でも、一瞬にして全く見たこともない景色が広々と一面に横たわっているなんて、考えたこともなかった。容認出来なかったんです。おそらく、皆同じだったと思います。大声で叫ぶ人もなく「オー」とか「アーア」とか、言葉にならない声が聞こえていましたからね。

我に返ってすぐ、家族の安否が気になりました。父と娘は避難所で無事でいるだろうか。ケータイが繋がらず確認できず、市内南町《みなみまち》の酒食料品店に嫁いでいる妹にも連絡がとれない。津波でやられているようだ。生き延びただろうか。心配だけが先にたって焦りましたが情報を取る手段はありません。母の居る鹿折の介護施設「リバーサイド春圃」も津波の勢いから見て危ないと思ったんですが、とにかく情報が全くとれず夜になりました。

津波は何回も押し寄せては引きました。夜になって収まりましたが、まだ胸までくらいの水深で車は使えず、歩いて脱出するのは夜では危険です。それでも何人かは、自宅に帰るといって出て行きました。これ以上情報を得る手段は無いと私は覚悟し、車で寝ることにしました。

余震がしょっちゅうありましたが、あの大地震を経験したんで、気にしませんでしたね。妙なこと言うようですが、湾内に浮んだガレキが燃えてゆらゆらと揺れていてね。鎮魂の灯籠流しのようできれいだな、って思ったんですよ。この津波で沢山の人が亡くなりましたからねえ。

あの日は寒くてね、雪も降りましたし夜は快晴で一層寒かった。プロパンのガスボンベだと思いますが、引火してパンパンって一晩中うるさかったんですが、眠りましたよ。夜中に目を覚ましたのは寒かったせいです。運悪くガソリンがあまり無かったんでエンジンをかけずに我慢しました。眠れなくなってしまって夜が明けるまでが長くって。

＊＊＊

夜が明けて私は直ちに行動を開始し、先ず父と娘の安全を確認するために、歩いて気仙沼中学校の体育館に向いました。ガレキを避けたりして二〇分くらいかかったと思います。二人とも無事でした。喜び合いましたが、まだ母の安否がわからず、自分たちの生活の行く先も考えなくてはなりません。父には家が壊滅したことは話しませんでした。父も私に聞いてこなかったですね。炊き出しのおにぎりで朝食をとり、娘は友達と一緒に避難所にいたいというので残し、父を連れて車に戻りました。

そのとき私は平泉に行くことを決め、国道二八四号を西へ走り、取引先である「夢館《ゆめやかた》」に電話をいれました。一関市千厩《せんまや》のあたりでやっと携帯電話が通じたので、支配人の村田さんに、とりあえずホテルを探してくれと頼みました。幸い一軒だけ営業しているホテルがあったので、当面の寝泊りできる場所を確保しました。父を平泉のホテルに残し、私は気仙沼の避難所にもどりました。娘とこれからのことを相談しました。娘は友達と一緒にいたいというので、結局一週間ほど私と別に避難所暮らしをしました。

避難所では、妹と会うことができました。妹のところも津波にやられましたが、鉄筋コンクリートの建物だったので一階は浸水したものの二階、三階は大丈夫だということで、家族は全員無事でした。後日行ってみたら、店の前に木造の建物が二軒も引っ掛かっていて後始末が大変だったようですね。

妹からの情報で、母は助かったらしく鹿折中学校体育館に避難しているというので、夜になりましたが私は歩いて行くことにしました。市内の道路がズタズタで、車で行くと途中で乗り捨てなくてはならないし、被災の市内情報は全く無く、歩いて確かめる以外にありません。おぶってでも連れて帰るつもりで、一時間以上かけて歩いていきました。

母は元気でした。施設の人は何人か亡くなっているようですが、よく助けていただいたものです。聞くところによれば、母は胸まで海水に浸かりながらもカーテンに摑まって必死に耐えたそうです。何時間くらいだったのでしょうか。体が冷たくて夜か朝かもわからず、消防の人か警察の人かもわからないが助けに来てくれたということでした。

父と娘の無事を伝え避難所で皆と一緒に過ごそうと言いましたが、明日でよいと言うので夜道をまた歩いて戻りました。避難所では広島市から送られてきた毛布がたくさんあり、何枚か借りて車の中で寝ました。妹が隣の車の中で同じようにして寝ていました。それにしても全国から素早い支援が来ているのには驚きました。東京消防庁の車を一一日の夜に見かけたと思います。今も本当にいろんな人に助けていただいて、ありがたいことです。

三月一三日は母を迎えに行き、父のいる平泉に向いました。必死の状態から生還したせいか、母は何時もより元気で興奮しているようでした。ホテルで父と母が喜び合うのを見て安心し、夢館へ行きました。とにかく生活の当面の本拠を定めないと動けない、との思いでいましたね。気仙沼とは比べられないんですが、食料、ガソリンやライフラインは大丈夫そうに見えました。当面の本拠を平泉に置くと私の中で決めました。夢館ではガソリンをいただいて、アパートを探してほしいと頼みました。従業員の皆さんは「何でも必用な物は言ってください」と暖かく接してくれ、涙が出る思いでした。

国道二八四号を車で一時間一〇分ぐらい走って気仙沼に戻り、娘のいる避難所に行きました。娘の今後を考えねばならないですから。間もなく高三なので転校はしたくないということで、私も同じ考えでしたから決まりました。しかし、女の子一人だけ住まわせるわけにはいきません。両親の気持ちもありますからね。いずれ私も気仙沼で仕事を続けたいと思っていました。とにかく市内にアパートを探すことにして、取引先など知り合いを訪ねて頼んで歩きました。

夕方四時頃には暗くなり、夕食を食べると後はすることもなく、ガソリンが乏しいのでエンジンを止めて毛布にくるまって寝ることになります。強い余震が何度かきましたが、怖いと思わなくなりました。もう失うものは何もありません。家族さえ無事ならいいっていう、開き直った感じでしたねえ。

次に考えたのは暮らしのことです。震災と闘うにも武器がないと。何とか収入のみちがないか。ワカメの生産者は全滅に近い程にやられました。昨年のチリ津波に続く被害で、回復できそうにない方もいます。高齢の方も多いですしねえ。廃業に追い込まれる方がでるかもしれません。商品がなければ私たちの商売はやっていけません。三陸ワカメ最大の産地である岩手県も、おそらく宮城県と同じでしょう。

ワカメの収穫時期は二月、三月がすべてで、私達はこの時期に仕入れてそれを一年間で売って商売するわけです。仕入れ資金を銀行から借金したばかりでした。仕入れた新ワカメは、自宅、工場、倉庫と共に根こそぎ海に返しちゃいました。残ったのは借金だけです。実は、津波が来た時、市場の屋上で自分の家らしい屋根が流されていくのを見ていました。何とも悔しい思いで見送る以外になかった。まもなく形もなくなって海に消え去ったんです。

今さらサラリーマンになっても給料では、どんなに頑張っても借金を返せないでしょう。私には、これまでどんなに苦しくても商売で返してきたという自信のようなものがあります。でも、当面食いつなぐ方策を考えねばなりません。保険屋さんも銀行さんも、九月まで待ってくれると言ってくれますが、借入がなくなるわけではないので、仕事を探すことにしました。

私は今度の災害で、取引先の方々に本当に御世話になりました。まず平泉の夢館の方々です。アパートを探していただき、米、味噌、醤油、漬物などの食料品から、茶碗、お椀などの食器類まで全て揃えていただいたのです。頭が下がるのはガソリンを確保していただいたことです。携帯タンクで提供していただいたり、自分の車から分けてくれた方もおりました。ガソリン不足で、並んで待たないと入れられないときでしたから、忙しく気仙沼と行ったり来たりしている私にとっては、本当にありがたいことでした。

私が素早く動けたので、気仙沼市内にアパートを借りることができました。市の北部で高台にあります。これも取引先の紹介で、現在、娘と両親が住んでいます。娘は、高校までバスで一時間半かけて通学しています。鉄道は復旧できるでしょうかねえ。

母は震災前の要介護四だったのが嘘のように元気になりました。孫の面倒を見なくてはならないと、張り切っているのかもしれません。父も母も気仙沼市立病院に定期的に通院しています。

それから取引先の紹介で、大崎市鳴子《なるこ》温泉の小黒崎《おぐろがさき》観光センターの食堂が空いているのでやってみないか、とのお話がありました。この土産品売場に海草をお届けしておりましたので、場所は知っています。昨年の一一月から空いているということでしたが、設備一式を含めそのまま使える状態でしたので、オーナーさんの御好意に甘えて、食堂を始めさせていただきました。

「海の街気仙沼」から海草卸問屋が山国の温泉町鳴子に来て食堂をやっているなんて、こんなことがなければウリにもならないですよね。でも、家族を支え事業を続けるためには必要な仕事です。生活費を得ることができますから。保健所などの行政手続き一切をオーナーさんにやっていただきました。私は全くの素人ですから助かりました。こんなことまで大家さんに頼むなんて普通じゃできませんよね。

料理は、友達に板前さんがいて、いろいろ教わっていたし、父や子供たちに作って食べさせていましたから、定食や麺類くらいはできますからね。焼き魚定食と海鮮ラーメンがおいしかったですか、ありがとうございます。

鳴子温泉には、南三陸町《みなみさんりく》から避難されてきた方が大勢いらっしゃいます。その皆さんにチラシを入れさせていただいたり、地域の方に教わって開業の宣伝をさせていただきました。粗品をくばったりしましたよ。

＊＊＊

南三陸町や雄勝《おがつ》、女川《おながわ》、東松島、陸前高田など津波をもろに被ったところはひどかったですねえ。気仙沼は湾に大島があって、波の勢いがそがれたんでしょうね、他所とくらべて家が残っていると思います。

気仙沼から古川《ふるかわ》に避難した人も何人かいて、噂を聞いて訪ねて来てくれたりして、津波の縁でお客さんと交流しながら商売させていただいてます。営業時間は一一時から午後四時までです。木曜日が定休日ですが、その日は気仙沼でやらねばならないもろもろの手続きがたくさんあって忙しいです。

本業の海草卸問屋の仕事も、生産者の在庫がある方を探して仕入れをし、お得意様からの注文に応えさせていただいてます。でも、何時まで続けられるか、お客様には「仕入れが続く限り」と話しているんですが。ありがたいことに、皆さんに励ましていただいています。あのフカヒレスープですか、もう在庫が無くなりました。生産者の方が被災して、当分製造再開は無理なようですね。

あっ、ちょっと失礼します。注文の電話ですので。

三月以来受注は携帯電話で受けています。全てのデータをパソコンや帳簿などと共に流されちゃって。記憶と携帯電話のデータや取引先に助けて頂いて復元しています。いやあ、三月、四月の電話料の請求書を見て大変なことになっておりびっくりしましたよ。

平泉のアパートは、住居、倉庫兼事務所でね。駐車場が作業場です。食堂の仕事を終えて帰ったら海草卸問屋になるんですね。

私は気仙沼市の元の場所に戻って商売を続けたいと思っています。父が建てた場所をもう一度見せてやりたいです。しかし、住んでよいのか、工場を建ててよいのかさえ分からない。先が見えないので困ります。国の方針が決まらないので市は何も言えないでいます。何とかならないでしょうかねえ。

機械を揃えるのには最低でも二〇〇〇万円ほど必要だと思います。自宅、事務所、工場を建てる資金を足すと、相当の負担になるでしょう。ワカメの仕入れ資金を借りたばかりですから二重、三重のローン支払いになるわけです。支払いを待ってもらっても結局自分で払わねばならないのですから働くみちを探さなければね。

三陸ワカメの復興は、三年はかかるでしょう。いまの在庫をかき集めても今年の秋まで持たない。鳴門から、商品が必要なら送るといって下さる方がいます。でも、三陸ワカメと共に商売して来た私らが三陸の生産ワカメを離れたらどうなるのでしょうね。消費者にも忘れられないようにするにはどうすればいいのでしょうか。岩手も含めて、三陸ワカメの復興を見守りたい思いでいっぱいです。

食堂は当分続けることになりそうですね。メニューに気仙沼名物を取り入れる他、地域の郷土料理をとりいれるなど、いろんな工夫をしていきたいと思っています。

被災地でご苦労されている皆さんには申し訳ないのですが、ここでは普通の生活ができますね。もちろん、家財も着るものも全て支援していただいたもので、一家が生活するのに日々追われている状態です。しかし、気仙沼にずうっといると、私の気持はどうしても暗くなってしまうのです。いい考えが浮かばないんです。震災から立ち上がるエネルギーが、私に不足しているのかもしれません。

気仙沼は海で生きてきた街ですから、ワカメ、カキ、ホタテ、ウニ、ホヤなどの養殖や、カツオ、サンマ、イワシなど漁業が息を吹き返さないと復興できません。製氷、加工、造船、倉庫、燃料などから私らのような商売をしてきた者まで、海と共に生活してきました。人と人の繋がりは強いものがあります。こんなにひどい津波の被害は初めてですが、皆案外明るい方向を向いていると思います。強がりもあるかもしれませんが、ナアニ、負けないでやっていけば何とかなるさってね。

長い歴史の中で、ひどい目にあいながらも東北の先祖は私たちの時代に引き継いできたのだと思います。子供の代になるか孫の代になるかわかりませんが、復興を完成させるためには私たちが基盤を作らなければ前に進めないわけです。何を引き継げるかですよね。今度の震災でたくさんの方にお世話になりましたが、私たちが復興しないと皆さんに恩返しできませんからね。
　それにしても原発はどうなるんでしょうねえ。海は放射能に弱いですから孫子の代でも解決できない心配がありますから、しっかりやってもらわないとね。もっと、政治をする人たちは被災地の状況を理解し、すばやく動いて欲しいです。

（二〇一一年六月一〇日）

◘宮城県気仙沼市

建物からみる気仙沼

「三事堂ささ木」代表
本田勝久《ほんだかつひさ》さん（69歳）

■ギャラリーを併設した陶器店「三事堂《さんじどう》ささ木」。大正時代に建てられた白壁、寄棟造り、和洋折衷の景観は、八日《ようか》町一番街《いちばんがい》のシンボルだ。昭和四年の大火をくぐり抜け、津波からも生還した店の本田勝久さんが、古きよき気仙沼の回想をまじえて語る。

【聞き手／千葉由香】

八日町で陶器を商うようになって一〇〇年になります。それ以前の「三事堂ささ木」は、海産物を扱うなど、いろんな商売をしていたようです。先々代は陶器の小売だけでなく、卸しもしていたから、いっぺんに貨車五台分くらいの商品を仕入れていました。かつての気仙沼はそれくらい広い商圏があって、物が売れたんですね。
　この建物は大正八年ごろの建築です。国の登録有形文化財になっています。大正四年の大火で焼け出された後に造られました。気仙沼は火事が多いんですよ。うちの棟梁は気仙沼の人。東京からも大工さんがたくさん来たそうです。土蔵と木造二階建ての和洋折衷様式ですね。住宅部分は吹き抜けがあったり、障子に組子細工をあしらったり、なかなか凝った造りです。私たち夫婦の代になって土蔵をギャラリーとして改装しましたが、それまでは内蔵として使っていました。
　昭和四年にも大火が発生したんですが、ぎりぎりのところ、隣の店で火が止まりました。そのとき先々代は、お茶碗とか食器類をすべて倉庫から出して、焼け出された方たちへお渡ししたんだそうです。番頭さんが配って歩いたと聞いています。ならば、この津波に遭った私らもできることから支えようと、ご飯茶碗を大量に仕入れて、被災した方に無料でお配りしました。喜ばれましたね。みなさん家財道具一切を流されてしまったでしょう。どんなに裕福でも、今日使う皿一枚、お茶碗ひとつないという方がたくさんいらしたんです。兵庫県に住む家内の友人が、新品の衣類をどっさり送ってくれたもので、それも店の前に広げて、差し上げました。

うちの店舗も三メートルほど浸水したんです。泥と瓦礫だらけでした。今はしっくいの白壁がもとのようにすっかり綺麗になっていますが、最初はとても見られたものじゃありませんでした。匂いもひどかった。ボランティアの方たちが一所懸命掃除をして、何度も壁を洗ってくれたおかげで、ここまできました。幸い商品は思ったほどは壊れなかったんです。この八日町の商店街は、水が比較的じわじわと静かに流れてきたから、浮力で助かったんですね。五月二〇日に仮オープンしたとき、通りはまだ真っ暗で、明かりが灯っていたのはうちだけでした。

もともと作家ものをメインに据えて、値引き販売もしないし、バーゲンのようなイベントもしません。そんな方針を通してきた店です。今は商品をごちゃごちゃ置いているでしょう。でも片付いた方ですよ。倉庫の商品を全部引っ張り出したほか、普段使いの食器を新たに仕入れました。ほぼ三分の一の価格になっているものもあります。以前を知っている方が見たらびっくりしますよ。目利きの方は「宝探しするようで楽しい」なんて言ってくれました（笑）。

こうなるまでには、いろんなボランティアの方たちの力をお借りしました。学生、退職後のご夫婦、大学の先生、中年のバイク乗りグループ……。長丁場だから、途中で気持ちが萎えるときもありました。そこに遠くからわざわざ、交通費も宿泊代も自前で手伝いに来てくださるわけでしょう。疲れたなんてとても言えません。自分を叱咤激励して、気を張って休みなしで過ごしてきました。とはいえ、最近になって、やはり休まないと駄目だと思うようになりました。八月の初めに、被災者ご招待ということで、青森県の弘前市に行って来ました。いい気分転換になりました。家内は昨日、震災後初めてパーマ屋さんに行ったんですよ。

結局、私はあの日からライフラインの復活する四月末まで避難所生活でした。家内は親戚の家にやっかいになっていました。犬を飼っているから、避難所に入れないんですよ。息子は電気も通らないこの建物の二階でずっと不便な生活をしていました。

地震が起きたとき、私は魚町《さかな》にある実家の様子を見に行って、それから山伝いに避難したんです。一緒になった気仙沼女子高校の生徒たちが、暗い中を案内してくれました。居合わせた避難者の中には、産婦人科医院から逃げてきた臨月の妊婦さんや新生児を抱いた若いパパもいました。やっと市役所の避難所に落ち着いたときは九時半になっていたかな。

避難所は高齢者が多かったんです。私は知り合いのお年寄り四人のお世話をしていました。灯油ストーブはありましたけど、寒いし、明かりはないし、お手洗いに連れていくのも大変でした。しばらくは、配られた冷たいおにぎりやパンを分け合って食べていたので、温かい炊き出しはおいしかったねえ。最初に炊き出しに来てくれたのはムスリムの人たちでしたよ。千葉県から来たパキスタン人だと聞きました。チキンカレーを作ってきてくれたんです。あれは実にうまかったですね。トマトなどの野菜もありがたかった。

衣食住も大変でしたが、精神的にも非日常な、きつい場面ばかりでした。避難所には肉親を亡くした人も大勢いますからね。周囲の人と「無事だったんだね」と気丈に言葉を交わし合っても、実は奥さんが亡くなったとか、娘さんが見つからないという人もいるわけです。どんな言葉をかけていいものやら……。

メディアもたくさん取材に来ました。隣の南三陸《みなみさんりく》町も陸前高田市も市庁舎が機能しなくなりましたでしょう。気仙沼市役所はまだよかったから、取材が集中したのだと思います。海外のメディアも多かったですよ。私が言う筋合いではないけれど、「もっと勉強してきなさい」と叱りたくなるような取材陣もいました。間の抜けた質問をしたりね。目に余りました。一方では、避難所に常駐して、寒い夜中に水汲みなどの力仕事を一所懸命手伝ってくれた人もいました。これは地元の放送局の人でしたね。

避難場所が市の災害対策本部になるからと、別の避難所へ移ったのが四月二〇日ごろ。私はそこにあったパソコンで初めて、津波の動画を見ました。こうだったのかと驚きましたよ。想像を絶するとはこのことか、と。それまで私は目の前のことに精一杯で、実際どんなことが起きていたのかよくわからなかった。ただ、避難の途中、街が火の海になっているのは見えたんです。咄嗟に「現実じゃないよな」と否定しました。映画の一シーンみたいだな、と。現実だとわかっていても、それを認めたくなかったんでしょうね。

自分が体験して、映像を見て、つくづく感じたのは、「逃げれば全員が助かった」ということです。高さ何メートルの防潮堤だろうと、頑丈な水門だろうと、どんな構造物を造ったって五〇〇年も保つわけではない。津波はそのときそのときで、どう襲ってくるかわからないんです。人間の英知を結集したところで、完全にプロテクトすることなどできないんじゃないでしょうか。問題は「どう逃げるか」です。

　気仙沼の街は火事で焼き尽くされるたび、復興してきました。特に大店は時々の流行を取り入れるなどして、贅を尽くした建物を再建してきました。だから、伝統的な日本建築から昭和モダン建築まで、いろんなデザインの建物が立ち並んでいたんです。それも、あの津波でだいぶやられてしまったねえ。景気は長く低迷していましたから、震災のずっと前に商売をやめた老舗も多いのですが。

　船主が船員たちをねぎらう「切り上げ振る舞い」を豪勢に開いたり、絵描きさんが来ると世話役の人が回状を出してお客さんを集めたり。気仙沼には料亭を舞台にしたいろんな文化があったんですよ。それだけ突出した富裕層がいたということでもあります。うちの店にしても、陶芸作家の先生がいらしたら、得意客を招いて懇親会やレセプションを開くなどした料理屋さんがありました。建物、調度、料理、器、その他のお道具に至るまで、言うことなしだったんですよ。

　こうして話していると、子供のころの情景まで思い出しますね。芝居小屋に東京からやってきた歌舞伎がかかると、旦那衆は明るいうちから風呂をすませ、白足袋を履いて出かけたものです。そして芝居の後はお座敷で芸者さんと遊ぶ。一方、僕の育った魚町の五十集《イサバヤ》(魚屋)では荒っぽい光景が繰り広げられていました。おかみさんたちは声が大きくて、気性が荒い。おかみさん同士の取っ組み合いなんて日常茶飯事(笑)。そうでなければ若い衆をうまく使えませんから。魚を満載した船倉に入って、「これはオレのところに卸すんだ」とかなんとか、一大事を女の人で仕切っていましたよ。そんなお店も文化も、すっかり昔のことになってしまいましたね。

　もうなくなったものはしょうがないとして、この津波でダメージを受けたけれども再興してほしい店、残してほしい建物がたくさんあります。左官屋さんが腕を振るったハイカラな玩具店、建物の中央に石蔵をはめこんだ米穀店……。遠くから足を運ぶ人もいる鰻屋さんは、味もそうですけど、建築がまた素晴らしかった。気仙沼で育った人が久しぶりに帰ってきたとき、あの建物がないとがっかりするんじゃないでしょうか。「おばあちゃんと一緒に食べたっけ」という思い出まで消えてしまいます。

　最近、歴史的建造物の保存を目的として、国内外の財団などが調査に入ってきているようです。活用できる支援はぜひ活用して、気仙沼ならではの建築物を、将来への大切な遺産として復元し、保存していけるといいですね。


(二〇一一年八月三〇日)

宮城県南三陸町　2011 年 3 月 21 日〈撮影／荒蝦夷〉

南三陸町・女川町

そこに復興はあるか
――被災のただ中で――

ルポライター
山川徹《やまかわとおる》

被災二カ月

雨が被災地を濡らしていた。海沿いの曲がりくねった一本道に靄がかかり、見通しをいっそう悪くしていた。途中、壊れた浦々が立ち代わり現れる。五月一一日、被災からちょうど二カ月。石巻市から女川《おながわ》町尾浦《おうら》を目指して、自動車を走らせていた。

尾浦に足を運ぶのは二度目。震災直後から被災地を歩いてきた。山形県出身で大学時代を仙台で過ごしたぼくにとって、馴染みある町々が〝海に飲み込まれ、崩れていた〟。被災地の風景は、昔から数え切れないほど聞いた大好きな曲の歌詞を思い出させた。「RCサクセション」時代の忌野清志郎が歌う「激しい雨」である。

季節外れの　激しい雨が降ってる　たたきつける風が
泣き叫んでる（略）海は街を飲み込んで　ますます荒
れ狂ってる　築きあげた文明が　音を立てて崩れてる
お前を忘れられず　世界はこのありさま

三月一一日以降、歌詞が現実のものとなって、目前に立ちはだかっていた。

四月二日、ぼくは石巻に暮らす大学時代の友人、及川《おいかわ》龍次《りゅうじ》さん（三四歳）を訪ねた。及川さんの母方の実家が尾浦にあった。彼の祖母は波にのまれて行方不明のままだという。祖母の実家を片付けるという及川さんとともに、尾浦に向かった。

こぢんまりとした漁村は、瓦礫に埋もれていた。津波が襲ってきてから三週間が過ぎたというのにまったくの手つかず。津波に襲われる前、尾浦には約一八〇人が生活していた。死者・行方不明者は一九人を数えた。集落の一割が命を落としたのだ。

石巻中心部では、瓦礫を撤去する大型の重機や行方不明者を捜索する自衛隊員の姿を数多く見た。何度か通っていると徐々にではあるが、瓦礫とヘドロに覆われていた町が片付いていくのが分かった。けれども、石巻から東へ約三〇キロ、女川町の中心部からも自動車で二〇分ほども離れた尾浦では、重機もトラックも見かけなかった。住民の姿もなかった。及川さんは零《こぼ》した。

「尾浦はこれからどうなっちゃうんだろう」

幼いころから見慣れた風景は見る影もなく破壊されていた。三陸沿岸には、小さな浦々が数多く連なっている。沖合や沿岸での漁業が生業だった浦もあれば、養殖が盛んだった浦もある。養殖とひとくくりにいっても、女川ではギンザケ、ホタテ、カキ、ホヤなどが生産された。生業も、置かれた状況も違う。当然、これからの歩みも、それぞれの浦ごとにまったく違ってくるはずだ。

小さな浦で生きる人は、いま、何を思うのか――。ぼくは尾浦の人々が避難生活を送っているという曹洞宗護天山《ごてんざん》保《ほ》福寺《ふくじ》を訪ねた。

保福寺に到着したころ、雨は止んでいた。ウグイスが鳴いていた。境内の一角に墓地があった。尾浦の人々を先祖代々弔ってきた寺院である。高台に建つ保福寺までは津波は届かなかった。被災直後、二五〇人ほどが避難していたが、いまは約五〇人が本堂や庫裏で共同生活を送っていた。

「ここで生きていきたいっていう気持ちはみんな持っているんだけどね……」と尾浦でギンザケの養殖を手がけてきた鈴木《すずき》賀行《よしゆき》さん（六二歳）は語った。サングラスにベースボールキャップ、青の作業つなぎ。黒く日焼けし、がっしりとした体格。鈴木さんの風貌からは潮の香りが漂ってくるようだった。

尾浦では、ギンザケの養殖が盛んに行われていた。湾の水質や水温がギンザケ養殖に適していた。陸地の淡水の池でギンザケの卵をふ化させるところから養殖ははじまる。稚魚が、二〇〇グラムほどのサイズに成長したところで湾内の生け簀に移す。そして半年から七カ月かけて三キロほどに育てたギンザケを毎年七月ごろに出荷する。鈴木さんによれば、尾浦港の水揚げ高は、女川全体の四割から五割を占めたという。女川のほかの浦に比べると、若手の後継者も多かった。それだけ収入が安定していた。

「うちのギンザケは旨いですよ。これ以上のギンザケを育てているところがあったら見てみたい。それくらい私たちは、自分たちの技術と仕事に誇りを持ってやってきたんです」

けれども、波は何もかもさらっていった。ギンザケも、町も、家も、生け簀も、漁具も、そして母さえも……。

「ご先祖さまは、何度流されても町を作り直してきたわけでしょう。それはここに豊かな海があるから。少なくてもこれだけはいえます。漁業なくしては、尾浦の復活はありえない。理屈じゃないんだろうな。意地といえばいいのかな。ご先祖さまが築いてきたこの港を、私らの代で終わらせちゃいかん、と」

鈴木さんは、ギンザケの養殖が再び軌道に乗るまでは、最低三年はかかると見ている。

「ただね、現実を考えるとね。目先の収入をどうするか。子どもの教育をどうするか……。それぞれ事情がある。尾浦を出ていく人もいるでしょう。つらいですよ。三陸には小さな浜がたくさんあってそれぞれに色がある。祭りも、人の気質も、習慣も違う。浜単位で人間関係が濃密なんです。だから、それぞれの形の〝復興〟があるはず。でも、いまは、まだその前段階。オレたちはここで生きていくんだという心構えが必要なんです。それだってまだ時間がかかりますよ」

「まだ何も興っていない」

そう。まだ二カ月。それなのにテレビや新聞は、被災者に対して「復興」「がんばろう、ニッポン」という意味のないキーワードを押しつけているように思える。

「復興ということばは嘘だと思っているんです」と保福寺の住職・八巻英成《やまきえいせい》さん（二九歳）は語った。「だってそうでしょう。たとえば、道路が直った様子をテレビで流して『復興がはじまっています』という。それでテレビを見ている人は安心する。でも、道路が直れば、ほんとに復興なのか。復興って、〝また興す〟って意味ですよね。でも、見てください。まだ、女川では、何も興っていないじゃないですか。復興という安いことばのせいで東北は忘れられてしまうんじゃないか。そんな気がするんです。それにいまテレビも新聞もほとんど原発ですからね。復興って、すべてが終わったときにはじめていえることばだと思うんです」

八巻さんが語る「復興」を聞いて思い出すのは、テレビに登場するボランティアや芸能人のコメントだ。「大変な思いをしているのに被災者の人たちは明るく前向きだ」「逆に勇気をもらって励まされた」……。実際、岩手県陸前高田市で出会った、東京からやってきた三〇代の女性ボランティアもテレビコメントと同じことばを口にした。まるで芸能人みたいですね、というイヤミも通じなかった。彼女は、「がんばろう、ニッポン」「つながろう、ニッポン」を純粋に実践したのかもしれない。「復興」に向けて「がんばる」被災者というイメージを語っていたのかもしれない。だが、強烈な違和感だけが残った。復興という中身のないことばだけが先走り、思考が止まってしまっているように感じるのだ。

船を流された漁師や家を失った家族は、どうやって船や家を買い戻すのか。母を喪った鈴木さんは、祖母が見つからない及川さんは、子を亡くした母は、父が消えた子は……その喪失感とどうやって向き合って、埋めていくのか。

まだなにひとつ、解決されてない。

いままさにみな被災という現実と向き合っているのだ。

そして、これからもずっと——。

女川港のそばの石浜《いしはま》。二〇〇戸ほどの小さな浦だ。女川町総合体育館には、石浜で暮らしていた六〇代から八〇代の人々がまとまって避難していた。石浜の人口の半分以上が六五歳以上だという。

「津波はみんなさらっていくのに借金だけは残していくんだ」と佐藤武《さとうたけし》さん（仮名／六二歳）は笑った。「町は〝復興まで八年〟といっている。仕事がないから若い人はそれまで待てない。残るのは年金で暮らす我々だけ。八年後、元に戻った町には杖っこついた年寄りしかいなくなる。姥捨て山だよ。そしたら復興の意味って、何よ。放っておけば、いずれ町がなくなってしまうよ」

石浜の人たちは何とか集団で仮設住宅に入れないか、検討していた。昔ながらの共同体の繋がりを大切にしたいのだという。

「長く生きてもあと一〇年だからね。せめてみんなで一緒にいたいんだっちゃ」

石浜から避難していた七五歳の白石和子さんはそう冗談めかした。

ぼくの目の前で笑っている人々は、開き直っていた。前向きだといえなくもない。けれども、彼らの存在は、復興ということばのもと、置き去りにされて忘れ去られようとしていた。勇気なんてもらえるわけがなかった。半分本気の冗談に付き合って笑いながらも、胸が詰まった。

被災した人々の菩提寺の住職という生業——八巻さんのことばは、だから切実だった。

「七〇代、八〇代の人の終《つい》の棲家を尾浦で見つけてあげなければ。みんなここで生まれ育って、仕事をして、子どもを産み、育てて、老いてきたんです。生を享けた町に骨を埋める。とうぜんのことだし、ささやかなことなんだけど、それすらも奪われた。住み慣れた町から離れて、仮設住宅に入って、誰にも看取られずに逝くなんて、あんまりだ」

『神戸新聞』によれば、阪神・淡路大震災の復興支援住宅で孤独死した人は、一六年間で六八一人にのぼったという。

「激しい雨」のサビで忌野清志郎は歌っていた。

「何度でも　夢を見せてやる」と。

けれども、せめてひとつ。

慣れ親しんだ土地に戻りたい……。石浜や尾浦の人たちのそんな〝夢〟が、できるだけ早く叶えば。そう願わずにはいられなかった。

（二〇一一年六月）

◆宮城県南三陸町

もうたくさん三度目の津波

無職
勝倉國司《かつくらくにじ》さん（90歳）

■昭和三陸地震、チリ地震の津波で被災した勝倉さんは、妻とともに志津川《しづがわ》湾を見渡せる小高い丘に自宅を建てた。「もし我が家がやられるようだったら志津川の町は全滅するだろうね、なんて冗談言ってたら本当にそうなっちゃった」。中心部のビルで被災し、三日後に救出されたヘリから、町を見下ろした勝倉さんは肩を落とした。前年に妻に先立たれ、登米《とめ》市の仮設住宅にひとり入居した。

［聞き手／境数樹］

私は今年で九〇歳になります。

大津波は昭和八（一九三三）年の昭和三陸津波、昭和三五（一九六〇）年のチリ地震津波と、今度の東北地方太平洋沖地震津波で三回目の経験です。人間は水には勝てませんねえ。火災なら火が消えたらその跡に家を建てられるが、津波には逃げるしか方法がありませんからね。止められないし、同じ場所に家を建て直してもまたやられますから。もう、たくさんですね。

三月一一日は、志津川地区老人クラブ連合会の芸能発表会がありましてね。毎年二月か三月に開催されています。私が会長をしていたころは町村合併前で、唐桑《からくわ》、本吉《もとよし》、志津川、歌津《うたつ》、柳津《やないづ》の五町が集ったんですが、今は町内の志津川、歌津だけになったお。唐桑、本吉が気仙沼市、柳津が登米市に合併になったからね。

私は会場である高野会館の駐車場に車を置いてね。三階に上がると会場には、会員以外の人も含め三〇〇人ぐらいの年寄りが集まっていたの。七〇歳から八〇歳以上の高齢者が多くてね。

お弁当を頂いて、恒例の演芸大会で楽しく過ごして、二時四六分直前に終ったのねえ。玄関に下りようとして出口に向った時、グラグラっときた。長くて長くて怖くなって、近くにあった机の下にもぐり込んだお。シャンデリアがガチャガチャ音をたててものすごく揺れたの。周りの人達がどうしてたか見る余裕が無かったし、命の危険さえ感じたくらいすごかったなあ。揺れが収まったら次の心配は津波でしたお。これは大きな津波が来るなと思いましたね。

そのとき、高野会館の支配人がね、玄関入口で両手を広げて、帰ろうとしていた年寄りたちを、体を張って引き止めったお。その行動がすばらしかったおね。「必ず大津波がくるから、ここから絶対出るな。ここは大丈夫だから、上の階に行くように」と、大声で叫んでいたもの。死にたくないなら四階に行けとね。

いやあ、皆の足の速いごど。八〇過ぎた年寄りとは思えないくらい、階段をドタドタと上がってね。全員四階に登ったお。老人クラブの参加者だけでなく、隣のサンポート志津川（総合商業施設）の買い物客も逃げてきたから、もう、いっぱいになってね、ぎっしりだった。

とにかくこれまで見たこともない津波だったね。三階に立ち止まって窓から見たら、防波堤を越えて、堤防近くの鉄筋コンクリート四階建て町営住宅を四階まで破壊して押し寄せてきたんだお。

近くに志津川郵便局が見えたがこれは平屋でね、民家がマッチ箱のようにプカプカ浮いてきて、なんと、郵便局の建物の上を乗り越えて流されていくのが見えたお。サンポートも壊され、高野会館の三階まで水が上がってきたんだお。結局、みんな屋上まで逃げてね。高野建設が自分の会社の会館を建てたんだから頑丈にできてんだべねえ。水は上がったが建物はもちこたえた。それにホテル観洋が経営してるんで、非常時の対応もさすがだと思ったねえ。支配人の言ったとおり、全員流されずに助かったおね。

私は屋上から周りを見回したが、街が全滅したのが分かったお。病院も役場も消防署も、町の中心部が水の中でねえ。この先どうなることか、見当もつかなかったね。

水は夕方には引いたんですが、道路はメチャメチャで、ガレキや車、船など流れ着いたものだらけで、ほとんど住宅は無くなってしまったお。焼け野原でもないし、なんて言ったらいいんですかねえ。人間が住めるところが全部なくなっちゃった。こんなにひどい津波は見たことがなかった。

私は膝が悪くて座れないんでね。四階は人がいっぱいで、立っているしかないから五階で休むことにしたんですよ。空き箱に腰掛けてね。四階に様子を見にいったついでに三階に降りてみたの。窓はガラスが全部破られて、ソファーや椅子が床にひっくり返され、さっきまで演芸大会の会場

◉南三陸町の被災状況

死亡者数［人］	565 *1
行方不明者数［人］	310 *1
震災前住民数［人］	17,832 *2
ピーク時避難者数［人］	9,700 *3
浸水面積［km²］（行政域）	9（163.73）*4

＊1　宮城県HP（2012. 1. 25現在）
＊2　南三陸町HP（2011. 2末）
＊3　町長からのお願い（3月22日発表数）
＊4　国土地理院　津波浸水域の土地利用別面積（暫定値）について（2011. 3. 28）

だったとは思えないめちゃくちゃな有様でしたお。

夕方にはヘリコプターが来てね。屋上から救助が始まったんで心強かったお。ところが、一人ずつしか運べないすぺ。屋上で風が寒いうえに、ヘリのプロペラの風でお婆さんの髪の毛なんかぼうぼうになってねえ。可哀想なくらいだったお。それをヘリの人が抱いて宙吊りになって乗せて運ぶんでしょう。小学校の体育館まで、飛ぶのは一分くらいだがとても三〇〇人以上を運ぶには大変なことだおね。そのうち暗くなって大部分は明日の救助ということになったから、これはしばらくかかるなと思ったお。

ところで、長男の嫁の親戚で若いのが友達と三人でサンポートに遊びに来ていて高野会館に避難してきてたの。偶然屋上で会ってね。その若いのが、携帯で自分と私の無事を連絡してくれたのね。それで、私の息子には早いうちに無事が伝わっていたんだ。後の話になるが、おかげで早くに長男の所に落ち着くことができたのね。

その三人は、夜になってから家に帰るっていってねえ。ここに泊まれって言ったが出て行った。後で聞いたところ、国道四五号線に出たが、水尻《みずしり》橋が落ちていて通れなかったと。回り道して水門を渡ってね。水門はコンクリートでがっちり固めてあるから大丈夫だったから、歩いて行けたんだね。四五号線は戸倉《とくら》のあたりも津波でめちゃくちゃで、気仙沼線の駅や線路もやられていたが、とにかく線路づたいに歩いたんだと。横山《よこやま》の峠のあたりで、通りがかりの車に乗っけてもらって豊里《とよさと》には明け方着いたっていうから、六時間か七時間かかったんでねすか。今なら車で豊里から志津川まで一時間かかんねすぺ。若いから出来たんだが強い余震が何度もあったし、よく無事で帰れたなと思うね。

私は一人暮らしだから高野会館に泊まる以外にない。三〇〇人以上の人が泊まることになったから大変だ。絨毯が敷いてある比較的暖かな四階に大部分の人が集まったのね。宿泊施設でないから、寝具は無かったし救援物資もまだ届いてなかったんでないすか。町の対策物資は津波にやられたんでしょう。役場がやられて手の打ちようがなかったでしょう。皆、着のみ着のままで夜明けを待つことになったんですね。

困ったのはトイレですね。停電と断水でトイレが使えないので、屋上の隅っこをトイレにしましてね。風は強いし寒いしで、年寄りにはこたえましたねえ。

私がいた五階は寒かったねえ。あの日は雪が降りましたからね。真っ暗で暖房のない鉄筋コンクリートの寒さは厳しかったんですが、私、昔軍隊にいて、敗戦後シベリアに三年間抑留されたんですよ。あのときは食うものがないし死ぬほど寒かったなあって、思い出しましてね。それで耐えることができたのね。

次の日もヘリでの救助作業が続いたが作業がはかどらず、体の弱い人、女性優先ですから、もう一晩泊まることになったのね。若い人で歩いて帰った人がいたんですが、普通一五分で行くところガレキが障害になって三時間かかったということや、着いてみたら家がなかったということがあったようです。強い余震があり、小さい津波がサワサワサワって来てたからガレキいっぱいの所を歩くのは危険でしたね。

人数は大分減ったが、二〇〇人以上はまだ会館に残っていたと思います。この日は四階に移れて、五階より暖かだったし毛布もあったので、よっぽど楽になりましたね。

三日目になって、今度は自衛隊の大型ヘリが救援に来てね。水が引いて駐車場かな、平らな所に降りていっぺんに一〇人位乗れるから、たちまち救助は終ったおねえ。

私はヘリに乗るために四階から一階まで何とか下りたが、エコノミー症候群とやらで脚が動かなくなってね。自衛隊の人に負ぶってもらって、やっとヘリに乗せてもらった。ヘリに乗るのは初めてでね。津波に破壊された街を空から見て、何とも言えない気持ちでしたよ。自分の家がどうなったかは判らなかったが、志津川の名所、松原公園の松の木が一本も無くなっていた。公園に据え付けてあった大物の蒸気機関車が流されてどこにいったのかもわからない。公民館も体育館もたくさんの施設が潰されたり流されたり、何もなくなってしまってねえ。これじゃあ何の活動もできない。復興は大変なことになるなあって思いましたよ。

避難所の志津川小学校体育館には二晩泊まりましたね。食べ物はおにぎりだけだったと思います。避難している人数が多いので、班に分けて、班長さん決めて、食料でも何でも班長さんを通して伝達されてました。

小学校に着いた翌日、三月一四日ですね。家が心配で避難所を出て坂を下りたところで知り合いのヘルパーさん三人と会ってね。そしたら「なにィ語ってんの、私らでさえガレキが大変だし、目印も何もなくて、どご歩いてんだかさっぱり方角がわがらえん《わからない》、危なくてダメだでば《ですよ》。戻らえ《もどりなさい》、戻らえ」って言われてね。やっぱり無理かと諦めて戻ったお。

次の日、思いがけなく長男の嫁の実家の息子が探しに来てくれてね。津波の夜、携帯で連絡あったから避難所の名簿見て分かったんだそうだ。彼の勤めは登米農協だが、志津川に差し入れの米を届けに来たんだね。一般の人は入谷《いりや》までしか入れないんだが、消防や救援の車だけが入れるんで来れたと。帰りは乗れるからというので車に乗せてもらって、登米市豊里町に住んでいる長男の家に厄介になることになったの。

＊＊＊

何日か経ってから長男が私の家を見て来たんだが、後で連れてってから、と言うだけでね。ああ、家もやられたな、と思っていたの。

家は高台だからと安心していたんですよ。行ってみたら外観はよさそうだが、一歩中に入ると天井は落ちている、茶の間の所は土台が移動して曲がってしまってね。ガラス窓は全部割れてカーテンだけがバフバフしているんだ。二階の床上まで津波が来たんだねえ。

去年耐震工事やったばっかりでね、地震には耐えたが津波でやられたんだねえ。高台の我が家を入れて行政区一〇班は合わせて一〇軒あったんだけど二軒が半壊で、あとは全部ダメだった。我が家は町で調査に来て「全壊」の判定でしたね。とても住む気になれませんねえ。

残念なことですが、コソドロにもいろいろ持って行かれたようです。甥の話ですが、先日私の家の様子見に来たら男が家の中でウロウロしてるので声をかけたんだそうです。そしたら「不用心だから様子見に来た」ってさ、よく見ると会ったことある人だから「おらいのおんちゃん《おれの叔父さん》の家だよ、わかるすぺ《わかるだろう》」って言ったら黙って逃げて行ったと。

どうせ壊すんだから、サッシが欲しいとか言ってきた人にはあげることにしているんだが、見にいくたびに何かなくなっているし、二階も土足で上がって荒らされているんだから悲しくなります。

私の車がどうなったか長男と探しましたら、高野会館の駐車場からそう遠くないところでひっくりかえっていました。ナンバーでわかったんですが、つぶれて使い物になりませんね。

六月でしたか、娘が嫁ぎ先の千葉から来てくれて、ボランティアのインド人らと一緒にタンスの中の物を整理しようとしたら、引き出しがびくともしないんです。しかたなくタンスを壊したんですが、着物も何にも塩水に浸かって使えないんですねえ。ほとんどが去年の九月に亡くなった妻のものでしたから、心残りでしたが処分することにしました。

金属のものはどんどん錆びていってますし、木や紙、布、写真には塩水が浸み込んでいて変色したり乾燥するにも厄介でね。ほとんど諦めました。それでも写真は残したいと思ってアルバム探したんですがね。見つかったものは塩水に漬かって乾いたんで皆くっついてねえ。見られませんね。

一昨年、作家の小田豊二《おだとよじ》さんが見えた時に写真家の落合高仁さんが撮ってくれた、敬礼姿勢の写真ね、あれ流されちゃってね。惜しいことしました。シベリア抑留など戦争ではずいぶん苦労しましたからね。思い出のあるものはできるだけ残したいですおねえ。

仏壇は壊されましたが、位牌は家の中の廊下に残っててくれましてね。本当によかった。家内は去年亡くなって、その時は早過ぎた死だなあと思ったんですが、入院していた志津川病院は津波に襲われてますからねえ。足が悪くて認知症もありましたから津波にあったら皆さんにご迷惑かけたり、遺体を探すことになったでしょう。いま考えてみると、去年亡くなって皆さんに拝んでいただいて、送ってもらって幸せだったんですねえ。仏壇を修理して息子のところで一周忌もできて、本当に良かった。

＊＊＊

私はこれで三回目の大津波ですねえ。九〇歳になりますから、三〇年に一回は大津波に遭ってる勘定になります。

昭和八年三月三日の津波の時は、小学校六年の頃だったと思います。父は戸倉村水戸辺《みとべ》で農業してて、かなり高い所に住んでいたのですが、すぐ家の前まで津波が上がって来ましたよ。田んぼや畑に大きな船が打ち上げられてね。

戸倉村折立《おりたて》に昔は松原があったんですよ。あの頃の電柱は木でしたね。松原で電柱用の木に薬（防腐剤・クレオソートか）をかける仕事していた。どういうわけかその仕事をする人達のことを「タンパン」って言っていたんだがね。バラック建てて寝泊りしていたんです。その木材が津波で山のほうまで流されてね。人は皆無事だったらしいが、潮が引いた後、木が山のほうにゴロゴロ置去りにされてましたね。

戸倉折立の松原は無くなってしまったんですが、松の木はどこへいったんでしょうかねえ。今度の津波で流された志津川の松原、陸前高田の松原もどこか遠くに流されたんでしょうねえ。小学校では鉛筆など学用品の支援物資を沢山いただきましたね。

親父は農家でしたが、中学校出てから弘前の騎兵隊に入ってね。馬の扱いが上手くて私は厳しくしつけられたのね。思い出しますねえ。私が朝鮮に徴兵されて大隊長の馬の世話をし馬伝令になったので、馬に乗った写真撮って親父に見せたことがあったのね。そしたら馬の首はシャンと伸ばすもんだ、こんなに首を曲げてはいかんなんて怒られてね。なにしろ自分で買った軍服着て、馬に乗って騎兵の姿を写真に撮ったのを見せてくれた親父でしたよ。

昭和三五年五月二四日のチリ地震津波の時は、志津川町五日《いつか》町に住んでいましてね。息子が小学校三年、娘が小学校に入ったばかりだったな。

地震の揺れはなく津波だけ、明け方に来たんです。私が何気なく朝起きて、誰かが家の前の道路を「津波だ」と叫んで通った声を聞いたんです。急いで妻と子供たちを起こして山のほうに避難させました。津波は第一波より二波が大きかったの。多分第一波の時は寝ていたんだと思います。後から分かったんですが、私の家は押入れの中段まで浸水しましたから、危ないところでした。

私は志津川町役場の厚生課に勤めていましたからすぐ役場に出勤し、炊き出しや救援物資の仕分け、避難所へ配付など仕事に追われてね。防災無線など無かったので、大声で叫んで歩いたり、電話が通じないので自転車で連絡に走ったりしてね。携帯電話はもちろんなかったし、自動車、自家用車なんてほんとに少なかったから、連絡や輸送には苦労しましたよ。

毎日送られて来る援助物資の仕分けは、志津川小学校の体育館でやったがいっぱいになってね。ダンボール箱などに分類したが、米はいらないから靴下くれとか、被災者の要求は毎日変わるんで対応が難しかったの。毛布がものすごい量あったのが記憶にあります。

下水が整備されてないので汚物があふれ出てねえ。衛生面で問題がありましたね。機械器具があまりなかった時代で人の力が頼りでした。町の職員はもう、フル回転でしたお。そのときは自衛隊がすぐ応援に来てくれました。人の力と機械の力とでね。重機の活躍にはびっくりするばかりでした。本当にありがたいことでしたね。

＊＊＊

今度の津波は三陸だけでないから、自衛隊も大変な苦労だったべね。原子力発電所の事故なんか、自衛隊でなければどうしようもなかったと思いますね。今度も随分助けられたねえ。

役場も大変だったね。職員は三〇人以上亡くなっているようだし、佐藤仁町長も危なかったねえ、町の三階建の防災センター屋上でアンテナによじ登って命からがらだったようだから。私が御世話になった避難所では、町職員は一人とか二人でやっていたようでねえ。日本全国から沢山の自治体やボランティアが支援に来てくれたのにはありがたいことで、正直驚きましたねえ。昔はこういうことはなかったですね。

私たち夫婦は、津波を避けるために高台に家を建てて引っ越したんです。もし我が家がやられるようだったら志津川の町が全滅するだろうね、なんて冗談言ってたのね。そしたら本当にそうなっちゃった。

登米市南方《みなみかた》町に南三陸町の仮設住宅ができたんですよ。

ジャスコの跡地に二〇〇戸位建ったんです。息子の家に近いので安心ですし、一人暮らしには慣れてますからね。息子は隠居所を増築するといってくれてるんですが、まだ自分のことは自分でできますからねえ。車も娘がマニュアルの軽自動車探して手に入れてくれたんで、この辺は自由に動けますからね。免許証は昨年書き換えたんでまだまだ大丈夫ですお。

八月一二日に仮設に引っ越すことになりましてね。入居説明会が先日あって、一〇〇人くらい来てたかな。入居の説明書きに生活用品が細かく書いてあったが、箸、茶碗、布団からハミガキまであてがわれるんだね。テレビ、電子レンジ、冷蔵庫、洗濯機もあるんだから。至れり尽くせりだねえ。国でも随分カネかがったべねえって、皆で話してました。

仮設の場所ですがね。家内がまだ元気だったころ、息子のところに来たときなど買い物によく寄ったジャスコの跡地なんですよ。思い出しますねえ、家内は買い物が好きでした。とりあえず二年間住む所ができたんで、あとのことはこれから考えましょう。

（二〇一一年九月二日）

◇宮城県南三陸町

子供たちを護らねば

南三陸町立戸倉小学校教諭
斉藤早苗《さいとうさなえ》さん（53歳）

■津波銀座と言われる志津川《しづがわ》に育った斉藤早苗さんは、「高台に逃げる、何にも持たずに逃げる」と避難の鉄則を教わってきた。勤務先である戸倉《とくら》小学校の校長は津波体験がなかったが、避難経路を事前に確認していたため指示もす早く、子供たちを明るく元気づけながら神社で一夜を明かした。自宅の心配は二の次。地域の人たちにも支えられての「あの日」を語る。

［聞き手／中津川良子］

今回、かなり多くの学校が大津波に襲われたけど、学校によって被害の状況もさまざまですね。みな条件が違うんだから当然だと思います。同じ沿岸の学校であっても海に近いか遠いか、避難場所の高さ、子供たちや先生達の人数なんかによって避難訓練の仕方も違ってくるもの。

震災から半年近くなるというのに、石巻の大川《おおかわ》小学校ではまだ行方不明の子供や先生がいるんですよね。犠牲になった子供や先生たち、残された保護者や学校のことを思うと、小学校の同じ教員としてやりきれない気持ちです。うちの学校では、下校していた二年生の女子一人が家族と一緒に流され、非常勤講師の先生も自宅付近で発見されました。

なんで戸倉小学校では、そのとき学校にいた子供や先生たち全員が、無事に避難できたのって聞かれてもねぇ。運よかったこともあったし、あとはなんでしょう。

実は二三年度の教育計画を作る段階で、避難場所をどこにするかでずいぶんもめたんですよ。学校で足りなくて家に帰ってからも、夜、電話で議論し合ったくらいだったんです。宮城県沖地震では五分で津波が来るという予想が出てるから、山に逃げたんでは間に合わない、屋上がベストという意見が強かったんです。

でも私を含め、町内の職員は最後まで屋上避難に反対したんです。なんでかというと、確かに鉄筋コンクリート建てはしっかりしているし、まさか三階まで津波がくることもないだろうけど、私たちが心配したのはとにかく、津波の避難って長引くんですね。一、二時間では絶対帰られない。注意報であっても三、四時間はおかれるので、そのとき屋上に逃げて安全宣言が出されたとしても、親に引き渡すまでが大変なんです。それに、水が来て屋上で孤立したら、長い時間下りられないんです。その間、子供たちは我慢できるか、子供たちを護りきれるか、そんなこんな考えたら、避難場所は陸続きがいいというのが町内の先生方の考えだったんです。はい、職員の三分の二が志津川生まれか志津川町民だから、ちっちゃいころから避難訓練してきてるんです。

私なんかも、もの心ついた頃から、チリ地震津波の五月二四日になれば、朝六時にウウーとサイレンが鳴って高台に逃げる、学校に行けば避難訓練で高台に逃げる、勤務した町内どこの学校でも高台に逃げる、だったことを考えても、やっぱり高台に逃げるが鉄則だと思ったんです。

戸小の場合、避難場所の宇津野《うつの》に行く坂はちょっときついけど、あそこは海が見渡せる高台だし、裏側からはほかの集落に通じる道があるんです。そんなことを考えるとやっぱり屋上より高台の宇津野がいいというのが、私らの考えだったんです。

それで、ああでもないこうでもないって議論してもめて、結局結論は先送りのままだったんです。ええ、校長先生は多賀城《たがじょう》から来た方で津波体験はなかったようですが、何事もじっくり議論させて練り上げていくタイプで、避難場所でもめた時もそうでした。でも、三月一一日のあの時は、迷わずに「山に逃げましょう」ときっぱり言って避難させたんです。

地震が起きた二時四六分、私は一年生担任なもんで、子供たちを外に出して教室のワックスがけしてたんです。ほかの学年は授業中でした。一年生は三時の帰りバスを待って校庭で遊んでいたんです。ええ、子供たちの四分の三がバス通学です。

地震は、立っていられないくらいの大揺れ、すぐベランダに出て、「真ん中にあつまんなさーい」って声がけして、非常階段を下りたんです。そうしたら、地面がトランポリンみたいに波打ってて、校舎が大きく揺れて、ああ、このまま地面が割れるのかなと思うくらいすさまじかった。子供たちも抱き合ったり、しゃがみ込んだりしてましたね。そのうちに高学年なんかも下りてきて、みなそろったので、「山に逃げましょう」ということになったんです。

地震が想像以上に大きかったし、もう全校児童が校庭にいたから、教育計画立案ではもめたけど、山以外の選択肢がなかったんです。「とにかく逃げる」が絶対でしたから、着のみ着のまま、一年生は帰り支度できてたけど、薄着でサンダルばきの教員もいました。私はワックスがけしてたから薄着だったんですけど、だめだ、寒い、と思って、急いで校舎に戻って上着をひっかけてきました。これがラッキー、ポケットに携帯電話が入っていたんです。

校庭に戻って、マニュアルどおり、人数を確認・報告し、「よし」となって山に向かいました。日頃の訓練どおりです。戸小では結構、津波避難訓練やってたんです。だって校舎は海岸から三〇〇メートル、真っ向が海だから津波銀座ですよ。チリ地震津波で壊滅したから、校舎を鉄筋コンクリート三階に建てかえたくらいなんですから。

「地震が来たら津波、すぐ避難。地震が来たら校庭真ん中集合。なんにも持つな、いのちが一番」

これらが身についていたと思いますね。休憩時間中の避難訓練も何度もやっていました。そう、そう、一一日の前、三月九日の昼ごろ大きな地震がありましたよね。言い方悪いけど、直前のあの地震のおかげで、今回落ち着いて避難できたと思うんです。三日前のあの地震よりも強い、危ない、逃げなくちゃーって、みな真剣になったと思うんです。

高学年なんか、九日に避難した時うんと寒かったから、今回はとにかく、あるもの全部着させて避難させたそうです。助かりましたよぉ。あの寒い中、何日もそれ着て過ごしたんですから。

時間帯もよかったですよね。給食食べた後だった。これが昼前だったら、子供たちはもたなかったでしょう。腹をすかしたまま避難してたら、寒い、腹へる、怖い、でパニックが起きてたかもしれない。

子供たちも職員も胸のうちはわからないけど、表面上はみな冷静でしたね。先生達の対応もよかったのかな。こうなってくると、普段からのコミュニケーションが大事だということかもしれないですね。私たちって議論する時は火花を散らすけど、ふだんはけっこう仲がいい関係でしたから。

ああ、親たちのことね。もちろん車で迎えに来た人たちがいました。二、三〇人はいたんじゃないかなあ。後から高台に上がって来た人もいました。大体は、財布も何もかも車に全部おいて、それこそ身一つで子供たちと一緒に逃げたんです。誰一人として子供たちを連れて帰るという保護者はいなかった。

もし誰か一人が強硬に「連れて帰る」と言い出したら、うちでも、うちでもと、後に続く人たちが出たかもしれないけど、そういうことはなかった。みな一緒に避難したんです。親たちもみんな、大地震のあと、「これはただごとじゃない」って、なんていうか本能的に、「大津波が来る、逃げる」となったんだと思います。

結局、高台に避難した後、子供たちと一緒に神社に逃げた人たちはみな助かったんです。でも、学校に来た後、駐車場の方へ逃げた人は助からなかった。

宇津野の高台に着いてからしばらくの間は、海を見てたけど変わりなかったんです。「潮引いたかな」「いや、まだまだ」なんて言ってるうちに、そのうちにクルクルクルと漁港のあたりの波が立ってきたのね。「ああ、来たね」、「んでもたいしたことないから、学校に戻って車とってくるかな」、「でも地震が大きかったからこんなもんじゃないよ、きっと」なんて言い合うくらい、みな余裕あったんですよ。

そのうちに海のクルクルがウワッと大きくなって、「あ、堤防越えたよ」、「大っきいぞ」と言ってるうちに、その波のあとから、すんごいのが見えたんです。堤防よりはるか何メートルも高い海の壁みたいのがブワーッとやってきて、「あーっ」ってるうちに、下のあっちこっちの車がプカッと浮いて、家がザーッと流されてきて。「ああ、だめだ、だめだ、ここ危ない」ということで、上の神社目指したの。「ああっ、堤防を越えた」という段階で校長先生が「上に行きましょっ」と指示しました。

あとから聞いて感心しましたけど、三日前の地震のあと、「あの宇津野の避難場所の上にも逃げられるところありますか」って聞くので、私、「はい、石段を登っていくと神社があるし、ちょっとした広場もあります」と言ったんです。

「早苗先生は地元に明るいですね」と言われたので、「なに校長先生、戸倉のことならまかせてください、戸倉小勤務三回で十うん年、子供たちと一緒になって野山から海岸から遊びまわっていましたから」なんて冗談言ってたんです。

実は校長先生、そのあと宇津野の現場、その上の神社に上がって、避難経路を確かめて来たそうなんです。さすがですよね。地元出身の先生たちでも、ここに神社あったのわかんなかったそうですよ。

宇津野の高台には、学校周辺の地区の人たちも避難してきていて、最初、海を見ながら、「まだまだ来ないから大丈夫」なんて言ってたんですが、そのうちに、あっという間に押し寄せてきたんです。津波が。すごく速いんですよ。うわーっ、みんな一斉に駆け上がりましたよ。

無我夢中で、あっという間に。

神社に上がって少したってから、私、子供に、「動かないでここにいなさいよ」って言って、さっきまで避難していたところに下りて行ってみたら、もう水が上がっていて、そのすぐ下はダーッと渦まく川みたいで、車や家がドンドン流されてたんです。周りの山の木はバキバキ音立ててなぎ倒され、それがみな一緒になって流されてるんです。

さっき、ここに避難してたとき、「まさかここまで来ないよね」、「ここまで逃げて、逃げれなかったら仕方ないさ、マ、大丈夫でしょ」なんて職員同士しゃべっていたけど、現実、そこまで水があがってきて、そして私たちは逃げた、ってことです。

ああ、子供たちの様子ですか。子供たちは落ち着いていましたよ。なぜかって、神社は、杉木立に囲まれているし、石段の下まで降りないと回りが見えないから、あの空恐ろしい津波そのものは見てないんですよ。

濁流の中で流される家や木や、ガレキのぶつかり合う音を聞いて、「せんせい、あれなんの音」って言うから、「ん？　水の音かな」なんてごまかしたんだけど、泣いたり騒いだりと恐怖感に襲われた子はいなかったと思いますよ。かえって地震のときの方がこわかったみたい。

神社からは自分たちの学校やその周りの様子が見えないから、子供たちは騒ぎもしないけど沈みもしないで普段のように振舞ってました。ま、高学年は異変を感じ取っていたと思いますけど、表面上は穏やかでしたね。でも寒かったぁ。そのうちに小雪も降ってきたんです。

少し経って、下界の津波音も静かになってきた頃、一緒に避難して来た地区の大人たちが子供たちに、「今日は帰るの無理だから、みんなでここで過ごすからな」と言いきかせて、あちこちから薪を集めて焚き火をしたんです。

四年生以下の子供たちと、一緒に避難した保育所の園児や地区のお年寄りを、お堂の中に入れました。「せんせいはお尻大きいから外に出てるからね。みんなはお利口にしてるんだよ」と言うと、一年生たち「はーい、わかったぁ」と、かわいそうなくらいみんな聞き分けがよかったんですよ。

高学年は担任に「お前たちはここでは大人だ。大人だからしっかり行動しろ」と言われ、その気になって小さい子の面倒をみてました。もっとも、焚き火を囲んで、「キャンプファイヤーだぁ」なんて無邪気にはしゃいでた子もいましたけど。

そうそう、三月末から産休に入る予定の職員もいたんです。もちろんその教員もお堂に入れました。みんなで「まだ産まれないでよ」、「まだまだ早いからね」なんて、おなかをさすりながら……。

保護者たちは最初に避難したところまで下りて行って、残っていた別荘やアパートから、布団類を借り出したり食料を貰ったりしてきました。まだ明るいうちに夜の用意です。電気も明かりもないもの当たり前ですよね。

少し暗くなってきてから夕食です。といっても食事なんてありません。どこからかみかんが届いたんです。そのみかん一個の皮をむいて、中の小袋二つずつ分け与えたり、板チョコレートをさいて、「これ食べれば大丈夫、ぐっすり寝れるよ」、「特別なチョコだから栄養たっぷりだ、ハーッ、口開けて」なんて、ほんのひと口ずつ入れてやったり。すると子供たちは「うん、わかった」って言ってくれるんです。

トイレは、男はこっち、女はその木の陰、なんて指示する先生もいました。必死でというほど大げさじゃないけど、とにかく大人たちはみんなで、子供たちに不安や恐怖を与えないよう、つとめて明るく、ときには冗談言いながら一晩過ごしましたねえ。夜更けの星空はこれまで見たことないほどきれいでした。その分、寒さのきびしい夜でした。

それにしても、地域の大人たちが一緒に避難してきてくれたので助かりましたよ。心強かった。私たち教員だけでは絶対に無理でした。あそこに避難した人みんなが、「子供たちを護る」、その一心だったと思います。

翌朝、五時くらいになるともう、燃やせる物もなくなって困ってたら、誰かが、避難所だった高台から流された家の土台の角材を持ってきて燃やし始めました。そしたらそこにいたおじいさんが、「ああ、それおらいの家だ。いいがら《いいよ》いいがら《構わない》、燃やせ。燃やしてみんなであったまんべ《あたたまろう》」って言ってくれたりして。

情報は、教頭先生が非常用品で持ってきた手回し電源のラジオをきいて知りました。六時くらいだったかな、明るくなった時は、ああ、朝を迎えられたってほっとしました。それに被害のなかった荒町から、あったかいおにぎりの炊き出しがあがってきたんです。うれしかったですよぉ。

後で聞いたら、神社から荒町に下って行った人が、学校の子供たちが避難していることを知らせたらしいです。荒町の人たちは三時ころに集まって炊き出ししてくれたって聞きました。ありがたかったですねぇ。おにぎりは子供たちに半分づつ分けてやりました。そんで、なんでもなかったように振舞いながら、神社で半日過ごしました。

お昼の炊き出しを食べてるうちに消防の人たちがやってきました。大津波警報が津波警報に変わったから、そろそろ戸倉中学校に移りましょう、ということになって、山を下り、中学校に向かいました。子供たちの歩きに支障がないようにと、途中のガレキはかなり片付けてもらっていました。

学校の周りの見慣れた風景がすっかり廃墟と変わっていて、映画のシーンを見てるようでしたね。子供たちも、「えーっ、なんだこいづ」、「ここになにあったけ」なんて、驚きの声をあげながら歩いてました。

戸倉小学校は白い建物は残ってたけど、屋上のフェンスには網が引っかかってたし、体育館は鉄骨だけが残ってました。つい一〇日前に引き渡されたばかりの新しい体育館ですよ。それを横目で見ながら、「電線に触ったり、釘出てるから流木なんか踏んだりしないように、しっかり歩きなさい」と声かけながら歩きました。道の両側はガレキ、消防署員や保護者たちがガードしてくれたので、何とか乗り越えて中学校にたどりつきました。

中学校も被災したとは思ってたけど、あれほどひどいとは想像つきませんでしたね。だって、あんなに高い所に建っていた中学校の校庭まで津波があがったんですよ。ほら、あの某先生は避難してきた人を助けようとして校庭で流されたそうです。でも、校庭より一段高いところにあった校舎は使えたので、そこにひとまず落ち着くことになったんです。夜が明けてから神社に迎えに来た人や、中学校に着いた段階で迎えに来た保護者には、そこで子供を引き渡しました。無事手渡しできたときは、ほんとにほっとしました。

でも、帰る家が流された子供たちもかなりいて、その子たちは保護者と一緒にそのまま避難所暮らしになりました。私たち教職員も。

＊＊＊

家のこと、家族のこと心配しなかったのかと聞かれますけど、少しは頭をよぎりましたけど、正直、家族のことを思う余裕なんかなかったですね。何が何でも、この子供たちを親にちゃんと引き渡さなくちゃーという一心だから、自分の家がどうなってるかなんて思わない。実家の人たちはちゃんと避難したという確信してたし、我が家の家族はみなタフだからきっと大丈夫だと思ってたんです。ちらっと、我が家も流されたんじゃないかなと思ったけど。ほんとにちらっとね。

戸倉中学校で一晩過ごし、三日目に登米《とめ》市の避難所に移ることになったんです。出発前に自宅の様子を見て来たいと校長先生に申し出て、志津川に向かいました。もちろん車は流されて無いし、バスも何も走ってないから歩きですよ。

国道は通れないから戸倉から志津川の町まで約五キロ、普通なら一時間ちょっとで行けるところを二時間以上歩きました。海岸沿いの国道はいたるところガレキです。志津川から子供を迎えに来た保護者に通れる道を聞いたり、線路の上を歩いたり、道なき道を歩いたり、水尻《みずしり》川の橋は流されて渡れないから、ぐるっと回り道したりして、やっと町内に入ることができたんです。

町はいたるところガレキの山。見慣れた町の姿はどこにもありません。山際に建っていた我が家も見事に跡形なく消えていました。悲しいとか、残念だとかくやしいなんて気持、起こりませんでしたね。「あ、そう、みんななくなったんだ」って、真っ白な気持っていうのかな。

県庁にいた夫も、気仙沼の学校にいた息子も、無事だって連絡ついたし、娘は横浜の大学だから大丈夫だし、家族みんな生きてたから、ま、いいかって、それ以上考えませんでしたね。あの、へんな言い方ですけど、うちは教員一家ですが、「先生の家も流されたから、自分たちと同じなんだ」ということで、子供や保護者や地域の人が安心したみたいで、今までよりも、つながりが深くなったようなんです。約一カ月、みんなと一緒に避難所暮らしをしたのも、「衣食住、何にもないのは先生も同じだ」という親近感につながったんでしょう。

「ものごとにこだわるな、津波で流されればすべておしまい」というのが母の口ぐせでした。

チリ地震津波の時、私、○歳です。志津川の本浜《もとはま》という津波銀座で生まれ育ったんです。私はいわば津波の申し子ですよ。実家はチリ地震津波ですっかり流され、骨組みだけ残ったみたいです。祖父とともに逃げ遅れ、私をおんぶした母は屋根の上で一波をかわしそれから避難所に走ったそうです。

そんなこともあって、親からは、「津波が来たらすぐ高台、物はいらない、まず命」って言われ続けてきました。母は、いつ津波が来てもすぐ避難できるようにって、常に貴重品を持ち出せるようにしてました。その貴重品袋に今回私たちもだいぶ助けられました。だって、みんな流されて、ほんとに身一つしか残らなかったんですから。

私たちが実家から少し離れた廻舘《まわりたて》に引っ越してからは、津波警報があるたびに、夜の夜中でも実家ではみんなで我が家に避難してきていました。防寒用の毛布と貴重品袋をもって。そんな心構えができてたから、今度の津波で南三陸町でもかなりの人が亡くなったけど、実家の近所で流された人はほんの数人だったんです。逆に、我が家みたいに海から少し離れた地区の人たちは「まさかここまでは来ないだろう」って思ってたから、犠牲者が多く出たんだと思いますね。

よく大変だったねえって言われるけど、何が大変だったんでしょ。浮かんでこないの。そのときの頭の中はからっぽという感じでした。私の場合、大地震だ、津波が来る、子供たちを連れて避難、高台に逃げた、だめだから神社に上った、子供たちをみる、食べさせる、寝かすというふうに、次は何、その次は何と、ただ時間と一緒に流れてた感じでした。

この津波で仕事中に逃げ遅れた人も随分いましたけど、みんな最後の最後まで自分のこと考える余裕なんかなかったと思いますよ。消防の人たち、ホームの介護職員、病院の看護師さん、交通整理していた人、それぞれみんな、「何が起きてどうなるかわかんないけど、今、これをする」という感じじゃなかったのかな。

ほら、志津川の防災対策庁舎から最後まで避難を呼びかけてて亡くなった遠藤未希《えんどうみき》ちゃん、あの人は教え子なんです。未希ちゃんの声は、こっちまで聞こえましたから、「いつまで放送してんの、早く逃げらいん《にげなさい》」と思ってたんです。声が聞こえなくなった時は、「ああ、逃げたな」ってほっとしてたのに、そのときは呑みこまれてたのね。未希ちゃんも最後の最後まで自分のことなんか考えないで「高台に避難、早く避難」を呼びかけて、マイクを離さなかったんですね。

大川小学校の先生たちだって最後の最後まで子供を護りたい一心だったと思うんです。助けられなくてなんぼ悔しかったか。うちらの学校ではみんな無事に親の元に返せてよかった。ほんとによかった。

今考えると、私たちは子供を津波から護る一心で動き回ったけど、実は子供たちがいたお陰で、自分たちも逃げることが出来たと思うんです。地震後すぐに高台に逃げ、危ないからもっと上の神社にと避難できたのも、寒くて暗い神社の境内で恐怖感にさらされないで過ごせたのも、子供たちがいたおかげだったんです。

あれから半年、学校も少し学校らしくなってきました。

学校にいる限り、子供たちはもとより、私たち職員も保護者も、津波のことは忘れてます。大変でしょ、大丈夫ですかって言われるけど、つらい、かなしいなんて言ってられない、私たちはその中で暮らすほかないんです。子供たちは子供たちなりにそれがわかってますから、学習も遊びも、ないないづくしの中で以前より何でも工夫してやっていますよ。私たち教員だっておんなじです。窮すれば通じるじゃないけど、すべてなんとかなるんですね。子供たちは何事もなかったかのように元気で走り回っていますよ。ふざけたり笑ったり。見ていてそれが嬉しいですねぇ。

こんな時だからこそ余計に、学校は楽しいところ、安心なところ、って思ってもらいたいです。職員室でもみんなで言ってるんですよ。「私たちって子供たちに生かされているんだね」って。子供たちからパワーをもらって生きてることを実感しています。

（二〇一一年九月一八日）

◈宮城県女川町

女川を知ってもらうために

梅丸新聞店代表取締役

阿部《あべ》喜英《よしひで》さん（43歳）

■女川《おながわ》町で祖父の代から七五年続く梅丸《うめまる》新聞店を経営。一二年前、家業を継ぐべく仙台から戻る。商工会青年部の中心メンバーとして町おこしの活動を行い、「リアスの戦士イーガー」をプロデュース。女川のPRに尽力していたが、津波で自宅と店舗を失った。【聞き手／川元茂】

店舗は海から五〇〇メートルの地点です。家は町立病院の下、病院の上り口の角にあります。私は事務所でパソコン仕事を、妻は銀行に行っていました。揺れで事務所のなかは滅茶苦茶になり、しばらくすると防災無線で津波警報が出ました。「六メートル」。ぴんと来ません。「せいぜい家の一階程度だろう」と高をくくっていました。二年前の二月のチリ地震の時もマリンパル女川周辺は一メートル足らずの冠水で済みました。「すぅー」と水があがったけど、大したことはなかった。妻が自宅に戻ってきたので、「シャッターを閉めて町立病院に逃げてくれ」と伝え、私は女川第一小学校に通っている次男と三男を迎えにいきました。ＰＴＡ会長という立場もありましたので学校が心配だったのです。ふとその時、隣に八〇過ぎのおばあちゃんが住んでいるのを思い出して、救助に行きました。案の定おばあちゃんは腰を抜かしていました。車に乗せ、おばあちゃんを町立病院に下ろし、戻り際、妻が町立病院に上がっていくのを確認しました。

第一小学校では子供たちが校庭に集められ、泣き声が聞こえていました。かなり寒かったので先生たちはブルーシートを敷いて、テントを建てる準備をしていました。息子たちを探したところ、見当たりません。一張り手伝ったところで「探しにいったほうがいい」と言われ、通学路を探しに出ました。

途中、実家に寄ったら次男がいました。小学校の保護者の車に乗せられてきたのです。ところが一年生の三男がいません。「三番目はどこだ?」と聞きましたが、首を横に振るばかりです。急いで実家を出て、探しに出かけました。もう時間がありません。海のほうに向かって走っていったのですが、その時点ではまわりには車が一台も走っていませんでした。津波の第一波は三時ぐらいと聞いていましたが、学校にいた時点ですでにその時間を過ぎていましたし、ラジオを聴きながら走っていましたが、津波到来のニュースはありません。「いつも大げさだから、まあ大丈夫かな」と思っていました。途中子供たちが帰る脇道を覗きつつ、バイパスへ抜ける山道を登り、海の方に行こうとしたら、すでに道が水没し、進めません。津波の第一波が到達していました。女川の町は水で埋め尽くされていました。信じがたい光景でした。

「三男はダメかも」。そんな考えが頭をよぎりました。自分の身も危険と感じ、Ｕターンしました。高台に向かって車を走らせたところ、後ろからパッシングする車が一台。同級生の父親でした。三男の顔をその車の中に確認しました。幸運でした。三男は家に戻る途中で拾われ、うちの店が水没するのを見ていたそうです。

◉女川町の被災状況

死亡者数［人］	576＊1
行方不明者数［人］	355＊1
震災前住民数［人］	10,014＊2
ピーク時避難者数［人］	5,720＊3
浸水面積［km^2］（行政域）	3.2（65.79）＊4

＊1　宮城県HP（2012. 1. 25現在）
＊2　女川町HP（2011. 3. 11）
＊3　女川町HP（3月13日に最大）
＊4　女川町HP

私たちは女川高校に避難しました。次男は実家。長男は女川第一中学校。妻は町立病院にいるはずです。みんなバラバラでした。「とにかく危ないから町のほうに行くな」と言われ、遠くで津波が電柱をなぎ倒すバキバキというもの凄い音を聞いていました。妻とは連絡が取れず、状況を把握しようと車でテレビを見ていましたが、女川の情報はありません。原発の報道か、仙台空港の被害状況だけでした。時折テロップで「女川は壊滅」という情報が流れていただけです。

朝が来るのを待って妻を迎えに出ました。三男を預けて実家に向かったのですが、とにかく瓦礫が道路をふさいでいてまったく通れません。家一軒が流れついて道を塞いでいたり、がけ崩れになっている箇所を通ったりして、なんとか実家に辿りつきました。実家は床下浸水ではありましたが、とりあえず大丈夫でした。

病院に向かったのは九時ぐらいでしたが、その時点で瓦礫の中に獣道みたいに人が通った跡ができていました。病院の入り口も瓦礫にふさがれ、まだ水も残っています。すれ違う人に妻の無事と中学生の長男の無事を教えてもらいました。命だけは助かったと思い、ホッとしたのもつかの間、病院の一階は大変なことになっていました。妻は四階にいたのですが、病院着を来ていました。「どうしたの？」と聞いたら、「一階が津波に襲われ、流された」とのこと。一五メートルの高台にある病院です。信じられませんでした。

妻は駐車場で高みの見物をしていたそうです。「どのあたりまで来るのかな」と思っていたら、フェンス越しに海を眺めていた人が「やばいやばい」と言いながら、走ってきました。みんな熊野《くまの》神社方向に逃げていきます。「私も逃げよう」と思った瞬間、裏から別の津波が上がってきたそうです。最初に津波が襲ったのは病院の北側でした。そこからぐるっと回ってきたのです。その時駐車場はぎゅうぎゅう詰めの状態でした。車に乗っている人もたくさんいました。病院の建物に入り、「二階に上がろう」と思ったそうですが、階段に人が殺到して上がれません。後ろを振り向いたら、車がふわっと舞い上がって、水が建物に浸入してきました。そのまま流され、天井まであと五〇センチのところで水の勢いが弱まりました。顔を出すのに精一杯で、怖いとか寒いとかいう感情より、とにかく必死だったそうです。一〇人ぐらいが浮いていて、「引き波に気をつけろ」「自動販売機にぶつからないように」と、みんなで励まし合いました。水位が膝ぐらいになった時点で一階を脱出し、二階に移動しました。水に浸かっていたのは一五分ぐらいでしたが、水温は感じなかったそうです。ただ、二、三時間後に体が勝手に震えだし、病院着に着替えさせられました。屋上に出たら雪が降ってきて、病院のまわりにたくさんの車が浮いていました。妻の衝撃的な体験を聞いて、女川を襲った津波被害の惨状を改めて実感しました。

女川は水が湧く町です。地震前まで枯れていたお寺の水が突然湧いたりして、水にはあまり困りませんでした。町や自衛隊が活動する前に、地元の水産会社の地下水を使って給水作業をしていました。また、民間の建設会社が独自に重機を出して瓦礫撤去をはじめていました。国道沿いにある瓦礫を撤去し、各避難所をつなぐ道路が早期に開通しました。仮復旧までを民間がやったおかげで、陸路で自衛隊が食糧を運ぶことができたのです。建設系の若手が交通整理したり、道路の掃除をしたり。消防団が遺体捜索をしたり、葬儀社が遺体を運んだりと、民間のパワーを感じました。

新聞の配達を再開したのは一四日の朝からです。石巻市鹿又《かのまた》の販売店から三日分の新聞をもらってきて、小学校や病院などの避難所や災害対策本部に配りました。とにかく喜ばれました。二部渡して裏表で壁新聞のように貼って貰ったんですが、みんな食い入るように見ていました。テレビやラジオでは大きい情報が入ってくるようになっていましたが、肝心の石巻の情報が入ってきませんでした。そういう意味では「石巻かほく」の情報はとても貴重でした。

祖父の代から女川で新聞店をはじめて七五年になります。震災後、人手不足で私も配達するようになったのですが、朝、瓦礫の街を配達していると、「これは現実なのだろうか。夢ではないのか」と思う時があるんです。まるで自分が映画の主人公になったような気がして、現実感を喪失していました。映画のセットに迷い込んだような感じですね。

ライフラインが戻ってからは、一戸一戸まわって再度新聞をとる意思の確認をしていました。被災前に比べると配布部数は半分に減ってしまいましたが、それでもこの女川の地で変わらずに新聞を届けたいと思っています。

実はうちの新聞店が発行元になって、町内のきめ細かい情報を伝える「うみねこタイムズ」という手書きのフリーペーパーを作ったんです。満潮時刻表や避難所マップ、お店の再開情報、イベント情報などを掲載して新聞と一緒に配布したら、町民のみなさんにとても喜ばれました。全部で一二号まで発行したんですが、一定の使命を終えたので今は休刊しています。ほかにコンテナ村商店街を立ち上げたり、二年前に立ち上げた女川のローカルヒーロー「リアスの戦士イーガー」ショーを再開したりと、本業以外の活動が多くて、妻や家族に迷惑をかけていますが、女川の町のことを全国の皆さんに知ってもらうために、そして支援を継続してもらうために、これからも広報していきたいと思っています。

（二〇一二年一月七日）

宮城県石巻市　2011 年 6 月 8 日〈撮影／荒蝦夷〉

石巻市

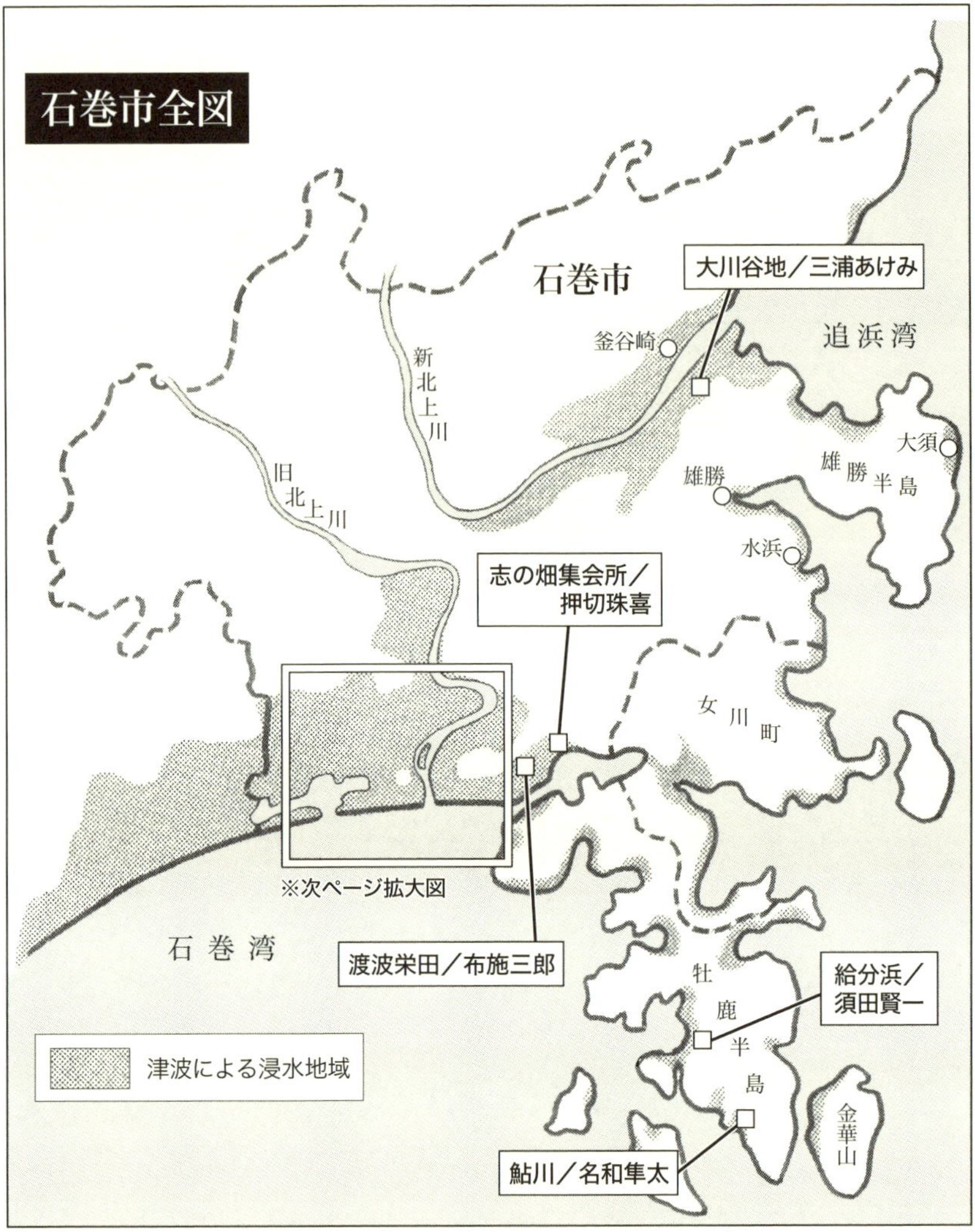
石巻市全図
石巻市
大川谷地／三浦あけみ
追浜湾
釜谷崎
新北上川
大須
雄勝半島
雄勝
旧北上川
水浜
志の畑集会所／押切珠喜
女川町
※次ページ拡大図
石巻湾
渡波栄田／布施三郎
牡鹿半島
給分浜／須田賢一
津波による浸水地域
金華山
鮎川／名和隼太

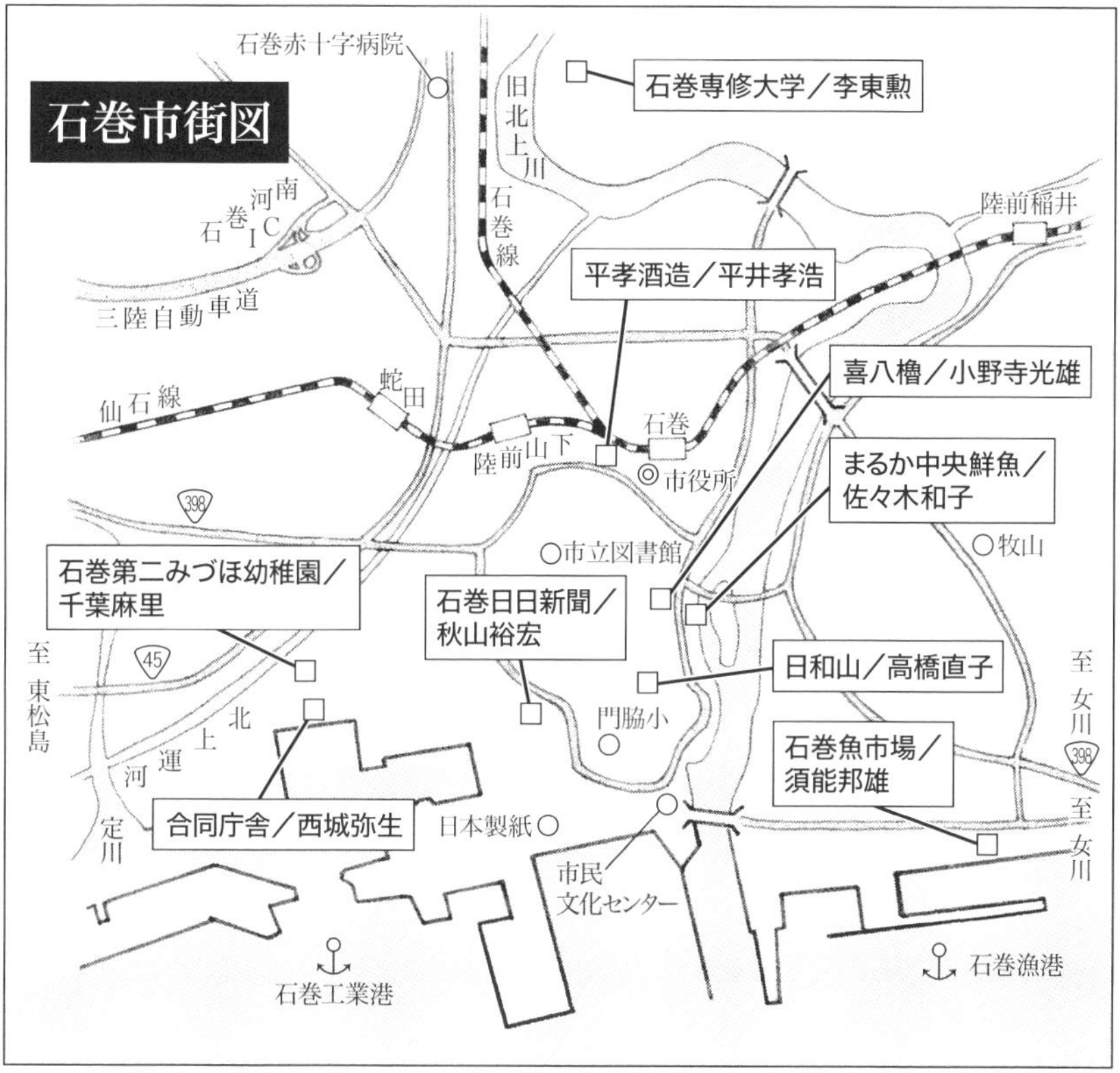

◉石巻市の被災状況

死亡者数[人]	3,182
行方不明者数[人]	595
	(宮城県HP／2012. 1. 25現在)
震災前住民数[人]	162,822
	(石巻市HP／2011. 2末)
ピーク時避難者数[人]	50,758
	(石巻市HP／3月17日時点)
浸水面積[km^2](行政域)	73.36(555.78)
	(石巻市HP)

失業という名の時限爆弾

前朝日新聞石巻支局長・仙台大学教授
高成田《たかなりた》享《とおる》

雇用の創出は喫緊の課題

大震災から四カ月、被災地の人々にとってもっとも大切なものが何なのか、次第にはっきりしてきた。それは仕事あるいは雇用である。家も仕事も失った多くの被災者は避難所で暮らしながら、今日を生きてきた。支援の食事を摂り、各地から送られてきた支援物資を分かち合ってきた。生活に必要なお金は、失業手当を受給したり、貯金を取り崩したりしてまかなってきた。

しかし、失業保険の給付期間が終わるXデーが近づいてくるにつれて、仕事を探さなければというあせりは強まっている。安定的な収入を得て、生き甲斐を見出す明日を生きるためには、仕事に就かなければならないのだ。ところが、ハローワークに行っても、仕事があるわけではない。失業手当で時間を稼いでいる被災地が抱える時限爆弾は、雇用という解除作業が遅れれば、やがて爆発するのだ。

多くの仮設住宅で、せっかく高い倍率の抽選で入居の権利を手にした人が、入居を辞退したり、入居したあとに避難所に逆戻りしたりしている例が跡を絶たない。個人負担となる食事代や光熱費が払えないという理由からだ。これも雇用による安定的な収入の見通しがあれば、安心して仮設に入ることができる。いま被災地で起きているさまざまな問題の多くは、雇用が解決したり、改善したりすることができるのだ。

被災地では、震災からほどなくして、商店などの個人事業主や工場を持つ企業は、従業員を解雇した。当面、再開の見込みが立たないなかで、できるだけ早く従業員に現金収入を確保させるには、解雇による失業保険が手っ取り早かったためだ。「営業を再開するまで、解雇させてくれ」という事業主の言葉に従業員は従った。ハローワークも解雇の理由を聞くまでもなく、三月一一日付の解雇の書類を通した。失業保険の期間は、雇用期間によって九〇〜一五〇日だが、政府は、この期間を九〇日間延長する措置を取った。九月をすぎると、その期限がいよいよ来る。

津波で根こそぎ建物を壊された地域では、営業の再開に向けた動きはない。地方自治体が建築を制限している地区もあるし、自治体が被災地区をどう再建するかという計画を示すまでは、どこで営業を再開するか、というメドが立たない状態だ。

宮城県石巻市の水産加工団地は、津波で崩壊した工場の瓦礫処理も終わっていないため、震災直後の風景がほとんど変わっていない。地盤が一メートル以上も沈下しているため、工場を再建するには土地のかさ上げが必要で、公的な支援がなければ再建は不可能だ。多くの企業は、国や県がどこまで支援するかを見極めるまで、動けない状態だ。労働集約産業の典型ともいえる水産加工業の従業員の多くも、解雇されたままの状態が続いている。

大手企業の工場や店舗などで、本社が再建を決めたところは、再開に向けて機械や電気工事の作業員が忙しく働いているところもあるし、すでに改修を終えて営業を再開したところもある。しかし、そうしたところは例外というべきで、このままの状態で、失業保険の給付期間が切れていけば、無収入の失業者が町にあふれることになるのは確実だ。

若い世代は、町に見切りをつけて、首都圏に新たな雇用機会を求めて移っていく人たちも多い。子どもを抱え簡単には動けない中高年の人たちは、仕事がなければ、そのまま生活保護世帯になだれ込んでいくことになるだろう。

無収入者の増加が治安を悪化させると心配する人たちも多い。すでに震災直後から、若者の一部が店を閉じたコンビニやATMを襲った。失業の長期化は、こうした「暴徒」の行動を正当化する不満層をふやし、それが犯罪をさらにふやすことにもなりかねない。

復興事業は地元の雇用を生んでいるか

厚生労働省は震災後、『「日本はひとつ」しごとプロジェクト』を立ち上げ、総合的な雇用対策を進めている。そのパンフレットを読むと、「復興事業等による確実な雇用創出」として、規模は二兆五四四〇億円、雇用創出効果は二〇万人だと宣伝している。四兆三〇〇〇億円の第一次補正予算などから導いた数字だろうから、この数字が誇大だとは言わないが、「確実な雇用創出」になるかどうかは、首をかしげざるをえない。

たしかに被災地の自治体は、地元企業に優先して、瓦礫処理など仕事を発注している。しかし、瓦礫処理などに必要な重機の数が限られているため、実際には、地元企業は、他地域の建設業者に仕事を頼んでいる例も多い。さらに、大規模な道路や防潮堤の補修工事などは大手ゼネコンが入ってきているため、ここでも雇用が確実に地元の失業者と結びついているわけではない。

「地元のハローワークにも求人を出しているが、実際には、頼まれた知り合いを雇う時に、ハローワークを通さないと助成金などの利点がないので、ハローワークを使っていることが多い。大勢の労働者を雇うとなると、他地域の業者に頼めば、重機のオペレーター一人に一般の労働者五人がセットで来てくれるので、そのほうが仕事になる」

被災地の建設会社で聞いた話だ。復興事業で、ハローワークが求人と求職とのマッチングというよりは、形式的に使われているだけというケースもあるし、ハローワークを通さない下請けも恒常的になっているということで、復興事業が地元の雇用確保に確実に結びついているわけではないのだ。

石巻市の市街地に通ずる三陸自動車道の河南《かなん》インターチェンジ付近は、朝夕のラッシュアワーには渋滞が激しく、高速道路上も一般道路も動かない車の列が連なっている。そのすべてが地域外労働者の車とは思わないが、かなりの車は復興現場の通勤用ではないかと思う。私は震災の直前まで三年間、石巻に暮らしていたが、これほどのラッシュを見たことはなかったからだ。

厚労省は、被災した人々と仕事とのマッチングを強化するために、都道府県単位で、『「日本はひとつ」しごと協議会』を設けたり、民間事業者に復旧事業の求人をハローワークに出すように要請したり、被災した離職者を雇い入れる企業に助成金を支給したりしている。しかし、協議会を設置することで、事態が改善するとは思えないし、ハローワークに求人を出すよう民間事業者に要請すること自体、実際にはハローワークを通さない雇用が常態化していることを示している。「ヤクザの手配師が日雇い仕事の仲介をしている」といったうわさを被災地のあちらこちらで聞く。企業への助成金は有効な手立てだと思うが、長期の雇用に対する補助金だから、瓦礫処理など短期的な雇用では使われにくい制度だ。

私の知人の事業主は、四月末に雇った地元の離職者にこの制度を利用しようとハローワークに行ったら、制度の適用は五月二日以降に雇った場合に限られると断られた。「なぜ、四月末はだめで、五月二日以降はいいのか」と食い下がったら、「理由は知らないが、制度は制度だ」と押し切られたという。

雇用の斡旋は、規制緩和のなかで大幅に進み、それが無責任な「派遣切り」につながったことは間違いない。しかし、今回の震災は、大量の失業者と大量の瓦礫処理などの仕事をつくっている。黒いネコでも白いネコでもネズミを捕ってきたネコのほうがいい、という考え方に立てば、民間の斡旋業者が入れば、もっとずっと多くの被災地の失業者が仕事にありつけたと思う。

求人と求職のマッチングに工夫を

営利の目的の民間がだめだというのなら、非営利の団体でもいい。政府の復興構想会議のメンバーでもある私は、構想会議のなかで繰り返し、山谷《さんや》の労働センターをモデルにした「デーワークセンター」の設置を提案した。日雇い労働者の町である山谷にある労働センターは、求職者が登録しておくと、東京都などが発注した仕事に就ける仕組みで、求職者は自分の登録番号で、次の仕事がいつ回ってくるのかわかるようになっている。被災地でも、求職者に毎日、仕事が回ってくるのは難しいかもしれないが、求職者には平等に仕事が割り当てられるので、特定のコネで仕事にありつけた人と、まったく仕事のない人との格差が生まれることはない。被災者のワークシェアリングである。

ハローワークを通じて日雇いなどの仕事があった場合、その日の失業手当の支給はないが、失業手当の受給日数には入らないので、失業手当の期間は、その分だけ延びる。被災者の多くが日雇い仕事に就ければ、被災地全体の時限爆弾の爆発時刻は延長されることになる。

構想会議では、「デーワークセンター」の提案は採用されなかった代わりに、提言には「被災地の復興事業からの求人が確実に被災者の雇用にむすびつくよう留意すべきである。そのため、復興事業を担う地元自治体とハローワークが、情報共有などを通して、しっかりと連携することが重要である」との文言が入った。被災地の雇用問題で、復興事業の求人と求職とのマッチングが重要だとの問題意識は出ている。しかし、「しっかりと連携」という言葉で、実際にどれだけ役所が動いてくれるのか、ハローワークという組織を守ることに懸命な様子を見ていると、私自身は心許ない気持ちでいる。

今後、被災地の失業問題が深刻化したとき、瓦礫処理などの公的な仕事がどれだけ被災者に回っていたかが改めて問題になるだろう。ハローワークには、日雇い仕事の求職も求人もほとんどないという。求人がないのは、地元の自治体との連携ができないからで、求職がないのは、とりあえず失業手当でしのいでいる人が多いせいで、こういう仕事もあると知らせる求職の掘り起こしが足りない面もある。失業という名の時限爆弾が爆発したとき、これはお役所仕事の怠慢による人災だと叫ぶしかない。（二〇一一年六月）

◇宮城県石巻市

壁新聞で地元に勇気を

石巻日日新聞報道部記者

秋山裕宏《あきやまゆうひろ》さん（30歳）

■石巻市に拠点を置く夕刊紙、石巻日日新聞。「日日」と書いて「ひび」と読む。震災翌日から六日間、手書きで号外を発行、石巻市内六カ所の避難所に貼り出した。印刷機が回せなくても、紙とペンがあれば新聞は作れる。社長の一声がきっかけだった。報道部記者の秋山裕宏さんも体を張って集めた情報を記事にした。三月一九日からは輪転機による印刷を再開、今日も地元に密着した情報を発信し続けている。自身も被災し、家族の安否が知れない時も、常に読者のための情報を追いかけ続けた秋山記者に聞く。

［聞き手／滝沢真喜子］

石巻日日新聞は夕刊紙なので、だいたい二時すぎにその日発行分の校正が終わるんです。三月一一日は三時過ぎにミーティングの予定があったので、私は外出せずに社で原稿を書いていました。

地震が来たとき、まず、思ったのは「宮城県沖地震がついに来た」ということでした。私は昭和五五年生まれなので、昭和五三年に起きた宮城県沖地震は、もちろん未経験です。宮城県沖地震は発生確率が九九パーセントといわれていましたから、いつ来るかと思っていた。だから、「ついに来た」と思ったんです。

でも、揺れがあまりに大きく、しかも長い。これはただ事ではないと思いました。いつ揺れが終わるんだ、まだ続くのか、そう思いながら、部長席のパソコンを押さえていました。

揺れが収まった後は、仲間の無事を確認し、向いのコンビニへ走りました。被災状況を確認し写真を撮るためです。その後、報道部員は、担当地区を決めて地震の被害を取材することになった。私の担当は、旧北上《きたかみ》川河口のフェリー発着所にある検潮所でした。網地《あじ》島へ向かうフェリー乗り場のそばにあり、地震があると消防団員がそこで潮位の変化を確認するんです。その様子を取材するわけです。

社を出るとき津波到達予想時刻を確認すると、三時一〇分となっていた。かなりの揺れでしたから、すぐに河口に向かうのは危険だと考え、まず、日和山に向かいました。ここからは石巻湾が一望できますからね。到着予想時刻を過ぎてからも一五分ほどいましたが、海は穏やかに見えました。それで、山を下り、河口へ向かったんです。地震があると、係留中の船は津波などの被害を避けるため沖に出るんですね。その沖出しの船なども撮影しました。カーラジオが隣の女川《おながわ》町の様子を伝えていたんですが、六〇センチの津波が観測された、というような内容で、それを聞いて、大丈夫だな、と判断しちゃったんですよ。

そのころには道路が渋滞になっていました。それも市街へ向かう車線だけ混んでいて、海方面に向かう車線はガラガラ。そこで、私は南浜《みなみはま》町方面に向かったんです。震災の夜に火災が起きた門脇《かどのわき》町よりも、さらに石巻湾側、石巻文化センターなどがある地域です。

海まであと一〇〇メートルというところまで車を走らせると、岸壁から溢れる波が見えました。といっても、波が高くなっているわけではなく、ゆるゆると堤防を越えて流れてくるように見えた。同時に、ところどころに舞い上がる砂埃も見えた。それがだんだん近づいてくるんですよ。なんだと思ったら、家が流されるときに舞い上がる土煙だったんです。それで初めてこれは危険だ、と気づき、とにかく近くの高台へと車を走らせました。

南浜町ほか、海側から走ってくる車は、津波から逃れようと必死です。クラクションをガンガン鳴らすし、無茶な運転の車もありました。一方、渋滞している車は津波に気づかず、じっと動くのを待っているように見えた。すごいギャップでした。

私は、高台を目指し、前の車で進めなくなるところまで、とにかく進み、近くの空き地に車を乗り捨てて、走って逃げたんです。慌てていたとはいえこのときカメラを車に置いてきてしまった。それが無念でなりません。

その後、会社の様子を見に行きました。道端に避難していた同僚から、みな無事だと聞いたので、日和《ひより》山担当の先輩を探して山へ向かいました。先輩と合流し、市役所へ向かったんです。情報のすり合わせをしているうちに、市役所の周りも冠水し始め、動けなくなってしまった。市役所に向かう途中、押し寄せる水で流されそうになったと話している人もいました。

その日は他社の記者らと一緒に市役所内の記者クラブに泊まったんです。といっても、余震はあるし、家族との連絡も取れないし、とても眠れませんでした。

非常用電源があったのでテレビは見られたんですが、震源地だとか地震の規模は報道されていても、石巻の具体的な被害状況はぜんぜんわからない。市職員は「海沿いはほぼ全滅、中浦《なかうら》地区もダメそうだ」と言う。妻の職場が中浦にあるんですよ。ダメってどういうことだろうと思っても、まったく情報がありませんでした。

携帯電話をかけ続け、仙台にいる妹と、雄勝《おがつ》半島の水浜《みずはま》地区に住む両親とはなんとか電話が繋がって、無事が確認できた。でも、妻の携帯には繋がらないんです。それもコール音も鳴らず、直接、留守番電話に切り替わる。これって、電源が入っていないことだよな。バッテリー切れならいいけど、水没したんじゃないだろうか……。不安ばかりが募っていく。できるだけ考えないようにして一夜を明かしました。

翌朝も周辺は冠水したままで、駅のホームも水の中に隠れていました。でも、とにかく現場を見たかった。家族の安否を確認してくると言って外に出ました。それまで着ていたズボンとシャツを脱ぎ、市役所の人が貸してくれたカッパ一枚を着て出かけたんです。

私は身長が一八七センチなんですが、深いところは、胸のあたりまで水に浸かりました。一メートル以上、冠水してたと思います。足元も見えないので、傘で確かめながら一歩ずつ歩いていったんです。

崩れた家。押し流された車。自分の知っている石巻の街が、瓦礫と化して水に覆われていました。行けども行けども圧倒される光景が続いている。ああ、これが被災地なのかと思いましたね。

途中で会った人たちに街の様子を聞き、メモを取りながら歩いていきました。妻の職場は、中浦橋から二〇〇メートルほど海側にあるんです。橋がちょっと高台になっているので、そこから見下ろすと、一面、冠水していて、あるはずの建物がなくなっていました。海が見えない場所だったんですが、その日は海が綺麗に見えた。

ダメかもしれない、と思いながら、避難所の青葉《あおば》中学校に向かいました。着いたのは、三時ごろでした。一階に妻の字で「赤井《あかい》に行ってきます」とメッセージが貼ってあった。赤井って、東松島市にある私たちのアパートの住所です。それを見つけたときは、とにかくほっとしました。妻は会社の人たちと避難所にいました。妻に会って無事を確認すると、私はすぐに東松島市の自宅へ向かったんです。

なんとか明るいうちに自宅を確認したかった。翌日は出社しようと考えていましたから、その前に東松島の被害状況を確かめておきたかったんです。

自宅アパートは床上一メートル近く浸水していました。高いところに干してあった洗濯物を手に取って家を出ました。

帰り道、トラックの運転手に声をかけられたんですよ。知人に似ていたんだそうです。結局、人違いだったんですけど、いいから乗って行けという。ズブ濡れで泥だらけで車も汚してしまうのに、本当にありがたかったですね。部屋から持ってきたビールが一本あったので、お礼代わりに渡して、もう一本持っていたジュースは避難所に着いてから、妻と分け合いました。

翌朝は七時ごろ学校を出て、冠水していない道路を通り、社に向かいました。コンビニやスーパーに並んでいる人もいたし、まだ冠水してましたけど、一二日よりも歩いている人も増えていました。

　途中、東北電力に寄って電気の復旧状況を確認したりして、社に着いたのが一〇時ごろ。自分は、電気が復旧するまでは印刷もダメだな、新聞はそれまで発行できないだろうなと思っていた。そしたら、社では手書きで新聞を発行していたんです。濡水をまぬがれたロール紙に手書きで記事を書いて避難所に貼り出していた。そうか、この手があったか、と思いました。壁新聞を担当するチームが記事を書き、出来上がり次第、随時、避難所へと運んで貼り出しました。

　私は取材の方を担当していたので、壁新聞の製作そのものには直接は関わりませんでしたが、自宅を見に行ったときの状況をもとに、東松島市の現状を伝える原稿を書きました。

　その後、社長室で避難生活を送りました。一〇畳ほどの部屋で、社長と部長、それから自分と妻と、後輩の家族四人。共同生活しながら地元の取材を続けました。先輩が石巻市内に部屋を見つけてくれて、四月一日に引っ越すまでの間です。家族が増えたみたいで、楽しいといったらへんだけど、居心地がよかったんですよね。社長も部長も自宅や家族が被災して大変な中、自分たちと一緒にいてくれた。精神的にもほんとに助けられました。

　私の実家がある水浜地区では、五月一四日に集落の解散式をしました。実家は土台だけになってしまい、跡形もありません。自分の生まれ育った故郷の風景が、津波によって全部、消えてしまった。集落を解散することよりも、故郷のあの風景がもう二度と見られない。それが一番、寂しいですね。


（二〇一一年六月二一日）

◎宮城県石巻市

被災地の格差を埋める

石巻専修大学経営学部准教授
李東勲《イドンフン》さん（40歳）

■石巻専修大学経営学部の准教授として二〇〇八年から石巻市で暮らす李さん。二〇〇九年からは、経営学科のゼミ学生らと市内のアイトピア通り商店街にチャレンジショップ「アンテナ・ジュースカフェ Hope's」を立ち上げた。自らの自宅も浸水し、書き溜めていた論文も資料もすべて失った。震災後、避難所となった大学で過ごす中、高齢者ら社会的弱者への支援不足を痛感、友人とともに聞き取り調査を開始した。今も、被災地格差の解消に向け活動している。

【聞き手／滝沢真喜子】

地震の当日、私は家内と一緒に石巻市魚町《さかなまち》にある水産加工会社、木の屋石巻水産にいました。韓国からバイヤーが来ていたんです。私と家内も同席していて、挨拶をしてソファに腰をおろそうとしたとき、ドーンと大きな揺れが来ました。一七年日本で暮らしていますが、こんな大きな揺れは初めてでした。みんな外に出て、それぞれの車で避難することになりました。木の屋さんの職員が先導してくれたんですが、私たちは途中ではぐれてしまったんです。

地震の後、まず、私が考えたのは、商店街でチャレンジショップを運営している学生を避難させることでした。私のゼミの学生たちは、二〇〇九年から「アンテナ・ジュースカフェHope's」を経営しています。地元の野菜を使ったジュースと、学生たちが吟味して選んだ地元の特産品を販売しています。木の屋さんのサバ缶や鯨の大和煮も扱っていたんです。

まず、店へ行かなかきゃと思いましたが、先導の車とはぐれてしまったので国道三九八号を目指しました。津波警報のサイレンが鳴ったのは、ちょうど牧山《まぎやま》の近くにいたときでした。家内がとっさにハンドルを切り、山に入ったんです。もし、あのとき、山ではなく街へと向かっていたら、内海橋《うつみ》のあたりで津波に呑まれていたと思います。

山にはかなりの車がいました。津波警報を聞いてここに車を飛ばしてきたという人が多かったですね。山に入ってから、メーリングリストで学生たちと連絡を取り、全員の無事が確認できました。

地震の後、石巻は大雪でした。夜もすごく寒くてとても車の中にいられませんでした。近くの産廃業者が火を焚いてくれたので、その回りに集まって暖を取りました。夜の七時四五分すぎ、地鳴りとともにゴーッという音がして、すごい潮風が吹いてきました。第二波か第三波か、満潮時に大きな津波が来た音でした。

情報といえば、カーラジオだけが頼りでしたから、ラジオを聞いては周りの人に状況を伝えていました。そうやって山の中で一夜を過ごしました。

水も食べ物もなかったので、翌日は、まず湧き水を探して、その後、山から脱出するルートを探しました。山を下っていくと、瓦礫が山になっていたり、車が重なり合っていたりで道がない。街全体が水に覆われていてとても先には進めない。

どうしようかと思いながら、車に戻る途中で「牧山トンネルは通れそうだ」と聞き、西トンネルと東トンネルの間からトンネルに降りて街へ向かいました。

トンネルを出ると、石巻大橋があります。そこからの眺めは忘れられません。市街一面、真っ黒な水に覆われて、屋根に車が載ったり、船が打ち上げられていました。土手からは水が滝のように流れ落ちていました。

私のマンションの方を見ると、遠目でも冠水しているのがわかりました。もうどうしようもない。そう思い、水没していない道をたどって大学へ向かって歩き始めました。

途中でフェアトレードなどの活動をしている友人、布施《ふせ》龍一《りゅういち》さんに出会い、その日は彼の家にお世話になりました。ごちそうになった水とカップラーメンのおいしさ、あの感動は忘れられません。

布施さんと、「まず自分たちの周りの人の安否を確認するのが先決だね」と話し、私と家内は翌日、大学に行きました。

大学は四号館に六〇〇人もの人が避難していました。冠水して孤立した地域から救助された人たちはお年寄りが多かった。一人では動けないので、逃げ遅れてしまったのでしょう。

大学は避難所とはいっても暖房も水もありません。ただ、非常発電装置があるので電気だけはついていました。そのせいでしょうか、大学に行けば毛布や水、温かい食べ物があると噂が広がったらしく、わざわざ避難してきた人の中には、「なんだ、何もないじゃないか」と怒り出す人もいました。

医師団は早い時期に来てくれました。お年寄りを診断して薬を渡していましたが、薬を飲もうにも水がない。

そこで、自衛隊がバナナを届けてくれたとき、「ここには水も毛布もありません」と訴えたんです。すると、その夜、毛布一〇〇枚を運んできてくれました。

一日にバナナ一本だけの生活が三日続き、その後、おにぎりと缶詰が届きました。そして水も定期的に届くようになった。

四日目の夜だったと思います。二二時ごろ、連絡もなしに寝たきりのお年寄り一二人がバスで運びこまれてきました。その後、石巻赤十字病院から電話があって「収容場所がないので一晩泊めて欲しい。翌日、市がしかるべき施設に移します」と言う。

そう言われても毛布は先日の一〇〇枚しかありません。病人を床にそのまま寝かせるわけにもいかないので、ダンボールなどを床に敷いて寝かせました。看護スタッフなどいませんから、私と大学の職員と、バスに乗ってきた介護士さんとで世話をしながら一夜を明かしたんです。

翌日、保健師と看護師とがやって来て、毛布すらない大学の状況を見て驚いていました。大学は医療体制がしっかり整っていると聞いていた、と言うんです。

一体、どこで情報が錯綜したのでしょうか。災害時には、ちょっとした情報の行き違いが人命にかかわってきます。実際、その夜も、心臓手術を受けたおばあさんが、薬を飲めなかったために呼吸が乱れて危険な状態になっていたのです。

今回の震災では、避難所の状況に合った支援体制が整うまでに、かなり時間がかかったように感じています。

大学には一週間いました。避難してきた人の間に、自治的な組織が生まれ始め、うまく機能するようになってきたので、私はお年寄りなど、他で困っている人のサポートに回ろうと考えたのです。

そこで布施さんのところを拠点にボランティア活動を始めました。

牡鹿《おしか》半島方面が孤立していると聞き、まずは雄勝《おがつ》町へ行きました。津波で新北上大《しんきたかみおお》橋は流されていましたから、地元の人に教わって、林道を使うルートで向かいました。

雄勝の街は、全部、瓦礫と化していました。私の知っている雄勝の街はどこにもなかった。跡形もなく流されていました。

雄勝は壊滅的でしたが、半島の東端にある大須《おおす》地区は被害も少なく、物資も豊富にありました。聞けば、陸上自衛隊、海上自衛隊、そして米軍らがそれぞれのヘリで物資を持ってきたというんです。

一方、大須から直線距離で一〇キロほど内陸にある森林公園周辺の避難所では、何もなくて困っているんですね。食料もない寒い施設の中で、行政の職員も避難民も辛い避難生活を強いられていました。

大須の人たちは自主的に周辺に物資を分けていましたが、ガソリンもありませんからそんなに遠くへは運べない。三回届いた救援物資のうち、どれか一回だけでも、他の地域に支給されていたら、と思わずにはいられませんでした。この時も、やはり、どこで何が不足しているのか、基本的な情報がきちんと把握されていないことを痛感しました。

こうした現実を前に私と布施さんは、被災地の情報収集をきちんとして、それを共有していかない限り、被災地格差は縮まらないと考えたのです。

三月三〇日には、牡鹿半島の給分浜《きゅうぶんはま》や小渕浜《こぶちはま》に足を運びました。震災から半月がたとうとしているのに、いまだ食べ物がない。ストーブやロウソクがほしい。お医者さんに来てほしい。そういう状況でした。

小渕浜のおじいさんは、「俺は大丈夫だから、もっと大変な所に行ってやれ」と言うんです。じゃあ大丈夫なのかといえば、大丈夫じゃないんですよ。次に訪ねて行ったとき、おじいさんが「寒い」って言うので、よくよく話を聞いてみると、震災後、ずっと濡れた服で暮らしてきたって言うんです。海で生活してきた人たちはタフで我慢強いせいか、「大丈夫」って言っちゃうんです。避難所に行こうと誘っても、「年寄りが行くと邪魔になるし、家の二階でなんとか生活できそうだからいい」って言うんですね。

渡波の避難所にいるおばあさんからは、こんな話を聞きました。家族は家の片付けや仕事があって、疲れた顔で帰ってくるから、とても、欲しいものや食べたいものをお願いできない。でも隣の人が夜食を食べているのを見ると自分も食べたくなる。でも迷惑かけられないから我慢している。

お年寄りたちは、自分のことよりも他人のことを考えて耐えているんですよ。

夜トイレ行こうとして転倒し、捻挫して両足が真っ黒になったおばあさんもいました。大丈夫ですか、今、必要なものはないですかってたずねたら「何もいらない。思い出がほしい」って言うんです。

こうしたお年寄りをそのままにしたら、大変なことになります。少しでもお年寄りの声をすくい上げられればと思い、自分のできる範囲で聞き取り調査をしてきました。

同じ石巻なのに、救援物資をもてあましてしまうほど集まるところと、いつまでたっても足りないところがあるのはなぜか。

やっぱり情報量の違いだと思います。マスコミに紹介されたり報道されたところには、全国から物資が集まります。送り主たちは、そこに送れば足りない人へも届くだろうと思っているはずです。

でも、現実には物資の配分がうまく機能していない。その結果、被災者格差が生まれてしまう。こうした問題を少しでも解消できればと思い、私たちが行った聞き取り調査の結果をまとめた報告書を作りました。

それから、私の専門、経営学を生かして、大学の石原《いしはら》慎《しん》士《じ》先生と共同で、水産加工の再建に向けての活動を始めました。

今回の震災で、魚町の二〇〇社以上の水産加工会社が壊滅状態にあります。そこで働いていた一万八二〇〇人が失業状態にあるわけです。その中には職を求めて石巻を離れる人もいます。このまま離職を見過ごしていたら、石巻の水産加工業は衰退していくほかありません。

それを食い止めるためにも、まず、一社でも二社でも、生産を再開してほしい。そこで、今、青森県八戸市の企業に生産協力を呼びかけています。八戸市で加工して、石巻ブランドとして販売し、その売り上げで石巻の工場を再建できないか。そんなことを考えています。

私と家内は偶然が重なって生かされた命だと思っています。四年前、私が石巻にきて、学生たちと活動を始めたとき、応援してくれた人たちの中にも、今回の震災で命を落とした方が何人もいます。もし、私が、落ち込んだり悩んだりしてたら、きっと「こら、しっかりしろ！」と言われますよ。だから、少しずつでも、前に進んでいかなければならないと思っています。

（二〇一一年六月一五日）

◇宮城県石巻市

人の心が復興を下支えする

「ボランティアセンターを支援する会」発起人

押切珠喜《おしきりたまき》さん（50歳）

■山形県最上《もがみ》町の赤倉温泉「湯治舎」の主であり、テント劇団「野戦之月」の制作担当でもある押切さん。震災後、石巻市に入り、その名も「ボランティアセンターを支援する会」を発足させた。被災者たちの生の声に耳を傾け、石巻市災害ボランティアセンターの活動に反映させていくコーディネーターとして、活動している。

［聞き手／滝沢真喜子］

ボランティアとして石巻入りしたのは、四月四日。その日の気温は四度でした。四月なのに雪が降ったりして、その重みでテントが倒壊しましたよ。

　直接のきっかけは、仲間から、早く手伝いに来いって声がかかったことでした。僕自身、阪神・淡路大震災や、新潟中越地震でボランティア活動をしてきたので、そのときの仲間とか、地域づくりの仲間らが、いち早く被災地に入っていたんです。物資やボランティアはどんどん入って来るものの、それを采配できる人がいなくて混乱している。その手伝いをしてくれって。三月末に一度、現地を視察して、四月四日から腰をすえて石巻入りしました。

　震災直後から、ボランティアに行きたいと考えてはいたんです。でも、入る時期を考えなあかんと思っていました。右も左もわからん中に入って邪魔になったら意味がない。ガソリンも不足しているときに渋滞つくりに行ってもしゃあないですからね。自分のやるべきことが明確になったら入ろうと考えていたとき、仲間から声がかかったわけです。石巻を選んだのは、僕の家から直線距離で一番近かったからです。

　災害復旧ボランティアの受け付けは、社会福祉協議会が運営する石巻市災害ボランティアセンターが窓口になっています。石巻では石巻専修大学に設置されていて、石巻に入るボランティアは、基本的に活動前にここで登録します。

勝手に参加して、瓦礫の下敷きになって発見されなかった、なんてことになったら困りますからね。

　登録したボランティアは毎朝、ここに集まり、チームに分かれて出発します。ボランティア業務がみんなここに集約されているわけですが、どうしたって手が回らない部分が出てきますよね。じゃあ、ボランティアセンターをフォローしていこう。そう考えて、「ボランティアセンターを支援する会」を立ち上げました。

　そのためには、現地の生の声に対応することが必要です。じゃあ駐在員を置こう。そして、避難所のニーズをボランティアセンターと調整しよう。山形では、ボランティア希望者のコーディネートや、救援物資の受け付けをしよう。そんなことを仲間と話し合って活動を始めました。

　被災地の状況は刻々と変化しています。ボランティアのニーズもそれに伴って日々、変わります。

　被災直後は、瓦礫の片付けや泥出しがメインでしたが、だんだんに整体、肩もみなどの健康管理や、子供たちのお絵かきや工作教室、それから精神的なケアも必要になっています。避難所の布団は敷きっぱなしなので、それを干してあげるボランティアも考えています。

　あるお宅にボランティアに入ると、そのご近所から、うちも助けてもらえないか、と相談されることが度々あります。

　最初のころは、床板はがしから泥出しまで全部ボランティアが対応していたけど、だんだんに復旧が進んでいくと、たとえば、床はがしには大工さんを頼んでください、というように変わってくるんですね。大工さんらに仕事を振り分けることも復興に繋がるわけです。

　でも、そうなると、お金を持ってないと床はがしを頼めない。じゃあ、ずっと泥の上で暮らさなきゃいけないのか、ってことになる。被災者によって状況も事情も違いますから、それを僕らでヒアリングして、社会福祉協議会にかけ合ったりしています。

　この前は、ちんどん屋のボランティアを手配しました。せっかく来るんだから、フィットする場所に案内したい。じゃあ、小学校系の避難所がいいんじゃないか。早速、先に小学校で活動していたボランティアや避難所のリーダーに会って相談して、調査をしてみた。「今、ちんどん屋が来た方がいいと思うか」って。そしたらほとんどの人が「早く来てほしい」という。それでコーディネートしたわけだけど、ちんどん屋が着替えをしたりメイク落としたりする楽屋も用意しなきゃいけないから、その辺も含めて段取りしました。

　僕は、そうした裏方的な作業は得意なんですよ。一〇代のころからバンドやったり、アンダーグラウンド系のテント芝居に参加してきましたからね。芝居のテントを張るにはまずは周辺住民の理解が必要ですし、芝居の中で火を使うとなれば、消防署と折衝しなきゃならない。消火器何台置けって言われる。予算がない。じゃあどうするか。そんなことをずっとやってきたんです。

山形の温泉宿も、最初はバンドの練習場所にしようと思って始めたんです。一九八七年、二七歳のときです。しばらくしたら、大阪から両親がやって来た。こんなんと一緒に暮らせんと思って、その宿は親に任せて、自分は東京でＩＴ会社を立ち上げたんです。それがうまいこといったんだけど、子供が小学校に上がるのを機に、また山形に戻ってきた。相変わらず、親はうっとうしい。それで近くで別の旅館を始めたんです。それが湯治舎です。

三月一一日は、車の運転中でした。三月一二日に予定していた会合の準備のために新庄に向かっていました。最初は地震に気づかなかったんだけど、電話中だった助手席のスタッフの携帯から「揺れてる！」って声が聞こえてきた。そしたら警報が鳴って、その後、電話がぷっつり切れたんです。それで地震に気がついたんです。

新庄市内に入ると信号機が全部止まってる。何が起こったかわからないまま、会合用の弁当を頼みに行ったんです。そしたら明日は難しいっていわれた。こんなんじゃ明日の会合も無理そうだなあ、なんて具合で、のんびり家に戻ったんです。

家の方ももちろん停電していますから、テレビは見られません。山の中なのでラジオも入らない。ほとんど情報が入ってこない状態で一夜を明かした。

次の日の朝、頭に海藻をくっつけたずぶ濡れのおっさんが、風呂に入れてくれって訪ねてきた。石巻は津波にやられて大変なことになってる。海岸には死体が何十体も打ち上げられているという。耳で聞いても想像できない。でもとにかくえらいことになっているのだけはわかった。

その後も、風呂に入りたいというお客さんが次々やって来て、四月中は避難所状態でした。そんな間に、石巻入りしているんだから、今思うとむちゃくちゃですよね。走りながら考えようって必死でしたね。

ボランティアセンターのある専修大のグランドがテント村になっていて、最初はそこにテントを張りました。ボランティアたちはみんな魚肉ソーセージとかパンとか、冷たい食事でしのいでいる。どうしたって体力が落ちますよね。フラフラ状態じゃまともに活動できません。それで、万石《まんごく》浦《うら》の沢田《さわだ》地区の「志《し》の畑《はた》集会所」を借りて拠点を作りました。そのころからですが、僕ら、人数分以上のおにぎりを作って、他のボランティアたちにも分けています。

沢田地区は、牡鹿《おしか》半島まで四〇分、市内へも四〇分、大学まで一五分で行ける。ボランティアの駐屯地としてはなかなかいいポジションなんですよ。

現在はそこでボランティア一〇人ほどと共同生活をしています。食事や掃除は当番制です。お風呂はないので、近所の家で借りて入っています。僕らはそのお礼に薪を割ったり、小屋の片づけをする。お風呂を借りてる家のおばあちゃんは、津波があって大変だけど、お風呂焚いてなきゃ、ボランティアの人とも出会えなかったし、うちの父ちゃんが大学教授と酒飲むなんてこともなかった。悪いことばっかりじゃなく、いいこともあるなあ、って言うんです。

損得なしで力合わせて努力しようって関係があれば、復興は難しいことじゃないと思っています。そりゃ、たまには嫌なこともあるかもしらんけど、そこはなんとか前向きに切り替えて。逆に、いくらお金を使ったところで、人の心が生きてなかったら、復興なんて絶対無理だと思いますね。

僕らはもともとお金ありきでやってないし、なかったらないで、知恵を使うことにしています。活動の基本は自前ですが、知り合いからのカンパもあり、今のところ何とかやりくりできてます。

現場には、いろんなやつがいて、面白い発想で問題をクリアしている。

先日、札幌の菓子メーカー六花亭のスタッフ四〇人が三泊四日でボランティアに来ました。仙台空港が使えないんで、札幌から羽田に飛んで、羽田からはとバスでやって来た。あるボランティアが、そのバスからヒントを得ました。ボランティア活動の間はバスは不要になる。じゃあ、そのバスを借りて被災者を温泉に連れていけないか、って。彼と僕とで段取りをして、松島の温泉につれていきました。

こんなこともありました。自宅待機になった工場労働者が地震直後、ボランティアに来たんです。職場復帰したら、使えるやつになって驚かれたと。会社からもう一回行ってこいって言われて、また来たんですよ。ボランティアは人材育成の場にもなっているんですね。

最近、洋服の無料フリーマーケットを始めたんですけど、ただ並べてるだけだと、誰も持っていかないんですよ。せっかくの支援物資を寝かせておくのはもったいない。それで、ファッション好きなボランティアを入れて、コーディネートしてもらって、誰々モードのセレクト、なんて風にやってみた。そうすると、女性たちも面白がって見に来て、なにか持って帰るんです。

活動していて感じるのは、被災者扱いするんじゃなく、普通の人はどうやって欲しいだろうって発想で考えていくことが大事だってことです。僕自身、現地に入って、あ、自分も被災者なんだって気づいた。物が壊れたり家を失ったりはしてないけど、いきなり被災した入浴難民があふれて温泉宿がたちゆかなくなったりしたのも、被災のひとつです。仙台市ではガスの復旧に一カ月近くかかったわけでしょう。その間、風呂にも入れない人が大勢いたわけです。現場に入り、状況を追認識することで、辛さが共有できる。ボランティアたちが真剣に活動していると、その姿を見て、被災者の側にもボランティアに対する思いやりが生まれる。それが人と人との本来の交流じゃないかと思います。

僕は、被災地でしんどい思いをしている人と一緒に、発想の転換や気づきを大切にしていきたいと思います。思いもよらぬ知恵を出し合って難儀をとりのぞいていくのは楽しいもんですよ。ま、地元の人に来るなといわれるまで、二年でも三年でも続けていこうと思ってます。

（二〇一一年六月一五日）

◇宮城県石巻市

第二の船出

活鮮料理「喜八櫓」親方
小野寺光雄《おのでらみつお》さん（49歳）

■六月に入ってからというもの、前かけの代わりに作業つなぎを身に着け、包丁ではなく重機のハンドルを握る小野寺光雄さん。石巻にこの店ありと謳われる活鮮料理「喜八櫓《きはちろ》」の親方だ。店のある商店街は建築規制や冠水のために復旧がままならないが、新天地を求め、静かな決意のもと歩み出した。自主避難所を立ち上げ、焚火、炊き出しと、奮闘を続けた日々を振り返る。

［聞き手／千葉由香］

お昼の営業が終わって休憩していたときでした。グラグラっときて、とっさに「これは大きい」と、スタッフが器の入っている戸棚を押さえたんです。我々料理人はまずこれをやります。揺れは二回、三回とぶり返した。やっと揺れが収まると、スタッフ二人に車を預けて、店舗裏の自宅にいた私の娘と一歳の孫と一緒に、高台にある市立図書館に避難させました。寿町南《ことぶきちょうみなみ》商店街の会長をやってるもんで、通りに出て大声で「避難してくださいよ」とみなさんに声かけして歩きました。

南三陸町《みなみさんりく》生まれです。昭和三五年のチリ地震津波では大被害を受けた地区です。そのときのことは小さいころから家族や年寄りから聞かされてましたし、津波の避難訓練もしていた。だからでしょうね、このとき「絶対大きい津波が来る」と直感しました。通りに出たら、自転車に乗った人が「女川に一〇メートルの津波が来てるらしい」と大声で言っていました。防災スピーカーからは「ただいま津波が到達しております、みなさん高台に避難してください」というアナウンスも聞こえました。

それから、私も軽トラックを運転して図書館に向かった。そして三台目の車を取りに店に向かったんですが、途中で店の鍵を持っていないことに気づきました。図書館に引き返して娘から鍵を預かり、再度店の方へ歩いて行くとき、サイレンが鳴りました。と同時に、目の前の坂道を水が押し上がってきたんです。塀から崩れ落ちた大きい石が、ゴロンゴロン転がって坂道を上がってくる。この辺で採れる稲井石です。かと思えば、どこかの工事現場の仮設トイレが転がりながら、路肩のブロックにぶつかって、ギーギー音をたてて昇ってくるんですよ。まったく不気味な音でした。

車はあきらめて、坂をちょっと上がってお不動さんの上に行ってみると、みんな北上川《きたかみ》の中州を見下ろしてました。「ウソ、屋根瓦?」「流されてる流されてる!」って誰か叫んだ。そんなことあるわけないでしょ、と視線を移したら、本当なんですよ。家の屋根が黒い水に勢いよく流されている。信じられない光景でした。もし鍵があって店に行き、車に乗り込んでいたらと思うと、ぞっとしました。

たまたま近所のコンビニの店員と会って、一緒に店を見に行ってみようと永願寺《えいがん》の境内まで下っていきました。内装工事業者のワゴン車が停まっていて、内装屋の男性と、九〇歳くらいのおばあさんが二人乗っていた。津波警報を聞いて坂道を登ってきて、「休ませてちょうだい」と言って乗り込んだらしい。私は「図書館かどこかに避難したほうがいい」と忠告したんですが、「死んでもいいから、ここにいさせてくれ」と言い張るんですよ。雪も降ってきたし、いきがかり上、内装屋さんに老人二人を預けるわけにもいかない。そのうち、寺に近所の人たちが一人二人と集まってきました。

内装屋さんの車はタイヤの半分以上、水に浸かりました。お寺も床上浸水。とにかく寒い。お不動さんで火を焚いて、お堂を避難所に仕立て上げることにしました。近くには流されてきた廃材が山のように溜まっていましたから、拝借して燃料にしました。私たち家族とスタッフ、内装屋さんとおばあさん二人、それに近隣の方たち、全部で三〇人ほどいました。結局、六日間ここに寝泊まりしました。

初日に焚火しているとき、日和山《ひより》の南にある門脇《かどのわき》小学校が火事になっていたんです。でも私たちは山の向こうがオレンジ色に染まっているのを見て、海岸沿いにある日本製紙の工場が燃えていると思っていた。山伝いに火が来たらどうしようと不安だけど、寒さをしのぐ火は必要だ。ここでは火を焚くぞと、焚火を続けました。夜は上空をヘリコプターが飛び交っていました。町中にはまったく明かりがない。私らの焚き火は目立ったので、目印になっていたようですね。この焚火だけは交替で番をして、二カ月くらい絶やしませんでしたね。

ともかく、どこで何が起きているのか、まったくわかりませんでした。家族が心配で自宅に戻ったスタッフたちは、迫ってくる津波から自転車で逃げ切ったり、膝まで水に浸かりながら避難所に入ったり、ひどい目に遭っていましたが、どれも後になって聞いた話です。ただ、家内が無事であることはわかっていました。私がギーギー転がる仮設トイレを見ていたとき、仙台に住む娘から携帯に電話があったんですよ。「目の前に津波が来てる」って言うと、娘は「逃げて逃げて。お母さんは釜《かま》小学校にいるよ」。そこで、ぶつっと切れました。家内は車の販売会社に行っていましたが、近くの学校に逃げたんですね。でも、町中至るところ冠水していましたから、家内のいる小学校に行くことができたのは、三日目になってからでした。

お不動さんでは、焚き火を囲みながら三日間寝ないで、みんなで「これからのこと」ばかり話していました。これは「有事」だと。戦後の混乱期と同じだと。ここにいる全員が職場や財産を失っているはずだから、今後の生活は間違いなく変わる。現状を維持して生き抜くことだけ考えよう、そのためには食料と水の確保だ、凍え死なないように火を焚き続けよう。仕事のことを考えるのはもう少し先だ。そんな考えで一致しました。

問題は食事です。初日は申し訳ないんですけど、お寺の中にあったお米でお粥を作っていただきました。図書館には一五〇人くらい避難していましたから、自分たちの分も合せて一八〇人分。私と店のスタッフで石を寄せ集めて竈を作って。お寺は留守でしたが、集まりのとき使う釜とか寸胴鍋があったんです。だんだん二手に分かれて、図書館の駐車場でも煮炊きし始めました。一日一食が一日二食にもなりました。

正直、食材には困らなかったんですよ。商店街から流れてきたペットボトル飲料とか果物とかが、あちらこちらにいっぱい転がってましたからね。八百屋さんや肉屋さん、魚屋さんなどの冷蔵庫に残っているもの、あるいは一回水に浸かったけど食べられそうなものを、みんなでかき集めました。命に関わるんだから保健所がどうのこうの言う場合じゃない、とにかく口に入れることだと、確認し合った。食器はお寺にあったものに加えて、プラスチック製の容器とか紙皿なんかを持ち寄って使いましたね。

こんな調子で炊き出しを二週間続けました。救援物資は丸二週間は来なかったように思います。三週間を過ぎるころから、炊き出し会場は自衛隊やボランティアの物資配給所に変わって、五月三一日までその状態が続いた。六月一日に配給所の解散式をやりました。長野県の曹洞宗の関係者が移動式のお風呂を持ってきてくれたんですが、それはまだあります。私たちは今もその風呂に入っています。

お店の中に入れたのは津波から一週間後でした。道具がなくて、シャッターがなかなか開かなかったんです。一階は泥だらけで足の踏み場もない。全滅です。自宅はもっとひどくて、とても住める状態じゃない。そこで、店舗二階に住むことにしました。私ら家族とスタッフ、それに知り合いの魚屋のおにいちゃん、石巻日日新聞のスタッフなど、最初は一三人の共同生活。座敷がいくつかあるから、それぞれ部屋を与え、集合場所を一部屋設けて煮炊きする。長火鉢に炭を焚いての生活を丸一カ月やりました。今は九人まで減りましたけどね。

二階だけで営業することもできそうですが、商店街として復興させていくには障害があります。ラーメン屋、呉服屋、スナック、自転車屋と、いろんなお店が並ぶ商店街の、道を挟んでこっちと向こうとでは建築規制が異なるんです。住所が違うためです。大潮のとき道路が冠水するのも困る。それではお客さんが来られませんから。

私の場合、まずは二号店の準備を始めることにしました。昨年から出店を計画していて、いくつか候補地があったんです。津波の影響のまったくない場所で、従来の店から北に五キロほどの集落にある古民家に決めました。築一五〇年以上の家で、長いこと使われていなかったから、店に使うには大改修が必要です。大工さんは仮設住宅の建設などで大忙しですから、私ひとりで少しずつ作業しているところ。今日は友人がトラックで砂利を運んできてくれましたよ。ここを店舗兼自宅にして、蕎麦などを出そうかと考えています。

二号店を積極的に考え始めた理由は、一言でいえば、避難民になりたくないから。自宅も店もダメになったものの、いわゆる指定避難所にお世話にならずにすみました。それは自分の選択でもあります。私、人酔いするたちです。町に買い物に行っても、人ごみの中にいると気分悪くなる。

常連さんが避難している避難所に行ったことがあるんですが、あの温度、湿度、匂い。異様な雰囲気でした。避難所に入ったら精神的にどん詰まりになりそうな気がしました。

二号店は津波とは無縁の山間にあって、マイペースで作業できる。体を動かしていれば気分が解放されます。精神的に楽であるうえ、店再開に向けて着実に進める。一石二鳥です。目標があるから、自分をいい状態に持ってこれたと思います。

喜八櫓を開店して一八年。店名はご先祖さんの喜八郎にあやかりました。末広がりの喜びという字のごとく、ゼロから出発して財産をかなり増やしたんだそうです。「郎」には「櫓」を当てました。櫓は櫂と同じく和舟を漕ぐ道具ですが、櫂が前後左右どこでも行けるのに対して、櫓は漕ぎ出したら前にしか行かない。実は、兄貴が継いだ南三陸町の実家も津波で家と船を失いました。喜八櫓は前に進むしかないんです。

一八年前も土地を買うところからの、ゼロからのスタートでした。今の状態も同じです。いろんなお客さんから、「いつから始めるんだ」と励ましの声をかけられます。遠くに住むお客さんも物資を送ってくださったり、本当にありがたかった。またスタートします。待っていてください。


（二〇一一年六月一七日）

◘宮城県石巻市

今自分にできることを

宮城県職員
西城弥生《さいじょうやよい》さん（23歳）

■西城弥生さんは石巻合同庁舎で被災した。合同庁舎内にある東部保健福祉事務所で技師として働き始めて一年が過ぎ、仕事にも慣れてきた頃のことだった。津波により周囲が水没し、合同庁舎に閉じ込められた。職員や避難してきた市民もあわせて約六五〇人近くの人が集まったが、もともと指定避難所ではないため、食糧や防寒具の備蓄はほとんどない。緊迫した状況の中で、県職員としての行動が求められた。

【聞き手／須藤文音】


宮城県東部保健福祉事務所で、技師をしています。所属は環境衛生部食品衛生班。食品関係の営業許可を出したり、衛生指導をする部署です。事務所自体は八〇人程度なんですが、宮城県石巻合同庁舎の中に入っているので、建物の中には三〇〇人くらい職員がいました。事務所は二階。五階建ての建物で、一階は駐車場になっています。

その日は仕事で東松島市に行っていました。仕事を終えて、一四時四〇分ころに事務所に戻りました。揺れだして、

「地震ですね」っていう頃にはもう遅い。立っていられなくて、机の下に隠れました。でも、机が動く。机の脇に置いたキャビネットにつかまろうとしてもキャビネットが動く。なんだかわからなかった。地球が割れたと思ったくらい。揺れが弱まったとき、「外に出ろ」といわれました。ちょうど、耐震補強の工事中だったんです。建物内は危ないということで、すぐに駐車場に出ました。そしたら、地域の人たちがどんどん集まりだしてきたんです。指定避難所にはなってはいないんですが、県の施設だからか、皆さん自然に合同庁舎に集合してくるんですよね。

そのあたりにはもう大津波警報が発令されていたんだと思います。でもまさか、大津波なんて来ると思わないじゃないですか。それでも高台に避難しろという指示が出て、増えた地域の人たちと一緒に庁舎に戻りました。避難してきた人たちを四階、五階の会議室にあげて、職員は避難者の誘導にあたりました。自家発電の電源は一階にあったので、一階が水没したと同時に、ブレーカーが落ちました。

一日目は何も食べませんでした。お腹が空かないんですよね。まったく気にならなかったです。自分のひざ掛けとコートが事務所にあったので、それを着て寒さをしのぎました。職員分と予備分の防寒着の支給はあったんですが、みんな避難してきた人たちに譲ってなくなりました。私がもっていたフリースはおじいさんの背中にかけた記憶はあるんですけど、よく覚えていません。

人が集まると問題になってくるのが、トイレ。津波で上がってきた水をゴミ箱で汲んで、トイレを流すのに使いました。明かりもないので一晩中職員が交代でトイレの前に立ち、懐中電灯で足元を照らしました。懐中電灯とラジオはあったんです。

余震と緊急地震速報がずっと鳴って、眠れませんでした。駐車場からは水没した車のアラーム音が聞こえてくるんですよね。盗難防止のやつ。あと石巻でも火事があったから、爆発音が聞こえて、遠くの空が赤くなっているのが見える。いつこっちにくるかと恐々としていました。暗闇から「おーい」「助けてー」って、聞こえてくるんです。でも何もできない。眠れるわけがなかった。しかも、階段の踊り場から水が見えるんです。何時間か置きに水量をチェックしに行きました。いつ増えるかとドキドキしていましたが、それ以上は増えず、でも減ることもなかったんです。

次の朝、水は引いていませんでした。雲一つない青空と冷気がすがすがしすぎて、逆に落ち込みましたね。車は水没していました。

そこからの課題は、どうやってここから出るか。上空をヘリコプターが往復するんですが、どうやったら自分たちの存在を知らせることができるか考えました。ラジオから石巻の情報が時々聞こえるものの、うちの名前は出ていない。とりあえず屋上に上がり、外したカーテンに赤いマジックで「SOS　650」と書きました。六五〇人、避難民がいたんです。途中でインクが足りなくなって、スタンプ台を使ってペタペタ色づけして。手は真っ赤になっちゃいましたけど、うまいねって褒められて調子に乗りました（笑）。でもヘリコプターは止まってくれることもなく、どんなに大きく手を振っても海沿いを目指して離れていってしまうんです。被害の大きかった海沿いを優先してたんでしょう。

あきらめかけていたんですが、午後になって一機のヘリコプターからアルファ米の五目御飯が投下されたんです。でも六五〇人の避難民に対して、一五〇人分を二袋。食べ物がもらえただけありがたかったですけど。銀色の袋の中に乾燥した米と具材が入っていて、お湯を注ぐだけでできるんです。初めて見ました。石油ストーブでお湯を沸かすことができたので、小さいおにぎりを作りました。でも、人数が合わないんです。どうやら水の中を歩いてきた人たちもいるようで、避難者がどんどん増えている。人の出入りがあったみたいで、人数の把握ができなくなりました。だから当然足りなくなった。職員は食べれませんでしたね。

二日目の夜も同じようにして過ごしました。「また明日になれば出れる」って思ってたんです。その日はデスクにつっぷして寝ました。大会議室は避難民であふれていて、職員のスペースはなかった。人工透析の患者さんも、妊婦さんも、小さい子供もいました。骨折している人もいたので、看護部屋も作られました。日中空いた時間は子供とお絵かきをしていたんですが、みんないい子たちで、わがまま一ついわない。殺伐とした空気の中でも癒されましたね。

三日目の朝が来ました。職員の目標は「今日こそ食べよう」です（笑）。停電で冷蔵庫も切れてしまっていたため、腐らせる前に食堂の食材を使おうということになりました。事務所の先輩たち五人くらいで食堂に立ち入って、冷蔵庫の中身を確認しました。それでおにぎりと豚汁を作ることになったんです。凍った肉を日なたで解凍して、水が足りないのでアルファ米をウーロン茶で炊きました。職場的にアルコールスプレー、ラップ、手袋は常備されていましたから、衛生面はばっちり。小さな紙コップに入れて配ったんですが、この日もやっぱり足りない。この日まで食べたもの、コーヒー、クリープ、レモンの砂糖漬け、机に隠してたお菓子、カップラーメンを砕いたもの（笑）。

この日の朝に、ボートで助けを求めに出た職員がいたらしく、「これで出れる」って思いました。わくわくしましたね。後から知ったんですが、地形的に、あの辺りは土地が低くて水がたまりやすいようなんです。だからなかなか水が引かなかったんですね。周りはもう水が引いていたようです。

四日目の早朝から、自衛隊のボートで脱出することが決まりました。なかなか順調にはいかず、半分くらい脱出させたところで、余震による二回目の津波警報が発令されたんです。そこでいったん作業は停まったものの、すぐに解除されて作業も再開。私は最後のボートに乗りました。出た時にはもう夕方でした。そこから車に乗り換えて、職員みんなで東部下水道事務所に移動することになったんです。ここでようやく眠れました。ほかの職員と一緒に、重ならないように頭を交互にずらして、くっついて寝ました。

初めて新聞を見たのは、五日目のことです。これまでは防災無線とラジオの情報だけだったので、初めて見たときにやっと実感がわきました。分からなかった分、のんきだったのかもしれません。これはやばい、と思った。

その翌日、仙台の避難所で自主避難していた妹と合流しました。すると早々に妹から「大変なことになってるから、早く連絡したほうがいい」っていわれたんです。何のことかわからない。安否確認サイトで「パーソンファインダー」っていうのがあったんですけど、そこに「西城弥生は生きてるけど怪我をしてる」って書き込みがあったそうなんです。パソコンか携帯から探している人の名前を入力すると安否情報が検索できるっていうツールなんですけど、合同庁舎に取り残されてる時に電話がつながった友人が書いたみたいで。電波が悪かったせいで、私が言った「助けて」「やばい」「病人がいる」しか聞き取れなかったみたいなんです。だからみんな、私のこと心配してくれてたみたいで。すぐにコメントを書き込んで無事を知らせました。

最初に家に帰ったのはいつだったかな。アパートは二階だったので無事でした。一階の床下前までは水が来たらしいです。引っ越し用の布団袋に詰め込めるものは何でも入れて、サンタクロースみたいになって下水道事務所に出勤しました。歩いて四〇分くらいかかるので、一度歩くのが嫌になって先輩とヒッチハイクをしてみたら無事成功したこともありました（笑）。

三月二三日からは石巻西高校、四月一八日からは石巻専修大学を間借りして仕事をしていました。夏はすごく暑くて、室内温度が三七度になる日もありました。冷房は扇風機のみ。Tシャツとスニーカーで仕事してましたね。一番この時の暑さがつらかったかも。合同庁舎に戻れたのは、九月になってからでした。

初めて気仙沼の実家に帰ったのは三月下旬。石巻は広範囲が津波の被害にあっているじゃないですか。でも気仙沼は場所によって高いところと低いところがあるから、無事なところとそうじゃないところがはっきりしてる。なんだか、いまだに信じられないんですよね。私が知ってる気仙沼の街並みがないこと。あれは戻ってこないんだ、と思うと、津波の映像は見れないんです。見たくない。

私の場合は公務員だけど、直接復興にかかわる仕事はあまりできないんです。食品衛生課ですから。避難所回りをしても、あれは食べちゃだめだとか、営業施設を再建しようとしても、基準が合わないから許可できないとか、規制ばっかり。だから、ちょっとボランティアの人たちがうらやましいです。感謝される仕事っていいなって。それでも私はここで、たとえ直接感謝されなくても私のやれる仕事をやるしかない。消費者に安全な食品を食べてもらうためには、衛生管理をするのも大切な仕事なんだろうな。そう思って、毎日働いています。

（二〇一一年一二月二六日）

◘宮城県石巻市

うまい魚、食べてもらおう

鮮魚店「プロショップまるか」店長

佐々木和子《ささきかずこ》さん（63歳）

■石巻生まれの石巻育ち。実家は水産加工業、ご主人は魚の仲卸、ご自身は鮮魚店「プロショップまるか」の売り場責任者。和子さんは水産の街・石巻を象徴する人生を歩んできた。あの日、商店街は泥にまみれたが、和子さんはすぐ気を取りなおし、いち早く泥掃除に取りかかった。そして五月二五日、再開。得意先の寿司屋、割烹、すき焼き屋、中華料理店をテナントとした店は、食道楽の多い石巻に久しぶりの笑顔をも届けた。［聞き手／千葉由香］

店は天井近くまで浸水したの。約二メートル五〇センチ。水が引いた後はヘドロが厚く重なった状態だったんだけど、五月二五日に再開しました。自宅は津波の影響のない場所だったから幸いだった。地盤が固いのか茶碗が二つ三つ割れたくらいですんだのよ。でも、店から北上《きたかみ》川を隔ててすぐの私の実家は大変なことになって。津波ですべてぶっ飛んじゃった。明治時代から続く水産加工場なんだけど、住まい、加工場、冷凍庫、もう何もかもない。家族や近しい友達で命を落とした人はいないけど、石巻の人は一人ひとりすごい体験して生き延びたの。弟一家もそのとおりで、みんな我が家で避難生活しています。

地震のときは店にいました。揺れが収まってすぐ従業員を帰らせて、私は内海《うつみ》橋を渡って実家に向かったの。家の前でタイミングよく母と一緒に暮らす弟に会えてね、母は山の上に避難させたから大丈夫だと聞いてほっとして、店に舞い戻りました。

そのときはもう店の前の道が渋滞してた。津波警報が出てたから、日和《ひより》山の高台に向かって走りました。走りながら後ろを振り返ったら、見えたの。水じゃないよ。大きな真っ黒い板、真っ黒い壁。人を乗せた壁が、家の屋根のはるか上をぐるんぐるん回りながら迫ってきた。「これがこの世の終わりの光景か」と思ったわね。川を遡った津波が内海橋にぶつかって、大きい通りに一気に入ってきたの。私が店に戻ってから五分もたってませんでした。

避難した公民館には四〜五〇人が集まってました。頭からずぶ濡れになった人たちもやって来た。日和山の南側、門脇《かどのわき》地区で津波に流されて、泳いで逃げてきたって。ガタガタってひどい震え方をするのよ。ただでさえ雪が降って寒かったでしょ。だれということもなく、「早く服を脱げ」って声をかけて、全身ずぶ濡れの人をストーブの前に座らせた。自分たちが避難するとき持ってきた服に着替えさせて、毛布でくるんであげたの。公民館の職員は全員帰って、誰もお世話してくれる人がいない。みんなでストーブと毛布を見つけて使ったのよ。自分のことで精いっぱいの非常時でもちゃんと助け合えるなんてすごいな、石巻、大丈夫だなと思いました。

朝、外に出て店の方を見たら、水が引いてる。よし大丈夫、まずは日和山の反対側にある自宅に戻ろうと思ったの。停まってたタクシーに「乗せてちょうだい」と頼んだら、運転手に「あんた何言ってんの。水浸しでどこにも行けないよ」と呆れられた。「えっ、どういうこと」ってびっくりしてね。石巻の街がどうなってるのか、私まだ知らなかったのよ。タクシーも日和山に避難してたんだね。

しょうがないから歩いて、友人がやっている花屋にたどり着きました。義母の様子を見に自宅に戻る主人と別れて、私は友人に車で店まで送ってもらった。みんな食べ物がなくて困っているから、店の商品を分けてあげるつもりだったの。ところが、山の下は道路がない。泥と瓦礫、流された車で道が埋まって、とても歩けない。家の前に大きい船がひっくり返ってたり、もう何がなんだかわからない。永《えい》願《がん》寺の墓地沿いに進んでやっと店に着いたんだけど、まあ、腰が抜けちゃった。店の中に入れない。そもそも中が見えない。でっかい冷凍ケースが信じられない恰好で立ってるわ、店の一番奥の大きい冷凍庫四つが逆さまにひっくり返ってるわ。何でもかんでも店の入り口に溜まってる。水がすごい勢いで店の中をかきまわして、またすごい勢いで引いたんでしょう。

もうダメだ、歩いて自宅に帰る気力もない。まず実家の様子を確かめようと内海橋に向かったの。橋は歩けるなんてもんじゃなかった。大きい船が二艘引っかかって、家とか海岸沿いの製紙工場から流れ着いた紙の塊も乗っかってる。船の中に潜り込んで、窓から出て、下を見たらすぐそこが水面だもの。おっかないけど、後にも戻れない。這って向こう岸に渡って、またびっくり。家は完全に津波にやられて、誰もいないの。まだ面影があったからいい方よ。周りの家は土台もなかったから。海から来た水と、内海橋にぶつかって逆流した水、両側から向かってきたのね。建物が大きかったぶん壊れ方も派手で、悲惨な光景でした。

実家の水産加工は二人の弟が後を継いでます。魚市場近くの店にいた上の弟は地震の後すぐ、火の手があがっているのが見えたんだって。嫁さんの実家の方角だから一目散に車で向かった。火事は別のところだとわかり、両親とも無事だったから戻ろうとしたら津波が来た。慌てて車をバックさせて、両親を二階に上げたんだけど、建物はつぶれちゃった。下の弟は私と会った直後に津波に遭って、冷凍庫の屋上で一晩過ごしたの。

上の弟の嫁さんは別の場所で流されてね。車で逃げる途中、渋滞にはまって、車を乗り捨てて歩き始めて、すぐ津波に追いつかれた。無我夢中でどこか知らない塀に摑まって、家に上がり込んで難を逃れたのよ。一階ではその家の奥さんが亡くなってたそうです。町中は水没したり瓦礫が山になったりして自由に行き来できないから、避難所になった学校や親戚の家に世話になりながら転々としたの。私の家にたどり着いたのが、震災から一一日目。ゆっくり風呂に入って「生き返った」って言ってました。うちは電気は来てなかったけど、プロパンガスだから風呂は入れた。朝から晩までいろんな人がお風呂に入りに来てたね。ご飯はストーブの上に土鍋をかけて炊きました。

弟一家はそれからも大変でね。自宅に戻って二階で寝泊まりしながら、従業員の安否を確認したり、帳簿や備品を瓦礫と泥の中から回収したり。嫁さんはリュックを背負って、避難所に食料や物資をもらいに行くのが日課。初めは一人バナナ半分のときもあったけど、道路が片付くにつれ、救援物資が入ってきて配給も豊富になったらしい。とはいえ、パンとおにぎり、缶詰ていど。一家が初めてうちに来たとき、おいしいものを食べさせてあげようと思っていっぱい用意したわけ。でも、そのころ実家の辺りには、まだ津波で亡くなった人の遺体がそのまんま残されてたんだって。弟の嫁さんは布団をかけて帽子を被せてあげたって。自衛隊さんも最初は生きてる人の捜索が最優先だったものね。

私が店の泥かきを始めたのは何日目かな。最初に店を見たときは茫然としたけど、次の瞬間「綺麗にして返さなきゃ」と思った。借りてる店舗だからヘドロを掃除してもとにもどす、その一心で毎日毎日掃除しました。油の混じった泥は掃除してもなかなか取れない。綺麗に拭いたと思ってもまた泥が浮かび上がる。そうやって自分のできることから始めたら、いろんな人のお手伝いもいただくようになりました。ヘドロと商品、ケースなど、四トン車で二〇台運んでもらったわね。それ以外にも、自分たちでずいぶん捨てましたね。

店の掃除してると、通りすがりの人が「早くうまいサカナ、食いたいねー」と声かけてくれるのよ。励みになりました。「うまいサカナ食べてもらおう。私たちがやんなきゃ」と改めて思った。すき焼の石川《いしかわ》さんの奥さんのひと言にも勇気づけられたわね。石川さんは隣の土蔵が倒れてきて、自宅兼店舗がぺちゃんこになったんだけど、「奥さん、私リヤカー引っ張ってでも商売やるからね」ときっぱり言った。だから私も、「じゃあ、うちの店で始めたら」って言ったの。

もともと店舗には私が担当する魚のほか、青果や精肉のコーナーもありました。それぞれ担当の従業員がいたんだけど、これからどうなるか、給料払えるかわからないから、従業員は解雇したの。でも魚の冷凍ケース三本だけでは店がガランとしてさびしいでしょ。そこで石川さんに声をかけたんです。そのほか宝来《ほうらい》寿司さん、割烹滝川《たきがわ》さん、中華料理の楼蘭《ろうらん》さんと、うちのお得意さんたちを「スペースあるから商売再開しませんか」って誘いました。店舗がダメになって再開の目途がたたない、店を休めば現金収入がない。それじゃ困るものね。

オープンは五月二五日。「やってるやってる」ってお客さんが次々入ってきました。用意したのはカツオ一〇〇尾。すぐ売り切れた。次の日は二〇〇、三日目は三〇〇入れたけど、完売。はたしてどれくらいの人が来てくれるかわからなかったから嬉しかったよ。お客さん同士「あらー、生きてたの」「どこに住んでるの」「あの人は無事かな」なんて、消息を確かめ合う場にもなってたのね。前は石巻魚市場と渡波《わたのは》魚市場、それと仙台中央卸売市場から仕入れてたけど、今は石巻と渡波の市場はやってないの。取引先の飲食店やホテルにしてもほとんど被災して、復旧してないところが多い。石巻は、魚市場とその周辺の産業にかかわる人が人口のかなりの割合を占めてますからね。魚市場に魚を持ってきてもらわないことには、石巻の経済は大変なのよ。

テレビ局とか新聞社が取材に来ると、口をそろえて「街がこんな状態のなか、再開したのはすごいですね」って言うの。なーに、私は魚屋だもの、当たり前のことをしてるだけ。建物がある、体は大丈夫。自宅も無事。まだまだ動ける私たちがやらなくちゃ、日本の明日はない。

だいたい、私から店をとったら何が残るかなと思うの。ここは昭和四四年に母が始めて、私が引き継いだ店です。私は店と一緒に嫁に来たから、私と店はイコール。よく「私はマグロだ」って言うんだけどね。回遊魚のマグロが泳いでないと死ぬように、私も働いていないと死ぬ——というのは大げさだけど、私が働いてないのはお酒飲んでるときと寝てるときだけ（笑）。実は、社長である主人は店の再開を躊躇したんですよ。でも「私は生涯現役。店は続ける。そのつもりで話を進めてください」と言いました。でも四月末に主人のお父さんが亡くなったから、その前後は大変でした。年明け早々倒れて、入院していたんです。火葬はできたものの、こんな状況だから葬式は自宅で済ませたんです。

めげてなんていられないもの。夢中で泥掃除したおかげで腱鞘炎になったけど、ほら、私の手を見れば、私の人生わかるわよ。今は朝三時には店に行きます。なんでって？みんなが来る前にぜんぶ綺麗に整えておきたいから。昔からトイレ掃除と魚のアラの始末は私の仕事。人間はね、体がちゃんと動くうちは、額に汗して働くのが本当だよ。

（二〇一一年六月一九日）

◈宮城県石巻市

給分浜で生きていく

給分牡蠣組合長
須《す》田《だ》賢《けん》一《いち》さん（58歳）

■石巻湾に面する牡鹿半島の表浜《おもてはま》地区。さらに大きくえぐれた湾内にある給分《きゅうぶん》浜は、メロウド漁、アナゴ漁、そしてカキ養殖が盛んだ。賢一さんは父の背中を見て漁師になり、ここ数年は長男とともに仕事に励んできた。穏やかな浜は津波で一変。集落は壊滅し、孤立して、救援物資の届かない苦しい日々が続いた。しかし今、カキの養殖作業が再開され、浜には久々に明るい声が響く。津波にもまれて壊れた作業船の傍らで、須田さんが語る。

［聞き手／千葉由香］

今日は給分牡蠣組合にボランティア団体から作業用のフォークリフトが二台、届きました。給分ではカキの養殖いかだも漁具も重機も津波にぜーんぶさらわれて、何もなくなってしまった。作業船も、使えるものは一艘もない。漁師は仕事をしないと収入がありません。何から手をつけていいのか、組合長としてみんなをどうまとめていけばいいのか、途方に暮れていました。

そのボランティア団体は三月末、給分に来たほとんど初めてのボランティアです。それまで、給分には復旧作業の自衛隊しか入っていませんでした。道路が寸断されて陸の孤島になってましたからね。ボランティアさんが運んでくれた救援物資はありがたかった。それからたびたび食糧や生活用品が届き、ひととおりそろった後、「牡蠣組合では何が必要ですか」と尋ねられて、「フォークリフト」と答えたんです。これさえあれば片付けがはかどるし、カキ養殖の実作業にも役立つ。今、殻付け作業ができれば、八月には次の段階、種付けもできます。前に進めます。

私はカキ養殖のほか、三月からメロウド漁、夏はアナゴ漁に出ています。長男も一緒に仕事してます。メロウドってわかりますか。イカナゴのことです。春の味です。うまいんですよ。三月一一日も四・九トンの船でメロウド漁に出ました。石巻魚市場に荷揚げして帰ってくる途中、ガクガクっとすごい揺れがあった。ちょうど防波堤の灯台のそばまで来たところです。最初はエンジントラブルかと思ったんですよ。津波情報が出たから、とっさに舵を切りました。津波のときは全速力で沖に出て船を守るのが漁師の鉄則です。私のように帰ってきた船と、港から沖に向かって出てきた仲間の船と、みんな湾の入り口で合流して、三キロほど沖合に碇泊しました。

津波は何回も来ましたが、沖にいると大きさは実感できないんですよ。津波ってのは陸に近づくにつれて凶暴になるからね。津波も気になりましたが、陸の火事も心配でした。石巻魚市場のあたりが火の海になっている。「バーン、バーン」と爆発音も聞こえる。魚市場近くの水産加工場には末の息子が勤めています。「あいつはもうダメか」と思いながら、長男と二人、夜を明かしました。

真っ暗闇です。船に備えていた缶コーヒーとか菓子パンを食べ、じっと待ちました。ときどき「誰か水を持ってないか」「食べ物はあるか」と、無線から仲間の声が聞こえてくる。でも真っ暗だから、誰がどこにいるのやら。やっと明るくなり始めて声の主と船影が一致したとき、缶コーヒーをポンと投げてやったりしました。

津波が収まったのを確認してから、仲間の船と一緒に浜を目指しました。着岸できる状態じゃないと分かったので、少し沖に碇泊して、岸壁に付けられる船に乗り移って陸に上がったんです。すると、もう……。何もかにもめちゃくちゃ。浜の作業小屋はもちろん、家はつぶれ、流されて。至るところにカキ養殖用の樽が転がって、重機や作業船がひっくり返ってる。自宅は浜沿いの道から少し山側に入ったところです。瓦礫の山をかき分けてたどり着くと、一階が全滅していました。家にいた女房と母親は集落のみんなと一緒に、高台の家に逃げて無事だとわかった。指定避難所は地区の公民館だったんですが、そこもすっかりやられちゃったんだから。結局、給分集落は無事だった何軒かの個人宅が避難所となりました。指定避難所には早い時期に物資が届いていたようだけど、こういう個人的な避難所には届かない。車も流されたし、もしあってもガソリンがないから、なかなか遠くの指定避難所へは行けない。みな着の身着のまま逃げたから寒い。食糧も灯油もない状態でした。

我が家の二階は何とか寝泊まりはできた。男たち何人かで共同生活して、流れてきた玄米などで食い繋ぎました。備蓄米もあったんですが、浜に置いていた納屋と保冷庫、資材もろとも流されてしまった。でも大きな冷凍庫には、お袋が「孫が遊びに来たとき食べさせよう」とうまい魚介を保存してありました。冷凍庫は流されてないので、中身を次々食べた。あとは金華山沖の捕れたてキチジ。あれはうまかった。津波のとき操業中だった船が、石巻魚市場に揚げられなくて、積んだまま給分に帰ってきたんですよ。ちょうど食糧が尽きかけていたから、みな大喜びでした。

食糧を探し、火を熾し……。けっこう忙しいんだけど、何の仕事があるわけじゃない。食べる心配をしながら少しずつ、流された漁具や資材を集め始めました。三週間過ぎたころかな。種ガキが無事だった人が、組合員で平等に分けて種付けをしようと提案しました。そういう季節がやってきてたんです。だけど、家族が亡くなった人や家を流された人、船を失った人は、仕事する気分にはなれないものです。当然です。わかります。わかるんだけど、今できることをやっておかないと、この先大変なことになる。先のことなんてわからないんだから、今わかること、できることをやるしかない。

先のことがわからないってのは、こういうことです。まず、カキ処理場が全壊したので、衛生上の問題で生食用カキが出荷できません。給分のカキは何と言っても生食がうまい。あとは海底に沈んだ瓦礫の処理、満潮時に浜が冠水する点も難題です。長い目で見ると問題山積なんです。組合の会議ではみんな頭を抱えて暗くなってね。すると、「生食がダメなら加熱用でもいいじゃないか。加熱用カキから始めるべ」と言った人がいた。拍手が沸き起こりました。それで気を取り直して殻付け作業を始めることにしたんです。ボランティアの人たちも手伝ってくれています。

仕事以外にも心配ごと、考えなきゃならないことがいっぱいありました。まず、末の息子と連絡がつかない。携帯電話が通じないから人づてに調べてもらったら、地震直後、避難所の鹿妻《かづま》小学校にいたとわかりました。勤め先の社長の娘さんが、他の社員と一緒に車に乗せてくれたんだそうです。だれに聞いても、息子が最後に目撃されたのは鹿妻小学校。「それから津波に飲まれたな。その時点まで生きてたとわかっただけでもいいか」と半分あきらめてました。

その末息子がひょっこり帰ってきたんです。震災から一〇日後の雪の日、石巻市街から三〇キロ以上歩いてきた。車を泥だらけのひどい恰好でしたけど、いや、よかった。車を降りてから友達と待ち合わせするつもりが、はぐれてしまったらしい。誰とも連絡つかず、帰る足もないから、避難所で暮らしていたんだそうです。

もうひとつの心配ごとは家、そして親父です。父は震災当日、デイサービスに行っていました。施設は津波の影響を受けなかったから無事だったんですが、私の家が流されないであるもんだから、施設側は「自宅に連れ帰ってくれ」と言う。だけど電気も水道もない、食事も満足にできない、父を寝かせる場所もないんですよ。困ってしまって、この家を建ててくれた大工さんに頼み込んで、補修工事を始めてもらいました。この辺じゃだれも修繕する余裕なんてないころです。そのうち以前から申し込んでいた老人ホームに空きが出て、そっちの方が安心だからとホームに入れたんです。ところが五月初め、あっけなく亡くなりました。本当にがっくりきました。こんなときに、俺の親父が……。工事中の家に連れて帰るわけにはいかず、葬儀屋さんも混乱している。困っていたら菩提寺の和尚さんが「親父さんをうちに連れてこい」と言ってくれたのが救いでした。

こんなことになってしまって、給分を離れた組合員もいます。息子の家に避難したり、親戚を頼って行ったり。帰ってくればいいけど、帰ってこない人もいるかもしれない。でも、私はここでふんばって生きていきますよ。私はね、一五歳から漁師をしているんです。中学を卒業するころは遠洋漁業が盛んでしたから、同級生はほとんど遠洋の大型船に乗りました。一回乗れば、半年後に帰ってきたときはがっぽり稼いでいる。だけど私は大型船に乗らず、親父と一緒に給分でメロウドやアナゴを捕り、カキを養殖してきました。同級生に負けたくなくて、親父の姿を見ながら漁をした。一所懸命潜りを覚えて、ナマコやアワビをいっぱい捕った。次に同級生が帰ってくるまでに、あの資材をそ

仮埋葬地。宮城県石巻市　2011 年 6 月 19 日〈撮影／奥野安彦〉

ろえておこう、家を立派に直しておこうと、一心にやってきたんです。もちろんそれは家族のためでもありました。その積み重ねがゼロになってしまった。

何事もなければカキ組合長は楽な役職なんですよ。でも、三月一一日を境にすべてが変わりました。仕事を再開したいと躍起になる人もいれば、まだ仕事に取り組む気になれない人もいる。家がある人、ない人。家族が無事な人、亡くなった人。後継者がいる人、いない人。それぞれ事情が違って、時間がたつにつれて考え方とか気持ちも変わって。第一、浜はまだこの状態です。組合長としてまとめるのに苦労がないといえば嘘になります。つい口調がきつくなるんだろうね。「このごろ言葉にトゲがある」と仲間に言われたんですよ。ショックでしたね。

私は酒が飲めないんですよ。でも仲間の集まりには最後までつき合います。仲間を大事にしてきたつもりです。仕事で協力しあう関係なんだから、そういうもんだと思ってきました。口調はきつくなっても考えてることは変わっていません。行政の補助や支援の制度をうまく利用して、みんなが気持ちよく働けるように動いて、前に進もうと。五年後、一〇年後になって、私の息子が給分の人たちに、「お前の親父、あのときよくやったな」と言われたら、それでいいと思っています。

（二〇一一年六月一九日）

◈宮城県石巻市

水産復興に賭ける

石巻魚市場株式会社代表取締役社長
須能邦雄《すのうくにお》さん（67歳）

■東洋一の水揚げ岸壁を誇る石巻魚市場も、二〇〇を超える水産加工会社も、激烈な津波に打ち砕かれた。六月現在、石巻漁港への水揚げ再開はまだ叶っていない。水産業の再起と街の復興を誓い、三月末から定期的に水産復興会議が開かれている。中心人物の一人、石巻魚市場社長の須能邦雄さんが、震災後の日々を語る。【聞き手／千葉由香】

震災後、初めて石巻魚市場を見たのは四日目だったかな。遠くから見たとき、あんまり周囲がすっきりとよく見えるから、自分の目が疲れておかしくなったのかと思いました。近くまで行ってみると、六五二メートルある魚の水揚げ場が完全に消えていました。水の中に残っていたのは鉄筋三階建ての管理棟だけ。それも二階までは津波にやられていた。

三月一一日は一三時半から二階の会議室で、県の担当者と冠水対策について話し合っていました。近ごろ市場やその周辺の水産加工団地では潮が上がると水が抜けていかず、大きな問題になっていました。地震が起こったとき、会議室ではさほどものが落ちなかった。椅子から立ち上がって身構える程度で、揺れが収まったら会議を続けようとも思いました。それくらい気楽に考えていたんですよ。

でも、ひょいと窓の外を見たら、電柱が三〇度ほどかしいでいる。道路も液状化を起こしている。亀裂から黄色い砂が一メートルぐらい舞い上がっていました。初めて事の重大さを認めて、職員をすぐに帰しました。私はひとまず少し高くなっているところに車を移動させて、事務所に戻って乱れた書類などの片付けに取りかかりました。

何気なくラジオをつけたら、五メートルの津波が来ると報じていた。到達時刻は三時一〇分と聞いたから、どんな様子かと三階の屋上に上がって目を凝らしました。でも、その時刻を過ぎても静かなまま、何も起こらない。不気味なほどの静けさでした。

避難しなければと思い直して、三時二〇分に事務所を出て車に乗りました。もう道路は大混雑。車を北に走らせて国道三九八号、通称女川《おながわ》街道に出ると、さらに混んでいる。迷って左に曲がれば日和《ひより》山、右に曲がれば自宅マンション。迷ったんですが、右に出ました。そこも大渋滞なので自宅に向かう道から逸れて、牧山《まぎやま》に上っていく道を選びました。家内は前日から千葉県に住む次女のところに出かけている。家には誰もいない。心配する家族がいるわけでもないので、自分の身を守ることを第一に考えました。

裏道からそのまま山頂まで登ったら吹雪いてきた。日も暮れてきた。車の中でじっとしてたら、窓ガラスをトントンと誰かが叩くんです。顔見知りのトラック運転手でした。「岩手の大船渡から魚を運んできたところに津波が来て、車ごと流された。助手席で休ませてくれ」と言う。車が神社の鳥居にぶつかったとき飛び降りて、必死で津波から逃げたんだそうです。

翌朝、山の上の神社の社務所へ行ってみたら、一五〇人ほどが身を寄せていました。場所がなくて、渡り廊下みたいなところにも人が座っている。水の中を泳いできたような人もいる。寒かったですからね。ひどいものでした。これは大変なことになったと思いました。

でも、実際に津波を目撃したわけではないから、トラック運転手の話を聞いても、社務所の光景を見ても、その瞬間の場面が想像できない。トラックだったら、じわじわ水位が上がって、車体が浮き上がったために漂流したのかなと思いました。まさか膨大な数の車や家が丸ごと一瞬で押し流されていたなんて、思いもよりませんでした。

石巻では誰も津波のことはさほど考えていなかった。去年二月二八日のチリ地震津波では三メートルの津波警報が発令されたのに、実際はたった三〇センチ。今回も五メートル、六メートルという警報を聞いても、どうせ来るのは五〜六〇センチだろうと高をくくっていました。それに、津波は北上川に吸収されると言われていた。川の周辺の人は大変だけど、それ以外の地域は津波の被害はないと、みんな思っていたんです。

山を歩いて降りました。ガソリンがないから車を置いてきたんです。途中のコンビニは津波で壁をぶちぬかれ、荒らされて、商品が何もない。瓦礫だらけで道路をまともに歩けない。私のマンションは五階建てで山の根っこにあります。期待して近づいたら、一階は破壊されて、二階のすぐ下まで水が来たようでした。部屋は四階だったので無事。もちろん食器棚や洋服箪笥は倒れて足の踏み場もなかったけれども。家の時計が三時四一分と三時四四分で止まっていました。ちょうど私が山に向かって走っていたころですよ。ぎりぎりでした。

家に着いてホッとしたのと同時に、お腹が空いていることに気づいた。ガスコンロをひねったら火がついたんです。プロパンだから。家内は出かける前に食料品を買い置きして、懐中電灯の電池も入れ替えてくれていた。ポットの中のお湯を沸かしてラーメンを食べました。さすがに片付ける気にはなれなくて、四時半から酒を飲んで、さっさと寝ました。

次の日は外に出て様子を見てみたけれど、まだ水が引かない。近所の人と立ち話をしたくらいで引き返して、部屋を片付けました。停電していますから、日が暮れるとやることがない。早寝するから深夜に目が覚める。ラジオの深夜放送を聞いたりしてね。これを二日ほど続けたとき、この状態が続いたらまずいと気がついて、記憶をたどって一一日以降の記録をつけ始めたんですよ。

備蓄していた水も心細くなってきたので、一〇リットルのポリタンクを持って港に行ってみました。海水の浄化装置を備えた船がいるはずだと思ってね。南洋での操業をとりやめて帰港してきた大型船がいました。そこで衛星電話を借りて、次女に電話をしました。確か一五日のことです。震災以来、初めてかけた電話でした。

私は、家内のいる千葉は安全なはずだから、連絡しなくても大丈夫と思っていたんです。ところが、あっちは私のことを心配していたんですね。デトロイトで暮らしている長女がニュースで「震源地は宮城」と知って驚いて、日本に電話したものの、私の携帯だけが繋がらない。心配してインターネットに私の安否確認を投稿しました。それを見た東京の知人たちは、須能が行方不明らしい、いや、あの男が死ぬはずがない、と騒いでいたようですね。

魚市場の北側は二〇〇以上の水産加工会社が並ぶ水産加工団地です。だけど全部、津波でやられてしまいました。港の小型船もほとんどがダメになった。あの日は金曜日だったでしょう。金曜日は休漁日なんですよ。港に係留されていたところに津波がきて、陸に押し上げられるか、引き波にさらわれて、みんな持っていかれちゃった。無事だったのは操業のために沖に出ていた船だけです。

長さ一二〇〇メートルある本港の水揚げ岸壁もやられました。今、代わりに使っている西港は、水深四・五メートルしかないため、カツオの巻網漁船のような大型船は接岸できません。では本港の岸壁を嵩上げすればいいかといえば、そこだけ嵩上げしてもしょうがない。なにしろ魚市場のある魚町全体が七〇センチ以上沈下して、満潮時には海面が地面すれすれになるんです。

石巻漁港には二〇〇種以上の魚が水揚げされます。魚種の豊富さは日本一ですよ。なんとしても水産業を復活させたい。早く復旧して水揚げの実績を作ること。それが復興の足がかりになります。そのためにはやらなきゃいけないことが膨大にあります。

管理事務所には三月一五日以降、毎日行きました。市役所にも情報確認に通いました。自分は石巻のために何ができるのか。水産業の再生には何が必要なのかをずっと考えていました。

二一日だったと思います。魚の買受人が訪ねてきて、「これを機に東京に帰るんですか。石巻に残ってほしい」と私に言う。私はもともと石巻に残るつもりでしたよ。

私は茨城県水戸市出身で、石巻には親戚もいない。いわばよそ者です。まだまだ若者気分でもあります。そして、普段からあまり常識に囚われない。しがらみのないよそ者、若者、馬鹿者、この三拍子そろっている者は、復興に取り組むにはいい立場です。家財は壊れたけど、それ以外はほとんど被害がないに等しい。一方、地元の人は、家も船も家族も失った。希望まで失いかねない。その人たちのためにも、まずは行動を起こさなければと考えたわけです。

三月二四日に船主や買受人、加工会社など、水産関係団体の代表者で集まって市長や商工会議所と今後について話し合いました。そこで、水産業界は復興に向けて頑張るという宣言をしようとなった。それが「石巻水産業界再建復興宣言」です。

そして三月三〇日、「石巻水産復興会議」の第一回の会合を開きました。水産加工会社の経営者も一〇〇人以上参加して、復興の大きな柱を確認した。経営者が一番気がかりなのは、やはり資金面です。それぞれの経営者が今、抱いている不安や問題点を挙げ、次回の会議までに商工会議所に調査してもらうことにしました。次に、水揚げ再開に向けての方策。三つ目は、加工団地を将来的にどうするか。週一回の復興会議には、関心のある人なら誰でも参加できます。思っていることをどんどん話してもらい、問題点を洗い出して、議論を重ねて復興の標としていこうと。そうすれば行政から支援を受ける際、具体的な希望を提示できます。

四月一〇日からは、復興会議が先導して魚介類の廃棄処分作業を始めました。石巻市内には一〇〇以上の冷凍倉庫があるんですが、電気が止まったり津波でぶち抜かれたりして、庫内に保管されていた大量の魚介類が放置されたままでした。悪臭や衛生面から早急に処分しなくてはならない。そこで、県と市に働きかけて、処分作業の担い手に国から賃金が出るような仕組みを作りました。我が社でも倉内処分部会に参加して四班の編成を組み、管理職も胴長を着て交替で作業しました。

当面の、そして最大の目標である水揚げを実現するには、沈下した桟橋の嵩上げと、仮の荷さばき所整備が必要です。機材と魚を保護する屋根、これがほしい。と同時に、長い目でものごとを再検討しなくてはいけないですね。魚市場がこれまで同様、株式会社という組織でよいのかという問題も含めてです。水産復興は石巻という街の復興でもあります。私は命ある限り、石巻で水産復興に取り組んでいきますよ。それが生き残った者の責任ですから。

（二〇一一年六月一七日）

◆宮城県石巻市

父と暮らせば

介護老人福祉施設職員
高橋直子《たかはしなおこ》さん（39歳）

■北上《きたかみ》川河口から太平洋を望む日和山《ひより》。港から船が出る際に天候を観察し、幕末東北戦争では土方歳三ら旧幕府軍が形勢を見渡した地だ。神社、公園、学校、そして住宅が密集するこの一帯は、壊滅した市中心部で唯一、津波の被害を免れた。高橋直子さんが職場から日和山の自宅にたどり着き、父と再会したのは震災一〇日目のことだった。

【聞き手／千葉由香】

七三歳の父と二人暮らしです。家は日和山のそばの、日和が丘。四年前に母が亡くなった後、東京に暮らす姉とも相談して、私は仙台市内のアパートを引き払って父と一緒に住むようになりました。私は仙台の隣、利府《りふ》町の介護老人福祉施設に勤めています。タクシー運転手だった父は、今は庭いじりをするくらいで、ほとんど家で過ごしています。

あの日、私は仕事が休みでした。仙台の友人の家にいたとき、揺れた。父に電話して「今から帰るね」と伝え、すぐ車に乗りました。順調にいけば一時間ちょっと、四時半には家に着くはずでした。

父と連絡が取れると、今度は施設が気になりました。ライフラインが切れて非常態勢を取っているはず。職場は仙台と石巻の中間なので、立ち寄ることにしました。でも、どこもかしこも渋滞していて、空いた道を見つけようと走るうちに、迷ったり、仙台港に向かったり。ようやく施設に着いたときは八時。仙台港周辺では私が走った何分後かに、津波がやってきたんですよね。

施設はもう落ち着いていました。入居者のベッドをリビングに移し、車のヘッドライトを照明代わりにしていた。リーダーから「帰れるうちに帰ったほうがいい」と言われたので施設を出ました。吹雪です。そして渋滞。すると、私の前のバイクが転倒した。凍った路面で滑ったようで、なかなかバイクを起こせないでいるんですよ。車を降りて手伝ったら、大学生の男の子。すごく焦って「石巻まで乗せて」と頼みこまれました。地震の後、石巻の家に電話したら、妹が出て「これから救助に行く」と言ったところで切れた。家族が怪我でもしたのか、誰かを助けなきゃいけない事態なのか。嫌な予感がする、いてもたってもいられない、と。彼を車に乗せてトロトロ走りました。ラジオはずっとつけていましたが、石巻の様子はまったくわかりません。

通行止めがあったり、消防の人に「橋が落ちた」と言われたりしたので、市中心部を大きく迂回して、陸前稲井《りくぜんいない》駅から山に入ったその子の家まで送り届けました。さて自宅に戻ろうと北上川の方に向かったら、屋根とか瓦礫が道を塞いでる。どうして、と思いました。暗くて周りがよく見えない。Uターンして別の道を行っても、やっぱり通れない。あちこちの方向から市内に入ろうと試みているうちに、山道に迷い込んだ。そしてタイヤが溝にはまって身動き取れなくなっちゃった。携帯のバッテリーも切れた。夜中の一時で真っ暗闇。余震が不気味でした。

朝になって山道を降り、最初に見つけた家のおじさんに助けを求めました。そこで初めて津波が石巻を襲ったと知った。「街中には入れない。朝飯を食べて休んでいけ」と、車を引き揚げてもらったうえに朝ご飯までごちそうになって、出発しました。

本当に、どこをどう行っても冠水して通れないんですよ。他ぐるぐる回ってけっこうな距離を走ってしまいました。他の車も右往左往して、道は混んでいた。あきらめて施設に引き返すと、近所の高齢者住宅のお年寄りとか町内会の人も避難していて、職員が炊き出しを始めていました。私も仕事に合流し、施設での生活が始まりました。

入居者は認知症のある人がほとんどですが、割と落ち着いていた。その点困ることはなかったですね。いつも夜に起きて照明のスイッチを入れて騒ぐ人など、停電で混乱するかと思って懐中電灯二つを手渡したら、「もったいないから消しなさい、こんなときに」と言うんですよ。意外と的確に状況を捉えているようでした。

町内の人や近くの施設から、自家発電機や照明灯、ストーブや毛布、薪が届きました。牧場の人がしぼりたての牛乳を持ってきてくれたりもした。まっさきに届いた救援物資は、交流のある新潟の施設から。三日目の夕方、ワゴン車数台におむつや食料を満載して、ガソリンも積んで駆け付けてくれたんです。すごく助かりました。

水道や電気が復旧しても、節電のため、上司からIHヒーターの使用を制限されました。困ったのは清拭です。私たち職員は下着も替えずに過ごしても我慢できるけど、せめて入居者の体だけは拭いてあげたい。皮膚疾患のある人はとくに清拭や入浴が欠かせません。ところが思うようにお湯を沸かせないため十分な清拭ができず、症状が悪化してしまった。気の毒なんですよ、かきむしって苦しがるから。「これは節電どころじゃない」と、職員同士で相談してお湯を沸かし、清拭しました。仙台市内の介護施設が「入浴をどうぞ」と申し出てくれたときは渡りに船でした。症状の重い二人を連れていきました。

石巻の水が少し引いて、家まで帰れるとわかったのは一週間たったころ。携帯もやっと通じて、父とも連絡がつきました。それからシフトを調整して、実際に戻れたのは一〇日目でした。地震前日に食料品をたくさん買っていたし、晩酌用のお酒の買い置きもあった。ときどきご飯を差し入れてくれる近所のおばちゃんもいるので、父のことはあまり心配していませんでした。だいいち、津波被害がないですから。通行できると聞いた大街道《おおかいどう》地区を通ると、四車線道路の半分くらいを占めて車が積み重なっていた。今思えば、あのころはまだ遺体が残されていたかも知れないんですね。

家に帰ると、近所のおばちゃんから、家のすぐ下の門脇《かどのわき》小学校が火事になったこと、火の粉が飛んできたため自分たちも中学校に避難したこと、津波から逃げてきた人がたくさん来たこと、そして父が「直子の顔を見ないうちは安心できねえ」と毎日すごく心配していたことなどを聞きました。

日和山に上がって市街地を眺めてみました。茶色にくすんだ世界が広がっている。なんだか信じられなくて、何も考えられなかった。両親ともに石巻生まれで、姉も私も幼稚園から高校までずっと、ここから見える範囲内で暮らしてきた。焼野原になったという門脇地区には、この日は辛くて降りてみることができませんでした。

買い物は、石巻河南《かなん》インターチェンジ周辺の蛇田《へびた》地区まで行けばできました。でもガソリンが手に入らない。姉や親戚から届く救援物資も各営業所留めなので、自転車でずいぶん走り回った。クロネコヤマトの蛇田営業所だけはスタッフが独自に頑張ったらしく、いち早く宅配を再開したので助かりました。

そのうち日和山の公民館に配給所ができました。最初の配給は菓子パン。次はおにぎり。ついパッケージの製造元を見てしまう。四国から来たパンをかじりながら「こんな遠くから」とジーンとしたりしました。街中は救援物資を届けるトラック、電気などライフラインの復旧応援に来たバンなど、県外ナンバーの車がたくさん走り始めて、心強さを感じましたね。

姉はテレビやインターネットで津波の映像を見まくっていたようです。地元の人間が見ていない動画もずいぶんチェックしたらしく、テンションが上がっていました。三月末、東京―仙台間の高速バスが走り始めたころ、「石巻に帰る」と言いだした。でも、こちらは配給を待つ状態だし、来ても姉ができることはない。「まだ帰ってこないで」と断ったんです。すると、私の携帯メールに石巻情報を次々送ってよこすようになりました。「この道路が通れる」「この店が営業再開」とか。東京で中学校の同窓会があったときに登録したメーリングリストで情報を得ていたんですね。正直、「もういい」と思うくらい細かい情報が毎日バンバン送られてきました。こっちは忙しくて相手していられない（笑）。

姉が初めて帰省したのは五月の連休。自宅が全壊した友人に「来れるんだったら、今のうちに故郷がどうなったのかを見ておくべきだ」と言われて決行したんですね。「石巻はどうなるの」とショックを受けていましたが、事態が最悪でも、現実を自分の目で確かめたのは姉にとってよかった。あれから気持ちが落ち着いたのか、メールはあまり来なくなりました。ボランティアなんて無関心だった人なのに、石巻でボランティア活動をした人と向こうで知り合いになって、いろいろ話を聞いたようです。

同じころ、栃木に住む叔父も来ました。震災直後から父を心配して、頻繁に荷物を送ってくれていたんです。食べ物、入浴剤、シャンプー、お酒、なぜかサンダルとか。その都度、思いつく限り詰めたんでしょう。叔父もテレビを見すぎて妄想が膨らんでいたみたい。実際に来て「日和山は無事だ」と安心し、「街はまだこんなにひどい状態なのか」と愕然としていた。両方です。二人を見ていたら、いくらテレビやネットで情報を得てもみんな実状をぜんぜんわかっていない、ということがよくわかりました。

あれからもうすぐ四カ月。この景色に慣れることはありません。開店しているお店もあれば、震災直後のままのところもある。通勤で通る工業港そばの道沿いは殺伐として、定川大橋は落ちたままで、至るところ工事中で……。

父は津波の後、昔祖父が仕切っていた缶詰工場のあった湊《みなと》地区や、私たち姉妹が小さいころ住んでいた海岸沿いの南浜《みなみはま》町の家に行ってみたようです。「全部なくなった」と寂しがっています。めっきり涙もろくなって、「こんな思いまでして長生きしなくていい」なんて言うんです。今まで最悪の思い出は昭和三五年のチリ地震津波だった。必死になって缶詰を倉庫二階に上げて、泥にまみれた缶詰は回収して洗って売ったと聞きました。

職場では、津波被害のない仙台方面から通勤してくる同僚と、もろに被災した石巻や多賀城から通っている人と、大きな温度差を感じます。あの日、休みで施設にいなかった同僚のうち、三人が津波に流されました。命は助かりましたが、店舗兼自宅を失った人もいます。両親は商売を再開させると張り切っているそうですが、彼女は「果たして再開してやっていけるのか」と疑問に思っているようです。私の職場も父の暮らしも、一見普通に戻りましたが、気持ち的にはまだまだ、これからです。（二〇一一年六月二三日）

◆宮城県石巻市

脚立が救った園児の命

石巻みづほ第二幼稚園教諭
千葉麻里《ちばまり》さん（34歳）

■石巻市の工業港から程近い場所にあった石巻みづほ第二幼稚園。津波は周囲の家や車を次々とのみ込みながら、園舎の二階まで押し寄せた。そばにあった脚立を使い、一一人いた園児を必死に屋上まで避難させる職員たち。海上に孤立し、寒風が吹き荒れる中、大人も子どもも身を寄せ合いながら一晩救助を待ち続けた。同幼稚園の教諭千葉麻里さんもその一人。「きっと助けが来るから」。夜空に流れ星を見つけ、そう子どもたちを励ました。

［聞き手／関口康雄］

地震があったときはちょうど幼稚園の卒園式が間近だっ

たので卒園文集を製本していました。数日前に一度地震があったので「またダね」と周りと話していたら、もっと大きな揺れが来て、あわてて窓を開けて、そこにしがみつきました。

その時間帯はもう、園舎の中には子どもたちはいませんでした。でも裏の建物に預かり保育の子どもたちがいることをすぐに思い出し、まだ地面が揺れている間にそちらに走って向かいました。

着いたときは預かり保育をしている建物に十数人の子どもたちがいて、担当の教諭は一人だけでした。

津波の情報は、送迎バスに添乗していた職員が園に戻ってきたときに教えてくれました。園児をちょうど全員降ろし終わったころにラジオで、大津波警報が出たことを聞いたそうです。

園の近くまですぐに保護者が迎えに来ていた子どもは先に帰りましたが、付近の道路がすごく混み始めたこともあり、園長の判断で幼稚園の二階にみんな移動することになりました。

とにかく私たちがあわててはだめだと思い、子どもたちには「大丈夫だよ。すぐお迎えに来るよ」と言いながら誘導しました。泣く子はいなかったけど、みな表情は硬かった。

防災無線が鳴り響く中、職員の一人が海の方を見て「あっ来た！」と叫びました。このまま二階にいたら危ないということで、園長の指示で二階の屋上に上がることになりました。

屋内から屋上に行く方法はなく、壁の外から行くしかありません。窓の近くに普段子どもたちが使っているテーブルを並べ、それを踏み台にして、窓の外にある棟続きのボイラー室の屋根まで園児らをいったん移動させました。そのボイラー室の屋根の上に脚立を置いて、二つ折りのところをまっすぐ伸ばし、園舎二階の屋上まで立て掛けました。このときすでに二階のすぐ下まで波が来ていました。

ほぼ地面に垂直の角度で立て掛けた脚立を見て、地震のときは泣かなかった子どもも「怖い」と泣き始めました。それで何人か職員が先に上がり、園児らを上から引き上げ、下から押し上げた。このとき園児は三歳から六歳までの一一人。大人は私を含めて一三人いました。うち一人は地震を受け、子どもを迎えに来たお父さんでしたが、津波が迫ってきたため「お父さんも一緒に」ということになりました。

もし、二階にあの脚立がなかったらと思うとぞっとします。

脚立で上がった二階の屋上部分は平らでしたが、そこもまだ高さに不安があったのでさらに上にある三角形の屋根に上りました。そこにはアンテナの鉄塔があり、まずこどもたちにしがみつかせ、さらに私たちが囲む形をとりました。

津波についいては、園の前にある道路の信号機よりも高く黒い波を見たという職員もいました。私は最初は怖くてその方向を見ることができませんでしたが、やがて近隣の家々や私たちの車が流されている様を目撃し、それがとても現実の出来事ではないように思いました。信じられなかった。人が流れる姿は見ませんでした。そのことは子どもたちにとっても救いだったかもしれません。

午後六時ぐらいになると海水が少し引き始めました。雪が降ってきて、風もビュンビュン吹いてきたので一度屋内に戻ろうということになり、二階のホールに子どもたちと一緒に戻りました。

水は引いていましたが床には泥水がまだいっぱいあり、卒園式のために用意していたパイプいすもぐちゃぐちゃに転がっていました。

二階にあるステージの幕なども取り外して、それをステージにひいてその上にみなで座りました。でも、そのうちにまた波の音がするという職員もいて、皆で話し合った上で、もう一度屋上に上がることに。ラジオは手元になく、地震情報は職員の携帯電話のテレビ機能で知る程度でした。

夜の屋上はものすごく寒かった。二階にあったお遊戯会の衣装の中でまだぬれてないものを上に運び、体操用マットで〝かまくら〟のようなものをつくって風よけにしました。

上空にヘリコプターの音がするたびに、携帯電話のライトをかざしたり、ふだんから持ち歩いている笛を吹いたりして助けを求めた。笛の音なんて届かないと思いながらも……。

子どもたちも一緒に「助けて！」と懸命に声を出してくれた。本当に子どもたちは頑張ってくれました。正直私も怖くて涙が出そうでしたが、子どもたちを前に弱音は吐けなかった。ちょうど夜空に流れ星があって、「大丈夫だよ。ほらみんなでお願いしようね。きっと助かるから」と励ましました。

その夜はみんな飲まず食わずのまま過ごしました。我慢していた涙がついこぼれてしまったのは、翌朝、ゴムボートに乗って救助に駆けつけた海上保安庁の人たちの姿を見たときでした。

前日、一回目に屋上に上ったとき、少し離れた建物の屋上に海上保安庁の人たちが私たちと同じように避難しているのが見えて、大声で「子どもが一一人いるから助けてほしい」と叫んだら、「助けにいくから」という返事があり、その言葉をずっと励みにしていました。

助けにきてもらったときに「もっと早く助けたかったけ

大川小学校。宮城県石巻市　2011 年 12 月 24 日〈撮影／荒蝦夷〉

れど、行く手段がなかった」と聞きました。保安庁の人たちはお昼ぐらいまでかけて三回に分けて私たちを助けてくれました。

震災では、私たちと一緒にいた預かり保育の子どもたちは全員無事助かりましたが、すでにバスで帰っていた園児六人と、保護者が迎えに来て先に帰った預かり保育の子ども一人が幼い命をなくしてしまいました。亡くなった園児たちのことは毎日のように思い出しています。

石巻みづほ第二幼稚園は、いまは同じ系列の姉妹園の建物を間借りし、私もそこで働いています。震災から一〇カ月が過ぎ、私の家の周りもだいぶ落ち着きを取り戻し、あんな恐ろしい出来事がなかったように一見感じます。

でも以前幼稚園があった場所にふと戻ってみると、周りの建物が流されてさら地になって、すごく遠くからでも幼稚園の建物だけが見える。それを見て「ああ、やっぱり夢ではなかったんだ」と思ってしまいます。

私の家族は全員無事でした。家は一階ぎりぎりまで水につかったけれども、家にいた人たちは全員避難できました。ただ父親と兄がなかなか連絡つかなくて心配でしたが、父親は胸まで水につかりながら家に戻ってきた。女川《おながわ》に行っていた兄も津波から間一髪のところで逃れることができて歩いて帰ってきました。

私はいまは独身ですが、今後家族ができたらこの震災の出来事は語り継ぐべきことだと思っています。命の大切さとか。

家族の大切さもあらためて感じました。そんなに仲が悪かったわけではないけれども、もっと素直にならなければなあって。だってお互いの無事を確認できたときは抱き合って喜んだりしましたからね。やっぱり帰る場所があるのは幸せなことだとつくづく思いました。

私はこの生まれ育った石巻が大好きなんです。とても田舎だけど。高校卒業後、仙台の短大に通っていたときも授業が終わったらすぐに石巻に帰って、アルバイトもこっちでしていたぐらい。根っからの石巻っ子。海も山もあるし自然もあるし。これからの石巻、そして私の人生はどうなるか、もちろん分からないけれども、できればこの石巻で暮らしたいなって思います。

（二〇一二年一月一三日）

◇宮城県石巻市

震災後の鯨の町、鮎川

調査捕鯨船乗組員

名和《なわ》隼太《はやた》さん（24歳）

■牡鹿《おしか》半島の先端に位置する石巻市鮎川《あゆかわ》――。この小さな浜で捕鯨がはじまったのは、一九〇六年のことだ。商業捕鯨が盛んだった一九六〇年代、鮎川では四〇〇〇人もの人が暮らしていた。けれども、現在の人口は約一五〇〇人。人口が減った原因のひとつが、町の基幹であった捕鯨産業の衰退だ。

クジラ資源の減少と海外でのクジラの保護の機運の高まりとともに、日本は戦前から続いていた商業捕鯨を一九八七年に中止、調査捕鯨に移行した。そんなクジラを巡る世の中の流れが、捕鯨基地、鮎川の歩みにも大きな影響を及ぼしたのだ。

鮎川には、太平洋沿岸で小型のクジラを捕獲する商業捕鯨に携わる人々がいるとはいえ、南氷洋へ向かう捕鯨者は減った。かつては鮎川と隣の十八成《くぐなり》浜を合わせると二〇〇人以上の男たちがクジラを追い南氷洋を目指したというが、いまは二、三人に過ぎない。

そのひとり、名和隼太さんは調査捕鯨がはじまった一九八八年に鮎川で生まれた。津波が鮎川を襲った半年目にあたる二〇一一年九月一一日。浸水を免れた名和さんの自宅で話を聞いた。

［聞き手／山川徹］

ほら、見てください。ずいぶん瓦礫が片付いたでしょう。自分の手で自分たちが暮らす町を片付けた。自分が大好きな町の復旧にすぐに携わることができた。そんな経験をしたから震災後、鮎川への愛着が強くなりました。

地震がきたとき、港の岸壁で釣りをしていました。津波警報が鳴って「六メートルの津波がくる」という。すぐに町が一望できる高台に上がりました。波は、重機が家々を潰していくような「バリバリバリバリ……」という音を響かせながら町をのみ込んでいきました。雪のなか、避難してきた人たちと一緒に町が津波に襲われるのを見ていました。

泣き崩れるおばさんを支えるようにして、「大丈夫、大丈夫だから。生きていれば何とかなるから……」と誰かが声をかけました。

「鮎川、終わったな……」

破壊されていく町を見て、率直にそう感じました。なぜか、冷静でした。

瓦礫の撤去をはじめたのは、被災の翌日からです。自衛隊はいつ来るか分からない。だから自分たちで瓦礫の片付けをするしかなかった。集まった人たちはみんな「瓦礫を片付けて、町をきれいにして早く復興すっぺな」と口々にいっていました。

まずは、病院までの道を通さなければならなかった。取り合えず、片側だけでもいいから、と小型の重機に乗って瓦礫を片付けはじめました。

ぼくと同じように重機を運転していた人が瓦礫のなかから遺体を見つけたんです。その話を聞いていたから、怖かった。「頼むから出てこないでくれよ」って祈るような気持ちで作業を続けました。

「終わったな」とまで思った鮎川が、徐々にだけど片付いていく。町の再生が進むのが実感できた。だから、あの日、鮎川にいてよかったと思います。

三月一一日に鮎川にいたのは、偶然だったんです。本当なら一二月から三月末までの五カ月は南氷洋でクジラの捕獲調査中なのですが、昨年は行くのをやめて鮎川にいました。

宮城水産高校を卒業して、調査捕鯨の船を運航する会社に就職し、五年が経ちます。毎年、五月末から八月までの三カ月は、北西太平洋での調査、そして、冬は南氷洋。五年間休みなく働いてきたから、休みをもらっていました。それに反捕鯨団体の抗議運動も激しくなってきているでしょう。氷が浮く南氷洋でぼくらが乗っている船に体当たりをしてくるんです。命がけですよ。そこで一度、様子を見るために休みました。

反捕鯨団体の妨害さえなければ、調査捕鯨の仕事は本当にやりがいがあります。何よりも捕鯨に携わるのは、子どものころからの夢でしたから。父親が捕鯨関係の仕事に就いていたこともあって、子どものころから夏になると港に行って、ツチクジラの解剖を見ていました。鮎川では、捕獲枠を決めて沿岸部での小型のクジラの商業捕鯨を続けているんです。小型といっても、ツチクジラは大きくなると一〇メートルを超えます。

「こんなおっきい動物、どうやって捕るんだべな」

子どもながらにそんなふうに思って見ていたのを覚えています。クジラの町、といっても、そんな小学生はぼくだけでしたけど。石巻港に航海を終えた調査捕鯨船が寄港すると、一般の人も見学できる日があります。中学、高校時代は、そのたびに港に行きました。

ぼくが好きなのは「勇新丸《ゆうしんまる》」。商業捕鯨時代はキャッチャーボートと呼ばれていた標本採集船です。クジラを探すための一八メートルの高さのトップマストと、クジラを捕獲するための捕鯨砲が船首に設置されているのが、キャッチャーボートの特徴。南氷洋まで航海する船ですからね。同じ捕鯨船といっても、沿岸で操業する地元の船とは迫力が違いました。しかも、一九九八年に造られた最新鋭の船。格好よかった。いつかこんな船に乗れたらな、と憧れていたんです。

夢が叶って、はじめて「勇新丸」に乗ったのは、二〇〇八年夏の北西太平洋での調査でした。はじめてクジラを発見したのもそのときなんです。約二〇人のキャッチャーの乗組員のなかで、ぼくら甲板員の第一の役割は、クジラを探す「探鯨」。捕獲して、調査するにしても、クジラを見つけないことには何もはじまりません。

調査は早朝からはじまります。ぼくら甲板員の持ち場は、一八メートルのトップマストの上。「メガネ」と呼ばれる取っ手の付いた双眼鏡を覗いて、一日中、海面を見続けます。夏とはいっても北西太平洋は、天候が荒れたり、強風が吹いたりすると体感温度は〇度を下回ります。光の乱反射を防ぐ偏光サングラスをかけていても目が疲れてくるし、寒さで身体が強ばってくる。三カ月間の調査で一頭も見つけることができない甲板員もいるほど、「探鯨」は難しい。

はじめて見つけた瞬間。ドキッと心臓が高鳴ったのがいまも忘れられません。一三メートルのイワシ(クジラ)でしたね。発見したクジラが捕獲調査の対象だったので、追いかけて捕鯨砲で銛を撃ち込み、捕獲しました。

捕ったクジラは、一二〇人の乗組員が乗る調査母船「日新丸」に運び、年齢やDNA、どんなエサを食べているのか……を知るために様々なサンプルを採取した後、食用に加工されます。

自分が見つけたクジラを追いかけ、捕まえる――。興奮しました。

その夜、「勇新丸」の食堂でみんなが集まって「初漁祝い」を開いてくれました。商業捕鯨時代から、新人がはじめてクジラを発見すると船内で宴会が開かれたそうです。その伝統でいまも「初漁祝い」といっているんです。本当に嬉しかった。

昔から捕鯨に携わってきた鮎川の人たちも、そのときのぼくと同じような気持ちで仕事をしてきたんだな、と感じました。

鮎川では一〇〇年以上も捕鯨を続けてきました。ぼくは、その記憶も技術も引き継いでいきたいんです。

鮎川で家を建てたのは、二年前。両親は、店もなくて不便な鮎川よりも石巻あたりに建てた方がいいんじゃないかといったんですが、「絶対に鮎川がいい」と言い張りました。生まれたころから慣れ親しんだ海を見ていないと落ち着かないんです。たまに都会に遊びに行っても、二、三日すると鮎川に戻りたくなるほどです。

自分の家を建てるときは、鮎川で、と幼いころから決めていたんです。

鮎川の復興を考えたとき、ぼくは、これからもずっとクジラにこだわっていくべきだと思うんです。

捕鯨なんて必要ないという意見があるのは知っています。けれど、もしも鮎川が捕鯨を手放して、たとえば、養殖をはじめたとしたら、他の浜と変わりがなくなってしまう。

ぼくが物心ついたときには、南氷洋での商業捕鯨が終わっていましたし、鮎川の町も寂れていました。けれども、捕鯨がなくなったら、もっと寂れてしまいますよ。いま、被災した鮎川の捕鯨船が、修理を終えて北海道の釧路沖での調査に参加しています。そんなニュースが、鮎川の人を元気づけるわけですから。

もちろん、この一二月からの南氷洋の調査には、ぼくも行くつもりですよ。

（二〇一一年九月一一日）

◈宮城県石巻市

石巻に街の明かりを灯す

平孝酒造社長
平井孝浩《ひらいたかひろ》さん（48歳）

■文久元年（一八六一年）創業の老舗の酒蔵。平孝《ひらこう》酒造のある清水町は、名水が湧き出る地として有名で、初代が酒造りに最適地とのことで開業した。酒造りの真っ最中に津波に襲われ、蔵が水没。そんな中、搾った復興酒「日高見《ひたかみ》　希望の光」が全国の話題に。二〇一一年末にはお礼の意味も込めて「純米初しぼり　感謝の手紙」をリリースした。

【聞き手／川元茂】

当日はたまたま蔵の見学と商談で酒屋さんが来ていました。仙台からのお客様で、渡波《わたのは》地区で食事をしていたんです。津波が来たのはまさに食事から戻ってきたタイミング。いま思えばタッチの差でした。五分一〇分の世界です。車が渋滞していましたので、もし津波が来ていたら逃げられなかったでしょう。その後酒屋さんは三日間仙台に帰れませんでした。車が水没して出せなかったし、一〇〇メートル進むと水が腰まで来ましたから。

この蔵は海まで二・四キロしかありません。左に北上《きたかみ》川、そして貞山堀《ていざんぼり》に囲まれています。裏の駐車場は膝が隠れるぐらいまで水が来ました。母屋と蔵の一部は水没して孤立してしまいました。

津波の被害もありましたが、揺れによる被害も大きかった。本震余震も合わせ一時は全廃を覚悟したほどです。蔵はひどい状態で、発酵中のもろみが零れていました。床一面、白い絨毯を敷き詰めたようになっていて、「シュワシュワ」という音がこだましていました。ああいう光景はもちろん見たこともないですし、あの炭酸をこぼした時のような音は今でも忘れられないですね。

震災から一〇日後、やっと電気が通りました。二週間目に酒を搾りはじめましたが、そのまま放置していた状況で、正直温度管理はできていませんでした。本来の酒造りはいかに良い酒を作るかというしのぎあいです。一日停電しただけで真っ青になるほどです。それが二週間も続いたわけですから、いよいよ終わりだなと思っていました。なのでお酒が搾れると分かった時は、いい酒を造るという喜びより、まずは酒になってくれて良かったという喜びを感じていました。そして搾ったお酒を飲んでみたら完全発酵していて、力強くて、思わず「すげえなあ」と呟いていました。気温が低かったのが幸いしたのでしょう。タイプは違うのですが、本当にいい酒になりました。全部で一五、六本のもろみが残っていて、チリの岩盤事故みたいに一人一人救出するイメージで搾っていきました。搾ったときに蔵人に「大丈夫か」と聞いたら「全然大丈夫です」と。そこでスイッチが入りました。「行けるぞ！」という前向きな気持ちになりました。希望の光が差し込みました。そうして四月上旬まで搾っていきました。

ところが、四月七日の余震でまた振り出しに戻りました。「またかよ」という気持ちです。一〇日間ぐらい水と電気が来ませんでしたから、一カ月以上掃除もできず、その間ヘドロが乾いてしまい、固くなってしまいました。最初はドロドロ。だんだん乾いて雑菌が入り、馬小屋みたいな匂いになりました。ガスが来ないため掃除ができず、四月中旬になってみんなで一気にやりだしました。

五月に入ってやっと震災前の状況に戻りつつあります。三割ちょっとは被災したり造れなかったりと量的には少なくなってしまいましたが、残ったお酒を商品として詰める作業や、造ったお酒を商品に変えていく作業を続けています。まだまだ軌道には乗っていませんが、なんとか頑張っているという状況です。

全国からの応援はとてもありがたく感じています。でも瞬間風速で終わらないように、中長期的なご支援をいただきたいと本気で思っています。石巻の飲食店はまだ稼働できていません。あけぼの地区は開きつつあるけど、港町の飲食店は壊滅状態です。仙台中心部の被害はそうでもないので、仙台マーケットにはとても期待しています。石巻に復旧復興に来る皆さんは仙台に泊まっていますから、仙台で食事をして「頼むね。日本酒飲んでね」と思っています。

復興酒としてリリースした「日高見　希望の光」は、本来目指している酒ではありませんが、悪い酒ではないと思っています。自分たちは日本文化の担い手だと思っているんですが、その担い手として、街の明かりを、食文化を、酒を通して照らしていくんだという強い想いを持っていますし、それを伝えたいです。

今回石巻の被害はとてもひどいです。山を越えると壊滅的な被害です。山向こうの人からみたらうちはなんともない。「社屋も家族も家も流された」「船が流された」「買ったばかりの家が流された」そういう人たちがたくさんいる。その人たちの前で自分が被災したとはとても言えないですね。とはいえ、建築屋さんからはえらい金額の修繕費用の見積もりがきてるんですが……。

酒はなんとか搾れたし。商品も詰めて、売っています。ですが、もっと広い視点でとらえたときに、ここで自分が下を向いてしまったら街の明かりが消えてしまうんじゃないかと思ったんです。働いている社員のなかには新築の家が流された人も、未だに水没している人もいます。従業員の支援もしなくてはなりません。「俺が立つしかない。街の明かりを灯すために、何かしなくては」という気持ちになったんです。石巻にいるとそう思えるんです。「酒だけ造っていていいのかな」と思うときもありますが、造り酒屋としてはやはり酒を売るしかない。そこで「よし！」と思ったのが、自分に感動を与えてくれたお酒をありのまま出すことです。素直な気持ちで「希望の光」を瓶に詰めて売って、そんななかで街に恩返しをするという流れが自然に生まれてきました。

人間は忘れていく生き物です。ライフラインが復活していくごとに以前の気持ちを忘れていきます。段々テレビのなかの出来事になっていきます。「地震、津波あったよな」という感じになっていきます。その度に被災地を見に行くんです。「ふざけんな」「お前何言ってるの」。自分に言い聞かせています。たった一キロ離れただけで状況が一変します。「お前は生かされたんだぞ」とリセットさせられます。このお酒を売ったお金を義援金にして、街に恩返ししたいと思います。

お酒の肩貼りは「がんばろう」じゃないんです。外の連中に「がんばろう」なんて言われたくない。被災者同士で「がんばろう」というなら分かるんですが……。「負けないんだ、こんなのに」という想いです。「地震なんかに負けてたまるか」という想い。「絶対負けない」という想い。石巻の人たちと「辛いとき楽しいとき悲しいとき、ともに乗り越えていきましょう」という想いです。
三七、八で社長になりました。いま四八歳です。もう一〇年になります。親父に「酒蔵辞めるから帰って来なくていいよ」と言われていました。「経営大変だから」って。「あれだけ継げ」って言ってたのに……。こっちに戻ってきたのは二四歳のころです。倒産寸前でした。もがいていました。トラックに毎日酒を積んでどさ回りをして歩く日々でした。まだバブルの時代。バブルの恩恵を受けることもなく、つぶれるかどうかという瀬戸際でした。ああいうことを経験したからいま頑張れると思っています。当時はお客さんの顔が見えませんでした。いまはラベルを通してお客さんの顔が見えています。待っててくれる人がいます。その人たちの想いに、いい酒で応えていきたい思っています。
もともとのブランドは「新関《しんぜき》」でした。「日高見」という名前に決めて、その名前で勝負しようと思いました。当時は大手との条件戦争の真っ只中で、焼酎ブームの時代でした。行っても「帰れ、帰れ」と言われ、「いらねえ、いらねえ。置いていくなら倉庫を片付けていけ」とか言われて、なんとか酒を卸せました。大分性格変わりましたよ。

親父にタンカをきった手前もあったし、やるしかなかった。「やれるもんならやってみろ」と言われ、気持ちだけで帰ってきました。亡くなった祖母の「うちはいい酒を造ってきた」という言葉が支えでした。東京では宮城の地酒がたくさん飲まれていました。「なんでうちの酒はだめなんだ？　知られてないんだ？」って親父に聞いたら、「人がいない」と。「新関って名前知ってる？」ってまわりに聞くと、「大関の真似？」って言われて本当に悔しかった。東京のみんなに、宮城の地酒としてうちの名前を挙げてもらいたいという熱い想いがありました。でも戻ってきたら、給料は払えないわ、想像していたのと雲泥の差です。毎日どさ回りでした。

「日高見」というブランドを作ったときに誰にも負けないプライドを持てました。いいブランドを作ること。それが自分の仕事です。そして蔵人のために素晴らしい環境を整えること。そういう形で自分の酒を表現したいと思っています。

実は家族は松島に住んでいて、震災当日は全員バラバラの場所で一晩過ごしたんです。娘は保育所にいて、長男は小学校にいました。最初死んじゃったんじゃないかと思ったぐらいです。妻に連絡がついて無事は確認できたんですが、胸が騒いで、早く子供たちに会いたいと思って、震災翌日石巻から松島に行くことにしました。行く時は凄かったですよ。自転車で行ったんですが、大街道《おおかいどう》ならなんとか通れるということで、そっちに向かったのですが、蔵の周辺はボートじゃないといけない状態です。たまたまいた蔵人に「俺、これから娘に会いに行くから」ってタンカを切って、水の中に入っていきました。車が三台重なったりして凄い状況でした。一〇〇メートル進む度に自転車に空気を入れて。四五号線は決壊していて運河から水が流れ込んでいました。赤井《あかい》の周辺です。なんとかそこを越えて、さらに進むと、矢本《やもと》近くの仙石《せんせき》線の線路と平行した道路がとにかく凄まじい状況でした。道がないんです。最後は自転車を諦めて歩いて移動しましたが、日が暮れて来て、このままだとまずいと思って手を上げたら車に乗せてくれる人がいて、日没前になんとか到着できました。四時間ぐらいかかりました。無事子供たちには会えたんですが、「あれ来たの？」みたいな感じだったんです。報道されている通り、松島の被害は少なかったですからね。ちょっとずっこけましたね。

今までは、生かされているとか、感謝とか、そんなことはまったく感じていませんが、震災後は強く感じるようになりました。震災の爪痕を忘れないように現場に見に行き、生かされた意味を考えていきたいと思います。

（二〇一一年五月一三日）

◘宮城県石巻市

涙をぬぐい立ち上がる

布施商店代表取締役
布施《ふせ》三郎《さぶろう》さん（61歳）

■石巻湾東、渡波《わたのは》海岸から三〇〇メートル。閑静な住宅街、渡波町を津波が突き抜けた。布施三郎さんの自宅は一階部分が浸水。かろうじて難を逃れた自宅二階を拠点に水産加工業の再開を目指している。［聞き手／滝沢真喜子］

地震のとき、石巻魚市場で石巻魚市場買受人協同組合の執行部会をしてたの。揺れが収まると会議は解散。

うちの会社では、タラとかアナゴとかを一次加工して量販店に納めてるんですよ。魚市場で作業をしているので様子を見に行った。そしたら誰もいない。商品が散乱してたけど、ひとりで片付けられる量じゃなかった。

外に出て見ると電柱は斜めにかしいでるし道路も変形して波打っていた。急いで自分の事務所に戻ったの。女性の従業員たちがしゃがんで震えているから避難させたんですよ。そのとき「鹿妻《かづま》に逃げろ」と言ったのが幸いした。鹿妻は高台になってるからね。渡波の自宅周辺を散歩するとき何かのときはここに逃げようって見てたんですよ。それがとっさに口に出たんだね。もし、市街地に向かっていたら途中でみんな波に呑まれてましたよ。

昭和三五年のチリ地震津波は一〇歳のときでした。子供だったせいか、それほどおっかない思いをした記憶がない。勝手に今回も津波は大丈夫だろうって思ったの。

でも、自宅に戻ると地震で物が落ちてめちゃくちゃになってた。片付けようと思っていたところに女房が帰ってきて「今、ラジオで女川《おながわ》に六メートルの津波が来たと言っている。逃げよう」って言う。軽自動車に飛び乗って逃げました。小回りが利くから、いざとなれば田んぼの畔も走れるでしょう。

鹿妻方面の山に向かってとにかく走った。鹿妻小学校のもっと先、牧山《まきやま》の中腹に池があるんだけど、その辺まで行きましたよ。そして一晩、そこにいた。道路には避難してきた車がずらーっと並んでいた。雪は降ってくるし寒いし、子供たちとも連絡は取れないし、不安だったなあ。地震直後はメールも電話も通じてたんだけど、その後、ぱったり通じなくなっちゃった。津波が来る前に息子と連絡がついてたから、無事は伝えてある。パソコンに打っておくって話しだった。それを見れば私たちが無事なのは伝わるだろう。そう考えてました。

食べるものを持ってこないから腹減ってね。次の日、鹿妻小学校に行ってみたんですよ。避難してきた人が教室にも体育館にもあふれてました。配給も何回かあったけど、年寄と子供を優先するでしょ。そうすると我々にまでは回ってこない。そのうち、渡波小学校で炊き出しをしてるって噂が流れたわけ。腹減ってるから行ってみると何もない。戻ったときには前いた場所に他の人が座っている。家に戻りたかったけど、まだ水がひいてなくてタプタプしてた。腰まで浸かる覚悟があれば行けたんだけど、寒かったしね。そうしているうちに車でなら稲井《いない》の方に行けるとなった。稲井経由で蛇田《へびた》に出て、知り合いを訪ねて飯食わせてもらったの。そうやって水の中を走り回ってたから一カ月で車がダメになったよ。潮水で錆びちゃったんだね。

一四日に家に戻ってみると、一階の窓が割れて、中は瓦礫だけになっていた。家具もいろいろあったんだけど、全部、なくなっていました。窓の向かいの壁が破れてたから、そこを水が突き抜けていったんでしょう。三人掛けのソファもカリン材のサイドボードも箪笥もみんな流されたんですね。私は早朝から市場に行くから、着替えからなにから全部、一階に置いてたの。それもみな流されてしまった。家の周辺を歩くと思いがけないところでうちの家具を発見しましたよ。カリンのテーブルはけっこう重いものなんだけど、五〇〇メートルも離れたところで見つけたからね。

押入れや床下にはイカがびっしり詰まっていた。近所の加工場の冷凍庫が破れて流れてきたんだね。腑がついてたから臭いがすごかった。捨て場所もないので庭の隅に積んでおいて、土嚢なんかに使う袋に詰めたんだけど、日がたつとウジが湧くし、腐敗臭もきつくてね。しばらく家の中にイカの臭いが渦巻いて苦労しました。

毎日そんな中で暮らしていると、自分の鼻もなれてきちゃうんだね。風呂屋に行って洗濯したものに着替えるでしょう。それでもイカ臭い。家内にちゃんと洗濯したのかって聞いちゃったよ。水道が復旧するまでは給水車から水を汲んできて手で洗濯していた。家内は大変だったと思います。

家の周りはみんな瓦礫で埋まっていましたよ。どこかの家の屋根もあったなあ。お隣には鉄道のコンテナが突っ込んでました。瓦礫の片付けは家族だけじゃとても無理ですよ。ボランティアや自衛隊、手伝ってくれるものには何でもお世話になりました。肉体的にも精神的にも助けられました。市に撤去を頼むと、四、五日はかかるんです。物には財産権があるから本人に確認するまでは動かせない。そうすると所有者を探し出して連絡して。連絡がつけばいいけど、つかない場合もある。でも、自衛隊の解体処理は、重機を走らせたら二時間で終わり。近所だと連絡先も知ってるから、その場で電話して確認したの。「今、自衛隊が来てるんだ。お宅の物が流れついてるけど、どうします。どけてもらっていいですか」って。そうするとみんな、「お願いします」ってなる。今日もボランティアが町内の泥出しに来てくれている。ここまで街が片付いたのも、ほんと、みなさんのお陰です。

片付けはこんな具合に徐々に進めていったわけだけど、真っ先に取りかかったのは社員の安全確認です。電話が通じないところは家内と二人で自転車で訪ねました。社員は四三人いるんですが、残念なことに一人だけ亡くなりました。中里《なかさと》地区の自宅に向かう途中に車ごと波に呑まれたんです。その人は、私が事務所に戻る前に会社を出ているんですよ。もし鹿妻の方に走ってくれていたらと思うと、残念でなりません。身内では兄貴の孫が亡くなって、私の姉もしばらく行方不明でした。でも、一週間後に避難所で再会できた。あのときは本当にほっとしましたね。

人に会うたびに涙が出てくる。よく生きてたなあって。話を聞けば壮絶な体験ばかりですよ。生きる人間と死ぬ人間の分かれ目ってなんだろうって考えちゃいますよ。自宅の二階に避難してた近所の人は、流れてきた人を三人助けたそうですが、三人目の方は翌日、亡くなったそうです。

友達からこんな話も聞きました。おばあさんを水から引き上げようとカーテンを破いてつかまらせていたんだそうです。あと少しのところで上げられない。がんばれって励ましたんだけど、おばあさんが「もう、いいわ。ありがとう」と言って手を放したって。おばあさんが夢に出てくるんだよって言って友達が泣くんですよ。

別の友達からは避難所で一生懸命ボランティアしている子供の話を聞きました。異常なほどがんばっている子供がいて、話を聞いたら震災で両親を亡くしたっていう。「忙しく動いていると、辛いことを考えなくてすむから」って言うんだって。その子は夜になると校庭に出て一人で泣いているって。ほんとに泣けてくる話ですよ。

中には教育的な立場から、被災地の現状を子供たちにはできるだけ見せないほうがいい、悪影響だって考えの人もいる。でも、私は知っておいたほうがいいと思うんだ。子供にとって教科書では学べない一生の勉強になるし、震災教育にもなる。石巻の人は多かれ少なかれこの現実を乗り越えていかなきゃいけないんだから。

震災直後は生きるためで精一杯っていうか、目の前のことを考えるしかなかった。安全確認したり、家を片付けたり。それが終わったら、次は何をすればいいのか。震災前は市場に行って仕入れして伝票振り分けて……って段取りがあった。今は、それがない。やることがないから、何をしていいか分からないわけ。肉体的にも精神的にもせっぱ詰まっているなあっていうのは、自分でも感じています。今日も朝、三時に起きて塩竈に行った後、仙台に行って用事を済ませて来たんだよ。とにかく動いてないと不安になる。だからこそ忙しくしていないと辛いんだよね。家や倉庫を片付けても、前に進んでいる気がしないんだ。早く事業を再開したいんだけど、何をするにも震災前のようにはいかないんだ。いろんな人と話しをすると、周りはどんどん動いているのに、自分だけが止まっているような気持ちになるんだよ。

被災する前の、何気ない時間が懐かしくなるよ。酒飲んだりお茶飲み話したり。今も酒は飲むけど、酔っ払うために飲むって感じ。ゆっくり笑いながら飲んでいた、あのゆとりを取り戻したいなあ。日曜日の昼食は必ずパンとサラダを食べてたんですよ。ささやかだけど、それが週一回の楽しみ。オリーブオイルは体にいいとか女房と話しながらさ。気に入った韓国ドラマを見るのも楽しみだった。だけど今はテレビも見る気になれないんだ。見たいとも思わないし、見ても頭に入ってこない。ああ、こんな風に変わるものなんだって思ったね。

でも希望もある。三月三〇日には水産加工会社が中心になって水産業の再建を目指す「石巻水産復興会議」が立ち上がりました。会議のメンバーが協力して、ダメになった魚介類の廃棄処分を始めたんです。傷んだ魚介類だから臭いも相当キツイわけです。若い世代がそれを率先してやってくれているんです。これまではね、同業者同士はいわばライバルだから、仲がよすぎる犬猿の仲っていうか、結束力はいまひとつだったんですよ。だけど、今回は今まで顔を出したこともない若い世代が現場を引っぱってくれています。早く復興して再開したい。その熱意が伝わってくるんだよね。

それを見ていると私も負けてられないな、という気持ちになりますね。

（二〇一一年六月二一日）

◈宮城県石巻市

泣かなきゃ嘘だ

有限会社熊谷産業
三浦《みうら》あけみさん（47歳）

■新北上川《しんきたかみ》の河口近く。日本一の葦原がある。夏はすがすがしい緑の水辺が広がり、冬になれば刈り取りの作業船が行き交う。

そんな旧河北町《かほく》、通称「大川谷地《おおかわやち》」で生まれ育った三浦あけみさんの暮らしは堤防が決壊した瞬間、激変した。五年前から勤める茅葺会社、熊谷産業も被災。大雨の日に勤務先を訪ね、冠水した田んぼを眺めながら話を聞いた。

【聞き手／千葉由香】

家の近くの堤防が切れて集落はほぼ壊滅。我が家も全壊。今は知り合いが紹介してくれた隣の集落の空き家に、主人と私の母と三人で仮住まい中です。主人は大工、私は川向かいの釜谷崎《かまやざき》にある熊谷産業で経理事務をやっています。河口に広がる葦原の葦を刈って屋根を葺く茅葺会社なんですが、ここも津波で跡形もなくなった。ギリギリ無事だった倉庫のそばに建てたプレハブが、今の社屋です。

あの日は事務所にいました。女性事務員の山内《やまうち》さんと私、たまたま来ていた保険屋さんの三人で話をしていたら、グラグラグラグラ揺れ始めた。川沿いで地盤があまり固くないからよく揺れる場所だとは知ってましたけど、「まさか」ってくらい揺れた。特産のシジミなんかを入れた外の大きい冷蔵庫が、バターンと倒れました。三分、いやもっと長かった。山内さんと二人、「私たちどうしたらいい」ってあたふたして、まずは堤防に上がってみたの。他の従業員たちが河口の島で葦刈り作業をしていたんですよ。津波が来るから避難するよう伝えなきゃと思ったんです。

近所のおばあさんも様子を見に来てね。「なーに大丈夫だ。なんぼおっきい津波でも、こんな高い堤防を越えるわけねえ」と落ち着きはらってる。従業員が避難を始めているとわかったので、私たちも会社に戻りました。東京に出張中の社長と連絡が取れて、ひとまず帰宅することにしました。

新北上大橋を渡って家に着き、落ちたものの片付けをしていたら、車のクラクションがビービー聞こえた。用事があって堤防に出ていた主人が戻ってきたんです。そして「津波だ！　早く乗れ！」って叫んでる。実は私、父から「チリ地震津波のときは堤防まで見に行った。津波ってどんなものか見てみたいと思ったんだ」なんて話を聞いてたもんだから、津波が来るなんて、これっぽっちも考えたことない。この辺の人はみなそうですよ。ところが主人はせっぱ詰まっていて、「橋の向こうにおっきい津波が見えた」って。慌てて助手席に乗り込みました。夢中で高いところ、高いところ、奥へ奥へと走って、とりあえず公民館に入りました。

見下ろすと、田んぼと富士沼《ふじ》が繋がって一面が海。屋根だの車だのがどんどん流されている。私の母はちょうど脳梗塞で入院中でした。母が自宅にいたら逃げられたかどうか。

公民館に避難してたのは十数人かな。このときはまだ、堤防が決壊したことを誰も知らなかった。「なんでだ」「どうなったんだ」って、不思議がりました。食事はあまり困らなかったんですよ。各家にはストッカーといって大きい冷凍庫もある。中の食べ物を持ち寄りました。プロパンガスで料理もできるからね。

困ったのは孤島みたいになってどこにも行けない、携帯も通じないことでした。子供たちは心配しているはず。お姉ちゃんは東京の専門学校に、弟の方は名取市の高等専門学校の寮住まいです。一週間たって初めて娘と携帯が通じました。娘は大泣きです。親は亡くなったものと思って、「学校だけは卒業しよう。伯母ちゃんに相談して学費を応援してもらおう」と息子と電話で励まし合ってたようです。

水が引いて、出かけた先で知り合いに会ったり、人づてに聞いたりするうちに、あの人も、この人も亡くなったと知った。うちの隣の老夫婦も逃げ遅れました。無理にでも軽トラックに乗せればよかったなと悔やんだりもした。同級生にも子供を亡くした人、両親ともに助からなかった人がいっぱいいます。みんな一遍にいなくなってしまって、感覚がすっかりマヒしました。しばらくは涙も出ませんでした。とても現実とは思えなかった。

そういえば津波の翌日、ラジオで「大川《おおかわ》小学校に大勢の避難者がいる」という情報が流れました。私も子供たちも大川小学校の卒業生。ああ、あの辺の人はみんな小学校に避難して無事なんだなと思った。でも誤報でした。消防団の人が泣きながら避難所に来たんです。「小学校のあたりには誰も、何も残ってない。あれでは二階に避難したって完全にやられてる」って。結局、一〇八人の生徒のうち七割が亡くなったんですよ。いまだに行方不明の子もいます。毎朝、我が子を探しに小学校に通う知り合いもいます。「指一本でもいいから見つけたい」って。

亡くなっても遺体が見つかればまだいい。見つからないのは辛いですよ。私も親だからよくわかる。従兄弟もなかなか遺体が見つからなくて。叔母は気丈に「怪我して帰ってきた夢を見たから、そのうち帰ってくる」なんて話していたんですが、ダメだった。遺体は夢で見たのと同じような怪我をしていました。泣き崩れる叔母にかける言葉もなくて、背中をさするのがせいいっぱい。でも、それで叔母は少し落ち着いたようです。小学校に通い続けていた知り合いも、百か日を迎えて、少しだけ気持ちに区切りがついたとも聞きます。時間というのはなんともやさしいものだよね。

うちあたりに大津波が来たのは三〇〇年ぶりだそうです。私のおばあさんの世代だとその言い伝えを知ってたらしい。それが、いつの間にか途絶えた。熊谷産業のある釜谷崎にしても、「ここは大丈夫」と思い込んでいた分、逃げ遅れた人も多かったんです。大川小学校のある地区では、昔は「地震が来たら山に逃げろ」と申し合わせていたんだって。たぶん小学校の裏山のことかな。今は急斜面にスギが植林されていますけど、昔は雑木林でもっと逃げやすい状態だったんじゃないでしょうか。

今いちばんの悩みは、家です。壊れた家のあたりは地盤沈下して、雨が降ると冠水します。田んぼと畑は塩害でダメになった。これさえあれば子供たちが食いはぐれることはないと思っていたんだけど。そんな場所にもう一度家を建てていいものか、考えてしまいますよ。近くのスーパーとか商店、郵便局なんかも全部なくなったから、果たしてどれくらいの人が戻ってくるのか……。もちろん行政は何の処置もしていないし、今後の方針も発表していません。私たちは様子をうかがっている状態です。

同じ石巻でも、中心部は復旧が目立ちますけど、旧北上町とか旧河北町あたりはほったらかしにされているような気がします。広いから手が回らないんでしょう。こんなことなら合併なんてしないほうがよかった。昔のままの役場の方が細かく対応してくれたでしょう。とにかく行政の動きは遅すぎる。いいかげん何とかしてほしいです。

主人は息子に「あんたが帰ってきて住むなら建てる。帰る気がないなら出て行く」と言っています。でも、よそに家を建てるとなったら公的支援金ではとても足りません。あの家は、母が強い思い入れをもって昭和五八年に建てたんです。退院したら快適に暮らせるようにと、リフォームして家電製品も買い換えたばかりでした。全部ムダになった。母は病気の後遺症で頭がはっきりしないんですが、家のことは少しずつ教えています。でも、あまり刺激を与えたくもないから、家の周りはまだ見せていません。

このごろはとくに、同じ被災者でも不公平があるように思います。市の仮設住宅に入る人は家電製品六品目が与えられる。でも、私らみたいに自力で避難して住まいを見つけた者には何のサポートもないんです。仮設住宅は自力で生活再建できない人のためのものなんでしょうけど、だったらさっさと均等に現金を配るくらいのことをしたらいい。すぐ使えるお金が必要なのに、預金があっても銀行自体が被災して、遠くの銀行に行くガソリンもなかった。

ついでに言えば、この辺の人は高速道路無料化を白けた思いで見てますよ。誰のための制度かって。車はほとんど流されてしまったし、あっても高速道で行きたいところなんてない。本当に助けてほしいことはそういうことじゃないんです。

とにかく考えなくちゃいけないことが多すぎて。でも、職場は震災前より忙しいんです。私が職場復帰したのは四月一日ですけど、会社自体はもっと前から再開しました。早かったですよ。取引先は関東はじめ全国に散らばってるので、震災で仕事が減ることはなかった。それに、社長がいろんな復興プロジェクトに関わっていることもあって、職場にいる間は余計なことを考える間もなく、仕事に没頭できます。仕事に追われて、かえって救われました。

パソコンも帳簿も資料も、ぜんぶ流されました。でも、なんとかなりそうです。昨年あたりから伝票類をすべて手書きに戻したんです。「パソコンソフトに頼ると、パソコンに使われてしまう。よくない」という社長の一声で。税理士さんにも社員にも不評でしたけど、こうなってみると、よかった。手書きだと不思議と体が覚えているんですよね。

ただ、これまで橋を渡って一〇分だった通勤時間が、四五分になりました。新北上大橋が落ちて、遠回りしなくちゃいけないから。堤防沿いを走っていると、無意識のうちに「今津波が来たらあの道に逃げよう」なんて考えています。やっぱり怖いです。

私と違って、全壊した家に毎日通っていた主人は一時、鬱状態になりました。資材や道具を片付けたり、使えそうなものを拾ったりしていたんですが、出口が見えなくなったんでしょうね。だから私、「モノ集めはもういいよ」と言ったの。写真くらいは取っておきたいけど、一瞬にしてなくなったり壊れたりするようなモノなら、いらない。家もいらないとまで思いました。まあ、時間がたつにつれて、やっぱり家族が気持ちよく暮らせる家がほしいと思い始めてるわけですけどね。

私たちは母が建てた家に住んで、大した苦労も知らずにきた。何もかもなくしたけど、これは「裸一貫から始めろ」という試練なのかな。子供たちには「学費は生前贈与だ。卒業したら一銭も出ない。自力で生きろ」と言ってあります。震災はいろんなことを教えてくれたような気がするんです。

こうして話していると感情が高ぶって、よく涙が出るの。このごろやっと泣けるようになったんです。泣かなきゃ嘘だよ。みんな、もっと泣いた方がいいよ。

（二〇一一年六月二七日）

小学校の体育館。宮城県東松島市　2011 年 4 月 4 日〈撮影／荒蝦夷〉

東松島市

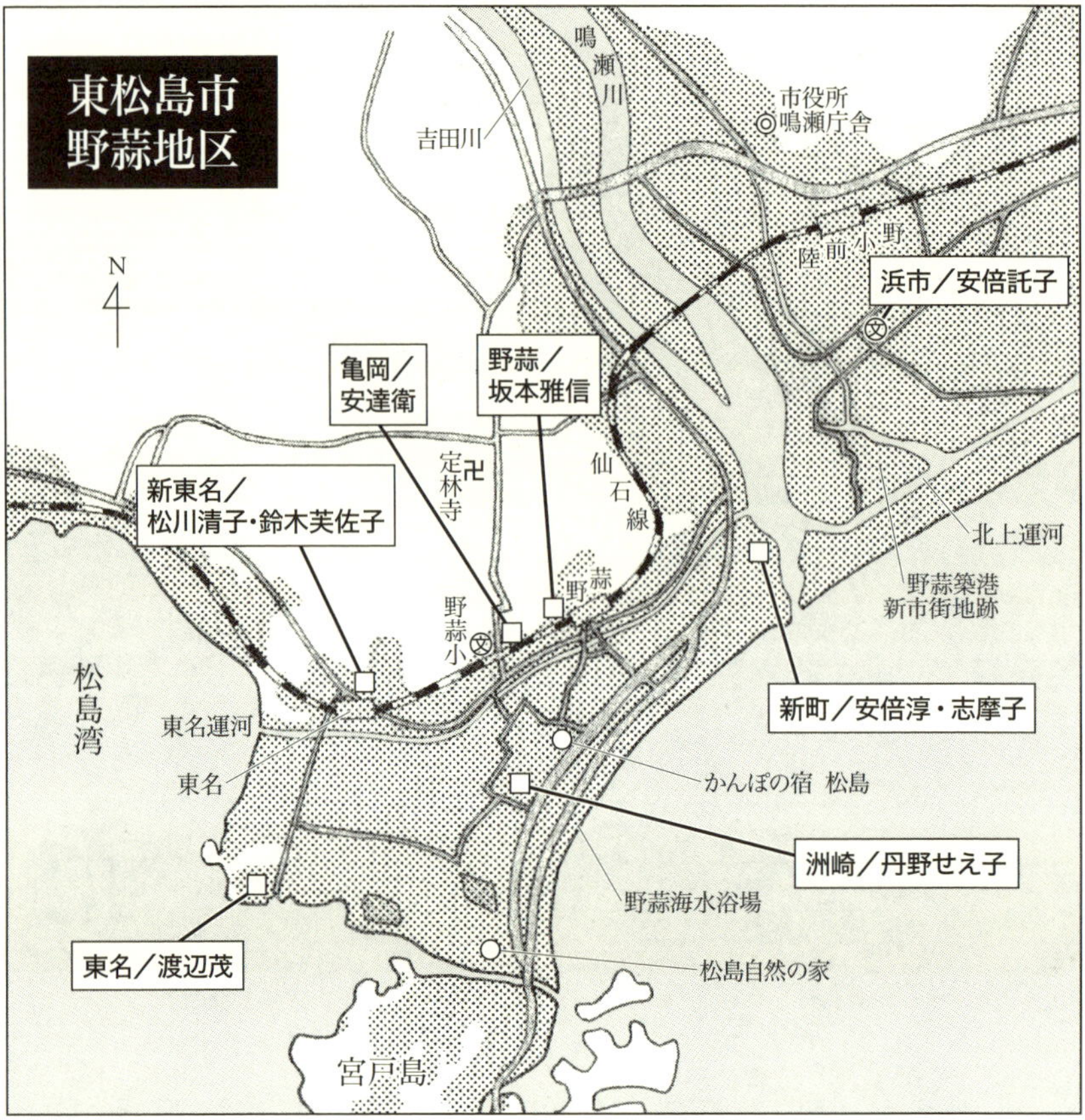

◉東松島市の被災状況

死亡者数[人]	1,047
行方不明者数[人]	66
	（宮城県HP／2012. 1. 25現在）
震災前住民数[人]	43,225
	（東松島市HP／2011. 3. 11）
ピーク時避難者数[人]	15,185
	（東松島市HP／3月16日に最大）
浸水面積[km^2]（行政域）	37（101.86）
	（東松島市HP）

◇宮城県東松島市

避難所生活を「経営」する

派遣社員

安達衛《あだちまもる》さん（46歳）

■安達さんは長年大手アパレルに勤め、日本中を歩いていた。お父さんが病気で倒れたことから仕事を辞めて、三年ほど前にもとは叔父さんの家であった野蒜《のびる》に移り住み、お母さんと暮らしていた。だから野蒜は生まれ育った場所ではなく、周囲の人と面識もなかった。そんな安達さんが避難所のリーダーに指名される。

［聞き手／西脇千瀬］

三月一一日は僕は仙台にいて、地震が来て始めはでっかいねなんて周りの人と話していましたが、ワンセグで津波の映像を見たらただ事じゃないので、二日くらいかけて仙台から歩いて帰りました。途中四五号線を歩いているときには若い兄ちゃんたちがお店から略奪のようなことをしているのも見ました。

線路を歩いていくと、陸前浜田《りくぜんはまだ》の辺りで線路が水没していて、胸まで浸かって途中まで行ってみましたけど、その先がとても深いので、諦めて山を迂回することにしました。水の中に魚が泳いでいるのが見えてね。濡れましたけど、歩いていた方が寒くないし、不思議と濡れた服も乾くんですよ。だから寒いときは足を動かしてという感じでいました。松島あたりは被害がそれほどではなかったので、野蒜もこんなものかと思ったけど全く違いましたね。東名《とうな》まで行くと通行禁止になっていたので、迂回してとりあえず定《じょう》林寺《りんじ》に行ってみたらそこが避難所になっていました。ちょうど母親もそこにいたので、僕もそこに避難させてもらうことにしました。たまたま最近父親のお墓をお願いしていた縁で住職と面識があったんですが、そしたらいきなり指名されて、そのままリーダーを務めることになってしまいました。

三月一二日の時点で定林寺には五〇〇人が避難していたらしいです。僕が行った頃でも三〇〇人位いました。三月一四日で三四五人。お寺だから広いとは言っても、みんなが毛布に包まって座って身動きが取れないような状態でしたね。廊下にも人があふれていた。

とにかくまず物資の確保、水、食料の確保をして、あとは、共同生活ですから様々なルールを作ったんです。朝は必ず五時半に起きて朝礼をやり、夜の七時にもう一度夕礼をやって色々な確認や連絡をしました。

まず、あの頃は避難者の家族や親戚の人が次々と迎えに来て、全体の人数や名簿が把握できなくなってしまうので、その管理をきちっとやろうと。朝夕必ずご飯のときに名簿をつけて、それを班長さんに報告してもらうようにした。それを全体として帳票として持っているような感じです。それを一日二回必ず。そしてインターネット関連の方が来たときに帳票を渡して、東松島市では定林寺が一番最初にネット上に避難者名簿を載せてもらうことができました。結構大勢が見たみたいです。

最初の一週間は物資も足りなくて、配れるのは本当に小さなおにぎりなんです。だから一個じゃ足りないんですよ。すると人によっては一個食べてはまた一個と貰いに行っちゃう、その苦情が僕のところに来るんです。だから、ご飯の分け方を考えましょうと、そういうルール決めというか、運営的にみんな平等になるように気をつけました。そして、もしどうしてもお腹がすいていている人は僕のところに言って下さいと、そして今おにぎりを食べないと死んでしまうと判断したときには僕はあなたにおにぎりを一個渡しますと。そう言ったら誰も来なかったですけど。

そのうち今度はたくさんの物資が届くようになって、今度は荷捌きです。四トントラックが十何台と来ることもあって、物があふれかえることもあった。置く場所にも困ってしまいます。男手を集めて荷捌きをしたり、その物資の整理や管理の方法も決めました。

本当に細かいことをいちいち決めましたよ。それこそ一〇時消灯とか、食事はみんなで取りにいくとか、毛布は一人一枚とか、灯油の汲み方とかね。まあ、なかなかうまくはできなかったですけれど。

たまたま避難者の中に看護学校の先生がいらしたので協力してもらって、お爺ちゃんお婆ちゃんの高血圧とか糖尿病とかの持病のトリアージもしてもらいました。高齢者たちは医療団や病院などの複数の経路から、薬をどっさりもらっていたんですね。それをきちんと管理できるのかすごく怖かったので、医療団の人と相談して一度全部出してもらい、不必要なものは一旦預かって、切らしたらまた出すということをしました。国際医療団の人たちはお願いして、週に何回か来てくれるようにしてもらいました。とても避難所から出向くことはできないから。そのときに個人のカルテを市役所に置いてもらって、そこでどの先生が来ても見られるようにしてもらいました。

後半になると、罹災証明や被災証明を取りにいく段取りなどもありました。市役所は例えば三月二〇日から受付しますと言うので、その日に僕が市役所に行って、書類を三〇〇枚とか貰ってきます。書き方の説明も僕が受けて、皆さんに説明をして書いてもらってから、バスで一緒に行きましょうという風にしました。それぞれ行ってその場で書こうとしても、みんな書き方わからないし、市役所は混乱していましたし。ここら辺の人は結構適当で、住所も略して書いたりするんですよ。だけど、市役所で応対するのは熊本や兵庫や島根などの色々なところから来てくれている人たちなんで、それはわからないですよね、方言も通じにくいし。だから書くものは予め書いて、現地で判子押してとやりましたね。それに車がない人もたくさんいるので、車がある人だけが行くようなことにならないように一緒に行くようにしました。そのかわり車を出してくれる人には、当時市から避難所として提供を受けていたガソリンをわけました。そうやって持ちつ持たれつの関係を心がけました。

一番問題になるのは「もめる」ということです。普段生活していない人たちと一緒にいるんですから当然もめるんです。多少喧嘩したっていいのだけど、いかに最後にはうちとけて、一緒になって頑張ろうねという方向付けをしていくかということを心がけていました。

例えばキッチンには水があるので、のどが渇いたからとオヤジが勝手に持って行く。当時給水車も一日一回だったので、キッチンを管理しているおばちゃんが「貴重なものなのに勝手に持って行かないで」と怒る。とはいえ、脱水症状や病気も怖いので、他から見えない外などに連れてって、これは特別だよといって渡したりして。

みんなお願いすれば素直にやってくれるんですけど、遊びがないというか、そのままぶつかってしまうところがあるんですよね。言葉遣いにしても「盗った」と言わずに「持っていった」と言おうよとか具体的にお願いしたりもしました。

就寝時にはそれぞれが毛布を敷いて各自の居場所とするんですけど、見てると徐々に面積に違いが出てきて、とても広い人と狭い人が出てきてしまう。だから声をかけて、みんな同じになるように指導したりね。それでもヒザが悪くてどうしても面積が必要な人もいたから、そこはわざとみんなの前で事情を説明する、そうすると協力してくれる。今その場面に自分がいたらひどく感じが悪いと思いますよ。それでも周りの目が光っているという状態を作ることで、秩序を作ろうとしましたね。そして「共同生活」という言葉を意識的に使うようにしました。現実から逃げたくなかったんです。今はここでしか暮らせないわけだから。定林寺には物資が集まるようになって、他に比べると食料などは充実していたので、ここに居ることのメリットを説明したりして納得してもらうために手をつくしました。

ボランティアの人たちと交渉して、個人宅の瓦礫の撤去をお願いしたりもしました。片付けをしないと通帳とか印鑑とかも出てこないんで。でも出てくる人はいいんですよね。土台から流されているひとは何もないんで。同じ全壊でも流されて家が全く無い人も、家自体は残っている人もいる。家族が無事な人もたくさん亡くなっている人もいる。

温度差も大きいです。僕の家は端っこだったので、周囲から割と物がみつかったんですけど、それを持ち返ると「安達さんの家は物が残っているのね」なんて言われたりする。どうしてもナーバスになっていて、もめごとの火種は多い。その辺をケアするように気をつけました。自宅の瓦礫の撤去の話をみんなにしたあとには、家が流された人のところに個別で行って、支援物資を優先する話をしたりね。こっちのことも気にかけてくれているとわかると納得しやすいんですよね。そして四月一一日にはみんなで拝む時間を作りました。支援者から甘いものでも食べて下さいということで頂いたお金も、みんなで話し合ってそれでお寺に供養塔を建ててもらいました。みんな誰かしら知り合いは亡くなってますからね。

これまで仕事で新規出店などをしてきた経験から、ルールを決めるということ、秩序を作るということが大切だと思っていました。全員に納得してもらうのは難しいですけど、八割の人に納得してもらえば大丈夫。それでもこんな顔も知らない自分に従ってもらうためには、とにかくまず認めてもらわなければいけない。だから初めは睡眠時間は二〜三時間で頑張ってね。夜中に書類を書いたり名簿つくったり、夜回りをしたりしました。すると外にあるトイレに行くときなんかに目に入りますからね。だんだん認めてもらえたようです。

でも、自分のような関係性が薄い、しがらみの無い人がいたのは良かったのだろうと思います。逆に小さい頃からここで過していたら、きちんとしたジャッジができないこともあったかもしれない。周りを知っている人は大変ですよ。関係性もあるし、今後のことも考えてしまったりね。

それでも危機の中にあると共闘意識が芽生えて、周囲の人にもとても助けてもらいましたね。手が足りない、助けてけろっていうと、みんなぱっと集まってくれるしね。

トイレが外にあるので、はじめのうちは足腰が不自由な高齢者には介護が必要だったんですね。階段から下までおろして、抱えてトイレにいれ、排泄が済んだら拭いてあげて、服を着せてまた戻す。人によって夜中に一回か二回はトイレで起きるんですよ。これをシステム的に回そうと提案すると、若者たちが気持ちよく引き受けてくれて、夜中のトイレ番をしてくれた。夜中に寒いのに毛布にくるまってね。人間って捨てたものではないですよね。みんなのためにやってくれないかというと、大抵はやってくれる。

僕は六月中旬に当たって仮設に移りました。しばらく一人の時間を満喫したいと思ってゆっくりしてましたが、被災地の孤独感をなくしていくのに何か出来ないかなと考えているところです。

（二〇一一年一〇月一五日）

◆宮城県東松島市

後悔を胸に体験を語り継ぎたい

潜水土木工事会社経営

安倍《あべ》　淳《じゅん》さん（52歳）

志摩子《しまこ》さん（50歳）

■約三メートル四方の板に乗ったまま津波に七キロほど流され、生き延びた夫婦が宮城県大崎市鹿島台《かしまだい》にいる。震災時、宮城県東松島市に住んでいた安倍淳さんと志摩子さん。次々に降りかかる危機を乗り越え、九死に一生を得た。震災前、子どもたちに津波への備えを説く活動をしていたのに、避難できなかった。その後悔を抱えながら、二人は自らの体験を語り継いでいる。次の震災から生き延びてほしい——。若い世代に思いを伝える活動を始めた。

［聞き手／古関良行］

淳さん　東松島市野蒜《のびる》で潜水土木工事の会社を家内と営んでいました。浜で生まれ育った長男です。小さいころから海が遊び場で、潜るのが得意だったこともあって仕事にしました。会社と自宅は道路を挟んですぐ近くで、東松島市野蒜新町《しんまち》地区にありました。鳴瀬《なるせ》川の河口です。

三月一一日のあの日、地震があった際、二人とも会社の事務所にいました。「大きかったな」。そんなことを言いながら、近所のお年寄りの安否を確認した。

おふくろは一九六〇年のチリ地震津波を体験しているんです。揺れが収まると、両親は高台にある叔父の家に逃げました。

私もチリ地震津波のことは聞いていました。でも、野蒜には大きな津波はこなかった。冠水したけれど一〇センチほどだった。ハザードマップを見ても、野蒜の浸水想定は五〇センチ未満。津波は川を上っていくから大丈夫だ。そうした間違った思いがあったんです。

ちょうど一年前にも大津波警報が出たけれど、結局、たいしたことがなかった。経験則が避難を妨げました。

私は船や機材が心配で、被害を確かめようと保管場所へ。そのとき、私がおやじの車で回ったため、おやじはブツブツ文句を言いながら、歩いて避難したそうです。それで助かった。「車で動いていたら、津波に流されたぞ。命の恩人だぞ」って、家族の間ではそう言っています。

小さいころから「津波が来るときは川の底が見えた」と聞いていた。だから私は津波が来る三分ほど前まで、地元の人と河口を見に行っていたんです。愚の骨頂ですよね。海の方は曇っていて視界はよくありませんでした。

河口から自宅まで約八〇メートル。道路をゆっくり戻ってきた。その時です。地鳴りのようなゴーッと音がしたんです。

志摩子さん　私は近所のお年寄りの安否を確かめてから自宅にいて、緊迫したお父さん（夫）の声に呼ばれました。「何だ！　変な音がするぞ！」。玄関で顔を見合わせて、「津波じゃないの！」と言ったんです。

淳さん　振り向いたら、高さ五メートルほどの津波が迫っていた。海ではなく、鳴瀬川から津波が押し寄せてきた。スローモーションのようでした。津波の映像は頭にくっきり残っていますが、臭いや音は全く覚えていません。

私は体が向いていた方角の会社事務所へ走り、二階へ駆け込んだ。家内はとっさに自宅へ。家内も津波を見ていたので、二階に向かった。一階の台所へ逃げていたら、一瞬のうちに津波にのまれていましたね。水はすぐに一階の天井まで来ましたから。

事務所が浮き上がって津波に流されていく。現実なのかどうか、判断できません。でも、とっさにカメラを首にぶら下げて、津波に流される周辺の家々などの写真を撮りました。それが二八枚残っている。雪がかなり降っている様子などが写っています。

事務所は鳴瀬川支流の吉田《よしだ》川を逆流。そして不思議なんですが、たまたま事務所と自宅がぶつかって、屋根の部分がつながった。ベランダに家内の姿が見えました。

志摩子さん　ベランダで呆然としていました。ふと気が付いたら、自宅が事務所とぶつかっていたんです。本当に不思議です。屋根と屋根ががっちり合わさり、しっかりしていました。お互いに見つめ合って。お父さんが事務所の窓から体を乗り出して、「こっち来い、こっち来い！」と叫んでいた。距離にして三、四メートルあったでしょうか。怖かったけれど、お父さんの力持ちの手に触れれば大丈夫だと思って、事務所二階に渡りました。

淳さん　事務所二階には偶然、船が備える緊急脱出用の保温防水スーツが二着ありました。「死んでも体が浮けば、見つけてもらえる」と家内に着せました。私が下半身までスーツを着た時、轟音と衝撃に襲われました。事務所がJR仙石《せんせき》線の橋に衝突したんです。すごい衝撃でした。その後のことは意識が飛んで覚えていません。

志摩子さん　思わず伏せて顔を上げると、屋根や壁はなくなっていました。四畳半ぐらいの床板だけが残っていて、いかだのように川の上流に流れていく。お父さんは近くに浮いていて、引っ張り上げました。すると今度は、国道四五号の鳴瀬大橋が迫ってきました。橋脚にぶつかればひとたまりもありません。橋桁と水面の隙間は一メートルもない。

ああ、ぶつかると思いました。お父さんを抱えるようにして伏せ、「神様お願いします」と祈るだけ。すれすれで通過しました。怖かったけれど、ああ助かったんだ、という思いが湧いてきました。

淳さん　私の記憶はまだらです。肋骨三本にひびが入って、頭を打ったし耳もけがをした。スーツも半分着ただけで濡れている。震えが止まりませんでした。

志摩子さん　お父さんはどんどん低体温になっていく。「大丈夫、助かったよ」と励まし続けました。いかだの上では、保育所の先生みたいにひたすら明るく、大きな声をかけていた。「よかったね、助かったよ」「助かったね」って。岸にいた人たちにも聞こえていたと思います。

淳さん　こういう非常事態に女は強いですね。落ち着いている。家内は流されながら、ケータイでメールを打っていた。それにはびっくりしました。自分はもう精一杯でした。「これが事務所か」と「これが津波か」。その二つの言葉しか出てこなかった。

志摩子さん　広島にいる次男にメールを送ったんです。〈津波に流された　でもパパと無事　事務所の床にのってる　船みたい　さむいけど大丈夫〉。

淳さん　いかだは安定して流されていたんですが、引き潮が来ると直感した。この勢いで流されたんだから、ものすごい勢いで引かれてしまうだろう。そうすれば死ぬな、と思った。「ここからもう下りよう！」。そう判断しました。

志摩子さん　そのあたりから正気に戻ったんです、お父さんは。

淳さん　岸まで四、五メートルあったでしょうか。「泳ぐぞ」と言って、自分が水に入った。家内はいやいやついてきた。

志摩子さん　えー、やだやだって止めたんです。がれきも流れているし……。

淳さん　家内が先に土手にたどり着いて、私も引き上げられた。上陸地点は事務所と自宅から吉田川を約七キロもさかのぼった松島《まつしま》町内でした。

志摩子さん　午後四時半ごろのことです。子どもたちにメールで無事を知らせましたから。〈川の土手にあがった　大丈夫　心配しないで〉。メールの時刻は午後四時三二分。

淳さん　消防団の人に軽トラックに乗せてもらって、助けられました。消防団のポンプ車に先導されて、大崎市鹿島台の病院に運んでもらって約二週間入院。何かをやっていないと落ちつかなくて、体験をスケッチに描きました。記憶が鮮明なうちに残さなければならないと思って。

志摩子さん　私は保健師でしたので、避難所で被災者の健康管理に当たりました。災害時に健康をみてくれる人は、圧倒的に足りません。誰が被災者をみてくれるのか。自分たちで何とかするしかない。「次」に備えて、体制をちゃんと考えなくてはいけないと痛感しています。

淳さん　今は大崎市鹿島台に一軒家を借り、会社の事務所も鹿島台に設けました。同時に、体験を伝えています。震災当初は「生きていてよかったね」と励まされても、素直に受け取れませんでした。「頑張ろう」と自分に言い聞かせても、何をどう頑張ったらいいのか分からない。流された時の恐怖、喪失感、絶望感にさいなまれました。

でも、それに蓋をしてはいけないと気付いたんです。地震の後、避難しなかった。「そんな間違いを犯さないでほしい」と、率直に体験を話しています。それが薬になっているようです。とにかく失ったものに対峙しないと、自立につながらない気がします。

志摩子さん　私たちは悔やんでも悔やみきれない気持ちを抱えています。地元の小学生たちに八年ほど前から、津波への備えを題材にした紙芝居の朗読ボランティアをしていました。「大きな地震が来たら、すぐ高いところへ逃げるんだよ」。そう言い聞かせてきました。ボランティアで夫婦二人、学校で着衣泳も教えていました。

そんな自分たちが逃げずに津波に巻き込まれてしまった。避難を呼び掛けて、津波が来るまでの一時間を生かすべきだったのに、と子どもたちに恥ずかしかったです。

淳さん　子どもたちには、水難に遭ったら浮いて待っていろと教えてきました。実践の講習もやってきました。溺れるのは泳げないからではなく、浮くことができないからです。空気を吸って、肺を膨らませる。息を続けることが大事なんです。「助けてー」と大きな声を出すと沈んでしまう。

野蒜小学校の児童が体育館で津波に襲われた際、母親に名前を呼ばれても、返事をすると空気が抜けるから一回だけ「ハイ」と小さく答えただけだったそうです。そして助かった。教えたことをその子は実践してくれた。講習会をやってきてよかったな、と思いました。

生死の境界は紙一枚より薄いと知りました。あの三月一一日、何があったのか。忘れずに、伝えていく。それが生かされた者の使命だと思っています。

生まれ育った野蒜では今、コミュニティーをどうするかという話になっている。自分たちも帰れるなら帰りたいという思いはある。でも、その思いを飲み込んで、気持ちを置き換えて鹿島台で頑張ろうと思っています。地元を裏切ったような、後ろ髪を引かれるような気持ちです。複雑な思いがあります。幽霊みたいなもんなんですよ。地元から物理的には離されたわけで、気持ちの整理ができていない。俺だけここでやっていていいのか。今の生活を肯定できるようになるには、長い時間がかかるのではないでしょうか。

　ただ、私は今回の災害を通して、ダーウィンが『種の起源』で記した言葉を痛感しています。「最も強いものが生き残るのではなく、最も賢いものが生き残るのでもない。唯一生き残るのは変化するものである」という言葉です。

　私たちも変化しないといけないと思う。種のように流され、ここにたどり着いた。お金があるとか、賢いとかじゃない。鹿島台で仕事の足場を築き、ここの商工会にも入り、ここでの生活に慣れなくてはならない。今はそう思っています。

（二〇一二年一月一八日）

◆宮城県東松島市

帰る場所は浜市の家

無職　安倍《あべ》託子《よりこ》さん（77歳）

■明治の初めに宮城県で行われた未完の国家プロジェクト野蒜《のびる》築港。その折に造成された市街地跡に、かつて安倍託子さんは暮らしていた。後に自衛隊の騒音対策のために浜市《はまいち》に移転。築港工事のときに作られ歌われたという「浜市ドヤ節」を浜市小学校で教えている。

［聞き手／西脇千瀬］

あのときは出かけた先で地震にあったの。揺れがすごくて、停めてた車がバックして道路さ出はって《はみ出て》しまったんだよ。家さ帰ってすぐに、健康保険から農協の共済から入った袋と、綿入れドンブク三枚、長座布団二枚、毛糸のマフラー三枚を大きな袋に入れて、浜市小学校さ行ったの。みんなにね「何たがえて《かかえて》きたの、託ちゃん」って言われた。学校の入口で先生が「そのままあがって、靴のまま上がって」って言ってたのがいまだに耳に残ってる。少し落ち着いてからね、私校庭みたんだてば《見たんだよ》、そしたらね、一〇〇台くらいあった車がなくて家がゆうゆうと流れていったの、校庭を。

その晩は食い物は何にもなかったよ。次の朝かな、一回目にもらったおにぎりは一つを六人して食べたの。あとは食パン八分の一とポテトチップス三枚。浜市小学校が避難場所って言っても、毛布一枚水一つないっちゃ。だから、落ち着いたら浜市の部落から毛布を一枚ずつ集めて、小学校に備蓄しておきたいなとそのとき考えたりした。あんなに何もかも流されたとは思わないからさ。

私の長座布団はね、避難訓練のときもいつもたがえていってた。普段もお茶飲みしながら、長座布団用意してんだって友達にも話してたの。そしたっけね《そうしたらね》、一番最後に避難所に来た人が、託ちゃんが言ってたからって毛布一枚を袋さ入れて担いできたの。それでうんと助かったって。こうしてみるとやっぱり毛布が一番だな。

学校からうちの様子をみていたら、他の人から託ちゃんの家は大丈夫だなって言われた。一二八軒あったらしいけど、あそこさ残ってるの、おらえ《私の家》と隣くらいだもの。今みんなふぐして《解体して》全然ないよわ。でもやっぱり土地買って家建ててっていうのはおどけでね《大変でしょう》っちゃ。私はもうここさ住むことさ心決めたの。集団移転っていう話になって、私も家片付けるの一度やめたのね、壊すと思って。そしたっけ、移転先は田を埋め立てて造るんだって。今からだったら一〇年もかかっちゃ。私は今七七歳で、まあせいぜい生きたって一〇年だと思ってっから、だからここさ残ることにしたの。

その晩は浜市小学校の先生たちが乾電池さ電球の玉をつけて、交代で一晩たがえてたよ。電気止まって真っ暗だいっちゃ、だからみんなうんと感謝した。

次の日に矢本《やもと》高校に移動したけど、そのときには水すっかりなかったよ。そこでは一つの教室に三〇人くらい入ってた。部屋によってはリーダーがいて情報を集めたりグループをまとめたりしてたけど、でもおらほ《私たち》のグループは誰もそういう人いねくて、何も情報を知らなかったの。それで、隣のグループにだけ毛布来てんだいっちゃ。聞くと下からもらって来たっていうの。あいなとき、みんなさ教えてけてもいいんだけっども《おしえてくれてもよいのだけれども》なあと思う。私も歳じゃなければ騒ぐんだけどもね。今までいなされてば《かわされてばかり》りいたからっしゃ。

毎年地域の避難訓練があったんだけど、二つの部落が浜市小学校さ避難して来るから、みんなが登るには校舎の階段が狭いわけ。ちゃっこい階段では、みんなしてあがってくのはおどけでないからっしゃ。んだから外さ屋上まで登る階段が欲しいって言ったら「いつ来る津波だかわかんねのに《わからないのに》、そいだもの作ってらんね」って言われたんだ。欲しいなっていうことしょっちゅう言ってたの、私。こればかりでなく、他のことも提案しても何も取り上げてくれないの。ずっといなされてたから、これは何あったたって言わねってもう心さ決めたったのね。だから避難所でも黙ってた。

矢本高校で寝たときには、誰かが置いていった毛布が一枚あってね、二夫婦と私と五人でその一枚の毛布に入れてもらって一晩すごしたよ。その後は次女の家にいて六月には仮設に入った。

何日かしてから家さ行ったら、建具は全部ぶっちゃけた《やぶれた》けど、その代わり柱は全然折れてなかった。でも家の中には大きな丸太とか屋根の三角部分が流れこんでた。死んだ人も入ってたんだよ。体は畳の下になってて頭ばり見えたから、始めは人形だと思ったの。そしたっけ《そうしたら》、おらいの中学三年生になる孫がね、「おばあちゃん、人みたいだよ」って言うんだいっちゃ。おらいの孫ね、ゴミ全部ほろって《払い落して》、自衛隊さ渡したよ。

大根一五〇本漬けてたのはみな流された。味噌はコガで五本、米は一〇袋、豆が五袋、味噌作ろうと思って段取りしてたのみな流された。今までトウモロコシだのキュウリ、大根、白菜、茄子だのって買って食うものじゃないと思ってたけど、なければ買って食わなきゃないね。生まれて初めて実家から米もらったよ。

長女から電話あってね、よくあそこさ住む気になれるって、また津波来るっていうのわかんないのって言うの。だから来られては困るって言ったのよ。そしたっけごっしゃいて《怒って》ね、電話ガッチャーンって切られた。長女は大学に行かせたから、学校卒業したときにはよくお金続けてけた《くれた》って感謝されて、車を買ってけたり《くれたり》、お盆だのお正月にはお金持って来てたのね。だけど今度はガチャーンって。それから一回も電話よこさね《よこさない》。

今は生活すんのにおどけでない人なんぼもいん《いくらでもいる》だね。私は七七歳だけっども、今は矢本インターの下り線で八時から一六時までトイレ掃除して働いてくるの。二日稼いで四日休み。男子用はどっさり入ってくるから掃除する暇ないの。下りは午前中忙しくて、上りは午後から忙しい。矢本の仕事は始めたばかり。その前は、田圃の瓦礫拾いを八、九、一〇、一一月と一カ月に一〇日ずつしてた。田圃に瓦がうんと入ってんのね。夏でも何もないとこだから風がそよそよして、仮設にいるより暑くなかったよ。

浜市小学校の運動会があって、「ドヤ節」を踊ってくれって頼まれたんだけっども、メンバーはみんな避難場所が分散してっぺっちゃ《しているでしょう》、集まるのに本当に時間かかる。それでも浜市小学校で「ドヤ節」したいって電話したっけね、一九名全員来てけたよ。それにテープも何もみんな流されたいっちゃ。でも、ちょうど一人がCD持ってたんで何とかなった。

浜市小学校は今、小野《おの》小学校に間借りしてるんだけど、先生方は早く戻りたいって言ってるの。だから当日「ドヤ節」を踊る前の挨拶で、あの一一日の日に浜市小学校でうんとお世話になったって、全員が浜市小学校の先生方さ感謝してるよって言ったの。本当にあの先生方の対応ったら、頭下がった。そして、浜市でエンヤードッドの声かけるときには海がすぐ近くにあるけど、ここから海までうんと遠いから、今日は倍以上の声出してけらいんよ《ちょうだいよ》って言ったの。

ドヤ節を教えはじめてからもう六〜七年になる。卒業した高校生位のも来てて、その子達に踊れよって言ったら、やんだっちゃって《嫌だって》言うのね。それがね、唄い始めたらっしゃ、入ってくるの。んだからまず、六年でも七年でも教えてきたのは良かったなと思って。そしてドヤ節を残していきたいなと思って。

野蒜築港のとこさ行ってみんだけども、あそこの市街地に住んでたら全滅だったわね。石だのは倒れてるし、みんな流されてて。あそこに住んでいたころ野蒜築港で働いた人の人骨が出て、私がお地蔵さん立ててたんだ。移転するときにどうしようかと思ったけど、あそこを歩く人たちが拝んでいくから、却ってあそこでいいんじゃないかと思って持ってこなかったのね。そのお地蔵さんも流されたけど、誰か見たっていう人がいるからあると思うんだ。野蒜築港は一晩でやられたいっちゃ、もちろん今回のほうが大きいけっどもしゃ、恐らくその一三〇〇年前の嵐と同じかなと思ったね。

次女の旦那には家にいろって言われたけど、仮設さ入って良かったよ。向かいさ八〇歳のお爺さんと七八歳になるお婆さんといんだけどっしゃ、このお爺さんが北海道の人で浜市さ休耕田を買って入ったのね。だからこの辺に親戚もなんもいねの《誰もいないの》。私がいつも挨拶してたら仲良くなって、最近は浜市から来た人とよったり《四人》でね、毎日じゃないけどお茶飲みしてる。息子や娘の家にいた人はみんな帰ってきたもんな。やっぱり自分の家のようではないんだ。

（二〇一一年一二月七日）

◘宮城県東松島市

野蒜の『デイ・アフター・トゥモロー』

仙石線沿線住民の会・野蒜地区在宅住民の会会長

坂本雅信《さかもとまさのぶ》さん（62歳）

■三月一一日から不通のままのＪＲ仙石《せんせき》線野蒜《のびる》駅。その駅舎のすぐ近くに坂本さんのお宅がある。ここには次々と近くの人たちが顔を寄せていく。坂本さんは震災後、新町《しんまち》・亀岡《かめおか》地区に在宅し続けている人々の窓口となり、まとめて来た。在宅避難者たちが自立していけるように、その努力の日々が続いている。

［聞き手／西脇千瀬］

地震があったときはたまたま親戚の見舞いで女房と仙台にいたの。今考えてみるとその日の朝は犬の動きが普段と全然違ったんだなあ。外に出してたんだけど、今までに無いくらい何回もカチャカチャと扉を引っかくわけさ。なんだかおかしいんじゃないのかという話して出ていったのね、そしたらやっぱりね。親戚の家を出たとたんにダーンと来たわけさ。これはもう普通の地震とは違うなと感じて、間違いなく大きな津波来るとそのとき思ったわけ。すぐ携帯電話で電話したんだけど、もう通じないわけさわ。娘しか置いてこなかったからとにかくどうしてっぺ《どうしているだろう》なと思ってね。犬二匹いるしさ。山さ逃げろって伝えたかったのにたまたま女房が送った「大丈夫」というメールだけが届いたんだって。あとは全く通じなかった。だから余計に心配で。

急いで野蒜へ向かったけど水没してるから野蒜小学校までしかいけないわけさ。どうしようもないから携帯の電波の通じる松島《まつしま》で防災無線を聞きながら一夜を過したんだ。やっぱりなんぼ連絡しても繋がらないからさ、寝るに寝られないしさ、一日の長いこと。やっと次の日明るくなって、今度は野蒜小学校から長靴を履いて家までやっとたどり着いたわけさ。そしたら奥の家に逃げていた娘や息子や隣のおばあさんと犬二匹で出てきた。そこでやっと安心したわけ。娘たちは目の前の運河に水が来たのを見て逃げている。奇跡的だったよ。でも近所でも一〇人以上亡くなっていて、手放しでは喜べない。

家は一階は津波でやられたけど、二階は大丈夫だったから俺は避難所には全然行かなかった。家にいたの。二階で犬と一緒に寝てたよ。ただ電気もない、水道も出ない、どうすっぺということで、とりあえず、たまたまうちの物置にあったガスコンロが水没してなくて、それと隣から借りてきたガスボンベを直結してここで食事作ったの。そのうちに、市が野蒜駅の裏で孤立してるところがあるという話を聞いて、ここを訪ねて来たわけさ。そして、ここを避難所みたいな形にするから、窓口やってけねかということ言われて、引き受けたのがリーダーみたいになったきっかけなんだね。

その当時は一七世帯、七〇人くらいの人が在宅避難でここにいた。それから俺が窓口になって、物資をここに持ってきてもらったり、石鹸やゴミ袋みたいな日用品は俺が市役所に行ってもらってきたのね。避難所扱いになるとガソリンとか石油も配布されたから、それも俺の車で取りに行った。そして発電機を五台確保して線をつないでさ、一七世帯に発電機で電気を回したのね。使う時間は朝の九時から一二時までと、夜は六時から九時までとみんなで決めて。たまたまある家に井戸があったから、井戸水を発電機でくみ上げて樽を五つくらい用意して、そこでみんなで水汲んだりしてね、なんとかかんとか凌いでいたの。そのうちに給水車も来てくれるようになって、飲み水も含めて持ってきてもらえるようになったわけさ。風呂はそのような状態だから当然入られないわね。当時は一〇日にいっぺんくらいの感じだったなあ、風呂は。

四月の半ばころに水道が復旧したんだな。そして電気が二カ月ぶりに五月の一〇日に復旧した。そしていつまでも市の方に甘えているわけにもいかないから、うちの方はもう自立すっぺ《しょう》とみんなで決めてね、そういうことで五月二〇日をもって支援物資をもらうのをやめにしたわけ。それから自立してずーっとみんなでやって来てるのね。その間色んなボランティアさんが来てくれて、色んな物資を運んできてもらったりはしたけれども。

三月一一日以降の毎週日曜日には、一七世帯がみんな集まって定例会を一週間に一回ずつずっとやってたのね、今でも続いてるの。初めのうちは色々なデマなんかあったからきちんとした情報を共有したり、みんなの要望を吸い上げて市のほうへ伝えたりしたりしてたわけさ。

「野蒜まちづくり協議会」というものがあって、それが野蒜地区全体の高台への集団移転の要望を出したわけさ。ところがその要望というのは、一部の人たちのもので、在宅で避難している人たちの意見は全く聞かれていないものだったの。これはちょっとうまくないのでないかと。今も住み続けている人たちの意見も聞いて欲しいから在宅住民の会というものを立ち上げて、市に要望を出して市長と話しあったわけさ。そしたら市長はね、今現在も住んでいる人たちに、先祖代々引き継いだ土地を捨てて移転しろとはいえないと明言した。

野蒜海水浴場付近。宮城県東松島市　2011年4月4日〈撮影／荒蝦夷〉

今一番の問題は仙石線。仙石線には現ルートで早期復旧をしてくださいと要望も出していた。ところが、市としては高台に集団移転という復興計画があって、当初から仙石線も移転してもらいたいという考え方なんだよね。ＪＲとしても市の計画が立たないうちは動きようがないし。この間、市とＪＲである程度の合意ができたという話が出てたよね。

　でもここに住み続ける以上は、やっぱり交通の便が良くなければうまくね《うまくない》っちゃ《でしょう》。前は仙台まで四〇分で行けたんだよ。それが今では二時間近くかかるんだもの。高校生とか色んなところに部屋借りたり、毎朝親が近くの駅まで送っていったり、今大変な苦労してるわけさ。このままでは交通手段がないわけだから、あったとしたって、バス代行では定員を超すと乗せないしわ、渋滞するから時間は読めないしね。そうすると、こいなところにいらんねという形で出て行ってしまうと思うんだよね。

　だから今度は「仙石線沿線住民の会」っていうのを作ったの。高台に移転するまで相当な時間かかると思うから、その間を代行バスでやりくりするのでなくて、現ルートに仮復旧という形でなんとかやってもらえないかということで、今色んな要望書を作って、署名運動もやっているところなんだ。一一月にはＪＲに直接行って話をして、俺たちの要望を伝えてくるかなと思っているわけさ。この辺の女の人がシーツを切ってミシンで縫って、ノボリも手作りしたんだよ。

　ここの場合は、こうやってまとまってやったからできたのね。個人ではいくら騒いでも聞いてもらえない。殆どつきあいもなくて挨拶するぐらいだったの人も、話をするようになったし、やっぱりみんな助け合っていかなきゃと感じたのでないのかな。だからみんなうんと協力的にやってくれたしさ、だからうんと助かったよ、俺も。うちはたまたま野蒜駅から一番近いし、広場もあったべ《あったから》し、そういう感じでリーダーみたいになってしまったんだわな。でもスポーツ少年団の団長とか、サッカー協会の事務局長とか、そういうことはずっとやってたからね、だからなんとかかんとかまとめて来れたのかもしれない。

　合併して今の東松島市になってもう六年目になるんだけど、正直いってどうせ合併するなら松島町としたほうが良かったと思うね、ここは。矢本《やもと》は俺たち旧鳴瀬《なるせ》町の三倍の人口がいるんだけど、ずっと見てるけど、野蒜はなんかもう東松島市から見ると、投げらってる《捨てられている》ような感じするな。やってることを見ているとね。市役所の職員も被災していない人たちは他人事みたいな感じがするし。そもそも旧鳴瀬町からして分断されたようなとこだからね。鳴瀬川を挟んで野蒜側の人たちは仙台や塩竈に行く人が多いし、矢本側の人たちは石巻の方に出て行く人たちが多いんだよね。産業も野蒜は観光が大きかったし、向こうは農業が多いっちゃ。

　スローガンにもなってるけど、まさにまたあの美しい野蒜を取り戻そうという感じを持ってるな、俺は。津波にやられてこういう結果になったけども、折角これだけ環境のいい場所なんだから、やっぱりこれからは観光資源を大切にしながら、自然と共存していかないとうまくないのではと思うんだな。だから何回もいうけど、ここには仙石線も通らないと観光客も来ないよと。街づくりには絶対欠かせないんだよね、仙石線は。

　チリ地震津波のときもここにいたよ。あの時は運河は全然水があふれなかったね。でも今回の地震のあれだけの揺れは今までのと違うんだからさ、俺絶対津波くるって思ったからね。あの揺れは尋常じゃなかった。六二年生きてるけど今までで初体験だ。宮城県北部地震もすごかったよ。家を建てて二年目に北部地震が来て、クロスに亀裂が入ったりしたの。そのときはまた宮城県沖地震が来るっていう話だったからわ、だからそこだけ直して、あとは宮城県沖地震が終わったら直すかって話してたけど、それどころでねかったたっちゃ。一階はガラス壊れてそこから水が入ったけど、家が残っただけでも良しとしないとな。

どうもこの辺では防災無線も全然聞えなかったらしいんだよね。津波が来る前なんだから、津波で壊れたわけじゃないんだろうし、その辺がわかんねんだなあ。俺はここにいねかったから、なお更なあ、いればなあ、山さ逃げろって言ったのになあと思ってさ。俺は車に乗ってすぐラジオ聞いて情報収集したよ。防災無線にもラジオついてるんだけど、みんなあんまり聞かなかったみたいなんだよなあ。それで地震が収まったから炊き出しでもするかと、野蒜小学校にみんな集まってテント建てたりしてたみたいだよ。こっちゃこないべ《こっちにはこないだろう》っていう感覚でいたんだろうな。

一応避難訓練は毎年してたけど、そんなに大きな地震くるとは思ってなかったと思うね。ただ俺は大きな津波来たときには、市が設定した指定避難場所なんて絶対いかね《行かない》と思ってた。野蒜小学校なんて一番低い場所だし。そんなとこさ行くより、近くの高台、山に避難するしかないなと思ってた。『デイ・アフター・トゥモロー』っていう津波の映画あったっちゃ《あったでしょう》。あれを見て、あんな津波が来たらどうなんだべというのは考えたことあったのね。それで、やっぱり山しかないなと思ったね。それと、俺の知り合いの息子がちゃっこい《幼い》ときから、二千何年だかに日本が水没するとか沈没するとか言ってたっていうのを何回も聞いてるのよ。それが丁度今年みたいな感じなんだよな。今考えっとさ。その奥さんはもしそんな津波が来ても、どうせみんな死ぬんからどこさも逃げる気ないんだって言ってたけど、そしたらやっぱり逃げなかったんだなあ。流されたのが見つかったんだ。その息子は仙台にいるけど覚えてっかなー《おぼえているかなぁ》。今考えてみると、このこと言ってたのかなとか思ってさ。

（二〇一一年一〇月一一日）

◇宮城県東松島市

生きるためにご飯を炊く

主婦
鈴木芙佐子《すずきふさこ》さん（64歳）

■鈴木さんは避難所で食事作りの係を担った。彼女が身を寄せたのは東松島市の定林寺《じょうりんじ》で、ここは最大で五〇〇人が避難したという大規模な避難所である。大人数の場合は物資の量も当然問題となるが、そもそも設備が追い付かない。親族を津波で亡くしながらも、ひたすらご飯を炊き続けた日々を鈴木さんは回想してくれた。
［聞き手／西脇千瀬］

家にいるときに地震が来ました。すごく長くて津波が来るという予感はしたんですけど、とは言え柱につかまりながら、二階に洗濯物が干してあるから、まずあれを入れないとなんて考えていたし、地震が収まってからも落ちた冷蔵庫の中身を拾ったりしていて、危機感は全然なかったね。そのうちに親戚の子供が学校帰りに避難してきたので、逃げないと、とは思いました。近所のお年寄りには声掛けすることになっているので行ってみると、隣の方が車に乗せてくれるというのでお願いし、その帰りに見ると向かいの中学生が一人でいたので、一緒に避難しようと誘った。その子の親が捜しに来てもわかるように、避難所にいますという張り紙をしたりして、慌ててはいなかったですね。ペットボトルの水とビスケットを持って、ちょっとハイキング気分みたいな雰囲気でね、歩いて避難所まで行って、防災訓練そのままだよね。

避難所の神社に行ったらテントが張られていて、その周りにいたら、それから五分もなかったと思うんですけど、水が来たから早く山に逃げてと騒いでるんですよ。だからすぐにどんどん神社の山に上がっていった。それからしばらくして、下を見たらシャーッと水が来たのは確かに見えたけど、上からなので高さなんかはわからないし、ああ、来たんだなあという感じで、どんなことになったかはわかってなかった。その晩はそのままそこを動けなくて、翌日の朝に消防の人たちが「新町《しんまち》は家が二軒しか残ってないんだって」と言っていたのを聞いたときは、そこに実家があったので、駄目かなとは思いました。私は連れて逃げた親戚の五年生の子供が、もしかして今の話を聞いたらその意味が分かるかもしれないと思って心配したんですけれど、子供にとっては小学校で大きな被害があったという方が衝撃だったらしくて、そっちばかり気にしてましたね。子供たちにしてみれば学校を失ったということ、学校が悲惨な状況だったということがショックだったんじゃないですか。

私は丈の長い長靴を履いていたので、次の日家まで戻ってみようとしたのだけど、ひざ下まで泥水があるし、辛うじて通れる道を、それはつまり人の敷地なんですけど、通って行ってみたけど、道路も瓦礫でいっぱいで、特に十字路に山のように溜まっていて、もう近づけなくて諦めて帰ってきましたね。

二日後位に家の近くに車で行く人がいたので乗せてもらって、ようやく家の状況を見に戻ってきたんですよ。そしたら廊下の窓が人が一人通れるくらいだけ壊れたので、そこから家の中に入れたのね。でも中はとても入れる状況じゃなかったですけど。私、窓が壊れてここから水が入ったのかなと思っていたけど、そうではなくて下から、通気口から入ってくるんだね。ガラスにはこんなに小さな穴しか開いていないのに、家の中はめちゃくちゃで、畳も浮いて、冷蔵庫は座敷の方に吹っ飛んで、その下に茶箪笥があったり、とにかくごちゃごちゃだった。そんな状態なのに、その中でコタツだけなんともなくて、上に置いていた縫い物の生地とか、裁縫箱や型紙も全く汚れても濡れてもいなかったの。なんなんだろうってすごく不思議だったけど、考えてみたらコタツがそのまま浮いて、そして水が引くとともにそのまま降りてきたんだね。あとね、コタツ布団や鴨居にかけていた洋服もあまり汚れてないんです、下のほうだけ濡れただけで。でもそのまま置いておいたら段々汚れが上にあがっていって駄目になりましたね。

チリ地震津波のときは、白鬚《しらひげ》神社の裏の山に避難して、水の様子はすっかり見えたの。あのときは二〜三メートルくらいの縦波がダーっと来たけど、防波堤は越さずに、海から吉田《よしだ》川を遡っていってまた引くというのを繰り返していました。当時住んでいた新町には被害はなくて、私に想像できる津波というのはその位のものだったので、今回みたいなことは想像できなかったですね。今回のこともすぐにはなかなか実感としてはわからなくて、家を片付けたりしているうちにヒシヒシと感じてきましたね。

避難所では食事当番をしました。最初に避難した神社から移動した定林寺には、直後には五〇〇人くらいが避難してたっていう話なのね。そこに付近の人たちが自分たちのお米を持ち寄って炊き出しをしてくれたけど、人数が多すぎてどうしようもなかったんじゃないでしょうかね。おにぎりを作って運んで来るんだけど、何回持ってきても入口に着くまでになくなっちゃうんです。そのときは誰もがみんな慌てていて、配り方なんて気が回らなかった。でも避難者には子供もいたので、私は子供にまず配ってもらえませんかってお願いして、夕方になってようやく小さなおにぎりが一個子供たちに回ったくらいでした。

そんな状態だったので、次の日に手伝ってくださいといわれて食事係をすることになったんです。お米は周囲のお家などからどんどん持ってきてくれたので、とにかく絶えずご飯を炊きましょうということになったけど、避難所といってもお寺だから、炊き出し用の大きな釜なんてないんですよね。四升くらい炊ける釜が一つしかない、とにかく三日間くらい絶え間なくご飯を炊き続けました。常に釜の隣には研いだお米を用意しておくような状態です。最初の五日間が厳しかったね。どんなに急いで作ったってみんなに渡らなかったんですよ。最初はおにぎりにしても、なるべくみんなに渡るように一人当たりのご飯の量をすごく少なく、お茶碗にこのくらいで一つと決めたみたいなんですけど、だからおにぎりもすごく小さくてね。お米が足りるようになってだんだん大きなおにぎりになりました。

お米以外については、電気が停まったために塩竈にある市場の冷凍施設の中にあったものが放出されて、魚介の色々なものが届いたんです。さつま揚げとか、普段は買わないような立派な鮪《まぐろ》とかね。ただ煮る以外の調理法は出来ないし、なるべく日持ちするように佃煮みたいにしてみたり、どのように料理するかというのは考えましたね。

水も不足していたから、今ある水を大切にしなきゃと思って、水はあったけれど配らなかったのね。少しずつ調整しながら出していたんです。後から思えば配っても大丈夫だったけど、当時はいつまであるのかわからないという不安があったのね。もっと酷くなることもあるかもしれない、また何もなくなるんじゃないかと。継続的に次々と物資がくるとは予想できなかったです。

でも、どんどん物資が届くようになって、置き場所に困るほどになって、あの時は日本てすごいなと思いましたね。市役所からの支給もあったし、避難所がお寺ということでお寺関係の物資が届くし、東京の佃島《つくだじま》からも随分頂きました。一〇日目を過ぎたころには自衛隊も来て、空き地にテントを設営して炊き出ししてくれました。自衛隊さんが来てくれてから、すごく楽になりましたね。ダンボールの中のビニールに乾燥したお米が入っていて、水をかけて密封させるとできあがる五目御飯なんかがあって、一箱で五〇人分もできて味も結構美味しかったですよ。場所によっては物資が来なくて大変だったらしいけど、定林寺は豊富にあって、献立表をつくるようになったほどです。避難者の人数も落ち着いてきてからは、ご飯も余るくらいになってね。

周辺の地域の人たちも、自分たちも大変なのに、お米を持ってきてくれてありがたかったです。付近には個人の家に四〇人も避難していた家もあって、避難所に指定してほしいと市にお願いしたけど、個人の家では認められないらしいんですね。それでも市と相談しながら、非公式ではあるけど定林寺用の物資を多めにして、そっちに回せるようにとか対応してもらったりしたんですね。

果物なんかもデパートに並んでるような立派なのが届くんだけど、各避難所に分けるためなんでしょうね、一箱とか二箱なんですよ。するとどうにも分けようがないようなことはありましたね。パンもたくさん届いて、朝ごはんはパンを配るのだけど、殆どが菓子パンで、パンが嫌いな人なんかは少し大変そうだった。

二週間くらいたって避難者が一五〇人くらいになると、順調に回るようになってきましたね。それまでは毎日調理していたのを、七〜八人ずつの二つのグループに分けて一日交代にしました。私も行方不明の家族を探しに安置所に行かなければいけなかったから、助かりました。こうやって、結構上手くいったと思う。みんな仲良く出来たし、トラブルもなかったです。避難所の皆さんにもすごく感謝してもらえて、今でも会うと「お世話様だったねー」とか言ってもらえるし、一緒に避難していた人に会うとなんだか懐かしいと思います。最後に避難所を移動したときには、泣いて別れてね、バスに手を振ってくれて。

リーダーと副住職、それに地域の人たちが上手に連携してくれたおかげで気持ちよくすごせたのだと思います。やっぱりみんなが困っていると、助け合うという気持ちに自然になるように思うね。まだ充分に食べ物がないときでも、食べ物のことでギスギスするようなことはなかったですね。

家族を失ったので、そのことは心の中にそれはひっかかってはいたけど、そのことは考えないようにして、目の前にいる人たちを助けたいと思いました。結局人の生死が尾をひくね。みんな辛い思いをしたなと思う。

（二〇一一年一一月三〇日）

◆宮城県東松島市

「流される」ということ

主婦 丹野《たんの》せえ子《こ》さん（59歳）

■東松島市で津波と言えば昭和三五年のチリ地震津波だった。その時はそれほどの被害がなかったことから、その経験が今回仇になったという人は多い。しかし一方で真剣に津波を意識し、向き合い続けていた人も少なくはない。丹野さんもその一人だ。その丹野さんも自宅が流され、身内を亡くした。

［聞き手／西脇千瀬］

小学校三年生のときにチリ地震津波が来ました。そのときは避難したから波も見なかったし我が家は被害もなかったんだけど、海に近い同級生の家が流されたりしたから、それからずっと津波がとても怖いと思って育ったのね。それなのに結婚して夫が家を建てるって言ったのが野蒜《のびる》の洲崎《すざき》で、えーあそこ津波来て床上浸水したのにって言っても、もう土地を決めて来てて。だから、ずっと怖い気持ちのまま子育てをしてたわけ。○歳、二歳、四歳の子供を連れて住んだから、一番下の子が四〜五歳になって走ったり出来るようになるまでは、月一で津波が来る夢を見るくらいだったんですよ。津波が来て子供たちを天井裏に上げる夢みたりして。何年か前に大きな地震が来たときも私はすぐ逃げた。裏の家に声かけたら津波情報みてから逃げるって言われたけど、そのときはちっちゃい孫二人もいて、今波こられたら困るなと思って。

子供がまだ小さい頃に『稲むらの火』が教科書から消えるという記事を読んだの。そのときに、たとえ一生に一度でも教科書で読んでいれば津波は怖いという感覚を覚えるんだろうに、なくなるのは残念だとがっかりした記憶があったのね。それから一〇年以上たったころかな、古本屋さんでたまたま『稲むらの火』の紙芝居を見つけたの。それを、野蒜小学校で読み聞かせのボランティアをしていた姪に紹介したら、そこで読んでくれるようになって。

それからまたしばらくして、田老《たろう》町の防災イベントの資料に田畑《たばた》ヨシさんの紙芝居が載っているのを見たんです。田畑ヨシさんが自分で体験したことを書いてるから、なんかジーンとくるのよね。これは『稲むらの火』より子供に伝わると思って、田畑ヨシさんにお手紙を出して、紙芝居に使うことをお願いした。資料をコピーして裏表をスプレー糊で台紙にはりつけて紙芝居にして、姪に見てもらったら「おばちゃん、こっちの方がいいよ」って言ってくれて。それからはこっちを読んでもらっていました。そして「あれ聞いて泣いてる子もいるんだよ」なんて話を聞いたり、去年は校長先生に一年生から六年生みんなに読んであげてほしいとも言われてね、彼女も一生懸命やってくれてた。でもそれでどうだったということは聞いていないし、検証みたいなこともしていない。ただ娘から、紙芝居で津波の話を一度でも耳にしていれば、心のショックがいくらか少なかったかもしれないねとは言われました。

地震のときは家にいました。私はすぐ庭に出て木につかまってたんだけど、揺れが激しくて家の中はガチャンガチャンと音がしてた。収まってからすぐ裏の家の人に声をかけて、避難所になっている「かんぽの宿」に逃げて、それからもう一度家に戻って今度は犬を連れて逃げた。

今思うと、全然根拠がなくておかしかったと思うんだけど、最初にかんぽの宿に逃げた時に、「今釜石まで津波来てる」ってカウンターのところで職員の人が電話で喋ってるわけ。そのときに私は何を思ったか、釜石ならまだ遠いから家まで戻れるなんて気がしてね。私は最初に避難したときに犬を連れて来ようと思ったんだけど、車の鍵がみつけられなくて、結局軽トラに犬を積んだままになってたのよ。パニックになってたんだと思うね。だからなんとか助けなきゃと思って家に戻った。その途中で、犬を連れてうちの近所とか、近くの保育所にも行ったし、まだ逃げてない同級生に「あんだ何やってんの早く逃げろ」とか怒鳴ったりもした。今思うと本当に結構な時間あったんだよね。

親が子供のことを助けに向かってたくさん亡くなってる。でも時間はあったのよね、だからみんな逃げてれば助かったのにと思ってしまう。子供が学校とか保育所とか、安全な場所にいると安心して信じられるような状況だったら、例えば日頃の防災訓練で、子供たちは何かあったら間違いなくここに逃げるし、そこが安全なところだとわかっていれば、親は子供を迎えに行かないで逃げることが出来る。だから親が子供に家に帰ってくるなと言うのも必要だと思うのよ。海の近くの学校では通学途中に津波が来る可能性もある。そういうときに、小学校一年生だって訓練していれば逃げることはできるわけだから。

親もその子がちゃんと逃げているということを信じられるようなものが積み重ねてあればね。私は子供たちに、地震あって津波が来るときはお母さん逃げてて家で待ってないんだよ、あんたたちは絶対、近くまで来てても家に戻ってこないで、とにかく野蒜小学校が避難所なんだから、行って裏の山に登って逃げるようにって小さいうちから言ってたのね。子供たちにもしつこかったよねと言われるけど。宮戸《みやと》でも、地震があったらうちに来ないで、高台にある神社に逃げろと家族で話し合っているところもあると聞いたよ。

そういうことを平等に伝えられるのは学校教育だと思うのよね。親の関心の持ち方は色々だからね。こういうときにどうすべきかということを、学校でも教育して家族でも話し合って決めておくことが大事だと思う。地域差がないように、そしてそれが目に見える形で実績となって、いつもそれを信じて動けるような状況になっていれば、今回もほんとにな、と思うんです。

でも難しいね。車で逃げて助からなかった人がいるけど、その車の中には家族の大切なものとか、子供の勉強道具とかいっぱい積んであったんだって。早く逃げないとって確かに思うんだけど、だけどやっぱりその人の気持ちからすると大切なものって思うんだよね。そういうのが家族は本当に辛いと思う。本当は何もいらないから逃げなくちゃってことなんだろうけど、そうも言えなくてね。

それでも、今はやっぱり命助かってほしかったと思うんだよね。亡くなった人たちのこと考えるとさ、次にいかさなきゃと。伝わっていかなきゃ駄目だと思うのね。あの子もこの子もって聞くと、あの子が生きてたらこういうこともしたろうに、ああいうこともしただろうにって思うよね。私の弟は二人の子供と一緒に亡くなってしまったんです。石巻から戻って、二人と合流して避難をしている途中でね。

その姪っ子は助産師になるって一所懸命頑張ってて、国家試験も受かってあと少しで助産師の学校に行くはずだったのよ。二〇歳になったばかりの甥っ子も福祉関係の勉強をしてたけど、警察官になるっていって、一所懸命頑張ってたのになって、実現してたらどんなに良かったろうにと思ってね。本当になんともいえない気持ちよね。あの子たちを思うと、こういう後悔は伝えたいとは思うわ、私は。自分の中での悔いではあるけどね。でもこういう思いをする人はなるべく少なくなってもらいたいと思うよね。

母親って辛いなって思ったのよ。毎日料理するときって何食べさせようとか、何好きだとか、そういうもので作るわけで。でも一人になったって、自分が生きるため食べるために作らなきゃならないよね。その家族がいなくなっても日常は繰り返されるわけだから。娘の誕生日だとか夫は日本酒が好きだからとか、色々なことを思って今まで生きてきたわけだからさ、それを何で埋められるんだろうと思ったときに、津波が奪ったものはあまりにも大きすぎるよね。町で会ったりしても、元気になってよかったとか笑ってるのを見ると本当にね……。

私の知人も家族をなくしてね、みつからないのよ、まだ。でもあははって笑ってるの、彼女も。「笑ってばっかりいてって言われけっどもさ」って言うけど、だって陰では泣いてるさ。時間がたってもあの日から止まってるっていう感じがする。でもみんな心配してくれるから、頑張ってねとか言われれば、うん大丈夫だよとか頑張ろうねとか、そうだねとか言葉のやりとりはするけど、でもなんだかね。

よく被災した友人たちと話すんだけど、何か必要なものがあるときに、あれあるからと思うんだけど、実際は無いんだ、記憶の中だけなんだよね。流されるって本当に何もなくなるんだよ。爪も切れないんだから、爪切りないから。メモする紙も無いし、ペンも無い。だからもう飴の紙でもガムの紙でも何にでも書いたよ。私は携帯電話と、空のバッグに犬の餌だけ入れて持って逃げたんだもの。だからやっぱり何もないんだね。

突然家族と別れなければならなかった人の辛さは本当に重いと思う。そして建てた家がなくなったというのも、生活してきた記憶が全部もってかれたわけだから、それも辛いよね。家庭って、すごく色んなものがあって、あの押入れのあそこに何が入ってたとか、こと細かに覚えてたりする。うちを建てて子供をそこで育てて、本当に大切に大切にしてきた物や記憶が家の中にいっぱいあって、それがみんななくなってしまったってことなんだね。だからもう何もいらないわとか言ってる人もいるの。少しやけくそみたいにね。友達も、もうあそこには戻ってこれないって、仙台で暮らすわって言ってる。もう実家も何も流されてないからって。

　津波でみんなもっていかれて、人生にそこで一回線を引かれたような感じするね。あの日からどこかずっとふわふわしたような感じで、心の落しどころがみつからないの。まだだなって気がしている。

（二〇一一年一一月一六日）

◆宮城県東松島市

トイレから見た避難生活

野蒜築港ファンクラブ事務局長
松川《まつかわ》清子《せいこ》さん（61歳）

■東松島市新東名《しんとうな》のお宅が被害にあった松川さんは、近くの指定避難場所を含め三カ所の避難所に滞在し、そこでトイレと保健の係を務めた。災害時どうしても食糧のことが懸念となるが、同時に発生する重要な問題がトイレである。［聞き手／西脇千瀬］

　私たちの指定避難場所は山の麓にある長石《ながいし》神社というところで、そこに逃げました。そのうちに「すごい音がするよ、津波じゃないの」という声が聞えて、それで子供をつれた人たちは山の中腹くらいまで登って、私はもうちょっと下のほうの、神社の階段を上りきったあたりの斜面のところに立っていました。そんな狭いところに二〇〇人以上が避難していてね。まもなく水が流れてきましたが、まだそれほど大変なことになってるとは思ってなかったね。

　その夜、寒かったし、水にまかれた人たちもいたので火を焚きました。私のリュックに入っていた書類に男性の方が持っていたライターで火をつけて、更に小さい薪、最後は流れてくる瓦礫を燃やしました。暗くなって来ていたこともあってまだ事態に気付かなくて、板とか柱みたいなのが流れてくるけれど、これがなくなったら明け方までもたないんじゃないかと心配してたんだけど、残念ながらそれらの瓦礫は尽きることなく流れて来たんです。それで一晩火を絶やさずにいたのですけれど、やはり水に濡れてしまったお婆ちゃんは途中で一人低体温で亡くなりました。勇気をだして全部を脱がせてあげられれば良かったんですけれども、やっぱり恥ずかしいとかだったのかなあ、今となって悔やみます。

　その晩のトイレは、ブルーシートを風よけにして斜面のところにしちゃいましょうということになって。ただ暗いので落っこちると危ないからお互いに声をかけてということにして、トイレに関する事故はなく終わりました。次の日の朝、明るくなってからは、神社の裏のほうに人の目につかない場所を決めて、なお且つそこに誰かがいったことがわかるようにしてました。

その後定林《じょうりん》寺に移動しました。お寺さんなので女子のトイレだけでも三つくらいあったし、水洗でホッとしたんですが、実はあの辺りはまだ下水が完備していなくて、汲み取り式だったのですぐに満杯になりました。初日は避難者が五〇〇人位いたと思うんですよ。もう立錐の余地もないというか、そんな混みようで。少しでも量を減らすためにトイレットペーパーは別に置いてあるゴミ袋に入れて、水と大小便を流すだけにしていたのだけど、人数が人数だけにね、量的に無理なんですよね。一日目くらいでもう使用禁止ということになったんです。外に一個だけ仮設トイレがあったのかな、あとは少し離れた場所に穴を掘ってということを考えていたみたいです。一体どうしたらいいんだろうと思っていたんですが、幸いなことに三日目くらいに仮設トイレが運ばれて来て、二つ増えたのかな。最終的には一週間もたたないうちに、男性用と女性用と分けて使えるくらい、六基くらいに増えたんです。これは住宅を建てるときなどに設置されるようなトイレ。すごく助かりました。

定林寺に避難した人の中に看護学校の先生がいたんですよ。その先生が部屋の中でも使えるように、籐の椅子をくり貫いて腰掛便座のような状態にして、その下にゴミ袋をしいたバケツを置いて、そこに用便させるという形を作っていたんですね。そこを使うのは足の不自由な方とかお年寄りで、みんなでダンボールを持って立って目隠しにしました。これは当初は一つのゴミ袋に何人か分まとめてやっていただいて、それを縛ってダンボールに入れてゴミに運んでいくんですが、その役を私がやっていました。

良かったことは、すぐに自主的にトイレのお掃除をしてくれる人たちが出てきてくれて、流す水についても、これも幸いなことにお寺のそばに池があって、男性の方が池の水を汲んでおいて、それを使うということができました。更に避難所全体としてすごくラッキーだったのは、衛生社さんという汲み取りの業者さんが、お寺のある地区の区長さんのご兄弟ということで、かなり融通をきかせて一日一回取りにきてくださったんです。やがて、外のトイレは普通に使えるようになって、ちょっと並ぶことはあっても、どうしようと困るようなことにはなりませんでした。

部屋の中のトイレについても、しばらくその方式でやっていたんですが、新たに椅子に直接専用の袋がついたものが届いたんです。ところが今度はその替えのシートがなくなりそうになってしまうの。それでももう駄目というところになると、なんとか調達できて乗り切りました。やがて、二週間くらいたった頃に、今度はトイレ用の椅子と更にその替えの袋をたくさん持ってきてくれた方がいて、もうこれからはお一人で一つの袋が使えますよというところまでいったんです。それはもう本当に感激で、もうこれでしばらく安心できると思いましたね。

部屋の中での場所も確保したし、カーテンみたいなものも用意して目隠しも出来るようにしました。それが午前中だったんですが、なんと同じ日の午後にダンボールでできている簡易のトイレルームと、すごく立派な木製の椅子にビニール袋が何層にもついているものが届いたんです。それは細長い筒型のビニールで、それが一回毎に熱で封印されて切れるんです。中には凝固剤が入っているので、今度は一人ずつ燃えるゴミに出して平気ということなんですね。それはすごく嬉しかったですね。あとで聞いたら阪神大震災のときの工夫で出来たトイレだそうです。

それで喜んでいたら、やがて市役所から、松島《まつしま》町に避難所を見つけてきたから移ってくださいというお話が出ました。定林寺は本来公的に認められた施設ではなかったのですが、ただ避難者が大勢だったので、認めてもらっていたのです。でも、もう二週間くらい過ぎていたので、その頃になると遺体が見つかった人たちが、遺骨をもってお寺に来始めていたんです。そのときにお寺の入り口のところにトイレが並んでるというのがね、ちょっとなと私は思って。避難者が減れば廊下のほうにひっぱってこれるし、少しはましかもしれないと。結果はちょうど半分に分かれて、私は松島のほうへ移動するほうを選びました。定林寺を出るときに「あんたがあっちさ行ったら、私たちトイレどうしたらいいの」っていうおばあさんもいましたけど、私はトイレもですけど、医療チームとの打ち合わせなどをする保健も担当していたので、それを含めて引き継ぎしてくれる人がいて、無事に移動しました。

移動先の松島の野外活動センターは、もともと宿泊所なので設備は整っていて、トイレも水洗で安堵したんですけどね、まもなく四月八日のあの余震がきたんです。水が止まってまたもとに戻っちゃった。汲み取り式だとある程度溜まるまでは大丈夫なんですが、水洗だと全く使えなくなって、今度はどうしようかなと思っていたら、やはり同じようなものが来ました。それは花火大会みたいな催し物で使うもので、椅子式の、今度はバキュームで吸うタイプです。構造としては昔風にただ落ちるだけなんですが、その下に大きなブルーシートのようなものが敷かれていて、その端が筒になっていて、そこからバキュームカーでもっていく形でした。それを四〜五日かな、使いました。その頃になると物資も豊富だったので、一つひとつにトイレットペーパーも置けたし、余りお風呂にも入れなかったんですが、却って水洗じゃないのが幸いして、赤ちゃんのお尻拭きを置いておいて、それも清拭に使ってもらっていました。同じ仮設トイレでも少しずつグレードが上がって、さすが松島は観光地だなと思いましたね。

　私が育った家は全くのボッチャン式のトイレだったんですよ。でも、そういうのって忘れてるんだね。昔はお百姓さんが汲みに来てくれていたし、やがて汲み取りの会社ができて、家を建てるころには町はもう水洗になっていて、そういえば仙台駅ではぶら下がってる紐を引いて流したなとか思うし。それで三〇年位前に家を建てて、下水は来てなかったけど簡易水洗にして、田舎でもこういうことが出来るようになったなあと思って。そしてちょうど去年の九月にとうとう私たちの住む地域にも下水がやってきまして、業者さんにお願いして水洗の工事をして、トイレも憧れのをウォシュレットにしてね、とっても快適だったんですよ。九月一一日に完成したからちょうど半年だったね。ずっとトイレってどういうものかということを忘れていたんだけど、思い出しました。

　最初は水も物資もこれがなくなったらどうしよう、これが切れたらどうしようと不安に思っていて、そういう危機感を抱くのも大事だと思うし、だけど、色んな支援がくるんだなというのもわかりましたね。今度は何かあったときにはする側に回らなきゃいけないなと思います。だけど、色々なことを思い出そうとすると、はっきり思い出せないの。加齢のせいだけじゃなくて思い出したくない気持ちがあるみたいで。ひとつひとつ思い出そうとすると、あのとき私の判断が間違ってたということになっちゃうのでね。たぶん、一人一人がみんなそう思ってる。何事もなく暮れていく人生かなと思ってたのにね、人生っていうのが一気に来たのかな。

（二〇一一年一二月六日）

◈宮城県東松島市

津波をプラスに変える

宮城県漁業協同組合鳴瀬支所牡蠣部会会長

渡辺茂《わたなべしげる》さん（61歳）

■北上《きたかみ》川と鳴瀬《なるせ》川の注ぐ東松島市鳴瀬は、牡蠣養殖の盛んな宮城県の中でも美味しい牡蠣の産地として知られる。この漁場も津波で壊滅的な被害を受けたものの、宮城県漁協鳴瀬支所牡蠣部会の部会長を務める渡辺さんは、組合の力を結集させて養殖を再開した。

［聞き手／西脇千瀬］

地震のときは、たまたまお客さんが来ていて、珍しく家族全員が東名《とうな》の家にいました。家は海から二〇〇メートルくらいのところにあります。お客さんにお茶を出して、何かコピーをしたところで揺れました。海を見に行ってみようとしたら、何言ってるのと子供に怒られて、向かいの親戚にも声をかけてすぐ避難しました。

チリ地震のイメージがあったのでそんなに大きなのは来ないだろうと思って、指定避難所には行かずに東名駅の近くにいたのですが、車のテレビで大船渡の津波の映像を見て、すごく大きいのがわかって大塚の高台に逃げました。一二日には利府《りふ》の弟のところに避難して、しばらくそこにいました。弟の家では飲んだくれていて女房に怒られたけど、飲まなきゃやってらんないと言い返しましたね。

一三日に他の人たちの様子を見に避難所に行ってみました。牡蠣の同業者はみんな定林寺《じょうりん》に避難していて、そこに行くと「おまえはもう死んだことになってんだぞ」と言われました。家の方にも行ってみようと思ったけど瓦礫がすごくて、しばらくは行けなかったです。先日家を取り壊しましたが、もう九カ月近く経っているし、今はもう特に何も感じないですね。事務的な作業をこなしている感じでね。

私は宮城県漁協の鳴瀬支所の牡蠣部会部会長をしているのですが、四月二〇日頃に、牡蠣の組合員を集めて今後のことを話し合いました。そこで、こんな状況では個人でやっていくのは無理だからしばらくは共同でやらないと復興できないということになりました。舟が残っている人がいて、施設がある人がいる、でも全てが揃っている人はいないというように被害はそれぞれ少しずつ違っていて、それらを持ち寄ることで何とかやれる。年配の方にはもうやめると言っていた人もいましたが、結果的に脱落者は出ませんでした。更にグループでやると県や国からも補助が出ます。県内でも一番最初の申し出だったので、県からは鳴瀬をモデル地区にしたいと言われました。

今回の津波で水通しのいいところの種牡蠣《たね》はみんなやられてしまって、始めは全滅かと思ったんですが、かろうじて島の陰にあったものが残りました。それを使って母貝作りを始めました。そして実は後から落ち着いて探してみたら、思ったよりも種は残っていました。でも、震災直後は混乱していてわからなかった。

かつて東北大学農学部の今井丈夫先生などが種牡蠣のことを熱心に研究して、宮城県の種牡蠣の採り方というのが確立されたんです。牡蠣が盛んなところは他にもあるんですけど、種牡蠣は余りとれないんですね。だから、これは宮城県にとって一つの大きな産業なんです。更に日本の牡蠣生産地の八〇％以上が宮城の種牡蠣を使っています。だからこの種というのはとても重要です。種牡蠣を作るこちらは被害を受けていますが、被害を受けていない地域にも提供しなくてはいけない。宮城県以外の牡蠣生産地にも安定供給させる責任があります。同時にその相手先は我々にとってはお客さんであって、結果的には自分たちのためでもあります。

震災後、宮城県には種牡蠣がないから県外に出すなという通知がありました。でも種牡蠣を作っている人の中には牡蠣を作っていない人もいる。そういうところでは困ってしまう面もある。宮城県からは三月以降にすごい量の種牡蠣が出荷されるんですよ。特に北側へ。うちも取引のある常呂《ところ》のサロマ湖などでは、流氷が流れてから仕事が始まるから四月の中ごろになる。それまで取っておかなきゃいけない。ところが全てなくなったということで、倍以上の値段がつきました。そうなると出荷してしまう人も出たようです。

養殖については母貝《ぼがい》が少なかったので、今年はどうなるかと一時は心配していましたが、結果として例年以上に豊作なくらい採れました。

もともと、江戸時代末期に松島にある野々島《ののしま》で、松の木に種牡蠣がついているのが見つけられて、それから牡蠣の養殖を行うようになったと言われてます。戦前には松島からアメリカに種牡蠣を輸出したこともありました。後で気付いたんですが、当時は種は育ててなかったんですよね。海に行くと目にすると思いますけど、牡蠣の母貝って岸壁にもいっぱいついてますよね。我々は養殖の牡蠣を作ってますから、種がないと駄目だと思ったんですけど、考えてみれば海の中にいる種だけで昔は牡蠣が採れていたわけです。

種の観測のために、口径二〇センチで長さが二メートルのプランクトンネットというものを石巻湾で下げます。その中に多いときは数万の種があるんですよ。その大きさでそれですから、石巻湾全体を考えたら凄い量ですよね。今回も同じように凄い量ありました。

そして豊作なだけではなくて、すごく良い牡蠣が採れています。鳴瀬でもベストに入る部類です。牡蠣を作っている宮城県全部の漁場で、今年はすごくいい牡蠣が採れています。

私なんかが考えるよりも、自然の力は大きいというのがしみじみ分かりました。うちの辺りは昭和三〇年代から牡蠣を作っているんですが、牡蠣の養殖をすると糞が下にいっぱいたまるんです。牡蠣の糞というのはすごい量なんですよ。それがもう何十年と続けてましたので、大量に堆積しています。それが夏になると発酵して硫化水素が発生するような状態になってきていたんです。温泉場みたいな硫黄臭さはないんですけど、酸素濃度を測ると酸欠状態になっている、そのために既に色々とはっきりとした弊害が出てきていたんです。だからこれでは駄目だから改良しようという話になっていたんですけど、でも人間の力では改良できないんですよ。せいぜい現状維持くらいだったんですよね。ところが、生産者にとって、今まで何十年とやって、弊害が出てきてどうしようもなくなっていたのが、一気に自然に解消された。そういう意味では、大きい被害を受けた牡蠣の漁業者の人たちはもしかすると意外と立ち直りは早いかもしれないと感じています。

今まで漁民が自分らで汚してきたのが、全部綺麗になった。なので、うちの組合でも今まで自由勝手にやってきたのを規制して、そういった弊害をなくすようにしようという動きが今度は出てきています。こういうことを言うと誤解されるかもしれませんが、それは津波がなければできなかったんです。一生かかってもできないと言われていました。人工的にやろうとしたら、恐らく数億、数兆というお金を必要とするでしょう。それを一気に解消したといえるかもしれない。

漁民にとって、確かに本当にすごい被害でした。漁場は全滅して何も残っていません。牡蠣の処理場も使えないし、海にはいまだに瓦礫が沈んでいて、整備するには数年かかると思います。でも一〇年二〇年後を見たときには、もしかするとプラスにしていけるかもしれない、これは新しい黎明かもしれないと思います。それでも、私も震災後半月くらいは不整脈が出て、夜中に眠れなくなって薬をもらっていたんですよ。苦悩はみんなありますよね。

私が牡蠣をはじめたのは平成元年からです。今でも素人なんです。ずっと仙台でサラリーマンをしていました。地元の漁師さんたちには「首にワカメっこ下げてれば給料もらえるのに、なんでこういった仕事すんのや」と言われました。でも、肉体的には大変かもしれないけど、胃を痛くするような精神的な辛さは少ないし、何より体を動かすと仕事をしたという実感があってやりがいがあります。それでもなんだかんだ言っても地元への愛着があるから戻ってきたという部分はありますね。

（二〇一一年一二月一〇日）

荒浜から仙台市中心部を望む。宮城県仙台市　2012 年 1 月 2 日〈撮影／荒蝦夷〉

塩竈市・七ヶ浜町・仙台市・名取市・岩沼市・亘理町・山元町・栗原市

◇宮城県塩竈市

製塩の煙を復興の狼煙《のろし》に

合同会社顔晴れ塩竈総括

及川文男《おいかわふみお》さん（63歳）

■塩釜・松島《まつしま》湾一帯は、縄文時代から塩づくりが行われていたとされ、「藻塩焼《もしおや》き」の煙が浜にたなびく様子が多くの和歌に詠まれた。塩竈市で昔ながらの製塩方法により藻塩を作る「顔晴《がんば》れ塩竈」の及川文男さんは、大きな津波被害を受けながらも、町名の由来となった塩づくりで、町の復興を牽引しようと奮闘している。

［聞き手／関口幸希子］

あの日三月一一日は、この辺りの中学校のほとんどが卒業式の日だったんです。従業員の中にも子どもの卒業式に出る人がいたので、工場は休みにしていました。地震が発生した時、私は事務室でひとり、事務の仕事をしていました。長く続いた揺れがおさまって、建物の被害を確認している最中に、防災無線で大津波が来ることを知りました。工場は塩釜港の近くで、ほんの一〇〇メートル先が海。三方を海に囲まれているような場所なので、とにかく急いでここから離れようと、車で自宅のある山手の方に逃げたんです。

自宅につくと、割れた窓ガラスや、倒れた家具なんかで部屋はメチャクチャになっていました。片付けもできないまますぐ日が暮れ、電気もつかない暗くて寒い中でしたが、避難所には行かず女房と家で過ごしました。夜になって、ラジオから「仙台の若林区荒浜《あらはま》に津波によって二〇〇人から三〇〇人の遺体が上がっている」と繰り返し流れてきました。それを聞いた時は、一体どうなってしまったんだと……。自分の町の、塩竈の町の状態は全く放送もされないし、電話も繋がらなかったので情報がなく不安は募るばかりでした。

午後一〇時過ぎだったと思いますが、東京にいる息子から携帯電話に電話がかかって来ました。やっとつながったようでした。向こうでは、テレビやらネットやらで津波の映像を見ることができたけど、やはり塩釜の様子が分からなかったようでかなり心配してくれていました。とにかくお互い無事なことだけ伝えあいました。

次の朝五時くらいだったと思いますが、町の被害状況を確かめようと、まだうす暗いうちから車で町の方まで降りて行ってみました。まあ何というか……もうメチャクチャでした。あちこちに車が二重三重に重なって、見たことないような光景でした。どこが道かも分からないような中を工場目指して進みました。国道四五号線から先はまだ水があって、車ではとても進めなかったので、そこからは歩いて三〇分くらいかけて工場に向かったんです。

　工場の建物は流されずに建ってはいましたが、外から見ても扉が壊れていたりして大変な状態だと分かりました。水がまだ六〇センチくらい残っていたので、中に入るのはあきらめて一旦家に戻りました。余震が続いていましたが、どうしても気になり、夕方また工場に行ってみると、長靴で入れるくらいまで水が引いていたので中を確認しました。いろいろな機材が散乱していて、大きな機材が横倒しになっていました。壁に津波の水の跡が残っているのを見ると、三メートルくらい水に浸かったようでした。

◉塩竈市の被災状況

死亡者数[人]	31*1
行方不明者数[人]	1*1
震災前住民数[人]	57,983*2
ピーク時避難者数[人]	8,771*3
浸水面積[km²](行政域)	6(17.85)*4

＊1　宮城県HP(2012. 1. 25現在)
＊2　塩竈市HP(2011. 2末)
＊3　塩竈市HP(3月12日の数)
＊4　国土地理院　津波浸水域の土地利用別面積(暫定値)について(2011. 3. 28)

塩竈の藻塩は、藻を通した海水を釜で煮詰めて作りますが、その工程の中での要となり、象徴でもあるのが竈《かまど》です。今は貴重な塩竈石を使ったものです。この竈が泥をかぶったものの、何とか大丈夫なことが分かった。それと作業場のひとつを壊れた窓からのぞいたら、中にあった鹽竈神社のお札を納めた神棚が無事だったんです。棚のほんの一センチ下まで津波が来た跡がありました。鹽竈《しおがま》神社には、この地に製塩方法を伝えたとされる鹽土老翁神《しおつちおぢのかみ》が祭られているんです。それを見たとき、塩の神様に守られていると思いましたね。がんばる勇気をもらいました。

　翌日から早速復旧作業に取りかかりました。まずは倒れた機材の運び出しから始めました。大きな機材が多いので一週間くらいはかかったと思います。それが終わったら大量に流れ込んでいたヘドロかきです。まだ水道も止まったままですから、水のタンクと発電機を積んだ洗浄車というのを借り、とりあえずの洗浄をしながら作業を進めました。ヘドロかきは、社員だけでなく、地元の仲間や取引先のレストランのスタッフなど、大勢の人が一緒に手伝ってくれました。塩竈は三陸と比べて被害も少なかったせいか、ボランティアが活動し始めるのも早かったと思います。二つのグループが入れ替わり立ち替わりという感じで助けてくれました。

無我夢中だったので、いつ何をしたか、メモを取っていないこともあって、思いだそうとしてもあんまり思いだせないことが多いですね。水道が通ったのはいつだったか。三月末に一部通電したのは記録していますが……。とにかく少しでも早く立ち上げることだけを思って作業しました。

四月末には再開のめどが立ちましたが、福島原発事故による海水への影響が心配されました。食品ですから安全への配慮が欠かせない。宮城県が海水の検査をして、五月一二日に影響なしと発表、それを待って五月一六日に再開しました。この辺りの被災した企業の中では早い方だったと思います。

うちの会社は、町づくりの観点から生まれた会社です。五〜六年前になるでしょうか、地域活性化のワークショップで地元の仲間たちと、塩竈の歴史や魅力を探ったとき、塩づくりの聖地なのに塩がないということに気が付いた。鹽竈神社の末社の御釜《おかま》神社には、古来の製塩方法を模した神事があります。それにならって昔ながらの製法でやってみようとサンプル事業として「塩竈の藻塩」を作ったんです。豊かな漁場として知られる目の前の海から栄養豊富な海水を汲んで来て、ホンダワラ（海草）をくぐらせて釜で煮詰める。アクを取りながら一〇時間くらいかけてできたかん水を、さらに仕上げ釜で八時間くらい煮詰めます。じっくり丁寧に、まさに「手塩にかけて」作った塩は旨味のあるやさしい味わいのいい塩になりました。それを本格的にやることになって、親父から継いだ水産加工会社を改築して、二〇〇九年に「顔晴れ塩竈」の工房を立ち上げました。

そんな塩竈の町の名前の由来にもなっている塩づくりを早く復旧させることが、みんなのがんばる力になるんじゃないか。竈の火を入れ、製塩の煙を復興の狼煙としたい。そんな一心でした。神棚が無傷で残ったことに励まされました。

震災の直前、いよいよ「塩竈の藻塩」を全国展開することになって準備を進めていた時でした。どうなることかと思いましたが、これまで販売してくれていたところや調理に使ってくれていた多くの客が、励ましのメッセージとともにたくさんの注文をしてくれました。復興支援という形で新規の注文も頂きました。待っている人がいるということが大きな励みになりましたね。

復旧への動きと再開が早かったこともあって、震災報道という形でメディアに取り上げられ、結果として全国に商品をPRした形になりました。できる分だけゆっくりやろうと震災前の七〜八割くらいの生産量でスタートしましたが、生産が追いつかない状態が続きました。ありがたいことです。

私は五〇歳を過ぎた頃から、生まれ育った故郷に何か足跡を残したい、恩返しをしたい気持ちになっていたんです。この地で先人が行ってきたこと、塩づくりを通して町の歴史を広めていくことに喜びややりがいを感じ始めていた時でした。

今思うのは、大地震と津波であんなに大きな被害があって、大勢の方が亡くなった、そういう状況の中で、生かされた自分とは何かということ。改めて考えたいと思いましたね。

私たちが住んでいる故郷は、縄文時代から人が営みを続けて来た場所です。ここに暮らしてきた人々は幾多の災難に遭い、それを乗り越えて今私たちが住む町があり、暮らしがあるのだと思います。だから私たちも乗り越えていかなければ。いろいろな方からたくさんの支援を頂いて本当に有りがたい。でもこれから本当の復興が始まる中で、頼りっぱなしじゃだめなんです。自分たちが乗り越えていくんだという気持ち、気概が大切なんだと思うんです。


（二〇一一年一二月七日）

◈宮城県塩竈市

タウン誌の担い手として

タウン誌『Ｋａｐｐｏ　仙台闊歩』編集長

川《かわ》元《もと》茂《しげる》さん（44歳）

■仙台のタウン誌『Ｋａｐｐｏ　仙台闊歩《せんだいかっぽ》』（プレスアート）の編集長である。地域に根差したタウン誌は、その町の商業や観光、そして経済に密接に関わっている。震災に見舞われた都市でそんなタウン誌を率いる立場にあって、いま、なにを思うのかを聞いた。
［聞き手／土方正志］

地震のときは取材で仙台市の中心部にいました。僕、あまり地震に敏感なタイプじゃないんです。仙台は地震が多いでしょう。だから、いつも「お、揺れた」くらいのものなんです。今回はさすがに大きかったので、とうとう宮城県沖地震が来たかとは思いましたが、個人的にはそれほど動揺してはいなかったと思います。揺れが収まったので、まずは会社に戻ろうと歩き出しました。ただ、地震への対応が長丁場になるかもしれないとは思ったので、コンビニで食べ物を買った。昼メシを食いそびれていたんですよ。

広瀬《ひろせ》川のそばの会社に戻ると、社員は帰宅するようにと指示が出ていましたが、僕は残りました。というのは、ウチの社には「仙台シティエフエム」というコミュニティFM局があるんですが、そのスタッフが非常電源を使って放送を続けていた。彼らを手伝うために残ったんです。

ほら、最初のころ、ライフラインがストップして、被災地ではみんなしばらくテレビが見られなかったでしょう。津波の中継を見た人は被災地では少なかった。僕は非常電源のテレビでずっと見ていました。テレビが伝える情報をすぐにメモしてラジオのスタジオに届ける。ライフラインの途絶はわかっていました。みんなテレビが見られない。情報が届いていない。ラジオなら聴いていてくれるだろう。テレビを見られる自分が、画面の情報をラジオの電波に乗せて、とにかく伝えなければならないと思ったんです。

津波の映像にはあぜんとしました。なにが起きているのかわからなかった。仙台のタウン誌を作っていますからね。どこもよく知っている。そんな町が、濁流に呑み込まれていく。残っていたスタッフを呼び集めて、みんなでなす術もなく画面を見つめていました。ただ、やはりある程度は冷静だったと思います。テレビが見られない人に早く伝えなければ、と。やるべきことがあったから冷静でいられたのかもしれません。

日が暮れてから、塩竈市の自宅に向かいました。メールで家族の安否は確認できていました。塩竈も津波でやられましたが、僕の家は内陸の高台です。帰宅のルートも内陸の道路なので、津波の被害はありませんでした。ただ、暗かった。信号も街灯も消えていた。その暗い道路を、みんなクルマを走らせていました。いつもより時間がかかりましたが、夜遅く無事に家に帰り着きました。

僕の家のある高台からは暗くて海は見えませんでしたが、夜空に赤く炎が上がっていました。仙台港のコンビナートが炎上していたんです。疲労困憊で、すぐにベッドに入りました。かみさんに「よくこんなときに眠れるわね」といわれたけれど、ほんとうに疲れていた。

次の日は土曜日でした。仙台市内で取材の予定があったので、僕、行こうと思っていたんですよ。いや、こんな状況で取材は無理だろうとはわかっていたんだけれど、現地でカメラマンなどスタッフと待ち合わせをしていた。連絡が取れなかったので、とにかく待ち合わせ場所に行って説明しなければ、と。これまたかみさんに「なにいってんのよ、そんな場合じゃないでしょ、誰も来ないわよ」といわれて、まあ、それもそうだと(笑)。

そこで、食糧の買い出しに出かけました。高台から塩竈の市内に下った。水がまだ引いていなくて、あっちへこっちへ迂回しなければなりませんでした。塩竈もかなりやられていたんだけど、ちょっとほっとしたところもあった。塩竈は松島湾の奥にあって、石巻市や気仙沼市ほどの被害ではなかったこともあるんだけれど、ほら、前の日、テレビを見ていたでしょう。沿岸地域が壊滅したとアナウンサーたちが連呼していた。津波の画像も強烈だった。塩竈も壊滅と伝えられました。だけど、実際に市内に出てみると、泥を掻き出したり、家財道具を持ち出したり、街に人がいたんです。壊滅してしまった、廃墟になってしまった、テレビの報道はそんなイメージばかり。それなのに、みんな、きっちり動き出していた。よかった壊滅していなかったんだと、そういう意味でほっとしたんです。

買い出しは行列が大変でしたが、並びながら見知らぬ同士で情報交換ができました。買い出しの行列は震災後ややしばらく続きましたが、テレビや新聞のニュースではなく、地元密着の口コミ情報ですからね。結構、役に立ったんですよ。あと、この週末には、刊行の目処が立たないままに、地元のタウン誌としてなにをすべきか、次号の企画を考えていました。

月曜日は出勤できず、火曜日からは普通に通勤したのですが、最初はもちろんなかなか仕事にならなかった。印刷所もストップしていれば、紙不足も叫ばれていたでしょう。印刷社員やその家族の安否確認もある。やっと印刷所が再開して、次号刊行の目処が立ったのは、三月の末です。四月の末になんとか発売に漕ぎ着けました。特集は「復興へ50人の言葉」としました。宮城県内のさまざまなみなさんの思いを伝えるインタビュー特集です。

この号は、いわばストレートな震災特集となりましたが、僕らの作っているのはタウン誌です。タウン誌は、その地域の経済と密接に関わっている。震災報道の媒体ではないわけです。仙台のタウン誌の最古参です。仙台の経済とともに歩んできた。そんな僕らが今後、どうあるべきなのか、いまでも議論は続いています。

まずは仙台の経済がうまくまわって、お金がまわって、それが復興に繋がる。そのための誌面が求められているのではないか。それこそがタウン誌の役割なのではないか、地域へのいちばんの支援となるのではないか。ただ、事態が事態です。福島原発の問題もあります。仙台市の中心部は平静を取り戻しているように見えているとしても、たとえばレストランの紹介をするにも、震災前と同じにはなかなかできない。

実は、震災前からなのですが、人に焦点を当てる誌面作りに取り組んでいました。この路線を続けていこうと思っています。単にお店や料理を紹介するだけではなく、そこに賭けたみなさんの思いにまで触れていく。みなさん、あの日を体験して、いろいろと思うところを持って仕事をしている。その思いを同じ仙台の読者に伝えることができれば、やがては互いの復興へと繋がるのではないか、外の人たちに仙台のいまを伝えることができるのではないか。そう考えています。

　地元でこんな仕事を続けてきて、このような災害を経験して、自分の職業人生のひとつのエポックなのかもしれないとも思っています。これまでこのために仕事をしてきたのかもしれないぞ、と。都市としての仙台が決してダメになるとは思っていません。ただ、明るい未来か暗い未来かといわれれば、これはわからない。復旧復興に向けて、長い時間がかかるわけですから。ただ、どんな困難が待ち受けていようとも前を向いていきたいと思います。

　こんな仕事をしていてなんなのですが、仙台が好きになりました。いや、もちろん震災前にも「仙台が好きですか」と尋ねられれば「好きです」と応えてはいたんですよ。なんというのかな、その気持ちがより切実になったというのかな。自分がその魅力を伝えるために走りまわってきた町ですからね。好きかといわれれば、単純に好きではあるわけです。それが今回の震災で、いままで当たり前のように目の前にあった町が、破壊された。失ってみてはじめて自分がこの町を、宮城県をどれだけ好きだったか実感した、失ってみてはじめて自分のアイデンティティがくっきりとした。そんな気がしています。

（二〇一一年七月二一日）

◘宮城県七ヶ浜町

梁にすがって漂流一キロ

有限会社鈴木住設社長
鈴木八雄《すずきはちお》さん（81歳）

■七ヶ浜《しちがはま》町は仙台湾の南部に突き出た半島状の町で、東北の市町村では最少の面積である。気候温暖なこの町も四分の一が津波に襲われた。鈴木さんは大地震で津波を確信し、仕事先から花渕浜《はなぶちはま》の自宅へ戻り貴重品を車に積んだ。高台へ逃げる鈴木さんの目前を濁流が飛び越え、一挙に避難先の方向へ駆け上がっていった。ほどなく鈴木さんを引き波が襲う。　［聞き手／佐藤正弥］

　今は息子なんかと一緒に、住まいのリフォームをメインにした会社をやってるけど、元々はタイル関係が専門でね、もう五〇年になるよ。

　三月一一日はね、ボイラーのリフォームを頼まれて利府《りふ》にいたんだな。とんでもなく大きな揺れが長く続いたから、これは絶対に津波が来ると思ってね。すぐ仕事をやめて、塩竈の現場にいた息子に電話したんだよ。「トラックで家に行って、大事なものを運び出せ！」って頼もうと思ってね。だけど、もう電話は通じない。こうなったら自分で戻るしかないと考えてさ。車で花渕浜の館下《たてした》にある自宅に向かったよ。館下というところは吉田《よしだ》・花渕漁港のすぐそばだから、これまでも津波で浸水したことがあったからね。

　ところで五〇年前のチリ地震津波、覚えてるかい？　昭和三五（一九六〇）年だったよ。あんときは、ここの港にいて、津波を、まじかで見てたからね。朝の六時か六時半ぐらいだったと思う。獲ったばかりの魚の水揚げを岩壁で見てたら、急に水が引き始めて、港内が空っぽになったんだよ。みんなビックリしてさ。港の底で海草やウニなんかを採り始めた人もいたな。エッ？　地震？　そんなのまるっきりないよ。あれは海の向こう、南米のチリで起きた地震による津波だからね。

　当時は情報網も満足にないから、津波が来るんじゃないかとは思っても、すぐには避難しなかったよ。でも、やがて沖の方から大波が襲って来たな。港の東側の断崖にぶつかった波が、溢れて港内になだれ込んで来た。狭い港内で大きな渦を巻いてね。それでもおさまらず、津波は陸に上がってきたんだよ。民家が、一軒だけ流されたと思う。我が家は流されはしなかったけど、床上一メートルぐらいまでは水が来たな。当時の防潮堤は高さが一メートル、その後カサ上げして現在は二メートルになってるから、今度だって、チリ地震津波ほどのことはないだろう、と軽く考えていたことは確かだね。

　利府から自宅まで三〇分足らずで到着したが家にいるはずの女房がいない。でも、もう高台に避難したんだろうと思ったからね。散乱した家具をよけながら、現金や印鑑などの貴重品をカバンに入れてさ、避難所になってる君ケ丘《きみがおか》公園へと、家を飛び出したんだよ。車だと五分もかからずに行けるんでね。時計は三時半くらいになってたかな。チリ地震津波のことがあったんで、家を出がけに港を見たけど、まだ津波が来そうな気配はなかったよ。

◉七ヶ浜町の被災状況

死亡者数[人]	70[*1]
行方不明者数[人]	5[*1]
震災前住民数[人]	20,855[*2]
ピーク時避難者数[人]	1,968[*3]
浸水面積[km^2]（行政域）	5（13.27）[*4]

＊1　宮城県HP（2012. 1. 25現在）
＊2　七ヶ浜HP（2011. 3. 1）
＊3　七ヶ浜HP（3.18発表）
＊4　国土地理院　津波浸水域の土地利用別面積（暫定値）について（2011. 3. 28）

でも、心配だから、バックミラーで港の方をしょっちゅう警戒しながら、県道七ヶ浜・多賀城線を菖蒲田《しょうぶた》方向へ走って行った。左が海、右が山や田畑と民家がある道で、避難はすっかり終わったらしくすれ違う車はまったくなかったよ。

ところが、一キロも走ったかな、割山《わりやま》交差点の手前五〇メートルあたりで、信じられない光景が目に飛び込んできたんだよ。進行方向の左前方に、表《おもて》浜という小さな海水浴場があるんだけど、そっちの方から大量のガレキを含んだ濁流が、一気に押し寄せてきたんだよ。田んぼと二〇軒位の民家があったはずなんだがね。高さは三メートル以上、幅は一〇〇メートル位あったんじゃないかな。その濁流はあろうことか、俺のすぐ目の前で県道を横切り、避難予定の君ケ丘の方へ、一挙に駆け上がって行ったんだよ。しかも不思議なことに、波がしらは直線方向に走るだけで、俺がいる低い方の県道には全く流れてこないんだ。まるでガラス箱の中から、目の前を飛び越えていく濁流を見てるようだったな。

よく、バケツに水を入れて、グルグル回すと水がこぼれないよな。あれそっくりだと思ったよ。それだけ勢いがあったんだろうが普通じゃない。なぜなのか？　見たのは俺一人だから、そのうち、大学の先生にでも聞いてみようかと思ってるよ。

チリ地震津波は花渕港、つまり後ろから来た。左前方の表浜から来るはずはない。なのに濁流は駆け上がっている。何がどうしたのか、頭が混乱して一瞬、整理がつかなかったよ。でも、これは間違いなく津波だ！　そう気づいた俺がとっさに周りを見渡すと、右側に二階建ての民家があった。すぐハンドルを右に切って車を止め、空いていた玄関から二階に駆け上がったよ。だが、それとほとんど同時に家がガクガクと大きく揺れだし、天井が崩れてそこらじゅうに物が落ちた。

「ゴオー、バリ、バリ！」轟音と共に柱が濁流に呑み込まれ、家が潰れてしまった。ついさっき、坂を駆け上がった津波が、今度は逆に引き波になって、襲いかかってきたんだな。残ったのは屋根部分だけで、俺はその中に取り残されていた。水は深く、背が立たない。必死にもがいた末に、屋根裏の梁《はり》にしがみついたよ。家のリフォームを手がけているので、天井裏の梁が家の中で、一番丈夫なことを知ってたからね。とりあえず屋根さえ沈まなければ、なんとかなると思ったんだ。

さあ、それからが大変。屋根は猛烈な勢いでどこかに流れて行く。時速四〇キロ位はあったんじゃないか。胸まで水に浸かった俺は、死に物狂いで梁にしがみついているけど、今度は水の中を流れるガレキの木材が襲いかかってくるんだ。矢のようにという言葉があるけど、まさにその通りで、次から次へと木材が猛スピードでぶつかってくる。本当はガレキの中へ屋根が突っ込んで行くんだけど、とてもそうは思えなかったな。冬の夕方で、明かりもない屋根裏だから、どうやって逃れるか、ぶつからないように、体をあっちにひねり、こっちにひねりしてよけるのに必死だったよ。

そのうち、遂に最後の一本が真正面から襲ってきた。正面だと、もう逃げようがない。「ワアー！」無意識のうちに自分が絶叫したのを鮮明に覚えている。そして、本能的に顔を伏せた瞬間、木材は頭をかすめて梁の彼方に飛んでいった。

よく、人は生きるか死ぬかの瀬戸際になると、それまでの人生が走馬灯のように目の前に浮かんでくるとか言われるけど、今回は全然そんなことはなかったよ。だって、ガレキをよけるのに精一杯だもの。自分が意識しないのに、なんであんな大声が出たのかもわからない。神様のおかげだろうけどね、無我夢中で、家族のことを考えるヒマもなかったよ。

どの位の時間が経ったろう？　数分なのか、数十分なのか。行きつ戻りつ流されていた屋根が止まったんだよ。

まだ足は水底に着かなかったし、屋根の中は真っ暗で何も見えない。梁の間から裏板を蹴っ飛ばしてはがし、屋根の上に出ようとしたけど、トタン屋根なんでうまくいかない。仕方ないから、泥水に潜って、外側から屋根に登ったよ。

まわりを見ると、薄暗くなりかけていた。雪もチラチラ舞ってたな。目の前には山林が広がり、ガレキだらけの大きな湖の真ん中に、屋根が浮かんでいるのがわかった。何台かの車が半分沈んだり、ひっくり返っているのも見えた。遠くに民家らしいものもあるが、停電中なのか明かりは見えない。静まり返ったガレキの海。「ここは一体どこだろう？」と思ったよ。右、左、一生懸命まわりを見ているうちに、そこが新清水沢《しんしみずさわ》の田んぼの奥だと気がついたんだよ。

最初に表浜から襲ってきた津波を見て、民家の二階に駆け上がったところから、引き波で一キロぐらいは海寄りに戻されている。田んぼが完全に水の底に隠れていたので、最初わからなかったんだ。目の前の山林の奥には、外人の別荘があるはずだし、その先は海だ。そして右手の高台には天神様があり、そのまわりに民家が二〇軒ばかりある地区に間違いない。

そうと分かれば、さてこれからどうするか。全身ズブ濡れで、寒くて仕方がないし、このままでは誰も助けに来てくれそうもない。岸までは右と左が一〇〇メートル位だが、崖の角度が九〇度に近い。一方正面の山林までは一三〇メートルはありそうだが、岸辺の角度は七〇度位だ。あそこならなんとか、登れるんじゃないか？

　こうなったら泳ぐしかないな！　そう決心した俺は、筋肉が攣《つ》らないように屋根の上で一〇分ばかり準備体操をやってね。それから思い切って屋根を離れたんだよ。ガレキの海を服を着たまま泳ぐのは大変だったな。冬の厚手のジャンパーに、滑り止め仕様のガッチリした長靴《ちょうか》だからね。一応平泳ぎの格好だけど、実際は立ち泳ぎだよ。進まない、進まない。岸に着くまで、ゆうに一〇分以上はかかったと思うよ。

　ようやく背が届くところに来たので、笹の葉と茎を掴んで、そろそろと登り始めたよ。ところが一メートルくらい登った所で、足もとが滑ってさ、つい手に力が入ってしまったんだな。笹の根が抜けてズルズル、ザブン！　と落っこちてしまったよ。

　せっかく登ったのにとガックリしたね。手はかじかむし体は震える。でもここで死ぬわけにはいかないからさ。もう一度気力を振るって、体を支えてくれそうな草木を探したよ。そしたらちょっと脇の方で、うまい具合に太いススキが見つかってね、それを頼りに今度はなんとか登り切ったんだよ。その瞬間は「これでどうやら、助かった」と心の底からホッとしたな。

　そこからは鉛のように重い服を着たまま、天神堂の方にヨロヨロと歩いてね。いちばん近い相澤さんという家に助けを求めた。幸い知ってる方だったんでね。相澤さんにはお世話になったよ。着てるものを全部脱がされて、布団に寝せてもらったな。ただ、震災でライフラインが切れてしまったから、なかなか体が温まらなかったのを覚えているよ。

　相澤さんのお宅では、翌朝のご飯までいただき、それからは女房探しだよ。避難所になってる学校や体育館、役場など四〜五カ所を回って、ようやく役場の水道部で再会できたよ。女房もまさか俺が、生きるか死ぬかの漂流をしてたなんて思いもしないからね、ビックリしていたよ。

　息子は塩竈市内に住んでいるので被災はしなかったけど、もし、俺がかけた電話が通じていたら、どうなったか。正直なところ「ご臨終だったな」と冗談めかして言うけど、これも神様に助けられたと思うな。

　今回の震災で、七ヶ浜町では死者と行方不明者を合わせて、一〇〇人近い人が犠牲になっているよ。俺が漂着した田んぼでも、三人が亡くなっていた。そのうちの女性二人は、俺が流された家のちょっと上の家で、「まさかここまでは津波も来ないでしょう」とお茶飲みをしてたらしいんだよ。もう一人の亡くなった男性が、実は俺の兄貴だったんだ。一度は避難したはずなのに、仕事が気になってか、様子を見に行って巻き込まれたらしい。

津波の高さは花渕浜で六メートル七〇センチ、菖蒲田浜では一二メートルを越えたそうだからね。あのあたりでも、八〜九メートルはあったんじゃないのかな。

俺の家かい？　あとで行って見たけど、それはもうそっくり流されて土台もなかったよ。車は俺が助かった付近の田んぼで、壊れたヘリコプターみたいにメチャクチャになっていたな。大事なものをいろいろ積んでいたんで、付近の土も掘っくり返してみたけど、結局何も残っていなかったね。

震災に対して、今思うことかい？　ウ〜ン？　まず一番は、大地震が来たら、すぐ逃げることだな。一〇分以内に、必ずだよ。次は家に戻らない。俺だって兄貴だって、避難所に居れば、問題はなかったんだからさ。

最後は、欲を離れることかな。貴重品、家族思い出の品、仕事の必需品……。欲しいものはいろいろあるけど、欲が出ると遅れてしまう。「生きてて、なんぼ」って言うじゃないか。生きてりゃ、やり直せるんだよ。


（二〇一一年九月一四日）

◆宮城県仙台市

ラジオの力を感じた日々

ラジオ3パーソナリティ
青木《あおき》朋子《ともこ》さん（32歳）

■仙台市青葉区のコミュニティエフエム局「ラジオ3」で、パーソナリティ兼ディレクターとして働く。地域住民への生活情報の発信を存在意義とするコミュニティエフエム局。ラジオの現場から震災報道の日々を振り返ってもらった。［聞き手／川元茂］

震災当日はユアテックスタジアム仙台にいました。翌日がベガルタ仙台のホーム開幕の名古屋戦でしたので、一四時ぐらいから中継室で回線のチェックをしていたんです。ラジオ3はベガルタ仙台の試合を毎試合実況中継していますので。なんとか準備が完了し、そろそろ帰ろうかなと思っていた矢先の出来事でした。ドアがカタカタと音がして「誰か来たのかな」と思っていたら地震でした。立っていられず、とりあえず椅子に座って様子を窺っていたら、窓際に置いてあるテーブルがひっくり返りました。ブラインドの隙間から下を覗いたら、人が慌てて出て来て、ピッチの中央に集まっていました。チーム関係者やマスコミ関係者三、四〇人でしょうか。「ここにも人がいるぞ」とアピールするために、ブラインドを開けました。気づいてもらえたかは分かりません。翌日がホーム開幕戦ということもあって、その準備のためにたくさんの人たちがいたんですね。試合のない日はほとんど人がいませんから。

ややしばらくひとりで四階の中継室にいました。「ドアを開けなきゃ」とは思ったんですが、「とりあえず建物が倒れなければここにいたほうがいいのかな」と思っていました。一五分ぐらい呆然としていました。そのうちスタジアムの職員が見回りにきてくれました。「外に出た方がいい」と促され、スタッフに先導されながら普段通らない通路を通って駐車場に辿りつきました。みんなそこに集まっていて、余震も続いていたので結局それから一時間ぐらいはその場所で様子を見ていました。会社には中継室にいた時点で連絡がつき、「こっちのことは気にせず動いて」と言われていました。一六時ごろ、スタジアムから若林区土《つち》樋《とい》の会社に徒歩で戻る決心を固めました。会社に戻るまですべて自分ひとりで判断しなくてはならなかったのが心細かったですね。誰か一緒にいてくれれば相談できたんですが。

最初は泉中央《いずみちゅうおう》駅周辺に向かいました。ペデストリアンデッキの境目がずれ、段差ができていました。セルバ前にたくさんの人が集まっていました。駅ビルに近づいたら「立ち入り禁止ですがトイレの人だけどうぞ」と言われたことを覚えています。

歩いて会社に戻っている途中、携帯のアプリでラジオを聞きました。仙台空港が冠水したというニュースを聞いて、思わず「えっ！」と声を挙げてしまいました。その瞬間まで津波が来ていること自体知らなかったのです。バッテリーが心配だったのでラジオを聞いたのは要所だけ。ラジオ局の人間なのにラジオを持っていなかったことが悔やまれます。今後は常にラジオを携帯してないとダメだなと実感しました。

通りにはガスの匂いが立ち込め、カーディーラーのショールームのガラスが割れていました。ヘルメットをかぶっている人、毛布を被っている人など、歩いている人が次第に増えてきて、歩道が人で溢れるようになっていました。信号が止まっていたため道路が渋滞したり、交差点では車で塞がれて通行不能になっているところがあったりとスムーズに流れていませんでした。仙台駅前はペデストリアンデッキから締め出された人たちでごった返していました。結局泉中央から土樋の会社まで二時間半かかりました。

会社に着いたのは一八時半ごろです。発電機を動かしており、第一スタジオが使える状態でしたので、生放送の延長のような形で放送をしていました。とりあえずテレビの情報をソースにして地震の状況や交通情報を伝えていました。すると二二時ごろ突然放送が聞けなくなり、アンテナのあるタワービルに状況を確認しにいきました。送信所のUPS（バッテリー）を使いきったため送信機の電源が落ちたことが原因でした。そのためこの日は放送を終了させて、深夜二時ごろ帰宅しました。

発電機を動かすガソリンが不足していたので、翌日から放送は八時から一九時までに限定しました。放送内容を一時間ごとに区切り、最初の三〇分は震災関連の生活情報を、残りの三〇分は番組づくりをお手伝いいただいているサポーターの皆さんにご協力いただいて、不安がっている子供たちに向けて絵本の読み聞かせなどを行いました。そもそも絵本の読み聞かせは、避難所からの電話がきっかけです。「子供たちが不安がっているので落ち着かせるような、絵本の読み聞かせやアニメソングを放送してほしい」という要望があったのです。一般報道ではできないことをやろうと、娯楽の提供を心掛けた面もあります。年配の方に向けて、落語のCDをかけたりもしました。震災情報だけでなく読み聞かせなどバラエティに富んだ放送ができたのは、サポーターなど協力してくれたみなさんのおかげでした。

震災生活関連情報のソースは区役所からスタッフが直接入手していました。青葉区、宮城野区、若林区などをまわり、食料の配給や炊き出し情報、ライフライン情報、充電サービス、風呂、ペット関係などなど、とにかく困っている人たちに少しでも伝わるようにみんなで情報をかき集めてきました。区役所に掲示されていたそういう貼り紙やメモは、外国語放送をするべく、翻訳できるボランティアの方に見てもらうために撮影して保管していました。

コミュニティラジオですから、必要とされるのは身近な情報です。生活情報を流すのが使命と言えます。各区役所との日頃のパイプを生かして、きめ細かい情報を得られるように動き回っていました。

放送を続けるうちに、メールや電話で安否情報を流して

◉仙台市の被災状況

死亡者数[人]	704*1
行方不明者数[人]	26*1
震災前住民数[人]	1,046,986*2
ピーク時避難者数[人]	105,947³
浸水面積[km²]（行政域）	52（788.09）*4

＊1　宮城県HP（2012. 1. 25現在）
＊2　仙台市HP（2011. 2）
＊3　仙台市HP（3月12日に最大）
＊4　宮城野区：20（62）
若林区：29（50）
太白区：3（230）
国土地理院　津波浸水域の土地利用別面積（暫定値）について（2011. 3. 28）

ほしいという依頼が来るようになりました。仙台市内に留まらず、電波が届いているかどうか分からないエリアからもさまざまな依頼が来ました。「ボランティアに行きたいんだけどどうすればいいか」という電話も受けました。安否情報については後日「探している人と会えました。ありがとうございました」という、お礼の葉書もいただきました。「ラジオの力を改めて感じました」という内容に、感激したことを覚えています。元ベガルタ仙台の千葉直樹《ちばなおき》さんにゲスト出演していただいたときもリスナーからたくさんの反応をもらいました。

ラジオに加え、ツイッターが今回はとても役に立ちました。ひとりが外に出て、身の回りの情報をつぶやく。スタジオでそのツイートを見て放送する。こうした連携が自然発生的にできていました。「A店では飲み物はあるけど食べ物はない」「ここで充電できます」「スーパーが再開しました」「号外を配っています」などなど、本当に細かい情報です。それをすぐにアップし、それが放送の原稿になる。新しい情報伝播のスタイルだと思いました。コミュニティ放送らしいとも言えるでしょう。

ツイッターを使った情報の拡散についてはもうひとつエピソードがあります。もともと知り合いからのメールが発端だったんですが、「気仙沼の子供たちが結成しているジャズのビッグバンド、スウィングドルフィンズの楽器が津波で流されてしまい、新たに楽器を寄付したいので眠っている楽器をお持ちの方、お寄せ下さい」というツイートをしたところ、全国のみなさんから本当にたくさんの反響をいただきました。局にサックスやギターなどさまざまな楽器を送っていただき、四月三〇日に気仙沼にすべての楽器を届けることができました。みんなの「何かの役に立ちたい」という想いを届けることができてよかったです。そして楽器を受け取った子供たちの笑顔が忘れられません。

少し語弊があるかもしれませんが、震災時期は一番やりがいを感じた時期でした。いままでで一番放送が聞かれているという実感を持っていました。入社して一〇年になりますが、普段に比べ、反応がけた違いで、メール、電話がとにかく多かったです。「いまマイクの向こうにリスナーがいる」という実感がありました。

アナウンサーになりたいと思ったきっかけのひとつに、中学のときに聞いていたラジオ番組の存在があります。「赤坂泰彦《あかさかやすひこ》のミリオンナイツ」という番組がそれです。中学校三年生のとき、阪神大震災があって、その日も赤坂さんの番組を聞いていました。本来は震災特別放送の枠のはずですが、「自分の声を待っている人がいるのであれば」ということで、赤坂さん本人が約一時間半の番組枠すべてを使って安否情報を話していました。そして一年後の一月一七日、同じ番組で神戸の女の子から生電話でお礼を言いたいという放送があったんです。「すごくみんなに助けられました。ありがとうございました」という内容でした。私はとても感動しました。ラジオが好きだったこともありましたが、自分の将来を決める印象的な出来事になりました。

阪神大震災のラジオを聞いて感動した一〇代の自分に恥じない生き方をしたい。「ラジオって素晴らしい」ということを忘れずにいたいと思います。そして自分がまさにいま同じ状況に置かれているという事実。「いまやらなくてどうする！」という想いとともに、コミュニティエフエムの存在理由のひとつである、災害後の生活情報の発信をこれからも続けていきたいと思っています。

四月以降も生放送で震災情報を流し続けています。震災を機にたくさんの番組が生まれました。被災された方をスタジオに招いたり、音楽番組もいくつか生まれました。印象的なのは、自衛隊のコーナーでしょうか。震災前からそのコーナーはあったのですが、震災後しばらくは自衛隊の現場の方に電話出演していただくコーナーに変わりました。救助や復旧の最前線にいる人たちから、いまどこで何をしているかを生電話でお話ししていただく企画です。登場するのはほとんど県外の方で、所属と部隊名を教えてもらい、活動状況と復旧作業への思いを語っていただきました。なかなか肉声が届かない自衛隊の現場の声が聞こえる貴重な企画だったと思っています。

被害のあったところとなかったところで温度差が生まれつつある現状の中で、バラバラになってしまった地区の人たちをつなぐ目的で新聞を作ったり、沿岸部の災害エフエムをつなげるような活動をはじめています。共通の番組をつくることができればもっと役に立てるかもしれないと期待しています。

今回の震災報道で、できたこととできなかったことをきちんと整理して、どう後世に伝えていくか、それが大事だと思っています。震災で得た教訓を無駄にしないようにしたいと思います。

ユアテックスタジアムの中継室で被災し、四月二九日のベガルタ仙台のホームゲームで選手が入場したとき思わず涙がこぼれました。試合にも勝利し、恐怖を感じた中継室が、五〇日を経て、歓喜の空間に変わりました。その後中継で訪れた全国の試合会場でも、たくさんの応援の横断幕を目にし、声援を受け、力を貰いました。サポーター同士の絆を感じました。

ベガルタ仙台の最終順位は四位。過去最高です。最終戦のセレモニーを中継室から見下ろし、この一年を思い出し、込み上げてくるものがありました。選手の皆さんひとりひとりの想いに感謝をし、スタジアム全体を包んだ「やさしさ」に感動した瞬間でした。

（二〇一二年一月五日）

◆宮城県仙台市

被災地からAVの世界へ

AV女優
アカリさん（25歳）

■二〇一一年八月下旬。東京・渋谷区の雑居ビルの一室。ひとりの女性と対面していた。新人AV女優のアカリさん（仮名）。

テーブルに置かれたA４版のプリント用紙には、彼女の顔写真とともにプロフィールが並んでいる。造られたような清楚な感じの美女として彼女は写真におさまっていたが、実物はよく笑う愛嬌がある女性だった。身長、体重、スリーサイズ、生年月日、趣味……。出身地の欄には〈横浜市〉と記されている。けれど、実は違う。彼女は福島県出身。三月一一日は、仙台市にいた。

彼女は、被災したのをきっかけに仙台での仕事をやめて、上京。東京でAV女優としての第一歩を踏み出した。「被災していなければ、AV業界では働いていなかったと思う」。そう語る彼女は、匿名でという条件で話を聞かせてくれた。［聞き手／山川徹］

プロフィールはほとんどがウソです。これも絶対に仮名にしてくださいね。誰にもいってないんですから。親にばれたらどうなるか。ホント、殺されちゃいますから（笑）。

二一歳ってことにしていますが、実は二五歳。少しサバを読んじゃいました。地元は、栃木県との県境近くの小さな町です。内陸部だから地元は津波の被害はありませんでした。

私はいわき市の高校を卒業した後、仙台の短大に進学しました。そのころは、フツーのOLにでもなって結婚するんだろうなと、なんとなく考えていたんですよ。その計画通り、仙台市内のカーディーラーに就職しました。

給料は手取りで一三万円くらい。でも、月々のローンの支払いもあったりしてお金がなかったから、週に二、三回、キャバクラでアルバイトをしていたんです。

三月一一日もバイトがありました。仕事が休みだったので、昼間、街中で友だちと買い物をして、泉中央《いずみちゅうおう》のアパートに帰る途中に地震が起きたんです。

赤信号で停まっているときでした。携帯の地震速報が鳴ったと思ったら、ディズニーシーのインディジョーンズくらい車がバウンドしました。看板も電柱もあまりに激しく揺れるから、運転席の女友だちと手を握り合って、悲鳴をあげていました。

泉中央駅の近くで降ろしてもらうと、雪が降ってきました。もうコンビニは行列ができていましたけど、まだ事の重大さに気づいていなかった。「明日になれば、フツーに戻るっしょ」。そんな意識でしたから。

真っ先に思ったのは、バイト先の店長に連絡しなきゃということ。無断欠勤をすると罰金なんです。携帯はつながらないから公衆電話を探しました。

でも、公衆電話の受話器を握りながら考えたんです。仙台中停電しているのに、キャバクラで遊ぶ客なんかいるわけないかって。

実家の母からは〈どこにいるの？ すぐに避難所に行きなさい〉とメールをもらいました。ぐちゃぐちゃになったアパートから布団とありったけの防寒具を引っ張り出して、車に積み込んで近所の高校の体育館に避難しました。

その日、食べたのは、ヤマザキナビスコの「リッツ」が三、四枚とペットボトルの水だけ。最初のうちは、知り合いがいなかったので、端っこの方でポツンと座っていました。寂しかったし、怖かったですね。

その二、三日後、アイフォンが使えたのでミクシィを見たんです。被災地で「お風呂を貸してあげるから」といって家に誘われた若い女の子が連れ去られたとか、レイプされたとか……。そんな情報が書き込まれていました。

本当に怖かった。自分の身は自分で守らなきゃと思いました。

体育館には沿岸部から避難した人もきていました。荒浜《あらはま》からきたという七〇歳くらいのおばあさんは、着の身着のままで巾着袋をひとつだけ持っていました。何度も何度も同じ話を繰り返すんです。「白い壁が襲ってきて家が流された」「家族ともはぐれた」……。

話を聞いてると涙が流れてきて仕方なかった。私には何ができるのか、と思った。話を聞いてあげて、防寒具をあげるくらいしかできなかった。

その後、一週間くらい宮城県の内陸部の親戚の家で過ごしました。テレビでは、延々と死亡者リストを流している。よく遊びにいった野蒜《のびる》や荒浜で大勢の人が亡くなったと聞いても、信じられなかった。

ここは本当にいままで自分が生きてきた日本なのか。そんな気持ちになりました。

会社の被害もひどかったです。ショーウィンドーは割れているし、バックヤードの棚はことごとく倒れているし。私は、普段はフロントにいるんですけど、お客さんがいないときはバックヤードでカタログの整理をするんですよ。

私がいつも座っている場所に棚が倒れていました。

「もしもお前がここにいたら死んでいたかもな」と上司にいわれて、ゾッとしました。

何度か通って会社の片付けを手伝っていると、営業再開のメドが立たないから、と三月一八日ころに無期限の自宅待機を命じられました。

「やめさせられるんじゃないか」と思いました。「五年も一生懸命に働いてきたのになんで私が……」と会社に対する疑問が湧いてきました。

貯金は全然なかったので、家賃や食費どうしようかと考えると不安は膨らみました。

そんなある日、私が自宅待機になったのを知った同僚の男の子がこういったんです。

「実家に帰って、被曝しちゃえば」

軽い冗談のつもりだったんでしょうけど、許せませんでした。全然笑えなかった。

「いっていいことと悪いことがあるだろう」って私も怒っていい返しちゃって……。

というのも、原発事故の影響でお姉ちゃんと甥っ子が東京に避難していたんです。

〈またみんなで実家で暮らそうね〉

お姉ちゃんからは、そんなメールをもらっていました。

その文面を読んだとき、もう家族団らんは戻ってこないんだと思いました。

それに実家が農家なんです。あと一カ月くらいで稲刈りの時期ですよね。放射能の問題は、やっぱり心配です。もしも、お米から放射能が検出されたら、お父さんとお母さんはどうなるんだろう。高校生の弟は……。そう考えると不安で仕方ありません。私だけじゃなくて福島県民にとっては本当に深刻な問題だと思います。

だから私には、同僚の冗談が許せなかった。いま振り返ると、それが、会社を辞める一番大きな引き金になりましたね。

すぐに遠距離恋愛中の彼氏を頼って上京しました。彼氏は五歳年上の三〇歳。サラリーマンです。昨年、友人の結婚式で知り合いました。つきあいはじめてちょうど一年。彼も「そんな会社辞めて東京に来たら」と背中を押してくれました。ホント、取り合えず、って感じで東京の彼のマンションに転がり込んだんです。

彼氏と遠恋してたときから月一回くらいのペースで東京に遊びにきていました。いつだったか、渋谷で遊んでいるとき、いまのプロダクションの人にスカウトされていたんです。

そのときは、「彼氏がいるからV（AV）はムリです」と断ったんですけど、お金のためにやってみようか、と。

実は――。

子どものから、AVの仕事に興味があったんです。

小学校の低学年のころかな。父親のエロ本を見つけちゃって。白人のモデルさんのおっぱいがでかいのなんの。「何なんだこれは、うらやましい……」って。当然、セックスのことなんて分からなかったんですけど、かなりの衝撃でしたね。たぶんあの衝撃は、憧れの衝撃だったんだと思うんです(笑)。

そんな経験のせいかは分かりませんが、性の仕事は一度はやってみたいなという気持ちが、どこかにあったんです。それで、短大時代、一度バイトでデリヘル嬢に挑戦してみました。

お客さんに呼ばれて、マンションとか、ホテルに行って手や口でサービスする仕事です。でも、どうしても生理的に受け付けないお客さんがいて。不潔というか、マニアックというか……。私にはムリと思って、三人くらいで辞めてしまったんです。

でも、いまなら仕事として割り切ってできるんじゃないか、と思ったんです。

芸能界で活躍しているAVの女優さんに憧れていたし、収入も魅力でした。週三、四回仕事をすれば、仙台のOL時代の倍から三倍も稼げるんです。

もうひとつの動機は、田舎の家族です。

もしものとき家族を支えられるだけの貯金ができれば、と。

脱いで稼いだお金は汚い。そう感じる人もいるかもしれません。でも、人それぞれに事情があるし、それぞれの稼ぎ方はあるはずですよね。

一度、仙台に戻り、アパートを引き払ったのが、五月中旬。段ボール箱一個とキャリーバックひとつだけ持って、上京しました。

AVの仕事のことは、彼氏には黙っていました。反対するのは分かっていましたから。

はじめての仕事の日。早起きして現場に行こうとしたら、彼が問い詰めてきました。「何の仕事?」「これからどこにいくの?」……。本当のことはいえるわけないですから「水着モデルのバイト」とウソをついて逃げるように家を出たんです。

案の定、帰ってきたら詮索がはじまりました。「どこの事務所の仕事だ」「どんな仕事の内容なんだ」としつこく聞いてくる。誤魔化したんですが、そのときの険悪な空気が元に戻ることはありませんでした。

結局、上京して一カ月で彼との関係は終わりました。別れることになるとは分かっていても、やっぱりつらかった。泣けてきて泣けてきて……。それから二週間、ネットカフェ難民みたいな生活を続けて、新宿にアパートを借りることができました。

人前で裸になるのに抵抗がなかったといえば、ウソになります。最初の仕事はパンチラだけだったのでよかったんですけど、徐々にエスカレートするじゃないですか。そりゃ、なんでこんなことやっているだろうと、落ち込む日はありますよ。

先日、素人のカメラマンさんたち向けの撮影会がありました。カメラマンさんといってもお金を頂いているので、私にとっても主宰するスタジオの方々にとっても、彼らはお客さんなんです。「四つんばいになって」とか「M字に股を開いて」なんて要求はざら。それは仕事だと割り切れるのですが、なかにはクセがある人もいます。

「もっと股を開いてあそこを見せてよ。それしか開けないの。君の適当さが、カメラに映っているんだよ。女優なんか辞めちゃえば、もともと君のことなんて知らなかったからどうでもいいけど」とイヤミをネチネチいいながら撮影を続けるんです。

愛想笑いもできなくなっていました。それがそのカメラマンさんにも伝わったんでしょうね。途中で怒って帰ってしまったんです。

カメラマンさんがスタジオから出ていった瞬間、ギャン泣きです。悔しかった。プロとしてきちんと対応できなかった。お客さんを満足させることができなかった。そして、スタジオの方にも迷惑をかけてしまった。自信喪失です。

そんなふうに凹むことも多いんですけど、いまは目標があるから充実しています。

出演したAVが発売されたり、自分が載った雑誌を見たりすると、私はいま、子どものころに夢見た舞台に立っているんだなと思えるんです。

でも、また仕事をはじめて三カ月。これからです。もっと仕事を入れて、有名になって、テレビにも出てみたいです。

将来ですか？

ただ、いまは、ひとつひとつの仕事をがんばるだけです。AV業界でやれるだけやったら、田舎に帰りたいなと思います。

でも、福島に帰って、安心して子どもを育てることができる日はくるんでしょうかね。

（二〇一一年八月二八日）

◇宮城県仙台市

上を向いていこう

電力会社関連企業勤務

阿部尚貴《あべなおき》さん（36歳）

■勤務先のビルは免震構造、自宅もとりあえずは無事。事態の深刻さをすぐには呑み込めないまま、出産を間近に控えた妻と幼い息子とともに阿部尚貴さんの日常は始まった。

［聞き手／鷲羽大介］

僕の勤め先は、本社工場は多賀城《たがじょう》にあるんですが、僕がいる営業部の事務所は仙台にあります。多賀城の工場は被災して今は復旧途上にあります。

震災の時は、仙台の事務所にいたんですよ。ビルが免震構造でしっかりしているので、揺れ始めても「長かったな、大きかったな」とは思いましたが、棚が倒れてくることもなく、電気が止まったのも、職業柄「このぐらい揺れたら電気は止まる」とわかっていたので、特に不安に思うこともなく、「明日から復旧関係でたいへんだな」というイメージでした。おそらく、あそこの事務所にいた人たちの何人かは、同じぐらいの感覚だったんじゃないかと思います。

で、電気がないから仕事にならないので、帰りますわと言って解散して、ビルを出て、電車が止まってたので長町《ながまち》のほうにある自宅まで歩いて帰りました。揺れが大きかったので、同じ方面のひと何人かでグループになって。

震災のとき仙台の街中に居た人って、そんなにひどいというイメージを持っていないぐらいだったと思います。電気が止まっていたぐらいで。帰り道に、ガラスが割れていたりブロックが落ちていたりというのはちょこちょこ見受けられましたけど、そんなにひどいものではなかったと思います。それが、自宅のマンションに着くとみんな外に出ていて。最初は「なんで外に出てるんだろう、普通に家にいればいいのに」と思うぐらいの感じ方だったんですよ。

で、とりあえず避難場所がどうこうとか言っていたし、荷物を取ってこなければならないので自分の部屋に入ったら「うわ、すごいな」と。箪笥が全部倒れていて、これじゃあ今日はここにはいられないな、と思いました。とにかく倒れていた箪笥をむりやり直す形で、防寒の服とかを持ち出して、その日はそのまま避難場所の長町中学校まで、僕と妻と長男（五歳）の三人で行きました。もちろん電気もないし、真っ暗でねえ。妻がちょうど妊娠中で、予定日が三月二七日だったんですよね。でも食べるものもほとんどないし、電話も通じないし、ラジオを聞いていると荒浜《あらはま》方面はすごいことになっているということを延々と流してい て、これはすごいことになっているなと、初めてその辺で、今回の地震はすごいことなんだと実感しました。

避難所なんていうところに行ったのも生まれて初めてのことだし、大変なことになったとは思いつつも、自分の中ではあまり動揺はしていなかったんですよ。こんなこと言うとあれだけど、印象的だったのは、仮設のトイレが外にあったので、トイレに行ったときにすごく星がきれいでね。もちろん周りは電気がないし、クルマもあまり走ってないので真っ暗で、すごく星がきれいに見えたのは今でも印象に残っています。

まあそれはそれとして、電気もないし、食べ物とかもいつ貰えるかよくわからないし、避難所にずっといるのもたいへんだな、と思って。で、たまたま妻が、岩沼の実家と携帯で連絡がついて、そっちは大した被害がないということだったので、次の日、クルマで岩沼の妻の実家のほうに行きました。たしかに建物の中もそんなにひどくなかったので、しょうがないから居候させてもらいます、と。妊娠中の妻ももうすぐ生まれそうな感じだったし。僕は僕で、自宅マンションの片づけもしつつ、会社にも行かなければならない。

ちょうど週末だったので、土日は岩沼のほうにいて、月曜日に仙台の事務所に行って、そこで初めて工場が津波でやられたと聞きました。でも従業員はみんな多賀城の避難所にいて無事だということで、とりあえず無事でよかったな、と。

それから多賀城に使いで行ったんですが、そのときはまだ石油コンビナートの火事が治まってなくて、煙がすごかったし、多賀城に入った瞬間に、クルマが道路にいっぱいあって、なんじゃここは、と。表現が適切じゃないかもしれないけど、映画で見る戦場のような光景でした。そこで改めて災害のすごさを実感しましたね。

うちの工場にもガスボンベなどがたくさん流れ着いていましたから、その撤去が終わるまでは自宅待機なりお客さんの対応なりで、片づけ始めようとなったのは三月下旬ぐらいでした。みんなで掃除などして、四月中旬くらいには一応の目途がついたので、職場がなくなるような不安はなかったですね。

生活の面でいえば、妻が出産を控えていましたから、僕も妻も、できれば三月二七日よりはもう少し遅れてほしいなという思いがあって。妻は岩沼にいましたけど、かかりつけの病院は仙台で、臨月なので毎週行かないといけないんですよね。それでクルマを使わないといけないんですけど、ガソリンがないので、連れて行くのもたいへんでした。

たまたま地震の前に満タンにしていたのでよかったんですけど、ガソリンスタンド前の渋滞がひどかったですね。病院も、市立病院では分娩できなくなってしまって、東北公済病院に移らなければなりませんでした。てんやわんやだったんですけど、それでも無事に四月の二日に生まれました。そのぐらいの時期になるとある程度ライフラインも復旧してきていたし、ガソリンも入れられるようになりつつあったし、物流系も戻ってきていましたから、さほど不安を感じなくても済みました。

いま現在でいうと、ほぼ普通の生活を送っているのが正直なところです。自分の事務所も自宅も津波の被害にあったわけじゃないし、母の知人には被害に遭った人もいたみたいですけど、自分は普通の生活をしていて、犠牲になった人たちのことを思うとそれでいいのかという思いもありますけど、そういうものなのかなと。うーん。

放射線については、まったく気にならないと言えばウソになるけど、あまり気にしてないかな、実は。気にしてる人はしてますけど、僕自身はあまり。もっと言えば、原子力はいま止まっちゃってますよね。別に原子力擁護派でもないけど、単純に考えると、事故があって被害に遭っている人もいるからあまり言うのもアレかなと思うんですけど、日本って、戦争でぼろぼろになったところからメイド・イン・ジャパンの技術力で、ものをつくって頑張ってきた国だと思うんですよ。僕らよりもっと上の世代の、いま定年を迎えるぐらいの世代の人たちがすごい頑張ってきたから、今の日本がある。そういう人たちが頑張って作ってきて、色々やってきた結果の一つが、原子力の安全だと思うんです。それを思うと、色々な問題があって、単純に全部捨て去ろう捨て去ろうとしている今の現状は、僕はちょっと納得がいかない。日本人には、物づくりで成功してきた知恵があると思うんです。この問題を乗り越えられる知恵もきっとあると思うんですよね。そこがちょっと残念かな、と。今出ている情報を見る限りでは、放射線に関しては、そこまで心配するほどではないと思います。見えない物の心配って色々あるじゃないですか、電磁波とか。そういったものの一つとしてあるんでしょうけど、個人的にはそこまで心配はしていないです。

これからの町づくりとかなんとかいうのは、僕が考えることでもないのかもしれませんけど、新しく作り直していくんであれば、これから先の、未来に向かっていけるような町づくり、コミュニティづくりをしていったほうがいいと思いますね。きっと、ITっていうのはこれから先、切っても切れないものだと思いますから、それをうまく組み合わせて、スマートコミュニティとか色々言われてますけど、そういうのがいいのかどうか何とも言えないところもありますけど、せっかく作っていくんだとしたら、モデルになれるような都市づくりをしていければいいんじゃないかと思いますね。

実際、家を流されたような人も会社にはいますし、そういう人のことを考えると複雑な思いですけど、そういう人たちも実はこう、下を向いてばかりいるわけでもありませんし。うちの息子なんかもそうですけど、被災した子どもたちをテレビとかで見ていると、子どもってすごいなと思うんですよ。この無尽蔵のエネルギーってすごいと思うんですよね。いつかはこの子どもたちに世代のバトンを渡すわけですし、僕たちの背中を見て育つわけですから、あまり下を向いている姿を見せたくはないという思いが少なからずあります。

つらいことや悲しいことがいっぱいありましたけど、僕たちは上を向いて、その背中を見て、子どもたちには新しい世界を作っていってもらいたいです。

（二〇一一年一二月三一日）

◎宮城県仙台市

あの夜死ぬと思ったもの、何でもやれるよ。

株式会社アイシック代表取締役
斉藤昭雄《さいとうあきお》さん（41歳）

■津波から泳いで逃げた斉藤昭雄さんは、その体験を境に価値観が一変したという。震災後、住宅リフォーム会社を経営する自分にできるのは、「雇用」だと考えるようになった。今は仕事をこなすと、「あと何人雇えるかな」と思う。そこに至る軌跡を聞いた。
［聞き手／安田典子］

仙台市内で「アイシック」という住宅リフォームの会社を経営しています。契約しているマンションのクリーニングや内装リフォーム、ガス、水回り、電気関係のメンテナンスなど、仕事の種類は多岐にわたります。

「復興」「復旧」という言葉は震災後少し時間がたって気持ちに余裕ができた人や、当事者でない人の視線から使われた言葉です。直後に現場で必要だったのは「修理」でした。会社の主な仕事は「修理」ですから、依頼は震災前の三倍になり、半年たった現在もそのままです。

朝はスタッフと一日の予定を確認することから始まりますが、お客さんから「鍵が壊れて家に入れない」とか「水が止まらない」という連絡が入って変更になることもしばしばあります。どの依頼も切実なのは分かっていますが、仙台市は広いし東隣の多賀城《たがじょう》市に行くにも移動時間がかかるため、回れる件数は限られています。動ける職人の数は変わらないから、消化しきれなくて遅れがちになってしまいます。

だから携帯が鳴ると、「急な仕事が入ったかな」「催促の電話かな」とドキリとします。休日返上で働いているスタッフに残業させるのも申し訳ないし、困っているお客さんも放っておけない。最近の私はスケジュール調整と現場のフォローで、あやまってばかりです。

地震の時は家族の無事を確認してから、仙台市の東部、若林区河原《かわら》町に向かいました。そこには管理を任されているマンションがあって、身寄りのない一人暮らしのおばあちゃんが七人住んでいます。水と電気は止まっていましたが、建物自体にたいした損傷はなく、みんな無事でほっとしました。夜九時、多賀城市にある自宅に帰ろうと車のエンジンをかけたら、ヘッドライトが点きません。それまでなんともなかったのに、前触れなく急に点かなくなってしまったのです。これは神様が「行くな」と言っているんだなと直感しましたが、自分の目で家や地域がどうなったのか確かめたくて、とにかく帰りたかった。何回もエンジンをかけ続けたら、ライトの片方がパコパコと点灯し始めたので、思い切って出発しました。

途中のカーラジオから得た情報で、津波の第一波と二波が到達したことや、いまだに警報が解除されていないことは知っていました。国道四号線は大渋滞でしたので、真っ暗な中、田んぼの中の裏道を進みました。海岸に近づくにつれて海水にタイヤが浸かるようになりましたが、ライトがウィンクし続ける車で走り続けました。と突然、何回目かの津波が押し寄せて来て、車ごと浮いて流されました。ここで泥にまみれて死ぬのかと覚悟しましたが、車はガードレールに引っかかって止まりました。私の前を走っていた車は見えなくなっていました。車外に出て、胸まで水に浸かって泳ぎだしたら、後ろから車高のある車がすっと来て止まり、「大丈夫ですか」と呼びかける声が聞こえました。乗っていたのは若いカップルで、家の近くまで送ってくれて……実はこの時のことはよく覚えていないのです……お互い名乗らないまま別れました。

三月終りまでの三週間が一番たいへんでした。情報も入ってきませんし、これからどうなるのかもわかりません。

家族は無事でなんとかやっていけたので、毎日、河原町に歩いて通って、おばあちゃんたちに食料や生活用品を届けました。マンションの共用部分の配管をいちはやく修理して、河原町で最初に水道を復旧させましたので、水を貰いに来た近所の人たちからも、ものすごく感謝されました。

　でも今振り返ると、あの時の行動はただの自己満足だったのではないかと思います。「ほめられたい」「感謝されたい」から動いた、そんな心持ちでいた自分が恥ずかしいです。

　震災後は、宮城県内の職人さんは皆忙しくなってしまいました。やむを得ず県外の人に応援をお願いすると、経費が二、三倍に跳ね上がってしまいます。だからといってお客さんから多くいただくわけにいかないので、経営はかえって大変になりました。

　せつないと感じるのは、震災被害の度合いによって、お客さんの意識に温度差があることです。仙台市内でも津波のあった若林区と、被害が少なかった内陸の泉区では、求められることの種類が違います。ライフラインが寸断されて雨露をしのぐのがやっとという家と、壁に小さなヒビ割れができただけの家の違いでしょうか。プロだから仕事の大小を言っちゃいけないけれど、被害がヒビだけなのに、これも直して、あそこも直してと求め続けられると心が痛みます。損傷がひどい家の人はそんなことは言いません。いつもの仕事をいつもと同じにしても、「ありがとう」の重さが違います。

　スタッフ不足が深刻になってきたので、六月に技術者・経験者という制約を付けずに社員募集の広告を出したら、二人の定員に四〇人の応募がありました。実際に会えたのは一〇人で、あとはこちらの時間が作れなくて、申し訳ないけれどお断りしました。

　その後、懇願されて、事務の女性を雇いました。バツイチで子ども三人育てていると聞いて、「よしわかった。明日から来てください」と即答しました。でもその人、家族の生活支えている上に、震災のストレスで心が折れちゃったみたいで、三カ月で辞めてしまいました。私たちが職人気質で、ものの言い方が荒かったこともあるのかもしれません。

　一〇年前に会社を設立して以来、仕事には波もあったし、途切れて「もうだめかな」と思ったことが何度もありました。夢中で働いてきたのは、安定した自分の収入が欲しかったからです。私は一人っ子で、親とも縁が薄くて、親戚に育てられました。心の隅にいつも「昭雄さんは親がいないけれど、きちんとしている」「たいしたものだ」と認められたいと思って、気を張って生きてきました。家庭を持つようになると、子どもを育てるお金も必要でしょ。たくさん稼いで安心したい、その一念で働きました。

　河原町に通っておばあちゃんたちの世話をしたのも、「ほめられたい」「感謝されたい」というヒーロー気分がなかったと言えば嘘になります。デパートの特売みたいに、「いい人」の私をまとめて出してみました、という感じ。だから今思い出すと、全否定したくなるんです。

　震災後、私には何ができるのかをずっと考え続けてきました。被災地で住宅リフォームの会社をやっている自分にとって、それは「雇用」ではないかというところに至りました。今はこれだけの仕事をこなして稼いだら、あと何人雇えるかなと考えます。「雇用」はお客さんのニーズに応えられるし、仕事に就いた本人も喜ぶから、二重にいいことだと思います。

　これから一緒に働くなら被災してゼロから始めるような、何も持っていない人がいいですね。社員からは「なぜ経験者を採用しないのですか？」と文句を言われます。でもみんな新人の面倒をよく見てくれています。

　一番大切なのは命があることです。それから仕事があること。仕事によって生きる張り合いもできるし、磨かれて立ち上がれる。そのお手伝いがしたいから、これから雇用する人たちには「やる気があればすべて教えるよ」と言ってやりたいです。で、失敗したら、私が責任を負います。かっこいい？　だってあの夜、死ぬと思ったもの、そんなこと、なんでもないですよ。


（二〇一一年一〇月二四日）

◘宮城県仙台市

仙台空港の一夜

河北新報社写真部
佐々木《ささき》浩明《ひろあき》さん（43歳）

■佐々木浩明さんは宮城県仙台市に本社を置く河北《かほく》新報社写真部のカメラマンである。東北写真記者協会賞などを受賞している佐々木さんは、あの日、仙台空港で津波におそわれた。空港の建物の屋上で一夜をやり過ごし、続いて現場へと向かったのだが、被災地はまた生まれ故郷でもあり、家族や親戚や友人知人が暮らす土地でもあった。そんな被災地でカメラを握り続けた佐々木さんに聞いた。
［聞き手／土方正志］

　午後二時四六分には、仙台市中心部にある本社にいました。八階建ての五階です。どっと揺れて、スチールのラックが傾き、機材が床に崩れ落ちました。デスクもめちゃめちゃになりました。あまりの揺れに、いつかは起きるといわれていた宮城沖地震がとうとう起きたのだと思いました。

あのとき、写真部にはカメラマンが三人いました。揺れが収まると、すぐに機材を拾い上げ、二人は市内に向かい、私は空撮を担当することになりました。ヘリは仙台空港にあります。車両部のクルマに乗り込んで仙台空港に向かったのは、揺れが収まってから一五分くらい経ってからじゃないかな。

宮城沖地震かとは思ったものの、当初は落ち着いていたように思います。というのは、東北は地震が多いでしょう。私たちも地震の報道には慣れている。三陸はるか沖地震、宮城県群発地震、岩手・宮城内陸地震、チリ地震津波と、この一〇年ほどを見ても、地震の取材には経験があります。だけど、今回の地震がこれほどの大災害になるとは思っていませんでした。特に、あんな大津波が来るとは思ってもいなかった。だから、空撮も、揺れによる内陸の被害を上空から確認して撮影するためであって、津波については最初は頭にありませんでした。

仙台空港までは四〇分ほどかかります。ワンセグのテレビでニュースを見ていると、大津波警報が出た。続いて、三陸沿岸の北から南に向かって、次々と津波到達の映像が流れ始めた。最初は青森の、やがて岩手の沿岸がやられた。これは大変なことになったと思いながら、それでも冷静を保っていました。冷静でいられなくなったのは、宮城県の気仙沼市の映像が映ったときです。気仙沼は私の故郷です。両親や親戚、友人・知人がたくさんいる。ドライバーは海沿いの七ヶ浜《しちがはま》町に家がありました。宮城の沿岸もやられている、どうなるんだろう、どうしたらいいんだろうと話しながら、空港に向かいました。仙台の家族に電話しても繋がらない。気仙沼の実家に電話しても繋がらない。不安がふくらみました。焦りました。とにかく早くヘリに乗り込みたかった。津波を撮影しながら北に向かって、気仙沼の上空に行きたかった。空からなら故郷の町がどうなっているのかわかるんじゃないか、そう思ったんです。

沿道には呆然とたたずむ人たちの姿がありました。信号も消えていました。路面に亀裂も目だちました。ただ、交通整理をしている人がいたり、クルマを寄せて停めていたり、あるいは道を譲りあったりして、混乱はさほどでもありませんでした。取材が長引きそうだったので、営業しているコンビニを見つけて、食べ物を買い込もうとしましたが、既に長蛇の列。あきらめました。海のそばにある空港に近づくに連れて、クルマも人影も消えていった。そのときは気がつかなかったんだけど、大津波警報が出て、みんな内陸へ内陸へと避難していた。そんななか、私たちは逆に海へ向かっていたわけです。

空港に着いて、クルマを降りた途端です。すぐそばのビルの屋上から声をかけられました。「津波が来るぞ、早く逃げろ！」……自分でも不思議なのですが、その瞬間まで仙台空港と津波が結びついていなかった。ヘリに乗って、沿岸を、気仙沼を上空から撮影したい、そればかり考えていましたから、逃げろといわれてはじめて「そうか、仙台空港は海のすぐそばだった」と気がついた。機材を担いでドライバーとビルに駆け込みました。三時四〇分を過ぎたころだったでしょうか。屋上には三〇人ほどが避難していました。

間もなく、津波が押し寄せてきました。海岸線からはかなり離れていたので、白波を立てて押し寄せてくるのではなく、じわじわと侵入してくる。水位がどんどん上がって、建物やクルマが流されてくる。滑走路が水没して、建物やクルマで水面がおおわれて、やがて飛行機やヘリまで流され始めて……みんな声もなくそんな光景を見つめていました。不思議と静かでした。音の記憶はありません。津波は見えましたよ。屋上から沖を見ると、第二波が第三波が、海からこちらに向かって押し寄せてくる。私はシャッターを切り続けました。

津波が収まったのは四時三〇分近かったと思います。気がつくとまわりは瓦礫の海でした。押し寄せられた瓦礫に埋もれて、水面は見えませんでした。その瓦礫の海に、空港近くのビルがぽかりぽかりと突っ立っていて、屋上には避難した人たちの姿がありました。

声がしました。滑走路に浮かんだクルマの屋根の上に男の人がいました。となりのビルには姿は見えないものの人が閉じ込められているようでした。私が避難したビルのすぐそばに浮かんだクルマにも男の人が摑まっていました。それぞれ、助けてくれと、そう叫んでいました。助けようにも、まわりはみんな水没している。近づけない。滑走路の男性は遠すぎました。けれども、すぐそばでクルマに摑まっている男性はなんとかなりそうだった。みんなでどうしようか相談しました。屋上に消防ホースがあったんです。ほら、赤い金属ケースのなかにぐるぐる巻き込んであるホース、あれを引っ張りだして、先端を輪に結んだんです。だけど、長さが足りなかった。男の人に投げかけようとしても届かなかった。「もっとこっちに寄れ」と声をかけると、男性は瓦礫を搔き分けるようにこちらに泳ぎ出しました。怪我をしているのか、なかなか前に進めない。ホースにやっと手が届いても、輪のなかにからだを入れる余力がない。みんなで声をかけて力づけたのですが、ダメでした。やがて、水面にぷかりと背中を見せて、動かなくなりました。

あの男の人を助けられなかったかといまも思うことがあ

ります。誰かが水に入って連れて来れなかったか、とか。けれども、現実には小雪が舞っていてとても寒かった。あの状況で水に漬かったら、その人も危なかったでしょう。みんな、呆然と目の前で彼が死んでいくのを見守るしかなかった……。あの光景は、忘れられません。

そのころには日が暮れて、もう暗くなりつつありました。まわりは海、というか瓦礫にかこまれていました。瓦礫が一面に浮いて、水面は見えなかった。水面の向こうに、仙台の高層ビルのシルエットがぼーっと見えた。海岸線に目をやると、あれは多賀城市のガスタンクの火災だったのか、炎が上がっていました。そして、無音。この世のものとは思えない情景でした。

一睡もできずに夜が明けると、まわりは海でした。夜のあいだに瓦礫が水に沈んでいたんです。みんなで協力して、会議用のテーブルみたいなのを水に並べて、その上を因幡の白兎よろしく伝い歩いて脱出しました。

以来、しばらく家に帰ることもなく、被災地の撮影を続けました。気仙沼に入ったのは三月一五日でした。ウチの気仙沼総局の一階に、ほら、魚市場でマグロを入れる箱があるでしょう。あれに遺体を収めて、遺体安置所に運べないからしばらくここに置かせてほしい、と……。私も手を合わせて写真を撮りました。市役所では偶然にも父親に出くわしました。実家は内陸だから無事だろうと思ってはいたのですが、電話も繋がらないまま両親の安否確認ができていませんでしたから、会えてほっとしました。ただ、このとき叔母の家族が犠牲になったとはじめて知りました。私は仕事がありましたから、これから遺体安置所に行くという親父に「俺のぶんも手を合わせてきてくれ」と頼んで別れました。複雑な気持ちでしたね。あとでわかったのですが、民宿をやっていた親戚は、六人が津波にやられました。五人は遺体で見つかりましたが、ひとりは行方不明のままです。

取材者であり、被災者でもあり、ましてや現場がふるさとだとなると、最低限の仕事はしながらも、現実をなかなか受け入れられなかった。目の前にあるふるさとの惨状を現実のものとして認めたくない。どうしてこんなことになってしまったのか、呑み込めない。そうですね、しばらくはちょっと精神的におかしかったかもしれない。気が立っていたのか、東京からやってきた他社のカメラマンに「なにか絵になる現場はありませんか」なんて訊かれてむっとしたり、家に帰っても家族と些細なことで喧嘩したり……気持ちを落ち着かせるのに時間がかかりました。

ありがたかったのは、やはり地域の新聞でしょう。被災地に行くと、みんなに「河北さんだね、読んでるよ」と声をかけられた。避難所では新聞をこころ待ちにしてくれていました。いつものように新聞が届くことに、こちらが恐縮するくらい喜んでもらいました。震災の前は地元紙のカメラマンといっても、そうですね、なにげなく仕事をしていたのですが、ああ、そうか、みなさん僕らの紙面をこんなに待っていてくれるんだな、地元紙ってこういうものなんだなと痛感しました。いまは地元の新聞のカメラマンでよかったとこころから思っています。

（二〇一一年七月一三日）

◈宮城県仙台市

この現実を目に焼き付けておこう

東北大学経済学部四年
林崎《はやしざき》友希《ゆうき》さん（21歳）

■学都仙台では、多くの学生が親元を離れて一人暮らしをしている。岩手県出身、東北大学経済学部四年の林崎友希さんもその一人。夢中でボランティア活動に飛び込んだ彼が見たのは、非常事態に置かれた自分自身だったという。

［聞き手／安田典子］

三月一一日は五月の公務員試験に向けた追い込みの最中で、一日一〇時間の勉強を自分に課していました。目指す東京都庁は社会の現象がいちはやく反映され、最新のアプローチがされる自治体。全国に影響力を持つ時代の最先端です。

震災の起こった時間も、青葉区のマンション一二階の自室で問題集を開いていました。初めのうちは倒れたテレビや割れた食器を片づけていましたが、なかなか揺れが収まらないのでテーブルの下にもぐり込みました。電気も水も止まり、なすすべなく外に出ると雪が降っていました。路上に出てきた人たちは、皆一様に途方に暮れた様子であたりを見回していました。

大学の友人にメールを送っても連絡が取れず、アイポッドのラジオ機能が唯一の情報源。ＮＨＫ仙台放送局では、緊急時の自家発電で電気を作り、外壁とロビーに取り付けた大画面でニュースを放送していました。若林区で建物が倒壊したとか、仙台駅の顔ともいうべき大きな歩道橋が破損したという画面をぼうっと眺め、「世界の終りだ……」と思いました。

その間も、仙台や石巻に実家がある友人たちから、様子を教えてほしいというメールや電話が続々と入りましたが「わからないよ」としか答えようがありません。高校時代の同級生が就職活動のために仙台に来ていることを思い出し、ツィッターで彼の書き込みを探し出し安全を確認しました。

深夜になると携帯電話、アイポッド、パソコンは電池切れで使えなくなりました。日頃傍にあった便利がなくなったことで一層不安が募りましたが、朝起きたらなんとかなっていると淡い期待を抱いて眠りました。

翌日、電池を探しにコンビニを回っていた時、たまたま出会った友人から情報を得、電気が来ていたウェスティンホテル仙台で携帯を充電させてもらうことができました。仙台市役所でも電気を使えたことは、ずいぶん後になって知りました。なにしろ情報手段そのものが使用不能でしたから。

静かに高揚する気持ちの中で「とにかくこの現実を目に焼き付けておこう」と思いました。非常時に人と自分がどう動くのかを見届けて、一人でいろいろ考えたかったのです。

仙台駅前のダイエー仙台店には物資を求めてたくさんの人が並んでいました。列に割り込むおじさんもいたし、並ぶ人に無償でおにぎりを配る学生もいました。被災者でもあるダイエー社員は、朝から晩までそうすることが当然のように接客していました。自分のことで精いっぱいの状況下で、人のために動いている。職を全うするとはこういうことなのかと考えさせられました。故郷の岩手県で地方公務員として働く父もかねてより、公務員は非常時には現場にかけつけなければならないと言っていました。ダイエー社員に幼い頃見た父と将来なりたい自分の姿が重なりました。

その時の私は、試験勉強よりもっと大切なことがあると正義感に燃えていました。震災数日後に青葉区国見《くにみ》小学校を訪れ、「何かできることはありませんか」と申し出て、救援物資の搬入などを手伝いました。体育館は使えず、教室には倒壊の恐れのある近隣のマンションから一〇〇人ほどの住人が避難して来ていました。パンとバナナ、牛乳の食事が何日か続くと「もっといいものはないのか」とボランティアに不満をぶつける人もいました。

その後、仙台市役所に行ってNPO団体を紹介してもらい、宮城野区の幸町《さいわいちょう》小学校に移りました。そこは子ども連れや妊婦など、手助けの必要な方たち一〇〇人ほどが集まっていました。私が担当したのは、夜一〇時から朝までの、高齢者と障害者の寝返りと排泄の補助。慣れない共同生活に戸惑ったためか、耳の不自由な方が大声をあげて逃げ出そうとして、ボランティアを困らせる姿を目の当たりにしました。どちらの避難所でも、最初は仲良く協調していた人たちが、日が経つに連れて荒れていきました。「自分はここにいていいのか？」という迷いや「ボランティアばかりに大学四年の貴重な時間を費やしていいのかな」という気持ちが生まれ、学校の公務員試験対策講座が三月末から始まったのを機に、あっさりボランティアを辞めました。

また一瞬でしたが、東北の復興に尽くすことこそ大切だとの正義感から、就職第一志望の都庁と第二志望の宮城県庁の順位が逆転しそうになったこともありました。順位が変わらなかったのは、結局、最先端で働きたいという気持ちの方が強かったからだと思います。

一〇月現在、マンションや私の通う青葉区川内の経済学部キャンパス周辺はすっかり元通りになりました。ボランティアをしていたと言うと、友人たちは必ずといっていいほど「すごいね！」と言います。返事は「うーん」。振り返るとボランティアへの参加は、ほめられたいとか自慢したいという自己満足にすぎなかったのではないかとも思います。命からがら逃げてきた方たちに対して、「してあげている」という驕りがなかったと言えば嘘になります。それはボランティアの本質とは違う。だったらどうしたらよかったのか……明確な答えはまだ出せません。

ただ、深く考えずに、本能的にとりあえず動こうと考えて飛び込んだことに後悔はありません。自分の知らない一面が出たし、なんであんなに活発に動けたのだろうと不思議な気がします。自分への「好奇心」ていうのかな、短期間にたくさんの発見がありました。折々に感じたことを日記に残して、これから時間をかけて咀嚼していきたいと考えています。

震災は人を見る機会でもありました。テレビは連日、芸能人が宮城や福島の避難所を訪れたというニュースを放送していました。歌を聞いて喜ぶ人もいればうるさいと感じる人もいると思います。画面の向こうの被災者の微妙な表情に、本当に喜んでいるのだろうかと疑問に思うニュースもありました。

また政府の対応の遅さや方法を批判する評論家には、少なからず気後れを感じました。意見というより気持ちをぶつけているようで、皆が右往左往しているこのタイミングで、あそこまで言って何になるのだろう……批判するだけだったら私自身も同じだと思ったので、何も言わず、とにかく人の動きと自分の心の変化を記憶しておこうと決めました。

九月に一週間、都庁に就職内定した自分へのご褒美に、フィリピンの小島に滞在しながら同世代の人たちと議論するというスタディ・ツアーに参加してきました。今までなら得意になって論破していた議論も、否定も肯定もせず相手の意見に耳を傾けている。自分のそんな小さな変化に気づきました。

フィリピンの島部に暮らす人たちは、日の出とともに目覚めて目の前に広がる海を眺め、家族と共に食事をし、働いて、星空を眺めながら眠りにつく生活を送っています。豊かな日本の幸福がひと時の「点」のようなものだとしたら、物質的には不便に感じられる島の暮らしは、ずっと幸福感が続く「線」のようなものではないかと思いました。家族で食卓を囲む喜びとか、人の気持ちを考えること、仕事をまっとうすることとか……。社会に出る手前の半年間の非日常は、私にたくさんことを気づかせてくれたように思います。

（二〇一一年一〇月二〇日）

◆宮城県仙台市

「ここでやっていこう」よどみなくそう思った

株式会社イーピーミント仙台支店支店長

宮崎《みやざき》まえみさん

■実家は石巻、家は仙台、職場は郡山という宮崎まえみさん。単身赴任先の郡山と仙台を週末ごとに往復し、仕事と被災してきた家族の世話を続けた。体が二つ欲しいような八面六臂の毎日は、生きている実感をかみしめる時間でもあった。

［聞き手／安田典子］

会社の仕事は、製薬会社の依頼を医師に橋渡しして臨床試験を支援することです。震災時は郡山事業所長として、治験コーディネーターなどの女性スタッフ一〇人をまとめていました。仙台の自宅に家族を残した単身赴任でしたが、距離を隔ててプライベートな生活があることで、仕事への切り替えのリズムができ、充実した毎日を送っていました。

地震が起きた時間は、郡山駅のバスターミナルを見下ろすビルの四階オフィスにいて、その日別の場所で開催予定だった二つの会議の準備に追われていました。突然の揺れに、あわてて自分のデスクにもぐり込んだら、大テーブルにもぐったスタッフが「所長、お尻がはみ出ていますよ」なんて言うんです。普段なら「お尻が大きいのではなく机が小さいのよ」と言い返すところですが、そんなゆとりはありません。データが失われないように、デスクトップ型パソコンを支えようとしましたが、揺れが激しくてとても抑えきれず、抱えて机上に倒すのがやっとでした。床を滑るコピー機の緩慢な動きは、襲いかかる直前の巨大な生き物を連想させました。窓から見下ろすと、隣の駐車場にたくさんの人が集まっていたので、私たちも外に出ようと、バッグと非常用ラジオを持って階段を下り、スタッフ二人と市内の会議会場に向かいました。

建物からの落下物を警戒して、女性三人身を寄せ合うように車道の真ん中を進みました。折れて転がっていた信号を見て「信号の目玉ってこんなに大きいんだね」といつものように話した時初めて、とんでもないことが起こったという現実が、実感として迫ってきました。

社用車で市の東部に向かう途中、コンビニが燃えていたり、家電量販店の巨大看板が外れてぶらさがっていたり、自動車ショールームのガラスが割れているのを見ました。国道四号線の渋滞を避けて、私のアパート横を通った時、飼い猫のことが頭をよぎりましたが、気持ちに蓋をして寄らずに行きました。携帯電話に比べると仕事用のPHSはつながりやすかったようで、社員全員の無事を確認して自宅待機を指示し、会議中止の連絡を済ませ、同行のスタッフを送り届けてから、深夜に一人アパートに帰りました。

アパートのドアを開けると、家にあったすべてのものが玄関に押し寄せていました。ブーツのまま入り、猫の名を呼びましたが返事はありません。あきらめて部屋を片付けていたら、夜中にゴソゴソと音がして、作り付けのクローゼットから猫が現れました。無事で良かったと抱きしめたら、責任感で隠していた心細さが猫の体温でほどけたかのように涙が出ました。猫もよほどこわかったのでしょう、ニャーと声が出るまでしばらくかかりました。心に刻んだ「泣く私と鳴けない猫」の夜でした。

会社を片づけてから三月一五日、社用車で仙台に向かったのですが、それまでの間、どんな風に暮らしていたのか、よく思い出せません。覚えているのは、テレビをずっとつけていたことくらいです。

この時はまだ石巻の実家、兄の家族、弟の家族とは連絡が取れず、一人になると「だめかも……」と暗澹たる気持ちになりました。動揺していましたが、社員を守らなければという使命感が折れそうな心を支えていました。もし私が男性の上司だったら、食料確保や安全確認をもっときちんとしてあげられたのではないかとも考えました。

三月一五日、東北自動車道は不通だったので、一般道を七時間かけて仙台まで走りました。残量ぎりぎりのガソリンを節約しようと、エアコンのスイッチは切って行きました。夜中に到着した仙台は市街地も若林区中倉《なかくら》の自宅マンションも真っ暗。水道・電気・ガスはストップしていましたが、どちらにも津波の被害は及んでいませんでした。復旧まで水道・電気は数日、ガスは一カ月ほどかかったと記憶しています。

三月一七日頃に兄一家と両親、二二日頃に弟一家の無事が確認できました。実家は高台で津波の難を逃れ、兄の家は一階が浸水しましたが、二階で暮らすことができました。弟の家族が暮らすアパートが津波で全壊してしまったので、私のマンションに来るようにと勧めました。避難所で一日におにぎり一個とバナナ一本で一〇日間を過ごした弟は、石巻発の高速バスで仙台に着いた時、用意していたおにぎりを驚くほどたくさん食べました。また彼は仙台で携帯電話を充電した際、初めてたくさんのメールが届いていたことを知ったそうです。

あわただしく弟と奥さん、成人した甥と姪を迎える段取りを済ませ、その週末に郡山に戻りました。原発が爆発を起こした直後のこの時期に福島県に向かうなんて、頭がおかしいんじゃないかと言う人もいました。私が必要とされる場所は職場のある郡山だと思っていましたし、絶対に戻るつもりで猫は置いてきたのだと皆を説得し、好意の忠告を振り切りました。

仙台・郡山間の移動で困ったのは、往復二六〇キロを走るためのガソリン確保です。数日間は朝四時に体に毛布を巻いてガソリンスタンドに並びましたが、品切れで買えませんでした。二人の従弟が一〇リットルずつ調達してくれたガソリンを、借り物ながらすでに大切な足となっていた社用車に入れて出発。途中、崖崩れで建物が半分つぶれた家を見て泣き、深夜帰り着いた郡山の、音も明かりもない様子に「ゴーストタウンみたい」と泣きました。

以来ウィークデーは郡山で働き、週末毎に仙台に戻って、弟一家と同居する暮らしが始まりました。そんな二重生活は四〇日ほど続きました。

郡山ではスーツにヒールの仕事服。一方、仙台ではスニーカーにリュックを担いで一時間歩いて駅前に買い出しに行きました。同じ仙台市内といっても若林区の自宅周辺は物資が不足していました。それまで私は食べ物の好き嫌いがある方でしたが、贅沢は言っていられず、いつのまにか何でも食べられるようになっていました。飲み水は定期的に取り寄せていたペットボトルがあったので、不自由はありませんでした。

３ＤＫの部屋に、一番多い時で両親も加えた八人が暮らすことになったので、皆が少しでも気持ち良くいられるようにと、同居のルールは決めました。といっても「寝室や食事をする部屋に、それ以外のものは持ち込まないこと」「専用の引出しを決めて、共有部分に私物を持ち込まないこと」くらいです。二世帯同居は体力面金銭面では大変でしたが、顔を合わせるのは週末だけということもあり、世話をする側とされる側の気詰まりな感情のすれ違いは生まれませんでした。正直、深く考える余裕はなく、行き詰まった時に考えればいいと思っていました。

むしろ〝生きている実感〟とでも言うのでしょうか。物があることが豊かで、少ないことがみじめなことではないし、なくても人は生きていかれると感じました。また、身近な人が突然いなくなる経験もしましたから、その日その日を生きていくことの大変さと大切さを痛感しました。

とりわけ震災の混乱から気持ちが持ち直していく過程の心の動きは、経験したことがないような不思議な感覚でした。「私に与えられたのはここに住んで仕事をしていくこと……暮らすんだよね……働くことに決めたんだ……ここでやっていこう」。心に光が差すというか、よどみなく自然体でそう思いました。そして一旦そうと決めたら、目に見えないものを恐れていてもメンタル面で参ってしまうと思い、放射能対策に手放せなかったマスクを外しました。

あの時の澄み切ってふっきれた感覚はずっとおき火のように私の中にありますし、おそらく一生忘れないと思います。日々の生活に追われていても、あの感覚を思い出す一瞬、すうっと落ち着いて素直になれる。だからこの先また何かが起こったら、地震の時と同じように結果を受け入れ、その時々でできることを積み重ねていけばいい、今はそう思うのです。

（二〇一一年一一月二一日）

◈宮城県名取市

ある福祉施設の3・11

福祉施設職員
菅原靖子《すがわらやすこ》さん（24歳）

■名取市閖上《ゆりあげ》のケアハウスに施設職員として勤務していた菅原靖子さん。施設は津波により全壊したが、菅原さんは自宅にいたため、その時何が起こったか詳しくは分からないという。施設職員という立場から、あまり多くは語れないこともある。それでもあくまで自分の話、と前置きをして、言葉を選びながら話をしてくれた。

［聞き手／須藤文音］

ちょうどその日は仕事が休みでした。夕方に地元の同級生と会う約束をしていたので、準備をして、よし出かけようとコートと鞄を持った時、揺れが始まりました。うわ、大きい、とあたふたしていたら、テレビが消えて、電子レンジも落ちました。外に出ると、アパートの人たちも出てきていて。すぐに、職場のことを考えました。その時はまだ、まさかあんなに大きな津波がくるなんて考えてもいなかった。

職場は名取市閖上の、ケアハウス。介護職員をしています。ケアハウスっていうのは、軽費老人ホームの一種で、六〇歳以上の自立した方を対象とした食事・入浴つきの高齢者専用マンションのことです。同時に介護保険の居宅サービスが受けられるので、要介護の利用者さんも何人かいますね。自力歩行の方も、車いすの方も、認知症の方もいます。

心配になって途中まで車で行ったんですけど、ちょうどガソリンが少なくなってたんです。街中渋滞してるし、信号も止まってるしで、なかなか進まない。ガソリンスタンドも何カ所か回ったんですけど、電気が止まっているせいでポンプで汲み上げられなくて、どこもやっていなかった。なので、一度家に戻りました。

偶然家の前でアパートの隣の部屋のおばあちゃんと会って、コンビニで買い物を頼まれたんです。おにぎりと水、電池と携帯電話の充電器を買いました。店はもう陳列していた商品がほとんど落ちてめちゃくちゃになっていて、レジも混乱状態。なんとか買えましたけど、これはすごいことになってしまった、と思った。もう、非日常っていうか。ちょうど、伊坂幸太郎《いさかこうたろう》さんの小説『終末のフール』を読み終わったばっかりだったんですよ。ああ、こんな感じなのか、終末って、って思いました。

おばあちゃんに物資を届けてから、自転車で近くに住んでいる友人のところに向かいました。心配だったし、暗くなってきて一人でじっとしているのも不安で。友人と合流して、しばらくはその子の家にいさせてもらうことにしました。

職場には何度も電話しました。でも、つながらない。ラジオから、「閖上で遺体が何体」「気仙沼で大規模火災」と報じられ、そのたびに心臓がつぶされそうになりました。気仙沼の実家には夜になってようやく電話がつながって無事を知りましたが、それでも、夜は寝られなかった。

翌日の河北新報《かほく》を見て、驚きました。驚いたなんてもんじゃない。「壊滅」と報じられる閖上の写真の中に紛れて、私の働いていた施設が載ってたんです。私の働いている法人は、特別養護老人ホーム、ケアハウス、グループホームを同じ敷地で経営していました。私の配属されていたケアハウスは三階建てなんですが、平屋だった特別養護老人ホームがばきりと折れて、後ろの民家が燃えている写真。周りは水に浸かっていた。もうなにがなんだかわからなかった。血の気が引きました。

その日、友人の車で閖上の手前まで連れて行ってもらったんですが、水があって危ないから行けないって警察の人に言われて、引き返しました。

何かしたい。でも何もできない。助けに行きたい。そんな気持ちがぐるぐる。家でじっと待つしかなかった。電気はなかったけど、プロパンガスだったし、水も出た。私がアパートから持ってきたものと友人の家にあったもので、食料は十分足りました。いつもの不規則勤務とは違って、明るくなったら起きて、暗くなったら眠って。常に腹八分目の健康な生活でした。日中はやることもなかったから、本を読んでました。なんでか分かんないけど、その時開いてたのは川端康成《かわばたやすなり》の『雪国』。まあなかなか頭には入ってこないんですけど。携帯電話の充電は一二日まではもったんですけど、それからは切れちゃいました。もうどうしていいかわかんなかったんですよね。

一三日になって、若林区にある同じ法人の経営する福祉施設に行くことにしました。車のガソリンはもうなかったから、自転車で。そしたら、その施設に見知った顔がいました。私のいたケアハウスから避難してきてる人たちがいたんです。ただ、人数は半分だけでした。

同僚が、その時何が起こったのか、ぽつぽつと話してくれました。

建物が大きく揺れた。電気が止まり、エレベーターも停止した。大津波警報を知らせる防災無線は鳴らなかった。だから大丈夫だと思った。とりあえず利用者を二階に避難させようと誘導していたが、大きな黒い波が見えて、一階が飲み込まれた。上がってくる水量の中、必死に利用者を

◉名取市の被災状況

死亡者数[人]	911＊1
行方不明者数[人]	56＊1
震災前住民数[人]	73,502＊2
ピーク時避難者数[人]	10,715＊3
浸水面積[km^2](行政域)	27(97.76)＊4

＊1　宮城県HP(2012. 1. 25現在)
＊2　名取市HP(2011. 2末)
＊3　名取市HP(3月12日時点)
＊4　国土地理院　津波浸水域の土地利用別面積(暫定値)について(2011. 3. 28)

摑み引き上げようと試みたが、結果四人の利用者さんが、亡くなってしまった……と。

働いて四年になりますから、その利用者さんたちのことはよく知っていました。信じられなかった。その日いた職員と利用者さんが互いを励ましながら、夜を明かし、救助を待ったそうです。中には認知症の利用者さんもいますから、地震が起きたのを忘れてしまって、家に帰ると言いだした方もいたそうです。でも、職員が説明をし、窓の外の火事と引かない水を見て、そんなことが起きたのかと驚く。でもまた忘れてしまう……の繰り返し。ボートとヘリコプターで救出されて、若林区の施設と病院に分かれて避難したとのことでした。ようやく安否を知ることができた。亡くなった利用者さんのご家族からは、当然非難の声も上がりました。それはそうです。家族ですから。ただ、職員も辛い。家族みたいにお世話させていただいていましたから。

その日から、若林区の介護老人保健施設に通っています。

食事に関してはガスは使えたので、明るいうちにおじやなどを作って提供していました。おむつは十分ありました。ただ、着の身着のまま避難してきたため、内服薬が手元にない利用者さんがいたんです。特に降圧剤だとか、命にかかわる危険性もあった。肺炎や尿路感染症など、合併症も怖かったですね。

私、その日職場にいなかったことが申し訳ないんです。「もし」だとか、「もしかしたら」とか、いまさらどうしようもないことを頭の中で何度もシミュレーションするんです。もちろん私がいても何も変わらなかったかもしれないけど、もしかして助けることができたのかもしれないって。亡くなった利用者さんや、自分のことも顧みずに必死に対応した職員のことを考えると、何もできなかった自分が悔しくて、心苦しかった。近くに行きたくても行けなかった。すぐに駆けつけられなかったことが、本当に申し訳ない。

何かしなきゃと思いました。職場に行かなかったぶんも。でも、何をしたらいいかわからなかった。介護職って、命に係わる仕事じゃないですか。たとえば今回のような災害にあったとしても、利用者さんの安全を優先しなくちゃならない。それは介護に携わってる以上、仕方ないことなのかもしれません。

震災後、職場が変わったことが一番大きかったけど、あとはちょっとの揺れでもびくっとなるようになりました。震災特集のテレビを見るのもつらいです。最初にテレビを見たのは一週間後くらいだったんですが、一番ショックだったのは気仙沼が燃えている映像でした。あれは、言葉にできません。

仙台の短大に進学を決める一八歳まで、気仙沼で過ごし

宮城県山元町　2011年4月11日〈撮影／荒蝦夷〉

ました。気仙沼、大好きなんですよ。三月二〇日頃、休みをもらって気仙沼の実家に帰りました。家も家族も無事でした。山のほうだったので、津波の被害はなかった。うちは小さな商店を経営しているんですけど、私が行ったころには何にもなくなってましたね。我が家始まって以来の盛況ぶり。日用品から食料品、ガソリンや灯油まで、近所の人たちが市街地に出なくても必要なものが買えるように、いろんなものを置いていたんです。最初に売れたのはたばこだったみたい。燃料系もなくなってましたね。

仙台に帰ってきてからは、何度か閖上に施設の片付けに行きました。ガラスが何枚も割れていて、床は泥だらけだった。幸い被害があったのは一階だけだったので、二階と三階に置いていたまだ使えるものや利用者さんの私物だけを持って帰りました。ボランティアと一緒に泥だしをして、ここに何があったのか、一つ一つ思い出しながら作業をしていました。

実は、休みの日にひとりで閖上のケアハウスに行ったことがあるんです。桜が咲いている頃でした。建物を前にしたら、もう、だめでした。あの人もあの人も、みんな苦しかっただろうなと思うと次々に涙が出てきて、立っていられなかった。お団子を供えて、手を合わせて、祈ることしかできませんでした。プライベートで行ったのは、その一回だけです。

(二〇一一年一二月三〇日)

◘宮城県名取市

弔いの日々

名取市斎場長

針《はり》生《う》俊《しゅん》二《じ》さん(63歳)

■津波の爪痕が深い名取市閖上《ゆりあげ》地区にある名取市斎場。火葬炉と鉄骨だけが残された火葬場は、震災からわずか二週間で復旧し、犠牲者を弔った。針生俊二斎場長は地元の閖上で生まれ育ち、名取市の消防長も務めた。震災当日は津波に追われ、高速道の仙台東部道路に避難。多くの人命も救った。　［聞き手／古関良行］

二〇〇九年三月まで名取市の消防職員でした。消防長を務めて退職。自宅が名取市閖上でしたので、閖上にある火葬場、名取市斎場の斎場長を委嘱され、二〇〇九年四月から火葬場が職場です。

東日本大震災があった三月一一日は暦では「友引」で、火葬場は休みでした。その日は午後から仙台市泉区に用事があり、午後二時ごろ、妻と車で閖上を出発。ちょうど仙台市若林区蒲町《かばのまち》付近で利府《りふ》町方面の空を見たら、黒と紫と赤の雲が広がっていました。午後二時二〇分ごろです。「雷がくるのかな」と妻に言ったんですよ。「変だな、三月にこんな雲が出るなんて」って。私も漁師のはしくれですから、空のこと、気になるんです。「変な雲だな」「変な雲だな」と思いながら、泉区松森《まつもり》付近の交差点に差し掛かったとき、地震がきた。交差点の真ん中でメチャメチャに揺られました。

揺れが収まるのを待って閖上に戻りました。自宅と火葬場が心配でしたから。渋滞の中をくぐり抜けて、一時間ぐらいかけてやっと閖上に入った。車で走っていたのは、県道塩釜亘理《しおがまわたり》線を横切って市斎場に向かう道路。自宅の二キロ手前で、前方から津波が迫ってくるのが見えた。黒というより茶色がかった泥の波。八～一〇メートルはあったと思う。「津波だ」とすぐUターンしました。

車で逃げるときに田んぼの中を走っている人が五、六人見えました。ちょっと遠かったんですね。車を止めて助ける余裕はない。「何とか助かってほしい」と願うしかありませんでした。

県道塩釜亘理線を横切って市役所方面と閖上港を結ぶ閖上港線へ出ようとしたのですが、左車線が渋滞で車が動かない。「こんな時、こっちに向かって来る車はない」。そう思って反対車線を突っ走りました。閖上港線との交差点にコンビニのミニストップがある。その隣の家に車を乗り捨て、近くを通る高速道の仙台東部道路へ走って逃げました。市役所方面に向かう閖上港線も渋滞で、その辺りはもう渋滞、渋滞、渋滞でした。

東部道路の下まで逃げたのですが、高さ一・五メートルほどの石垣のようなコンクリートの土台がある。まず、そこに上って、そして法《のり》面の斜面を這い上がらないと東部道路には出られない。最初に妻をコンクリートの土台に上げました。

そこには、土台に上がれないでいるお年寄りが二〇人ほどいたんです。高さ一・五メートルほどですからお年寄りには無理です。階段でもあれば良かったのでしょうが。東部道路には若い男たちが四人ほどいました。彼らを呼んで、私がお年寄りのお尻を持ち上げ、若者たちが上からお年寄りを引き上げる。その作業を繰り返しました。

妻が東部道路から叫ぶ声が聞こえてきた。「お父さんも上がれ！　上がれ！」って。私はお年寄りを持ち上げるので精一杯で津波が見えませんでしたが、妻は迫ってくる津波を見ていました。

「このばあちゃんたちを置いて、自分だけ逃げられないな」。そう思って必死でした。中には子どももいました。最後の一人を持ち上げて、自分がコンクリートの土台に上った瞬間、津波が襲ってきた。ギリギリ、間一髪でした。

それからは地獄絵図を見るようでした。車や船を巻き込んだ津波が押し寄せる。東部道路まで津波は来なかったけれど、雪が降ってきた。北西の風も吹きつける。そして妻が突然、心筋梗塞で倒れた。大腿部を骨折した七〇歳代のおじいちゃんもいた。おじいちゃんは意識が遠くなっていました。

道路公団のパトロールカーをやっとの思いで説得し、妻とそのおじいちゃんを無理やり、岩沼市の病院に運ばせました。道路公団の職員には「緊急事態だから」と言っても、「本部と連絡が取れないから動けない」と言う。こんなときに連絡が取れるわけがないですよ。「臨機応変に対応して」と頼んでも、頭を縦に振らない。二〇分以上説得して、やっと動いてくれた。

閖上のまちでは七丁目の方面から火の手が上がり、夜空を焦がしていました。ボン、ボンとガスボンベの爆発音があちこちから聞こえた。「これはもう、手の施しようがないな」。消防にいたので、燃えるに任せるしかないなと感じました。

東部道路に上った地点は名取インターチェンジの近く。午後九時半ごろ、インターチェンジの事務所に約一五〇人が一時、入れてもらえました。でも、余震が来て津波警報が出され、追い出されてしまった。その後、午後一時半ごろ、道路公団が用意したバスで仙台市青葉区の愛子《あやし》小学校に全員移りました。翌日、愛子小学校で炊き出しをごちそうになり、名取市飯野坂《いいのざか》の姉の家にお世話になりました。

地震当日、閖上の自宅にいたのは、次女の娘夫婦とその子どもの三人。家族はそのほかに長男、長女ら合わせて七人。自宅にいた三人以外は仕事などで不在でした。娘夫婦は子どものミルクなどを用意し、一五分ほどで避難しました。うちは家訓で、何か緊急事態があったら、仙台市太白区四郎丸《しろうまる》のスーパーに逃げると決めていた。一年前のチリ地震の時もみんな、そこに逃げたんです。娘夫婦は今回もその通りに逃げた。娘夫婦と孫のことは心配でしたが、逃げているだろうと信じていました。

次女が「悔やまれる」と言うのは、避難する時、町内会の近所の奥さんたちが道路に立っていたのに声を掛けなかったこと。みんな、津波で犠牲になってしまった。

自宅がある閖上五丁目では、うちのように家族七人全員助かったのは「珍しい」「奇跡」と言われます。近所の多くの方々が亡くなりました。

うちは地引網と「貞山堀《ていざんぼり》の水紀行」という観光の船下りもやっていたんです。漁師の家系で三代目。船は五隻持っていたんですが、全部津波でやられました。自宅はもちろん、津波で流失。門柱だけが残っていました。

仕事場の斎場も津波で全壊しました。斎場の多くは小高い所にあります。名取市斎場は海岸から五〇〇メートル。岩手、宮城、福島の被災三県で、津波で全壊した斎場は名取市斎場だけです。震災から二日後の三月一三日、斎場に行きました。鉄骨と炉だけが残っていて、中はがれきの山。復旧までに少なくても半年は掛かると思いました。ただ、ご遺体がたくさんあるため、早急に復旧するという市の方針が決まったのです。

「どうやって復旧しようか」。最初は戸惑いました。まずブルドーザーでがれきをそのまま外に出して、洗って掃除した。四炉あった火葬炉も水没。海水を含んだ炉は、そのまま火を入れると水蒸気爆発を起こす恐れがあるため、二日間かけて徐々に乾燥させました。制御盤にはガムテープを貼り、壊れたスイッチはコタツのスイッチで代用しました。

骨壺などを置く台座の脚はビールケース。献花台は、田んぼから拾ってきたテーブルを使用。それらは今でもそのまま斎場にあります。結局、火葬炉の二炉を震災から二週間で復旧させました。ただ、焼くのは簡易式のバーナーです。いずれ、きちんと修復しなくてはいけない。「炉が駄目になるまで、やれるだけやれ」。市からそう言われました。

火葬を再開した三月二五日、六人の方を荼毘《だび》に付しました。その日、最初に火を入れたのは、忘れもしません、閖上の高校生と二〇歳ほどの兄弟です。二人のご遺体にばあちゃんがずっと寄り添っていました。

その後、残りの二炉も復旧。四炉で一日、二〇人の方を火葬し続けました。震災から一カ月半で四五〇人の方を火葬した。私も地元の閖上ですから、親戚や友人、近所の方々らばかり。みんな知っているんです。つらかったですね。一番悲しかったのは、子どもの火葬。変わり果てたご遺体の入った棺をずっと親らが抱えている。離れません。遺族が「お願いします」と言うまで待っていました。

四つの炉で同時に一家四人の家族を火葬したこともあります。一家八人の家族というケースもあった。あんなにつらい仕事はありません。

閖上では九〇〇人近くが亡くなりました。斎場はガラスが割れたままで、壁もない。遺族から苦情が出るものと覚悟していたのですが、「地元で火葬してもらえて本当にありがとうございました」と感謝された。一件の苦情もありませんでした。

とにかく、土葬しないで火葬しようというのが市の方針でした。一度土葬して、掘り出して火葬する。改葬と言いますが、改葬すると遺族が二度悲しみを味わうことになります。震災時の遺族への対応。それがとても大事なんだと改めて痛感しました。

今、仙台市内のアパートに「借り上げ仮設住宅」として入っています。自宅があった場所は、名取市の区画整理で非居住区域です。どこに住むのか、将来像はまだ描けません。でも、また閖上で暮らしたいですね。

（二〇一二年一月一五日）

◇宮城県名取市

仙台東部道路への疾駆

アルバイト　三浦修《みうらおさむ》さん（64歳）一家

■東日本大震災の津波で壊滅的な被害を受けた名取市閖上《ゆりあげ》地区。地震の後、周辺の主要道路は事故と信号ダウンなどで、避難する人の車で渋滞が発生した。近くに高台はない。三浦修さんの妻洋子《ようこ》さん（六〇歳）、長女春奈《はるな》さん（三五歳）、長男良介《りょうすけ》さん（三一歳）の家族四人は、とっさに高速道の仙台東部道路に避難することを決断。地域の抜け道を選んで車を走らせ、無事渋滞をくぐり抜けた。道の選択が生死を分けた。

【聞き手／古関良行】

修さん　震災があった三月一一日、僕ら夫婦二人は名取市のイオンモール名取店にいました。会社を定年退職して、仕事は今、朝にスーパーでのアルバイトです。あの日は買い物をするため、午後からイオンモールに出かけた。そこで地震に遭遇しました。

洋子さん　イオンモールではスプリンクラーが壊れ、水があふれました。逃げた駐車場では泣き崩れる女の人たちもいました。揺れが激しく、ニュージーランド地震のビルのように建物が壊れるんじゃないかと思いました。午後二時五七分、息子からメールがきた。〈ものがないところに避難して〉と。

修さん　自宅に着いたのは午後三時半ごろ。家自体は大丈夫でした。ただ、温水器のパイプが破損してお湯が出ていましたね。家の中は足の踏み場がなかった。

自宅に帰る途中、南北に走る県道塩釜亘理《しおがまわたり》線はもう混んでいました。閖上地区から内陸部へ向かう場合、主に二つのルートがあります。閖上中や閖上公民館前を通る市道と、バス通りと呼ばれる名取川沿いに伸びる県道閖上港線です。二つの道路は閖上大橋のたもとで県道塩釜亘理線と交わって、五差路をつくっている。ここがものすごく渋滞した。自宅はこの五差路から県道塩釜亘理線を南へ七〇〇メートルほどの場所です。僕らはイオンモールから戻るにしても、内陸部へ避難するにしても五差路を通らずに済む。それが幸いしました。

あの日の午後三時前、五差路の先の閖上大橋でトレーラーの積み荷が落下し、対向車をつぶす事故が起きて橋は通行止めになった。信号も停電で消えた。大混乱だったようです。

大橋が通行止めになって仙台方面へのルートが閉ざされました。結局、ほとんどの車は内陸部へ通じる県道閖上港線に集中して、車が流れなくなったそうです。

春奈さん　私は当時、名取市の嘱託職員として働いていました。その日は所用があり、職場を午後二時半ごろに退勤。移動中、仙台市若林区で地震に遭って、すぐに閖上の自宅に戻りました。家のことが心配でしたから。午後三時すぎ、閖上港線を閖上方向に向かったんです。コンビニのミニストップがある交差点を右折し、斎場へ向かう道路から県道塩釜亘理線に出て自宅に到着。午後三時二〇分ごろのことです。既に塩釜亘理線は相当混んでいました。自宅に着いたのは私が一番早かったんです。

良介さん　僕は名取市館腰《たてこし》にある会社にいました。地震があって、みんな外に避難。母親に避難するようメールを送りました。閖上の後輩が「津波警報が出ている。津波は六メートルだって」と言うので、心配で自宅に向かいました。自宅で偶然にも、家族全員がそろいました。

春奈さん　私のうちも隣のうちも、どこに逃げるのか、迷っていました。「どこに逃げたらいいんだろう」って。避難場所は閖上小学校、閖上中学校になっていた。小学校まで五〇〇メートル。でも、道路は渋滞だし、海の方へ向って行かなくてはいけない。いつ津波が来るかも分かりません。高い場所と考えて、じゃあ東部道路に逃げようと決めたんです。名取インターチェンジまで一キロ弱です。隣近所にも「東部道路に逃げよう」と声を掛けました。でも、車が混んでいるからって、みんなは「歩いて避難する」と言っていました。

洋子さん　私は隣の家のだんなさんに声を掛けたんです。「避難所はどこですか」って。「閖上小かな」と言っていたんですが、津波が怖い。結局、隣の奥さんも東部道路の方へ歩いて逃げました。途中で車に拾ってもらって仙台市太白区へ避難。命拾いしたそうです。ただ、だんなさんは「俺も後から行く」と言ったのですが、自宅で津波の犠牲になってしまいました。

修さん　妻と息子を車に乗せて東部道路に向かおうとしたんだが、娘が家から出てこない。津波が来てもたいした津波ではないと思ったのか、飲み物や食べ物、着替えなどを用意している。車の中でワンセグでテレビを見ていたら、自衛隊の映像だったか、海の様子が映った。津波が押し寄せている。「早く逃げろ!」。そう叫んで車を出した。午後三時四五分ごろのことだと思います。

春奈さん　私もすぐ自分の車に乗って家を出ました。たまたま、渋滞の列に隙間があって、そこを通りぬけて細い裏道に入ったんです。地元の人しか分からないような、田んぼの狭い道を抜けて名取インターチェンジに着きました。ところが、高速道路は通行止めになっていて、インターのバーが降りていて入れない。三台前に父たちの車が見えました。

修さん　通行止めだったからか、インターに車はあまりいませんでした。僕らの前に二台かな。前にいたトラックの運転手が、道路公団の職員にすごい剣幕で怒鳴った。「何やってるんだ！　さっさと開けろ」って。迫力に押されてか、職員がバーを開けたんですよ。それで東部道路に入れた。六、七台ほど入ったのかな。

春奈さん　私は南の仙台空港方面には津波が来ると思って、逆の仙台東インター方面に逃げました。すぐ名取川を渡る橋に差し掛かります。すると川を茶色の津波がすごい濁流となってさかのぼっていました。怖くて、猛スピードで車を走らせました。名取インターも津波でひどい被害を受けました。ギリギリ助かったんだと思う。仙台東インターで降りるまで、前にも後ろにも車を見ませんでした。

その後、三時間ほどかけて仙台市内を抜け、午後七時ごろ、勤務先の増田中学校に到着。住民が大勢集まっていて、避難所としての対応に追われました。

修さん　名取インターは、五差路から西へ約七〇〇メートル、混雑していた閖上港線の市役所方面に向かう途中にある。閖上港線があんなに混んでいたのに、東部道路には車がほとんど入ってこなかった。そして津波の犠牲になった。東部道路に逃げるという認識がなかったのかもしれません。東部道路も通行止めなんかにせず、避難場所として開放すれば、もっと助かった命があったでしょう。緊急事態に対応できなかったと思いますね。

僕らは娘と逆方向、仙台空港インター方面に逃げました。仙台空港のインターを降りずに、そのすぐ側で車を止めて待機していました。

良介さん　ワンセグでは、仙台空港にも津波が押し寄せたことを放送していました。辺りはもう暗くなっていて、状況が分からない。道路公団の人に聞いても、津波被害の状況はさっぱり分かりませんでした。「個人の判断で高速道から降りるのは結構です」なんて言われた。夜は高速道路の上で、閖上の火災を唖然として見ていました。

修さん　車で一晩過ごして、翌日、僕らも娘が勤める増田中学校に避難しました。まさか、閖上がこんなに壊滅的な状況になっているとは思いもしませんでした。

わが家にも津波は押し寄せたんですが、流されず、ちゃんと残っていたそうです。二階に避難した近所の人が見ています。ところが翌一二日の昼ごろ、火事で燃えてしまった。消防も消火作業ができるような状況ではなかった。自宅が燃えてしまったので、記念の写真なども残っていません。

自宅は、退職したのを機に三年前、一生住む家だからとリフォームしたばかりでした。今は「借り上げ仮設住宅」として、名取市内にある3DKのアパートにこうして家族四人で暮らしています。市役所からは「四人なら2DK」と言われたんですが、私は病気も抱えていて、大人四人で2DKで暮らせるはずがないじゃないですか。

早く災害復興住宅を建ててほしい。みんながみんな、お金持っているわけじゃないですから。精神的にも経済的にも苦しい。余裕はありません。できるなら閖上に戻りたいのですが、それよりも安全な場所で余生を過ごしたいですね。でも、今はまだ将来が描けません。

（二〇一二年一月一五日）

◆宮城県岩沼市

愛犬と体験した大震災

主婦
鴇田《ときた》けい子《こ》さん（63歳）

■マンション住まいの鴇田家では犬を飼っている。避難生活も、その後の日々も犬と一緒。半世紀前のチリ地震津波も体験したけい子さんが、この一〇カ月を振り返る。　［聞き手／鷲羽大介］

三月一一日は、私もお父さん（夫）も風邪をひいて調子が悪くて、お父さんは会社を休んでいました。たまたま三男も仕事が休みだったので、薬を買いに行ってもらいました。うちには私とお父さんと、飼い犬のヨークシャーテリアだけだったんです。

お父さんが寝床で寝ていて、私は犬をひざに乗せてリビングでテレビを見ていました。そうしたら緊急地震速報が鳴って、すぐに揺れ始めたと思います。

うちは七階建てマンションの五階なんですが、縦揺れも横揺れも今まで経験したこともないすごさで、うちで一番高級な液晶ブルーレイつきテレビを片手で押さえて、片手で犬を抱いて、揺れが治まるのを待ちました。

でも、いつまで待っても揺れがいっこうに治まらないんですよね。いつまでもいつまでも揺れていて、マンションがものすごい音をたてていたんです。ガシャガシャというのかギシギシというのかミシミシというのか、異様な音でした。

阪神大震災のとき、ビルが途中からグシャっと潰れているのをテレビでやってたじゃないですか。あれを思い出して、もううちのマンションもあんなふうに潰れるんだと思いました。もうダメだ、と諦めましたね。もうテレビどころでなくうちが潰れる、私も死ぬ、お父さんも死ぬ。せめて愛犬だけは助けよう、そう思って、抱いていた犬をコタツの中に入れたんですよ。後から考えれば、マンションが潰れたらコタツなんて何の防護にもならないんですけどね。とにかくその時は必死でした。

寝床にいたお父さんは、すぐに飛び起きてきて、マンションの玄関のドアを開けて、避難できるようにしていたんですが、立っていられなくて、玄関に座り込んでしまっていました。

そうしているうちに、三分ぐらい経って、なんとかマンションが壊れることもなく揺れが治まりました。マンションは危険だと思ったので、すぐに外へ出て、クルマに乗り込んで、うちの前にある農協の駐車場に避難しました。

薬屋さんに行っている三男と、仕事に出ている次男に電話をかけたんですが、何回かけてもつながりませんでした。釜石市にいる親類にも電話したんですが、やはりどこにかけてもつながりません。次男の職場は古い建物なので、潰れたんじゃないかと心配でした。

しばらく待っていたら三男が帰ってきて、三男もいっしょにクルマに乗って、息子はテレビを見ていたようですが、私はただ恐ろしくてテレビを見る余裕もありませんでした。

しょっちゅう余震が起って建物はギシギシいうし、電線がヒュンヒュンと鳴って、クルマの中にいても生きた心地がしなくて、テレビを見るのも怖くて、ただ怖いと思いながら震えていました。そうしたら、三男のケータイに次男からメールが来て、とりあえず無事は確認できました。

暗くなってきたので、三男にいったん家に戻ってもらって、毛布を取ってきてもらったんです。懐中電灯を持っていったんですが、家の中はめちゃくちゃだったと聞きました。

次男が帰ってきたのは八時ごろだったでしょうか。

やっと家族がみんな揃って、ええ、犬もいっしょです。そうしたら農協の建物の近くにいるのも不安になったので、今度は近くにある岩沼駅西口のロータリーにクルマを移動させました。そうして家族みんなで、夜が明けるのを待ちました。

うちの一家は岩手県の釜石出身で、私もチリ地震津波などを経験していますが、あんな町を覆うような津波が来るとは思いもしませんでした。チリ地震津波のときは、今回の震災で大被害を受けた鵜住居《うのすまい》地区に住んでいて。小学六年生だったのですが、父に連れられて見物に行ったんですよ。今考えると恐ろしいことですが、もともともっと山のほうに住んでいたので、津波の怖さを知らなかったんですね。あの時は、海岸の近くに行くと海が盛り上がっているのが見えて、あわてて逃げました。川の土手を走って逃げたんですが、川が逆流してきたのを覚えています。たしか、釜石の町のほうでは市場を一メートルぐらい乗り越えてきたり、町なかのマンホールから水があふれたりしていたといいます。でもその程度でしたから、今度もそれぐらいのものだろうと思って津波の心配はせずに、風邪の具合が悪かったこともあって、クルマの後部座席で寝ていたんです。

そして夜が明けて、三男がマンションに戻って様子を見に行ったら、とりあえず玄関も開くし建物は無事だというので、うちに戻りました。うちの中は、倒れていた棚などを三男が直してくれていたので、それほど乱れた様子ではありませんでしたね。

もちろん電気もガスも水道もだめです。ハナトピア岩沼で給水をしているというので三男が行ったんですが、いつになっても帰ってきません。夕方にようやく帰ってきたんですが、給水車が小さくて、一五分ぐらい給水したらまた水を取りにいって一時間後に戻る、という感じで、ぜんぜん行列が進まなかったそうです。そうしたら、お父さんが「市役所で給水をしている」と聞いて、そっちで水をもらってきました。

次男はあちこちに買い出しに出て、スーパーなど何軒も回って食べ物を買ってきました。お風呂に水を張ってあったので、トイレの排水はそれを使えたので助かりました。

ガスは二日目の夜ぐらいに復旧したと思います。うちはLPガスなので、すぐにガス屋さんが来てくれたんですね。ありがたかったです。二日目の夜は土鍋でご飯を炊いて、缶詰をおかずにして食べたんですが、もう何十年も電気釜でしかご飯を炊いたことがありませんでしたから、おかゆみたいにべちゃべちゃなご飯でしたけどね。それでも、温かいご飯を食べられるのがうれしかったです。

夜になれば真っ暗ですから、ロウソクを何本も点けて灯りをとりました。うちには石油ストーブなどがないので、電気が止まれば暖房もとれないのですが、ロウソクをいっぱい点けて、家族みんなでいっしょの居間にいると、けっこう暖かいものでしたね。

電話はまったく通じなくて、親類の安否もなかなか確認できなかったのですが、次男が災害伝言ダイヤルに一家の無事を吹き込んでいたのをみんな聞いてくれていたようでした。後になってわかったことですけどね。被害の大きかった釜石には、お父さんと私の両方の親類がいるので心配でしたが、たしか三日目の朝にやっと電話がつながって、無事が確認できました。

電気が復旧したのは三日目か四日目だったと思います。そのときテレビを見て、ようやく津波のすごさがわかりました。それまではラジオしか聞けませんでしたから。言葉では聞いていても、実際の映像を見るともう胸がつぶれそ

◉岩沼市の被災状況

死亡者数［人］	182*1
行方不明者数［人］	1*1
震災前住民数［人］	44,128*2
ピーク時避難者数［人］	7,214*3
浸水面積［km^2］（行政域）	29（60.72）*4

＊1　宮城県HP（2012. 1. 25現在）
＊2　岩沼市HP（2011. 2末）
＊3　岩沼市HP（3月14日に最大）
＊4　岩沼市HP

うでした。

マンションはどこでもそうだと思いますが、大きな給水タンクがあって、電動ポンプでくみ上げるじゃないですか。なので電気が来たら水も出るわけですから、すぐにお風呂を沸かして家族みんな入りました。でも、たぶんマンションの住民がみんなそうしたんでしょうね。すぐにタンクが空になって、水が出なくなってしまったんですよ。水道の復旧はいちばん最後で、ずいぶん長いこと、自衛隊の給水車に頼っていたものでした。

あの地震からというもの、うちの犬が緊急地震速報の音を覚えてしまって、テレビがあの音を鳴らすたびに、すごくおびえるようになったんです。寝ていても、地震速報の音を聞くと、とたんに飛び上がって、私の顔を見ながら「きゅーん」と鳴くんですよ。まるで「こわいよー」って訴えているみたいに。普通にしているときも、前に比べてすごく甘えん坊になって、一日ずっと誰かの膝の上にいようとするんですよね。こんな小さな生き物でも、やっぱり心に傷を負うんですよね。私はたまたま無事だったからこうして話すこともできますけど、被害に遭った人たちの心の傷を思うと、どれほどの悲しみか想像もつかなくて、涙が出てくるようです。

地震のとき、私の姉が末期ガンで釜石の病院に入院していたんですよ。でも病院がいっぱいになってしまって、花巻の病院に移されたんです。自衛隊のトラックで移されたとか、甥から聞きました。それから間もなく、四月の二日に亡くなったんです。病院を移ったというのも甥から聞いた話で、姉本人とはついに話すことができないまま、亡くなってしまったのが今でも心残りです。


（二〇一二年一月七日）

◆宮城県亘理町

消防隊　開墾の町駆け巡る

亘理地区行政事務組合事務局長
水野《みずの》孝一《こういち》さん（62歳）

■イチゴの名産地、亘理《わたり》町中心部の一角に亘理消防署がある。水野さんは隣町の山元《やまもと》町も含む亘理地区行政事務組合の事務局長。三月一一日から三一日まで水野さんは消防署に泊り込むことになった。これまで亘理町・山元町に巨大津波が押し寄せた記録は残されていない。正確性を重視した水野さんの話は貴重な記録となるはずだ。

［聞き手／渋谷敦子］

亘理の阿武隈川《あぶくまがわ》河口は、名取川の河口と地理的に同じような条件にあると思いますね。低湿地で、海抜ゼロメートルの地形といわれるところです。今回の震災では、阿武隈川河口に開けた荒浜《あらはま》地区の鳥《とり》の海《うみ》湾にある漁港周辺が津波で流出して、湾の真ん中にある蛭塚《ひるづか》という小さな島も浸水したようです。

　この事務室に掲示してある津波浸水地図を見ると、浸水区域の中でも色の濃いところがあるでしょう。家屋が全滅に近いところです。鳥の海公園陸上競技場なんかも使えないような状態で、近くの荒浜中学校も一階部分が完全に水没しました。地域の皆さんは荒浜小学校、荒浜中学校、町の荒浜支所という三カ所の施設に避難して、上へ上へと逃げてなんとか助かったんですね。いえ、津波の避難所は、実はもっと高い丘陵地帯にあって、荒浜小、中学校などは大火災の避難所なんです。

　もともとこの辺は、名取、岩沼も同じなんですが、太平洋側の砂浜が続いてる所ですから。三陸の方々とちがって、津波に関することは、親からの言い伝えとか、歴史的な記録に具体的に記されてるものがほとんどないんです。こんな時はどこへ逃げろという教えとかも、なかったんですね。

　避難訓練は、もちろんここ亘理でもやってました。ただ、三月一一日の二日前にも大きな地震があって、津波注意報が出ました。でもあの時は、ほとんど津波がなかったんですね。そういうことも災いしたんでしょうか。まあ、来ないだろうと、来ても一メートルか二メートルくらいで済むんじゃないかという、なんというか、その安心感というのか、他の人からみれば油断というふうなことだったのかもしれません。

　亡くなったかたが亘理町で二五二人、山元町で六七二人です（七月一〇日現在）。

　私はそのとき、ここの消防署にいました。あ、地震だと思って、携帯ラジオは常に持っているんで直ぐに点けたら、地震の情報が流れてました。なかなか揺れが止まらないもんですから、職員がいる事務室へいってみたんです。もう、そうとう強い揺れで、物が散乱して騒然とした状況でした。

◉亘理町の被災状況

死亡者数[人]	257 [*1]
行方不明者数[人]	12 [*1]
震災前住民数[人]	35,585 [*2]
ピーク時避難者数[人]	6,104 [*3]
浸水面積[km^2](行政域)	35(732.10) [*4]

＊1　宮城県HP(2012. 1. 25現在)
＊2　亘理町HP(2011. 2末)
＊3　亘理町HP(3月12日の数)
＊4　国土地理院　津波浸水域の土地利用別面積(暫定値)について(2011. 3. 28)

消防の通信司令室は、宮城県の防災行政無線ネットワークと総合防災情報システムで繋がっていて、大津波警報発令を二時五〇分に受信したんです。それですぐに、亘理、山元町の防災行政無線での広報と、消防車両での警戒広報を開始しました。ここには山元町に分署があって、その分署と亘理町の本署から、沿岸部に津波警戒隊を出したんです。

津波の情報で私は、三階の屋上に上がってみたんですよ。海そのものは見えないんですけど、海の側の高い建物なんかは見えるんですね。すると、なにか火災現場の白煙みたいなのが上がってたのが目視できたんです。ずうっと向こう、太平洋と陸地との境あたり、阿武隈川の河口周辺に見えたんです。なんだろうなあって思ってね。いやあ、それが火事ではなくて津波の水飛沫だったんですね。後からわかったことですけど。その時はまだ、ここに津波が到達してるという情報入んなかったので。

現場から情報が伝わってきて、津波第一波を確認したというのが、三時五五分だったんです。山元町の福島県境付近ということでした。これは危ないというんで、すぐに退避命令を出しました。その時点ではもう、三陸とか仙台空港で六メートルの津波が来るという報道が、ラジオでも流れてました。職員全員を署に戻すようにしたんですが、荒浜に行ってた消防隊二隊が帰って来られなくなって、そのまま付近の避難所に留まることになりました。車両は残念ながら水没しましたが、隊員は無事でした。車から降りたところですでに水が流れ込んできて、慌てて建物に駆け込んで助かったという状況のようでした。

第一波は、そうですね、津波を見た多くの人の話によると南の方から押し寄せたというんです。新地《しんち》、相馬方面から北に押し寄せたというのが、みなさんよくお話しする第一波のようです。それはもう、けっこう大きかったようですよ。

津波は地理的条件、つまり防潮堤があったりとか、その時の潮の加減で、潮流っていうんですか、それによって到着時間なんかも若干違ったりしたこともあるかもしれませんね。海岸から逃げて助かったかたの話では、「南から黒い水が押し寄せて来た」という見方が多いですね。

消防署では自家発電装置がありますから、テレビの受信はできたんですよ。NHKで、仙台の井戸浜《いどはま》周辺を上空から撮った映像ですね、集落が津波に押し流されて、閖上《ゆりあげ》大橋の県道を越える勢いで迫って、火災も発生している、その放送を見てました。

亘理地区行政事務組合は、亘理町と山元町が共同で、消防と火葬業務を行っています。組合の消防職員は七三人。亘理町に消防本部があって、亘理消防署と山元分署の「一署、一分署体制」です。

　私は亘理町から派遣されて、事務を統括する立場の責任者ですが、避難指示または勧告は出せません。市町村長が行うものなんですね。災害が起こると、亘理町と山元町に災害対策本部がそれぞれあって、そこに組合の職員を派遣します。両町の要請に基づいて、組合の消防長が指揮命令を行うんですね。通常の消防業務は組合で行いますが、緊急災害時には、それぞれの災害対策本部と連携して活動するというわけです。

　消防の職員は当然、交代制勤務です。三部編成になってるんで、震災当日は三分の一しか出てないんです。さらにそれが亘理町と山元町に分かれるわけですね。その日勤務外の職員については、災害時の職員初動対応マニュアルにしたがって、非常時の召集がかかるんです。三月一一日は、当日の午後一一時頃まで、ほぼ全職員が参集した状況ですね。救助に当たっては担当区域を、本署が亘理町、分署が山元町と分けてます。消防署員で特別な訓練を受けたレスキュー隊員を中心に班を編成してますね。

　あのときはもう、通信手段というのがまったくありませんでしたね。あったのは、いわゆる特別な消防無線か警察の無線とかに限られたんですね。一般的なＮＴＴ回線や携帯電話も繋がらない。ですから「伝令」が主な手段だったんです。はい、そうですね、懐かしいと思われる方もいるかもしれません。

　救急の要請なども電話が不通なので、「かけこみ」です。避難先などから、家族や知り合いの方が走って来て、救急車を要請するんですね。それから、津波で被災した前線まで隊員を派遣してましたので、そこに、避難してる人から救助の要請がくる、それが無線に入ってくるんですね。どこそこで何人が助けを求めてるとか、こういう病状で救急車を要請とか、あとは火災発生したとかですね。そういういろんな情報が入ってくるんですけど、なにしろその、水没している所には行けないんですね。ですから、ある所まで行って、そこからは歩く以外にないんです。

「田舟《たぶね》」ってご存知ですか。もともとは田植えをする時に苗を積んで、曳きながら植えていったものです。この辺は湿地帯なもんですから、昔からそういう舟があるんです。ええ、この舟と同じようなボートで救助された方もいらっしゃいます。ここは海も近く、昔から阿武隈川が氾濫してすぐ洪水になるということがあって、救命ボートは準備してあるんです。昭和六一（一九八六）年でしたか、八・五豪雨の時も、隊員が胴衣はいてそのボートを持って、助けに行ったんですね。

　今のボートは昔あったような木製ではなく、ゴムやＦＲ

P、アルミなどの材質で、折りたたみ出来るようなものを準備してるんですね。救助用としてアルミ製が二艘、ゴム製が一艘あります。津波は水と瓦礫ですから、ゴムボートですと破損しやすいんです。どうしても空気が抜けてしまって思うように動けない、それでアルミボートがだいぶ活躍したと聞いております。

大津波警報発令と同時に、防災行政無線で広報し続けました。屋外式の拡声装置が設置されています。停電になってもバッテリーを内蔵してますので、送信して拡声機で放送はできるようになってますね。もっとも津波が襲来して倒されればもうだめですけど。そのほかに消防車で巡回して避難を呼びかけたり、もちろん地元の消防団の方々も避難誘導にあたってました。山元町の消防団員三人が殉職されています。

津波が地震の直後じゃなくて、間合いがありましたよね。一時間ちょっとのその間があったために、いったん避難されたかたでも、何か大事なものを取りに行くとか、あるいは飼い犬とか猫を連れに戻って、避難所まで来る途中で、目の前で流されてしまうということも聞きました。いったん逃げた後、安心して自宅に戻る途中などで津波に遭ったなんていうのは、なんともね、悔やまれることです。

水ですからね、低い方に流れるし、障害物のない所に流れるわけです。三陸沿岸の映像見ますと、建物の間を、グァーっと上りました。ああいう状態だったみたいですよ、こちらの荒浜も。住宅が密集してますから、道路に水嵩がわーっと来たんですね。

＊＊＊

消防署には、避難したか、どうなのかなど、安否確認する人が殺到しました。なにしろ電話などの通信手段がなく、それに暗くなってますしね。署の入り口にある掲示板に、安否確認の情報を記入するため、大きいカレンダーの裏側を使って貼り出したんです。「誰を」「どなたが」探してるのか、書き出してもらったんです。例えば、日時と「こちら誰それは無事、どこの誰々を探してる」というふうに、ずらーっと書いてもらったんです。消防署としてはそれしかないんですね。

平日の日中に起こったので、町外に勤めている方は、亘理に辿り着いたのは夕方以降なんですね。もちろん通信手段もない、津波で浸水して自宅にも行けない、そこで警察、消防、役場で確認していたようです。消防署では、探されている方が、安否の記載を見て、「ああ名前あった」と、無事を確認して行かれた方もおられましたね。国鉄の時代の駅にあった、黒板に記入する伝言板方式です。それをやりました。

ただ、応対できるスタッフもおりません。混乱した状況ですから、署に残った職員が手分けして対応しました。傷病者が数多く、「うちのじいちゃん、透析してるんだけどなんとかなんないか」というときは、待機している救急隊に引継ぎするなど、救急の駆け込みも殺到しました。震災後二日三日、救急の要請が多く、応対を待ってもらうという状態でした。

医療機関も、個人の医院では震災の影響で診察できない状況でした。ここ亘理町は、名取市・岩沼市・山元町などと、救急医療体制が仙台医療圏です。近くの医療機関として、岩沼に総合南東北病院がありますが、岩沼、名取も津波に遭ってますので、受け入れを制限しなければならなかったようです。山元の宮城病院にもお願いしましたが、山元町内でも甚大な被害があったので、限りがありましたね。

次の方策として、仙南の消防本部と消防無線で連絡を取って取次ぎをお願いし、仙南医療圏のみやぎ中核病院に受け入れていただきました。そのほか仙台の東北大学病院などへ重症者を搬送しました。町民のかたからみれば、なんてまどろっこしい対応だったのかと捉えられた面もあるでしょう。とにかく通信手段が消防の無線だけで、情報もかなり混乱してました。

消防無線は県のネットワークで繋がってました。あとは警察無線ですね。亘理警察署とはすぐそばなので、やり取りはそれこそ伝令です。走って伝えて、お互いに情報交換や緊急要請など、電話回線が回復するまでこの方法でした。両町役場との電話専用回線は、不通になりました。亘理と山元の役場庁舎は地震で被災し、危険で使えなかったのです。山元町では、一階二階の一部だけ使い、亘理町は全面的に使えないので、プレハブを建ててます。仮庁舎がもうすぐ出来上がるころですね。

この消防署の庁舎は、昭和四六（一九七一）年に建てられたものなんですが、意外になんでもなかったんですね。地盤のよい場所所と、消防庁舎の建造物として頑丈な構造が、被害を少なくしたと考えています。震災数日後、建築業者が被害調査と、建物の調査をした結果、大きな損傷や地盤沈下もないので使っています。建て替えの計画もあったのですが、あの地震の揺れに耐えた、ということでね……。

亘理町も山元町も、震災後数日は屋外のテントに災害対策本部を設けていました。余震も多かったですから。

いちばん困ったのは飲み水ですね。食糧はある一定量は備蓄してます。それは緊急援助隊として派遣される時のために保管してあるものです。今回はこちらが援助を受けた側ですけどね。水は完全にストップ。生活用水もない。常に一〇〇人前後の職員が出入りしてましたので、その飲み水も確保しなければならなかったんですね。

それで仙南消防本部に照会したら、丸森町《まるもり》では自家発電で浄水場が一部可能というので、それを手配することになったんです。全職員が出動していて、留守部隊で残っていたのが新人の若い職員で、場所が分からないというので、私が道案内でいっしょに行きました。一三日の朝八時過ぎに、三人で丸森まで行って給水してきました。午前中に一回、午後にも一回です。給水車がなかったので、ポリタンクをかき集めてです。その後、角田消防署の丸森出張所で、給水のできるタンク車を出してくれたんですね。二トンのタンク車だったと思います。

一四日も、午前中に一回行きまして、あとは若い職員に引き継ぎました。給水活動は上水道が復旧するまで続きました。

職員の勤務体制は、三部編成のところをとにかく一部にして、非常配備体勢で活動していました。でもうちの職員だけでは、もう間に合わないというところへ、全国の消防組織で編成される、緊急消防援助隊が駆けつけてくれました。これは阪神・淡路大震災を教訓にして、震度5か6の地震があったら、総務省消防庁長官から緊急援助隊の出動命令が下るというものです。

亘理には愛知県から来てくれました。一三日からは合同で救助活動を始めました。一一日以降余震が多発し、新潟でも長野でも地震がありましたね。それで途中で止められて、新潟に行くか長野に行くかで待機していて、遅れての到着だったんです。愛知県隊の到着で、亘理の消防隊合同で、救助隊、救急隊、消火隊、この基本の三つを組織しました。

まずは、いちばん肝心な水利を確保しなければならなかったんです。消防の火災現場で水を使うのはこれ、大前提ですよね。その、水がないんですよ。さっき言ったように飲む水もない、もう完全にストップしてるんですから。その水利を確保するために、緊急援助隊に、大きなタンク車が玄関にありましたね、あれは神戸から寄贈してもらったタンク車ですが、あのような車両を持ってきてもらったわけです。

亘理町は被災後、丘陵地帯とか、常磐線《じょうばん》より西の地域や国道六号にかけて、六割以上の民家が残って生活していました。余震も続いてましたから、蝋燭使ったり、あの時寒かったので暖をとりましたよね。そこで万が一、火災が発生して放水しようと思っても、水がないとなると大変な火災になってしまう心配がありました。それでいつでも出動できるように、まず消火の部隊を、緊急援助隊とうちの職員とで二隊編成して、それも二四時間体制で備えたんですね。

救助も同じで、レスキュー車を持ち込んでもらい、レスキューの人で隊を組んで、それから救急隊も同様に救急車持ち込みです。もちろん消防自動車もですね。そういうかたちで、全部持ち込んでの活動なんです。ここに救急車が最大で七、八台ぐらい並びましたかね。例えば名古屋、岡崎、豊田などいろんな市から、他に愛知県内の組合の消防本部などほとんど来てました。警察、消防、自衛隊の三者が、両町の災害対策本部で毎日救助活動の打ち合わせをして、今日はこの地域をどのようにするのか話し合って、いっしょに進めていくやり方でしたね。

緊急援助隊は二泊三日で交代ですが、次の隊に足りない物資を伝えて持って来てもらうリレー方式で、次々と支援してもらいました。これは、力強い支援でしたね。人も、物資も、機材もですから。機材は海水に浸かって使えなくなったのもあって、すぐに持って来てもらいました。放射線対策として線量計を持っていたのには感心しました。雨の日には活動を中止するなど、指揮は徹底していました。

燃料については、特定のガソリンスタンドと災害協定を結んでいたので、緊急車両の燃料は確保できました。

あの時、消防のおもな業務は、現場では救助と救命でしたから、瓦礫処理は基本的にはやらないんです。救助の時、瓦礫に挟まっている人を助け出すのに、取り除くという作業をすることはあります。瓦礫処理そのものは手作業ではできませんので、自衛隊員が重機を操作して撤去してました。救助活動の一環として検索しました。助けるために行ってるんですが、すでに亡くなってるという場合も多かったようですね。

水が引かなくて、特に荒浜地区は、地盤沈下してましたので、自然に水がなくなるまで待つしかないような状況で、救助活動は難航したんですね。それで、全国から排水ポンプを動員して作業しています。

亘理町では、全域の雨水は、鳥の海に集中して流れるんです。さらに、周辺の田圃の農業用水を排水として流すためのポンプ場は、津波で運転できなくなりましたので、いつまでも溜まった水が引かない状態だったんです。排水作業は現在でも継続しています。大潮とか大雨の時は、水位が上がるという心配があります。海岸の砂浜は、人工の構築物がない時代の自然堤防の状態で、砂浜が抉り取られてできた入り江が無数にあります。

鳥の海は、もともと阿武隈川の河口で海と繋がってたんですね。それが川の上流から流れて堆積したものと、海から運ばれた砂が合わさって、自然堤防のかたちになって河口で分断されたんです。さらにその一帯を干拓して住宅地にしたんですよ。

江戸時代、荒浜の港は阿武隈川の河口にあって、江戸に送る米の積出港で栄えた町です。荒浜から北に行った所が高須賀《たかすか》といって、名前のとおり高くなってる所で、ここに湊神社があって河口だったのではないかといわれてるんです。その後、江戸時代中頃になって荒浜に川口神社を移したというんです。それで徐々に開けていって人が住むようになったんですね。戦後になって、新しい漁港を鳥の海に造ったんですが、その時に出た砂を集めて区画整理をして、住宅地にしたんです。ここがほとんど津波の被害にあっています。

亘理というと、近年イチゴの特産地として知られてます。海岸よりの一帯がいちご団地で、これも畑地開墾事業の造成でできたのです。

亘理町と山元町の境界あたりから南へJRの常磐線が海に向かっています。これはよくある話で、蒸気機関車が人家の密集している町のなかを通ると、火事になるというふうなこともあったのかもしれないですね。亘理町の新丁付近から、大きく海寄りに行ってるんです。山元町では、もっと海沿いに走ってます。亘理町の中心部ですと、海から六キロか七キロありますが、山元町では二、三キロの距離ですね。海岸部の吉田《よしだ》浜や笠野《かさの》・新《しん》浜、磯《いそ》浜などは、昭和二〇年代まで半農半漁の地域といわれています。

もともと、仙台と江戸を結ぶ陸前浜街道（国道六号）というのは、丘陵地帯を走ってるんです。本来はこの周辺が、人の住む場所だったと思われます。一〇〇〇年前にあったという貞観《じょうがん》津波の跡をみると、今回津波で浸水した区域と、ほとんど重なるという報道もありましたね。

＊＊＊

私が自宅に震災後初めて帰ったのは一四日深夜でした。ええ、当然消防署に張り付きでしたから、帰ってなかったんです。震災直後から、亘理大橋に救助に向かう職員が、何度となく私の自宅前の県道を通ってるんですね。それによると、水が来てるのはタイヤのホイールの下あたりだから、住宅の床上まではいってないというようなことだったので、まあ、大丈夫かなとは思ってたんです。

二人暮らしで、連れあいは地震直後、仙台市内の勤め先から帰宅する交通手段がなかったんですね。歩いて帰るというメールがあったんですけど、たまたま市内に住んでいる息子と連絡をとって、しばらくはそちらにいました。四、五時間歩いてから仙台へ戻ったようです。あの時はみんな歩いて帰宅したんですね。

私が家に帰ったというのも、通電が始まると火災の心配があるから、ブレーカーを切ったほうがいいと職員に教えられたからです。それで、勤務に支障のない時間帯の夜一一時ごろに行ったんですが、辺りは当然真っ暗なんですよ。道路もまだ完全に復旧していなくて、だいぶ瓦礫とかあったし車も置きっぱなしになってました。大きな懐中電灯を持って照らしながら、初めて家に入ってブレーカーだけとにかく落として、そのまま帰ってきたんです。家に帰ったのは三月三一日で、それまではこの消防署に泊り込みでしたね。

水が来たのは、家の土台の通気孔のすぐ下までです。でも庭はもう、チャボヒバっていうんですか、今になって塩害で真っ茶になってますし、牡丹なんかも花は咲いたんですけど一輪ぐらいで、咲いても一日しかもたなかったですね。あとはもう枯れてしまって。田圃に残ってた稲藁、稲刈りのとき細かく砕いたものですが、それが流されてきて庭一面に覆いかぶさってたっていう状況です。瓦礫はそんなになかったんですが、伝票のような紙類とかプラスティック製のものが散乱してましたね。

家を失ってる職員もおりますんで、そういう被害からみると、私の場合はなんともなかったようなもので。新築してまだ数年という方もいるんですよねえ。

なんて表現したらいいんでしょうね、われわれの考えの及ばないっていうか。よもやこういうことが現実に起きたのかっていう、何度ふり返っても受け入れるのに、こう、釈然としないというか……。

仙台から東部道路を南に走って、閖上方面から岩沼へ来ると、東側と西側では光景が全然ちがいますね。唖然とします。閖上もそう、仙台空港もそう、亘理も同じなんですよ。仙台東部道路・常磐自動車道を境にして、光景が全然ちがうんです。瓦礫やなんかもだいぶ片付いて、放置されてる車なんかもなくなってきましたが。そうなんですね、それは片付けたというだけで。

これからのことを考えると、特に、ここはなんといっても農業ですからね。働く場所としての農地をどのようにするか、いちばんはイチゴ栽培ですね。圃場をどうするか、田圃の場合は除塩をすれば復旧はできるんでしょうが、イチゴの場合は、ハウスなどの設備投資をしないといけないわけですから。生産高にすれば、イチゴは米をはるかに凌ぐんですよ。亘理、山元で合わせて約四〇億円が、もう皆無に近いですからね。

それから住むところが、特にひどい、全壊に近い集落の人はそこには戻りたくないという人が多いですねえ。見るのもいやだという方、けっこういます。漁業の方は、海を生活の糧にしなくてはならないので、半面、海に生かされてるということがあるんでしょうけど。イチゴ作ってる方は海とは直接関係ありませんからね。

いちばん問題なのは人口流出ですね、両町ともに。とくに若い方々の、流出が進んでます。仮設住宅に入る方もいるんですが、町外の民間賃貸住宅が、震災で、仮設と同じように家賃の補助がありましたし、亘理、山元町内だと賃貸住宅っていうのは数限られてます。やっぱり住むとなると岩沼市、名取市、仙台市、あとは隣の角田市、それに柴《しば》田《た》町になりますね。

亘理町では町外へ通勤してる人の三割は、通勤先が岩沼、名取、仙台ですから。職場そのものが町内では限られてます。帰って来ないとなると、人口が減るってことになるんです。人口が減るっていうことは税収がなくなるっていうことなんですよね。復興にお金が必要なのに人口が減ると、町づくりそのものを見直さなければならなくなります。

自分たちが住む場所、生活する場を、再確認することになりました。改めて突きつけられたような気がしますね。あの地震の何分かの揺れで。

（二〇一一年七月二日）

◎宮城県山元町

両親と幼子三人抱えた3・11

ゲーム店マネージャー
佐藤《さとう》正幸《まさゆき》さん（36歳）

■山元《やまもと》町で震災に遭い、自宅が津波で全壊した佐藤正幸さん。亘《わた》理《り》町、塩竈市、石巻市などにあるテレビゲーム店の統括マネージャーを勤めている。

【聞き手／鷲羽大介】

あの日は、前の日に棚卸があったので、仕事が休みだったんですよ。で、次男（小三）もインフルエンザで学校を休んでいて、長男（小五）は普通に学校に行って、長女はスクールバスで幼稚園（ふじ幼稚園）に行きました。私は次男の面倒を見ながら家の写真を撮ったりして過ごしていたんですが、午後になって長女が幼稚園から帰ってくる時間になりました。通常は午後三時ぐらいに終わるので、家から一〇分ぐらいの距離ですから二時五〇分ごろに家を出ようと思っていたんですが、妻がもう少し早く行ってほしいというので、たしか二時四〇分ぐらいには幼稚園に着いていたと思います。

幼稚園はいつもと同じ風景で、子どもたちを迎えに来たお母さんたちや先生方がいて。外から眺めたら娘が私に気づいて、先生にさようならと挨拶をして出てきました。子どもたちもみんな私のことを知ってるので、ちょっぴりふざけあったりしてから、娘を車に載せて帰ったんです。そして車で走り出すと間もなく、携帯電話が聞いたこともない音を出しました。何だと思って携帯を見ると、緊急地震速報です。注意してください、というので、念のために車を道路の端に寄せて、停めるとすぐ、ものすごい揺れが来ました。近くの建物や車が踊っているようになって、電信柱が倒れてくるんじゃないかと思うぐらいです。横揺れも縦揺れもすごかったし、いちばん特徴的だったのは、いつまで経っても揺れがおさまらないことでした。これはおかしいな、と。五分ぐらいしていったん揺れがやんだので、車載テレビをつけて自宅に帰ろうとしたら、途中にブロック塀が崩れているところなんかもあったりして、これは今まで経験したことのない事態だと思いました。

　家に戻る途中に橋をわたったんですが、橋と道路の間に段差ができていて、車の底をがりっとこすったんですよ。そのときはてっきり橋が上がったのかと思ったんですが、おそらく地盤沈下で道路が下がっていたんでしょうね。で、家に戻るには踏み切りをわたらないといけないんですが、その踏み切りの手前に、液状化現象か水道管が破裂したか分かりませんが、水がじゃんじゃか溢れているのが見えたので、これはただ事ではないなと。で、踏み切りは遮断機が降りたままで、五分ぐらい待ってもいっこうに上がらないので、自宅は線路（常磐線《じょうばん》）の東側にあるんですけど、線路の西側にある、私の両親が住んでいる実家のほうに向いました。そのとき、うちの妻も車に乗っていて、やはり踏み切りをわたれないでいたんですが、私を見かけたらしいんですけど、私のほうは気づきませんでした。

　そのときにはもう、テレビの情報で「津波が来る」ということは分かっていたので、実家にいた父に避難するように言ったんですが、父は「ここまで津波が来るはずがない」と言い張って、避難しようとしないんです。頑固者でらち

◉山元町の被災状況

死亡者数［人］	671[*1]
行方不明者数［人］	19[*1]
震災前住民数［人］	16,710[*2]
ピーク時避難者数［人］	5,826[*3]
浸水面積［km^2］（行政域）	24（64.48）[*4]

＊1　宮城県HP（2012. 2. 11現在）
＊2　山元町HP（2011. 2末）
＊3　山元町HP（3月14日最大）
＊4　山元町HP

があかないので、いったんもう一度自宅の方に戻ろうと思ったら、さっき私を見かけた妻が、次男を連れて、来たんです。遮断機が上がらないので、通る人が手で上げて一台通し、次の人が上げてはまた一台通すという形で踏み切りをわたってきたらしいです。仕方なく父を残して、私の車に長女を、妻の車に次男を乗せて、避難所の山下《やました》第一小学校まで行きました。学校には長男もいるので、とりあえず私の家族はそろいました。たしかこの時点で三時一〇分ぐらいだったと思います。

ただ、私は踏み切りを渡れず自宅に戻れなかったので、もしかするとこのまま自宅はダメになるかもしれない。となると、寒いし、布団なども必要なのでどうしても一度自宅に戻ろうと思いました。妻は危ないからと反対したんですが、そのとき、妻の友だちが、途中にある保育所まで子どもを迎えに行きたいから乗せていってほしい、というので彼女を乗せていったんですね。で、もう一度実家に父を避難させに行ったんですが、やはり父は避難しようとしない。もう仕様がないので、自宅の方に行きました。

遮断機はちょうど上げている人がいたので通ることができて、自宅に行くと、集落の人たちが何人か集まっていたので早く避難するように促して、急いで家に入りました。とりあえず、買ったばかりだった一眼レフカメラを持って、これから起こる事態を記録しようとしたのと、すぐ二階から布団を取ってきて、あと、何を考えたのかわからないんだけど、地震といえばガラスが割れたりして足が危ないだろうとスリッパを持って出ようとしたんです。結果的には必要なかったんですけど。すると、隣の家の女の子が「何を持って逃げればいいでしょうか」と顔面蒼白で話しかけてくるので、もう家には戻れないかもしれないから、最低限、布団など持つように言いました。たぶん、自分が布団を持っていたからそう言ったんだと思うんですけど、結果的にはその人たちは助かりました。でも、反対側の隣の家の方は亡くなったみたいです。

それから車で避難所に向ったんですが、また遮断機が降りていて踏み切りがわたれないかもしれないので、反対側の海沿いの道路に行ったんです。すぐにこっちは危険だと気づいて、かなりスピードを出して北のほうに向かい、山元町から亘理町に行ったんです。そっちは立体交差で踏み切りがありませんし、職場の様子も見たかったので。山元町のほうは津波の到達が三陸海岸より遅かったので無事でしたが、今から思うとかなりギリギリでした。あと一〇分くらいで津波が到達していたと思います。

亘理の職場まで来てみると、やはり店内はめちゃくちゃで、電気も止まっていて。自宅の周辺の道路には信号がな

いので、それまで停電には気がつかなかったんです。スタッフをみんな避難させて、自分も避難所に行こうとしたら、空にものすごい数のカラスが逃げるように飛んでいて、不吉だと思いましたね。そこに妻から携帯メールが来て、もう津波が来てるから早く逃げて、と。そのときにはもう津波が到達していて、途中の田んぼには水が流れ込んでいて、川も逆流していました。走っているうちに道路まで水が流れてきて、これはまずいと思いながらも、まだ少し余裕があったのでさっき持ち出したカメラで写真を何枚か撮ってから、避難所の山下第一小学校まで着いたんです。

避難所で妻と再会したんですが、そうしたら妻が泣きながら私に言ったんですよ。出かけていたうちの母は友人に連れられて避難所まで来て合流できたんですが、父がまだ実家にいるので、子どもたちと母といっしょに、父を説得しに行ったんですね。妻と子どもたちは車で待っていたんですが、父はやはり避難しようとしなくて、母も戻ってこない。そうしているうちに、長男が川のほうを見て「ママ、黒いのが来るよ！」と教えたんです。そうしたらもうすぐそこまで津波が迫ってきていて、とても父と母を待つ余裕もなく、そのまま猛ダッシュで逃げてきてしまった、申し訳ないと。

私は、それはもう運命だから仕方がない、どうなったかは後で分かるから、今は自分たちのことを考えようと。

次男がインフルエンザにかかっているので、避難所で寝泊りしたら周りの人に迷惑をかけますので、その日からずっと車の中で過ごしました。運がよかったのは、前日にガソリンを満タンにしていたので、暖をとることができたんですね。ただ、薬を持って来れなかったので、山元町の役場まで薬をもらいに行ったんですが、もう車も一杯、中も足の踏み場もないような状況でした。それでもなんとか熱さまシートと飲み物を貰うことができて、父と母も実家の二階で無事だと確認がとれて、とりあえず安心して。その夜はずっと車載テレビで朝までニュースを見てました。

翌日に、徒歩で自宅の様子を見に行ったんですが、山元町は建物などのがれきが少なくて、木など自然のものが道路にたくさん落ちていました。あとは流された車がそこら中にあって、大木が横たわっていたりして、けっきょく自宅に戻ることはできませんでした。自宅までたどり着けたのはたしか震災から三日目です。でもがれきが二メートルぐらいの高さに積もっていて、家の中には入れませんでした。

着の身着のままだったので、服を買いに亘理で一軒だけ開いていた商店に行ったんです。そのとき、亘理にあるうちの店で駄菓子も扱っていたので、その商品も持ってきて、避難所に提供しました。でもインフルエンザの息子がいますから、自分たちは避難所にはいられなくて、角田《かくだ》市に妻の姉がいるのでいったんそこに身を寄せて、それから一週間後にはアパートを借りました。今もそこに住んでいます。

職場の被害状況も明らかになってきて、建物が流された店もあれば、浸水した中から商品をあらかた盗まれた店もありました。石巻あたりでは盗賊が荒らしまわっているという物騒な噂も聞かれましたが、たしかにうちの店もかなり盗難被害に遭っています。

今は、浸水しなかった地域に新たに家を建てる予定ですが、前の家は、解体するのもお金がかかるし、とりあえず簡単な修復をして物置か別宅にしようかとも思っています。


（二〇一一年一二月二三日）

◘宮城県栗原市

震災で宗教ができること

通大寺住職
金田《かねた》諦応《たいおう》さん（55歳）

■津波被害で多くの犠牲者を出した南三陸《みなみさんりく》町。震災から四十九日にあたる四月二八日、同県内の曹洞宗の僧侶とキリスト教の牧師が鎮魂と復興を祈る行脚を行った。鉄道も破壊され、がれきだらけとなった街に響き渡るお経と賛美歌のハーモニー。この宗派を超えた行動を呼び掛けたのは同県栗原市にある通大《つうだい》寺の金田諦応住職。想像を超える現実を前に宗教家として何ができるのか、自問自答する日々を続けている。

【聞き手／関口康雄】

地震のときはお寺の中で、ちょっとくつろいでいたときだった。寺はコンクリートの建物だったが、三年前の岩手・宮城内陸地震とは全然違った。揺れの波が何回かあって、普通だったらこれで終わるのかなと思うところからガガガときて、最後は「止まれ、止まれ！」と叫んでいた。

家族も全員寺の中にいたが無事だった。揺れが収まったときは、まだ辛うじてテレビがついていた。その画面に「巨大地震が発生」「沿岸部に大津波警報」と映し出された瞬間、ものすごい大きな津波がやってきて、沿岸部の人々がのみ込まれてしまい、何万人単位で犠牲者が出てしまうのではという恐怖がその瞬間、体の中をかけめぐった。

私は栗原ですが、三陸の方もしょっちゅう行って、海岸の地形をよく知っていた。だから、これほどの地震で津波が来たらどうなるかは想像できた。内陸部にある栗原地方と、沿岸の三陸地方とは親戚関係みたいなもので、どこかDNAがつながっている。よく「塩の道」っていうでしょう。三陸の海産物がこっちにあがってくる。養蚕業でもつながりがあった。

大津波警報が流れたとたんテレビの画面がバシッと消えた。その後、やっと古いラジオを見つけ、スイッチをつけてみたら、仙台の荒浜《あらはま》海岸に何百もの遺体があるという速報が流れていた。

「これはますます大変だ。犠牲者は何万人どころか何十万人になるかもしれない」と体が震えた。沿岸部には知り合いがたくさんいる。その人たちのことが次々と頭に浮かんできた。

電気が止まったが、寺だからろうそくはたくさんあった。とりあえず明かりを灯し、父と母、妻と私と犬一匹で不安な夜を過ごした。隣近所には寝たきりの人や目の不自由な人もいたため、お互い声を掛け合って無事を確かめた。

二日目以降もラジオ以外は情報が入らない状況が続いたが、たまたまうちに発電機があり、寺の隣にあった社会福祉事務所のパソコンやコピーの電源に使ってもらうことにした。もともと発電機は災害用に準備していたもので、ガソリンも三〇リットル用意していた。でもなかなか発電機が回らなかった。そのとき訓練が大切だと思ったが、忘れちゃうんですね。

南三陸町のご遺体が栗原の斎場にも来るという話を聞い

たのは三月一九日ごろだった。そこで仲間のお坊さんに読経のボランティアをしようと呼び掛け、市や指定業者にも連絡を取ったうえで斎場に入った。

とてもデリケートな場所なので、慎重にワンクッション置きながら、「ボランティア室に控えているので必要な方はお声かけください」と、そんな感じでやった。おそらく組織的にボランティアで読経を始めたのは私たちが最初ぐらいだったのではと思う。

ただこのボランティアに対し、遺族の方がどう受け止めてくださったかは分からない。栗原に沿岸部から次々と遺体が到着したが、遺族の人たちに表情がなかった。喜怒哀楽がなかった。ただ、あまりの出来事にぼう然としているように見えた。そのようなご遺族に対し、われわれができることはただ寄り添うしかなかった。粛々とお経を上げた。

「遺族は気丈にその場にいた」などと書くマスコミもあったが、そんなんじゃないと思った。あまりに悲しみが深く、目の前の状況が理解できないような状況の中では涙も流せないのかなと。その重さがかえって、私たちの方にも伝わってきて、坊さんの方が精神的にまいってしまったこともあった。一日に何体も遺体が運ばれてくる中、「少し休みながらしよう」などとお互いに励まし合いながら読経をさせていただいた。

読経のボランティアが終息してきたのは四十九日が近づいたごろ。そこで四十九日に合わせ、栗原と縁がある南三陸町を鎮魂のため行脚してこようと思い付いた。そこで坊さん仲間だけでなく、以前から知り合いだったキリスト教の川上直哉《かわかみなおや》牧師も呼ぶことにした。こっちはお経を唱えながら、川上牧師は賛美歌を歌いながら歩いたが、あれはきつかった。なんともいえなかった。

黙々と遺体捜索をする自衛隊の姿を横目に、すっかり破壊された街を歩き、志津川湾まで出たら、本当に穏やかな海が広がっていた。

「おいおいおい、おまえらなんなんだよ。これだけのことをしておきながら平然とした顔をするなよ」と海に叫びたくなった。

と同時に、宗教っていうのが生まれた背景には、こういう自然に対する畏怖の念、驚き、どうしようのない気持ちっていうのがあったんだろうなあと感じた。原点に返った気がした。これはキリスト教も仏教もない、宗教の始まりはこういうことなんだろうと思った。

四十九日を終えて、震災で亡くなった方への供養はひとまず休止し、いま生きている人のためにできることをしようと被災地の炊き出しに入った。情報を全然持っていなかったから最初はどこにどう入っていけばいいのか分からなかった。

最初に行ったのが南三陸町の馬場中山《ばばなかやま》集落。震災後、道路が寸断されて約二週間、孤立したことで知られる地域です。そこに住む人たちは自分たちの自治会で復興しようと頑張っていた。私たちはその集落に、オーストラリアのお坊さんグループから寄付で購入したうどんを提供しようとした。

それで避難所の責任者にあいさつに行ったとき、ちょうど「国境なき医師団」と地域の責任者が言い合いをしていたのを目撃した。医師団はその日に帰る予定だったが、地域の責任者は「帰られてしまっては孤立集落に医師がいなくなる。ここには年寄もいっぱいいる。おれたちを見殺しにするのか」と、最後は涙しながら訴えていた。

そのとき私は、生きている命を医者に託している現実を目撃してしまった。では私たちお坊さんはいったい何ができるんだろうかと思い悩み、お坊さんにはお坊さんらしい寄り添い方があるんじゃないかという考えに行き着いた。医者が命だったらおれたちは心だと。

そこで、ただの炊き出しではなく、「傾聴活動」をしようと思った。家族や大切なものを失った苦しみをわれわれが聴いて取り込んで、何かアドバイスできることがあったらしようと。それで始めたのが傾聴ボランティアを行う移動喫茶「カフェ デ モンク」だった。

モンクは坊さんのこと。私なりの造語でカフェで文句聞きますよ。そして一緒に悶苦しましょうと五月中旬から始めた。避難所や仮設住宅などで、ケーキやお茶などを無料で出しながら、被災者の方々の話や悩みを聞いてまわった。

印象深い話はいっぱいありましたよ。馬場中山では「合同葬だったので、お葬式をしたような気分になれない。よかったら拝んでいってください」といわれ、「じゃあ」とご自宅に行くと､家族が亡くなったときの状況など､カフェでは言えなかった深い思いをお骨の前では語るわけです。それにじっと耳を傾けた。

また今回の震災では、津波による水死でなくても関連死として、人工透析の人がずいぶん亡くなっている。冷たい海の中、必死に逃げて、病院に運ばれた後に亡くなる人が多かった。移動カフェで訪れた石巻の開成《かいせい》地区のおばあちゃんのだんなさんもそうだった。津波で沿岸部の家を無くしたおばあちゃんは娘のもとで、仙台の病院に運ばれて人工透析の治療を受けていたおじいちゃんの帰りを待っていた。

ある日の朝､ウグイスが窓辺に来てホーホケキョー、ホーホケキョーっておばあちゃんの方を見て鳴いたというんだ。その日の午後、おじいちゃんは病院で亡くなったそうだが

「あのウグイスはおじいちゃんだったの？」と私に聞くんです。

　私は「もう間違いなくおじいちゃんだ。最後のごあいさつにきたんだ」と答えた。「そんなことあるんべか」と聞かれ、私はこういった。

「そんなことあるんだ。なんでかというと、私たち命というのは仮に分かれているだけで、もとはひとつなんだ。だからウグイスになってあいさつに来たんだ。最後のあいさつ、ちゃんとできたじゃない。毎年来るよ。そのときはウグイスかどうかは分からない。あるいはトンボかもしれないし蝶々かもしれないしな。心配しなくても大丈夫さ」

　その後も、地区にいくとおばあちゃんは何回もきてくれた。「あのときに和尚さんにああいうふうに言われて本当に……」と言われたときの穏やかな表情が印象的だった。娘さんによると、それまでずっと泣いていたそうだけど明るくなりましたって。もちろん私のひと言だけではないと思うけど、何かの方向性のきっかけになったんじゃないかな。

「カフェ　デ　モンク」には周りのお坊さんと、在宅のターミナルケアやっている医師も毎回来てくれた。今後もこうした活動は続けていくと思う。もう出てくるなといわれるまで。

　今回の震災では宗教家というものについて本当に考えさせられた。地上ではこのような悲惨なことも起きる。でももう少し高い場所からの視点をもって、これが生きるということなんだよ、というのが分かっているのが宗教家だと思う。その上でまた人々に寄り添っていくというのが大切だと思うようになった。

　宗教の垣根を越えた活動が行われていることもいいことだと思う。一人一人の宗教家は根っこでつながっている。思いも同じだが、教理とか教団とかの話が付いてくると、ややこしくなるんだな。キリスト教の牧師とともにがれきの山の向こうに見える静かな海を同じ時間に同じ空間で見たというのは紛れもない事実。この気持ちを大事にしたい。

（二〇一二年一月一四日）

岩手県

宮古市
山田町
大槌町
釜石市
大船渡市
陸前高田市
一関市

岩手県大槌町　2011 年 4 月 2 日〈撮影／木瀬公二〉

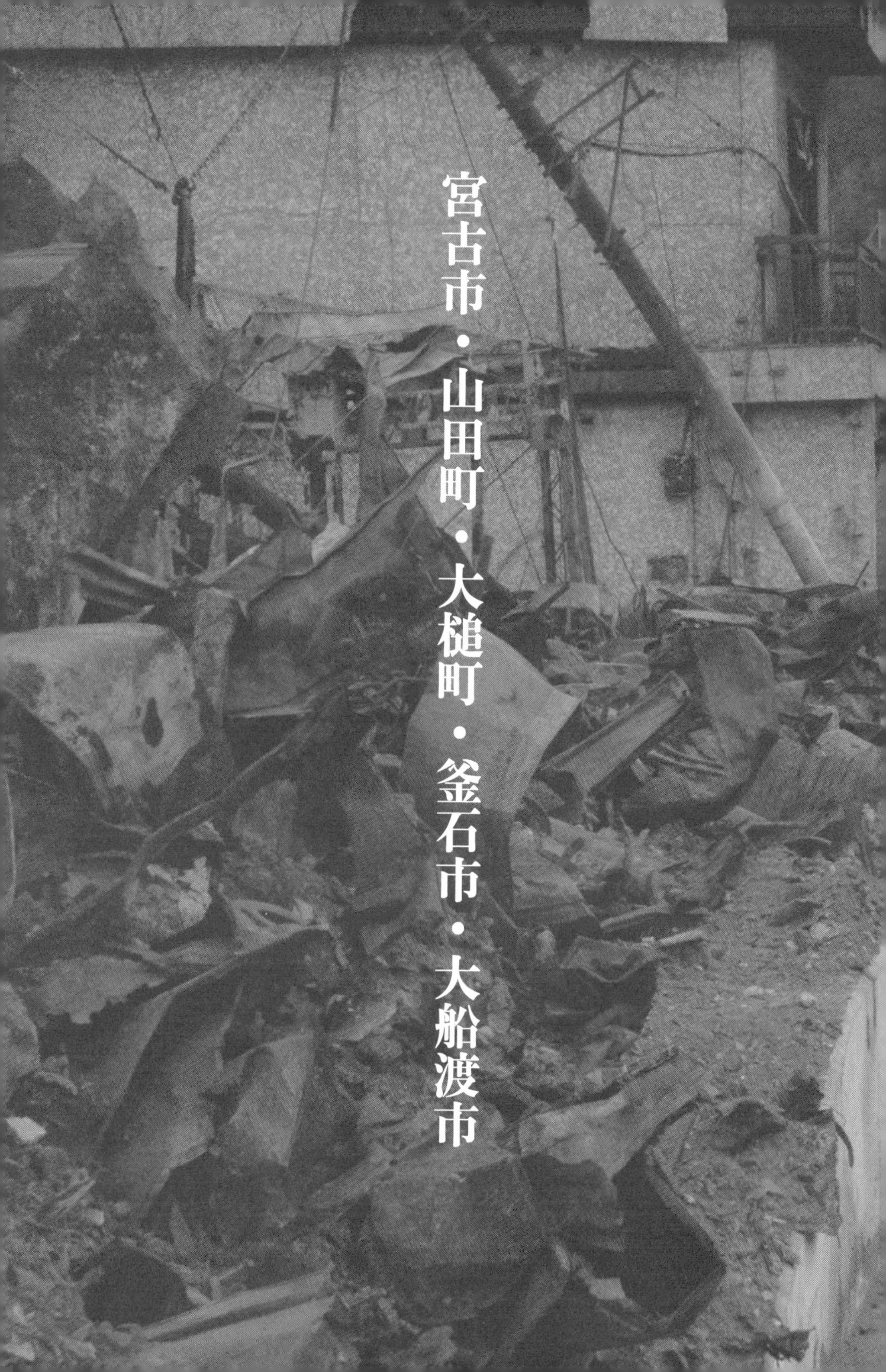

宮古市・山田町・大槌町・釜石市・大船渡市

◇岩手県宮古市

忘れず生きていく

宮古市田老公民館非常勤職員
田澤《たざわ》しのぶさん（47歳）

■宮古市田老《たろう》地区にある田老公民館で非常勤職員として働く田澤しのぶさん。公民館の目の前にあった自宅を津波で失った。二カ所の避難場所での生活を経て、宮古市内の借家で新しい暮らしを始めた。震災から半年間の自身の内面の変化を冷静に見つめ、語ってくれた。

［聞き手／手塚さや香］

公民館に勤め始めて一年たとうとしているところでした。会議室や隣接する体育館をサークルなどに貸し出したり、宮古市立図書館の分室として図書の貸し出しなどの仕事をしていました。

震災直後から写真など家から出たものが集められ整理する拠点になりました。私たち職員とボランティアさんで毎日、洗浄などをしてきたのですが、砂や泥のせいで体調を崩すこともありました。捜しに来た方に引き取ってもらったり、避難所にいる方に届けに行ったりの作業です。田老は狭い町で、見る人が見ればどなたの写真かが分かるので、けっこう持ち主は見つかりました。プライバシーも何もあったものじゃないです。九月に入ってようやく、公民館の事業としてグリーンピアの集会所で男性向けの料理教室を開いたりしています。

地震は大きいというよりも長かったです。一〇分くらい揺れていたような気がします。公民館内にあった物は何も壊れてないし、本の一冊も落ちていないのが不思議です。

公民館は田老第一中学校に向かい合っていて、私の家はその校庭の目の前にありました。海までは四〇〇メートルくらい。亡くなった父が昭和八年の津波を経験しているのですが、現在の中学校の校庭までは波は上がらなかったと言っていました。今はさらに一〇メートルの堤防に囲まれているし、最近の津波は数十センチくらいだったので、堤防の内側は大丈夫だと思っていました。あの日、実際に私の腰の高さをがれきとともに黒い水が上がってきた時になっても、水門がしまらないために川を逆流してきたんだと思ったんです。まさかあの大堤防を越えてきたとは思いませんでした。

揺れが収まるか収まらないかという時に、近くの診療所の患者さんがベッドごと運び込まれて、近所の人も逃げてきました。私たちはストーブなどを出そうかと体育館と公民館を行ったり来たりしていました。

天気のいい日でした。体育館からソファーを持って渡り廊下を歩いている時に、青空に砂煙がきらきら舞うのが見えて「なんだろ、これ」と思ったとたんに、誰かの「津波だー」という叫び声が聞こえました。全然信じられませんでしたが、建物の中にいた看護師さんたちに「津波だって」と伝えたところ、これは大変だということになって。「一人でも助からなければだめだ！　逃げろ！」とみんな逃げ始めてしまいました。患者さんもいるし、まだ半信半疑の私はその場にとどまっていたところ、防災担当の市職員が入ってきて「津波だ！　生きなきゃだめだ」と腕を引っ張られて、公民館の向かいにある避難道の途中まで上がりました。その直後にさーっと真っ黒い水が道に沿って上ってきました。後で聞いたら、建物の中の浸水は一八センチくらいで患者さんたちは全員、無事だったんですが、あの時は絶望的な気持ちでした。

私たちはそのまま常運《じょううん》寺のお墓がある高台で待機し、暗くなりかけたのでお寺に入れていただきました。二五〇人くらいいました。翌日から近くで山火事が起きて常運寺もあぶないと別の場所に避難する人もいましたが、私はそのまま二一日間お世話になることになりました。海から津波が来るし山から火が来るし、ここまで燃えてしまったらもう終わりだなという思いもありました。

常運寺には家族を捜しに多くの方が来ました。そこにいた市の関係者は私と保健師だけだったので、隣にある市の田老総合事務所とのやりとりをすることになりました。隣とはいえ道路はがれきでふさがれているので、お墓の中を夜中に何度も行ったり来たり、冷えて星がものすごくきれいで、「本当に本当に津波が来たんだね」と言いながら何往復もしました。事務所には発電機がありテレビを見られました。仙台で何百人も遺体が上がっているとか気仙沼が火事だとかいうのを知って、被害がそれだけ広範囲だったら、ここは道もないし誰も助けに来ないんじゃないかと不安になりました。とにかく寒くてお寺の毛布とかざぶとんを出してもらって、カーテンを外して掛けたりして過ごし

◉宮古市の被災状況

死亡者数[人]	1,030*1
行方不明者数[人]	334*1
震災前住民数[人]	59,442*2
ピーク時避難者数[人]	8,889*3
浸水面積[km²](行政域)	9.98(1259.89)*4

＊1　岩手県HP(2012. 1. 25現在)
＊2　宮古市HP(平成22年度国勢調査時)
＊3　宮古市HP(3月14日最大)
＊4　宮古市HP

ました。翌日も大津波警報が出ていたので山に上ったり山火事が迫っているからあまり上がるな、となったりで、生きた心地がしませんでした。

午後になって田老の奥の方に住んでいる人たちから自分の家のお米で作ったおにぎりが届きました。本当にありがたいと思いました。最初は一個のおにぎりを二人で分けて頂きました。今となってはそういう避難生活の細々したことも記録しておけばよかったなと思いますが、気持ちの余裕がありませんでした。何日かたって自衛隊の炊き出しが運ばれるようになりました。壊れた自宅から運び出した食材を持ち寄ったりして炊き出しもしました。おかげさまで食べものに困ることはなかったです。被災した直後は「しかたないねー」などと話しながら比較的元気に、また住職のお人柄もあって明るい雰囲気で過ごすことができました。

何日かたつと、お寺から別の場所へ移る方もいて人が減ってきました。四〇人くらいになると本堂には男性、奥の部屋には家族、小さい広間には女性だけと住み分け、食事は本堂で全員で頂くなど集団生活も自然にルールが出来ていきました。

ですから四月一日から田老地区は全員、グリーンピア三陸みやこの体育施設に移ることが決まった時に突然すごく不安になりました。また一から避難生活が始まるのかと。でも移ってみると、割合すぐに慣れました。お寺にいる時は水も出なかったですし、三月一九日に三〇分かけて砂埃の寒風のなか仮設のお風呂に行ったのが震災後初めての入浴だったのですが、グリーンピアに移ってからは一日おきに入れるようになって、水洗トイレも使えました。思ったより快適でした。

田老の家で母親を看取ってこの一年半ほどは一人暮らしでした。離れて暮らす家族と初めて連絡がとれたのは一四日です。一三日の夜中にお寺にお母さんを捜しに内陸から来た男性がいて、その人が内陸に戻って、電話で奥州市にいる姉と盛岡市にいる兄に私の無事を伝えてくれました。

一四日になって初めて公民館の建物の向こう側へひとりで行ってみました。中学校の校庭は流されてきた家とか車とかで覆い尽くされていました。私の家の二階部分も校庭に流れ着いていました。自分の家がこんなふうにめちゃくちゃになっていたことも数日間は全然知らなかったのです。がれきを踏み台に、ガラスを割って入ってみました。二階だけが流されてきたというのに、自分の部屋は人形も倒れていなくて、写真とか大事なものは無事でした。解体まで何回か荷物を運び出しました。親戚も五人亡くなりました
し、お世話になった方も何人も亡くなりました。

田老は合併して宮古市の一部ですが、宮古市内と田老地

区では状況が少し違うと感じます。震災から何週間かして宮古に買い物に行ったんですけど、電車が宮古駅に着いたとたんに携帯電話が鳴ってメールも何通も入ってくるんです。田老では電波が入らないのに。帰りは電車が田老駅に入った瞬間に変わり果てたまわりの景色を見て泣きました。車内の人、みんな泣いてました。

二週間たったころ、兄と一緒に盛岡にも行きました。ショックでした。被災者のなかにいればみんな同じような状況なのでそのテンションでいられるんですけど、外に出たら私だけが被災者でみんなに心配されて。私ってかわいそうな人なんだ、と思ったら、もういられなくて一泊で常運寺へ帰ってきました。

結局、グリーンピアに一カ月間いて、宮古市内に家を借りられたので引っ越しました。それから三週間くらいで調子がおかしくなりました。胃が痛いとか体調悪いとか、精神的に不安定になって急に泣いたり不安になったり、大変苦しみました。生活が落ち着くと心身に変調をきたすというのは聞いていたので、職場のみんなにも「誰でもこうなることがあるよ」と言っています。今は仕事が忙しくなってきて精神的には安定してます。一人になって時間ができて色々考えたりするとだめみたいです。フラッシュバックって言うんですかね、渡り廊下で砂煙を見た時の映像が突然ぱっと浮かんできたり。そういうのがまた起こるんじゃないかという不安はあります。

母は長い間、寝たきりだったので、二人で被災していたら一体どうなっていたんだろうと時々考えます。「津波てんでんこ」というのもずっと言われていたので、あの時もその言葉が頭をよぎったんですけど、実際には置いては逃げられないのではないかと思います。

今、気がかりなのは住まいのことです。津波の次の日くらいには、あそこ（家があったところ）にプレハブでもいいから建てて住もうと思いましたが、がれきが撤去されていったら海がすごく近くに感じて不安になりました。周りの方も同じだと思いますが、私も今の時点ではこの先どうするかわかりません。

職場や友人とも津波の話をしますし、震災関連のテレビ番組などの映像もよく見ています。津波が来てこういうふうにしてこういう状況になったということをきちんと知っておかなければ、伝えていかなければ、と思います。やっぱり田老に生まれたからでしょうか。みなさんがんばってるし、強いです。避難所も穏やかで整然としてました。津波が来るところ田老に生きる者としてすべて受け入れていくしかないと自然に思っているんだな、と感じます。忘れずに生きなければと思います。

（二〇一一年九月一三日）

◈岩手県山田町

「アカモク」を山田復興のシンボルに

「三陸味処三五十」社長

大杉繁雄《おおすぎしげお》さん（64歳）

■ＪＲ山田《やまだ》線の陸中《りくちゅう》山田駅前で「三陸味処三五十《みごと》」を長年営んできた大杉繁雄さん。新鮮な刺身のほか和洋中華料理一〇〇種類以上のメニューを揃え、震災当日も宴会の予約が入っていた。震災で愛着ある店を失い呆然とした大杉さんだったが、現在は震災前から地域の活性化を目指し取り組んでいた海藻「アカモク」を「山田の復興のシンボルに」と、アカモクを使った商品の販路拡大のため盛岡や東京など各地を飛び回る毎日だ。

［聞き手／手塚さや香］

三陸味処三五十は昭和三〇年に両親が始めた店です。父親は青森の五所川原市、母親は宇都宮市の出身で、戦前はともに東京の料理屋で働いていました。戦後、父が復員して結婚、宇都宮の神社前の復興商店街に出店し大盛況だったそうです。私が三歳半の時、突然店を閉め、両親は五所川原の父の姉の店を手伝いました。その時に知り合った山田の人に「小さいけど活気があっていい港町だから」って誘われて山田に来たそうです。私たち兄弟は宇都宮で祖母たちに育てられ、小学六年の時に初めて両親がいる山田に来ました。店は漁師や商店主、学校の先生や町の人たちで繁盛していて明るくおいしそうな匂いでいっぱいでした。

私は東京の大学を卒業して東條会館の中華料理の部門に就職し、翌年に結婚、長女が生まれました。そんな折に弟が事業に失敗したとの知らせがあり、家族を連れて帰郷、債務の全てを引き受けて山田で新店をスタートさせました。その後も弟の借金の保証人として悩まされたり、私も女房も病気をしたり、何度死ぬかと思いましたが、その度に耐えて解決するのが定めと納得して日々の生業を続け今があります。女房と母の妹、次男と次女、孫の六人暮らしで、長男は結婚して大槌《おおつち》町、長女は宮古市にいます。

震災の日は会議で宮古のビルの三階にいました。ものすごい揺れの中でテーブル、椅子を片付け、地震の続く中で解散しました。山田へ戻ろうと友人を乗せて走るとすぐに小山田《おやまだ》橋の真ん中で停滞し、その時の激しい揺れは「この橋も落ちる」と覚悟を決めたほどでした。その時、ラジオでＮＨＫが「三メートルの津波」と注意を呼びかけていました。渋滞が動き始めたのでスピードを上げ山田を目指しました。ほどなくして十二神山《じゅうにしんざん》入口を過ぎたところでまた渋滞しました。山を越えて町へ入ると風景はすでに津波で一変していて、町民が続々と避難し始めているところでした。さらに山側の道へ迂回し、店のある町の中心部へ急ぎました。

三五十にいる家族や従業員、お客様、そして店舗が無事であることを願いながら、駅前商店街の見渡せるがけの上に着きました。数分間隔で地震と津波が押し寄せてきました。波が来ると町は大河のようになった海の中に消え、波が引くと男たちが押しつぶされた家の中の人を助けようと懸命にがれきに手をかけました。私も下におりて一緒になって家の中に呼びかけましたが返ってくる声はありません。そうしているとまた波が来る、その繰り返しでした。がけの上に戻って店のあたりを見回してもがれきだらけで分からない。駅舎と残っている建物で見当をつけて店があった方に渡り始めました。がれきは滑りやすく何度も落ちました。大きな余震が来た時には、乗っていた家の二階部分がばりばりと動き出し慌てて屋根裏に座り込みました。

そのころにはまちなかの二カ所で火災が発生し、ガスボンベが「バン、ヒュー」と飛んで延焼し始めました。まるで地獄のようでした。店にたどり着いた私は、山のようながれきとほかの家で覆われた跡地を確認し、駅前のスーパーに向かいました。一階からは入れず、二階に上るとそこには店長と二〇人以上の避難者がいて高齢者を介護していました。ところがここにも火の手が迫るかもしれないということになり、若者が高齢者を背負い避難を始めました。燃えさかる家やがれきに阻まれながら、どれくらいの時間がたったのか、ようやく目的地の小学校にたどり着き、私はみんなと別れて一人で自宅へ向かいました。

家にたどり着いたら誰もいないんです。家の中は意外に壊れているものはありませんでした。寝たきりのおばあさんの部屋をのぞいたら、本人も車いすもないから、誰か帰ってきて一緒に避難したんだなと思ってそこで初めて少し安心しました。

◉山田町の被災状況

死亡者数［人］	604 *1
行方不明者数［人］	159 *1
震災前住民数［人］	19,270 *2
ピーク時避難者数［人］	4,200 *3
浸水面積［km^2］（行政域）	4（263.45）*4

＊1　岩手県HP（2012. 1. 25現在）
＊2　山田町HP（2011. 3. 1）
＊3　山田町HP（当初）
＊4　国土地理院　津波浸水域の土地利用別面積（暫定値）について（2011. 3. 28）

もう一度家族を捜しに出たんです。知り合いに会うたびに「うちの知らないか」って声をかけてね。そのうちにだんだん声をかけることもできなくなりました。疲れ切って帰ってきて、精神的にも体力的にも限界だったんでしょう、後ろから引っ張られるような感じで動けなくなりましたね。余震が来てもこの家も潰すんなら潰せっていう気持ちだもんね。

朝になって目が覚めるとまだ燃えていました。また町の中をぐるぐる回って、あっと思ったらお店があったんですよ。そっくり流されてJR山田駅の三〇メートルくらい手前の線路の上に平屋のようになってちょこんと乗っかってたんです。「おーいおーい」って呼びながら近づいていっても、誰の声もしない。悲しいっていうか悔しいっていうかぼろぼろ涙が出てきてね。ひょっとすると子どもたちはまだ中にいるのかもしれないって思うのに何も出来ない。でもそうもしてられないと思って二階に上がっていったら、若干斜めにはなっているけど、予約席のお皿やコップがテーブルの上にそのままでした。

次の朝になって色んな人に会ううち、息子と「さっき会ったぞ」って言う人がいたんですよ。それでほっとして。とにかく会わなきゃと思ってまたぐるぐる歩き続けました。家の玄関に置いてあった段ボールに息子が「俺たちは元気だ」ってボールペンで書いておいたらしいんだけど、気が動転していて私が蹴飛ばしてしまっていたようです。

その日の夕方にようやく家で家族みんなと会えたんです。後で聞いたら、長男と次男とで店から逃げて、従業員を家に届けた後で、自宅に戻って嫁さんたちとうちの女房とおばさんと一緒に高台にある自衛隊の官舎に車で避難していたんです。誰も私のことなんて心配してないんだもんね（笑）。

胃潰瘍持ちなので、震災後三日目あたりから胃から出血して便が真っ黒になりました。仮設の診療所に行って薬をもらって、治るのに一カ月くらいかかりましたね。その間ずっと配給されたおにぎりで作ったおかゆでした。

体調が回復してきて、最初考えたのはこれは破産だな、ということでした。これからのことを考えるようになったのは三月二八日に岩手県の指導センターの方が「山田で避難所の方にお弁当を配ってほしい」と相談に来てからですかね。作りたくても物が何もないし店も機材もない。すぐにはできませんでした。その時は盛岡や花巻からお弁当を持ってくるようになったのですが、七月にまた「地元で作れるようにしてほしい」という話があったので引き受けました。店は失いましたが自宅は無事でしたので、七月七日から自宅一階の改築工事を始めてもらい厨房を作りました。

商工会の火災保険の五パーセントのお見舞い金から手付け金を払ったんです。工事がぎりぎり間に合って、八月二二日からお弁当七六食、おにぎりは二〇〇個以上の日もありました。数は日々減っていって、月末には避難者の仮設住宅への移住が完了し、その後は四、五人分の弁当を配達していましたが、九月八日をもって終了しました。

これは光栄な仕事だなと思いました。だから喜んでやらせてもらいました。この時期には仮設のスーパーができて材料は調達できたし、高校時代の友人が栃木県から物資や見舞金を積んできてくれたり。ありがたかったですね。その後も飲食店がなくなって困っている会社から注文を受けてお弁当を作っています。

いま力を入れているのは、アカモクという海藻の佃煮「山田のおみごと」の開発と販路拡大です。アカモクは元は牡蠣の養殖棚に繁殖して困るということで迷惑がられていたんですが、鉄分がワカメの五倍以上、ポリフェノールやビタミンKも豊富だということでここ数年、注目されるようになったんです。私の店でも「アカモクラーメン」を出したり、しゅうまいに入れたりしていました。一五年くらい前には「採ってやる」って言ってくれた漁師は一人だけだったのですが、だいぶ意識も変わってきたところでした。

三月に「山田のおみごと」の商品発表会を県沿岸広域振興局で開く予定になっていて、三月一一日の時点でパッケージや味も決まっていたんです。この震災で発表会は延期になって、九月にようやくお披露目できました。

いまは協力してもらっている「岩手アカモク生産協同組合」の倉庫で助かった四〇〇キロを使っていますが、春になればアカモクが手に入って新しく仕込みができるかな、と思っています。ホタテとか牡蠣の養殖には二年かそれ以上の月日がかかるんですが、アカモクは毎年春に採れるので、山田の復興の象徴として早くから役立つと思うんです。ちゃんとした加工場を作って安定して「山田のおみごと」を作れるようになれば、地域の雇用にも貢献できますしね。

とは言ってもね、ちょっと気を緩めるとがたんと落ちてしまうような問題がいっぱい出てきています。資金ゼロからのスタートですから。町の復興の方針が示されれば、店も再開したいと思っていますが、そうしたら融資受けて設備を整える。いよいよ二重ローンに突入です。

でも大勢のお客さんの顔を見ながらの商売は山田にもほかの被災地にも絶対に必要です。同じ状況に置かれたそれぞれが必死にがんばるのをお互いに尊敬しながら応援して支え合って、という状況を作っていかないと！　どうやって自立していくかです。これからは自分の持っているものを最大限に提供し発揮できるか、というところに入ってくると思うんですよ。人間って追い詰められてがんばるオーラが出てくるもんね。その生き方の一筋さがかっこよければ町にも店にもたくさん人が来てくれると思うんです。

（二〇一一年九月一三日）

◆岩手県山田町

もう一度、山田に家を

無職　白《しら》土《と》哲《さとる》さん（84歳）

■山田《やまだ》町で生まれ育った白土哲さん。昭和の大津波もチリ地震津波もこの町で経験し、昭和の大津波では自宅が流失、今回も自宅は全壊認定を受け取り壊された。震災後、盛岡市で次女一家とともに暮らすが「命があれば家は何度でも建てられる」と故郷での自宅再建への思いは募る。【聞き手／手塚さや香】

昭和八（一九三三）年の昭和の大津波もチリ地震津波（一九六〇年）の時も山田にいました。だから大きな津波は三度目。山田の大火っていう火事もあったし、太平洋戦争中にはB29の爆撃もあった。空襲の時もなかなか大変だったなあ。だから今まで楽をしたことはねえ。もういっぺん家も建てなきゃならないし。

昭和八年はまだ小学校に入らないころだ。でも記憶にあるんだ。うちが海漕店をやっていて塩釜とかから荷物が来るんだけど、女中を二人使って商売をやっていて、その人らに負ぶさって逃げた。その時は家が流されて二階だけが海に浮かんでたんだよね。

不思議な縁みたいなもんで、昭和八年の時に避難したのが今の自宅の場所で、だからなんとなくそこに戻りたいんだな。海漕店があったところは後になってアパートを二棟建てて賃貸経営してたんだけど、海の近くだったから、今度の津波に持っていかれて跡形もない。住んでた人も一人亡くなった。

地震があった時は知り合いと三人で碁を打ってるところでした。そしたら揺れ始めて、歩こうとしても足がふらふらして歩けないし、びっくりしたなあ。八四歳まで生きていてもあんなのは初めて。逃げたほうがいいなと思って、「片付けはいいからすぐに帰れ」って言って二人には家に戻って避難するように言いました。一人は近所の人で、もう一人は車で帰りました。間にあったかなあと思って心配だったけど、後で会ったら渋滞に巻き込まれたけど車を置いて逃げて助かったって。

それで私は一人で裏の山に上がりました、何も持たないで。家から一〇メートルくらいのところに山に上がる階段があるんです。山にいてもさっぱり情報がないから、一回引き返してラジオだけ持って上がりました。そこは「おぐら山」と呼ばれているところで、もとは公民館があったんだけど、今は広場になっています。近所の人たちが三〇人くらい上がって来てました。

　津波が来るまで二〇分くらいはあったかな。夢でも見てるような気持ちだった。その時はおそろしさは感じなかったなあ。堤防の上から滝みたいにどんどんこっちに水が入ってきて、車が木の葉みたいに流されてきた、役場のほうまで。がれきだのなんだのでほこりくさかったです。八六歳のおばあさんが「長く生きててもろくな目にあわないんだなあ」と言ってましたね。

　その後の第二波のとき堤防が壊れたわけだ。一番ひどかった。山田湾に「オランダ島」っていう島があるんですが、水が引いてその島と隣の島の間が陸のようになってた。それだけ水が引けたのを見てみんな「次はおっきいぞ」って言ってました。だから「これはあぶない」って、おぐら山にいた人の中でも中央公民館（中央コミュニティセンター）のほうに逃げたのもいたっけな。子どもを連れた人なんかは寒くなってきたから建物の中のほうがいいと思ったんだろうね。私は「来たら来たでその時はその時だ」と覚悟を決めて残ったの。その時、公民館まで行った人は腰までつかったって言ってたね。

　私らはその後、水が引いてからがれきの上を歩いて公民館に行ったの。公民館には、ぬれた人もいたんだけど着替えもできてないんじゃないかなあ。毛布はほかに持っていってしまったのか、おれらが行った時にはひとつもなかったの。幼稚園の子供たちが毛布を持って避難してきてどっかに移る時にその毛布を置いていってくれたから、後でおれらが借りたんだ。

　夜になったら今度は火事が出たの。二カ所くらいから煙が出てたなあ。時たまガスボンベの爆発があって。すごかった、その夜は。だれも寝た人はないんじゃないかな。

　それから次の朝になってから北の方の内陸にある豊間根《とよまね》中学校に移ったの。ガソリンもなかったから、役場の乗用車で。大きな通りは通れないから、普段は一五分くらいのところを一時間くらいかかった。私は自宅から近い公民館に残りたいって言ったんだけど、トイレとか炊き出しも「ここじゃあうまくねえから」ってことで豊間根中に移るように言われたの。

　豊間根中で炊き出しをしてくれたからおれたちはいいほうなの。おにぎりを朝昼夕、一日三回食べさせてもらいました。中学校では体育館にいて、体の弱い人は柔道場にいましたね。

一晩豊間根中に泊まったの。しょっちゅう揺れて、体育館の電気とかバスケットゴールとかが落っこちてくるんじゃないかと思った。

一二日に避難所にいたら知り合いの漁師に「山田に行くけど乗っていかないか」って言われたから、家に行って通帳とか大事な物だけ持ってこようと思って。それがなかなか見つからないんだっけ。一階がぐちゃぐちゃだから。だから今夜寝る毛布と寝袋を持って帰ったの。豊間根中は発電機があって電気はついたんだけど、寒かったからね。

そしたらその日に盛岡にいる娘が迎えに来たの。連絡とれなくてどこにいるか分からないから色々探してようやく来たって。その時は親戚とかの安否は全然わからなかった。そしてやっと盛岡に着いて、風呂に入った。一二時ごろだったなあ、着いたのは。やっとその時、気持ちがゆるくなったな。地震と津波には本当にびっくりしたもん。それからは娘のところに世話になってます。

自宅は二階建てで、二階には水は上がらなかったんだけど、流れてきたものが一階に溜まって住める状態じゃなかった。「全壊」って判定だったし、もしかしたら修理したら住めたかもしれないけど何となく家全体が曲がっているような感じがしたから壊してもらったの。

一階はたんすとかがひっくりかえってるから、部屋に入っても一人じゃ何もとれないの。通帳とか印鑑は後になってから娘のだんなにさがしてきてもらいました。

七年前に亡くなった家内が学校の先生で、好きな詩を書いて額に入れてたの。それも流されて、後から一枚だけ「先生の額があったから」って教え子が持ってきてくれた。おれも水墨画を描いてたけど全部流された。

最近は毎日碁をやって水墨画を描いてっていう生活だった。大勢の人が亡くなったから、今は般若心経を書いてるの。二日で一枚くらいのペースでしか書けないけど。盛岡では毎朝、起きて新聞を買って四〇分くらい歩くの。盛岡には前から病院通いでよく来てたからだいたい分かる。

週に二回くらい「もりおか復興支援センター」に来て碁を打ったりしてます。センターに来るようになったのは山田の情報が欲しくてね。義援金もらいに行ったり、役場に行ったり月に一回くらいはバスや娘の車で山田に行くんだけど泊まるところがなくて日帰りだから、さっぱり様子がわからない。親戚とか知り合いでも携帯電話を持っていない人だとどこに住んでいるかわからない人もいるし。

早く帰りたいですよ。仮設に入らないですぐ建てるつもりで、半年くらい暮らすつもりで盛岡に来たんだから。やっぱりもともとあったところに建てたいんです。津波にあってもいいからそこの場所に建てたいんだ。命があれば何度でも建てられるから。今までも三回、四回と家建ててきたんだから今回も建てる。それにしても早く町の方針が決まらないとね。どうにもならない。

やっぱり山田はいいまちだなあと思うね。中学校の時、仙台の学校に通っていて、汽車で山田に帰ってくると潮のにおいがぱーっとしたもんだ。あの潮のにおいがとってもよくて忘れられないなあ。むかしは湾内でも鰯なんかが捕れたの。料理も好きだからね、また山田で焼き魚が食べたいなあ。

うちの近所でも一〇〇メートルくらいの間で九人亡くなった。なんで逃げなかったんだっておれはびっくりしたけど、チリ津波とか昭和の津波のことしか頭になかったんでしょうな。あんなのが来るとはおもわねえもんなあ。

おれは脊柱管狭窄症って病気をして歩くのが容易でないの、去年から。それが幸いしたかもわからない。足が悪いから早く逃げないといけないでしょ。じゃなかったら下におりて通帳探すとかしたんでねえかな、と思って。「ないと思うな運と災難、あると思うな親と金」ってよく言ったもんだね。なにが運になるかなにが災難になるかわかんねえなあ。助かった人もみんな一歩間違ったら流されてたんだもんね。

考えてみれば苦しいようなかなしいようなおもしろい人生だったなあ。今、終わりの活動「終活」の準備をしないいけないと思って自分史を書く準備をしてるの。山田にいる時は考えてなかったんだけどね。（二〇一一年九月一〇日）

◈岩手県大槌町

本で古里の未来の一頁を開きたい

「一頁堂書店」経営

木村《きむら》薫《かおる》さん（47歳）

■津波で大槌《おおつち》町内の自宅と職場を失い、妻の里美《さとみ》さん（四七歳）と仮設住宅に住む。被災して一二月二二日に再開した同町小鎚《こづち》のショッピングセンター・シーサイドタウンマストの一階に、妻と「一頁《いちぺーじ》堂書店」を開店した。【聞き手／滝沢真喜子】

三月一一日、私は大槌町須賀《すか》町の職場で仕事をしていました。午後二時四六分、かつて体験したことのない大きな揺れ。工場長の号令で、従業員一同、避難所へ向かいました。私は栄《さかえ》町の自宅に立ち寄り、クゥとピースという名前の猫二匹を急いで車に乗せ、同町小鎚の城山《しろやま》公園体育館を目指しました。

城山は町中心部の高台にあり、町のメーンストリートを通って大槌小学校の角を曲がるのがルートです。私はメーンストリートを西から東に向かったのですが、幸い交通量も少なく、小学校の角を左折し、スムーズにたどり着くことができました。一方、東から西方向、つまり海側から城山に向かう対向車線は大渋滞になっていました。小学校の角を右折しなければならないこともあり、警官が交通整理をしていましたが、渋滞はなかなか解消されず、車を停めて徒歩で城山に向かおうとする人もいました。私は小学校の校庭に車を停めると、猫二匹を抱き抱え、城山へ駆け上がりました。そこに、津波。今思えば、ギリギリのタイミングでした。

その時の記憶は、断片的です。海の方から土煙が立ち上がり、電柱がパタンパタンと倒れ、民家の屋根がこちら向きになり、突っ込んできました。渋滞していた車は次々と津波にのみ込まれていきました。校庭に停めた私の車は津波の渦の中に消えていきました。その光景を目の当たりにした時の自分の心持ちは……言葉じゃうまく表現できません。

城山のふもとには、どんどん民家が押し寄せてきました。みんなで山を下りて、家の中に閉じ込められている人の救助に向かいました。ガレキ伝いに、助けを求めている人の元へ何とかたどり着き、トタン屋根に穴を空け、引っ張り出し……無我夢中でした。

気がつくと、あたりは薄暗くなり、雪が降ってきました。大槌小学校の背後から何度も爆発音が聞こえました。煙が立ち込め、火柱がボンボン、ボンボンと上がりました。火事でした。さらに、反対側の末広《すえひろ》町方面からも火の手が上がりました。城山は双方から火に挟まれたのです。火の粉の舞う中、避難者同士で助け合いながら山道を抜け、山間部の上京《かみよ》地区にある、かみよ稲穂館にたどり着きました。ホールの片隅で、暗い中、静かに朝を迎えました。

避難者は一〇〇人ぐらいいたでしょうか。翌日、役場の人に頼まれ、一人一人に必要な薬を聞いて回りました。多くの高齢者が持病を抱え、薬を必要としていましたが、持参して逃げた方はごくわずかでした。私は必要な薬を聞いてメモするだけで、その薬を持っているわけではない。無力感にとらわれました。被災者に「もう大丈夫ですよ」と言えない自分が悲しかった。

妻は三月一一日、盛岡市内の高校に進学していた息子・拓（一九歳）の下宿へ行っていました。妻とも息子とも三日間、連絡が取れませんでした。その時のことを思い出すと、今でも心が苦しくなります。

私の妻への最後のメールは一一日午後三時二一分、文面は〈城山混雑、大槌小に避難した〉。かなり緊迫した状況の中で、慌てて打ったメールでした。以後、通信手段が途絶してしまいました。盛岡では、なかなか大槌の情報が入らなかったし、入っても「壊滅」「火災」など断片的で絶望的な状況が伝えられるばかり。そんな中、妻と息子は、私の唯一の手掛かりであるメールの文面を何度も読み返し「逃げたとは書いてない」「大槌小で津波にのまれてたらどうしよう」「お父さんは自分が助かったとしても、危険を顧みず人を助けようとするタイプだよね」などと語り合ううち悲観的になり、妻が泣きそうになり、過呼吸になりそうになると、息子が「お母さん、しっかり」と一喝、すると妻が我に返る……そんなことを何度も繰り返していたそうです。

　妻と再会を果たしたのは一四日でした。その日、私は親類の安否確認のため、町内の避難所をヒッチハイクで訪ね歩いていました。かみよ稲穂館に戻ると、妻の姿がありました。その顔を見た時、思わず涙が出ました。でも、そんな私に対する妻の第一声は「どこ行ってたのよ！」でした（笑）。

　妻が私の無事を知ったのは一三日のことだったそうです。その日、私の同僚が大槌町から土坂《つちさか》峠を越えて内陸の遠野市に向かいました。大阪の親会社に社員全員が無事だったことを連絡すると共に、ガソリンと煙草を補給するためでした。同僚はその際、私が無事なことを妻に連絡してくれました。妻と息子は一四日、盛岡から大槌へ。そして、二人がかみよ稲穂館に到着した時、私はタイミングの悪いことに外出していたのです。涙の再会……とはいきませんでした。でも、うれしかった。私たちはその後、一時的に盛岡で避難生活を送りながら、支援物資を積んで何度も大槌に通いました。

　私の勤務先は津波で全壊し、親会社は再開を断念しました。大阪勤務を打診されましたが、悩んだ末に断りました。古里で家族が寄り添って生きていきたい、古里復興の一助

◉大槌町の被災状況

死亡者数［人］	802[*1]
行方不明者数［人］	505[*1]
震災前住民数［人］	16,054[*2]
ピーク時避難者数［人］	6,173[*3]
浸水面積［km^2］（行政域）	4（200.47）[*4]

＊1　岩手県HP（2012. 1. 25現在）
＊2　大槌町HP（2011. 3. 1）
＊3　大槌町HP（最大時）
＊4　国土地理院　津波浸水域の土地利用別面積（暫定値）について（2011. 3. 28）

になりたいという思いからでした。

自宅も流失しました。二階部分が、約一キロ先にあるシーサイドタウンマストのすぐそばで見つかりました。そのマストで本屋を始めたわけですから、今思えば、何かの縁かもしれませんね。

本屋を始めようと心に決めたのは、夏ごろでした。未来を担う子どもたちに本で夢を与えたいという思いからでした。妻も賛同してくれました。店名は、古里復興への第一歩という願いを込めて、「一頁堂」としました。

町内には震災前、書店が二店舗ありましたが、いずれも流されました。また、親を失った小中高生が町内に八〇人もいると聞いたことも、本屋を始めるきっかけになりました。私の震災前の勤務先は化学製品製造会社でしたから、本屋はまったくの素人。日々勉強です。書店経営は決して利潤が大きくなく、全国的に町の本屋さんが次々姿を消しているという現状も聞いています。でも、儲けるのが目的ではない。町のため、子どもたちのために、本屋が必要なのです。

絵本など児童書に力を入れよう、中高生の学校参考書も充実しよう、仮設住宅に閉じこもりがちな人たちが足を運びたくなるような本を揃えよう……妻と何度も夢を語り合い、準備を進めました。店舗面積は約六〇坪。店内は約三万六〇〇〇冊の本を揃えましたが、そのうち児童書は約三八〇〇冊です。多くの人たちの助けを得て、開店日を迎えました。

午前九時、いよいよオープン。私はスタッフ四人に「せっかく助かった命。今、働けることに感謝して頑張りましょう。私たちの一頁目が始まります」。妻は「素人集団だけど、お金を貰う以上はプロ。失敗を恐れずチームワークで乗り越えましょう」とあいさつしました。

開店以来、大にぎわいです。お客さんの笑顔がうれしいですね。さまざまな世代が「あ、本屋さんだ！」とニコニコしてやって来る。食い入るように本を見つめている。小さな子どもが両手を伸ばして、レジに絵本を差し出す。袋に入れている間も待ちきれず両手を伸ばしていて、幸せいっぱいの目で、絵本を受け取る。お客さんに本がどこにあるか尋ねられても、私たちは素人ですから、すぐに見つからない。一緒になって探しているうちに、不思議な連帯感が生まれたりして、本が見つかると「ありがとう」とお礼を言われる。まだ慣れてなくて無駄な動きが多いせいか、仕事をこなすのに時間が掛かりますが、本屋をやってよかったなあと実感します。

一頁堂書店は、インターネットで本を購入できる「ｅ－ｈｏｎ」にも加盟しています。売り上げの一部から、津波で親を亡くした高校生までの子どもたちの誕生月に、本にちなんだプレゼントを贈ることを決めました。もっといろいろやりたいことはあるんですが、まだ内緒です。まずは経営を軌道に乗せないとね。

私たちは今、かみよ稲穂館よりさらに内陸の和野《わの》地区にある第五仮設住宅団地に住んでいます。午前七時過ぎに仮設住宅を出て、大槌川沿いの道を東に向かう。ちょうど太平洋から上る朝日に向かっていくような感覚が、すごく気持ちいいです。「津波で亡くなった人が天国で幸せでありますように」と祈りながら出勤しています。

店の今後については、少なくとも一八年間は頑張ろう、と心に決めました。というのは、今、零歳の赤ちゃんが高校を卒業するまでが一八年ですから。その間、店を潰すわけにはいかない。カツカツでも、食べていければいい。なんとかやっていきます。

（二〇一二年一月五日）

◎岩手県大槌町

いろんな悲しみを持つ人と共に生きる

無職

吉崎金弘《よしざきかねひろ》さん（69歳）

■大槌《おおつち》町に住む吉崎金弘さんは長年、新日鉄釜石に勤め、現在は町で活動するバドミントンサークルをとりまとめるなど地域の中心的な存在だ。住み慣れた住宅街の桜木《さくらぎ》町は、甚大な被害を受けた大槌町の中では比較的被害は小さかったため、避難所や仮設住宅での生活を経て約七カ月後には修理を終えた自宅に戻ることができた。しかし家族や仕事を失った人たちを思うとその胸中は複雑だ。

［聞き手／手塚さや香］

私が住んでいる桜木町は三五〇世帯くらいの住宅街です。一人暮らしの八〇代九〇代も多いので日ごろから何かあった時には裏の高台に歩いて避難することに決めていましたし、町からも津波が来た時は車は使わないようにと言われていたので、訓練でも徒歩で裏に上っていました。普段から家に地震と津波のことは常に頭にありました。

いたらどうするか頭に入っていますし、ウォーキングで海岸の方を歩いている時も「今だったらどうする」と考えるようにしています。家を建てたばかりで震度7が来ても大丈夫と言われていたので、すぐに外に出ると危ないと女房にも言っているんです。

青森の出身で長年、新日鉄釜石に勤めました。桜木町は新日鉄が斡旋して売った土地で、私たちは昭和四八年に家を建てました。ご近所はほとんどが新日鉄の方でしたし今もOBが多いですね。

あの日は二分以上揺れました。揺れが何回かに分けて来たと思うんですけど、収まってからまずは倒れた仏様を元に戻したりして、気持ちを落ち着けてから外に出て、六〇メートルくらい離れた一人暮らしの叔父さんの家に走りました。無事だったんですけど、ガラス戸も割れて室内はぐちゃぐちゃでした。いったん家に戻ろうと表に出たら、みなさんが「避難しようかどうしようか」って出てきたところでした。

斜め向かいの人は遊びに来ていたお孫さんたちもいたので、ラジオを出してすぐに逃げられるように車の中に待機してたんです。テレビは映りましたが大津波警報が出た瞬間にすぐに消えてしまって、防災無線も一回、「大津波警報が出ました」って流れたきりです。ここの地区はラジオの電波が入りにくいので、ラジオを道路に出して聞いていたら、だいたい三メートルくらいのが来るということのようでした。

防潮堤が六～七メートルというのは知っていたので、「ここまでは来ないかな」っていう安心感が先に立ったんです。私も避難するかどうか迷いました。みんな「どうしようどうしよう」ってラジオを聞いてたんです。そうしているうちに向かいの家の役場勤めの娘さんが帰ってきて、自分の両親と息子さんに「津波が来るから早く逃げて」って言ってすぐ仕事に戻っていったんです。

それで「これはまずい」ってことで避難することにしたんです。叔父さんの家にもう一度行って「津波が来るから避難しよう」って言ったら「わしはここで死ぬから、いい」って言うんです。それを説得する時間がない。家にいる女房にも避難しろと言ってないことも気になって。いったん戻って、女房に「（近くの）実家に行って母親と妹と一緒に避難しろ」って言って急がせました。

それで叔父さんのところにもう一度行って。三度目でようやく立ったんです。今度は長靴を履くだのなんだのと言い出して。「時間がないからサンダルでいいから」って言って。玄関を出たら、六〇メートル手前の私の家のところまで津波が来てました。海から二キロ以上離れているので流れは遅かった。道路の両側から膝丈くらいのがじわじわと来る感じでした。叔父さんもそれを見てびっくりしたと思います。裏の高台に上がる坂のところにいつも一緒にバドミントンをやっている人たちが下りてきてくれて抱えてくれました。上がって五メートルもいかないうちに下をざーっと津波が行った感じでした。津波は四〇〜五〇センチでした、最初は。それから段々、水の量が増えました。私たちが一〇メートルくらい上った時に車が五〜六台ざーっと流れているのが見えました。

三時四〇分くらいかな。一番大きい津波の時だと思うんですけど、川の土手からあふれてこちら側に流れてくるのが見えたんです。最初はがれきが見えたんです。船とかがれきが流れていって、さらに土手から水があふれてきたのをみんな見てたんです。

そこに高齢の人を中心に二〇人くらいいたのですが、暗くなってきたので高台で無事だった二軒に分かれて入れてもらいました。電気はつかないし、こたつの中にも火の気がないのですがお年寄りにも我慢してもらいました。ここはなかなか水が引かなくて、下りて歩けるようになったのは夜の一〇時か一一時くらいでした。

そのころには町方から火が出ていて山に移っていました。入れてもらったお宅は車が無事だったので、「ふれあい広場」の避難所まで車でお年寄りを運べるかどうかルートを探して歩いてくれました。道路には色んな物が流れ着いて車が動けない状態なんですね。やっと避難所までの通り道が見つかって、消防団の車四〜五台が迎えにきたのが午前二時か三時だったかな。お年寄りを全員運んだころは薄明るくなってました。そのうち二人は要介護1と2クラスなので、この避難所では無理だということで翌日の午後、施設に入れてもらいました。そこでようやく一段落した、という感じでした。

避難所に行って三日くらいは寝られなかった。みんな寝てしまってから余震でろうそくが転んだらどうしようっていうのが気になってね。しょっちゅう揺れるんだよね、そのたびに騒いだりして。避難所は桜木町だけではなくてほかの地域の人もいましたけど、主には桜木町の自治会が率先して引き受けたから、それはよかったんじゃないかと思うね。

山火事は三日くらい続きましたね。避難所の近くにバドミントン仲間がいてその人と「山側の道路に流された車が道路をふさいでて消防車が入れないから車を移動させようや」って話になってね。桜木町の自治会長さんに相談したら、やろうという話になって。その日のうちに人を集めてもらったんですよ。四〇〜五〇代の男性が三〇〜四〇人集まったかな。道具がないので鉄パイプとか丸太とか集めて、力と頭数でね、消防車が入れるようにしていったんですよ。車はエンジンが重いから前側が下になってクリスマスツリーの飾りみたいに木にぶら下がっているのもありました。二時間くらいかかって脇に寄せていきました。下がへどろなので滑ってね。二人か三人がパイプでずらして車体を押して、六〜七人で一台をようやく動かせたかな。それをやったおかげで後で消防が入れたからね。

女性陣はトイレの掃除とかやってくれたし。桜木町の人が多かったから、二日目か三日目あたりからラジオ体操を始めたりね。物資が来て「手伝ってください」っていえば、たくさん人が集まってきたし。途中からはトイレ掃除は何班とか決めて運営するようにしました。

桜木町は浸水しただけでしたが、三五〇戸あったうち五〇〜六〇戸は解体することになったようです。残りは二階で生活しながら修復していました。うちは平屋だったので住んだまま修理するのは無理でした。一カ月くらいして修理にだいたい一〇〇〇万円っていうのが出てきて、大枠でまとまったのが六月でした。

私たちは弓道場の四週間の避難所生活を経て、花巻温泉の宿に避難したのですが、仮設住宅に申し込むかどうか本当に悩みました。家が流されて再建のめどが立たずに仮設住宅に入るしかない人が大勢いて、私らは秋に修理が終わったら自宅に戻れるわけですから。だから仮設住宅に入らないで温泉にいて家の修理が終わるのを待った方がいいんじゃないかと思ったんだけど、役所っていうのはそういう話ができないんだよね。だから予算規模が増えていくんだよね。仮設住宅の建設費は平均で一戸三五〇万円くらいするんです。

しかも私たちは一番最初にまちなかに近い仮設に当たってしまって。肉親を亡くしたとか家をなくしたという方に比べると私たちは比較的、被害が少なかったので、仮設にいても逆に小さくなってないと。いろんな悲しみを持っている人ばっかりですから。

津波から何日かたってまちなかを見た時に、町の再生は無理だろうと思ったから、ほかに移ることも考えたんです。大槌の場合は町長や大勢の職員も亡くなってもう復興できないんじゃないかという話も耳に入ってきました。いろんな申請に行っても職員はそれだけに追われてましたし。

でも何カ月かたつうちに何とか再生できるんじゃないか、っていうイメージが前よりは強くなってきたよね。「みんなで復興しようや」という気持ちが盛り上がってきているのは確かなんだよね。声をかければみんな出てくるのかなって感じはするんだよね。今年は新日鉄の同期が集まる年で、最初は泊まるところも宴会出来るところもないし、花巻辺りまで行くかって言ってたんだけど、やっぱり釜石に金を落とそうということになって釜石でやることを決めたんです。みんな、自分にできることは何かを考えてると思うんです。

また店をやりたいっていう魚屋さんにはなにが必要なのか、ガソリンスタンドだったら自分らはどんな役に立てるのか。「あそこが商売やり出したぞ」というような声掛けとかできるだろうし。おのずと協力できることが分かってくるようになると思う。

私自身のことを言えば、なにごともそれなりに計画を立ててやってきて、家を建てる時も計画的に実行したし、地震保険にも入っていたので助かりました。若いころから「備えあれば憂いなし」という生活をしてきたつもりなので、こういう時にそういうのが生きたのかなと思います。ただし今回だけは、肉親・知人・友人、あと全国の方々からの多大な支援がなければ立ち上がれなかったかもしれません。家の片付けをたくさんのボランティアに手伝ってもらったり義援金をもらったり、等々いろいろ支援して頂きました。これからは、こっちからボランティアに行かなきゃとか、お返ししなきゃという気持ちですね。大槌のみなさんがまだまだ大変な状況なのはよく分かるし、まずは身近なところでできることから協力したいですね。

（二〇一一年九月一一日）

◈岩手県釜石市

津波にめげず生き抜く

雁部冷蔵株式会社専務取締役

雁部《がんべ》英寿《えいじ》さん（39歳）

■大津波は釜石市の魚市場と漁港ビルをひと飲みにし、社屋の三階まで襲った。三階にいた雁部さん父子は最前線で津波を見たことになる。中小企業の経営者という立場から、事業再建と釜石の経済再興に思いをはせる。

【聞き手／小笠原轟】

あの日はね、地震前までは穏やかな日できれいな青空でした。午後二時四六分、地震が発生。みんな感じたとおり、強くてずいぶん長かった。揺れがおさまってから、あと一〇分したら三メートルぐらいの津波がくるという放送がありました。その一〇分後に今度は六メートルという放送です。そうこうしているうちに誰かが、「一〇メートルぐらいのものがくるそうだ」という話になって、「それ！ 逃げろ」となりました。

従業員が逃げてから、私と親父は会社に残りました。なにしろ二人とも命より会社が大事でしたから。二階に上がり防潮堤を見ながら、津波を経験している親父に「津波はどういうふうに来るものだろう?」と聞いたときです。そのとき波が堤防を越えてくるのが見えました。

津波は、魚市場と漁協のビルをひと飲みにし、堤防を越えてやってきました。道を隔てた私の会社、雁部冷蔵株式会社も襲われました。すごい波でした。咄嗟に携帯電話のカメラで撮りました。ブォーブォー、バギバギ、ブォーと音をたてて津波が襲ってきました。あの時は日本列島が割れたと思いました。

親父と私は二階も危なくなり三階に逃げました。片手で携帯のカメラを操作しながらです。三階は台所、風呂場、畳の部屋など居住スペースで、仕事の休憩所としても使っておりました。この三階部分があったからよかったんです。

津波は三階まで追いかけてきました。足はすくわれるし、めちゃめちゃな状況でした。それでも親父と私は死ぬなんてことはぜんぜん考えていませんでした。今思いますと不思議ですね。ここにあった二〇〇トンの冷蔵庫もみんな津波に壊されました。水産加工に大型の冷蔵庫は無くてはならない物でした。とんでもない大きな津波でご覧のような状況です。

まわりを見ますと車は模型のように流されていくし、商店街の人たちのことが心配になりました。必死で撮った映像が水に浸かってはダメなので、携帯電話を台所の棚に上げました。そのときです、津波が引きはじめました。ホッとしましたが次の瞬間、命の終わりの恐怖を感じました。安心はしたものの次の津波がどんな高さで来るのか心配になりました。

二〇分ぐらい経ってからかな、三階部分から水が引いていきました。この辺の人たちはみんな避難してしまったので、最前線でずうっと見ていたのは私と親父だけです。下の道路には高さ一メートルから二メートルぐらいの津波がひっきりなしに来ていました。午前二時頃に大きめの余震がありました。月夜でした。親父は懐中電灯をもって寒い寒いと言いながら警戒をしていました。この余震で津波が二階まできました。

岸壁に打ち上げられたパナマ船籍の、鋼材を運ぶ二七〇〇トンの貨物船、この三階から見えるでしょう。あの貨物船が、津波が来るたびに行ったり来たりして、今はあそこの岸壁の上におさまったということです。津波といっしょに真ん前まで来たんです。会社の三階の高さより上に巨大貨物船を見ていたんですよ。圧倒されました、押し潰されるのではと。あれは迫力がありました。いま考えても信じられないような出来事です。市場の前の防潮堤の鉄のとびらも、吹っ飛ばされました。

親父と私はね、ポリタンクを空にしてしっかりと栓をし、次に三階を越えるような大きな津波がきたら、ポリタンクを浮き袋代わりにして飛び込もうと考えていました。

次の津波が来る前になぜ逃げないのという人がいるかもしれないけど、それぐらい会社に思い入れがありますから。そして瓦礫の山は歩くに歩きようがないです、道がないですから。それからね、冷蔵庫の冷媒（冷却に用いる熱媒体、冷却剤）、アンモニアガスが充満していて一階に下りられなかったです。この建物から外へは息を止めなければ出られなかったですね。ガス漏れは、消防署に連絡しなければならないのですが、連絡する手段がありませんでした。自衛隊の無線を使って連絡することは後で知りました。

後で同業者に聞いた話ですが、橋上《きょうじょう》マーケットを自転車で通った人が、川の真っ黒な波を見て叫んだ。「津波だーっ」と、商店街を叫び散らし車にも叫んだ。その自転車に車が一台だけ反応してついていきました。避難場所は薬師《やくし》公園になっています。公園の階段を上りはじめたら、津波が追いかけてきました。その車の人は盛岡の人でしたが、地理がよくわからない。ましてや避難先はわかりません。が、素直に従って命が助かりました。

車の中にいて「津波、ここまでこない。大丈夫だ」と安易に予測したのは、残念ですが地元人たちだったと思います。津波に遭遇するのも偶然、生きている人も偶然で助かりました。

海を背にして魚市場に立つと右側の岸壁の上には乗りあげた二七〇〇トンの貨物船、市場のすぐ前に漁協のビル、防潮堤、そして道路を挟んで私の会社になります。避難所は、左側の小高い所の幸楼（料亭）です。

会社の後方の山に「ガンバロウ釜石」の横断幕があるでしょう。そこが尾崎《おざき》公園という位置関係になります。尾崎公園は、最初の津波の時に妻が逃げ込んだ所です。

次の日の朝七時ごろ、まだ津波が来ていましたが、引い

◉釜石市の被災状況

死亡者数［人］	887*1
行方不明者数［人］	164*1
震災前住民数［人］	39,964*2
ピーク時避難者数［人］	9,883*3
浸水面積［km^2］（行政域）	7（441.35）*4

＊1　岩手県HP（2012. 1. 25現在）
＊2　釜石市HP（2011. 2末）
＊3　釜石市HP（3月17日最大〔市内避難所〕）
＊4　国土地理院　津波浸水域の土地利用別面積（暫定値）について（2011. 3. 28）

た隙を狙い会社から脱出しました。高台に避難していた妻のところへ、瓦礫の山を歩きました。避難所は魂の抜けた感じの人たちでいっぱいでした。会う人会う人、おらほの家族がいない、もう終わりだ終わりだと、泣いていました。私《わたし》は親友と偶然に会い思わず声のかけようもありません。私は親友と偶然に会い思わず胸が詰まり抱き合いました。

家族ですか。親父は昭和の一三（一九三八）年生まれ、お袋は一七（一九四二）年生まれ。三男坊の私は昭和四六（一九七一）年で、妻は四五（一九七〇）年生まれです。子供は長女が七歳で学校で遊んでいて無事。娘はいったん海の方に逃げたようですが、知っていた人が、そっちじゃないといって車に乗せてくれたので命拾いをしました。幼稚園の長男は五歳で、妻の実家で姑さんが見ていて無事でした。自宅は津波で流されてしまったが家族は全員助かりました。

会社は一〇人でやっていて、親父が社長、私は専務、みんな家族みたいなもんです。大槌町《おおつち》から通っている従業員は、赤浜《あかはま》付近で駆け上がってくる津波と遭遇、Uターンしてなんとか助かったね。近くの大槌高校が避難所に指定されていましたから、よかったですよ。

妻とは中学時代からつきあっていました。自分は将来、会社のリーダーになるための自分自身の土台を作り上げるまで、結婚はしないと決めていました。三〇歳になり、会社もなんとかやれる自分自身の見通しが立ってきたころ、一緒になりました。

これからの会社の再建は私の役目ですが、あまりにも大きな打撃に、妻にね「こんな事になってしまって大変だけど、母ちゃん堪えてくれよな」と言いました。妻は「頼りにしている人が何言っているの。一緒にがんばりましょう」と言ってくれました。

いろんな事をしていかなければなりませんが、瓦礫になってしまった町を見ながら、ふっと思うことがあります。この世に子供を出したのは間違ったのではと、「親をうらむなよ」と言いました。子供は「お父さん、そんなこというな。お父さんお母さんの子供でいがった《よかった》よ」。家族に励まされています。

＊＊＊

釜石港湾口に世界一といわれる防波堤があります。これが津波で壊れました。釜石は昔から津波に襲われ、尊い人命を奪われてきました。そこで昭和五三（一九七八）年から工事が始まり、二年前に完成したばかりでした。湾口防波堤は、北堤が九九〇メートル、南堤が六七〇メートルの二本の防波堤をハの字に配置し、最深部がマイナス六三メートル、中央に三〇〇メートルの開口部、両端に小型船が通る開口部があり、下部構造は台形状です。

壊れたのは上部でしたのですぐに復旧することになりました。取材にきたマスコミは、工事費の一三〇〇億円が無駄になったと言ったようですが、防波堤は津波を四メートルから五メートルは減衰させたと言われています。おかげで命拾いした人たちが多くいたでしょう。私もその一人です。

早目の復旧工事は復興へ弾みがつきます。震災後、政府はすぐ金を出すと言っていましたが日が経ってくると出ししぶります。だから写真を撮るのです。これが被災地の現実だ。東北の現実だ。日本だ。そして地球だと。被災地の写真を撮る人を非常識だという人がいますが、私は記録して後世に残すべきだと思います。そして同じ被災者にも伝えるべきです。人は忘れるものです。

七月のはじめ松本《まつもと》（龍）大臣が岩手と宮城に来て、「知恵を出さないと助けないよ」の、あの発言と態度は憎たらしかったね。テレビのニュース、新聞にも載りました。でも真実もついているなと思いましたね。

私は毎日のように役所に行っています。役所は計画を出してくれますが、具体的なものがない。いわゆるスピード感というやつです。国がなかなかねェ……、金がねェ……といってるばかりで何も出てこない。規制もあるでしょうがね。こうしているうちに人が出て行っています。人材がですよ。

魚市場や道路は地盤沈下で満潮時に浸水してしまうので、これを何とかしてほしい。例えば「一メートル嵩上げをすれば市場が再開でき、搬入搬出が確保され、周囲の商店、水産加工にも、かくかくしかじかでこうなります」「その為の費用の額はこうです」「そして規制の何々の項をはずしてください」「実施されれば個々の会社の再建プランはこうなります」とか。こうしたのが知恵の一つではと思います。

行政も私たちもみんなで知恵を出しましょう。私は釜石に残って復旧、復興をやっていく志を持っています。ここに生活基盤をおこうとする人たちの志を支えていくのが役所の仕事です。ここのところがわかっているようで希薄なんですよ。

昔はね釜石の水揚げが最高の時代もありましたが、儲からないことはしないとして結局はそのままのやり方が続きました。そして低迷していきます。他の漁港もいろいろやりましたが衰退の一途を辿ります。釜石でも大きな水産会社がつぶれたりだから、大きければよいというものでもなかったのです。

今の日本に粋な心をもった人が少なくなりましたね。人情、世情に通じて勇気をもり立てるようなリーダーがね。親である国が我が子である国民にどのように手を差し伸べるのか、これからじっくり見て、今後の日本国を見極めなければならない。

釜石に菅《かん》総理が視察に来たときに直談判した人がいます。総理大臣も大変ですね。総理のバスが帰るときに、今度は私が、目立つ場所で右コブシを突き上げて「ガンバルぞ！」と叫びました。そしたらバスの反対側の席にいた総理が、窓から身を乗り出してコブシをあげて応えてくれました。この人は粋な心を持った人だと感じました。国会や党でみんながバッシングをしていますがね。よいことはよい、現場の目線でやってもらえると信じています。

復興へのプロセス、そして規制緩和など市と県と国と温度差があるのも承知しています。要は被災地で地元の人たちが生きていく政策です。目標や夢がありますとこれは楽しいものになるはずです。私たちは、次の世代につないでいく義務があるので、それを、勇気に変えるのです。今の時代はマネーゲームのような社会になり、オタク文化がはびこり残念です。この震災を機に、努力し額に汗をかき深い絆で結ばれる、明るい町になればと思います。

私は一八歳の時に東京の魚屋に就職し、その会社の勉強会でアメリカを見てきました。自由に楽しくやっていました。あれからだいぶたちます。日本も自由になってきています。そして日本には独自の人柄、品性があります。これは大事です。

避難所の食生活は、三日間おにぎり一口だけでした。その後はおにぎり、漬け物、味噌汁が出て、飲み水は沢から汲んできました。しばらくこれで堪え忍ぶわけですよ。あとから少しずつ増えてきましたが。

私たち男は、毎日行方不明者を捜しました。瓦礫の中には不幸にも亡くなった方がうもれています。それをみんなで遺体置き場へ運ぶ作業を一週間毎日やりました。大変でした。他の避難所を探してみたりもしました。一日〜二日で八〇キロ〜一〇〇キロも歩くことがありました。

女たちは男たちにいっぱい食わせろと叫ぶ、男たちは遠慮して少ししか食べなかった、これが日本人のよさだなと思いました。ひもじさと悲しさとやりきれなさの中に、思いやりと節度がありました。

誰が頼んだのかどうしてきたのかよくわからなかった。オバマ大統領が日本を救えと指令を出したのだろうか。空母ロナルド・レーガンがやってきました。あらゆる生活物資を積んで三陸沖にやって来ました。ヘリコプターが、空母と避難所の校庭の間を何回も往復し、救援物資を運んでくれました。彼らはノートを出して、何がほしいか足りない物はないか、みんなから要望を聞いていました。ありがたかったですね。まとまった生活物資を避難所に一番先に届けてくれたのは、アメリカ人でした。道が無いですからライフラインはヘリコプターですね。食事内容も改善されていきました。

戦争体験者は、艦砲射撃やB29の爆撃で瓦礫と化した釜石が、二重写しになったのではと思います。当時アメリカはジュネーブ議定書（平和議定書一九二四年）を破り、日本全土に空爆と原爆で一般市民を傷つけました。今度は助けてくれました。少し複雑な気持ちがありましたが嬉しいことでした。今、世界のたくさんの人たちと国々から支援を受けています。感謝の気持ちでいっぱいです。

戦後復興はある意味で「規制」はなかったと思います。厳しかったが今より生き生きとしていたと思います。食糧事情は相変わらず悪かったと思いますが、「統制」も解かれ、やっと戦争が終わったという解放感。希望にあふれていたでしょう。

まもなく復旧、復興の第一次補正予算が実施されます。漁協組織には大きな補助金が適用されます。私たちみたいな零細企業、中小企業にはこの適用が同じではないようです。私たちが借金すれば二重債務、三重債務となります。大きな組織との差がついた扱いです。これはおかしいと訴えてきましたがね。松本大臣は退任しましたが「知恵を出すと助けます」という中味と合わないのではと思います。金の使い方がフェアじゃありません。そう思いませんか。

今回の地震と津波、一〇〇〇年に一度の大災害でした。多くの人が亡くなりました。この悲劇を念頭に置き生きていかなければなりません。会社は設備や商品を失いました。しかし「一所懸命に働いてきた、という生き方の土台」があります。

今度の被災では、釜石の復興計画の話、あまり規制をしないでほしいと皆さんが言っています。私はいろいろな施策がフェアであってほしいと願っています。そのために同規模の同業者に声掛けして人を集めようと考えています。明日、ある全国紙の取材があります。地方版に載るでしょうか。小さな発信ですが、全国版にも、この小さな町も日本のために頑張っている姿が掲載されることを期待しています。

私はこの震災に遇い、国にお金が無いことの怖さを肌で感じています。被災者になって分かることですが、すべて失うと助けてもらうしかないのです。消費税の増税と聞けば反対かもしれません。しかし国にお金がない今、被災者である私たちには最悪のシナリオの人生しか見えてこないのです。

天災はどこでどうなるか誰もわかりません。その危機管理は、今度の震災から学習しなければならないと思います。震災（天災）、それは人類が地球との共存を改めて考え直す、直さなければならない時に、定期的にやってくるものなのかもしれない。人生は自分自身のために生きているようで、実は、すべて次の世代につなぐため、すべてを費やしていると思うようになりました。

（二〇一一年七月一九日）

◎岩手県大船渡市

北限の鰹節屋と一通の手紙

川原商店
川原《かわはら》宰己《さいき》さん（62歳）

■大船渡市大船渡町の川原商店は浜辺の工場で昔ながらの製法による鰹節を作り続けてきた。自宅も工場も流失したが、川原宰己さんは後継者である息子とともに再建を期す。日本最北の鰹節屋を自認する川原さん親子の背中を押したのは、ある顧客から届いた手紙だった。

【聞き手／木瀬公二】

鰹節とサンマなどの干物を作っています。一年を通して鰹節を作っているのは市内では三軒だけ。大船渡の鰹節屋は日本最北です。うちで使うのは大船渡港に揚がったカツオだけ。創業は昭和八（一九三三）年。それまで農業をしていた祖父さんが始めたんです。私は三代目。三八歳の息子が継いでくれています。

もともと家は海岸から三〇メートルくらいのところにあって、ちょっと上がった高台で畑を作っていたんだね。昭和八年といえば三陸大津波があった年。祖父さんが残した書き物によれば、「津波のために仕事がなくなったから、鰹節の仕事でもしたらいいのじゃないかと近所の人に勧められた」とあります。小屋を建てて、カツオを煮る釜一つで始めたらしい。津波が来たからといって山に行くわけでなく、浜で魚の仕事を始めたんだね。家を建てるとき、もっと上に建てようかとも考えたようだね。でも、鰹節の製造では長時間、火を使うんですよ。いちいち火の様子を見に家から工場まで足を運んでられないからと、工場のすぐ隣に建てた。どうせ津波に流されるときは俺の家ばかりじゃないからと、腹をくくったんじゃないでしょうか。

カツオは黒潮に乗って北上します。その最北が大船渡です。大船渡沖の漁は六月ごろから始まって九月ごろが一番忙しい。鰹節づくりも同じ。カツオだけでなくソウダカツオやサバでも節を作っていますよ。販売先は盛岡のデパートをはじめ、大半が県内。東京や大阪にある岩手県のアンテナショップにも出しているよ。丸のままではなくて削っているから面倒がなくていいと、そば屋さんやラーメン屋さんがよく使ってくれます。春はコウナゴづくりが忙しいね。ボイルして乾かして、煮干しや佃煮にする。干物は一年通して。

三月一一日は、冷蔵庫の中にはサンマとイカ、サバ、キンキ、カレイ、サンマの丸干しと、六種類入っていました。だけど、冷凍・冷蔵施設も、機械類も全部流されました。瓦礫の中から探し出した機械もあるけども、鰹節を削る歯が壊れていたり、心棒が曲がっていたり、使える物はなかった。波は相当暴れていったんだね。

あのときは工場にいました。従業員二人とサンマの干物を真空包装していたら、携帯の地震速報がビビビっと鳴って、揺れ始まった。工場隣の自宅に行くと八三歳の母が雨戸を閉めていました。私の息子は消防団員なんですが、不在だったので、代わりに私が水門を閉めに行きました。家の脇の川を遮断する水門です。いったん工場に戻って従業員を返し、工場の戸締りをして、家内と母、犬をトラックに乗せて高台に上がりました。津波はまだ来てません。でも水門を閉めるとき、「これは絶対来る」と直感したもんね。海面がまるで魚がいっぱい跳ねているみたいに、バチャバチャと踊ってるんだもの。ただごとじゃないと思ったから、すぐ逃げろ、すぐ高台に上がれと。

平成八（一九九六）年ごろかな、津波が来たら大変だからと、畑だった高台を整地して、避難小屋兼倉庫を建てたの。海抜三〇メートルくらいかな。農具とか工具を置いて、すぐにでも住めるよう電気を引いて、冷蔵庫も置いてました。近い将来必ず宮城県沖地震が来ると言われていたし、自分も消防団にいたし、こういう小屋を建てておいた方がいいんじゃないかと考えたんです。避難したのはそこです。活用したのは今回初めてだよ。

見下すと、海はゆっくりゆっくり動き出した。ゆっくりと牡蠣の養殖筏が動いて、少しずつ波が増えた。その後ろから第二波が来たの。いったい自分の家はどうなってしま

◉大船渡市の被災状況

死亡者数［人］	339 *1
行方不明者数［人］	87 *1
震災前住民数［人］	40,738 *2
ピーク時避難者数［人］	8,437 *3
浸水面積［km^2］（行政域）	8（323.30） *4

＊1　岩手県HP（2012. 1. 25現在）
＊2　大船渡市HP（平成22年度国勢調査時）
＊3　大船渡市HP（3月14日）
＊4　大船渡市HP

うんだろうと思って、見えるところまで移動しました。少しずつ水嵩が増して、第二波が湾口防波堤を越えて、渦巻いた真っ黒い津波が迫ってきた。津波があの防波堤を越えるなんてさらさら頭になかったけど、ものの見事に、いっぺんに越えたもんね。堤防の二倍も三倍もの高さだった。まず工場が壊され、自宅は建ったまま流されました。どこまで流れて行くのか見ていたけど、見失ったね。

第一波が来た後、波は引きませんでしたね。一回ドーンと来て、それにかぶさるように第二波が来て、引いたのはそれから。最初の引き波でほとんどの建物がやられました。防波堤もひっくり返った。海岸沿いは第二波だけで終わったようなものです。波は次々と何度も来ました。ずっと見ていたけど、さあ何度来たかはわからない。暗くなっても船が行ったり来たり。岸壁に着けなくて、電灯が点いたまま波に流される船を見ていました。小屋は停電して蝋燭もない。何ともならなくて横になったけど、眠られないさ。まだ揺れていたしね。でも、あきらめた。

次の日、外に出ると、線路まで家の残骸が上がっていたから通れない。丸二日間じっとしていました。やっと自宅を見に行けたのは三日目。自宅周辺は瓦礫がさほどなかったね。海に一番近いから、海から押し寄せる瓦礫はない。引き波で陸から連れてこられた瓦礫も、みんな海に運ばれていったんでしょう。工場の機械類もぷかぷかと浮いて流れていったようで、残ったのは土台と基礎だけでした。

家の残骸は一〇〇メートルほど離れた場所にありました。牡蠣むき作業をする小屋の近く、岸壁に引っかかっていました。あと三メートル流されたら海にドボンと落ちて影も形もなくなっていた。家が流れていった軌跡はわかるんだ。屋根瓦は遠野市の瓦屋さんが作ってくれた、模様の入った特殊な瓦なんですよ。点々と落ちている瓦をたどれば、流された道筋がわかる。いったん陸地に押し出されて、引き波で戻ってきたようだね。家の残骸の中で形が残ったのは、神棚や仏壇のあった座敷と若い人の部屋の隅だけ。神様と仏様が一緒にいましたよ。家族のアルバムも見つかった。位牌が残っていたのには、ほっとしたね。位牌は海に行きたくなかったんだろうね。

こんなもんか、と思いました。あきらめかな、安心感かな。自分の家だけ流されたのではないという……。近所の家も大半が流されました。回れ右した家もあるし、残っている家にしても二階まで水が入ったし。どの家も直せば住めるなんて状態ではないよ。でも今は、惜しいことしたなと思います。人間、時間が経つと冷静になっちゃうんだな。

加工業者も冷蔵庫屋さんも壊滅状態。水産加工の同業者仲間で再建に向けた話し合いをしようと集まったけれども、海岸沿いの土地利用がまだはっきりしないからまとまらなかった。海沿いの土地は市が買い上げて、高台移転という話は出ても、建物はまだ待てという状態。魚を扱う商売にはどうしても海水が必要なんですよ。魚を洗うのも海水。綺麗な色のまま冷凍するためには真水ではダメ。まさか真水に塩を溶かして海水にするなんて、やってられないでしょ。高台となれば排水も課題です。魚の仕事をするには海のそばでないとね。工場は海のそば、住まいは別の場所となるんではないかな。しかし、家を建てられるのか建てられないのか。稼がねばなんねえから再建に向けて動きたいけど、なかなかねえ。

うちの鰹節のお客さんから手紙が届いたんです。遠野市の主婦の方。「毎日使っています。安くておいしくて自慢の品を友人たちにも贈っていました。袋の裏のラベルの住所を地図で確かめると海のすぐそばだったから、安否を知りたくて手紙を書きました。こういう品を作る人は誠実な人に決まっている。またあの鰹節を食べられるようになりたい……」。そんなことが書かれていました。

いやあ、嬉しくて、家族みんなで読みました。再建の力になります。こんなに思ってくれている人がいるなら、またやらねばならないなと思ったもの。それまでは落ち込んでいたんですよ。うちは借金もしないで、少し資金がたまったらこうしよう、ああしようと、八〇年かけて少しずつ拡張してきた。それがすべてなくなってしまった。八〇年間積み上げてきたことを一回にやり直すなんて、できっこないもの。

手紙は前の住所から転送されてきたので、新住所を知らせるお礼の手紙を出しました。すぐに食料品などが入った宅配便が送られてきた。今度は「義援金や支援物資は出したが、ダメージが大きすぎて、何もできない気持ちが大きかった。応援する人が見える。その人が元気になっていく姿を見て自分も立ち直っていきたい。私が救われたのです」といった感じの手紙が添えられていました。

北限の鰹節屋の誇りは失いたくない。息子はやる気があるんです。やり直したい。更地になってからでないとイメージがわかなくて、どんな形になるかわからないけど。かなり地盤沈下しているのが気になります。実感として八〇〜九〇センチは沈んだ。岸壁はこれまで海面から一メートル近くあったのに、今は海面すれすれです。

鰹節の秘訣ですか。手作りってことだね。魚の煮方と火の関係が難しい。一番はいかに早く処理するか。船から降ろしたら頭とはらわたを取って冷凍する。油分がある程度抜けやすくて、火をかけた後の固まりが早いんです。解凍して一時間から一時間半ボイルして、皮を取ったら「火山」

と呼ぶ乾燥部屋で、ナラの木の煙でいぶします。一回でせいろ三六枚。一枚あたり約二〇本の節を並べます。朝五時半から夕方まで、一カ月以上、薪を燃やし続けるんですよ。火の熱と煙の熱でおいしい鰹節になります。

海は、あの日いったい何があったのかと思うほど穏やかです。再建に向けて少しずつ、一歩ずつ進まないとね。焦ってもできるものではないもの。お客さんは味に厳しいから、中途半端なものを作っても売れませんよ。


（二〇一一年四月八日）

◎岩手県大船渡市

死んでたまるか

建設会社社長

小松格《こまつとおる》さん（47歳）

■盛《さかり》川の河口近くにある会社で津波に遭遇。孤立した社屋から脱出し、瓦礫と泥の冷たい海を泳ぎきって、暗闇の道なき道を歩いた。家族や友人と生還を喜び合う間もなく、復旧作業に明け暮れる日々が始まる。小松格さんの震災後一カ月は、またたく間に過ぎていった。

［聞き手／木瀬公二］

あのときは会社の二階にいました。携帯電話で話をしていたんです。強い地震だから切りますよと電話を切ったら、もう立っていられない。従業員四九人のうち会社にいた七人はすぐ駐車場に避難しました。

机の上のものも神棚も、みんな落ちて散乱状態。割れたコップを片付けたり、熱帯魚の水槽から溢れた水を拭いたり、二〇分くらいそんなことをしていたでしょうか。社長である自分がまず落ち着かなきゃと思うばかりで、逃げるという頭はまったくありませんでした。盛川河口に近い平地だけど海から一キロはあるし、もし津波が来ても膝下程度だろうと。過去にも大津波警報が出たことがあるけど、津波は一度たりとも来たことはないですから。そのうち避難した七人も現場にいる従業員も戻ってくるだろうと、のんきに構えていました。

外から大きな叫び声が聞こえました。「来た」とか「津波だ」とか、はっきりとはわからない。危険を知らせるための大声なのか、津波に巻き込まれた人の悲鳴だったのか……。窓の外を見た瞬間、水がドーッと来ました。水門も防波堤も乗り越えて、車が何台も何台も流されていた。会社の車もすごい勢いでどんどん流れてね。私は動きようもありませんでした。

たいていの人は津波を高台から見たんでしょうが、私は目線と同じ高さで見ました。漂流物同士がゴンゴンゴンゴンぶつかり合う音。木を裂くような、建物の壊れるミシミシという音。いろいろ聞こえました。すごかったのが丸太です。川沿いには木工団地といって、材木を扱う会社が集まっている場所があるんです。そこから流れてきた、大人の両腕でも回らないほどの太さの丸太が、駐車場の高い擁壁にドーンドーンとぶつかる。家屋の多くはそれでやられたんじゃないですか。後になって気づいたんですが、水が引いた後、会社の駐車場に五〇本くらいの丸太が重なり合っていました。

すごい流速です。民家も流されていく。社屋もつぶれて流れると思いました。このまま死ぬのを待つのは嫌だ。窓の下の倉庫を足場にして隣の建物の屋根に上ろうとした途端、その倉庫が流れてしまった。ふと上を見たら庇がありました。そこしか行き場はない。ジャンプすれば届きそうだ。庇を摑んで、懸垂のように体を持ち上げて窓枠に脚を乗せ、屋根に飛び移りました。

屋根の上でただ唖然と周りの情景を眺めていましたが、第二波、第三波と、これ以上大きいのが来たら今度こそ呑まれてしまう。気を取り直して泳ぐ準備をしました。大きな丸太が流れて来たら乗り移ろうと、上着とズボンを脱いだ。でも、タイミングを見計らっているうちに時間が経って、寒くなってきました。屋根に二時間はいたでしょうか。また二階に戻りました。

床の水は引いていましたが、家具はめちゃくちゃ。ガラスが散乱していました。ソファーは浮いて天井につかえた痕跡がありました。作業着のストックを着ようにも、濡れていない服はロッカー最上段にあった半袖だけ。裸足では危険なので靴を探したら、片方しか見つからない。誰かの女物の靴につま先だけ入れて階段へ向かいました。でも、瓦礫が重なって通れません。

ほかの建物に避難した人が、こっちを見ていました。ヘリコプターも飛んでいた。自分の存在がほかの人に伝わっているのはわかりました。このまま一晩過ごせないこともなさそうだけど、余震もあるし、とにかく外に出ようと思いました。夜になれば真っ暗になって、方角がわからなくなる。その前にどうにかしようと。一面、瓦礫やバスやトラックがプカプカ浮いています。外壁に乗用車がへばりつき、材木がその辺をふさいでいました。降りられそうな、水のない陸地を探しましたが見当たらない。すぐに方針を変えました。

一階の屋根に上り、合板ベニヤなどが積み重なって流れてきたところに飛び移って、次にひっくり返った車、丸太と飛び移って、泳いだんです。泳ぎには自信があります。

でも、すぐ後悔しました。水がものすごく冷たい。屋根の上にいた方がよかったかとも思ったけど、死んでたまるかという気持ちでした。五時ごろかな。もう薄暗くなっていました。

車のクラクションは鳴りっぱなし、ライトは点きっぱなし。電柱から電線が垂れ下がり、油が浮かんで臭いがひどい。産業廃棄物処理場に保管されていた産廃入りのドラム缶も流れていました。バスや合板の固まりはあまり流れなくなっていましたが、それでも引き潮に逆らうのは大変でした。気を抜くと瓦礫に挟まったり何かが頭にぶつかったりするので、注意深く瓦礫をよけながら、大きな固まりを見つけたら摑まり、浮いた畳に乗り……。ドラム缶に乗ろうとしたときは、ごろんと回転するものだから、かえって疲れました。トタン屋根も怪我をしそうで怖かった。

水は引いたように思いましたが、高台から見ていた人と違って、その具合がよくわかりません。水位が下がっても、また来ると思いました。次のが来る前に泳ぎ切らなければと、三〇〇メートルほど泳いだところで、やっと道路にたどり着いた。指定避難所に行こうとしましたが、大型車が道をふさいでそれ以上行けない。ちょうど線路伝いに歩いてきた人に声を掛けられて、石垣を上って線路を歩くことにしました。会社は大船渡駅と盛駅の中間。自宅は盛川を挟んだ対岸、陸前赤崎《りくぜんあかさき》駅のそばです。会社からは三キロ。普段なら何てことない距離ですが、どこも瓦礫でふさがっています。体も冷えていました。拾ったゴム手袋を足に履いて、タオルを巻き、震えながら歩いた。すれ違った人が気の毒がって、ジャンパーを借してくれました。トンネルはそれこそ真っ暗で、壁に手をつきながら歩きました。妻の実家がめちゃくちゃになっているのが見えたとき、これじゃあ我が家もダメだろうと思いましたね。

途中、煮炊きしている場所があったんですよ。火にあたらせてもらい、温かいすいとん汁を食べさせてもらいました。顔見知りの人が着替えをさせてくれたので、今日はここまでだなと一息つきました。ところが、そこに息子が世話になったそろばん塾の先生がいて、「息子さんの姿が見えない」と言うんですよ。急に不安になってね。「山道に詳しい人がいるから行かないか」と誘ってくれた人と一緒に、五人でぞろぞろ歩き出しました。電池がもったいないから懐中電灯をときどき消して、月を見ながら歩きました。「生き残った」と実感したのは、このころかな。

ようやく家にたどり着いたのは一〇時近かったと思います。近所の人からうちの家族は三軒隣に避難していると聞いた。みんな無事でした。自宅もなんとか住めそうでした。

親父だけは別の場所にいて、車中で一晩過ごして帰ってきました。

翌日は会社の従業員がやってきて、重機で道路を造り始めました。道がないと会社と行ったり来たりもできなくて話にならないと、自発的に始めたんです。赤崎小学校そばに置いてあった治山工事用のバックホンを使いました。人と自転車が通れる道を約五キロ、ほぼ一日で作りましたね。

私は死んだと思われていたんですよ。ほら、私が瓦礫の中を泳ぐのを見ていた人たちがいるでしょう。その人が、「あの後はどうなったかわからない」と言ったらしくて。親父も一時はあきらめてたようですが、たまたま私にジャンパーを貸してくれた人が瓦礫処理の仕事をしていて、「お宅の息子さんに会ったよ」と知らせてくれたそうです。だから、外に出たらみんなに「生きていたのか」と驚かれて、抱き合いました。そのたび涙が出そうでした。従業員もみな無事だったけれど、家族を亡くした人はいます。

記憶があやふやなんですが……。そうだ、一二日は会社に実印を取りに行ったんだ。瓦礫を乗り越えてだから何時間かかったのかな。朝出かけて、夜に帰ってきたんだったか。実印が見つかってほっとしましたけど、どうやって会社を建て直すか、不安が頭をよぎりました。重機は水が入って使えない。大型車二台、四トン車三台、ライトバンなど一二～一三台、ぜんぶダメ。親父が昭和四六（一九七一）年に創業した会社です。こんなことになって、止めようかと考える間もなく、市役所から駆り出されました。一二日からずっと復旧工事。市からの注文が次々と入って、休む暇がありません。失業者もたくさんいるでしょう。復旧作業をやるしかないんですよ。土地を探して、現場に残っていたハウスなどを寄せ集めて、四月六日に仮事務所を作りました。今は一〇台の車でやっています。

一番の不安はお金です。給料を払わなくちゃいけないから。震災前から世界中がそうだったように、景気はずっと悪い。役所の瓦礫処理がどれだけのお金になるかもわかりません。昨日、何とか今月の給料を払いましたけどねえ。

大船渡の市街地は半分残りましたが、このままでは住めないですよ。更地にするといっても所有者の貴重品なんかがまだ残っているでしょう。遺体捜索だってあります。市は半年で瓦礫を全部処理したいと言っているけど、そうはいかないでしょうね。

自宅の方はまだ水道が復旧していません。給水車が来てくれるようになって、煮炊きは不自由なくできるようになりました。でも風呂には入れない。近所に一軒だけ、山から引いた水で風呂を沸かせる家があるので、二二軒の家が順繰りに風呂を借りに行っています。今日は「男性の一二番目」の人が入る日です。
津波の光景ですか。布団に入ったとき、一人になったとき、よく思い出します。何度も「死ぬのか」と思ったあの日のことは、忘れられません。
（二〇一一年四月一一日）

◆岩手県大船渡市

大船渡と大家族から離れて

主婦
佐藤喜和子《さとうきわこ》さん（61歳）

■生まれ育った大船渡で長年、大家族で暮らしてきた佐藤喜和子さん。「大船渡の役に立ちたい」という思いは今も変わらないが、夫婦ともに病気療養中のため、震災後に医療機関の充実した盛岡へと移った。現在、家族は大船渡と盛岡で四カ所に分かれて暮らす。明るい人柄の佐藤さんだが「三月一一日の午前中までのような生活はもう戻ってこない」と表情を曇らせる。
［聞き手／手塚さや香］

八人家族だったの。主人と私、長男夫婦と孫二人、長女、次男。長男だけ盛岡に単身赴任をしていました。それが震災の後、四カ所に分かれたの。主人と私は盛岡のマンション、長男一家は盛岡で別の貸家、長女と次男はそれぞれ今も大船渡の仮設住宅や自分で見つけた住宅で生活しています。

夫婦とも大船渡生まれです。大船渡町の「中央通り」と呼ばれる小さな地域に住んでいました。主人のおじいさんが建てた築一〇〇年もたつような古い家で、昔に建てた家だから石の上に乗っているような家だったの。チリ地震津波の時は静かに浮いてそのまま同じところに落ちたらしいです。チリの被害に遭っている人が多い地域なので、家を建て替える時はみんな高台に移ろうかと考えるんだよね。でもここ何十年も大きな津波が来てなかったから最近になって建て替えた人もいました。

主人は大腸がんのため入退院を繰り返していて、私も乳がんで手術して退院したばかりでした。あの日は市内の盛《さかり》町に車で一人で出かけていて、東北電力の建物の前で地震にあったの。すごい揺れで車を停めたのね。電信柱は揺れてるし電線が垂れ下がっているところもありました。自宅にいる主人は装具を付けないと歩けないので、地震とともに自宅を目指して走ったんです。まだ揺れている最中だから渋滞どころか車は一台も走ってなかった。五分かかるかかからないかで家に着きました。

主人の病気の関係でトイレが整っているところでないと

避難できないので、何かあれば盛町のリアスホールの上の方にある主人のお兄さんの家に避難することにしていました。兄さんが迎えに来てくれてすぐに一緒に向かいました。でもその時にはもう家の前の県道が渋滞してて。そこに大型トラックが来て兄さんと私の車を入れてくれたの。それで助かったの。二〜三分の違いだったと思います。

主人を兄さんの家に避難させて、私と兄は大船渡保育園に通っている三人の孫たちを迎えに走りました。五歳、三歳の兄妹は一緒に暮らしている孫で、母親が保育士で、もう一人の六歳の孫は母親が陸前高田で働いているので。大船渡保育園が地域の一時避難所になっているんだけどそこすら危ないってことで、先生方の機転で子どもたちは全員、高台の大船渡北小学校に避難していました。北小に逃げてきた人はみんな呆然としていましたね。

高台の道を通って孫を連れて帰ってくるのが精一杯でその時はまちなかがどうなっているかわかりませんでした。見に行った兄さんから「もう大船渡はだめだ。盛町まで波が来た」って聞かされたから見なくても分かりました。

その日の夜に盛岡で働いている長男が一回来て、また戻って翌日ワンボックスカーで消毒とか子どもたちのおしり拭きやミルク、地元の消防団の防寒着や安全靴を積んで来てくれたの。盛岡の職場がガソリンとか準備してくれたんです。次男が消防団にいるのでその時は消防団のことと子どものことを中心にしか考えられなかったけど、後から考えると身体障害者とか精神障害の人のことももっと考えられたらよかったなと思います。健康な人ですら家を流されて呆然としてるのに、認知症とか障害者とか弱い立場の人たちは大変だったと思うんです。

私たちは避難所ではなく兄の家にいたので、食べものとか生活用品は自分たちでなんとかしないといけなかったんです。次の日からはお金がないとやっていけないですね。三歳の子供がいるからおむつや子供服が欲しくて、国道四五号線を翌日、車で行ったんですが、すごい人でした。スーパーのマイヤさんに助けられました。インター店が食料品を全部一〇〇円で売ったの。トイレットペーパー、おしめや生理用品とか、大船渡は郊外の店舗が被災しなかったから助かりました。大船渡病院の売店もあるものを売ってくれましたね。

自宅は三日たって見に行きました。息子からも「お母さん、何もないよ」って言われてたしね。行く余裕がないの。お父さんは調子悪いし、孫たちを抱えてるから。次々に親戚から物資が届くから仕分けして知り合いに届けなきゃいけないし。おばあさんが一人で暮らしているところもあったんだけど親戚がみんな無事だったのが本当に不幸中の幸いでした。

　兄さんの家はオール電化だったんだけど卓上ガスコンロのボンベがあってそれで調理していました。私は山の水をくんで段ボールにゴミ袋を入れて貯めたりしました。家は大船渡病院と市役所の間にあるので電気が着くのが早くて津波から何日かしたら復旧したの。

　食べものは大人は我慢できても子供はかわいそうでしたね。三歳の孫はね、まだがまんがきかない年頃だから、お菓子とか大きな袋のままでは出せなかった。五歳は言うこときくのね。三日目に孫を連れてまちなかに下りて行った時に、全然知らないおばあさんがチョコレートの袋をひとつくれたの。孫たちをかわいそうに思ったんでしょうね。チョコを二個ずつあげて、五歳の孫は「もっと食べたい」って言ったんだけど「今食べちゃったらどうなるか考えてみてごらん」って言って聞かせたら、もう欲しいって言わなくなったんです。

　その五歳の孫にはすごく励まされましたね。津波の何日後かにひとりでに涙が出てたらしいのよ。そしたら「パパが助けに来るからおばあちゃん泣かないで」って。あ、私泣いてたんだ、って初めて気づいたんですけど、孫の気持ちがうれしかった。自衛隊のヘリコプターが飛んで来た時に「みんなを助けに来たんだよ」って言ったら、ヘリコプターを見る度にその孫がヘリコプターに向かって大きな声で「みんなを助けてね」って言うのね。涙が出ましたね。

　避難所の小さい子どもたちもすごい惨状に遭遇した訳じゃないですか。お絵描きをする紙とペンが欲しかったと思うんだけど、やっぱり物資は食べるものや着るものが優先だから、子どものものはなかなか来なくて。そういうものをもう少し早くあげたかったですね。絵本とかね、子どもたちにやさしく美しいものを見せてあげたいと思いました。

　津波から一週間後に長男に「一緒に盛岡に行こう」と言われて、私たちも病気があるから着いて行くことにしたの。いくら主人の兄弟の家でも何カ月もいるのは申し訳ないしね。長男は転勤があるから交通の便のいい盛岡に住みたいということで、震災の後で盛岡に土地を買うことにしたので、一緒に住もうと言ってくれたの。私たちも最初は同居するつもりで考えたんだけど、やっぱり大船渡に帰りたいんだよね。だから息子たちだけで住む家にしてもらったの。大船渡に後ろ髪引かれるのは、息子と娘を大船渡に置いてきてるし、私は生まれてこの歳まで大船渡を出たことないのね。「老いては子に従え」だと思って着いてきたんだけど、六一歳じゃまだ自己主張したいもんね。

　たとえ大船渡に帰っても、もう三月一一日の午前中のような生活は戻ってこないんですよね。そう思うと家族観とかすごく変わりましたね。家族がばらばらに暮らすようになって子どもたちには「ようやく自立だね」って言ってい るんだけど、それが私にとってはさみしくもあるのね。被災して思うことは、やっぱりお互いに頼れる人があったほうがいいってことですね。

生活してきた年数が違うから子どもたちと私たちとでは家とか家財道具とかに対するとらえ方が違うのね。私たちはここまでやってきて「ようやくなんとか」という時だったから流されてしまったものへの思いも強いけれど、息子たちはこれから築き上げていく人たちだからね。

やっぱり若い人たちは切り替えが早いのね。幸いなことにみんな職を失わなかったし。年代の違いなんだなと思って。かえってこれから先の見通しをつけられないのは私とお父さんのように歳の行った人たちかもしれないですね。

孫たちは盛岡の保育園に通っているんだけど、最初は大船渡の話は全然しなかったそうです。六月くらいになって三歳の子が言うようになったの。「津波で流れちゃったんだよね」とか。盛岡の環境に慣れてほしいけど、大船渡のことも憶えていてほしいなと思うの。大船渡で生まれ育ったうちの孫だから大船渡や津波を記憶として残るなら残して伝えられる人になってほしいです。

盛岡ではあまり大船渡の人には会わないの。この前、偶然に七〇代の方に会ってね。色んな話をしました。みんな大船渡弁で話をしたいんだなと思いましたね。私もそうだけど、大船渡の共通の話をしてくれる人がいたらいいなあと思うのね。だから盛岡市が七月に「もりおか復興支援センター」を立ち上げてくれてありがたく思ってます。こういうところを通じて同じ地域から来た人同士が顔を合わせて、お互いにさみしさを埋められるようになったらいいですね。

わたしは何かしたいと思っている方なので、センターで雑巾を縫う活動に参加したりしています。生活が落ち着いたらボランティアとか何か社会活動に参加したいと思っているの。

人間って、ただ生きるってことができないのね、社会参加せずにはいられないんだよね。私にとっては大船渡にいないってことは社会参加ができないってことなの。みんなが復興のために一生懸命やっている時に盛岡に来たってことがすごく申し訳なくてね。そういう気持ちもだいぶ落ち着いてはきたけどね。せめて盛岡でできることをしていきたいですね。

（二〇一一年九月一一日）

◎岩手県大船渡市

生き残った証に

電気工事業

本間文麿《ほんまふみまろ》さん（62歳）

■自慢のそばを出していた店も自宅も、津波にさらわれた本間文麿さん。あえて避難所暮らしを選ばず、妻とその母の三人で新しい生活をスタートさせた。かつて生業としていた電気工事の仕事に戻って、ともに生き残った庭の花に思いをはせる。

［聞き手／木瀬公二］

大船渡で「そば処鳥井《どころとりい》」を開業したのは平成一三（二〇〇一）年です。それまでは埼玉県に住んでいました。もともと原宿の表参道にあるイベント関係の電気工事会社に勤めていたんです。私は福島県の会津《あいづ》出身。大船渡には家内の母が住んでいて、義母と暮らすために夫婦で大船渡に移り住みました。義母は八三歳、家内は五七歳です。

会津はそばの名産地です。私の祖母はそばを打って町内のそば屋に卸していました。子供のころからそばは身近な存在でした。長野オリンピックの開幕前は仕事でずっと長野にいたんですが、時間があればそば街道を食べ歩きしていましたよ。そば屋を開くために、電気工事の仕事をやめてから東京と会津で二年間そばの修業をしました。

店舗と自宅は大船渡町。海からは五〇〇メートルほどです。雨が降ると満潮時に道路が冠水するような場所でした。昼の営業は午後二時半までです。あの日は二時四五分ごろ家内と一緒に買い物に出ようと予定していましたが、お客さんが二人残ってそばを食べていたので、遅くなっちゃったなと思っていたところに、地震です。最初の揺れで外の電柱が壊れ始めて、次に大きく揺れたときはもっと強烈でした。お金はいらないのでお帰りくださいとお客を送り出して、店の片付けに取り掛かりました。

そしてすぐ、昼寝をしていたお袋さんを起こしました。お袋さんは昼寝をするのが習慣です。「このまま横になっているよ」と渋るのを説得して、パジャマから普段着に着替えさせて連れ出しました。お袋さんの心臓の薬と家内の肝臓の薬を持って、戸締りをして三人で車に飛び乗った。駐車場の奥はクラウン、手前に軽自動車。軽自動車で逃げました。津波警報が解除になったら当然、戻れるものと信じ込んでいました。津波が来るとは思わなかったです。ましてや家が亡くなるなんて思ってもいない。

うちでは大船渡線の線路の上の方にアパートを持っているので、最初はそこまで逃げようと思いました。チリ地震津波のときもそこまでは水が来なかったそうですから。でも途中、進路を大船渡病院に変えました。信号で二〇〜三〇メートル渋滞していたので、すぐ脇道にそれて病院を目指しました。何で病院に行こうと思ったか、自分でもわからないです。ともかく大船渡で一番高い場所はあそこだと咄嗟に思ったんでしょう。あのまま渋滞にはまっていたら車ごと流されていました。後から行ってみると、アパートも二階床まで水が入っていましたよ。

病院の駐車場に着いて揺れが収まってから、海と町の見える崖上まで行ってみました。一メートル八〇センチの金網を乗り越えて。盛《さかり》川の水がずーっと盛り上がってくるのがわかりました。川水が逆流して上ってきて、防波堤を越えたなと思ったらすぐに大きな波が押し寄せてきた。そして、ざーっと町に水が入ってきました。建物にぶつかって水しぶきが上がりました。水は四階建ての商工会議所の屋上まで来て、町全体が海になった。大船渡はもうダメだと思いました。

そうしているうちに水が引いてきました。民宿をやっている親類宅に避難しようと考えて、歩いて下まで行ってみました。まだ少し明るかったから四時過ぎかな。自宅と店も心配でした。線路あたりはまだ水位が高くなったり低くなったりしていました。周りの人に「また来るぞ、危ないから行くのはやめろ」と言われました。

家と店を見たかったんですよ。上から見れば何もないのはわかりました。でも、確かめたかった。家までもう少しというところまでしか行けませんでした。五階建てのNTTと、四階建ての山口ホテルが見えた。あとは何にもない、瓦礫の山です。

後になってのことだけど、自宅から三〇メートル離れた山口ホテルに、私たち三人のパスポートとドル紙幣が流れ着いていたそうです。それと、線路の裏側で義母の実印が見つかった。あとは何も残りません。すべて流された。全部なくなりました。

民宿に行ってみると、避難してきた人たちでギュウギュウ詰めでした。これじゃあ無理だと思いました。義母は心臓のバイパス手術を受けているんですよ。せっかく助かった命なのに、窮屈な姿勢でエコノミー症候群にでもなったら困る。友人の家を頼りました。そこでやっと暖かくして母を寝かせてもらいました。

ただ、どんな親しい友人でも、長くなるといづらくなるものです。三日目に家探しを始めました。手当たり次第、闇雲に、線路より上の国道四五号線沿線を探しました。でも物件自体がない。わずかな伝手でも頼ろうと思って、亡くなった義父の仲良し、新沼《にいぬま》さんという方を探して訪ねていきました。すると、「七年も空き家になったままの家がある。息子の名義になっているが、いいよ、貸すよ貸すよ」と言ってくれた。新沼さんに後光が差して見えました。ありがたくて、ほっとして、涙が出ました。朝から駈けずり回って、二二軒目だったんです。ああこれで何とか暮らしていけると安心しました。

とにかく、義母を何とかしなくちゃと必死だったんです。お昼も食べたか食べないか覚えていない。ガソリンのメーターも半分になってしまった。ガソリンは血の一滴でした。これがあるうちに住む場所を探さないといけないと。その意味では、燃費のよい軽自動車で逃げてよかったです。

五日目の朝、さっそく三人でこの家に入りました。いい家でしょう。八畳二間と六畳一間、それにダイニングルーム、台所、トイレ、廊下。庭もあります。水も出ないし電気もつかないんですが、周りの家全部が同じ状態ですから雨風がしのげるだけで十分でした。そのうち電気は確実に来るとわかっていますから、不便とは思いませんでした。周囲からは羨ましがられました。

引っ越しは簡単でした。向かいの家にほうきを借りに行くと、雑巾もバケツも貸してくれて、灯油の入ったストーブも使っていいよと貸してくれました。そして、地下水を自家発電でくみ上げてくれました。炎の明るさがあるだけで、暖かい。蝋燭一本でも暖かくなった。心もね。最初に買ったのはストーブと時計です。

この辺では年一回、五〇年前にチリ地震津波が起きた日に、高台に逃げる訓練をしていました。今回はその避難場所まで水が来た。義母の話によれば、チリ地震津波で家は全壊したんだけれど、山から木を切ってきて、以前と同じ場所に建てたんだそうです。当時は冷蔵庫の板金工場をやっていたんです。家族も職人も住み込みの弟子も、猫も豚も鶏もみんな助かった。当時の大船渡は活気があって、仕事もたくさんあって、何より義母たちは若かった。家は流されたがやり直そうという気概があったようですよ。食べていくために稼いで稼いで、生きてきた。この震災ですべてが、思い出と一緒に一瞬でなくなってしまったよ、と義母は言います。

四、五日前、義母は隣の陸前高田市に行ったんですよ。風景を見て泣いたそうです。「あんなに平らな町だったとは初めて知った。大船渡は高台があるから安全な場所にすぐ逃げられるが、高田の人たちは逃げるところがなかったんだろうな」って。

このごろ気持ちに余裕が出てきました。落ち着ける場所ができたという安心感があります。震災直後はなんでも家族で協力しなくちゃならないから、常に自分を殺している部分がありました。落ち着いてくると我が出てきて喧嘩になるんですよ。安心して満たされていくと、なんていうのか、目的が達成されると我が出てくるものなんですね。

知人に会うと、「そば屋を再開しろよ、あの味が忘れられないよ」と言ってくれます。「また始めるんでしょ」とも言われます。待っていてくれる人がいるなら、そば屋をやらなくちゃいけないかなと迷いもあるんですが、きついです。資本がありません。当面は資格を生かして、電気工事をやっていきます。復興のために求められる技術ですし、腰道具一本あればできる。電気工事の仕事をしながら、アパートを修理して住めるようにしていこうと考えています。

実のところ、そばだけを出すなら楽なんです。そば粉を買って機械でこねればいいんですから。でも、うちはこの辺では数少ない、素材にこだわった手打ちそば屋です。毎年一一月、会津の新そばの実を一年分買って、温度を一定に保った保冷庫に保存して、臼で挽いて粉にして、毎日打って手で切って……。米は義母の友達の農家、宮城県の金成《かんなり》から。昆布は利尻。鰹節と鯖節三種類は九州と土佐からの取り寄せです。そして陸前高田の八木澤《やぎさわ》商店の手作りの生醤油。お客さんは盛岡、釜石、気仙沼、一関など、遠くからも来ました。流されたのは店舗だけじゃないんです。材料も道具も、醤油会社も流されました。

私が必死に家を探したのは、人のたくさんいる避難所は避けたかったから。家内は肝臓が悪いので、風邪を移されても風邪薬を飲めません。義母には気がねなく横になれる場所じゃないときついです。避難所なら三食食べられるかもしれないけど、それでも避けたかった。昼となく夜となく大人たちが横になっているでしょう。そんな場所にいたら気力がなくなって、マイナスのことばかり考えてしまいそうでね。前に進めないと思ったんです。

一昨日、自宅の庭にあったチョウセンマキとシャクヤク、スイセンをこの家に持ってきました。芽が出ているからきっと生きる。泥をかぶったのに力強いですよ。すごい。花を咲かせてもらいたいね。いずれ新しい家ができたらこの花も引っ越して、ずっと生かしたいと思っています。津波に遭ったけど、一緒に生き残った証です。

（二〇一一年四月一二日）

岩手県陸前高田市　2012年2月12日〈撮影／荒蝦夷〉

陸前高田市・一関市

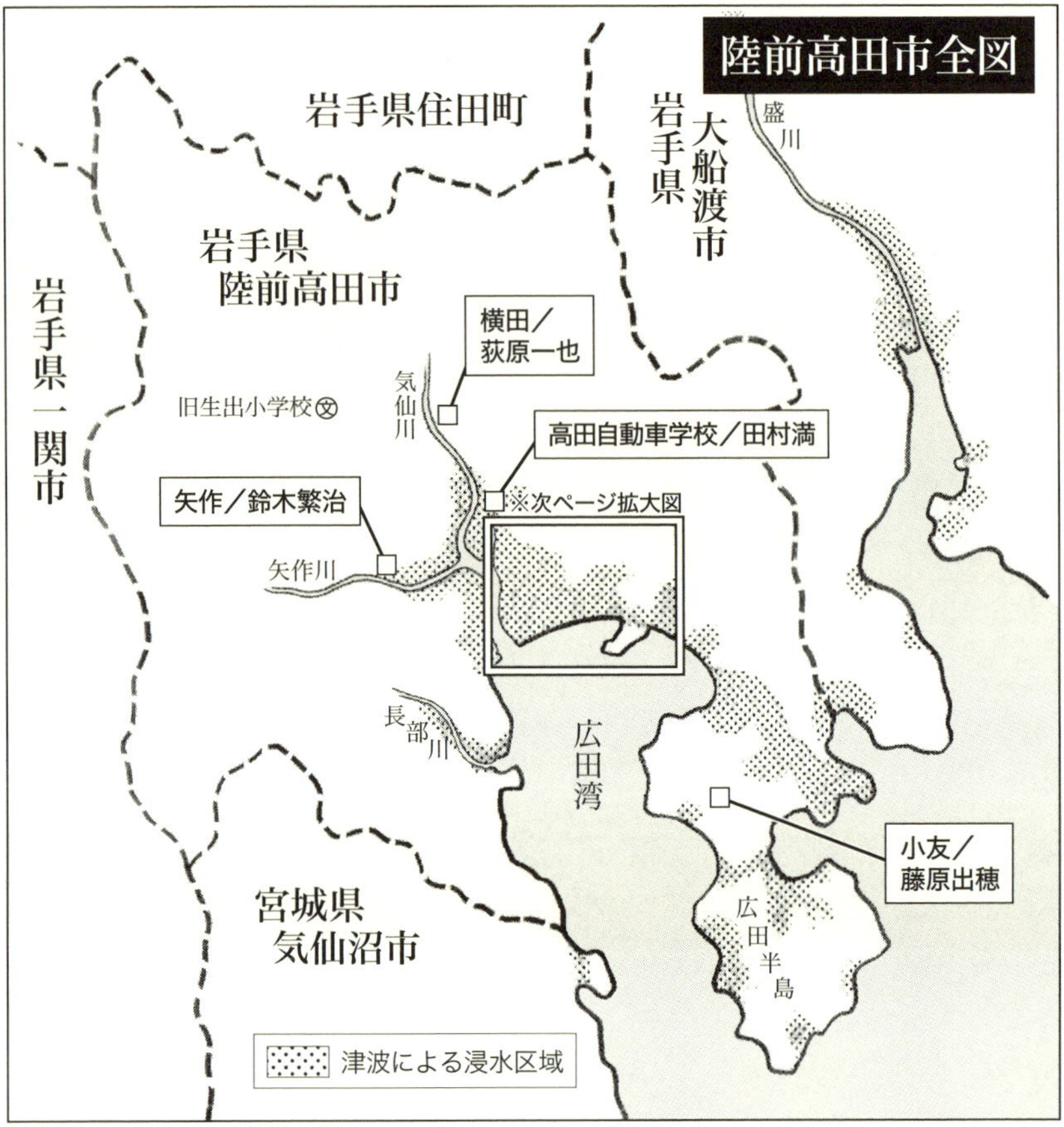
陸前高田市全図
岩手県住田町
岩手県
大船渡市
盛川
岩手県
陸前高田市
岩手県一関市
横田／
荻原一也
気仙川
旧生出小学校
高田自動車学校／田村満
矢作／鈴木繁治
※次ページ拡大図
矢作川
長部川
広田湾
小友／
藤原出穂
広田半島
宮城県
気仙沼市
津波による浸水区域

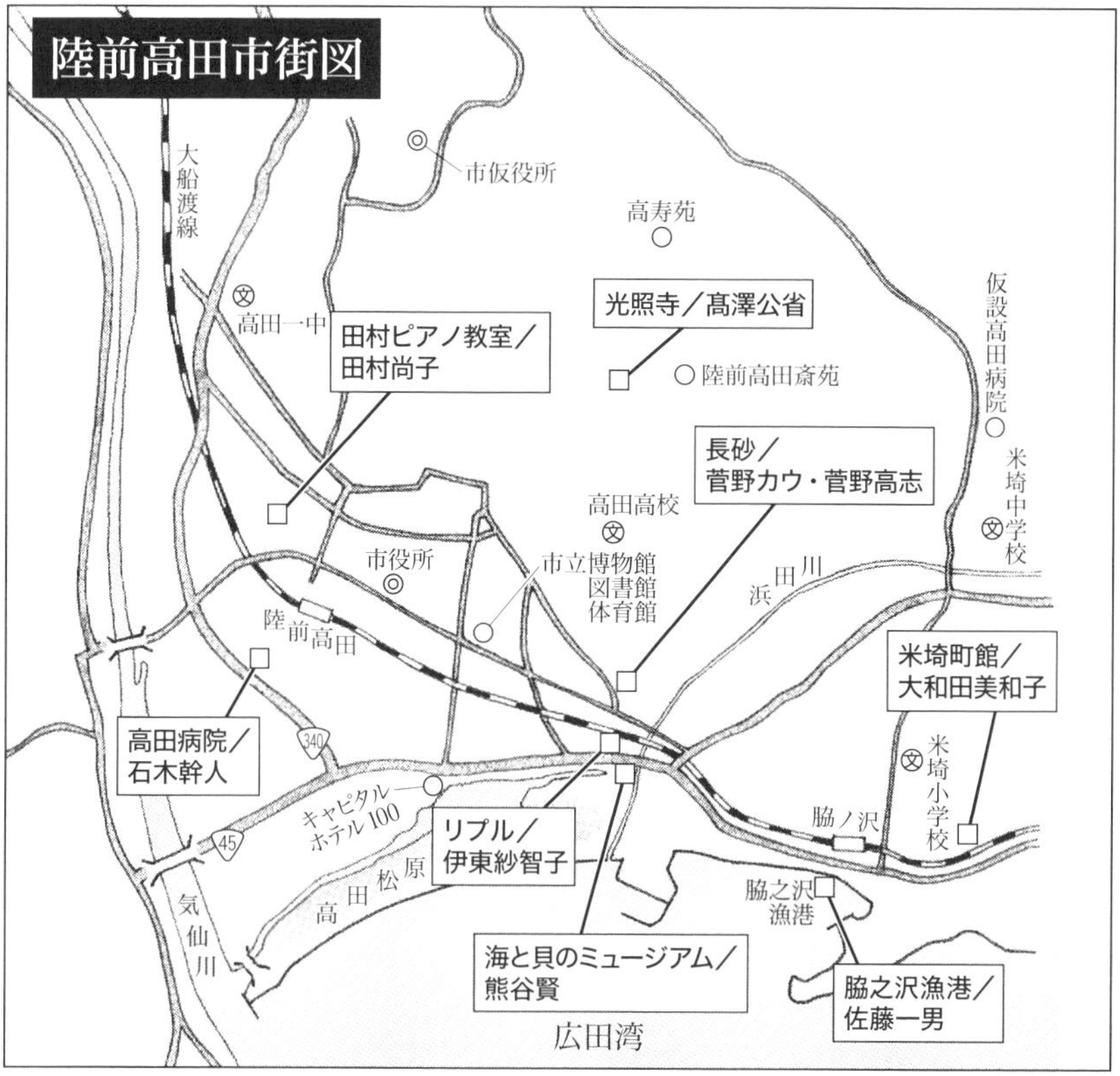

◉陸前高田市の被災状況

死亡者数［人］	1,554
行方不明者数［人］	297
	（岩手県HP／2012. 1. 25現在）
震災前住民数［人］	24,246
	（陸前高田市HP／2011. 3. 11）
ピーク時避難者数［人］	10,143
	（陸前高田市HP／最大時）
浸水面積［km^2］（行政域）	9（232.92）
	（国土地理院　津波浸水域の土地利用別面積〔暫定値〕について〔2011. 3. 28〕）

陸前高田と盛岡をつなぐ

作家　斎藤純《さいとうじゅん》

津波で壊滅的な被害を受けた陸前高田を訪れたのは、四月六日のことだった。

「俺たちは復興するよ。ゼロからのスタート、いや、マイナスからのスタートだけど、俺たちはやるよ」

震災直後に私は盛岡のまちづくりの仲間たちと被災地支援チーム「ＳＡＶＥ　ＩＷＡＴＥ」を立ち上げ、全国から寄せられる支援物資を受け入れ、それを沿岸に届けつづけていた。

その日は大船渡に物資を届け、陸前高田に立ち寄った。すでに無事であることが確認できていた旧知の河野和義《こうのかずよし》さんにお会いするためである。

私の顔を見るなり、河野さんは「来てくれたのか、ありがとう」と、いつものように力強い握手をした。

そして、冒頭の言葉をこともなげに言い放ったのだった。

河野さんは素材と製法にとことんこだわった伝統的な味噌・醤油で全国に知られている八木澤《やぎさわ》商店の八代目だ。毎年、同市で秋に開催されている全国太鼓フェスティバルの仕掛け人でもあり、「食」や「まちづくり」に関わっている人たちにとっては「生きる教科書」といっていい方だ。私にとっては「人生の師」である。

東日本大震災の津波で八木澤商店も全壊・流出したのに、河野さんはご自分のことはさておいて、支援活動のリーダーとして活動していた。全国にネットワークを持つ河野さんの手配によって、陸前高田の人たちはどれだけ助かったことだろうか。

その忙しい中、私は顔だけでも見たいと思って、ふいに訪れたのだった。そして、津波によってズタズタにされて廃墟となった故郷を目の当たりにしながらも、なお前向きな河野さんの言葉に、私は胸がいっぱいになった。

被災地でボランティア活動をしたほとんどの方が、沿岸の人たちのたくましさに驚嘆する。

しかし、そのたくましさは絶望と紙一重だ。

支援物資を届けに行った先で、いつものように「じゃ、また来ますね」と告げたとたんに、いつもだったら「おつかれさま」と笑顔を見せてくれる女性が膝を折って泣き崩れたことがあった。誰もが今にもポキンと折れそうな精神状態でいた。

以前から沿岸と私たち内陸の人間のメンタリティの違いを感じていた。

沿岸で代々暮らしてきた人々には、漁師の血が流れている。血をDNAと言い換えてもいい。いったん沖に出たら、明日は帰ってこないかもしれないのが漁師だ。危険と隣り合わせの仕事である。また、過去に何度も津波を経験している。先祖を辿っていけば、海で犠牲になった人がきっといるだろう。農業と商いが中心の盛岡で暮らしてきた我々にそういう経験はない。これが内陸と沿岸の人々のメンタリティ――死生観の違いとなっている。

支援活動の拠点となった陸前高田ドライビングスクールで。
斎藤純さん（右）と河野和義さん

だから、あれだけの被害を受けても、たくましく前向きでいられる。同じ被害を内陸の我々が受けたら、毎日ただ悲嘆に暮れ、酒に溺れて虚ろに過ごして一生を終えるような気がする。

その後、八木澤商店は八木澤ファンドを立ち上げ、拠点を一関市に移して再興し、心が折れそうな日々を送っている地元の人々を勇気づけるとともに全国のファンを安心させた。

六月、陸前高田の居酒屋「酔《よ》い処《どころ》俺《おれ》っ家《ち》」が、「元気が出る処　陸前高田俺っ家」として盛岡市本町通に引っ越しオープンした。「俺っ家」は陸前高田の市民ばかりでなく、県内外の飲んべえに広く知られた店だったが、津波に流されてしまった。盛岡での再起は「津波なんかに負けてたまるか」という気概に溢れ、被災者のみならず多くの県民を励ましつづけている。

店は、連日、大盛況だ。決して同情で繁盛しているわけではない。何もかも美味いのだ。このお店のおかげで、盛岡の飲んべえは幸せな思いをさせてもらっている。津波という不幸が生んだ出会いのひとつだ。

盛岡近郊で森の生活をしている藤井《ふじい》勉《つとむ》画伯は、震災直後から「いてもたってもいられない」思いに駆られ、トラックをチャーターして沿岸の知人たちへ支援物資を届けはじめた。

陸前高田に行ったとき、「キャピタルホテル1000」の関係者と会うことができた。「キャピタルホテル1000」も壊滅的な被害を受けたから、無事を確認できただけで藤井画伯にとってはもう充分だった。

「藤井先生、申しわけありません。ロビーの絵が行方不明になってしまいました」

ロビーの絵とは、藤井画伯の一九九〇年の作品「風と潮の神話」のことだ。この一〇〇号の大作はドラマや旅番組などでこのホテルが紹介されるたびにテレビに映ったということもあって、陸前高田市民に広く親しまれていた。

生きるか死ぬかという瀬戸際の直後だというのに、絵のことを心配してくれたことに藤井画伯は胸を打たれた。それは愛娘を描いた大切な作品だったから、陸前高田の人が深い思いを寄せてくださっていることがありがたかったという。

藤井画伯は流失した「風と塩の神話」の再制作に取り組むことにした。

その作品を、私が芸術監督をつとめている岩手《いわて》町立石神《いしがみ》の丘《おか》美術館で開催した企画展「藤井勉　生命と大地展」（二〇一一年九月一七日〜一一月六日）に展示させていただいた。公開当時、実はまだ完成していなかった。藤井画伯にとっては再制作も初めてなら未完成の作品を公開することも初めてだった。

「陸前高田の人に、がんばって描いているぞ、というところを見てもらえれば……」

と、画伯自ら公開を申し出てくださった。

この話に岩手町役場と道の駅石神の丘を運営する岩手町ふるさと振興公社が動いた。バスをチャーターし、陸前高田の方を四〇名招待する企画を実施した。その際、SAVE IWATEもお手伝いさせていただいた。

結果は大好評だった。絵の前で涙し、「ありがとう」と誰もが口にした。美術（あるいは芸術）が持つ力を再認識させられた。

本年度、岩手県立美術館は予算をすべて復興支援にまわすという理由で、予定していた全企画展を中止した。その決定を下したのは美術館側ではなく、県庁の役人であることは明記しておきたい。そのことの是非は後世の判断にまかせるとして、石神の丘美術館は予定通りにすべての企画展を実施した。それが美術館の務めだと判断したからだ。

このことについてはいずれ別の機会に改めて書かなければならないと思っているが、「9・11」の際、ニューヨークのほとんどの美術館が休館する中で、メトロポリタン美術館だけは開館し、多くのニューヨーク市民に支持されたことを後に知った。私たちの判断は間違っていなかったと自信を得た。事実、石神の丘美術館の入館者数は去年を上回っている。

確かに芸術ではお腹はいっぱいにならない。しかし、こういうときだからこそ、芸術はその真価が問われる。

国や自治体から、具体的な復興計画が示されるようになってきた。残念なことにどの案からも「文化」の香りが伝わってこない。

文化を後回しにしてはならない。たとえ笑われようとも、それを私は声を大にして訴えつづけていくつもりだ。

私が暮らす盛岡では沿岸からおよそ六七〇世帯が避難生活をしている（二〇一一年一一月二〇日現在）。そのうち四三世帯が陸前高田の被災者だ。

盛岡市はその方たちの生活支援を目的に、もりおか復興支援センターを七月に開設した。運営は「ＳＡＶＥ　ＩＷＡＴＥ」が委託を受け、私がセンター長を務めている。

センターは盛岡で避難生活を送る方たちのあらゆる相談に応じるとともに、孤立することがないように戸別訪問を行なっている。また、「集いのサロン」として利用していただいているし、物資の提供もつづけている。

ここでも大学生や主婦らのボランティアスタッフの力に負うところが少なくない。そして、ボランティアスタッフには、津波で家を流され、やむをえず盛岡に避難してきた方もいらっしゃる。お世辞を抜きにして、私たちにとって本当に頼りになる仲間だ。彼らのおかげで、センターの活動が真の意味で被災者に寄り添ったものになっている。

センターでは、連日、沿岸の人々の元気な笑顔に会うことができる。私はセンターに行くたびに彼らの笑顔に励まされている。

（二〇一一年一一月）

※被災前の陸前高田市の人口は二万四二四六人（二〇一一年二月二八日）、世帯数は八〇八六（同一月三一日）。被災後の人口は二万一二四六人、世帯数は七五〇七（同一〇月一日）。

◆岩手県陸前高田市

高田病院の生還

岩手県立高田病院院長

石木幹人《いしきみきひと》さん（63歳）

■患者であふれかえる仮設高田《たかだ》病院の待合室。見回せばほとんどが高齢者だ。あの日、高田病院は四階まで大津波に呑みこまれた。石木幹人院長自身も津波に妻を奪われたが、立ち止まることなく病院再建に向かった。［聞き手／千葉由香］

時が経つにつれて、三月一一日は非常に困難な、厳しい状態にあったのだと実感するようになりました。でも、当時は自分の命が危ないなんて、まったく思いませんでした。ただ目の前の現実と向き合ってやるべきことをやる。それだけでした。

高田病院は四階フロアの一・五メートルほどの高さまで水没しました。市街地全域が同じ水位に浸かったんです。あるおばちゃんが、「津波というからには波が来ると思っていたのに、海が来た」と言いましたよ。確かにそうです。

震災当日は五二人が入院していました。うち一二人が波をかぶって溺死してしまいました。外泊中の一人を除く三九人を屋上に避難させたのですが、夜明けまでに三人が低体温症などで息を引き取りました。ヘリコプターで救助された患者さんは三六人。生き残ったスタッフは七四名。ほかに、病院内に避難してきた一般の方々が五四人いました。高田病院は指定避難所となっていましたから、地震直後、付近の市民が大勢避難していたんです。院内にいたスタッフで死亡・行方不明となったのは九人です。

地震のときは四階病棟で回診をしていました。瞬間、津波が来るものと覚悟しました。立地からして、小さな津波でも一階が浸水する。浸水すれば病院全体の機能が途絶える。その際の課題は二つです。別の場所に急患対応の体制を立ち上げることと、人工呼吸器を装着する患者さんの移送です。津波が来るか否かは大問題。日ごろから市と連携して対応策を立てていました。

津波情報を確認しようと一階に下りましたが、通信すべてが途絶えていました。対応策どころではない。大津波が来るという防災無線が聞こえたのは、襲来の数分前だと思います。避難者を階上に上げ、災害対策本部を三階に置くため、機材の移動を始めました。三階に着いたとき、高田松原のあたりに水しぶきがブワーっと巻き上がるのが見えました。それが近づいて来てもなお、四階まで押し寄せるとは夢にも思いませんでした。一瞬のできごとでした。

人工呼吸器を着けていた患者さんのうち、救うことができたのは一人だけ。看護師が水に浸かりながらも、手動で人工呼吸器を動かし続けました。一般の若い方たちの手も借りて、急いで生存者を屋上に運び、風の当たらない機械室へ寝かせました。乾いた布類をかき集めて、患者さんの体を拭きました。

とにかく寒かった。医師も看護師も半袖の白衣です。ことに看護師のほとんどは、患者さんをお世話するために首まで水に浸かりました。外に出たら一〇秒と我慢できない。大きなごみ袋を頭と手が出せるように切ってかぶり、冷たい風を防御しようと、ゴム手袋や紙おむつをまといました。

一番堪えたのは外部との連絡が遮断されたことです。ときどき繋がるワンセグ携帯から断片的な情報は得られました。「東京が大変だ」「仙台でも多数の死者」……。一方で、気仙沼方面の空が真っ赤に染まるのが見えた。東日本の太平洋岸すべてがダメなら、この小さな町には救助など当分来ないだろうと腹をくくりました。誰もが一睡もしていなかったと思います。

朝が白々と明けました。六時ごろ、上空のヘリの音を聴きながら、スタッフ全員を集めて役割分担をしました。やがて自衛隊のヘリから隊員が降りてきました。対応策を練るために誰か一人を救出するという。患者さんの容態などをすべて把握している副院長に行ってもらうことにしました。

このころ、遠く離れたスーパーマーケットの屋上に人影がありました。「おーい」と手を振ると、「おーい」と手を振り返してきました。でも、ほかの建物の上にいる人たちはほとんどが亡くなっていたようです。ヘリがホバリングを繰り返し、生存者を確認すると吊り上げる。そんな救助作業が始まったのですが、長くホバリングしても吊り上げる気配のない建物も多かった。あの寒さの中、濡れた体のまま屋外で生存するのはかなり厳しかったと思います。

一〇時ごろ、DMAT（Disaster Medical Assistance Team／大規模災害専門の医療チーム）のヘリが患者さんたちの救助に来ました。屋上から一階まで患者さんを降ろし、ヘリに搬入移送する作業を繰り返して、最後の患者さんを送り出したときは、病院スタッフと一般避難者全員でバンザイをしました。我々も夕方四時までには全員がヘリで助け出されました。

避難先の米崎《よねさき》町コミュニティセンターに行くと、間もなく何人かの患者さんがやってきました。市内で無事な医療機関は山間部にある市立の小さな診療所と精神科の病院、それに老人保健施設の三カ所だけ。市内の医療機能はほぼゼロでした。私たちは話を聞くことしかできなかったのですが、ともかくこの日から、ここが我々の避難所兼診療所となりました。

翌一三日には、入り口に患者さんがずらりと並びました。もともと通院していた人も、初診の人も。カルテはありません。でも、必要最低限の薬は揃いました。副院長が三病院と連絡を取り合って分けてもらっていたんです。

一〇日ほどで各地の医療チームがサポートに入り始め、救護所も市内六カ所に立ち上がった。被災後ずっと職員は診療を続けていましたが、そろそろ限界でした。三月二三日から四月三日まで病院スタッフは全員休ませてもらうことにしました。家が流された者も少なくありませんでした。それまでも、各々家族の安否を確認したり自宅へ向かう努力をしたりしていたようですが、ゆっくり休んで自身の態勢を立て直すことが必要でした。

私自身は妻を亡くしました。あの日、患者さんを屋上へ移送し終えて、改めて周辺を見渡しました。街が壊滅しているのはわかりました。わかりましたが、もしかしたら病院の宿舎だけはなぎ倒されてはいないんじゃないか……。そんな期待を抱いて、あったはずの道路を目でたどって、ああ、やっぱりない……と。数分間ぼーっと立ち尽くしました。救出されてすぐに会えないようなら、妻の命はもうないのだろうと覚悟をしました。

妻とは常々、「津波が来たら高田第一中学校に避難しよう。高田一中で落ち合おう」と話し合っていました。私が救助されて最初に副院長と再会したとき、副院長は高田一中の避難所で自分の奥さんを探したが会えなかった、と言いました。私の妻は見かけたかと尋ねると「いなかった」と。方々訪ね歩き、妻の遺体を確認したのは三月三一日でした。

四月四日、スタッフ全員が再結集して、今後の方向性についてグループディスカッションを行いました。避難所診療と訪問診療に重点を置く方針を固めて、仮設でもいいから入院機能を持つ病院を作ることを目標に、再建へと動き出しました。

市では避難所と在宅の全戸訪問を始めていたので、うちのスタッフも同行させることにしました。訪問診療が必要か否かを見極めるためです。看護師、栄養士、保健師、理学療法士などでチームを組み、訪問診療に歩き出しました。すると、訪問診療の要望がとても多かった。被災前は一カ月二〇人だった訪問診療数が、一月換算で一〇〇人を超えたこともあります。理由の一つは、通院の足が奪われたこと。クルマが流され、バスも鉄道も途絶えた。クルマが残ってもガソリンがない。送り迎えのお嫁さんや孫を失った家庭もあるでしょう。多いときは三チームが同時に訪問に動きました。

やがてみなさんクルマを確保し、ガソリンも流通し始めました。避難所にいる避難者数も減って、訪問診療の需要も減ってきた。六月から救護所での定点診療に移行して、七月二五日にこの仮設病院が開設されました。年明けの二月には四一床の入院設備が整います。市内の入院病棟が皆無となっていたので、病棟建設は念願でした。

全国どこでも、陸前高田市のような過疎地の医療は難しい問題を抱えています。今の医療は細分化が進んだため、基幹病院を動かすには内科でも消化器、呼吸器、循環器、神経などの各専門医がいないとカバーできません。この地域の基幹病院はお隣の大船渡病院です。しかし、医師の撤退が相次いで、内科常勤医が消化器内科医だけとなり、基幹病院としての機能は危うくなった時期もありました。

基幹病院ですら医師不足なのだから、ましてや高田病院のような小規模病院で専門医を集めるのは困難です。どんな疾患でも診る総合診療ができる医師が必要です。消化器内科だから肺炎は診ませんというわけにはいかないんです。私の専門は呼吸器外科ですが、いろんな人に教えてもらって、さまざまな疾患を診られるよう勉強しました。

そもそも総合診療医を養成しない時代が長く続いたため、過疎地は医師が集まらなくなっていました。割を食うのは高齢者と障害者です。過疎地域でこそ、高齢者と障害者にきちんとした医療を届ける病院が、総合医療が求められるのです。

私が岩手県立病院から高田病院に赴任したのは平成一六(二〇〇四)年です。入院患者の平均年齢が八五歳を超え、担送、つまり一人で歩けない患者は九割もいました。そこで、高齢者に焦点を当てた医療を目指しました。第一は生活習慣病にならないための予防策です。口では「元気なままパタリと逝きたい」と言いますが、生活習慣がよくないと望みはかなえられません。生活習慣病の予防意識を喚起して、元気に長生きし、それでも病気になったら高田病院が引き受けるよ、というわけです。

赴任から一年後、高齢者の特殊な病態を職員全体でカバーするために、トータルケア委員会を立ち上げました。褥瘡《じょくそう》、嚥下、排せつ、栄養、リハビリなど、問題点ごとにグループを作って勉強会を開く一方、健康講演会と称して地域のコミュニティセンターを回り、生活習慣病について説いて回りました。介護分野とも連携を取って、具体的な積み重ねを続けた結果、病院経営が赤字から黒字に転換しました。基幹病院の大船渡病院との連携も密になりました。高齢者医療の進むべき道はどの地域でも同じです。高田病院の道筋は、この震災を経ても変わりません。

私は青森県、妻は岩手県盛岡市の生まれです。陸前高田には地縁も血縁もないのですが、今は娘が高田病院に内科医として勤務しています。娘は震災の四日目、岩手県立中央病院からの医師団の第一陣として陸前高田に駆けつけてくれました。そして、すでに決めていた進路を変更して、四月から高田病院に勤め始めた。確かに「病院を一から再建するのも勉強になるよ」と伝えはしましたが、決断は自分で下したようです。彼女が何を考えてここへ来たか。今どう思っているのか。うーん、それは本人に聞いてみないと……。どんな医者になるのかは、私も楽しみです。

（二〇一一年一一月二二日）

◎岩手県陸前高田市

震災の街で

伊東文具店店長

伊東紗智子《いとうさちこ》さん（29歳）

■市内では徐々に仮店舗で営業を再開する店が増えてきた。創業五〇周年を迎えた伊東文具店もその一つだ。二つの店舗と自宅を失い、共に店を支えてきた親族の死を乗りこえて、四月に営業を再開。伊東紗智子さんは仮店舗の店長を務めている。

【聞き手／千葉由香】

伊東文具店は五〇年前に祖母が始めた店です。文房具と書籍を扱っていて、陸前高田の駅前商店街の「伊東文具店」と、海岸近くにあるショッピングセンターリプルの「ブックランドいとう」、二店舗を展開していました。文具店も書店も陸前高田では唯一です。叔父が社長、父が会長。両親と叔父夫婦、従弟、ほかに従業員さんが七〜八人いました。

私が文具担当として働き始めたのは平成二一（二〇〇九）年二月です。好きな文房具の仕事ができて楽しいなと思いながら、駅前の自宅からリプルに出勤していました。それが、震災で二つの店と自宅が流されて、叔父夫婦も従弟の進太郎《しんたろう》もいなくなってしまったんです。

それまで跡を継ぐなんて意識はなかったんですよ。でも、父が営業再開に向けて動き出すと、ごく自然に、父と一緒に歩き始めました。四月に高台の住宅地で、プレハブの仮店舗営業をスタートしました。私は店長を任されて、四人の従業員さんと毎日忙しくしています。

あのときはいつものように、リプルで仕事をしていました。指定避難所に館内のお客さんを誘導していたら、一人のおばあちゃんが「家に帰りたい」と言うんです。めざす避難所とは逆方向なので迷ったんですが、みんなから離れて、高田《たかだ》高校のそばまで送り届けました。一人になると心細くて、どこに避難しようかなと、坂の上から海の様子をうかがっていました。すると、「波が堤防を越えました」って、慌てた声がスピーカーから聞こえてきた。海岸で砂埃が高く舞い上がるのが見えました。え、何が起きてるの、こうやって終わっていくのかな、もうだめだ……。夢中で駆けました。

途中、別のおばあちゃんが、坂道を登れなくてもたもたしていた。おばあちゃんの背中のリュックを引っ張りながら走りました。でも、何度も「疲れた、走れない、もういいよ」と言う。いったん歩き始めたものの、やっぱり、おばあちゃんをひきずるようにして急な上り坂を必死で走りました。

高田高校のグラウンドにたどり着くと、大勢が避難していました。あれは野球部のバスなのかな。停車していたバスに乗せてもらいました。お店の人と父親とはメールで「大丈夫」とやり取りできた。家が流されたことは、近所に住む同級生のお母さんが教えてくれました。でも、それだけ。誰とも連絡が取れない。叔父夫婦と進太郎は、自宅が高台にあるから大丈夫だとして、みんなは逃げれたんだろうか……。一晩じゅう心配でした。

翌日、それぞれが何とか叔父の家に集合できたものの、待っても待っても、叔父と叔母、進太郎は帰ってこない。私の双子の姉と進太郎の弟と、三人で歩いて避難所を探し始めました。遠いとも、疲れたとも思わず、一週間ひたすら歩きましたね。一八日に叔父、そして進太郎、しばらくして叔母の遺体が確認されました。叔父夫婦は店の片付けをして逃げ遅れたらしい。進太郎は、私の祖母と母を自宅に避難させたあと、消防団の仕事に向かったようです。従業員も一人亡くなりました。

叔父、叔母、従弟。私たちはただの親戚じゃなくて、一つの家族みたいでした。お店も一緒にやっていたし、何をするにも一緒。ことに私たち姉妹と進太郎は、三つ子みたいに育ちました。取っ組み合いの喧嘩もしたけど、仲がよかった。一人だけいないのが今でも信じられません。そのへんからひょっこり出てくるんじゃないかと思います。

でも、進太郎の弟はもっと辛いはずです。人前では明るく振る舞って、「大丈夫だよ」と言ってるけど、大丈夫じゃないってわかります。両親と兄がいっぺんに亡くなって、その遺体と対面したわけですから。私や両親では、あの三人の代わりにはなれない。もし自分が彼の立場だったらと思うと、胸が苦しいです。自分がこうしてお店に出て、こうしたいああしたいと仕事に向き合っていられるのは、家族が元気でいるからだと思います。

四月にプレパブの仮設店舗を開店したとき最初によく売れたのは、ガムテープや紙ひも、油性ペンでした。次は、御霊前とか御仏前の熨斗袋。最近では便箋や封筒。最初は何が売れるかも分からないから、とりあえず一通り揃えました。ちょっと楽しいのがあるといいと思って、ファンシー文具や雑貨も加えました。

進太郎は私より一つ年下で、営業を担当していました。よく二人で「どんな店にしたいか」なんて話し合いました。私たちが子供のころの駅前商店街は賑わっていて、伊東文具店にはお客さんがたくさん入ってきました。でも、このごろの商店街はひっそりとしてしまった。うちの店も、必要な文房具を買いに来るというお客さんがポツリポツリ。そんなイメージでした。

私はずっと、入った瞬間に楽しい気持ちになれるようなお店にしたいと考えてきたんです。私自身、ファンシー文具や雑貨が大好き。出かけたときは、面白そうだな、可愛いなと思う店には、用がなくても入ります。そんなふうに、ふらりと立ち寄ってもらえる場所にしたい。もちろん、事業所向けの事務用品もきちんと揃えて、信頼されるお店であることが前提ですが。

津波で街並みはがらりと変わってしまったけれど、仕事に関して言えば、やることは以前と同じです。今も狭いなりにディスプレイを工夫してるんですよ。「ちょっと見せてね」と入ってきたどこかのおばちゃんが、「カラフルで楽しいね」と言ってくれると、すごく嬉しい。そうそう、オープンしたころ、小学生の女の子たちがガヤガヤ入ってきた瞬間、パッと笑顔になって「わあっ、伊東文具だ」って言ってくれたのは嬉しかったな。場所も違うし、プレハブなんだけど、伊東文具店が開いていることを喜んでくれた。楽しい感じにしたいという思いが伝わったのが、嬉しかったんです。

仮設店舗によく来ていた同級生が、このごろ姿を見せなくなりました。街を出て行ったのかも知れません。震災前は自分も、ここにいていいのかなあ、とぼんやり考えたこともあります。陸前高田っていいところだし、仕事も楽しいんですけど、賑わいがない。休みの日に出かけたいと思うところもないしなあ、なんて。

でも、震災後はここに住み続けたいと、はっきり思うようになりました。ひどい震災があったおかげで、お互いがしっかり繋がり合ったような気がするんです。同じ経験をして苦労してきた。みんなと一緒に暮らしていこうと思います。

亡くなった人たちの存在も大きいです。叔父や叔母、進太郎、それに同級生たち。みんな街のいたるところに、遺体となって横たわった。何て言ったらいいのかな……。今もみんな、まだいるんですよ。留まっているんです。私だけ離れるのは嫌だな、同じ場所に自分もいたい、という気持ちです。

本当に、一瞬で何もかもなくなったでしょう。病気でもなく、何の心配もなく、さっきまで普通に暮らしていたのに、突然ストップした。生きるって、当たり前のことじゃないんですね。

こんなこと、最初から考えていたわけではありません。震災直後は「みんなで頑張ろうね」なんて、ワイワイやっていました。遠くの友達が心配して連絡をくれると「大丈夫だよ」と明るく答えて、「高田にいる人の方が強いね」なんて言われるくらい。あんなふうに過ごせたのは、たぶん実感がなかったからですよね。日が経つにつれて、いろんな現実が重くなって、「頑張ろう」とお互いに言い合う元気もなくなってきて。

嫌なことって、日が経つにつれてぼんやりと薄れていくものだと思っていました。でも、そうじゃないんですね。どんどんいろんなことを考えるようになって、毎日のように、「あの人がもし生きていたら」「あのときああしていたら」と考えてしまう。どうして、どうして……。考えない日がないほどです。

営業を再開してから、テレビや新聞の取材を受けることが何度かありました。ありがたい記事もありましたけど、「オープンしてすごいね」という点ばかり強調されて、勝手に筋書を作られて紹介されると、正直、何だか違和感があるんです。

だって、こうして再開できたのは、家族の力だけではないんですよ。問屋さんは早い段階から励ましてくれて、開店の段取りをしてくれました。開店準備のときは、毎日長距離を通ってきて、何から何まで手伝ってくれたんです。お隣の医院は期限つきではあるけれど、快く仮設店舗の用地を提供してくれました。

何より、お店のスタッフたちには感謝しています。私は店長だけど、入社時期からいえば下っ端。とにかく忙しくてバタバタ動き回っていたんですよ。特にベテラン従業員さんは、私の気づかないことやわからない部分をよく考えて、支えてくれます。夏には外にテントを設営して、団扇に自由に絵を描くイベントを開きました。これもスタッフの発案。不安だったんだけど、子供たちがとても喜んでくれたから、やってよかったです。本当に頼りになるスタッフたちです。

震災でいろんなものを失いましたけど、やるからにはちゃんとやろうと思います。以前は、こういう店にしたいというイメージは抱いていても、まわりに頼りきりで、売上の数字にも無頓着でした。店を任された今は、責任感を強く感じています。

近々、もうちょっと広い別の仮店舗に移る予定です。書籍部門も再開します。「早く本屋さん始めてよ」と言ってくれるお客さんが多かったんです。少し前に進めます。

（二〇一一年一一月一九日）

◆岩手県陸前高田市

ぬぐえぬ思い

主婦 大和田美和子《おおわだみわこ》さん（70歳）

■脇之沢《わきのさわ》漁港のほど近く。館《たて》集落に住む大和田美和子さんは津波で家を失った。一家七人は今、二つの仮設住宅に分かれて暮らす。避難所でも仮設住宅でも世話役として立ち働いてきた美和子さんが、この八カ月を振り返る。

［聞き手／千葉由香］

うちは私ら夫婦と主人の母、それに息子夫婦、高校生と小学生の孫の七人家族です。ほかに、北海道の大学と神奈川の短大に通う孫が二人。家族は無事ですが、我が家は全壊です。暮らしていた館集落は全部で四三戸。そのうち住める家は八戸だけ。二〇人が亡くなったのよ。

震災翌日から米崎《よねさき》小学校の体育館で避難生活を送りました。米崎中学校の校庭にできた仮設住宅に入居したのは七月一日。私と主人、主人の母親と三人暮らしです。息子夫婦と孫二人は別の仮設住宅。ずっと大家族だったから、三人分の料理なんてどう作ったらいいいか、最初は戸惑いましたよ。自宅を何とか住めるように直せないものかと考えて、迷っていたんですが、結局は取り壊しました。隣近所も更地になって、風景がまったく変わったね。

あのとき、家には私と主人、息子の嫁がいたんです。揺れが収まるとすぐ、私は炊飯器のスイッチを入れました。地震でも台風でも、まずご飯を炊くのが習慣です。でも、スイッチを入れたらパチンと切れた。停電です。嫁さんに食料の買い出しに行ってもらおうとしたけど、主人が「津波が来る。行かない方がいい」と引き留めました。そして、集落の会館へと駆け下りて行きました。会館は市の指定避難所となっている建物です。うちはその鍵を預かっているから、鍵を開けに行ったんです。

私も思いつく限りの飴玉とお菓子、ペットボトルと常備薬をリュックに詰め込んで、外に出ました。体が不自由な人や年寄りの家を三軒まわって会館へと避難させたとき、はるかかなたに、波が次々と来るのが見えたの。護岸堤にいる人たちに「逃げて」と叫んだ瞬間、大きな船が二艘ザーッと波にさらわれていった。慌てて高台に駆け上がったら、別の方向から、主人を含む何人かが逃げてきました。その後ろを波が追いかけてくる。瓦礫が押し流されて迫ってくる音ってすごいんですよ。

藪に入って道なき道を進んで、広場に出たら、会館から逃げて来た人たちと会いました。でも全員じゃない。残りの人はどうしているんだろう、早く助けに行かなくては……。そんな思いが心を占めました。

逃げる途中、津波にもまれて怪我した人を助けました。出血がひどくて、放っておいたら死んでしまう。私は若いころ看護師だったの。会館を心配するのは怪我人を助けてからだと自分に言い聞かせて、夢中で処置をしました。そして今度は主人と一緒に、嫁と小学生の孫を探すために真っ暗な山道を歩き始めました。明かりが見えたので近寄ると、トラックが燃えていました。消火活動をしているのはうちの息子。勤め先から消防団の仕事に直行していたのね。運よく嫁と孫にも会えました。

義母は高台にある老人施設のデイサービスに行っていたので、まずは安全。案じられたのは帰省していた男孫と、高校生の女孫です。男孫はペンキ屋のアルバイトに行っていました。もしや津波にさらわれたかとも思ったんだけど、二人とも三日目に元気に帰ってきました。よかった。

避難所には当初三〇〇人近くが身を寄せていたと思います。震災から四〜五日で自治会を作って、衛生班とか賄い班とか、役割分担したの。調理は栄養士さんの指揮のもと日に三度。ところが、よその避難所では満足に食べていないらしいと聞こえてきてね。私たちだけ贅沢してはすまないと思って、一日二食に減らしたんです。すると避難所の雰囲気がトゲトゲしてきたの。気が立つというのかな、心がすさむというのかな。すぐ三食に戻しました。

避難所から出勤する人たちは、配膳の行列に並ばなくとも食事を取れるようにしました。出勤時間を気にして食べそこねる人もいるからね。お昼だって、買う店もない。ただでさえ疲れているのに、食べなくては力が出ません。勤めに出る人にはパンと飲み物、若い人には小さくともおにぎりを持たせてあげたりしました。小さいことだけど、避難所生活ではそんな日々の積み重ねに心を砕きました。

私は衛生班に属して主に健康面を受け持ちました。「あの人はいつもより声が小さいから体調悪いのかな」「足がむくんで辛そうだな」と気を配って、こうするといいよとアドバイスしたりね。人工透析をしている人には、家族でゆったり静かに過ごせる部屋を割り当てたりもしました。

四カ月もの共同生活だから、普段は見えない、人の本当の姿も見えてきます。一人一個と決めた支援物資をこっそり余分に持って行く人。逆に、家にひきこもりがちだったのに積極的に行動するようになった人。物資配給を手伝ったのがきっかけで、みんなに「○○ちゃん」と名前を呼ばれるようになった。頼りにされたのもよかったんでしょう。「どうぞお使いください」なんて大きい声ではっきりと、年寄りをいたわりながらてきぱき動いてくれて、見直しました。

感心したのは中学生や高校生だね。誰に言われなくとも小さい子供の世話をしていました。それを見て、「退屈している年寄りや子供たちに、本の読み聞かせをしないか」と持ちかけたら、「協力するよ」と言ってくれました。自分たちで保育園から絵本を借りて、工夫してスペースを確保して、当番の時間割を作って。みんな喜んでくれたし、避難所の雰囲気が和らぎました。あれには本当に助けられました。

自衛隊が炊き出しやお風呂を提供してくれるようになったころ、ボランティアの医療チームも来ました。でも、初対面のお医者さんには自分の体調をうまく伝えられないものなんだよね。特に高齢者は、「痛いところ、不安なこと、飲んでいた薬を、包み隠さず伝えた方がいい」と言っても、遠慮だか我慢だかわからないけど、なかなか話さない。もどかしくてね。看護師さんにそっと、具合の悪そうな人や過去に大病をして健康に不安がある人のことを伝えたりしました。少しでも状態がわかれば診察もスムーズですからね。

仮設住宅に入った今も、そんな気配りは続けています。二〇〇人以上が生活して、一人暮らしの高齢者も多いんだもの。部屋に引っ込んだままの人も増えています。ボランティアのお医者さんが巡回に来たら、「何号室の人の体調が悪いようだからよく診てください」と話すようにしています。おせっかいかも知れないけど、黙っていられない性分なのね。

この仮設ではトレーラーハウスが集会所になっています。なるべく住民が集まれる機会を作るようにしているの。日中、家にいるのは高齢者が多くて、みんな退屈だからね。水曜日はお茶を飲みながらおしゃべりする日。誰が来てもいい。顔を合せてお話しすればお互いの様子もわかるし、気もまぎれます。特に一人暮らしの男の人はなかなか外に出ないので、声をかけてお茶飲みに誘うんです。

編み物教室やお茶会も開かれましたよ。こないだは中学校の体育館を借りて、仮設住宅の文化祭を催しました。手芸や絵画などの作品を展示して、カラオケと踊りのステージもありました。楽しかったですね。

でも、私の胸の中にはわだかまりがあるの。私が会館に

岩手県陸前高田市　2011年7月7日〈撮影／荒蝦夷〉

避難させて、結局は助からなかった人のことです。

実はあの日、「会館に残った人たちは流されてしまった」と聞かされても、私はまだ「助けに行かなきゃ」と思い続けていました。でも、「一緒に逃げようと手を引っ張ったけど、うまくいかない。自分も生きなきゃいけないから『もう手を離すよ』と告げて、逃げてきた」と説明されて、やっと納得しました。確かに目を凝らせば会館は影も形もない。その瞬間、大変なことをしてしまったと思いました。私が避難させなければ助かったんじゃないだろうか。私は判断を誤ったんだろうか。いや、あそこは指定避難場所なのだから、やるべきことはやったんだ……。二つの気持ちが格闘しているの。

地区の自主防災組織が役に立たなかったこともショックでした。よそには自主防災のリーダーがきちんと統率して、犠牲者が一人も出なかった地区もあるのに、うちは二〇人だもの。なぜ私たちにはできなかったのか。あんな状態のときは一人二人が頑張ったってだめなのね。確たる指揮者が正しい判断をしないと、救える命も救えないのよ。

「会館がやられるなんて誰も思わない。しかたがない」「自分の判断で逃げなかった人もいる。誰のせいでもない」と言われれば、そのとおりかも知れない。だとすると、防災組織云々ではなくて、各々が自分の命を守るのが正しい姿なんじゃないだろうか。いろんな思いがまとわりつきます。

　毎朝起きると「仮設の一日が始まるんだな」と思い、その次に「なんで私がここにいるのかな」と思います。自宅に行ってみれば更地でしょう。大津波も仮設での暮らしも現実です。頭ではわかっていても、どこかに受け入れたくないという気持ちがある。きっと、現実をきちんと受け止めることができれば、あのとき、避難させたのは自分のできる精一杯のことだったと思えるようになるんでしょうね。

　同居する義母は認知症が進んできました。これまでのこと、これからのことを一人でじっくり考えたいと思っても、なかなかできる環境じゃありません。私はあれから泣いたことがないの。泣けば楽になるとは聞くけど、涙は見せたくないという気持ちが強い。人に弱みを見せたり人に頼ったりできないのが、私の弱点かも知れません。

　七〇歳になったら憧れだった陶芸教室に通い始めて、好きなことをしたいとわくわくしていたのよ。でも、こうなってみると七〇という年齢は重いです。体力的にもきついし、残された時間はあまりない。焦ります。他人の悩みはうまく解決してあげられるし、てきぱきと指図もできるのに、自分のこととなると思うようにならないものなんですね。

（二〇一一年一一月一七日）

◆岩手県陸前高田市

歴史は語る

陸前高田古文書研究会会長
荻原《おぎわら》一也《かずや》さん（84歳）

■陸前高田市立図書館は津波で水没。職員は全員死亡。岩手県指定文化財の吉田家《よしだけ》文書はレスキューされたが、膨大な解読資料のほとんどが流失した。二十数年来、吉田家文書の解読に取り組んできた荻原一也さんに聞く。［聞き手／千葉由香］

震災で中断していた古文書解読会を六月から再開しました。月に四回、以前と同じ淡々とした解読作業を行っています。前と違うのは、会場が市立図書館ではないということ。そして、古くからの会員三人の姿はなく、新しい顔ぶれが加わっていることです。

　陸前高田古文書研究会が取り組むのは吉田家に伝わる古文書、いわゆる吉田家文書です。中でも貴重なのが、寛延三（一七五〇）年から明治元（一八六八）年まで一一八年間の記録、「定留《じょうどめ》」九五巻です。私は市史編集室長を務めていた時代からずっとこの文書に関わってきたのですが、平成元（一九八九）年からは研究会の会員一三人で、本格的に解読を始めました。

九三巻まで終わって、今年度中にはすべての解読を完了できると思っていたところに、震災です。文書を保管していた図書館は津波にすっかり呑まれました。貴重文庫に保管していた原本は海水に浸かったものの、幸い、流失は免れました。現在では岩手県立博物館で保存処理が行われています。ところが、九三巻まで解読した記録が見つかりません。図書館の事務室のロッカーに保管していましたが、ロッカーごと流されたようです。

研究会の会員も犠牲になり、長年お世話になってきた図書館職員は全員が亡くなりました。途方に暮れていたのですが、断片的ながら解読資料の二割ほどが出てきました。これをきっかけに、解読を再開することにしたのです。

かつて陸前高田市と大船渡市、住田《すみた》町は気仙《けせん》郡と呼ばれていました。伊達《だて》藩領です。吉田家はその大肝入。いわば郡長ですね。藩から届いたお触れはすべて大肝入が書き写して、各村の肝入へと渡します。逆に、村々から上がってきた陳情や事件の報告も、大肝入が書き留めて代官、さらには藩へと上げるわけです。この記録が「定留」です。

例えば、天保年間は全国的に凶作が多いのですが、具体的にいつ、どこで何が起きて、藩政がどう対応したのかが明らかになります。伊達藩の政治のあり方や、郡や村の暮らしの細部を伝えてくれます。

重要なのは、長い年月にわたる記録が残っていること。二～三年間のものなら他にもあるのですが、何しろ一一八年間です。これほど同じ肝入の定留が連続して保存されているケースは非常に珍しい。吉田家は一〇代にわたって大肝入を務めました。残されているのは、そのうち六代目から一〇代目まで。人望も厚かったのでしょう。

あの津波の前日も、市立図書館の二階研修室で「最近地震が多いな」「津波が来なければいいが」などと、会の職員と言葉を交わしました。昭和三五（一九六〇）年のチリ地震津波のとき、私は市役所に勤めておりましたので、そのとき見たことや市内の被害の様子など、あれこれと話したのです。まさか翌日にあんなことが起きるとは……。

三月一一日は自宅におりました。市街地から約一〇キロの横田《よこた》町という地区です。「大きな地震だ、津波が来る」と思って図書館に電話しましたが、通じない。防災無線放送も途切れ、停電でテレビを見ることもできず、翌日になって、車で行けるところまで行ってみました。途中で通行止めになっていましたから、迂回をして車を停め、高田《たかだ》第一中学校付近の高台から見下ろしたら、もう、瓦礫と泥の街が広がっていました。何ということだと思いました。

図書館の職員は、そして文書はどうなったのか、気になりましてね。息子から「余震があるからいつ津波が来るかわからない。危ない」と止められたりしたもので、図書館の様子が見えるところまで行けたのは、一週間後のことでした。もっともそれまでは瓦礫が積み重なって、車の通れるような状態じゃなかったんです。

図書館の前まで近づくことができても、中には瓦礫が詰まって、とても入っていけません。それが自衛隊の手で少しずつ撤去されて、他県のボランティアや岩手県立博物館と県立図書館からの応援の方々と一緒に、古文書研究会のメンバーも回収作業に取りかかりました。

吉田家文書が瓦礫と一緒に廃棄されては大変だと思っていましたので、四月五日に貴重文庫を見ることができたときはホッとしました。その他の蔵書については、七月ごろまでかかって分類しました。一般図書はお金を出せば買えますが、お金を出しても買えない貴重な郷土資料は保存しなければならないですからね。

図書の整理の目途がついた時点で、古文書解読会を再開することにしました。一三人いた会員のうち三人が亡くなってしまった。再起は難しいと思っていたんですが、新しい人たちが力になってくれたので、また始めることができました。

古文書解読は一人では難しいんです。自分一人で読み解いていくと、間違いに気づかない。私が長く続けることができたのも、仲間がいたからです。長年一緒にやってきた仲間を失ったことは残念でなりません。

この震災で、気づいたことがあります。気仙郡ができたのはざっと一二〇〇年前。記録によると貞観一三（八七一）年三月、初代気仙郡司として安部《あべ》兵庫允《ひょうごのじょう》為雄《ためかつ》という人物が、私が住む横田に派遣されています。これは、このところ話題に上ることの多い貞観《じょうがん》地震の二年後です。貞観一一（八六九）年に三陸一帯が大津波に襲われ、陸奥国の国府多賀城も甚大な被害を受けたという、例の地震ですね。為雄はたびたび金を朝廷に献上したことから、後に金《こん》姓を授かりました。砂金は近くの気仙川から採ったのでしょう。

常々私は、郡衙がなぜ横田に置かれたのか、不思議に思っておりました。当時は相当辺鄙な山の中だったはず。金を採取するといっても、郡の政治を行うにはもっと便利で適した場所があるだろうに、と。

それが今回、新聞などで「貞観」という文字を見たとき、郡衙が横田に置かれた理由がわかりました。おそらく、沿岸部は貞観津波の被害からまだ回復していなかったのです。人が住める状態にはないため、被害のなかった横田を選んだのでしょう。

さらに興味深いのは、その一二〇〇年後、郡衙が今の市街地、すなわち海岸近くの高田に移ったことです。二〇〇年の月日を経て災害が風化し、政治の中心が海のそばの便利なところへ移った……。まあ、私の推測ですがね。

さまざまな記録媒体がある現代ですから、当時と同じとは考えにくいのですが、ひょっとしたらこのたびの震災も、二〇〇年したら忘れられるのかも知れません。一〇〇〇年前の災害など遠い大昔の話のようですが、考えさせられます。

今回の震災で破壊された陸前高田の市街地は比較的新しいものです。ＪＲ大船渡線の陸前高田駅ができたのは昭和八（一九三三）年。私が市役所勤めを始めた昭和三〇（一九五五）年ごろは、今回被災した市役所の辺りは一面、田んぼや畑でした。その二年後の昭和三二（一九五七）年、あの市庁舎ができました。当時私は土地区画整理事業の担当部署におりました。市役所ができると周囲に住宅がポツリポツリと建ち始めましたので、無計画に宅地が造成されてはうまくないと、急いで土地区画整理をすることになった。一二年ほどで市街地が形成されたと記憶しています。

昭和四〇年代になると、図書館や博物館、体育館、中央公民館と、市の公共施設を一カ所に集めた「教育団地」の部署で仕事をしました。ここに来れば市民はいつでも、さまざまな学習や活動ができる。当時の文部省からは非常にユニークな事業だと高く評価されました。

その後は教育委員会で社会教育を担当したり、退職後は博物館館長、そして市史編集室長を務めてきましたが、若いころを振り返れば、ずいぶんハード面の事業を担当したものです。なのに、何もかもがなくなってしまった。自分のやった仕事は何だったのだろうと、複雑な思いです。

実は市役所周辺の幹線道路を造成するとき、津波に備えてもっと高くする構想もあったのです。でもそうすると、山側にある旧市街地と大きな高低差が生まれて、排水が逆流してうまく機能しないというので、現状の地盤から一メートルしか高くすることができませんでした。悔やまれます。

先日、市役所職員の合同慰霊祭に参列しました。市役所は臨時職員も含めると一一三人が亡くなりました。元同僚や部下もずいぶん犠牲になりました。

市街地は高台へ移転するしかないのだと思います。私が言うまでもないでしょうが、道路設計を吟味しないといけません。いつ再び大津波が来るのかわかりませんが、平坦な土地から急勾配の斜面へと続く地形なのですから、高台へ避難者が殺到したらまた道路が渋滞し、犠牲者が出る。容易に避難できる大きな道路が縦横に走るよう、よくよく考えてほしいです。

『陸前高田市史』は平成一三（二〇〇一）年までに全一二巻を発刊しました。結果的に、津波以前の歴史を残すことができました。もし刊行が一〇年遅れたら、成し遂げられなかったでしょう。今回は、四〇〇〇年続いた今泉《いまいずみ》足軽組の史料など、旧家に保管されていた相当量の文書が津波もろとも流されました。歴史を記憶する高齢者も大勢亡くなりました。津波は歴史までさらっていくのです。この大災害の歴史を伝えていかなければならないですね。

（二〇一一年一一月二四日）

◇岩手県陸前高田市

観音様が「急ぎなさい」と言った

無職　菅野《かんの》カウ《こう》さん（88歳）

■菅野カウさんは息子さん夫婦と暮らす陸前高田市長砂《ながすか》の自宅で被災。不自由な足を引きずりながら山中を逃げまどい、息子さん夫婦と会えないまま不安な二日間を過ごした。現在は避難先の奥州市水沢区で暮らす。

［聞き手／木瀬公二］

ほら、爪もすっかりなくなってしまいました。あのとき、山の斜面の土や大きな石をガリガリガリひっかきながら、私一人寂しく、這い上がって行ったの。山にまだ草っぱも何も生えてないから、摑まるものがない。びちゃびちゃと津波の水が長靴の中まで入ってきて。それでもなんとか助かりました。他の人たちは別の道路をあがっていたね。

私は今手に持っている観音像を朝晩拝んでいるんです。何十年間もの習慣。津波にすっかり流されて、何も残らなかったけど、この観音さまだけが残っていたの。家の敷地の真ん中に、東南を向いてこれが立っていたんだって。お父さん（息子）が津波の二日後に行ったときはなかったのに、その後に行ったらあった。近所の人が見つけてくれたらしい。最初に見つけられなかったのは、泥をかぶっていたからかな。

私は足が悪くて杖がないと立っていられないんです。地震が起きたときは、一人で家にいました。お父さんとお母さん（息子の嫁）が、お腹の大きい孫娘を北上市まで送って行ったばかりでした。揺れはすごいし、外を見ると屋根瓦が飛んでくるし。入母屋の屋根の飾りの瓦が、ばたんばたんと落ちてきました。お父さんがいつも「地震のときは瓦が落ちて危ないから、すぐには外に出るな」と言っていたのを思い出して、押し入れに隠れようとしたの。でも、あまりにも大きい揺れだから押し入れなんてとってもダメだ、きっと津波が来る。逃げようと、長靴履いて、杖だけ持って、着の身着のまま、どんぶく《綿入れ袢纏》を着たまま家を出ました。

家は海に近いんです。でも七〇〇メートルはある。国道四五号バイパスがあって、旧国道があって、その間にちょっと高くなった線路があります。高さ六メートル防波堤もできているから、みんな津波は大丈夫だろうと思っていました。五〇年前のチリ地震津波のときも、水が田んぼを越えましたけど、それでもいくらも行かなかったからね。私も津波より地震のほうが怖いと思っていました。押し入れの下段には、貴重品や食べ物など入れたリュックをしまうスペースを作っていました。最初はそこに隠れていようと思ったわけです。

杖をついて、家の後ろの田んぼまで歩きました。でもまだ大きな揺れがきて、地割れがして、眩暈がして歩けない。チリ地震津波のときだって、ここまでは来なかったんだから、もう大丈夫でしょうと思ったけども、そばを走って逃げていく人に、「もう少しがんばりなさい」「さあ、逃げましょう」と言われました。みんなを追っかけようとしても歩けない。高田《たかだ》高校の脇の山まで約三〇〇メートル。山を這いあがって、やっとのことで両手でガリガリやって、でも土がぼろぼろ崩れて、これではわからない《ダメだ》と思った。一本の雑木が見えたのでそこまでがんばって這い上がって、雑木にしがみついていると、消防団の女の人が駆け寄ってきたの。「おばあちゃん、もう少しがんばりなさい」とお尻を押してくれました。でも、まだ危ない。もっと高台に行かなくてはというとき、高校生が来て、「僕におんぶしなさい」と言うんですよ。私はどんぶくを着ていて重いから、脱いでからおんぶしてもらおうと思ったら、「大丈夫、僕、若いから。力あるから着たままでいい」って。消防の人も高校生も、お名前聞こうと思っても声が出ませんでした。

逃げる途中、山の中腹で、自宅はどうなったのか気になって振り返ったの。すると、平屋で六五坪の家が、ぽこぽこぽこぽこと流れていた。土蔵も何もすっかり持っていかれました。ほかにも三〜四軒、建ったまま流される家がありましたし、車も流れていました。少しするとその家々が、沖に引かれて行って、その辺がさっぱりと海になって、建物が何もなくなったんです。そして、次は波が瓦礫を連れて戻ってきた。田んぼの中が瓦礫で埋まりました。

近所にはうちの貸し家が六世帯あるから、みなさんに「早く逃げましょう」と声かけたけど、その人たちは逃げようとしなかったね。本棚だの神棚だの、部屋の中にばらばら落ちて散乱したものを整理する気にばかりなって、誰も私に付いてこなかったんです。気持ちに余裕があったからではないの。みなさんここに生まれ育った人じゃないから、津波を知らないんです。津波を予想しないから逃げなかった。その人たちも一緒に連れて行きたかったのに。みんな津波に連れて行かれてしまったはずです。

あのとき、押し入れの中のリュックサックには、飴とか塩とかジュース、それに健康保険証と小遣いを入れてあったんです。リュックを取りに行こうかとも思ったけど、そのまま逃げた。取りに行ってたら助からなかった。無我夢中でした。頭には何もなくて、助かりたい一心で、もう少しがんばろうと思った、それだけです。恐怖感がまだ抜けません。

血圧が高くて座骨神経痛でしびれて歩けなかったはずが、痛いのもわすれて夢中で歩きました。水をかぶりたくないという一心で、脛がなくなるんじゃないかと思うくらい這いました。ズボンの膝がすっかり擦り切れていました。「一〇メートル以上の大津波です」と放送があったけど、その一回きりで音は消えましたね。

避難した体育館では寒いし怖いし。お父さんとお母さんはどうなっているかわからないし。二人に死なれて私一人が残るなら、ここで死んだほうがいいと思ったの。本当に、本当に、あのまま海に行ってしまったほうがよかった……。そう思いながら、一晩中、椅子に腰掛けてました。

ずっと泣いていたら、消防の人が「息子さんは必ず帰ってくるから」と励ましてくれました。みなさんはブルーシートをかぶっているだけなんですが、私には毛布を掛けてくれて、でも震えがきて震えがきて止まらない。私の上に三人の人がぎっちり重なって抑えてくれたんだけど、止まらなかった。翌朝、高校の隣の火葬場の控え室に畳があるからと、連れていってもらいました。畳の上に毛布を敷いてもらって、キャラメル二個とポカリスエットをもらいました。それでも震えが止まらなくて、特別養護老人ホームの高寿園《こうじゅえん》へ、椅子に座って毛布をかぶせていただいたまま連れていってもらいました。

高寿園では園長さんが出迎えてくれて、「よかったよかった」と肩を抱いてくれました。そして、椅子や毛布を持ってきてくれて。豆腐三切れとみそ汁半分くらいを「これが朝ご飯です。我慢してくださいよ」と用意してくれました。本当に感謝しています。

その日のお昼前、お父さんとお母さんが、私を探し当ててくれました。「ああ、いたいたいた」と飛びついてくれてね。私は二人が死んだものと思っていたので、二人の顔を見て「本当にお父さんか、お母さんか」と何度も聞きました。すぐ親類の家に連れて行ってもらって熱いお湯を飲ませてもらい、湯たんぽを入れて、布団をいっぱいかけて温めていただいたの。

チリ地震津波のときは布団の間にカレイが入っていたりして、室内は水に浸かってだめになったけど、建物の形だけは残したんです。あの時は津波だけで地震はなかったでしょう。今回は地面が揺れている、土が掘れている。泥がなくてすっかり岩盤が見えているようでした。

亡くなったおじいちゃん（夫）は昭和の三陸大津波を体験した人でした。チリ地震津波のときは、家までは来ない、津波が線路を越えたことはないと、普段どおり着物を着て、桐の下駄を履いたまま。私は、山のそばまで逃げました。高台の方で半鐘がわりにドラム缶をがんがん叩く音がしたね。海の水がうんと引けたので、がんがん鳴らしたのでしょう。それで津波が来たとわかりました。

チリ地震津波では水沢（現・奥州市水沢区）から、救援物資として米の苗が送られてきました。田植え時期だからと。津波が引いたあとにその苗を植えたんですけど、自然と枯れました。何回植えても枯れた。前の年に蔵に入れていた籾も、隅から入った水に浸かったために、干しても臭くて食べられなかった。もったいないけど、堆肥にしてしまったんですよ。

お米は二年目も取れなくて、三年目からいくらか取れるようになった。今回は三年でもだめそうなくらい水に浸かったでしょう。塩分は取れないし、砂利が入ってるし、当分田んぼにならないですよ。

チリ地震津波を経験したのが役に立ったのかわからないけど、命をもらったんだから、役にたったのかな。でもまさか、あんな津波が来るなんて。防波堤も水門もできたし、高田松原には立派な市営グラウンドもできたし。第二グラウンドももうすぐ竣工というときでした。

おじいちゃんのお墓は高いところにあったんですが、壊れました。でも、お墓どころではないよ。今生きている人は、これからも生きないとわかんねんだから、生きる工夫をしないと。お墓には手を付けないで、ご先祖さまに「修理は少し待ってください」とお願いしてます。もうたくさん生きたから、おじいちゃんのそばに行きたいと思うけど、お墓を直すのもそっちにいくのも、もう少し我慢してねっておじいちゃんに言ってるんです。

こうして生きているんだから、神仏はないということはないんだね。観音さまが守ってくれた。逃げるとき観音さまに「急ぎなさい」と言われた気がします。今でも朝晩、顔をなでたり体をなでたりしています。もう少し生きて、孫が安産するのを見届けたいね。

（二〇一一年四月七日）

◆岩手県陸前高田市

孫が家族の命を救った

社会福祉法人理事長
菅野高志《かんのたかし》さん(64歳)

■陸前高田市長砂《ながすか》で生まれ育った菅野高志さんは自宅を津波にさらわれ、母と妻と共に奥州市水沢区に移住した。「娘のお腹にいた赤ん坊に命を救われた」と語る。

【聞き手／木瀬公二】

陸前高田の人たちは常々、「海岸に高い堤防があるという安心感がある」と言っていました。でも、安全のために作ったはずの堤防が、逆の効果を招いてしまった。「ここまで津波は来ないだろう」という安心感が、被害を大きくした一番の理由でしょうね。ここまでは来ないだろうという想定を、現実が遥かに超えましたから。堤防は津波で倒れたばかりではなくて、引き波の瓦礫に押された部分もあるようですね。

私が理事長となった社会福祉法人のグループホームは三月一七日に落成式を迎えるはずでした。岩手県の関係者を招いて、海岸に建つ「キャピタルホテル1000」で式典を行う予定で、もう案内状も出してありました。高齢者という社会的弱者が利用する施設ですから、便利な町中に建てたんです。建物の土台とか立派だったんですよ。でも、きれいさっぱり流されました。土台のボルトが残ったくらいですかね。

再建の補助金が出る予定だったんですが、建物の形が何も残っていないため補助金は出せないと県は言っています。今のところ、建物があれば補助金を出すけれど、ぜんぜん使ってないし何も残っていないので、どうなるのかわからないという状態です。そのまま年度をまたいでしまい、理事会も開けないままです。何とかしてもらわないと。再建費用がまるまる法人の負担になってしまったら、やっていけないですからね。億という金をかけた施設が開所前になくなって、まるっきりの泣き寝入り。そんな施設は今回の津波でいっぱいあるんじゃないですかね。実際、いろんな問題も出てきているでしょう。

娘が北上市に嫁いでいるんです。四月一八日に出産予定だったんですよ。実家の近くで出産させようと思っていました。あの日も娘は大船渡の病院へ受診に来ていました。前日から我が家に泊まって、午前中に受診をして。家に戻って昼食を私たちと一緒に食べてから、私と妻とで北上の家まで送っていったんです。娘の家に着いて、さあそろそろ帰ろうかと言うときに地震です。外に出たら電柱が揺れて揺れて。私は塀につかまってようやくとどまりました。

高田の家に私のお袋を一人残してきたのが心配でね。急いで帰ろうと思って車に乗ったら、町中が停電。信号はみんな消えて、大きな石が道路に転がっていた。アスファルトかコンクリートかわからないけど。裂けている箇所もありました。お巡りさんが手信号で誘導していましたが、渋滞でした。気は急くもののどうにもなりません。おまけに、結構走ったところで車がパンクしてしまった。ループ橋の手前、時間にすると自宅までもう二〇分というあたり。トンネルから出たところで車がガタガタして、変だなと思って停車して、外に出てみるとタイヤがへこんでいたわけです。そこに車を乗り捨てて、妻とヒッチハイクです。

一台目はダメ。二台目に乗せてもらいました。内陸部で働く人たちを沿岸部に送り届ける車でした。次々と立ち寄りながら遠回りしたりするので、なかなか家に近づかない。やっと矢作《やはぎ》まで着いたんですが、橋の状態がおかしくて渡れません。川の水が引いたり満ちたりしていました。そもそも橋自体が瓦礫の山。どうしたらいいか考えました。で、女房の弟が奥州市水沢区で仕事をしているのを思い出して、陸前高田に戻って来る途中で拾ってもらった。しかし町中には入っていけないわけで、少し戻って山越えです。雪がいっぱいの山道ですからスリップしながら、三時間もかかって高台の弟の家に着いたんです。弟の家は無事でした。北上を出てから六時間は経っていました。弟に懐中電灯と長靴を借りて、町中に歩いて降りていって、お袋を捜し始めました。

真っ暗です。本当に明かりが一つもない中を泥だらけになって探し歩きました。怖いですよ。町はあまりにも変わり果てていました。瓦礫の山でね。電線が垂れ下がって、ガスの臭いがする。何かあって逃げるにしても、道路がない、わからない。ときどき「津波がくるぞー」という声も聞こえてくる。弟の家に戻るしかなかったですね。

翌日も朝早くから自宅を目指して出かけたんですが、真平らで目印が何もないでしょ。女房と二人、このへんだったかなあ、なんて手探り状態。ちょっと歩いては、「あれ、ここどこだろう」っていう感じですよ。どこが道路かもわからなくて、本当にきれいさっぱり何もない。それどころか、線路はぐにゃりと曲がって、自宅を越えて反対側に行っていたし、何トンもあるような牛のような庭石が消えていたり、水がたまっていたり、家になかったものが転がっていたり……。頭が混乱したまま立ち尽くしました。屋敷の蔵の石とか、建物の基礎なんだか庭石なんだか、面影らしきものがあるのを見つけてようやく自分の家とわかりました。でも、お袋はいない。もしやと思って行ってみた高台の特別養護老人ホーム高寿園《こうじゅえん》で見付けました。自分で這って家を出て、津波から逃げたんだそうです。

二日おいて、また家のあった場所に行ってみました。何もないと思っても、また行ってみたいと思うもので。不思議ですね。すると、菩薩像が見つかりました。コンクリートの上に、南東を向いて立っていました。泥がいっぱい付いていたけど、泥のないところは光っていました。最初にお袋を捜しにいったときは何もなかったはずなんです。焦っていたから目に入らなかったのかなあ。流されたアルバムも不思議なことに出てきました。誰かが見つけて、置いておいてくれたんですね。自分の家の整理をしていて、我が家のを見つけてくれた近所の人が、大切な品だろうと家の跡地に置いてくれたんでしょう。

今は娘が住む北上市の隣、奥州市水沢区に家を借りました。陸前高田に帰っても住めるような場所はないし、町中ホコリはすごいし、年を取ったお袋を連れていける状態ではないですから。今でも寝ていると、あのときの情景を思い出します。涙ばかり出てきてね。「さあ、うちに帰ろうか」なんて、ふいと口をついてでてくることもあります。夢であってほしい。

だけど、じっとしていてはだめだなと思っているんです。動かないとだめだ。動き出さないと。ここから陸前高田まで通っていかないとだめだとは思うんです。でも、家がなくなったから今度また高田に建てようと思うかというと、今のところそうはなりません。家の跡に立つと、家をどこに建てるか、山に建てるかどうしようか考えてしまいます。高田松原がなくなって、町中から直接海が見えるようになりました。怖いです。混乱したままです。

津波は堤防を軽々と越えちゃったんですから。本当にこんなところまできたのかと思います。小泉地区という山の方に「田植え桜」というのがあるんです。これが咲くと田植えの時期が来たことを知らせてくれるという木。二〇メートルはある木のてっぺんに、牡蠣の養殖棚がぶら下がっているんですよ。そのまた上の方に、漁船が運ばれてるんだからね。

昭和三五（一九六〇）年のチリ地震津波のときも、「もう二度と同じところには建てまい」と言う人がいっぱいいたんですよ。でも、そんな気持ちも風化してくるんだね。チリ津波で被害を受けた場所に国道ができて、周りに家が建ちました。今回だって、三年、五年経ったらどうなるのやら。地盤が下がりましたし、下水道の機能もどうなるかという話があります。生まれ育った土地ではあっても、でも怖い。

高田は山があって海があって、ねえ……。私は今住んでいるような町場は好きじゃないんです。山とか川から離れたところでもいいから、家は小さくてもいいから、庭や近所をぶらっと歩けるようなところでないと、ずっと暮らすのは難しいな。でも、高田には今、そういうところに宅地はないんです。平地はすべてダメになりました。山を二町くらい持っているから、その中で条件のいい斜面を少し崩して家を建てようかと、考えないこともないんです。綺麗な山の湧水もあるしね。今は日陰だけど、杉の木や松の木を伐採すれば日当たりもいい。ただ、下水設備は来るのかなとか心配な点もある。

こうして今まで住んでいた町を眺めると、何もなくなったせいか、びっくりするほど広いですね。高田松原と堤防にさえぎられて見えていなかった海がすっかり見えます。そういえば、これは昔見た風景に近いですね。

あれからすぐ娘は水沢の病院に転院しました。予定日より三日早く、四月一五日に三四〇八グラムの男の子が生まれた。「和希《かずき》」と名付けました。「こういう時だからこそ平和と希望を」という願いを込めました。水沢は同じ県内で陸前高田と一〇〇キロも離れていないのに、誰もが普通に暮らしていますよ。食べ物だって何でも自由に手に入るし、瓦礫の整理なんかの心配もない。高田とはまったく違う暮らしがあります。

だけど、あのとき娘を北上まで送っていかなかったら、どうなっていたかな。実はその日も娘は私の家に泊まる予定だったんです。でも、何となく帰った方がいいんじゃないかということになった。娘が「帰ります」と言うと、お袋が「一人で帰しては心配だから送っていきなさい。途中でお腹が痛くなったりしたらどうするの。お母さんも一緒に行って」と私と女房を送り出した。もし娘があのまま家に留まっていたら、私は年老いたお袋とお腹の大きい娘を連れては逃げることができなかったんじゃないかなあ。私たちの命はね、本当に、和希が救ってくれたようなものです。

（二〇一一年七月七日）

◈岩手県陸前高田市

文化財レスキューの現場から

陸前高田市立博物館・陸前高田市海と貝のミュージアム
主任学芸員

熊谷賢《くまがいまさる》さん（45歳）

■被災地の文化財の緊急保全・散逸防止のため、文化庁では「東北地方太平洋沖地震被災文化財等救援事業（文化財レスキュー事業）」を開始した。陸前高田市でただ一人の現役学芸員となった熊谷賢さんは、文化財と博物館の再生に取り組んでいる。

［聞き手／千葉由香］

陸前高田市立博物館と、私の勤務していた陸前高田市海と貝のミュージアムは兄弟のような施設です。どちらも最上階まで水に浸かって、資料は泥と瓦礫の中に散乱しました。資料が劣化しないように一刻も早く安全な場所に移すため、一つひとつ探し出して、山間にある旧生出《おいで》小学校に運び込みました。閉校になったばかりの学校です。教室も体育館も二館の資料の仮収蔵施設となっています。

被災前、博物館には約一五万点、ミュージアムには約一一万点の資料が収蔵されていました。その六～七割を回収したほかに、埋蔵文化財整理室の土器がコンテナ七〇〇箱。貝塚の貝層資料などは土嚢袋五〇〇を回収しました。一一人のスタッフでこつこつと、資料の整理や応急処置の作業をする毎日です。

地震のとき、ミュージアムには幸い入館者がいませんでした。市役所に向かうと、そこに津波です。屋上に駆け上がりました。ブルドーザーに押されるみたいに、一軒家の高さほどの瓦礫がバキバキと不気味な音を立てて迫ってくる。その後、真っ黒い水が押し寄せた。庁舎は屋上まで水に浸かり、一段低い隣の市民会館は完全に水没しました。市職員や一般の避難者、計一二七人で一晩過ごしました。市役所と市民会館のどちらに避難するか、その一瞬で運命が変わったんです。

翌朝、市の災害対策本部にたどり着いて、即仕事です。職員が各避難所に散らばることになったので、自宅のある地域を希望しました。家は全壊。近所のおばさんが、私の両親と小学生の息子は妻の職場にいると教えてくれました。妻は山の手にある特別養護老人ホームの職員なんです。

私の持ち場となったコミュニティセンターは地区本部として、地区の支援物資輸送の拠点となりました。次々と運ばれてくる物資の積み下ろしで大忙し。家族の避難先に足が向いたのは、三日目でした。息子の姿が見えたので「ヨオッ」と近寄っていったら、「何でそんな登場の仕方するんだよ。ふつう涙の再会だろう」って（笑）。

目の前の避難所対応に忙殺されていたころ、知り合いの遠野市立博物館の前川さおり学芸員から手紙が届きました。「陸前高田へ行ったら資料と思われるものが散乱していて心が痛んだ。文化財レスキューの時期が来たら声をかけて」という内容です。背中を押されました。

とはいえ、ミュージアムの職員一人が、博物館の職員は六人全員が亡くなりました。市職員の三分の一が犠牲になって、文化財や生涯学習の担当職員もそのほとんどが助からなかった。しかし、資料をレスキューしなければならない。かつての臨時職員や専門研究員などにコンタクトを取り始め、集まっていただきました。そして、まずは資料の回収。できるところから始めました。しかし、全体を統括するのは困難でしたので、本多文人《ほんだふみと》元博物館長に助けを求めました。

　市立図書館の職員も全員亡くなったので、重要書庫にある岩手県指定文化財の吉田家文書をレスキューしなければと思いました。古い紙資料の処置は難しい。しかも急を要します。ミュージアムは海に近かったぶん大量に海水が入りましたが、瓦礫はさほど入っていませんでした。資料は貝が中心ですから、散乱した標本を回収すれば何とかなる。博物館がやっかいでした。家二軒と車数台、いろんな瓦礫と土砂が積み重なって、収蔵庫も展示室もひどくやられている。考古・民俗・生物・植物と、資料は多岐にわたりますから、手間がかかりました。

　資料のレスキュー活動は岩手県立博物館、遠野市立博物館などの岩手県内の関係機関が応援してくれました。四月下旬からは自衛隊も館内の瓦礫撤去に手を貸してくれました。作業は一気に加速して、レスキュー作業は六月一七日にひととおり終えることができました。

　仮収蔵施設では基本的に、水洗いやエタノール消毒などの応急処置を施して、一部は修復・復元のできる専門機関に送ります。紙類はカビが、鉄製品は錆が怖い。すべての資料が汚れた海水に浸かっています。ビニールシートと塩ビパイプでプールを作って水に浸し、脱塩を行いました。

　考古資料の骨角器は国立奈良文化財研究所へ。植物標本はまず岩手県立博物館に送って、さらに全国三〇カ所を超える博物館や大学で分担して保存処理を進めていただいています。ミュージアムの象徴だったツチクジラの剥製は、国立科学博物館に移送しました。

　人と人の繋がりには本当に助けられました。県内の博物館学芸員で構成する「いわて学芸員ネットワーク」です。定期的に研修会を開いているので、古文書の扱いならあの人、考古資料はこの人と、お互いの専門をよく知っています。直接連絡をして具体的なアドバイスをいただき、物事がスピーディに運びました。各地の学芸員や研究者に被災地の情報が伝わったことで、さらにいろんな方の協力を得ることができました。

　応援に来てくれた人の中には、「衣食住さえ困る人がいる時点での文化財レスキューは、市民感情を逆なでするのでは」と心が揺らいでいる人もいました。確かに生活の基盤があっての文化です。でも、これが私の仕事です。こんな時期だからこそ、誰かがやらないと文化財は残りません。市立博物館ができたのは昭和三四（一九五九）年。公立の登録博物館としては東北で第一号。陸前高田はそれだけの素地がある場所なんです。学術的価値の高い資料がたくさん存在します。博物学者・鳥羽源蔵《とばげんぞう》の標本は再評価され、貝塚の出土資料はニューヨークのメトロポリタン美術館にも展示されています。日本一大きな隕石も落下している。『遠野物語』で知られるオシラサマにしても、所有世帯数は陸前高田市が最多。ツチクジラの剥製は日本最大です。これら収蔵資料の学術的価値は、世界に誇れるものです。

文化財が残らない復興は本当の復興ではありません。地元の宝の価値を知り、誇りを持つことが、町おこしの起爆剤になるはずです。市街地の高台移転とか堤防の建設とかの事業ばかり前面に出ていますよね。それを「復興」と呼ぶならば、はたしてこのまま復興の道を突き進んでいいんだろうか。

仮に遺跡を無視して住宅を作り、高田松原を潰して巨大な堤防を作るとします。何千年も前の暮らしの足跡をみすみす失っていいのか。落ち着いた生活に戻ったとき、目の前に緑の松原ではなくコンクリートの堤防がそびえる陸前高田になっていていいのか、ということです。

高田松原は陸前高田の代名詞です。海岸線に沿った七万本の美林は観光の目玉でした。もともとは江戸時代、菅野《かんの》杢之助《もくのすけ》と松坂新右衛門《まつざかしんえもん》という篤志家が、農地に潮風が当たるのを防ぐために植えた防風林。私財を投じたインフラです。その遺産を市民がずっと受け継いできた。チリ地震津波で被害を受けたときも、婦人会などが植樹して、手をかけてきました。だれもが松原に思い出を、愛着を持っています。松原がなくなったら陸前高田ではなくなります。高田らしさが、自分たちのアイデンティティがなくなってしまう。

津波に耐えて一本残った松は「希望の松」と呼ばれていますね。樹勢が衰えています。一本の木に希望を託すのはいいのですが、あの松がなくなったら陸前高田の希望までなくなってしまうのか……。そうじゃない。松原を作った先人の願い、守り続けた市民の、いろんな物語が込められた松原を今後どうしていくかが、復興に繋がるのです。

三陸の人たちは津波によって何度も酷い目に合う一方で、海がもたらす恩恵で生業を立て、暮らしてきました。そこには海への信仰や畏敬の念があった。海はありがたいものだけど、怖ろしくもある。それを私たちは忘れかけていたように思います。今、「もっと考えろ」と言われているような気がします。

あれから陸前高田の子供たちは「海が怖い」と言います。

そこで何があったのか知っているだけに怖い。その恐怖心は防災教育に生かせばいい。一方で、海がもたらした文化たるや計り知れないのだと伝えることが重要です。

私の息子は海が大好きで、いつも二人で海に遊びに行っていました。しばらく余裕がなくて連れて行けなかったのですが、ある夕方、浜辺に連れていきました。私が海に入って遊び始めると、息子もおずおず入ってきた。「面白いだろう」と言うと、息子も「うん」って。ハマベゾウムシという小さい昆虫がいるんですよ。岩手県の絶滅危惧種です。海草のアマモを食べるんですが、今年はアマモがほぼ全滅したようで、ハマベゾウムシもいません。いつかハマベゾウムシが戻ってくるといいな、と息子と話しました。

やっぱり海は楽しい。面白いです。そして、ありがたい。三陸で生きるとは、それを実感すること。海の面白さ、ありがたさを伝えていくのが博物館の役割です。

博物館の活動は建物がなくともできます。八月下旬、出前講座を復活させました。きっかけは、日本の恐竜研究の第一人者で、国立科学博物館地学研究部研究主幹の真鍋《まなべ》真《まこと》先生との出会いです。ツチクジラの剥製の扱いを相談したことから交流が始まりました。真鍋先生は息子の通う小学校で、恐竜をテーマに授業をしてくださいました。子供たちはすごく喜びました。さらに「シリーズ化しましょう」と、知り合いの研究者や学芸員らと共に、ほぼ月一回のペースでいろんなジャンルの授業を展開しています。

この真鍋先生が、博物館にとって大切なことをおっしゃいました。「ばらばらになったモノとココロを繋ぎ合わせる作業こそが最も重要です」と。「モノ」とは標本、「ココロ」とはデータです。博物館はモノとデータが結び付いてできあがるんです。

思い当たるのが、アカショウビンの剥製です。八年前、小学生が綺麗な鳥の死骸を見つけて、かわいそうだからとお墓を作りました。学校の用務員さんがこの話を生き物好きのご主人に伝えたところ、「アカショウビンだ」とぴんときたんですね。希少な夏鳥です。伝え聞いた私は子供たちにお願いして、剥製にさせてもらいました。剥製は博物館に収めたんですが、子供たちがよく「おらほの（僕たちの）アカショウビン元気ですか」って見に来ていたんですよ。とても大事に思ってくれていました。

そんな宝物が、津波でひどく壊れてしまった。せめて骨の標本だけでもと思っていたら、大学時代お世話になった岡山理科大学の富岡直人《とみおかなおと》さんが、さまざまな研究者や機関に働きかけてくださり、もとの綺麗な剥製となって帰ってきました。子供たちの思いを繋いでくれた。奇跡のアカショウビンです。

一つひとつの収蔵資料がこんな物語を持っています。博物館は何のためにモノを残すのか。ドロドロの瓦礫の中から引っ張り出してまで、残そうとしているモノ――。それは記憶や物語なんです。物語があって資料価値が高まります。資料台帳もほとんどが流失してしまったので、一点一点のデータの確認作業は困難を極めます。でも、一つひとつのモノとココロを手繰りよせる作業を、続けていかなければなりません。大切な物語を諦めたくないですから。

でも、私一人では何もできませんでした。実際に動いてくれているのは、仮収蔵施設で働く仲間たち。岩手県内の博物館の学芸員や真鍋先生をはじめとする全国の研究者の方々には本当に支えられてきました。今や仮収蔵施設には日本の保存科学の粋が集まっています。被災後、被災文化財の応急処置が行われた殿堂として、この場所が大きな意味を持ちつつあります。

作業は終わりの見えない長期戦です。でも、陸前高田の記憶や物語の詰まった博物館がいつか完全復活する日を信じて、モノとココロを繋ぐ作業をこれからも続けていこうと思います。それが、ご支援くださっている全国のみなさんへの恩返しになると思いますから。

（二〇一一年一一月一八日）

◎岩手県陸前高田市

忘れない／忘れられないために

米崎小学校仮設住宅自治会長
佐藤《さとう》一男《かずお》さん（46歳）

■市内随所に立ち並ぶプレハブの仮設住宅。多くの被災者が、住み慣れた家を、集落を離れて「仮」の暮らしを続けている。漁業と果樹栽培のさかんな米崎《よねさき》地区の仮設住宅で、自治会長の佐藤一男さんと出会った。

［聞き手／千葉由香］

二七歳のとき家業のカキ養殖を継ぐためにUターンしてきました。脇之沢《わきのさわ》といって、カキとホタテの養殖が盛んな地域です。養殖筏や船、昨年建てた浜の作業小屋、そして家。すべて津波に流されました。避難所生活を送って、五月一〇日に仮設住宅に移りました。自治会長を務めています。

通常、カキの出荷は一〇月初めから始まって、忘年会シーズンの一二月一〇日から二〇日ごろピークを迎えます。出荷時期はどの家のおかあさんもおばあちゃんも、カキむき作業に大忙しです。でも、今年は違います。男たちは五日後半から瓦礫撤去作業に取りかかり、六月からタネ仕込みの作業をするので精一杯。何とか平成二四（二〇一二）年一二月に例年の二割前後を出荷できそうだというところです。

私はといえば、このところ自治会長としての役割が忙しくて、浜の共同作業に顔を出せない。心苦しいところです。

三月一一日の地震の瞬間は海に出ていました。二月でカキの出荷が終わり、次の出荷に向けての準備をする時期なんですよ。陸を見ると土煙が上がって、あちこちで土砂崩れも起きている。すぐ岸壁に戻って、嵐のときにするように、船をアンカーロープで縦に繋ぎ止めました。

自宅に戻ったら嫁さんと長男がいました。落ち着きをなくしていたので、はっきりした目的を与えなきゃと思って、「小学校へ娘を迎えに行け。そして、おじさんの家に避難しろ」と言いました。

おじさん宅は少し標高が高くなっているので、安全でしたが、単独行動では情報が入りにくい。指定避難所となっていた集会所も流されましたので、近くの米崎中学校に向かいました。でも、たびたびの余震で校舎と体育館の壁に亀裂が入ったため危険だとなって、一二日には八〇〇メートルほど離れた米崎小学校体育館へと移動しました。約二五〇人での避難所生活が始まったわけです。

食料の量自体は心配ありませんでした。それぞれ親戚や知人に分けてもらった米や野菜が次々と集まってきましたから。このあたりはほとんどが田んぼや畑を持っていて、米蔵には常に米袋がたくさん重なっているものなんです。米なら三〇キロ、六〇キロの単位で運び込まれる。自分の家族の分だけとは思っている人はいません。最初から自発的に供出する形でした。

早い時期に照明も確保しました。近くの工事現場から発電機と照明を借りてきて、避難所に設置したんです。夜中に余震があるたびに屋外に避難するということを繰り返していたので、煌々とした明かりは大きな安心感を与えてくれました。

一番の問題は寒さです。体育館はストーブを焚いても暖まらない。ラッキーだったのは、中学校の体育用マットや柔道場の畳をすべて小学校に運び込めたことです。これを敷き詰めたので、冷たい床に寝ることだけは避けられました。

結局、この二五〇人という大所帯を取りまとめる立場になりました。それはこんな経緯なんです。私は陸前高田市消防団米崎分団の一部副部長を務めています。三日目、一緒に避難していた部長が団員を引き連れて生存者捜索に行くとき、「お前は避難所にとどまって、みんなをまとめてくれ」と私に告げたんです。「消防団の半纏を着ていれば、誰が見ても、地元のことをよく知っている人間だとわかる。まずは半纏を着て座っていろ。みんなが声をかけてくるだろうから、それをまとめて仕切れ」と。

実際、避難所は収拾がつかなくなっていたんですよ。案の定、座っていたら、困りごとや物資配給の相談など、次々とみんながやってきました。その場で回答を出して采配すると、信頼してくれるのがわかりました。探ればもっといい案があったかもしれないけど、このときは速さが大切だった。その後も即断即決を徹底しました。

すぐ組織づくりに取りかかりました。消防団の役割に避難所運営は明文化されていません。私の場合、集落の仕事をしていたとき総務省の指導で地域防災マニュアルを作ったことがあったんです。班体制で役割分担することを学んでいたので、それを思い出しながらやりました。

様子を見ていると、みんなに頼りにされている人が見えてくるものです。会長と副会長はどっしり構えている人を据えました。そして、食事を作る賄い班、看護師さんは病気予防などを担当する衛生班、あちこち造作をしてくれる大工さんは備品班、支援物資の受け入れを担当する物資班などに分けました。さらに、消防団部長は防災担当、市役所などと連絡を取る渉外担当など、合計一〇人の役員を決めました。避難所生活はだいぶスムーズになりました。

ありがたかったのは、県立高田《たかだ》病院が近くの米崎町コミュニティセンターで診療を開始したことです。高田病院が津波に呑まれたことは口づてに知っていました。医療スタッフはとても患者を診る精神状態にはないだろうから、体調の悪い人がいても、助けを求められないとあきらめていました。だから、びっくりしました。相談できる場所がある、あの先生がいると知っただけで、みんなの気持ちが楽になりました。

五月、米崎小学校の校庭に建った仮設住宅に入りました。六〇戸あります。棟ごとに班長を決めて、自治会長を引き受けました。避難所時代と同様、会長、副会長を置いて、総務や会計などの役員を決めました。一人暮らしの高齢者や持病を抱えた人も多いので、孤独死対策のためにコミュニケーションを密にするよう心がけています。たいてい顔見知りの人や親戚がいますが、それでも、これまでの隣近所みな知り合いという環境とは大きく異なります。チラシ一つとっても回覧板ではなくて、六〇戸に個別訪問して配布するようにしています。

いろんな団体、個人からボランティアをしたいという申し出もしょっちゅういただきます。今日は、保育園と小学校で「鯛焼き」を振る舞ってくれる方がいらしているので、これからその手伝いに行きます。

こうして自治会業務に取り組めるのは、家族がみな無事だからです。日頃から「地震がきたら津波がくる。地震になったらおじさんの家に逃げよう」と話し合っていたのが功を奏しました。

私は明治生まれの祖父から、「津波のときはすぐ逃げろ。人の倍逃げろ」「小さい地震でも一〇〇回起きたら一〇〇回逃げろ」と言われて育ちました。祖父は、昭和八（一九三三）年の昭和三陸津波と昭和三五（一九六〇）年のチリ地震津波を体験しているので、津波がどこまで来たかもよく知っていて、私に教えてくれました。家族各人が避難するという意識を持つことの大切さが身に染みましたね。

消防団員は、まず「水門を閉めろ」、次に「一人暮らしの家をまわれ」、そして「我が身を確保しろ」という手順で訓練されています。でも、大事なことが抜けている。どうしたって家族の安否を確認したい。仕事場から直接、水門へ向かった場合は、家族と会うタイミングがない。一人暮らしの人の安否を確認して、やっと自分の身を守ろうとするとき、自宅へ立ち寄ってしまう。それで命を落とした消防団員が各地にだいぶいると思います。過去の津波の記録がもっと伝わって、ちゃんと防災に生かされていれば、救えた命もあった、と悔やまれます。

自治会の集会所は「桜ライン311」というプロジェクトの事務所にもなっています。これは、津波の到達したライン上に桜の木を植えて、災害の記憶を後世に伝えるのが目的です。季節が巡るたび桜が咲くと、ここまで津波が来たという事実を思い起こさせてくれます。陸前高田市青年団体協議会が発案して、認定NPO法人難民支援協会、一般社団法人SAVE　TAKATAの三団体で実行委員会を組織しました。一〇年はかかるだろうという壮大なプロジェクトです。

津波の到達点を線で結ぶと、陸前高田だけで約一七〇キロにもなります。植樹させてもらうため、地権者を一軒一軒訪ねています。みなさん「趣旨には賛同します」と言ってくださるんですよ。でも「今はちょっと……」となる。最も多いのは、「土地の整地を終えた後ならよい」という方。それから、「市の高台移転計画の用地に入っているようだから、待ってくれ」という答えも多い。これが問題です。

市では土地所有者への事前説明もなしに、高台移転の候補地を発表しました。候補地とされた地主さんは寝耳に水です。うちの土地も入っているんじゃないか、どうすりゃいいんだと、心穏やかじゃない。判然とするまでは桜の植樹などできません。公有地への植樹も難しいですね。

メンバーがそれぞれ自分の地元の家々を周ったり、知り合いをたどったり、了解を得るのに懸命です。承諾を二〇数カ所まとめてもらってきた人もいます。熱意の根底にあるのは、「伝えたい」という強い願いです。瓦礫の撤去が進み、更地になればなるほど、津波の到達点がぼやけてくる。被災の記憶も薄れていく。急がなくてはいけません。

本当は仮設住宅の自治会なんて、いつまでもあっていいものではありません。全員の生活基盤ができれば必要ない組織ですから。でも、そうなるまでにはまだまだ長い時間がかかりそうです。第一、八カ月経っても市の復興計画は何も決まっていません。「こうしたい」という案は出ても「こうします」という報告は聞こえてこない。陸前高田は三月一一日からあまり変わっていないんです。

メディアは、何かしら新しい動きがあるとニュースとして取り上げます。それだけ見ると、ほとんど以前の暮らしに戻ったように錯覚されるでしょうが、とてもとても……。いまだに田んぼの真ん中に車が転がり、道の脇には船がひっくり返っている。それが現状です。開店した店があるとしても仮設店舗です。一年後にやっているという保証などない。陸前高田がもとに戻ったなんて、決して思わずに、長い目で見続けて欲しい。忘れ去られるのが一番悲しいことなんです。

（二〇一一年一一月二四日）

◆岩手県陸前高田市

「天国風呂」の宿

矢作温泉鈴木旅館

鈴木繁治《すずきしげじ》さん（67歳）

■陸前高田市内に残った旅館・ホテルはわずか二軒。矢作《やはぎ》温泉鈴木旅館はその一つだ。いち早く被災者向けの入浴サービスを開始した宿でもある。被災松を京都の五山送り火で燃やすことについての騒動についても聞いた。

［聞き手／千葉由香］

ここは戦後、私の親父が始めた温泉宿です。漁業の合間を縫って、一〇日も二〇日も自炊で滞在して体を休めていく。そんな湯治場なんです。このごろは送迎バスとカラオケ付の日帰り入浴が人気でした。それが震災を機に、大きく変わりました。当初は家を流されてしまった避難者の方々の入浴施設、そしてボランティアの方などの宿泊施設。今でも仮設住宅に入っている方たちがお風呂に入りに来ますよ。

地震のときは街中にいました。宿泊客は一組だけだったので、宿も心配でしたが、孫たちが心配でね。うちは長男と次男・長女一家と同居しているんですが、小学生と保育園の孫娘は平日、次男の嫁の実家にいます。長部といって海の近くです。すぐ孫たちのところへ向かいました。でも、橋は通れない、回り道している間に道も渋滞してきた。いったん断念して、次男の嫁と一緒に出直して、山越えすることにしました。

ところが、途中まで行ったら津波が来て国道四五号が通れないと言われた。気仙《けせん》小学校の上の山道にまわりました。そこに何やら人が集まっている。「気仙大橋が流された」「どこそこまで水が来た」なんて、信じられない話をしてました。雪も降ってきたし、焚火を始めました。避難してきた人の中には生後五カ月の赤ん坊もいました。未熟児で酸素ボンベを繋いでね。何とかしなくちゃと思って、居合わせた木挽きのじいさんの案内で、赤ん坊の一家を連れて歩いて人里へと下りて行きました。

下矢作のコミュニティセンターに入ってみると、顔見知りの人などがずぶ濡れになってガタガタ震えていました。すぐそこまで津波が来たんですよ。瓦礫はうちの目の前でストップしていました。

その晩、蝋燭の灯りの中で落ち着いたら、今度は障害のある次男のことが心配になってね。低酸素脳障害で車椅子生活なんです。勤め先の激務がたたったんでしょう。三年前に突然、心肺停止になったんです。やっと自力呼吸できるようになったけれど、体は動かず、話すこともできません。訪問介護を受けながら定期的にリハビリに通う日常です。この日はデイサービスに行っていました。高台にある施設だから津波の心配はなかろうと、翌日に様子を見に行くことにしました。うちに連れてきても明かりも暖房もないから、施設にいた方がよいと、このときは思いました。

行ってみると、施設の利用者が全員、大船渡病院の体育館に避難していました。不安なんでしょう、絶えず声を発するんですよ。周りに迷惑をかけてしまうなあと思って、家に連れて帰ることにしました。車に乗ったとたん苦しそうな声がピタッと止みましたから、息子も安心したんですね。

三日目になってやっと、嫁と一緒に孫を迎えに行きました。町が一望できる場所に立ったときは息を飲みました。一面の灰色の砂漠。加工場から流れてきたみたいな巨大な冷蔵庫が転がっている、木に家が引っかかっている……。孫は「ママー」「おじいちゃん」って抱き付いてきました。無事でよかったと安心すると同時に、よほど怖い思いをしたんだろうと胸が詰まりました。

電気が通じると、まず風呂を沸かしました。コミセンに避難している人たちに、一日も早く風呂に入ってゆっくり温まってもらおうと思っていましたので。みんな着の身着のままで慌てて家を出た。恐ろしい体験をして、寒い思いして、疲れていました。水は山の湧水なので苦労しません。コミセンの会長や市役所の方に声をかけて、三月一九日に入浴サービスを始めました。整理券を配って、入浴時間が集中しないようにしました。久しぶりの風呂がイモ洗いみたいになったら申し訳ないもの。「お風呂に入ってようやく生きた気持ちした」「ここは天国風呂だ」って皆さんに喜ばれました。手を合わせて拝んで帰ったお客さんもいると、家族が教えてくれました。

ところが、集落排水のマンホールから水が滲み出たと苦情がきました。役所は各マンホールの排水ポンプに一斉に送水したためなのだから、うちの風呂が原因ではないと言うのですが、下流の住民は「風呂を沸かしたのが悪い。風呂に入るな。水を流すな」と大した権幕でした。あのころはみな感情的になっていましたね。

役所ですぐに復旧工事をして、間もなく入浴サービスを再開できました。避難所にいる人たちが下水の掃除をしてくださったり、役所が被災者のためだからと応援してくれたおかげもあります。ただ、あれ以来、地区の人たちとの関係がギクシャクしてしまって……。

心の支えは、整理券を握りしめて風呂に入りに来る人たちの姿でした。整理券はぜんぶ大切に保管しているんです。宝物です。

瓦礫撤去などのボランティアの宿泊第一号は、四月二九日。三〇人の団体さんでした。そのころ市内の旅館で営業していたのはうち一軒だけ。一二～一三軒の旅館があったんですが、現在商売をしているのはうちを含めて二軒しかありません。

そういえば、津波になぎ倒された高田松原の松の木。京都の大文字送り火で焼くという騒動はご存じでしょう。二転三転して振り回されました。松の話になると、何とも言えない感情が胸にこみ上げて、うまく話せないんですが……。

発端はたしか六月。親子でボランティアに来た大分県の藤原了児《ふじわらりょうじ》さんという方が宿に泊まったことでした。藤原さんは陸前高田で二〇〇〇人近い犠牲者が出たと知って、慰霊と祈りの気持ちを形にできないかと考えたんですね。そこで、被災松を薪にして京都に送り、送り火で焼いてもらおうと話をつけたんです。

それはよいことだと思いました。藤原さんは私に「皆さんにメッセージを書いてもらってください」と一〇〇本の薪を託しました。排水の一件でガクンとしょげていたときでしたから、何かしたいという気持ちがありました。ささやかなスタートでした。

すると反響が大きくて、「書きたい」という人が続々とやってきました。お風呂に来るお客さんに声をかけたら「避難所で書いてもらおう」と持って行ってくれたりもした。私も方々の避難所を回って、皆さんに書いていただけるようお願いしました。足りなくなったので追加の薪も作りました。書きやすいように二面ほど鉋をかけて平らにしました。二〇〇本ぐらい作ったかな。

　さあ送りましょうとなったとき、「高田の松が京都へ」という報道が始まって、すぐに「放射能が心配だから京都では焼けない」という京都市民の声が聞こえてきました。

　検査したら大丈夫だったそうですが、それでも受け入れられないという声が上がった。大文字《だいもんじ》保存会理事長の松原《まつばら》公太郎《こうたろう》さんから「悪いがサンプルを送ってほしい」と依頼がありました。割り箸ほどのサンプルが二キロ必要だというので、書かれた字を削らないように注意して作りました。実際の作業を撮った写真も求められたので送りました。

　でもやっぱり「検出できない何かが木に入っているかも知れない」「燃やすことによって琵琶湖の水が汚染されたらどうする」ということで、中止となりました。被災地の思いを汲む云々どころの話ではないですね。

　受け手としての松原さんは、わざわざ私のところまで謝罪に来てくださいました。本当は、松原さんが謝ることではなく、私が謝られる立場でもないんです。松原さんは、薪に書かれた字を写真に撮って、京都で護摩木に書き写すという。高田の慰霊の気持ちを焼くと約束してくれました。京都に持ち込めなかった薪は八月八日、盆の迎え火として地区のコミセンの庭で焼きました。

　実は火を入れようとしているとき、京都市長さんから私に「松の受け入れを中止したことで混乱が生じている。一本でも送ってほしい」などと電話がありました。少数の声を真に受けてずさんな対応をしておきながら、今さらそんなこと言われてもねえ……。私の判断する筋合いでもないがと説明をして、丁重にお断りしました。松原さんも、避難所の人も、みんな怒っていました。

　こんなこともあったんです。長男が血相変えてやって来てね。私が「ボランティアだろうと何であろうと、京都から来る人は一切、鈴木旅館に泊めない」と言ったという記事がネットで出回っているというのです。そんなこと一言も言っていないし、思ったこともありません。まあ、いろんな人がいるもんです。あれはね、誰も悪くないの。悪いといえば原発事故をひき起こした東日本大震災でしょうね。

　尋ねられればこうしてお話はします。話せばいくらか心がすっきりするんじゃないかとも思うのでね。でも、違うんだね。いつになったら心が晴れるのかな。

あれ以来、孫たちは小さな地震でも敏感に反応します。一緒に散歩していると「あそこの家が流れてきた」「あのときはこうだった」と教えてくれるのが、切ないです。私は孫たちも含めて、家族に囲まれて過ごすことが次男のためにもなると思って、みんなで世話をしてきました。針の孔ほどの望みかも知れないけど、容態が少しでもよくなればいい。自分ではしゃべることができなくとも、こちらで話すことは理解しているようなので、余計愛しいんです。家族みんな仲よく暮らしていければと願っています。

お客さんたちに励まされながら動いてきたけど、三月一一日から時間が止まったような感じがします。振り返れば八カ月なのに、昨日のことのようにしか思えません。

（二〇一一年一一月二四日）

◈岩手県陸前高田市

前を向くということ

光照寺住職
高澤公省《たかさわこうしょう》さん（57歳）

■陸前高田では多くの寺院もまた津波の犠牲となったが、曹洞宗の光照《こうしょう》寺は高台にあるため津波を免れた。言葉よりも行動を優先した住職・高澤公省さんが、戸惑いと迷いの日々を率直に語る。【聞き手／千葉由香】

三月一一日は布教強化活動の研修会のため花巻温泉にいました。地震でホテル中が騒然となって会は解散。急いで帰途に着きました。ラジオから「津波が一〇メートルを超えた」と聞こえても半信半疑でした。

陸前高田の手前まで来ると瓦礫で道路が寸断されていました。消防団に誘導されるまま山道をどんどん進んで光照寺をめざし、途中で車を乗り捨てて、ようやく裏山からたどり着きました。寺は高台にあるので無事でしたが、妻と娘がいない。車もない。心配でした。あちこち避難所となっているところを探しましたが、姿がありません。

町の様子がわかったのは翌日でした。町を見下ろせるところまで行って愕然としました。市街地はめちゃくちゃで、町そのものが消えていたんです。ヘリコプターの音だけが響き渡りました。寺から町に繋がる一本しかない車道には瓦礫が山積みで、流れ着いた家屋が完全に道を塞いでいました。

ただ、ありがたいことに、裏山が通れるようになりました。地元の建設業者の方が重機で裏山の尾根道を広げてくれたんです。その男性の積極的な行動のおかげで、寺の隣の火葬場や高田高校のグラウンドに避難している人たちに、物資が届けられました。本当にありがたかったです。

三日目の夕方、妻と娘が帰ってきました。気仙沼のショッピングセンターで地震に遭って、津波で道路が寸断されたため帰って来られなくなっていたんです。途中の学校の体育館で二晩過ごしたところへ、たまたま「高田」と記された消防団の半纏を着た人が訪れて、声をかけたら車に乗せてくれたそうで、そこに避難していたうちのお檀家さんに付き添われて、やっと帰宅できたというわけです。寺に避難してきた二組の夫婦とお檀家の女性一人、それに我々家族の計八人。この日から寺の会館で三カ月半の合宿生活を送りました。

火葬場には津波で犠牲になった方々が次々と運ばれてきました。電気はまだ復旧していませんでしたので、発電機を使って時間をかけて火葬していました。火葬場や寺の電気が復旧したのは五月一一日。市内でも遅い方でした。ちなみに水道が復旧したのは六月一日です。

震災一週間後あたりから、火葬が連続して行われるようになりました。地元の火葬場だけでは対応しきれなくなって、遺体は内陸の火葬場へと搬送されていきました。青森、秋田、山形などで火葬を行った方もありました。内陸のお寺さんたちも宗派を超えてボランティアで読経されたそうです。後半には部分遺体の火葬も多くなって、困惑とやりきれなさを抱きつつ読経されたと聞いています。

火葬場も避難所となっていました。火葬場が避難所になったのは陸前高田だけだったのではないでしょうか。ここで生活せざるをえなかった方々は、他の避難所とは違ったストレスを抱えていたと思います。

四月二八日は震災で亡くなった方の四十九日に当たっていました。高田町内には三カ寺ありますが、浄土宗と浄土真宗のお寺は津波被害に遭い、本堂が無事だったのは当山だけです。そこで、気仙《けせん》町の津波で流された同宗の龍泉《りゅうせん》寺の住職――私と同級生なんですが、そのお寺も含めて四カ寺合同の四十九日法要を当山で行いました。

檀家さん門徒さんは離散して、個別案内が難しかったものですから、案内に代えて地元新聞に広告を出しました。その日が近づくにしたがって、メディアからの取材申し込みが殺到しましてね。当日は、我々僧侶の座る場所を縮小しても堂内は参列者でいっぱい。その倍ほどの人たちが境内を埋め尽くしました。火葬後の供養の場はこれが初めてでした。葬儀もせずに四十九日の法要を執り行うことになったわけです。

被災した方々はこのころ、経済的に本当に困っていました。預金通帳の再発行もままならない状況だったんです。

火葬からすべてボランティアでさせていただきました。その間、寺の収入も絶たれたのですから、しんどい面もありました。でも、支援物資もありましたし、さまざまな支払事についても延納措置がありましたから、生活する分については何とかやってこれたわけです。

六月に入り、当山では合同葬儀を四回に分けて行いました。どのご遺族も参列できるよう、本堂内に入るのは一世帯三名に制限させていただいたのですが、外で参列された方もけっこうおられました。法要後、少しだけお話をさせていただきました。が、なかなか言葉が出てきません。お釈迦さまや祖師方ほどの力量があれば何らかの対応ができたでしょうが……。あまりにも悲嘆の度合いが深く、あるいは現実を現実として受け入れられる精神状況にはありませんでしたしね。私にできるのは行動することだけでした。

支援物資を届けたいという方の案内役をしたり、太鼓演奏による支援・交流を希望する関東の方のために会場と交渉したり。夏を迎えるにあたっては、敷布団の上にい草の茣蓙《ござ》を敷くと少しは寝苦しさから解放されると耳にしたもので、茣蓙を手配してもらい、仮設住宅や当山を訪ねてきた檀信徒の方に配ったり……。それくらいしかできませんでした。

震災後何カ月かすると、あちこちの避難所に芸能人や有名人が慰問に訪れるようになりました。仮設住宅の入居者が決まり始めたころだったでしょうか。火葬場で避難生活を続ける一人の男性がポツリと漏らしたんです。「何でここには芸能人が来ないんだべ」。私は「当たり前でしょ、火葬場ですから」と言ったものの、思いました。「ああ、ようやく音楽でも聴きたいという気持ちになったんだなあ」、と。

私の友人で、盛岡の開運橋通りでジャズ喫茶を営むマスターに、火葬場を会場にコンサートを開いてもらいました。もちろん関係者の許可をもらってです。マスターが売り出そうとしている若い女性ジャズシンガーがやって来ました。前セッティングは避難所の人たちが手伝ってくれました。前代未聞、おそらく後にも先にもたった一度の火葬場コンサート。みんな嬉しそうでしたね。何せ音楽なんて聴きたくもない心境でしたから、当初は。

大勢の前でまとまった話をさせていただいたのは八月一五日、盂蘭盆供養会のときでした。私程度の力量でもそろそろ話を聞いてもらえるかなと思ったものですから。どうせならと、津軽三味線の演奏も楽しんでもらおうと計画しました。菅原聡《すがわらさとし》さんと黒澤博幸《くろさわひろゆき》さんにご協力いただきました。そのライブを収録してCDにもしてみました。復興への願いを込めたステッカー付きです。

岩手県陸前高田市　2012 年 2 月 12 日〈撮影／荒蝦夷〉

よほど行き詰まった方は、個別に寺を訪ねて来られます。例えば、当山でお預かりしている遺骨に、毎日のように会いにくる女性がいました。ご主人の遺骨です。毎回涙を流して帰られる姿を目にしていました。あるとき女性が、私たちが暮らす会館に顔を出されました。「なかなか遺骨を埋葬する気持ちになれなくて、どうしたらいいか相談にまいりました」と。私は、「冷たいようだけど」と前置きをして言いました。

「遺骨は埋葬されると養分が時間をかけて地中に溶けていきます。その養分を周りの植物たちが根から吸収して、葉っぱで光合成を行い、空気中に酸素を排出します。それを我々が吸って生きていられるんです。死者の命は姿形を変えながら生者のために活動を展開します。遺骨を埋葬してあげないと、生きている人の都合で亡くなった人の命の活動をストップさせることになりますよ」と。この日を境に、その女性が当山にやって来ることはありませんでした。いらぬことを言ってしまったかと、今度はこちらが後悔しておりましたが、久しぶりに、その日は喪服姿でやって来たんです。

「ずいぶん考えましたが、葬儀をして遺骨を埋葬することにしました。今日は預かっていただいていたお骨を取りに伺いました」と、表情に明るさがさしていました。つい先日も、郵便局でばったり会いましてね。「明るくなりましたね」と言うと、「ようやく笑えるようになりました」と返ってきました。とりあえず安堵でしたね。

仮設住宅で新しい暮らしが始まり、仮設店舗で営業を再開して、体や頭を動かす機会が増えると同時に、亡くなった人への別な思いが湧きあがっています。知り合いに、家と店、息子や娘、頼りにしていた従業員も失った人がいまして、仕事をしているとつい考えてしまうそうです。「ここに息子やあいつがいたら」と。

大半の人が「前向きに」と口にされます。黙っていても何も始まらないから、とにかく前を向いてやっていかなきゃということです。プラス思考になるのはよいことです。後ろばかり見ていたんじゃやる気も失います。でも、前を向いて行くには、別の辛さもあるわけでしてね。できれば、「毎日毎日新しい一日と向き合うことだ」と考えていただきたいのですが。

学生時代に教わったことを、今ごろ思い出しているんですよ。ものごとを「点」で捉えるということです。「前」「後ろ」といったら、物事を「線」でとらえての発想です。点には前も後もありません。点とは、まさに「今」なんです。目的や目標を持つのは大事ですが、それと線で向き合うのではなく、今という点と向き合っていく――。禅の教えです。

津波に呑まれた人たちは、死にたいと思って亡くなった人はいないはず。生きたいと思ったはずです。何をしたいから生きたいというわけではなく、ただ「生きたい」と、「そのときの今」と向き合ったはずです。「点で捉える」とはこういうことです。

今、悲しかったら泣けばいい。思いっきり泣けばいい。今、楽しかったら大いに楽しめばいい。「前向き」とは、今を受け入れ、今と向き合っていくことではないでしょうか。それが、生きた証として残っていくものと思います。

地震で倒壊した建物がないため、なあに、ここまで津波は来ないと思ったのでしょう。妻の両親も逃げ遅れて呑まれました。そうかと思えば、置いてきた嫁さんとの約束だからと、津波に向かって行ってそれっきりの同級生もいます。今さらながら思います。ああ、この人もあの人も亡くなったのかってね。正直、感情的には今でも私のどこかでは、夢じゃないかと思ってしまうんです。夢だったらいいのに、と。こんな現実を目の当たりにして、他の坊さんだったら何て言うでしょうね。

（二〇一一年一一月二三日）

◆岩手県陸前高田市

ピアノの「ピ」が生まれた日

田村ピアノ教室
田村尚子《たむらなおこ》さん（51歳）

■仮設店舗は数々あるが、ピアノ教室というのはあまり聞かない。田村尚子さんは震災から半年後、ピアノ教室を再開した。夕方になると、子供たちがやってくる。［聞き手／千葉由香］

プレハブの仮設でピアノ教室を再開したと言うと、みんなにびっくりされます。瀬戸物屋さんとジャズ喫茶、パワーストーンのお店、雑貨屋さんと、寄り合い所帯の小さな商店会です。うちは看板も出していません。仮住まいをする大船渡市から、レッスンのある曜日だけ通ってきています。

三月一〇日までは、「高田町《たかだちょう》森《もり》の前《まえ》」という住所にある自宅で、ピアノ教室を開いていました。神奈川の音楽大学を卒業してすぐ始めましたから、もうじき三〇年になりますね。高田小学校や高田一中の子供たちが、学校帰りに立ち寄っていたんです。レッスンの順番が来るまでテーブルで宿題をしたり、遊んだりして過ごしていく、そんなピアノ教室です。

「森の前」といっても森があるわけでもなく、海岸から一・五キロほどの普通の住宅地です。転勤族だった父が、「ここは雪深い故郷と違って、岩手の中でも雪が少ない。景色もいいし、いいところだ」と気に入って、家を建てました。みんなそうだと思いますが、津波が来るなんて、頭の隅にもありませんでした。その家が跡形もなく流されました。愛用していたグランドピアノもない。いったいどこの海の底に沈んでいるんでしょうね。震災後、千葉に住む妹が初めて来たとき、庭だった場所にグラジオラスが咲いていました。これだけが我が家の面影。妹はグラジオラスを掘り起こして、自分のマンションに持っていきました。

地震の当日、私はたまたま仕事が休みだった夫と一緒に娘を高校へ迎えに行って、帰り道に三人でお昼ご飯を食べ、家に戻ってほっと一息ついたところでした。趣味の木彫教室に外出していた母もあの日に限っていつもより早く帰ってきたので、家族全員が揃っていたんです。

四時になると子供たちがレッスンにやって来ます。その前に晩御飯の支度を済ませようと、煮豚を作っていました。するとすごい揺れが始まった。煮豚の鍋が勢いよくひっくり返りました。外にいた娘は物干竿にすがって泣き叫んでいます。屋根からテレビのアンテナが倒れてきました。

主人が「津波が来る。高田一中に逃げよう」と言いました。私は「まさか」と思ったんです。まさか津波なんて来るはずない、逃げる必要なんてない、と。でも、娘も「早く逃げよう」と大騒ぎです。「逃げるぞ」「やだ、大丈夫よ」。そんなやり取りをした後、無理やり連れていかれるように車二台に分乗しました。近所のヤクルト販売店のおねえさんたちが数人で不安そうに立っていました。うちだけ慌てて避難するなんて恥ずかしいな。私はまだそんな気持ちで、おねえさんたちに「ちょっと行ってきます」とかなんとか言って、車に乗り込みました。

まだ混んでいない道を猛スピードで高田一中に向かいました。余震が続く中、急にナイアガラの滝みたいな音がしたの。「えっ、何の音」とつぶやくと、主人が「津波だ」と言いました。それでも私はまだぴんときていなかった。私たちのように避難してきた人の姿はあまり多くはなかったように思います。でも、間もなく、次々とやって来ました。

時間が経つにつれ、避難してくる人たちの様子が変わってきました。茫然とした表情の人、全身ずぶ濡れの人、そして泥だらけで這いつくばって来る人……。いったい何が起きたの。さすがの私も非常事態だと納得しました。

「もし津波がきたら」と考えたことはあるんです。そのときは友人が経営する三階建ての旅館に避難させてもらうようにお願いしていました。だからこの日も車で逃げる途中、友人に「ごめんね、高田一中に先に行っているから、あなたたちも来てね」とメールしました。……それが最後。助かりませんでした。こんなことなら「一緒に逃げよう」と迎えに行けばよかった。

避難所となった体育館は、プライバシーもない共同生活でしょう。八一歳の母は見る見る疲れが出てきました。そんなとき、別の友人が「私の家に避難してお母さんを休ませたら」と言ってくれたので、ありがたく一家でお世話になることにしました。町はずれにある大きなお家です。避難所と比べたらもう快適でした。

でも、何もすることがないんですよ。川へ水汲みに行ったり、一緒に台所に立ってご飯の用意を手伝ったりするくらい。何かしていないと気持ちが落ち着かなかったので、避難所のボランティアに通うことにしました。片道四〇分を毎日歩いて高田一中に通いました。母は遠野市に住む友人の家に行きたいというので、そうしてもらうことにしました。

避難生活の間、何に飢えていたかというと「色」でした。街は灰色の瓦礫でしょう。音楽はもちろんですが、カラフルな色がほしいと思った。壁に飾るカレンダーでも何でもよかった。本もたくさん買って読みたかった。それから、「どうして今年はオリンピックがないんだろう」と思ったの。テレビでオリンピック中継をやっていてほしかった。それが見られたら元気が出るのに。「洋服がない、あれがない」というよりも、こんなことを考えていましたね。

ある日、いつものように避難所の受付の机に座っていたら、中学生の男の子が寄ってきました。私の生徒です。そしていきなり、「先生、レッスン始めないのかよ」と言うんです。びっくりしました。その瞬間まで、目の前のことに精いっぱいで、ピアノの「ピ」の字も頭に浮かばなかったんですよ。

他の生徒の親御さんからも「レッスンを始めてほしい」という声が聞こえ始めました。「ここで教室をやってください」と、ご自宅の一室を提供してくださる親御さんもいました。「子供には震災前と同じように過ごさせたいと思っているんです」とおっしゃる方もいました。

ちゃんとしたピアノ教室を再開しなくちゃ――。そう思っていたとき、最初に自宅に避難させてくれた友人がこの場所を紹介してくれたんです。ピアノは「いわて文化支援ネットワーク」が二台送ってくれました。高知県と東京からやってきたアップライトピアノです。

まずは指ならしに『ハノン教則本』を開いて弾いてみました。初めて弾いたときの気持ちですか。……幸せだった。ああ、これがピアノだ。六カ月以上もピアノに触っていなかったなんて、もちろんピアノを習い始めてから初めてでした。

レッスンに通っていた生徒たちの中には、津波の犠牲になった子が何人かいます。前日までレッスンに来ていた女の子も。家を流された子もいれば、家族を亡くした子もいる、遠くへ引越した子もいます。でも、ピアノ教室再開の案内は全員に出しました。「こんなときにピアノなんて」と思われるかも知れないけど、「私には知らせてくれなかった」と思わせるよりはいいですから。

九月二七日、五人の生徒でレッスンを再開しました。自宅の津波被害がなかった子もいますし、仮設住宅から通う子もいます。もちろん最初に「レッスン始めないのかよ」と言った男子生徒も来ていますよ。仮設住宅に暮らす子はピアノがないので、毎日、鍵盤を書いた紙をテーブルに広げて練習しているんですって。そんな話を聞くと胸が詰まります。

子供たちはレッスンに来て、私やお友達とおしゃべりしたり、はしゃいだりするのを楽しみにしているみたい。「仮設住宅では静かにしていなくてはいけないから、ストレスをピアノ教室で思い切り発散しているようだ」と教えてくれたお母さんもいます。この教室と音楽が、そんな心のよりどころになっているとしたら、私もしっかりその気持ちを受け止めなければと思います。

だけど、他にも悩ましいことが山ほどありました。まず母のこと。母は友人の家にも長くはいられなくて、次は千葉県に住む私の妹のマンションに行ったんです。母はマンションに住むなんて初めてでしょう。オートロックシステムなので、外部と遮断されていると感じて、とても寂しがりました。しばらく経つと「帰りたい」と言い始めました。とはいえ、私たちも狭いアパート暮らし。私たち親子三人は、娘の通学に便利な場所にアパートを借りたんです。住宅難で、この小さなアパートでさえ探すのに苦労したほどです。

そもそも、母はどこに住んだって、自宅に住んでいたときのように近所の人とおしゃべりしたり、趣味の教室で気の合う友達と会ったりは、もうできない。街ごとなくなってしまったんですから。母のような世代の人は新しい生活になじめなくて、一番つらい思いをしているんじゃないでしょうか。私は盛岡や仙台まで足を延ばして、母が安心して住めるところはないか、有料老人ホームを探し回りました。やっとよいところが見つかりました。新しいお友達もできて、以前のように快活な母に戻ってくれた。嬉しいです。

もう一つの心配は大学生の長女です。福島の大学にいるんです。私たちが避難してすぐ福島第一原発の事故のニュースが入ってきましたでしょう。放射能の被害はどれくらいあるのか。気が気ではありませんでした。でも、当時は私たちも友人の家に身を寄せている立場だし、帰ってきなさいとも言えませんでした。今はときどき、なるべく帰ってきて短期避難するようにと伝えています。まあ、それがどれだけ体によいのかはわかりません。単なる気持ちの問題かも知れませんが、親としてはそれくらいしかできないので。

こうした形でのピアノ教室はいつまで続けられるか、また続けるべきなのか、まだよくわかりません。でも、ここに入ってくる子供たちのニコニコ笑顔を見ると、できることから始めていこうと思うんです。

（二〇一一年一一月二二日）

◆岩手県陸前高田市

「ついていた」からできたこと

高田自動車学校代表取締役社長
田村満《たむらみつる》さん（64歳）

■陸前高田市竹駒《たけこま》町。「壊滅」した市街地を見下ろす高田《たかだ》自動車学校は津波を逃れてきた住民たちの避難所となり、やがて物資や人的支援受け入れの前線基地となった。震災から半年後、業務を再開した自動車学校の入り口には「自転車・一輪車の修理をします」の看板があった。

［聞き手／木瀬公二］

今はトヨタレーシングチームのメンテナンス部門のスタッフが来ています。被災者にとって自転車やネコ車は大事な道具ですが、地面が瓦礫だらけだから故障も多い。それをスタッフが一所懸命修理してくれていますよ。少し前はペットのケアのために動物病院のスタッフが、その前は調剤薬局さんがいました。被災企業に事務所として間貸ししたこともあるし、「会議室がないので貸してくれ」と頼まれることもあります。いろんな方たちが来ますから、そのとき空いている部屋をお貸しするんです。

職員は三五人。自動車はマニュアル車にオートマチック車、それにトラック、バス、特殊車両など約一〇〇台あります。合宿教習に力を入れていて、校舎から一〇〇メートルほどのところに宿舎も建っています。教習生は岩手県内はもちろん全国からやってきます。三月一一日は、関東エリアの生徒を約一五〇人受け入れていました。

地震が起きたとき私は教習中で、助手席に乗って場内コースを走っていました。それまでうまく運転していた生徒のハンドルさばきが急にふらふらし出した。あれ、操作が下手になったのかなと思っているうちに、車体が大きく揺れ出しました。停車して車の外に出たら、校舎も信号もすごく揺れている。コース内に二〇台はいましたかね。校舎から生徒さんや職員が次々と外に出てきました。

教習終了は三時です。七台が路上教習に出ていたので心配でしたが、ちょうど全車、学校に向かって上がってくる頃合いだったんです。間もなく全車戻ってきたので点呼したら、生徒が六人足りない。防災無線からは「津波の高さは六メートル」と流れてくるし、焦りました。津波が来ると来ないとでは緊張感が違いますよ。

探しに行こうとしたところで全員が帰ってきました。自転車で坂の下のローソンへ買い物に行ったら、津波警報が発令されたから大急ぎで戻ってきた、と。ところが安心する間もなく、今度は誰かが騒ぎ始めたんですよ。「気仙《けせん》川が逆流してる」って。ここは高台なんですが、見下ろすと、津波が高い堤防を楽々乗り越えてきた。そして、あふれた瓦礫がどんどん散らばっていく。ここから直線で四〇〇メートル、海からは三キロほどのところです。『二〇一二年』という映画があったでしょう。地震と津波に襲われた地球が壊滅してノアの方舟が出てくる。それに近い状態だと思ったですね。陸前高田はまずいことになると思いました。よりによってなぜ俺が生きているうちにこういう具合になるのか、とも思いました。

そのうち次々と車が駆け込んできました。自宅を流されて、あるいは身の危険を感じて逃げてきた人たちです。四〇〇人ほどいました。助けを求めて入ってくる人を追い返すにはいかないでしょう。校舎の二階は天井が落ちたので上がらせないことにしたので、一階ロビーには人があふれかえりました。

私たちはついていたんですよ。まず時間帯がよかった。教習終了時だったので、生徒が学校に留まっていた。春休みは合宿者の多い繁忙期なので、職員全員が出社していました。家を流されたり肉親を亡くしたりした職員は、「休みの日だったら自分も死んでいた」と言っていました。繁忙期ゆえに食料も灯油もいっぱいありました。ガソリンスタンドにガソリンを補給して間もなかったのも幸運だった。職員と生徒一五〇人と、避難してきた四〇〇人、合わせて一九〇人分の食事を宿舎で調理し、宿舎から布団を運び込みました。

電気と水道こそストップしましたが、宿舎の隣のお宅は水が出たので飲料水を分けていただきました。トイレ用の水は四〇〇メートルほど離れた沢に汲みに行った。町へつながる道路は瓦礫の山で進めませんけれど、山道から農免道路に出れば、やはり高台にある私の自宅までたどり着けたのも、ついていました。農業用の大型タンクを二個持ってきて、沢水を満たしてストックしました。

何よりついていたのは、平成八（一九九六）年に学校をここへ移転させたことですね。以前は海から一〇〇メートルほどのところにありました。それが、国道四五号バイパスが開通すると地価がはね上がって、立ち退きを迫られた。ショッピングセンターを作るから、と。私は納得できなくて、少々もめて、仕方なしに現在地に引っ越してきたんです。あのときは地主さんに腹を立てましたけど、今は感謝しています。

生徒の親御さんたちは心配したようですね。当然です。何しろテレビは「陸前高田市壊滅」と知らせるわけでしょう。この立地をご存じない方は、息子や娘もダメだと考えている。無事を知らせたくとも通信手段がありません。平《ひら》泉《いずみ》町にある系列会社、平泉ドライビングスクールまで足を運んで、親御さんたちに無事を伝えました。

岩手県内の生徒さんは一三日までの間に社員が車で送り届けました。だけど東京へはどうやって送り返すか。新幹線はしばらく動きそうもないし、ガソリンはあると言っても、東京まで一〇〇人近くマイクロバスで運ぶには足りない。東北自動車道は通行不可。ひらめいたのは、バス会社の大型バスをチャーターすることです。でも、燃料があるか、瓦礫の道を通ってここまで来れるのか……。こんな作戦を考えました。

まず職員が岩手県交通の大きな営業所のある北上まで行く。チャーターの了解を取り付けたら、北上から大型バス二台を平泉ドライビングスクールに回してもらう。同時に、生徒たちをマイクロバスに分乗させて平泉へ送り届ける。大型バスは生徒たちを乗せて北陸道経由で東京に向かう――。

一四日早朝、営業所の開く九時をめざして職員二人を北上に走らせました。交渉は成功。最初は取り合ってもらえなかったけれども、粘りに粘って、「人道上の問題だ。なんとかお願いする」と頼み込むと、了解してくれたそうです。

次の問題は北海道からの生徒八人です。フェリーも花巻空港もダメ。秋田空港から一六日朝の便を、奥州市にある社員の自宅からネット予約しました。一五日に社員を同行させて空港そばのホテルに泊まり、飛行機に乗せることができた。もちろんホテル代も飛行機代も当社負担です。これについては、苫小牧民報の記者がわざわざ取材に訪ねてきましたよ。「自宅や家族がどうなっているかもわからない状況のなか、我が北海道の生徒を親身にケアしてくれた」というわけで。うれしかったですよ。

思えばバス会社も、あの燃料不足のさなかによく承知してくれました。料金も格安にしてくれましたし、すごい対応だと思います。我々はとにかく生徒を無事に親元に帰そうという一心。それぞれができることを精一杯やったということですね。こうして生徒のことが全部片付いてから、初めて家内と一緒に自宅に戻り、室内に入ってみました。まあ惨憺たるありさまでした。

学校の敷地は約六〇〇〇坪です。一五日ごろから、警察と自衛隊の拠点となりました。車両は大小あわせて八〇台から一〇〇台。まず岩手県警が来て、次に警視庁、千葉県警、神奈川県警。遺体捜索です。車両に寝泊まりする警察の人たちに食事を出そうとしたんですが、「私たちだけ贅沢するわけにはいかない。ありがたいけど食べられません」と決して受け取りませんでしたね。

生徒を送り出し、避難者も避難所や親類宅へ移っていくと、校舎は物資倉庫になりました。私は岩手県中小企業家同友会の気仙支部長なんですが、盛岡にある事務局が「気仙支部が大変だ」と全国に発信したおかげで、続々と物資が集まったんです。最初の支援物資は一九日。自衛隊の次に早かったですね。ロビーは衣類や米、パンやカップラーメンでいっぱいになりました。多いときはロビー全部と倉庫、それでも足りずに衣類は大型バスとか。我々がやったのは、これらの物資を仕分けして方々に届けること。把握できた避難所は市内に約二〇〇カ所。社員が各地を回って、物資の不足している避難所を四〇カ所ほどピックアップして、配り歩きました。

警察にしろ自衛隊にしろボランティアにしろ、みなさん「高田の人たちは素晴らしい」とおっしゃるんですよ。どういう意味かと尋ねると、「神戸の震災に派遣されたときは、『遅い』とか『何してるんだ』と文句を言う人がたくさんいたが、ここにはいない。逆に感謝ばかりされている」と。宿舎となった旅館の人は毎朝外に出て見送りしてくれる、ある会社の前を通りかかると社員が勢揃いして「がんばって」と手を振ってくれる、ネコ車にゴミを満載したおばあさんはネコ車をおいて深々と頭を下げてくれる……。と言います。多くの人が感謝の気持ちを表すことに感動している、と言います。「感謝されること自体が、私たちにとっては大事な支援です」と。なるほどと思いました。

外国では「日本人は尊敬できる人たちだ。停電しても略奪も暴動もない」と驚嘆しているようですね。私たちには昔から脈々と根付く道徳や文化があるからでしょう。大変な震災が起きてしまったけれど、こういうときに自然に出る感謝の言葉や節度あるふるまいを、特に若い人たちに見直してほしい、取り戻してほしい。それができたら日本はもっと素晴らしい国になれると思います。一文の得にもならないのに駆けつけて、汗を流すボランティアの姿もあります。被災地の子供たちも感謝の言葉、感謝の気持ちを十分理解してほしいです。

自動車学校の業務を再開したのは四月二一日。合宿で運転免許を取得しながら被災地でボランティアをしようというコースを設けました。災害をネタに金儲けかと陰口を言う人もいるようです。でも、私はこう思うんです。被災地ではまだまだボランティアの力が必要だし、若い人たちにとっては被災の現場を自分の目で見ることが非常に大事なんだ、と。

（二〇一一年九月八日）

◈岩手県陸前高田市

気仙大工がみた震災

出穂建築事務所
藤原出穂《ふじわらいずほ》さん（63歳）

■陸前高田市を中心とする気仙《けせん》地方には、古くから「気仙大工」という職能集団が存在する。元和年間すでに活動の記録が見られ、各地へ出稼ぎして腕をふるってきた。現在でも、当地方の建設会社や工務店のほとんどが気仙大工の技の流れをくむ。気仙大工の発祥地といわれる小友《おとも》町に暮らす藤原出穂さんもその一人だ。

［聞き手／千葉由香］

うちは代々が大工です。はっきりわかるだけでもひいじいさんの代からなので、私は四代目。今は次男坊が跡を継いでます。息子はもっぱらコンピュータの前に座ってＣＡＤをいじっていますよ。私はコンピュータはさっぱりですが、腕があります。伝統工法である木組みの技術、経験、それに信頼できる道具です。中学を出ると師匠の家に住み込んで修業をした世代です。

小友町は気仙大工発祥の地といわれています。気仙地方の中でも特に大工が多い。どの家にもたいてい大工とか左官とかの職人がいて、出稼ぎをしていました。我が家の隣は本家、その隣は大本家ですが、みんなそうです。出稼ぎといっても農閑期の季節労働ではないです。田んぼや畑はじいちゃん、ばあちゃん、かあちゃんに任せて、年間を通して出稼ぎするんです。暮れになると帰ってきて、親戚中が集まって酒を飲む。話題はもっぱら仕事の話です。「あそこでとてもいい仕事ができた」「いい金になった」「じゃあ俺もそっちへ行こう」なんて情報交換するわけです。

広田《ひろた》半島の先に抜けるトンネルができるまで、ここは山奥のどん詰まりの集落でした。我が家はその一番端です。だから、今回の津波の被害はありません。そんな立地です。昔は、町場から遠く離れて、百姓仕事だけでは食べていけない。だから、技術を磨いて、先々で稼いで、現金を持ち帰る……。もちろん気仙杉というすぐれた建築材に恵まれた地ということもあるけど、大工集団が生まれた背景にはそんな生活環境もあったと思います。

うちの事務所には三〇代から五〇代まで五人の職人がいます。個人の住宅から公共施設、さまざまな仕事をこなしてきました。このところ地元の仕事は減って、東京方面での仕事の比重が大きくなっていました。昨年は世田谷で七カ月間かけて、伝統的な木組みの住宅を手がけました。材料を吟味して伝統工法の建物を作るとなると、建設費も工期も嵩みます。そんなわけで、財力のある施主さんが多い、都会の仕事が増えてきたというわけです。技術が思う存分活かせるのでやりがいがありますし、実入りもいい。こうして東京の仕事と地元の仕事をうまく組み合わせてやっていたんです。

そんなバランスが、震災を境にがらりと変わりました。市内の工務店はほとんどが被災しました。以前と変わらず業務ができるのは、うちを含めて数えるほど。修理の依頼が集中しました。着工予定だったお客さんには少し待ってもらうことにして、急を要する物件を優先しています。

三月一一日の朝は、海岸の高田松原にいました。市営第二球場のダグアウトのベンチを作るため、寸法を測りに行ったんです。昼前にこちらに戻って、ひと仕事していました。外の資材置き場で来客と話をしているとき、揺れ始めた。

揺れ続ける間、私はずっと道路向かいにある我が家の方を見ていました。我が家は築一三〇年です。隣は六〇年、そして一〇〇年、四〇年と並んでいます。みんな自分たちで建てました。四軒のうちどれが最初に倒れるか、見届けようと思ったんです。不謹慎かもしれませんが、大工としての本能です。見たこともないくらい揺れましたが、一軒も倒れませんでした。無事でした。

私は見ていないんだけど、津波は広田半島の付け根を横断したんですよ。ここから一キロほどのところです。半島の東西から津波が襲って、真ん中の陸地でドーンとぶつかった。ものすごい水柱が上がって、建物はひとたまりもなかったそうです。津波が来る直前には、沖の方でドカーンという音が二回轟いた、とも聞きました。

その日の夕方、発電機を持ち出して精米機を動かし、隣近所で持ち寄った米を精米しました。そのうち、近くのキャンプ場に一〇〇人ほどが避難しているとわかりました。仕事などで広田半島方面に来ていて、帰るに帰れなくなった、見ず知らずの人たちです。公民館で炊き出しをして届けに行きました。

一週間後、事務所の電気が復旧しました。幸い事務所には風呂があるんです。一仕事終わった後、さっぱりして帰宅できるようにね。水は地下水。近所の人やお世話になった人たちに声を掛けて、順番に風呂に入ってもらいました。こうやって助け合うのは、五〇年前のチリ地震津波のときだって、他の災害のときだってしてきたことです。私らにとっては、そう特別なことではありません。

ただ、震災をきっかけに変化したこともあります。このへんでは戸締りをする習慣がありません。我が家にも鍵なんてない。一〇〇年間戸締りしたことがなかった。でも、あれからはみな家に鍵をかけるようになりました。交通量がずいぶん増えたし、実際、プロパンガスの大きなボンベが盗まれたりもした。何だか人を疑うようで嫌なんですがね。

ともかく、震災直後に一番気がかりだったのは、これまで自分が手がけた家のことです。連絡も取れませんので、道路の行き来ができるようになってから一軒一軒訪ね歩きました。瓦礫と泥にはばまれて遠回りしたり、結局あきらめて、別の日に出直したり。仕事の合間を縫いながらですから、だいぶ時間がかかりました。

土台から新築した家が三〇軒、増改築で手を入れた家も三〇軒、津波でめちゃめちゃにされました。跡形もなく波にさらわれたところもありました。亡くなった方もいます。息子さんがお骨を持って都会へ帰ってしまった人もいるし、生きていても遠くの親族の家に避難したりして、今もって連絡が取れない人もいます。

仕事を再開したのは四月一日です。それまでも修理などの要望はありましたけど、なかなか手を付けられなかった。できるところからやっていこうと始めたわけです。何をやるにも時間がかかります。普段一カ月で済む工事が、三カ月かかってしまう。そんな具合だから、思うようには進みません。

大きな理由は、ずっと一緒にやってきた材木屋と建具屋が被災したからです。材木屋は廃業しました。建具屋も工場を流されて、当初は仕事にならなかった。スムーズにいい材料を揃えられなくなったのは痛いです。仕事の集合体が崩れてしまった。いくら腕に自信があるといっても、建築の仕事は大工だけでは成り立ちません。材料はさほど選ばなければ間に合うんですよ。今はスピード優先ですからね。ただ、長い目で見るとどうか、ということです。頭を抱えています。

人手が足りないのも困りものです。もとをたどれば、昭和五〇年代ごろから、住み込み修業という方式が若い人に馴染まなくなって、職人離れが進んで、みんな都会に出ていって……。ずっと人手は不足していたんです。募集するにもタイミングがよくなかった。震災は年度末だったでしょう。新卒者に入門を呼びかける時期は終わっていました。第一、みんな混乱していました。手に職を付ければ食うに困らないはずなんですが、そう判断できる余裕がなかった。来春、学校を卒業する若い人が、大工をめざしてくれるといいと思っています。

うちのお客さんで家をなくした人は、今ほとんどが仮設住宅で暮らしています。すぐにでも自宅を新築したいと望む人が四〜五人。いずれは建てたいと考えている人も何人かいます。できるだけ要望に応えたい。自分の家に住めるようにしてあげたいんですが、もどかしいですね。

新潟県中越地震では山古志《やまこし》村が大きな被害を受けましたよね。山古志では住宅を再建するとき、一階、二階と、別々に工事したんだそうです。つまり、日常生活に不便がない程度に一階の工事を何軒分か済ませて、一巡したら、今度は追加工事として二階を作る。そうすれば、より早く、家族みんなが「自分の家」に入れます。

本来、建物は構造体と外壁さえしっかりしていれば、建具がなくても住めます。開口部分にペアガラスを入れるなどすれば、内部の仕切りがなくとも暖かい。考えてみれば、昔は「まずはこれだけ」「来年はあそこを造作しよう」と、用意できる資金に見合った分ずつ、家に手を加えていったものですよ。それでいいのだと思います。今こそ、この方式がふさわしいように思うんですが。

震災前のように、首都圏で伝統建築を手がけるのは、ここ三年、いや五年は難しいかも知れません。まずは、津波で住めなくなった方々の家の新築を、どうにかしなければいけないですから。それが一段落したら、資金のめどがついて着工するという人と、被災しなかった一般のお客さんの仕事に取りかかることになるでしょう。

不安はありますよ。今は忙しいけども、集中している仕事を一気に終えてしまうと、その後の仕事が途絶えてしまうんじゃないか、と。被災して営業を一時中断している同業者も、徐々に再開するはずです。そうなれば、現状のペースで受注が入るとは考えられません。仕事の相棒を失ったことや人手不足も悩みですが、将来のことを考えると、まだまだ難しい問題があります。

自宅が無傷だったことについては、何だかすまないような気持ちになることがあります。自分の建てた建物を含めて、陸前高田が大きな被害を受けた。みなさん環境が変わって、不自由な暮らしをしている。それを考えると、「うちは大丈夫」という気持ちを前に出すのはためらわれます。

このあたりの人は何代にもわたって、交通の不便さに耐えて暮らしてきました。買い物にしろ病院通いにしろ、何をするにも難儀してきました。町場の人が当たり前のように受けてきた恩恵とは無縁だったんです。今回は、便利なはずの町場の暮らしがひっくり返ったわけでしょう。それに比べれば、この地区の日常は平穏です。気仙大工として、思いは複雑です。

（二〇一一年一一月一七日）

◆岩手県一関市

人は一人では生きていけない

心の病と共に生きる仲間達連合会キララ副代表

佐々木《ささき》隆也《たかや》さん（48歳）

■宮城県気仙沼市出身。岩手県一関市の精神科病院に八年間入院後、同市に住む。東京都内で地震に遭い、気仙沼市の実家も被災した。震災を機に、人と人とのつながりの大切さを実感。心の病の当事者として、被災した沿岸部の当事者のためにできることをやりたいと決意する。

［聞き手／滝沢真喜子］

二〇一一年三月一一日、誰もがそうでありましたように、私にとっても忘れられない日であり、その日から、長い苦闘の日々が始まりました。

あの日、私は東京へ行っておりました。「心の病と共に生きる仲間達連合会キララ」の副代表として、都内で開かれた「第七回精神障害者自立支援活動賞（リリー賞）」（NPO法人地域精神保健福祉機構主催・日本イーライリリー協賛）の表彰式に出席するためでした。

キララは一関市東磐井郡《ひがしいわい》を中心とした当事者、家族、支援者約三〇人がメンバーの団体で、演劇公演やシンポジウムなどを通じて心の病への理解を呼び掛ける活動をしております。二〇一〇年、その活動が評価され岩手県で初めて第六回リリー賞を受賞しました。第七回リリー賞表彰式に第六回受賞団体として招かれたため、メンバーの今野《こんの》昭平《しょうへい》さんと二人で東京に行っていたのです。

午後二時四六分。式も終わって、私たちがおみやげを買うために東京駅近くの大丸百貨店の一階にいた時、大地震が起きました。店は大きく揺れただけで被害はあまりなかったんですけども、店内のテレビで震源が宮城県沖だということが分かりまして、私たちは急いで東京駅へ向かいました。新幹線が動き出すのではないかという淡い期待を持ちながら。

でも、いくら待っても動かない。午前〇時ごろになって、東京駅近くの公共施設が帰宅困難者のために開放されるといううわさを聞いて、駅員に確かめた上でそこに向かいました。幸い夕食は、コンビニでおにぎりを買ってたんでなんとかなりました。携帯電話や施設の公衆電話で岩手のみんなに連絡しようとしたんですけども、つながりませんでした。私は施設の、音声の出ない映像だけが映るテレビで、地震や津波の様子を見ていました。燃えている気仙沼の映像を見たときは、両親はもうだめだと思いました。故郷の惨状を見て、ただ涙するばかりでした。

施設で一晩を過ごした翌日、今後どうするかが問題となりました。新幹線が動き出す様子はありませんでした。昭平さんが都内在住の義理のお兄さまを頼るというので、心苦しかったんですが、私も同行させていただきました。

お兄さま御夫妻は、見ず知らずの私を温かく迎えてくれました。この時ほど、人の情けを感じたことはありません。三日目になって大きな問題が生じました。心の病がある私たちは継続的な服薬が必要なのですが、日帰りの予定だったため、薬も保険証も（医療費が一割負担になる）自立支援医療の手帳も全然持ってきてなかったのです。ただ、もしかして国が手を打っているんではないかと思いまして、昭平さんが一関保健所に電話してみると、自立支援医療に関する事務連絡、事実上の通達が震災当日に厚生労働省から出ているということでして、その文書をファックスで送ってもらいました。事務連絡によると、本人と確認できれば保険証や自立支援医療の手帳なしでも一割負担で診察が受けられるということでした。おかげで一四日、神奈川県内の精神科クリニックに行き、薬を手に入れることができました。

両親の安否はまだ知れません。一刻も早く岩手に帰りたいと思っても、手段はありませんでした。情報を集めましたが、高速バスはストップしているか予約済み。空の便はというと、花巻空港は動いておりましたがキャンセル待ち。新幹線の復旧は一カ月以上かかりそうでした。

一七日、新幹線の切符の予約の手配をした一関市のＪＲの旅行会社から、今持っている帰りの切符を使って、新潟新幹線、日本海沿いを走る羽越本線の特急、秋田新幹線と乗り継いで、日本海側経由で盛岡市までは行けることを保証すると連絡がありました。私たちは盛岡まで行けば後はなんとかなると考えまして、行くことにしました。震災から一週間後の一八日、お兄さま御夫妻にお礼をした後、私たちは東京を発ちました。

盛岡市までは順調に来ることができました。しかし、盛岡と一関を結ぶ東北本線は途中の北上市までしか動いておらず、代行のバスもありませんでした。万事休すでした。そこで、はなはだ申し訳なかったのですが、盛岡市の県精神保健福祉センターに勤めていた保健師の北川《きたがわ》明子《あきこ》さんを頼ることにしました。北川さんは一関保健所大東支所勤務当時にキララの立ち上げに携わり、県精神保健福祉センターに異動して一関を離れた後も、キララの活動を支え続けてくれている方です。センターでは、北川さんをはじめとした職員の方々が私たちを温かく迎えてくれました。いただいたおにぎりとお茶は本当に美味しかったです。北川さんと共にJRで北上市へ、そこからタクシーで一関市へ。私たちはやっと帰ってくることができました。

アパートに帰ってみると、郵便箱に父からの手紙が入っておりました。父も母も津波が来たとき、自宅の二階に避難して無事だったということでした。本当に安堵いたしました。すぐ気仙沼に行きたかったんですけども、バスが動いてないのと、とにかく自分が生きていくための食料を買い出しにいくために、すぐには行けませんでした。避難先と思われる実家の近所の小学校へ電話をしても、常に話し中でした。それでもなんとか、二八日に気仙沼に向かうことができました。

気仙沼駅前までバスで行き、そこからタクシーで向かいましたが、タクシーの運転手の話によると、実家近くの小学校に避難していた人たちは高台の施設に移ったとのこと。そこへ行きましたが、両親はおりませんでした。施設にあった避難者の名簿から、両親は檀家の寺にいるようでした。しかし、その寺を訪ねてみると、同姓同名の別人でした。ただ、寺の住職は私の同級生だったので、私を車に乗せて一緒に探してくれました。私は、かつて父からいとこの勤務先を聞いていたことを思い出して、そこに行ってみました。いとこはすでに転勤していましたが、同僚の方からいとこの携帯番号を教えてもらいました。そしていとこから、両親が実家の二階に住んでいるということを聞きました。なんのことはない、まっすぐ実家に向かえば良かったんです。

実家の周辺はがれきの山でした。両親はさいわい元気そうでした。一階は津波を被ったものの、二階は無事でした。私は家を修理してそのまま住みたいという両親の意向を受け入れました。また、両親から東京の妹の住所と電話番号を聞き、連絡を取ることができました。妹と話をしたのは二一年ぶりでした。

一関市に戻ってからの四月七日深夜、震度6弱の余震が起きました。これほど大きい余震が起きるとは予想もしておらず、完全な不意討ちでした。頭に多くのものが落下してくる中、懐中電灯もなく、携帯の灯りを使って眼鏡を探しました。その夜は同じアパートの住人と一緒に、敷地内の集会所で過ごしました。余震が続いていたので、私は寝ずの番をしました。ライフラインがストップしたので、翌日、精神障害者の相談支援機関である地域活動支援センター一関の職員に連れられ、近所の体育館に避難しました。そこには水や毛布がありましたし、多いとは言えなくても食料の提供がありましたので生きていくことができました。

プライバシーはありませんでしたが、気になりませんでした。避難してきた方々の何人かが同じ心の病の当事者であったことも助かりました。当事者同士で他愛のない冗談を言い合ったり励まし合ったりしました。そのおかげで、続く余震にもあまり過敏にならずに済みました。そして、ライフラインが復旧した一〇日、アパートに帰ることができました。

私が東京から帰ってくることができたり、両親と会えたり、生きてこれたのは、多くの人のおかげです。今野昭平さんのお兄さま御夫妻、保健師の北川明子さん、主治医、神奈川県のクリニック、地域活動支援センター一関、同級生、キララのメンバー、友人たち、そして親戚に対して感謝の気持ちでいっぱいです。

私は心の病になる前、故郷で同級生にいじめられました。あるいはそれが統合失調症発症の原因であったかもしれません。また病気のことを引け目に感じ、親戚とも関係を絶ってきました。しかし今回の震災で私を助けてくれたのは、心の病の当事者のつながりに加え、同級生や親戚とのつながりでもありました。同級生への恨みは忘れました。そしてあらためて、人と人とのつながりの大事さを痛感いたしました。やはり、人は一人では生きていけないのです。

生まれ育った気仙沼市を離れて久しいですが、古里を訪れると、心が痛みます。変わり果てた街の様子、母校の中学校の校庭に立ち並ぶ仮設住宅、津波や火災で命を落とした多くの同級生……。私は運がいいと思います。心の病にはなりましたが、直接津波や火災に遭ったわけではなく、両親や親戚も無事でしたから。

キララは毎年「こころのシンポジウム」を開いていますが、震災から五カ月後の昨年八月に開いたシンポのテーマは、メンバーと何度も話し合って「震災における精神障がい者の医療や生活」としました。パネリストに招いた陸前高田市の当事者の方に被災体験や避難生活を発表していただきましたが、避難所で孤立しないよう積極的に掃除当番などの役割を求めたという話を聞き、つながりの大切さをあらためて感じました。

これからは妹と共に、高齢の両親を支えていき、なおかつ、キララの活動を通して、沿岸被災者のために、とりわけ精神の当事者のためにできることをしていきたいです。大したことはできないかもしれませんが、つながり続けていきたいです。

（二〇一二年一月八日）

福島県

福島市
郡山市

福島第一原発 20 キロ圏内から避難してきた青年。
福島県相馬市　2011 年 4 月 18 日〈撮影／亀山亮〉

福島市・郡山市

◇福島県福島市

もう少し、追いかけてみよう

創作人形作家／スタジオ・エル・プーペ主宰
大竹京《おおたけきょう》さん

■大竹京さんは、日本独自の球体関節人形の第一人者。震災後、東京の展示会のタイトルを〝祈り〟に変更し、ロシアの展示会には募金箱を置いた。現地通貨の義援金は気持ちがこもっているようで両替できず、コインのまま持ち帰った。［聞き手／安田典子］

福島駅前の旅館だった建物を借りて、人形制作のアトリエ兼教室として使っています。指導があってもなくても午後一時からは制作の手を休め、昼食をとるのが日課です。三月一一日も女性の生徒とスタッフと一緒に、普段と変わらないランチタイムを過ごしていました。その頃、福島では立て続けに地震が起こっていたので、「最近こわいわねえ」という話から、避難場所についての話題になりました。

三階の廊下の突き当たりにあるアトリエにいた場合、廊下を戻って階段を下りるのが唯一の退路です。階段の横には普段使っていないエレベーターがありました。「エレベーターの周りはしっかりしているはずだから、とりあえずそっちに逃げようね」と言う私を、二人がうんうんと聞いていました。そう話し終わるのを待つかのようにガタガタと揺れ始めたので、もうびっくりです。「早く早く」。私は今言ったことを実践するべく、早速廊下を走って階段に続くドアを開けました。生徒たちは私が一人で逃げたと思ったらしく、後々ことあるごとに「先生は私たちを置いて逃げた」と話題にされました。

二人が遅れてアトリエを出た直後に、電子レンジを乗せた冷蔵庫や金属製の粘土ローラー、水を満たしたガラスの花器が倒れたり落ちたりしました。三人がかりでドアの傍にあるスチール棚を押さえましたが、棚に並んだ植木鉢が落ちて床は泥まみれになりました。

一旦収まったと思うとまた揺れるので、建物から出るかとどまるか迷いながら、とにかく一階まで下りてみようということになりました。外壁はタイル張りですから、うかつに飛び出すとかえって危険です。頭を守るものを探しましたが、一階にはスノコが一つあるだけ。どうしても出なければならなくなったら、三人が縦一列に並んでスノコを頭に乗せ、運動会の障害物競争の様な格好で出ようと話し合いました。使わずに済みましたが、入口にヘルメットを常備しておくべきだと痛感しました。

非常灯が点いたので、電気は使えると思い込んでいましたが、実際は停電していてテレビが点かず、情報収集もままなりません。吹雪の中、夫が車のガソリンを満タンにして迎えに来てくれました。男の人は冷静ですね。人形作りの道具を少しと、アトリエのストーブを福島市内にある自宅に運びました。

その晩は普段あまり交流のなかったお隣の夫婦が、寒くて眠れないと我が家を訪ねてきました。うちの家族と隣の夫婦の計五人で、余震が起きたらいつでも飛び出せるように、玄関に布団を並べました。お隣さんはなかなか眠れない様子で、いつまでもボソボソと話していました。「眠りましょう」。今は心配したり嘆いたりして消耗するより、休んで体力を温存することが大切だと思い、そう言いました。それ以来、お二人は私のことをすごく信頼してくれているみたいです。

「とりあえずは水と食料ね。三日がんばれば、なんとかなるわよ」。自宅とアトリエの両方に冷凍食品の買い置きがありましたし、アトリエの屋上には水のタンクがありました。残量が分からなかったので、念のためビニール袋にためておきました。自宅にも運んで大切に使いましたが、結局いくら使ってもなくなりませんでした。一週間程で水道が復旧して、風呂に入れるようになりました。

私の場合は食べ物と寝場所がありましたから、周りが心配するほど困ってはいませんでした。心配……といえば、最初に連絡をくれた生徒が、私たちの無事をいち早く教室のホームページに載せてくれたおかげで、全国の生徒たちは安心したと後になって聞きました。

生活の見通しが立てられるまで、教室はすべて休みにしました。アトリエから出る際、少しだけ持ち帰った材料と道具で、固定ポーズ人形を作ることにしました。ある晩、両手を組んだ手指のパーツを完成させて、テーブルの上に置いておいたところ、翌朝、粘土が取れて針金の骨組みがむき出しになっていて茫然としました。愛犬がかじってしまったのです。これでは集中して制作できないと思い、アトリエに泊まることにしました。

アトリエに住むというのは職住接近というか、作るには最高の環境でした。朝、目が覚めたままボーッと作りかけの人形の前に座り、時間を気にせず制作に没頭しました。移動の手間もかかりませんし、夜はそのまま寝るだけです。二体の球体関節人形と並行しながら、二カ月で一〇体の固定ポーズ人形を完成させましたから、普段の三〜四倍は集中して作ったことになります。一〇体は全員、目を閉じて眠っている天使です。不安や悲しみがない安らかで平和な世界をイメージし「そうあってほしい」という願いを込めました。

本来なら三月は、東京の丸の内丸善で五月に開催予定の「大竹京×山岸伸《やまぎししん》」人形展の準備や打ち合わせに忙しい時期でした。混乱に先が見通せず、てっきり人形展は取りやめだろうとあきらめていたところ、「東京はいつもと変わりませんよ」と言われ、そのまま開催することになりました。山岸伸さんはカメラマンの血が騒ぐのか、福島に来ると申し出てくれましたが、「大丈夫です」と丁重にお断りしました。原発事故の放射能漏れを心配した娘からは、連日「とにかく東京に来て」と電話があり、「大丈夫よお」とのんびり答える私とよく口論になりました。

打ち合わせができないのは不自由でしたが、新幹線が来ていた栃木県の那須塩原《なすしおばら》駅まで車で送迎してもらい、東京に二回通って切り抜けました。被災した方たち、とりわけ子どもたちの傷ついた心に寄り添いたいと考え、一〇体の天使たちを展示のメインに決め、招待状のタイトルを急きょ〝祈り〟に変更してもらいました。

こんな時期にお客さんが来てくれるのか心配でしたが、いつもの展示会と変わらず、私が福島在住だから何かが特別ということもありませんでした。同じ頃に教室も再開し、六月には以前と同じペースで、地方の指導にも出かけられるようになりました。

一〇月には震災前から招待されていたロシア・モスクワのドールショー「第二回 Art of the Doll」に参加しました。参加国は二九、三日間で三万人以上の来場者が訪れる展覧会です。独立行政法人・国際交流基金の助成金申請は締め切りが過ぎていましたが、追加扱いで旅費の一部を出してもらうことができました。

ロシアにも新しい天使たちを作って連れて行きました。「自分にとって楽しいか、退屈か」という視点で人形を見るモスクワっ子は、人形に対して「神様みたい」「生きているみたい」とストレートな賛辞を寄せてくれました。皆、日本に好意的で丁重な扱いを受けました。

会場には福島民報社から借りた原発事故や津波のパネル一〇点余りを展示させてもらい、その前に募金箱を置きました。集まった募金は一万ルーブル弱……。この金額が多いのか少ないのか分かりませんが、いただいたコインの一つ一つに募金してくれた人の気持ちが詰まっている様に思えて両替する気になれず、そのまま持ち帰りました。東京の人形展の収益金の一部に、この時の一万ルーブルを合わせた二〇万円を、一二月に福島民報社の厚生文化事業団に届けました。

お金は震災孤児のために使ってほしいと最初は張り切っていましたが、手元に長く置くうちに、使い道を自分が勝手に決めていいのかと迷う気持ちが生まれました。新聞社

避難所。福島県相馬市　2011 年 4 月 20 日〈撮影／亀山亮〉

のようなちゃんとした所に持ち込めばとりあえずいいのではないかとか、相手に希望する使い道を伝えてから渡した方がいいのかなどと考えました。寄付することは意外と難しいんだなと思いました。

今年は一〇月中旬に、今まで隔年で開催してきた全国規模の人形展とコンクールを、例年通り福島で開催する予定です。こういう時だからなおさら心を込めて充実した展示会にしたいですね。コンクールでは福島にゆかりのある方の名を冠した賞を新設したいと考えています。

最近、生徒たちはよく「こんなに一生懸命に人形作りに取り組んだことはありません」と言います。震災を経験したことでいろいろ考えて、目標がクリアになった感じです。

私は人形のことしかわかりません。ロシアの人形展では、被災地の日本人ということで注目されたのではなく、一人の作家、一つの作品として評価されました。たくさん並んだ人形の中で私のスタイルはどの流れにも属さず可能性を感じましたし、世界中の人に見てもらいたいと思いました。創作人形というフィールドで発信し続けることが、困難を抱えた福島で私ができる唯一の方法。だから「もうちょっと追いかけてみよう」と思っています。

(二〇一二年一月五日)

◎福島県郡山市

福島の花を極上の画像データに

株式会社スタジオ・オー・ツー代表取締役

野口勝宏《のぐちかつひろ》さん(51歳)

■郡山市を拠点に三〇年以上、広告写真を撮り続けてきた野口勝宏さん。震災で自宅兼事務所は半壊、仕事の依頼は激減した。ボランティアで関わった避難所の撮影では「撮らないで」と拒まれ続けた。疲れた心で、今咲こうとする花に向き合った。

[聞き手/安田典子]

「最近、地震が多いよね。震度1程度でも妻がうるさくて」「奥さん、怖がりなんですね」「違う違う、事務所の外壁タイルがはがれると修理代が大変!て騒ぐんですよ」「あははは」。三月一一日正午、取材先で昼食を取りながら、仕事仲間と笑い合っていました、その二時間四六分後に未曾有の大地震が起こるなどと夢にも思わずに……。

午後からは市内八山田《はちやまだ》の自宅に戻り、二階の事務所でパソコンに向かって、午前中に撮影した分のデータ処理をしていました。地震が起こった時、同じ部屋には妻と男性アシスタントがいました。パソコンには失ったら取り返しがつかないデータが入っていたので、とっさに両手両足を伸ばして大の字になって本体とモニターを押さえ、アシスタントに一階のスタジオにあるパソコンを守ってくれるように頼みました。

内階段から一階に下りた彼は、ホリゾント（撮影用の白壁）が崩れ、機材をつるすバーが落ちてきたのに危険を感じ、戸外に出ようとしました。すると一枚外れても妻が騒いだ例の外壁タイルが、雨の様に降ってきました。その雨が〝小降り〟になったのを見計らい、外階段を駆け上がった第一声が「壁がダメです！」。それを聞いた時、妻がどんな表情をしていたかは見逃しましたが、後日セコムの防犯画像で確認したら、どうってことない卓上ランプを胸に抱いて、ぼうっと立っている姿が映っていました。

これは相当大きな災害だと直感し、ご近所を助けに行こうとしましたが、床に散乱した書籍やDVDの上を歩くわけにもいかず、動線を確保するのに時間がかかりました。やっとの思いで外に出ると周辺の木造のお宅はちゃんと建っていて、振り返って見上げた鉄骨三階建ての我が家の損傷が一番ひどく唖然としました。春休みで帰省していた大学生の長男は、近所の大型書店にいましたが、理科系らしい冷静さで、すぐ外に出ない方がいいと判断し無事でした。

その後一週間かけて部屋を片づけました。仕事はキャンセルの連絡すら入りません。あの状態では入るわけがないのです。体を動かしていないと落ち着かないので、余計なことを考えないように片付けに専念しました。妻が抱えていたランプはいくら探しても見つかりませんでした。一体どこへ消えたのでしょう。

私は常日頃、家族の前では強い父親でありたいと思い、そのように振る舞ってきました。また、身一つで仕事を始めたので、「いつでもゼロに戻れる」と豪語していました。しかし今回は、いつもと違う自分が体の中に入り込んだようで、息子が「親父ヤバイんじゃない？」と感じていることが彼の視線で分かりました。「私の顔、なんだか曲がっていない？」と妻に尋ねたら「ちょっと変かな」と答えました。

五月初め頃、県の職員をしている知人から、福島県最大規模の避難所、郡山市の「ビッグパレットふくしま」の生活を撮ってくれないかと頼まれました。「ビッグパレットふくしま」は大小のホールを擁し、成人式などの各種イベントも開催されるコンベンション施設です。原発に近い富《とみ》岡《おか》町・川内《かわうち》村の人たちがまちごと避難し、多い時で二五〇〇人が暮らしていました。依頼は避難所の毎日を写真に留めておきたいという、彼の個人的な思いから来ていました。

津波などで激しく壊れた状態の撮影は「報道」の仕事ですが、日々の暮らしを「記録」として残すことなら、普段は広告写真を撮っている私でも役に立てるだろうと引き受けました。

着の身着のまま逃げてきた人たちにカメラを向けると、九割の人から「撮らないで下さい」と言われました。当然です。誰だってみすぼらしい姿を見られたくないですよね。日本中から注目されて、自分の言ったことと、伝えられる言葉のニュアンスの違いに気づいているように感じられました。

今まで私がしてきたのは、被写体が輝く一瞬を探りながら何度もシャッターを押すこと、写真に対しては「きれいに撮ってくれて、ありがとう」と感謝される仕事です。しかし避難所では、心を整えて被写体に向き合うゆとりがないばかりか、言葉や視線や全身で「ノー」と言われます。幼い子が「撮ってんじゃねえよ」と体を硬くして凄むのです。悲しいのに笑う人も、泣きながら越えようとする人もいました。本当に辛くて仕方なかった。こうして撮った写真は、途中からスポンサーが付いて一〇月に写真集として出版されました（『生きている　生きてゆく　ビックパレットふくしま避難所記』ビックパレットふくしま避難所記刊行委員会）。収益の一部は富岡町と川内村の災害対策本部に寄付されるそうです。

実は震災直前の三月上旬頃から、仕事とは別の個人的なライフワークとして、福島の花を撮り始めていました。もともとやりたかったことでしたが、まとまった時間がないことを言い訳に、そのうちやろうと後回しになっていたんです。自由な時間が生まれたことが、花の撮影に本格的に取り組むきっかけになりました。

花の話には橋本《はしもと》和弥《かずや》さんの存在が欠かせません。市内で花屋を営んでいる方ですが、本業の他に生け花の先生の注文に応じて「ふさわしい花を見つけ、最高の時期にふさわしい形で切り出す仕事」をしています。いわば開花時を知り尽くした切り花のプロ。ところがどんなに美しくても、切り花は数時間から数日でダメになってしまいます。橋本さんはそんな命の短さに空しさを感じ、一番美しい姿を写真に残してほしいと相談してきました。

彼と話すうちに、私が撮りたいのは風景の一部としての花ではなく、周りの世界を取り去って花のみを撮ることだと考えるようになりました。旬を熟知した橋本さんの協力を得れば、日本画や掛け軸の世界に通じる雑味がない美しさを極限まで追求できる。そうしてできた花の画像データ（切り抜き写真）は、クリエーターたちがインスピレーションを掻き立てられる素材として喜ばれるものになるのではないかと思ったのです。

福島第一原発から３キロ地点。福島県双葉町　2011 年 4 月 21 日〈撮影／亀山亮〉

正直、それまで私にとっての撮影対象は、自分の好き嫌いに関係なく、全部ビジネスチャンスという感覚がありました。花も同じで単純に見て気持ちがいいもの、それ以上でも以下でもありませんでした。ところがレンズ越しに対峙した花一つ一つに、自分の悩みが小さく思える程の、純粋な生きる喜びがありました。花だけを撮りますから、向き合う感じがより強くなります。私対花、それだけなんです。贅沢でしょ。被災と避難所の撮影でボロボロになった心が……こういう言い方は苦手ですが……救われ癒されていきました。

震災後は時間がたつのが早く感じられ、心もとない感覚が付いて回っていました。そんな中、雨が降ったから、今日はあの山のあの花びらのシワが伸びているだろうな、などと撮り頃を橋本さんと話し合うことはささやかな楽しみでもありました。

個人的にはつぼみが好きです。蓮のつぼみを撮っている時など、ふくよかな形が合掌した手に重なって、思わず拝みたくなりました。安達太良《あだたら》山麓に自生するカタクリも、田のあぜ道にあるフキノトウやタンポポも、たいていの野の花は摘んだ直後から萎れていきます。撮影を終え、脇にどけておいたボタンの花をふと見ると、さっきまで今や盛りと張りつめていた花びらが一、二枚、音もなく床にこぼれていたこともありました。まるで撮り終えるのを待っていたかのようで、生きているんだと感動しました。

いろいろありましたから、花も自分も命があることがそれだけでありがたいと思います。三〇年あまり広告写真を撮り続けてきた自分が、これから少しでも人の役にたてることは何だろうと、ずっと考えてきました。それは体得した技術を駆使して、福島の花を極上の画像データで残すことなんじゃないか。何度考えても、結論はいつもそこに至るのです。

六月頃から、仕事の依頼も通常のペースに戻り始めました。もう以前ほど多くはならないでしょうが、必要とされる間は働こうと思っています。最近は朝五時に起きて、仕事を始める九時頃まで、橋本さんが用意してくれた三〜一〇種類の花の写真を撮ります。一〇カ月で撮った花は三〇〇種類、画像は五〇〇〇点になりました。

福島に咲く花を美しいまま手折れるのは福島の花屋だからこそ、姿を残せるのは福島のカメラマンだからこそだと思います。そんな花々の姿を多くの方に見ていただいて元気になってもらいたくて、方法を模索しているところです。画像なら放射能なんて関係ありませんしね。それはつまり「福島の花」から誰かに向けたエールを届けることだと思うんです。

（二〇一一年一二月二三日）

青森県

三沢市
八戸市
弘前市

青森県八戸市。旧石田家　2011 年 3 月 12 日〈写真提供／今泉書店八戸店〉

三沢市・八戸市・弘前市

◆青森県三沢市

避難訓練の結果が表れた

淋代保育所所長
森谷典子《もりやのりこ》さん（62歳）

■三沢市の海岸沿いにある淋代《さびしろ》保育所は、周辺住宅より低く保安林に囲まれた場所に建っていた。三沢市出身の森谷典子所長は、淋代保育所に勤務して二〇一〇年一〇月で二〇年目を迎えた。はじめは保育士の指導や経理など、何もわからないところからのスタートだったという。当時からの建物は老朽化し、傾いた廊下は歩き始めの子供がバランスを取れずに転ぶため修理し、水廻りも改善した。子供の成長を見ながら少しずつ環境を整えてきた。そんな矢先の地震と津波だったと、優しい瞳で時には涙ぐみながら話してくれた。

【聞き手／鳥山香織】

地震が発生したとき、子供はお昼寝の時間で私たちは職員会議中でした。子供たちは洋服を枕にして、シャツとパンツ姿で寝ていました。

私たちは慌てて子供たちを起こし、園庭に避難するよう指示しました。当時は寒くて雪も降っていたので、ゴザを窓から外に出してゴザの上で防寒着を着せました。津波警報は聞こえませんでしたが、経験上地震がきたら津波がくることは意識していたので、すぐに子供たちに避難準備をさせました。拡声器やラジオなど買ってありましたが、パニックでどこに置いたか分からず使えない状態でした。保育士に担当クラスの人数を確認させてすぐに避難を開始しました。

理事長と近所のお年寄りが駆けつけてくれたので、理事長を先頭に歩いて近くの淋代コミュニティ集会施設に避難しました。三月九日の地震があったときに、保育士六人だけでは乳幼児を抱えて避難できないと思っていたので、近所で畑仕事をしている元気なお年寄りに、何かあったときに協力して頂けるようにお願いしたばかりでした。子供たちも泣かずに保育士について歩いていたので迅速に避難できました。

私と栄養士は最後に誰もいないか確認し、迎えにきた保護者に居場所を知らせる張り紙を玄関に残し、保育所を後にしました。地震発生から二〇分程で全員が集会施設へ避難できました。

集会施設では、保育士が携帯電話で保護者へ連絡をとっていました。三沢市内から向かっている保護者は渋滞に巻き込まれて、すぐに迎えに行けないという連絡もありました。保育士は、誰を帰したか分からなくならないように、保護者が迎えに来た子供を出勤簿に記録していました。

その間も余震が続き、通夜の準備で置かれていた祭壇の物が揺れていました。津波のことを考えると集会施設も危ないということで別の避難所へ移動することになりました。急いで保育士に交代で貴重品と車を取りに行ってもらいました。その間も子供たちを安全な場所に移動させて、車を待たせました。

子供たち全員を保護者のもとへ帰したのは四時四〇分頃だったと思います。その直後、五時頃に大きな津波が来ました。少しでも避難が遅れていたら大変でした。避難が完了し、子供たちを帰した後だったので安堵しました。

しかし、保育所は津波で流されて何もかもが使えなくなりました。どこに何があったのか全く分からない状態でした。少しずつ修理して使っていたので、ショックは大きかったです。園庭には窓ガラスが飛散し、除去しても除去しても砂を掘りかえすとガラスの破片が出てきました。

保育所が使えないので、当面は一次避難所になった淋代コミュニティ集会施設を仮保育所として使わせて頂くことになりました。普段は町内会の集まりや通夜などに使っている施設ですが、仮保育所になっている間は、別の施設を利用して頂くように回覧しました。町内の協力があって、新年度から保育所を再開することができました。仮の場所ですが保育所を再開できたことに子供たちも保護者も喜んでくれました。

居場所は出来ましたが、保育に使う備品や遊具なども全て浸水していたので、何からどうやって揃えていくか困っていました。そんなときに、社会福祉協議会の知り合いから、「赤い羽根共同基金」を利用できることを教えて頂き、調理器具やパソコンなどの備品を新しく買い揃えることができました。運動会の準備で放送器具や玉入れの遊具がないことに気づき、慌てて買ったこともありました。季節行事やイベントを通して少しずつ備品を揃えていきました。地元企業や団体から義捐金を頂いたときはとてもありがたかったです。多くの方の支援のおかげで環境を整えることができました。私たちは少しずつ日常を取り戻していった

◉三沢市の被災状況

死亡者数[人]	2[*1]
行方不明者数[人]	0[*1]
震災前住民数[人]	42,428[*2]
ピーク時避難者数[人]	1,062[*3]
浸水面積[km^2](行政域)	6(120.08)[*4]

＊1　青森県HP(2011. 12. 21現在)
＊2　三沢市HP(2011. 2末)
＊3　三沢市HP(3月12日最大)
＊4　国土地理院　津波浸水域の土地利用別面積(暫定値)について

のです。

今回の地震では、避難訓練を続けることが大事だと改めて気付きました。

私たちは、毎月一回、火事と地震の避難訓練をしてきました。保育所が海のすぐ近くにあるので、地震があったら津波が来るという認識はありました。子供たちには、早く履けるゴムやマジックテープタイプの非常用靴と洋服を短い時間で身につける訓練を行ってきました。非常用靴は毎日使わないので、自分の物が分からず戸惑うのですが、避難訓練を続けることで認識できるようになっていました。非常食も実際に食べさせていました。パネルなどでガスやコンセントなど室内の危険な場所を確認させ、消火器の位置も確認させていました。また、年二回は消防士を呼んで総合訓練を行っていました。

今回の大震災が年度末にきたこともあって、これまでの避難訓練の成果が表れ、迅速な避難につながったと思っています。

大地震後、子供たちや保育士の災害に対する意識がより強くなったと感じています。保育士は、防災関係の新聞記事を切り抜き、テレビ番組を編集して子供たちに見せて、身近なぬいぐるみや鞄で頭を隠すことも有効だといった情報を進んで取り入れてくれています。子供たちもテレビで見たことや聞いたことを自発的に報告してくれています。また、以前から不審者が出ていたので、防犯の心配もしており、保育士はどこにいても連絡がとれるように携帯電話を肌身離さず持つようになりました。

避難訓練は、今回の反省点をふまえて見直しました。拡声器やラジオは見える場所に置き、拡声器を使って避難訓練を行いました。子供たちは、冬でもすぐ移動できるように、パジャマを着てお昼寝をさせています。避難訓練では時間を計って洋服と非常靴の着脱をし、準備ができた子供から非常口の前に集まり、すぐに避難所へ移動できるようにしました。着脱に戸惑ったときは、靴が大きかったからなどの遅くなった理由を聞き、保護者とも相談して改善してきました。今では全員が一分三〇秒ほどで準備できるようになりました。

お遊戯会では保護者に避難訓練の様子を写真などで紹介し、理解と協力に努めました。また、保護者への連絡体制が不十分でしたので、災害時には避難所に直接迎えに来てもらうように連絡しました。避難経路も津波を考慮して二方向確認しています。私自身も通勤の際には、普段通らない道を選び、雪道でも通れるか確認するようになりました。

小さい子供も保育士も保護者も一人ひとりが自覚して避難訓練を重ねることが大事だと思っています。

二〇一二年三月一〇日には、仮保育所の隣に新しい保育所が完成します。海から少し離れ、主要道路に近く周りに住宅があるので、以前より安全な場所になりました。今年度卒園する子供たちに数日でも新しい保育所で過ごし、自分たちの保育所から笑顔で卒園してほしかったので、完成日を早めて頂きました。保護者にも新しい保育所の完成日を伝えると、安堵の声や引越しを手伝いたいという言葉を頂き、とても嬉しかったです。今は自分たちの保育所で安心して過ごせる日を待ち望んでいます。（二〇一一年一二月二二日）

◆青森県八戸市

八戸文化の拠点と云われた石田家が消えた

グラフィックデザイナー

石田勝三郎《いしだかつさぶろう》さん（73歳）

■石田勝三郎さんは八戸市鮫《さめ》町の旅館「石田家」の九人兄弟の末っ子。「石田家」は明治から続く老舗旅館。各界の要人や文化人が集まる八戸の文化交流と発信の拠点であり八戸を訪れた多くの著名人が立ち寄っている。勝三郎さんの長兄實《みのる》さんは詩人の村次郎《むらじろう》。早くから嘱望された詩人だが、父の後を継いで旅館経営に専念するために文学活動を断念。幻の詩人といわれた。しかし村次郎をしたう人は多く、詩人の草野心平、谷川俊太郎、板画家棟方志功、作家の三浦哲郎、司馬遼太郎などが「石田家」を訪れている。震災の三月一一日、勝三郎さんは『村 次郎 全詩集』五月出版をめざし最終作業に没頭していた。【聞き手／杉山陸子】

亡き兄、村次郎の『村 次郎 全詩集』発刊にむけて「村次郎の会」の方々と編集、校正をしていたのですが、未発表の作品の整理など時間を取り、予定より編集がずいぶん遅れていました。

たとえば「詩集海村」だけでも兄貴の書いた生原稿が四、五冊あるんですよ。そのどれを元にするかということをみんなで検討するというようなことでしたから、時間がかかったのです。そうした遅れをとりもどして、五月にはなんとしても出版しようと寸暇を惜しんで作業をすすめていました。

旅館「石田家」は、僕が東京から八戸に戻る前にすでに営業しておらず、僕の仕事場と住居になっていましたから、あの日も旧「石田家」で仕事をしていました。

『村 次郎 全詩集』発刊の最終作業に追われての三月一一日夕方でした。

すごく強く長い地震があって、それでも僕はずっとラジ

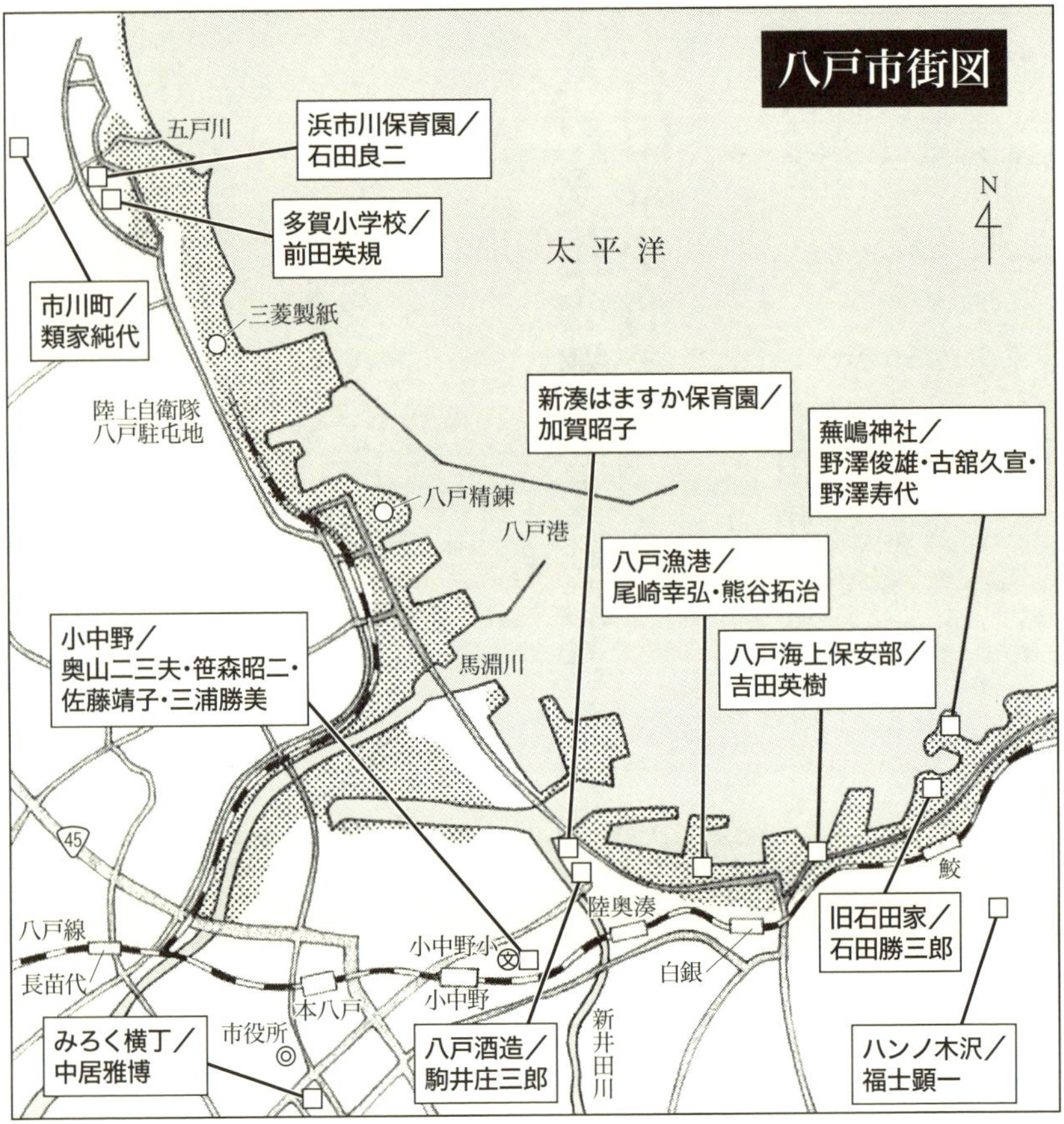

◉八戸市の被災状況

死亡者数［人］	1
行方不明者数［人］	1
	（青森県HP／2011. 12. 21現在）
震災前住民数［人］	241,308
	（八戸市HP／2011. 2末）
ピーク時避難者数［人］	9,257
	（八戸市HP／3月12日最大）
浸水面積［km^2］（行政域）	9（232.92）
	（国土地理院　津波浸水域の土地利用別面積〔暫定値〕について〔2011. 3. 28〕）

オをつけて仕事をしていました。まさかこんな大きな津波が来るなんて思っていませんでした。

三陸の大津波ってありましたよね。以前お袋から、その時の津波でも大変な被害だったけれど、家の床下までしか来なかったと聞いていたものですから、津波が来てもせいぜいその辺が濡れるくらいだろうとふんでましたから、全然怖くもなんともなくて、仕事を続けていたんです。五月の刊行は、兄の誕生日でもあり、初めから決まっていました。

三陸で逃げ遅れた方々なんかも、ここまで来るはずがないって、親とか祖父とかから教わって聞いているんだと思うんです。それが災いしてますよね。僕なんかでもそうでした。

長い地震が収まって、一時間くらい経ってからだと思うんです。

その時に海側の方で本当に地の底より来るような、地鳴りというか海鳴りというか、聞いたことがないような超重低音なんですよ。低く、重く、二回響いた。さすがに僕もただ事じゃないなって感じて、部屋の外に出たんです。そうしたら廊下にもうきれいな水が溢れている。何の音もなく。階段の下の方から水が迫って来るんですよ。庭も水がいっぱいで外へは出られない、逃げられないと。渡り廊下から離れの二階へ急ぎました。

二階の窓を開けて見たんですよ。そうしたらその瞬間、第二波か知りませんけれど、建物と建物のあいだが三メーターくらいあるんですが、ここからブアーッとダムが決壊したみたいに下からものすごい濁流が吹き出してきた。なんだこりゃと思った。庭で渦巻いていました。

玄関に大きな重いガラス戸四枚がありましたが、それが濁流でたちまち上下真っ二つに割れ、波が入って行くんですよ。

いやあ、本当に一瞬でした。入り口の門の前が、坂になっていて線路があるんです。その坂の真ん中くらいまで津波が行っていたんです。少し治まってから僕はジャブジャブと水の中を漕いでここから出まして、線路の上に逃げたんです。

聞いたら小学校に避難しているからということで、その晩は小学校に泊まりました。高台にある鮫小学校です。

津波の後は全部停電していました。

真っ暗闇の中、ローソクがぽつんぽつんと……。教室にダンボールが敷いてあって、毛布は一人一枚ずつでした。ストーブは何カ所かにありましたし、お湯もあり、一応、暖は取れて寒くはなかったんです。お腹は空いていましたけれど。

スーパーは閉まっちゃって何も買えない。食べる物が何もないんです。ほとんどの人は着の身着のまま。結局、夜中の一二時にパン一個ずつ配られて、僕もメロンパン一個もらいました。

翌日、粉雪舞う朝六時に避難所から帰ってきて、オドロキました。

以前「石田家」のすぐうしろは海だったそうですが、埋め立てられて魚市場などになっています。すぐ下に道路があり、そのうしろが市場。その道路なんか人っ子一人通れないんですよ。瓦礫の山で。家は防潮堤になっていて、そこに三軒のプレハブ小屋がぶつかって、一階に引っかかってました。それに輪をかけて市場の残骸が三〜四メーターくらいの高さで、六〇メーターほど延々とガレキの山脈……。だから、全然人も通れないんですよ。

よく市場で使う一・五メーターくらいの立方体のサバなどを入れる青いコンクリート製の箱があるんですが、五、六個あちこちに転がっていました。一個は、玄関の中に鎮座していました。あんな重いものが流れにのって来て、四枚のガラス戸の真ん中を通って入ったんですね。それらには何とか漁業とかと書いてありました。新たに購入するとなかなか高価らしく、翌日には持ち主がみんな取りにきて持っていきました。

後で見たら、洗面所のところは一・五メートル、僕の肩くらいまで濁流の痕が残っていた。こっちのほうは全部めちゃくちゃです。例えば、調理場にステンレス製の大きな冷蔵庫がありましたが、それが横倒しのまま天井にくっついてましたから。

廊下が全部市場方面からきた残骸や家の中のもろもろで歩けないんですよ。ここの洗濯場なんて完全に流されてどこかへいっちゃって。洗濯機が古いのも含めて三台くらい置いていたんですけれど、全部どこかに行っちゃってました。

とにかく濁流はすごかったですね。離れの二階に行かずに、もしここから逃げようと思って行っていたら、ぶつかって駄目でしたね。部屋も濁流で畳がすべて下から突き上げられているんですよ。

本棚なども傾いていて、中の物もみんな砂まみれで、後で掃除するのに大変でした。『全詩集』の校正中の原稿や生原稿や資料などなど、ドロまみれとか、ダンボール箱に入っていても中まで濡れていたりとか……。後で、高台にあったAさん宅に預かっていただき、部屋にひろげて乾燥、クリーナーでの砂とりなど、お世話になりました。

不思議だったのは、村次郎の写真をまとめているアルバムが五冊あるのかな。いつもは畳の上に置いてあったんですよ。その日、午前中に確認することがあって、その五冊を取って、棚に上げてあって助かったんですよ。そうしていなければ、波をかぶって大半は駄目になっていました。

僕が避難所から家に帰った時、近所のＩ書店のご主人とばったりあったんですよ。デジカメを持っていたので、頼んで写真を撮ってもらいました。

でも家の中は歩けないんですよ、残骸で。破れた障子とか襖とか、市場から流れてきた物とか。歩けるところはほんの僅かで、残骸の横を山登りする感じで撮影してもらいました。あとはびっちり物で塞がっている。行けないんですよ。あちこちは全然撮れませんでした。

このあたりは、ＪＲ八戸線の線路が境界線になっていて、線路の上の家はなんともないわけです。線路から下はほとんどやられています。

家の隣のＷさんですけど、その方なんかは逃げ遅れて、机の上に上がって波をやりすごしていたんだけれど、最後には天井に頭がつっかえてしまって危なかった。九死に一生を得たということでした。

本当に夢見ているみたいでしたよ。何なんだ、これはって。

「石田家」は、そういう壊滅状態でしたから、七月に取り壊しました。

あの、災害の当日も編集作業にとりくんでいた『村 次郎 全詩集』は、九月二四日に上梓。おかげさまで発行部数五〇〇部でしたがすぐになくなり、増刷いたしました。

（二〇一一年一二月二一日）

◎青森県八戸市

地域全体に応援されて一〇日で再開

浜市川保育園園長
石田良二《いしだりょうじ》さん（65歳）

■八戸市北部、太平洋に注ぐ五戸川《このへがわ》河口に浜市川《はまいちかわ》保育園はある。園長の石田良二さんは隣接する多賀《たが》小学校の卒業生で、同校のＰＴＡ会長を務めたこともあり、地元の事情に詳しい。また、石田さんが浜市川保育園に保育士として勤務した当時の園長は多賀小校長を兼務するなど、小学校と保育園の結束も強い。そんな地域の絆が保育園再開を後押しした。［聞き手／鳥山香織］

地震が発生したときは、子供たちのお昼寝が終わる頃でした。保育士はあわてて子供たちに防寒着を着せるなど避難準備させていました。津波の心配はしていませんでしたので、避難準備はしたものの、避難まではしなくてもいいだろうと思っていました。チリ地震のときは、保育園の後ろにある五戸川の水位が上がったものの半分くらいでしたので、今回も同じ程度だろうと考えていました。

そうしていると、近くの消防団が来て津波警報が出ていることを教えてくれました。そこで、隣にある多賀小学校に避難することにしました。

保護者の代表が避難の手伝いにかけつけてくれて、抱きかかえるなどして避難させてくれました。避難経路となる園庭は、地盤が弱いことがわかっていたので今回のような地震では危険だと思い、別の通りから避難させました。保育士たちに園児を任せて、私は保育所に迎えにきていた保護者の対応をしていました。五戸川沿いの道路に車を停めていたので、津波を受けないように、小学校側へ移動させていたのです。

その直後、私は正門から園庭に侵入した津波に持って行かれました。津波の威力が大きく、弾き飛ばされたような感覚でした。保育園は窓が割れ、水が入り込んでいました。園庭に置いていた木造船はまるで海の上のように浮き、園庭を回遊して押し流されていきました。私は無我夢中で車につかまり、なんとかその場から脱出しました。

小学校へ辿り着くと、保育士が心配して駆け寄ってきましたが、私の姿を見て驚いていました。私はその時になってはじめて、服はボロボロ、全身傷だらけになっていることに気付きました。傷の手当てを受け、防寒着などを借りて、私は子供たちを全員保護者のもとへ帰そうと奮闘していました。

隣町の避難所へ避難した保護者もいたので、なかなか連絡が取れず苦労しました。主要道路が浸水して通行止めになっていたので、途中から歩いて迎えにきた保護者もいました。保護者全員に連絡がついたのは夜中でした。保護者のもとへ子供たちを帰しましたが、自宅や帰宅途中の道路が浸水して、多賀小学校にまた戻ってきた人たちもいました。

避難場所となった多賀小学校でも、校庭に津波が侵入していました。余震での津波を心配していたところ、海上自衛隊が避難所を提供してくれることになったので、多賀小学校に避難していた人は海上自衛隊の一次避難所へ移ることになりました。保育士も全員残っていたのですが、川沿いに駐車していた車が津波で流されてしまったので、身動きがとれず、海上自衛隊で夜を明かすことになりました。私は、避難者が移動した後も、保護者の代表と二人で最後まで多賀小学校に残っていました。深夜になって車で送ってもらい帰宅しました。

津波で浸水した保育園をどうするか、次の日には福祉事務所の担当者が自宅に来て、今後の方針を話し合いました。とりあえず、三月一二日、一三日は保育園を休みにし、保育園が復旧するまでは、隣の多賀台保育園を間借りして合同保育を行うことになりました。しかし、保護者から「不自由でもいいから自分たちのところがいい」という声が上がっていました。仕事でも震災の復旧に追われて忙しいときでしたので、場所や環境が変わることに困惑していたと思います。私自身も合同保育でお世話になっているのも申し訳なく、一日でも早く自分たちの保育園を復旧したいと思っていました。

幸いなことに、保育園を建てたときに地盤を強固にしていたこともあり、RC造の躯体にひずみはなく、窓のサッシも残っていたので、建物の修理はガラスの付け替えをすれば再び使えると言われました。私は保安林協会の事務局をしていますが、五戸川の河口の保安林が津波の衝撃を和らげてくれたと思っています。もし保安林がなかったら、RC造の保育園も形が残っていなかったのではないかと思っています。

保育園の復旧は急ピッチで進みました。

消防隊員がガラス職人で窓ガラスを全部入れ替えてくれて、毎回世話になっている設備業者は電気設備を修理してくれました。さらに、ボランティアや福祉事務所の職員が応援に駆け付け、保育園内に入り込んだ泥を雪かきで押し出し、高圧ポンプで洗浄してくれました。灯油やガソリンなどの燃料が不足している中、理事長がストーブや灯油、復旧に通う先生たちのガソリンを提供してくれたので、作業が捗りました。皆が浜市川保育園の再開というひとつの目標のために動いてくれました。多くの人に助けられて、三月二二日には保育園を再開することができました。

一〇日で再開できたのは、これまでの保育園と小学校の連携、保護者や周辺地域との強い「絆」があったからこそだと改めて感じています。

私が浜市川の園長になったとき、多賀小学校の校長は元浜市川保育園の園長でした。保育園と小学校は強く結束していました。最近は、年度末には合同で次年度の活動予定を話し合い、保育園は小学校の運動会やもちつき大会などの行事に参加し、夏休みは小学校の先生が保育園の授業に参加しています。小学校の先生も園児の顔を知っているので、園児が小学校へ進学する不安も少なかったと思います。保護者からの希望で、二〇〇九年から一クラス空いた保育室を使って学童保育も始めていました。顔なじみの保育士が保育園にいて、園児も保護者も安心して利用していたと思います。

私は日頃から、園児に色々と経験することが大事だと言い聞かせていました。しかし、今回の大地震で、過去の経験が活かされた部分もありましたが、経験だけを取り入れていたら駄目だということもわかりました。私は過去の地震で津波を経験していなかったため、避難訓練でも津波は想定していませんでした。毎月一回行っていた避難訓練は、火災を想定した訓練がほとんどです。去年は地震の避難訓練も行いましたが、津波の避難訓練はしていませんでした。

今回の大地震を踏まえて、今年は火災と地震の避難訓練を交互にし、地震の避難訓練には津波を想定した避難を行いました。クラスごとに担当の保育士や職員を配置し、避難準備が出来たクラスから避難を開始することにしました。避難経路は、火災のときは東側の正門から正面の公園へ避難していますが、地震津波は西側の門から小学校へ避難することを決めました。これまで同様、年二回消防との総合訓練も行いました。

今回の大地震で幸いだったことは、子供たちが津波の様子を見ていないことです。もし子供たちが津波の様子を見ていたら、心の傷がもっと深くなっていたでしょう。しかし、帰宅途中や帰宅後に自宅が浸水被害にあった保護者や園児がいました。

臨床心理士が園児や保護者の話を聞いてくれましたが、私たちも園児の様子を注意して見るように心がけています。本人たちにも気付かないところで震災の影響は現れるようです。それでも子供たちの笑顔が見られると安心します。

保育園が再開した今、園児が元気に過ごせるように、多賀小学校や地域と避難訓練を重ねるなどして連携していきたいと思っています。

（二〇一一年一二月二一日）

◎青森県八戸市

臨時津波避難所での生活支援

小中野地区大町見守り隊

奥山二三夫《おくやまふみお》さん（59歳）

■奥山二三夫さんは、生粋の小中野《こなかの》生まれで、チリ地震津波や十勝沖地震、三陸はるか沖地震を経験してきた人物で、現在、八戸市長苗代《ながなわしろ》にある自動車電気業の八戸営業所長である。小中野地区の子供会の顧問や小中野地区大町《おおまち》見守り隊を務めている。東日本大震災後、小中野小に避難して、避難所運営に協力した。この経験を活かして「小中野地区自主防災組織」設立のキーマンとなった。

【聞き手／月館敏栄】

私は小中野生まれで、小中野町に誇りを持っている生粋の小中野人です。東日本大震災発生時、八戸市長苗代にある自動車電気業の八戸営業所にいました。仕事中の大地震だったので九人の所員の安全を確認して、所員を帰宅させました。一五時三〇分頃、沼館《ぬまだて》にある本社と連絡を取ろうとしたが電話が繋がらなかったので、自動車無線で連絡を取りながら本社を目指しました。長苗代から沼館に向かうルート上の新大橋は通れず、国道四五号の主要信号を除いて信号も止まっていました。本社に向かう途中で車のラジオで大津波警報を聞きました。本社では社長以下責任者が不在でしたので、社員及び施設・設備の安全確認をして帰宅させました。自宅への大通りが渋滞していたので、裏道を通って小中野の自宅に戻ったのは一六時過ぎでした。自宅に着くと「小中野地区大町見守り隊」の人達が集まっていましたが、地震で戻れないメンバーも多くて人員不足でした。

「大町」の旧地名は、明治三陸津波が折り返したことに由来した「折元《おりもと》」です。この記憶が一次避難先に考えていた町内のマンションから小中野小学校へ避難先を変更することに繋がりました。見守り隊の人達と「小中野小学校へ避難」を三〇～四〇分間掛けて大町の人達に呼びかけて回りました。一七時頃には、八〇歳になる母親に毛布一枚持たせて、近所の人達と小中野小へ避難しました。体育館が少し低く津波の心配があったので、二階及び三階に避難所が用意されていました。二階の畳敷きの養徳館《ようとくかん》が高齢者や身障者のための避難室になっていたので安心できました。停電で真っ暗な校舎にローソクだけでは心許なかったので、小中野地区灯篭流し会の備品である発電機と投光器を軽トラックで運び込み、小学校の階段脇に設置して階段とトイレを照明しました。また、民生児童協議会長の小向氏が山村葬儀店から調達してきた五〇〇本のローソクを男性教職員がアルマイトの食器を利用して作ったローソク立てに立てて、廊下やトイレを照らしました。仮避難所の運営の主役は、男の教職員でした。女の先生方は避難者への心配りをしたり、炊き出しに協力した後で帰宅しました。

以前の避難訓練で津波の避難所になっている小中野中までの移動時間を計測したら、一五～二〇分も懸かったので、一次避難所を「小中野小に変更すること」を工藤前公民館長から三浦校長にお願いしてもらいました。以前の避難訓練で苦労した経験が、今回の大震災で小中野小と公民館を一次避難所として教職員と公民館及び町内会役員達が連携して運営することに繋がり、避難者に安心感を与えることができました。

避難に使われた車両は、津波避難所に指定されている小中野中の校庭に移動することになりました。小中野中に行ってみると、先生方を中心に中学生や町内会の人達が避難所運営に当たっていました。校庭は部活動用の発電機と投光器で照明されていましたが、多くの避難者が集まっていた体育館には照明がありませんでした。高齢者も体育館のフローリングの床に直接座っていたのでかわいそうでした。また、体育館の和式トイレだけが使えるだけだったので、避難者から不満の声が上がっていたようです。それに対して、小中野小では高齢者が畳敷きや絨毯敷きの養徳館や千草室で休み、全トイレが使えました。ただ和式トイレ中心だったことが高齢者には辛かったようです。中学校には四〇〇〜五〇〇人が避難し、小学校と公民館を併せて約四〇〇〇人の避難者がいました。

一八時頃になっても市から食糧の配給などの情報がありませんでした。幸い公民館と小学校のガス・水道が使えたので、近所の避難者達が自宅から米や梅干し・ノリを持ち寄って炊き出しをすることにしました。公民館職員や避難してきたお母さん方の協力で公民館の調理室や小学校の家庭科室でご飯炊きをしましたが、炊き出しに慣れていないお母さん達が手を真っ赤にして大量のおにぎりを握ってくれました。感謝の気持ちで一杯でした。二〇時頃に各教室に先生方がおにぎりなどを配給して回りました。

残念だったのは、地元の米屋さんが身障者が入居しているマンションに支援に行っていたために米を入手できなかったことです。夜中にカップラーメンが市から配給されましたが、中学校への配給品だったので回収されるハプニングもありました。男の先生方が徹夜で石油ストーブやローソクの管理など避難所運営の中心となりましたが、町内会の若い人たちや保護者の方々が避難所運営に協力してくれたので巧くいきました。特に、車椅子の避難者二名を車椅子のまま若い男の先生方が二階まで担ぎ上げたことが記憶に残っています。

二日目になると、市からの食料供給などがスムーズに行われるようになり、小学校と中学校で協力し合って余裕のある食料などを融通しあうことができるようになりました。その一方で、「避難所はホテルでなく、避難者による協同運営が大切」の考えの元に食事も一階に開設した配給所に取りに来てもらうようにしました。夜になると、停電が解消され始めたので自宅や親戚などに戻る避難者も増えました。

三日目には、私も自宅に戻り、避難生活が終了しました。市役所から市営住宅へ移動などの要請もあったようです。しかし、小学校及び公民館から中学校へ移動する要請はありませんでした。四〜五名残っていた避難者も自宅に戻り、小学校と公民館の臨時津波避難所は三日目で閉鎖になりました。

三日間の避難所生活を振り返ってみると、いろいろなことが思い返されました。第一は、小中野地区は三社大祭の出し作り、灯篭流し、町内運動会などの町内会活動の盛んな地区なので、臨時の津波避難所になった小学校・公民館の運営がスムーズにできたことです。特に小学校の運動会には翌年の新入生及び保護者も招待して、コミュニティの核としての小学校を実践してきたことが大きかったと思います。その成果が避難所運営への若い町内会員や保護者達の協力に繋がったと思います。よく判らなかったのが、ラジオで「食料配給を小中野小で行っている」と聞いた人々が食料をもらいに来たことです。ラジオ放送の真偽を確認する余裕もありませんでした。また、「ダダをこねるともっと良い対応をしてもらえる」とうわさ話が流れていたことも気になりました。

　小中野地区は明治三陸津波で浸水した地域であるだけでなく、昭和三五年のチリ地震津波では新築の鉄筋コンクリート校舎の小中野小が災害対策本部の拠点とされ自衛隊基地やヘリポートが設置されました。そのため、高齢者の方々は小中野小が避難拠点のイメージを強く持っていると思います。今回の大震災でも迷わず小中野小へ避難してきたと思われます。また、以前の避難訓練では中学校まで一五～二〇分もかかることも高齢者にとって大きな負担だったと考えられます。

町内会と公民館と小・中学校が協力して、一〇月七日に「小中野地区自主防災組織」を設立して、八戸市に「一次避難所として小中野小と公民館の指定」を要請しました。そして、長期避難が必要な場合には小中野中へ移動することも決めました。小中野小付近の道路や交差点が渋滞し、事故の危険性が高いので交通安全協会の協力も欠かせません。

　来る三月一一日の八戸市の災害訓練は、小中野地区を拠点に行われます。東日本大震災後の適切な避難所運営と小中野地区自主防災組織の設立を率先して行った成果だと自負しています。大正一四年には小中野大火もありましたので、複合災害を配慮しておくことも大事だと考えています。

（二〇一一年一二月一一日）

◆青森県八戸市

オラ、漁師しかやれねぇもんな

八戸みなと漁業協同組合監事・小型部会会長

尾《お》崎《ざき》幸《ゆき》弘《ひろ》さん（48歳）

■八戸は、海から拓けた街。漁港、工業港、商業港として総合的な機能を併せ持つ八戸港は、北東北でも重要な役割を担っている。八戸港はイカの水揚げ量日本一を誇り、「八戸前沖さば」は、全国ブランドとして名を馳せる。だが、今回の津波によってハマは甚大な被害を受けた。港のなかで最も多くの漁船が停泊する館鼻《たてはな》地区では、一五〇トンを超す中型イカ釣り船が横倒しになり、数えきれない漁船や車、家屋などが流された。

「八戸みなと漁業協同組合」の「小型部会」で部会長を務める尾崎幸弘さんは、家族とともに定置網でサケを獲っているほか、シラウオ、ホッキ貝、コウナゴ漁を行っている。震災当日の様子と、ハマの復興にかける思いを語ってもらった。

【聞き手／須藤ゆか】

地震があった日は、息子とオラのすぐ下の弟と三人で漁に出て、午後二時頃に港に戻ってきたんだ。その後、館鼻下の船だまりで、息子と弟、事務の人たちとシラウオの仕分けをしていたの。そしたら、最初グラッと来て、「お、これは、ずんぶ《ずいぶん》、おっきな《大きい》」って思ったんだ。裏の戸を開ければすぐ海だから、息子が戸を開けて海の様子を見に行ったのさ。したっきゃ《そうしたら》、「おとさん！　おとさん！　なんだか海、変だよ！」って。ぱっと見だらホレ、今まで見たごとねッタ感じの海でな。なんていうのか、金魚鉢とか洗面器の水とか、カポカポカポッて揺すったみたいに、海がジャボジャボジャボって。ハァ、オラ、今まであったのァ《あんなのは》、見だごとねぇ。

これだば、必ず津波来ると思ったから、「すぐ、船のエンジンかけろ！」って。津波が予想される時は、漁師は漁船ごと沖合に避難するんだ。津波で船が壊れるのを防ぐのさ。沖の方が安全だからね。近くで作業していた三番目の弟が駆けつけて来たから、一艘はオラが、もう一艘は三番目の弟が操縦してすぐに沖に出た。一艘は七・九トン、もう一艘は四・九トン。どっちも小型船。オラは、「八戸小型船舶教習所」の代表もやってて、漁船以外にも教習で使う船も四艘持ってるの。二艘はモーターボートで、あと二艘は水上オートバイだよ。だから、全部で九艘所有していたんだけど、ハァ、とっさのごとだもの、逃がせたのは二艘だけだったもんな。

沖に出たものの、どこまで逃げればいいか、わがんねくて《わからなくて》。小型部会の部会員は四〇人くらいいるので、「みんな大丈夫だべが？」って思って、名簿見ながら船主一人ひとりに無線で呼びかけたの。無線サ出たやつの名前をチェックしていったら、どうやらみんな無事でいることがわかった。みんなもひどく混乱して、「どすべ《どうしよう》、どこまで逃げればいいんだべ？」って。そう聞かれても、オラもわがらねがったどもさ。こったらの《こんなの》、今まで経験がないからね。

まわりを見渡したら、タグボートが水深四五メートルくらいのところでストップしてるのが見えた。タグボートは、曳《ひ》き船とも呼ばれる船で、大型船が安全に離着岸できるようにロープで牽引したり、船先で押したりする船なんだ。「あらんどダバ《あの人たちなら》、物おぼえでる《知っている》し、そばサいれば安心だべ」って思って、とりあえず、オラだぢもそこまで避難することにしたの。水深四〇メートルから五〇メートルのあたりだから、んだなァ、沖から見て、ちょうど沖の防波堤が見えるか見えないかのあたりだべな。

　オラんど《オレたち》が港を出はった時は、津波はまだ来てなかった。最後に港を出た小型船は、「萬勝丸《まんしょうまる》」っていうんだけど、その船が沖に向かっている途中で津波がやってきた。萬勝丸の船主から、「舵が効かなくなった！」って無線が入ったの。それで、オラが「エンジン、かれすげ《めいっぱい》回せ！」って。これ以上回転が上がらないくらい、エンジンが壊れるくらい回転を上げないと、波サ、勝てないからな。無線で連絡取り合いながら、なんとか萬勝丸も津波に巻き込まれずに、沖までやって来たの。そんなわけで、小型部会の船は水深四〇メートルから五〇メートルのあたりで、みんな固まって様子を見ていたんだ。

　そのうち、波と一緒にさまざまな物が流れてきた。損壊した船や建物の一部。近くの三菱製紙工場からは、裁断する前の一抱えもあるトイレットペーパーのようなロールが流れてきたよ。まるで、ゴジラが使うような、でっけェトイレットペーパーだもんな。大きな貨物コンテナが、ドーンドーンと船にぶつかって来た時は、船が壊れるんでねべが《じゃないか》と気が気でなかったな。

　それでも、明るいうちはまだ良かったのよ。日が沈むと、本当に真っ暗になった。港も街もみんな停電してるから。おっかなかった。そのうち、「ヘラに、何か巻いてしまった。助けでけろ」っていう無線が、他の船主たちからたくさん入って来た。ヘラっていうのは、船のプロペラのこと。海中には、さまざまな物が漂流してたから、それがからまってしまうんだな。助けに行こうと思っても、がれきに阻まれて、船の場所までたどり着くのもやっとだった。プロペラが故障して動けなくなれば、港に帰れない。だから、そいつら引っ張るために、船と船をロープでつないだの。幸いあの頃はホッキ貝の操業時期で、船に大きなイカリを積んでいたの。波に流されないように、船からイカリを下ろして船を固定させたんだ。

　夜が明けて、まわりを見たら本当にたまげた。海水が真っ黒に濁って、いろんなものが浮いてるんだ。小型部会の船も半分くらいはプロペラがやられてしまって、動けない。「ようし、かだって《一緒に》来い！　大丈夫ダスケ《だから》！」って、オラの船とか動ける船が先頭になって、ロープで船を引っ張りながら港をめざしたんだ。

そうしているうちにも、物はぶつかって来るし、燃料も少なくなってくる。部会の一人が、「ちょっと、オラ、陸（おか）サ行って、まんず状況見てくるスケ」って、偵察に行ったの。帰って来るなり、「大変だ！　三菱の北防波堤が、歯っ欠けになってら！」って。防波堤も壊れたんじゃ、港はどうなってらべと心配になった。オラも自分の目で確かめようと思って見に行ったら、テトラポッドは全部流されてるし、船だまりの防波堤もなくなってた。とんでもないことになったと思った。

そのうち、たまたま運よくつながった携帯電話で悲しい知らせが入って来た。うちの部会の漁師、荒木田晨満《あらきだのぶみつ》さんの奥さん、トミ子さんが、今朝、車の中で亡くなっているのが発見されたというんだよ。荒木田さんの漁船「鱗洋《りんよう》丸《まる》」も沖にいたけど、船に無線がないからそれを伝えてあげることができない。荒木田さんの船の近くにいる船主と無線で連絡を取り、荒木田さんに伝えてほしいと頼んだの。荒木田さんの船には、油がほとんど残っていなかったから、みんな自分の船から油を抜いて荒木田さんの船に移したんだ。

食う物もないし飲み物もない。みんな、かなり疲れが出ていた。結局、オラが港に入れたのは、一二日の午後三時か四時頃だったと思う。所属船がすべて港に入った時は、ホッとしたな。港では、中型イカ釣り船が引っくり返ったりして、何もかもすさまじい状態だった。オラの船も損傷がひどかったけど、それよりも定置網の道具がまるごと流されたのが一番ショックだったな。定置網の道具の方が値段が高いから。頭がボーッとして、何も考えられなかった。

それでも、日がたつにつれ、漁師たちの間で、「あきらめないで、もう一回やるべ！」というムードが高まってきた。何より、奥さんを亡くした荒木田さんが、また漁に出ると聞いてみんな励みになったんでないかな。オラも、教習艇の修理から始めたよ。小型免許を取るために、教習の再開を待っている人がいるからね。迷惑はかけられないべ。地元のボート屋も被災したので、野辺地《のへじ》のボート屋に修理に出したの。ボロボロになった定置網を拾い集めてくれたり、励ましてくれたりする人もいて心強かったな。定置網漁は、一人二人でやれるもんじゃない。みんなで力を合わせないとできないんだ。漁船の方も、ようやく修理が終わったところ。

今回の震災では、八戸よりももっと大変なところがいっぱいあって、東北の漁師たちはみんな苦しんでる。辛い経験だったけど、やっぱりオラはこれからも漁師やっていく。オラ、これしかやれねぇもんな。（二〇一一年一二月一四日）

◎青森県八戸市

毎月の訓練が役立った 園児避難

新湊はますか保育園園長
加賀昭子《かがあきこ》さん（63歳）

■加賀昭子氏は、三年前に新井田川《にいだがわ》河口近くの八戸大橋下に開園した新湊《しんみなと》はますか保育園の園長。明治及び昭和三陸津波による大被害で知られる田老《たろう》町（現・宮古市田老町）出身だが、住んでいたのは内陸の田老鉱山の社宅であったために海の怖さを実感することなく育った。保育園の立地場所がチリ地震津波や十勝沖地震の津波で被災した地域であることを知っていたが、現実感をもっていなかった。津波被災後二週間で開園し、卒園式を行ったバイタリティに満ち溢れる六三歳の女性である。［聞き手／月舘敏栄］

私は、明治及び昭和三陸津波で大きな被害を受けて作られた、万里の長城とも呼ばれている巨大な防潮堤で街を保護してきた田老町の出身です。生まれたのは田老町ですが、内陸の田老鉱山の社宅に住んでいたのでチリ地震津波などを具体的に体験したことはありませんでした。年寄りから度重なる津波被害の話、例えば、三陸津波の時に海の水がなくなったことなどを聞いたことがありましたが、子供の頃に聞いた津波来襲に関する記憶は無くしたい気持ちを持っていました。

新井田川河口傍にある八戸市立浜須賀《はますか》保育所の民営化により、平成二〇年四月に八戸市から譲渡されて開園三年目となりました。海の近くなので毎月、館鼻《たてはな》公園を避難場所にした津波を想定した避難訓練を実施してきました。

東日本大震災当日のことは、加賀英雄《かがひでお》副園長及び東《あずま》いずみ主任と三人で思い出しながらお話しします。

東いずみ主任は、いつもは一四時四五分に流すお目覚めの音楽をなんとなく気になっていつもより二、三分ほど早く流しました。地震の大きな揺れが始まった一四時四六分頃には、園児の半分以上が目覚めていました。地震発生後、いつもの避難放送を流している最中に停電になりました。

津波を考慮した避難訓練を続けてきたので、津波のことは頭にありました。地震直後停電してテレビもラジオも使えなくなったので、副園長がカーナビで大地震・大津波警報を入手しました。大津波警報を知り、園長の緊急判断で園庭に避難させていた園児達を館鼻公園まで避難させることになりました。大津波警報の詳細は判りませんでしたが、自己判断で津波避難計画に従って一四時五六分頃から乳児達を三台の避難車に乗せ、玄関には「館鼻公園に避難」の掲示板を置いて避難を開始しました。避難に際し、普段から親しくしてきた近所の鉄工所のおじさんが駆けつけて来て、避難車に毛布や蒲団を詰めて乳児の安全確保に協力してくれました。あとで知ったことですが、おじさんの鉄工所が大被害を受けていたにもかかわらず、園児の避難に手を貸してくれたことに心から感謝しました。

避難場所にしている館鼻公園を目指して、避難し始めて約一〇分で館鼻公園東側の高台まで避難でき、ひと安心しました。館鼻公園にいたる長い坂道を登り、二五分余りで館鼻公園までたどり着きました。館鼻公園には多くの避難者が溢れていましたが、幼い園児を気遣って、毛布を貸してくれたり、食糧や水を分けてくれました。本当に有り難かったことです。また、館鼻公園の水洗トイレが使えたことも助かりました。陸奥《むつ》湊《みなと》方面から内陸部へ向かう道路や館鼻公園下を抜けるトンネルが避難車で大渋滞していましたが、副園長は逆ルートを通ったのでスムーズに館鼻公園に移動でき、園児の保護に車を役立てることができました。

「災害時は館鼻公園に避難」を保護者に徹底してきたことが活かされて、多くの保護者が直接館鼻公園に迎えに来ました。自宅の安全確認をした上で、保護者に園児を引き継ぎ、二〇時頃には大半の園児を保護者と共に家に帰すことができました。残った園児達は副園長の車で暖をとりながら保護者を待ち、二一時三〇分頃には最後の園児を副園長の車で岬台団地に送り届けました。

館鼻公園に避難してから津波の第二波がくるまでの間に、館鼻公園の急階段を下りて保育園まで車を取りに向かいました。少しでも高いところへと移動している間に津波第二波が襲ってきましたが、なんとか車を移動することができ、危うく難を逃れることができました。津波の襲ってきた時は、唯々恐ろしかったにつきます。私と保育士達は館鼻公園の上から、どす黒い津波第二波が保育園を呑み込み、多くの漁船が陸に打ち上げられ、車が流されて行くところを見ていました。その後、園児達を無事に保護者へ引き渡し、自宅へ車で帰ることができたことに心から感謝しました。

大津波が襲ってくる前に海水が引きはじめ、ヘドロの臭いが立ちこめました。子どものころ、津波が襲ってくるとき「海の水が無くなった」ということを田老で聞いていた津波に関する伝承が役立ちました。

翌日から保育園の復旧・清掃に保育士と共に精を出しました。鉄筋コンクリートの園舎は何事も無かった様に建っていましたが、窓ガラスが割れて室内外共にヘドロに埋まっていました。普段の訓練通りに安全避難を心懸けましたが、多くの反省点も浮かび上がりました。例えば、名簿・保護者連絡網を持参したものの、用意していた非常食や救急箱を持ち出せなかったことです。

今回の大地震では、非常に長く揺れ続き、すぐに停電したので地震や津波情報を入手できなかったので、停電でも使えるラジオなどの用意が必要であることを再認識しました。今回の避難途中でも、大津波警報を知らない地域の人々が多く、残っている人達に声を掛けながらの避難になりました。

保育園の復旧活動は八戸工業高校の生徒達によるボランティア活動に大変助けられました。八戸工高生達が園庭や園舎に溜まったヘドロを土嚢袋に詰めて、園庭に石灰をまき消毒をしていただきました。ヘドロの搬出処理や園舎の清掃に関わった業者の方々にも大変お世話になりました。水道で洗浄しただけでは落とせなかったヘドロの汚れを再塗装するなどのボランティア的対応をしてもらい、感謝の気持で一杯でした。ヘドロがこびり付いた細かな汚れは歯ブラシなどで保育士達と落としました。それにしても、コンクリートのひび割れに挟まった草木を抜き取ることができなかったことに津波の力の物凄さを改めて実感しました。

八戸市内の保育士、また関係者、八戸工高生ボランティア・企業の協力により、たった二週間で保育園を再開、三月二七日にはきれいに復旧した園舎で卒園式を迎えることができて、卒園児達の元気な声が地域の人々を勇気づけたと思います。卒園式に当たって保護者から紅白幕を寄贈してもらったり、花も業者の方々の協力で用意できたことに心から感謝しました。

毎月の津波を想定した避難訓練を実施してきたお陰で、なんとか無事に避難できて保護者に園児を引き渡すことができましたが、反省点も少なくありません。今回は、津波来襲まで余裕があったので避難車で館鼻公園に避難できました。しかし、石巻や陸前高田のように短時間で津波が襲ってきたら、今の避難ルートでは間に合いません。館鼻公園へ避難する急階段を使う訓練も必要と思いました。また、非常食や救急箱、印鑑・重要書類などを持ち出す工夫をもしなければなりません。

保育園開園時に津波の危険性をアドバイスしてくれた保育園仲間に感謝して、津波の心配の無い湊高台の新園舎に五月に移転することになりました。

（二〇一一年一二月二六日）

青森県八戸市　2011 年 3 月 29 日〈撮影／佐藤史隆〉

◎青森県八戸市

経済を支える漁業の復興を

八戸みなと漁業協同組合代表理事組合長

熊谷拓治《くまがいたくじ》さん（74歳）

■国内屈指の水揚量を誇る八戸漁港。日本のイカだけでなく、アルゼンチン産のイレックス、ペルーのアメリカオオアカイカなど、遠洋イカ釣り漁業の一大基地となっており、イカの水揚げ量日本一を誇る。八戸みなと漁業協同組合長の熊谷拓治さんは、かつて、大型イカ釣り漁船の船主として、アルゼンチン、ペルー、アメリカなど、世界の大海原にイカを求めた。水産庁水産政策審議会特別委員ほか、県内外の公職を歴任。美声を活かしCDをリリースする一方、文筆家、映画評論家の顔も持つ、日本一多芸多才な漁協組合長でもある。今回の震災で八戸の水産業界が受けたダメージ、復興への道しるべと展望を語ってくれた。

［聞き手／須藤ゆか］

地震が来た時は、青森市で開かれた会議に出席した帰りで、車の中におりました。急いで車を運転して夜になってようやく八戸に着きましたが、街は真っ暗で完全に機能を失っていました。幸い自宅は無事でホッとしたものの、港の様子が気になって仕方がありません。八戸みなと漁業協同組合は館鼻《たてはな》地区にあるんですが、「港は危険だから近づくな」ということで行くことができませんでした。

次の日、館鼻漁港に行って驚きました。ハマには船がゴロゴロ転がっているし、海では船がひっくり返り、家が流されている。遠くの工業地帯から流れてきたコンテナも、たくさん浮かんでいました。完成間近だった国内初のＨＡＣＣＰ対応荷捌き施設も被災。港周辺の会社や事業所の駐車場に停めていた車は、ほとんど波に流されました。八戸には市営の魚市場が三つあるんですが、鮫《さめ》地区の第一魚市場、小中野《こなかの》地区の第二魚市場、館鼻地区の第三魚市場、すべて津波の打撃を受けました。その後も停電が四〜五日間続いたため、水産加工場の冷蔵庫が機能しなくなり、一部の原料や商品が腐ってしまいました。

漁船の被害も甚大でした。通常、津波が予想される場合は、乗組員たちは漁船の損壊を防ぐために沖に逃げるんですが、地震が発生した時は、ちょうどイカ釣り船の休漁期だったんですよ。ですので、多くの乗組員たちは休船して陸《おか》に上がっていました。港から離れた場所にいたため、沖に船を出すのが間に合わず被害が拡大しました。

一方、沖に避難した船は船で、状況が落ち着くまで沖で待機せざるを得なくなりました。海には物が浮遊したり沈んだりして、下手に動くと危険だからです。食料も飲み水もないなか、漁船は一二日の午後まで沖におりました。

携帯もつながらなかったので、船の命綱は無線です。館鼻地区の水産会館の五階に漁業無線局があり、乗組員たちはここを拠点に連絡を取ります。会社や家族とも、無線局が連絡を取ってくれるんです。水産会館も停電し、一階は水没。でも、無線局は自家発電なので機能していました。一階の天井付近まで、ヒタヒタと水が上がってくる。ごう音とともに流されてきた車や船が、ドーンドーンと建物にぶつかってくる。そんな状況のなか、無線局の職員たちは一晩中、船と交信を続けたわけです。あとで振り返って、「ものすごく怖かった」と話しておりました。今回の震災では、八戸市に所属する船、約五〇〇隻のうち約三〇〇隻がダメージを受けました。市川《いちかわ》地区には小さな漁港があって、イチゴを栽培しながら漁業を行っている半農半漁の人が結構いるんですね。ここでは、所属船二〇隻がほとんど全滅。八戸市川漁業協同組合の建物も流されてしまいました。種差《たねさし》の方にある八戸南浜漁業協同組合では、所属船一〇〇隻中、七〇隻が被害を受けました。水産加工業者は、六五社のうち三三社、冷蔵庫関連会社は、四七社のうち三〇社、トラック関係は三五社のうち二二社、製氷業は、五社のうち三社がそれぞれ被災しました。

水産業界は、生産、加工、流通など関連産業の裾野がすごく広いんです。八戸の場合、水揚げ額のおよそ五倍の経済効果があるといわれています。だから、その機能が失われれば、八戸全体の経済を停滞させてしまうことになります。

なんとかして復興するためには、まず、流出した船、沈没した船、破損した船を一日も早く戦線復帰させなくてはなりません。そのために、国にもお願いに行ったし、県や市にも働きかけました。多くの漁業者の声もあって、新しい船を造る場合、九分の七は国や県、市が補助金を出してくれることになりました。確かに、今までの政策のなかでは異例のことかも知れません。でも、残りは自己資金で賄わなければならないわけです。今まで借金を返済しながら漁業をやってきたのに、高齢になってまた新たな借金を背負わなければならない。マイナスからのスタートです。

私、いつも言うんですけど、津波っていうのは、船も流した、工場も流した、家も流した。何もかも持って行ったけど、借金だけは置いていったんですね。「年だし、もういいよ」っていう漁業者も少なくありません。

津波が来る前から、ただでさえ日本の漁業は低迷し、漁業者の減少、高齢化、担い手不足に悩まされてきました。震災対策をしても、元通りにはならないかも知れません。しかし、これを機に考え直さなくてはいけないこともあります。二〇一一年一〇月三一日には世界の人口が七〇億を超え、資源、環境、食糧問題など、今後直面するであろう課題がたくさんあります。もっと、第一次産業を大事にしながら日本を守っていかなくてはならないと思っています。

八戸は三陸のなかではダメージが少ない方だったので、国は八戸を東北の復興拠点港にしようということで動いています。国会議員の先生が視察に来た時、「漁師はみんな意欲をなくしている。借金をしたくても、担保に入れる物がない。どうか漁師にやる気を出させて下さい！　復興する意欲を下さい！　私たちの担保は、やる気です！」とお願いしました。

今回の震災で、組合員の荒木田晨満《あらきだのぶみつ》さんの奥さんが津波に流されて亡くなりました。今まで、小さい船で奥さんと二人で頑張って来たんです。どなたでも、生き残った方は、亡くなった方に申し訳ないと思っていますよ。八戸では亡くなったのは一人だけなので、確かに他の被災地に比べれば死者数は少なかったかも知れません。でも、数が重要ではないんですね。何人亡くなろうと、死の悲しさには変わりありません。政治家は、簡単に復旧、復旧と言いますが、どんなことがあっても旧に復することはないんです。亡くなった方はかえらないし、失われたものは戻ってこない。でも、その苦しさを乗り越えて、みんなで支え合いながら復興につなげていく。それが大事なことだと思っています。

私の父親は岩手県普代《ふだい》村、母親は岩手県宮古市出身です。岩手県に行くと、「昔の津波はここまで来た」と、当時のことを記した石碑や掲示板をよく見かけます。かつて、普代村の村長を務めた故・和村幸徳《わむらこうとく》村長とは親戚で、昔から良く知っていました。村では明治二九（一八九六）年、昭和八（一九三三）年の大津波で多くの犠牲者が出たこともあり、和村村長は高さ一五・五メートルの防潮堤と水門を建設しました。多額の費用がかかるということもあり、当時は建設に対してかなりの非難を浴びたようです。ですが、今回の震災では、津波は防潮堤を一メートルほど乗り越えただけで、普代村の集落までは達しませんでした。彼は小さい頃からお母さんに、「明治の大津波はこの高さまで来たんだよ」と、教えられていたのだそうです。やはり、語り継いでいくことは大事なことなんですね。今回、八戸の被害が比較的少なかったのも、過去の震災をきっかけに建設した防波堤が、津波のエネルギーを緩和したためだともいわれています。「コンクリートから人へ」といわれていますが、やはりコンクリートでなければダメなものもあるんですよね。

今回の震災を経験して、私はある出来事を思い出しました。昭和六〇（一九八五）年、私は三四九トン、七三メートルの大型イカ釣り漁船で、アルゼンチン沖にイカを獲りに行きました。操業後、南大西洋に浮かぶフォークランド諸島に立ち寄ることになりました。フォークランド諸島は全部合わせても、四国くらいの面積でそこに八〇〇人くらいしか住んでいないのだそうです。地の果てですよね。オンボロ飛行機に乗って、島に着きました。

私たちが日本から来たと告げると、島の人は、「俺は、生まれて初めて日本人を見た！」と驚いて、あちこちに電話し、「今、日本人が来てるから見に来い」と（笑）。ビールを飲みながら島の人たちと交流するうちに、彼らのなかには、かってアルゼンチンのブエノスアイレスやニュージーランドで暮らしたり、ロンドンの大学に行っていた人もおり、大都会での生活を経験した人もいることがわかりました。都会に比べれば、ここにはテレビもない、スーパーマーケットもない、ましてやデパートや映画館もありません。私は、「大変失礼なことをお伺いしますが、ここでの暮らしは不便ではありませんか？」と尋ねたんです。すると、一人の男性が「ジャパニーズ・ジェントルマン」と、笑いながら私に語りかけ、こんなことを話してくれたんです。

「ここでの暮らしが不便でないかと聞かれれば、確かに答えはイエスです。でも、不幸せかと聞かれれば、私の答えはそうではありません。朝、孫をジープに乗せて島を回ると、昨日咲いていなかった花が今日は咲いている。そろそろ生まれるかなと思って気にかけていたヤギの子が、今日は生まれている。私は、孫と一緒にそれを眺めて暮らす。こんな幸せなことはありません。私たちの暮らしは不便ではあるけれど、決して不幸せではないんです」。それを聞いて、私、涙が出ましたよ。

私たち日本人は、いつの間にか、便利なことが幸せで、不便は不幸せだと考えるようになってしまいました。でも、今回の震災を経験して、日本人はやっぱりそうじゃない、人と人は支え合って心を通い合わせることがすべてのスタートで、絆が大切なんだと再確認することができたのではないでしょうか。八戸にも震災直後から県外の大学生をはじめ、多くのボランティアの方が来て下さり、人の温かさを痛感しました。今回の津波の体験や、世界中を操業しながら得た経験、さまざまなエピソードをいつか本にまとめて、震災の記憶を語り継いでいけたらと思っています。

（二〇一一年一二月一四日）

青森県八戸市

塀が蔵を守ってくれた

八戸酒造株式会社社長
駒井庄三郎《こまいしょうざぶろう》さん（65歳）

■八戸市湊町《みなとまち》の新井田川《にいだがわ》河口近くの川沿いで酒造りを続ける八戸酒造。川岸には多くの漁船が並んで繋留され、川面には白壁や赤レンガの酒蔵の姿がゆらゆらと映っており、この光景は長くこの地域に親しまれてきた。
　三月一一日の大地震による津波は、新井田川を猛烈に逆流し、この湊町にも大きな爪痕を残した。川底には漁船が沈み、蔵のすぐ裏手にある橋の欄干などは、流されてきた漁船がぶつかり破壊された。しかし、八戸酒造の酒蔵は、古くからの塀により浸水から守られた。水位はほぼ塀の高さぎりぎりだった。先人の知恵が蔵を津波から守った。

【聞き手／佐藤史隆】


八戸酒造の創業は江戸時代、一七七五（安永四）年です。近江（滋賀県）出身の初代駒井庄三郎がこの地で酒造りを始め、私は八代目になります。大正年間に建設した六つの建造物は、二〇一〇年六月に八戸市より青森県第一号となる「景観重要建造物」に指定、七月には文化庁より国の「有形文化財」に登録されました。地域のシンボルとして親しまれており、私どもは「地元の元気につながれば」という思いを持ちながら、建物を大切にし、ここで酒造りを続けています。

　八戸酒造の主力銘柄は「陸奥男山《むつおとこやま》」「陸奥八仙《むつはっせん》」「陸奥《むつ》田心《たごころ》」。

　中でも陸奥男山は、二〇一〇年に商標登録一〇〇年を迎えました。漁業など海の仕事に関わる人の多いこの地元で長く愛され続けてきたお酒です。酒蔵は地震と津波の直接的な被害は免れましたが、沿岸一帯は悲惨な状況で、大変辛い思いをしております。

　私は、地震発生時、酒蔵の中におりました。かなりの揺れを感じて、すぐに「津波の不安」が頭をよぎりました。

　停電になりましたから、酒造りの作業は全部ストップ。外では津波警報が鳴り続けていました。蔵人はみな、動揺を隠せない様子でした。携帯電話のテレビで情報を見ると、やはり津波が来そうだということがわかりました。高さは三メートルくらいという情報でした。以前に一～二メートルの津波が来ると警報がありながら、来なかった時があったため、また来ない可能性があるのではないかという雰囲気もありました。

　ただ、地震が大きく、震源地からも、津波が来る可能性は高いと直感的に感じました。「これはひょっとしたら危ないな」と判断し、「さあ、どうするか」ということで、消防署からすぐ土嚢を入手するよう、スタッフに指示をしたんです。消防署までの距離は車で一〇分くらい。携帯電話で消防署にかけ続けて、やっと連絡取れて借りてきたわけです。

土嚢を積んだのは、川に面した酒蔵の裏手です。塀があるのですが、車の入り口になっているところから、水が入り込む可能性がありました。そこにどんどん土嚢を積んだわけです。

三年前までは別のところが、車の出入り口だったのですが、そこは低い場所だったため、私は津波の時に危ないと考え、コンクリートで固めて塀を作りました。そして出入り口を一番高いところにしたんです。それが現在の場所です。仮に水が来たとしても、ここのところに土嚢などを積めば何とか防げるという頭は常々あったんです。そして、実際にその通りになった。土嚢がなければ、水はどんどん入ってきていました。

うちの津波の対策としては、すでにこの蔵を作る時に地面から一番低いところから一メートル六〇センチくらいのところまで石垣が積まれていて、そこに酒蔵が造られました。これは先祖がちゃんとそこを見越していたということです。

ここの場所に蔵が建ったのは江戸時代後期です。当時はまだ低い場所にあって、大正時代に五代目が現在の蔵を造る時に、古い蔵を全部壊して石垣を積んで高くした所に造ったんです。高くしたのは、津波のことを意識していたからのはずです。やっぱり、万が一の防災に備えて五代目はやったんだと思います。その高さが今回の一〇〇〇年に一度の津波という時に、ちょうどその高さより低いくらいだったわけです。ただ、これ以上のものが来た場合にはどうしようもなかった。一〇〇〇年に一度の震災と考えて、それでもここでは津波はこのあたりまでだということもわかりました。

八戸の港の地形から見れば、津波は直接来るのではなくて、ここに到達するまでの間にいろんな防波堤があったり、ポートアイランドがあったり、そういったものが波の進入の流れを変えて入ってきているわけです。ですから、前回のチリ地震津波の時よりは津波が入ってくる高さは低かったと思います。

その津波ですが、私たちは土嚢を積んで待機していました。そうしたら、水がばーっと引いていって、「来るな!」と思いました。で、第一波。どんどん来て、両岸に船がガンガン来て、蔵の裏手のすぐ近くにある橋にぶつかるんです。ひどい状態でした。中型船はみんな壊れて、橋の下をくぐって上流に流された。ところが、大きな船は橋げたで停まったまま。そして、また後ろからガンガンくるわけ。波のあとには、船ばかりが流されて来るようになりました。

第一波が来て、引いて、第二波が大きかった。私たちは酒蔵の二階からその様子を見ていました。仕込みの途中だったんです。ふかしができない、温度調整ができない。非常に困りました。回復するまでには時間かかりました。四日間の停電で非常に困りました。その時の仕込みのものは、予定通りのものにはならなかった……。

翌日も作業ができない状態でした。湊町、小中野《こなかの》、白銀《しろがね》あたりの住民の多くが、公民館や学校に避難している状況でした。「これはうちで何か役に立つことがないか」と考えた時に、かなり寒かったし、少しでも体が暖まるように、暖かいものを飲んでいただこうということで、酒粕を溶かして、甘酒を作って配りました。二〇〇〇杯くらいだったと思います。とても喜んでいただきました。

そして経済面での影響が深刻でした。地震の直後は販売はほとんどストップです。特に自分たちのような酒関係はかなりきつかった。これは二次被害ですよ。このような状態だと、お酒を飲むなどという雰囲気はなかった。誰もが気持ちが沈んでいましたから……。送別会シーズンに期待していた飲食店がまったくだめで、行事関係もだめ。ちょうど卒業式なんかが重なった時期ですが、その祝賀会が全部取りやめになるなど、あらゆる行事が中止や延期となりました。

ですから、三月の売り上げが大幅にダウン。四月も良くないし。このままだと飲食業界がだめになってしまう。だから生活を平常に戻してみんなで普段と同様に飲食もしようという動きが出てきたのですが、四月の半ば過ぎでしょうか、みんなで声を上げ、それからだんだん売り上げが戻ってきた感じでした。

やっぱり、この土地で古くから愛されてきたお酒ということで、飲んでくれた人たちへの感謝の思いが強くありました。

この意識は、一九一一（明治四四）年の「鯨事件」とも関係するんです。鯨事件の場合は、鯨解体の公害被害でした。この地域に捕鯨会社ができて、鯨をさばく工場で、鯨を解体して海に内臓や血、脂といった廃棄物を流していた。それでこのあたりの浜で全く漁ができなくなったんです。ものすごい漁業被害が出た公害です。当時、うちの五代目が村会議員をやっていて、捕鯨会社がこの地域に鯨を解体する工場を建てたいと申請した段階で反対した。みんな反対したんですよ。それを県知事が強引に押し切った。それで条件を付けた。四月から九月までの間しか駄目だよと。しかし会社側はその条件を無視して、九月が終わって期限が切れてもなおかつ操業し、鯨を解体していた。それで漁民の怒りが爆発し、工場を焼き討ちする騒動が起きた。止むに止まれず地域で決起したわけです。自分たちの生活を守るための事件だったんです。この事件からもわかるように、昔からこのあたりはつながりが深く、助け合う意識が強いんです。それが、今の津波の被害でも同じことです。

　普遍的な言葉だと思いますが、「備えあれば憂いなし」。しかし我々は、危機管理の意識が非常に希薄だと思います。楽観的なんです。仮に災害が起きたとしても、それはしょうがないことだと、そういうふうなことが、何となく我々が共通して持っている意識のような気がします。ですから、万全を期してというひとつの災害に対する防災準備とか、そこまで本当にやるという意識を持てるのか、このへんが難しい。

　ただ、幸いにも駒井家の先祖は、津波の対策をやってくれていた。個人としても企業としても、もっと真剣に今の災害・防災対策を改めてしなきゃいけないというのは感じました。それをどうするかということは、個人だけじゃなく、家族はどうするか、会社はどうするか、地域はどうするか、それは各々の状況によると思います。自分のところではどうしなきゃいけないというのは自分が決めること。それが第一です。訓練でも対策を講じるというのは基本ですから。実際に起こった時にどうするか、その心構えと行動が大事だと感じています。

（二〇一一年一一月一八日）

◘青森県八戸市

リーダーの連携の大切さを痛感

小中野北横町町内会会長

笹森《ささもり》昭二《しょうじ》さん（62歳）

■八戸市下組《しもくみ》町で生まれた笹森昭二さんは、親戚が住んでいた小《こ》中野北横町《なかのきたよこちょう》に移り、三八年になる。笹森電機を経営し、新井田《にいだ》川河口の船着場に集まるイカ釣り漁船などを相手に、船の電気工事や造船所の配線工事を生業にしている。また、会社がある小中野新堀地域の町内会長でもある。日頃から町内会と老人クラブや民生委員と協力して、お年寄りの家を見回るなど気にかけてきた。小中野地区は今回の津波で浸水し、笹森さんは避難者と町内に残った住民のために物資を配送するなど動きまわった。そして、持ち前の広い人脈と行動力で、震災後いち早く、自主防災組織を立ち上げた。

【聞き手／鳥山香織】

　三月一一日は会社で仕事中でした。本社は、新井田川沿いから一本入った通りにあり、従業員が五人働いていました。八戸工業港にある北日本造船の造船所では、約二〇人が作業をしていたと思います。

今回の地震は、揺れている時間が長いなと感じました。一九六〇年のチリ地震や一九九四年の三陸はるか沖地震を経験していますが、三陸はるか沖地震の方が揺れは大きかったと思います。

私はすぐ全従業員を帰宅させた後、町内にある「ケアプラザさざなみ」に車で向かいました。私たちの地区は、地震がきたら「ケアプラザさざなみ」に避難することに決めていたのです。小中野地区は、周辺に高台がありませんので、地震がきたら津波から逃れるため、近くのRC造の建物に避難することにしていました。昨年のチリ地震の津波では、病院の二階にお年寄を避難させました。

「ケアプラザさざなみ」では、従業員が車のテレビで八戸市に八メートルの津波予測がでていることを聞いていて、指定避難所へ避難するように指示していました。私は、新井田川周辺に家がある住民が心配になりました。小中野北横町地区はお年寄りが多く、自分で歩いて避難できない人もいます。そこで、避難を呼びかけるよう民生委員や老人クラブの会員さんに何軒かをまわってもらい、状況を確認してもらいました。しかし、「チリ地震津波で被害に遇わなかったので大丈夫」とか「私はもういいから」と言って避難しない人もいました。

町内会役員の家へ移動すると、お年寄りが何人か集まっていました。町内会役員は、日頃からお年寄りの家を訪問してお互い気心も知れているので、不安になった人たちが頼って来ていたのだと思います。私もここに来れば、お年寄りの様子がわかるので、歩けない人を連れて避難できると思っていました。

私は車で避難所になっている小中野中学校へお年寄りを連れていきました。このとき、車を運転できる人が私しかいなかったので、三人ずつ二回配車することになりました。小中野中学校に向かう途中、信号が停電していたので大通が渋滞していましたが、裏道を知っていたので難なく避難所へ行くことができました。

避難先の小中野中学校では、校長先生や先生方、そして民生委員会長など顔見知りがいて、自主的に避難者の誘導や暖房器具を用意するなど動いていました。生徒たちは足の不自由な人を助けて体育館の中に入れてくれました。その後もこの子たちはいろいろと役に立ってくれました。私は小中野小学校が気になったので状況を確認しに行きました。

小中野小学校は、新井田川から約一キロの場所にあり、津波が予測される時は指定避難所にならないのですが、校長先生の判断で二五〇人程を受け入れていました。小中野

青森県八戸市　2011年3月29日〈撮影／佐藤史隆〉

小学校から小中野中学校までは歩いて一〇分程度かかり、お年寄りには大変です。この辺りの住民にとっては小学校の方が避難所として認識が強いのだと思います。

　小中野小学校には、校長先生や先生方、防犯協会会長、連合会事務局長の奥山さんがいて、ロウソクや投光機など照明準備や暖房器具を集めていました。大町会の人たちはお米を持ち寄り、炊き出しをしていました。隣接した公民館では職員がお茶を沸かし、避難者へ配っていました。

　夜食のカップラーメンが届かないといったトラブルもありましたが、様々な役職の立場にある人が率先して動いていたので、避難者は落ち着いている様子でした。自発的に動いてくれる人たちが両方の避難所にいて安心しました。しかし、彼らと連絡体制がとれていなかったので、私は避難所を行ったり来たりすることになりました。

　一方で、指定避難所の中学校校庭には体育館に入れなかった人が大勢いて、車で夜を明かしていました。津波で床上浸水した人、停電で調理器具や暖房などの設備が使えなくなった人など、色々な状況の人たちが避難してきたのですが、体育館に入れず、あきらめて帰った人もたくさんいました。

　私はその状況をみて、地震と津波のときの指定避難所が中学校だけであることに疑問を感じました。何故今まで気づかなかったか。住民の数に対して避難所が足りていないと思いました。

食べ物の心配もありました。

翌日の小中野中学校には、一五〇〇人分の弁当が届いていましたが、避難所の人だけでなく、自宅で過ごした住民も二〇〇人近く弁当をもらいに来ていました。被害の集中した北横町町内には自宅にいて物資を貰いに来られないお年寄りもいるだろうと思いました。

そこで民生委員と二人で町内に配って周ることにしました。一度にたくさんの弁当を貰うので、周囲の目が気になりましたが、なんとか三〇〇人分をもらい配りました。震災当日に入れていたガソリンはすぐになくなり、軽トラックと備蓄していた軽油を入れたディーゼル車三台を使い、動き回っていました。

後日、弁当を配った人が経営する食堂に行くと、店の人に「震災の時に笹森さんに世話になったので代金は頂けない」と感謝されました。そのときは、本当にやって良かったと思いました。

大地震から三日後には、「八戸せんべい汁研究所」の方たちがせんべい汁の炊き出しをしに来てくれました。温かい食べ物を頂いてとてもありがたかったです。町内会でも何かできなかったかと後悔しました。町内では津波被害に遇わなかった地区があるので、食べ物を持ち寄れば炊き出しができたのではないかと思いました。

被災後一週間は、浸水した住宅の泥出しや消毒作業に追われていました。町内は、場所によって六〇～七〇センチ浸水しており、新井田川沿いの店舗や住宅は床上まで浸水していました。私の会社は幸いにも浸水の被害にあいませんでしたが、新井田川の対岸にある倉庫が二つとも浸水し、中の商品が全滅したのを見て、愕然としました。

震災翌日から、消毒のための石灰を買い、町内で分け合って復旧作業をしていました。新井田川沿いの店舗でも従業員が泥を掃き出して片づけを始めていました。震災直後はボランティアの手伝いもあり、大部分の復旧ができましたが、大変だったのは、お年寄りの家の敷地内に残った泥の片づけでした。町内会でなんとかしなければならなかったのですが人手がなく、町内会役員の数名で片づけました。

今回の大地震で、色々と課題が見えてきました。まずは町内会の避難体制を整えることが大事だとわかりました。そこで、私たち小中野地域は自主防災組織を立ち上げました。民生委員や町内会長は避難所である小中野中学校に集まることにして、避難体制を整えることに決めました。また、北横町町内会では町内を四地区に分け、区ごとにハンドマイクを買って、津波警報のサイレンが鳴ったら区長がハンドマイクで避難指示するようにしました。

今年の小中野地区の運動会では、炊き出しの練習として、婦人会の協力でせんべい汁を作りました。次の年の三月一一日には、歩いて避難できない住民を含めて避難訓練をしたいと考えています。今後も、町内会と地域の諸団体、そして小学校や中学校と協力して防災体制を整えていきたいと思っています。


（二〇一一年一二月一一日）

◈青森県八戸市

公民館と地域住民の絆が支えた避難所生活

八戸市立小中野公民館主事
佐藤《さとう》靖子《やすこ》さん（47歳）

■地域活動やお祭りの拠点である公民館が、隣接小学校の避難所生活を支える拠点となった。指定避難所ではなかったことを含め、様々な困難を地域住民との協力で解決していく。
［聞き手／東しいな］

八戸市小中野《こなかの》地区にある小中野公民館は、一五〇〜一六〇人収容できる大ホールのほか、小ホールや会議室・和室などがあり、地域の様々な催しの会場として活用されています。また、地元の高齢者を中心とした二五のクラブと一〇以上の町内団体にも利用されており、地域住民の交流の拠点となっている施設です。特に、隣接している小中野小学校では、バザーや親子交流、卒業生を送る会などの学校行事の会場として活用されておりますので、児童もＰＴＡも公民館に日常的に出入りしています。

毎年二月一七日から二〇日にかけて行われる、冬の八戸の伝統行事「えんぶり」の時期になると、公民館は小中野地区の「えんぶり宿」になります。子どもから大人までえんぶりに参加するため、準備や待機の場所として利用し、女性陣は調理室にある大人数用の鍋・釜をフル活用して炊き出しをするのです。七月三一日の前夜祭から八月三日まで開催される「三社大祭」や、季節毎の町内行事でも同様です。

このような形で、普段は高齢者やご婦人や子ども達に、祭り時期はさらに若者や壮年男性にも利用されている公民館は、性別・年齢を問わず、幅広く住民に親しまれています。

この公民館を管理、運営する職員は、館長以下、私を含めて四名。私は地元小中野出身で、公民館に勤務して五年目となります。

地震発生の三月一一日午後二時四六分、公民館には詩吟のグループ約三〇名、踊りのグループ約三〇名がいました。

いずれも六〇歳代以上の利用者が多い団体で、詩吟には八〇歳代の方もいらっしゃいました。普段は隣の小学生もいるのですが、この日は小学校が早く終わったために子どもの姿はありませんでした。

地震と直後の停電のため利用者に全員帰っていただいた後で、私は携帯電話のワンセグを見て、公民館から七〇〇〜八〇〇メートル離れた新井田《にいだ》川の川底が見えていることを知りました。日ごろ親や年配者から、チリ地震のときも津波の前に引き潮で川底が見えたことを聞かされていたので、すぐに、津波が来ることを察知しました。また停電のためか警報はなかったのですが、その後消防団の広報車が地区を廻って、津波が来ると知らせてくれました。

停電により、公民館を所管する八戸市教育委員会の判断を仰ぐ手段がなかったので、私達職員は公民館に誰もいないことを確認して閉館し、自らも隣接の小学校に避難しました。

小中野小学校は八戸市指定の避難所ではありますが、津波については指定避難所となっていません。そのことは周辺住民にも周知されていますが、津波の指定避難所である小中野中学校は、小学校から更に七〇〇メートルあり、一〇分ほど歩く距離にあったので、私達家族のように、あえて小学校の方に避難した住民も多かったのです。

予想通り、引き潮の後には津波が襲ってきました。津波は八戸港から新井田川を溯り、海からは二十数隻の船が流されてきました。船がぶつかって橋桁も破壊されました。小中野地区は、新井田川からの津波によって、流された家屋こそなかったものの、半壊や床上浸水の被害を受けました。小中野公民館や小中野小学校周辺は標高が三・八メートルあり、浸水はありませんでした。

小学校に避難した一部の人々は、はじめ校舎の一階にいましたが、津波を心配した公民館の館長が小学校に申し入れし、二階に移動することになりました。中には車椅子の障害者もいましたが、小学校の男性教員が車椅子ごとかついで階段を登ってくれました。校内には停電でも使用できるダルマストーブが八台あったため、ストーブの数に合わせて八教室が避難所のスペースとなりました。教室に入り切らなかった避難者は、寒さが厳しい廊下で一晩過ごすこととなり、やむなく帰宅した人もいました。

ちなみに津波の際の指定避難所となっていた小中野中学校では、一時は一八〇〇名もの住民が避難したにもかかわらず、体育館のみが避難場所となったため立錐の余地もない状態で、校庭に車を停めて昼夜を過ごした人もいたと聞いています。そのため指定避難所ではないことは重々承知のうえで、中学校から小学校に移ってきた人達もいました。

小学校には二〇〇～三〇〇名が避難していました。指定避難所ではないために食料や物資が届かないことを想定して、私達は日が暮れないうちに小学校付近の町内の人々に声をかけ、炊き出し用の米を提供してもらいました。

停電時に電気炊飯器は使用できませんが、公民館の調理室には二台のガス炊飯器があります。停電中もガスと水道は生きていました。私達はいただいた米をガス釜で炊き、小学校に避難していた顔見知りのお母さん方や付近の住民にお手伝いいただいて、公民館の調理室で避難者用のおにぎりを作りました。おにぎりは、小学校高学年の子ども達が配るのを手伝い、その日の夜の食事は何とかそれでしのぐことができました。

地域の皆さんの協力は米ばかりではありません。寝具店を経営している公民館協力会の会長が、いち早く毛布を小学校に持ってきてくれました。市役所から毛布が届いたのはその日の深夜のことだったので、厳冬の夜に会長さんの毛布は大変暖かい心遣いでした。公民館の座布団も小学校に運んでもらって使用しました。

また、停電中は懐中電灯や電池も不足していましたが、小中野の常現寺《じょうげん》と葬儀店がろうそくを提供し、それで灯りを灯すことができました。さらには、電機店にお勤めの子ども会育成連合会長が、公民館にあるガス発電機や以前「湊まつり」で使用していた機材を小学校に運び、特に暗くて危ない玄関やトイレに電灯を取り付けてくれました。真っ暗な停電の夜に、ろうそくや急ごしらえの電灯の小さな光が、大変心強く感じられました。

こうして、公民館や地元の人々の知恵と協力により、不安の中でも支えあって一晩過ごし、翌日には小学校にも何とかカップ麺などの食物が届くようになりました。お湯はガスの使える公民館の調理室で沸かし、住民の協力で小学校のみならず離れた中学校へもお湯を運んで避難者の元に届けました。

地震から三日目には電気が復旧したので、一人暮らしやまだ停電中の地域の人などを除き、殆どの避難者がその時点で小学校から帰宅しました。一週間以内にはほぼ全ての避難者が帰宅。帰宅後は浸水がなかった二階で暮らしていました。

公民館は三月いっぱい休館したものの、四月から活動を再開。再開後の利用者数は以前と同様までに回復しています。

公民館の館長は四月に交代となりましたが、今回の体験を踏まえて、現館長から市長に自治防災会の設置や公民館の耐震化について要望をしました。自治防災会は実際に設置されることとなりました。

また、小学校を津波についても指定避難所とすべき、避難所には簡易トイレや食料、そしてストーブはなくても毛布は備蓄しておくべき、トランシーバーなどの通信手段も必要といったことも考えさせられました。

今回の震災での小中野地区の自主的な連携と協力は、昔からの住人が多い地域でもあり、お祭りや学校行事などを通じコミュニティの結束が強いことや、率先して尽力する地域のリーダー達が存在したからこそ実現したものと思っています。

加えて、平時は地域の絆を深める交流拠点として機能している公民館が、非常時においても日ごろお付き合いのある住民と協力し、支援の拠点として機能したのではないかと考えています。

（二〇一一年一二月一一日）

◎青森県八戸市

復興屋台村で心の復興を

有限会社「北のグルメ都市」代表
中居《なかい》雅博《まさひろ》さん（61歳）

■新幹線八戸開通を契機に開業し、地域振興の先導役となった屋台村「みろく横丁」。代表の中居氏は自らも震災の影響を受けながら、気仙沼の復興屋台村実現のために奔走した。
【聞き手／東しいな】


八戸市中心街の三日町と六日町を結ぶ横丁として、地名にちなんだ屋台村「みろく横丁」を立ち上げたのは、平成一四年一一月。翌一二月に東北新幹線八戸駅開業を控え、エコステーションを設置した全国初の環境対応型屋台村で観光客をもてなしながら、中心街活性化や情報発信を図るという取り組みです。手頃な値段で八戸のうまいものを楽しめるこの屋台村は、お陰様でオープン以来毎年売り上げを伸ばしています。

みろく横丁の成功をきっかけに、全国各地の商店街などから講演を頼まれるようになり、県外の屋台村開業もサポートしてきました。宮城県気仙沼市でも、集客力向上を図る商店街や飲食店組合の店主達に招かれ、平成二一年から二度の講演を行いました。そして、三月一一日の大震災。気仙沼は津波で壊滅的な被害を受け、多くの人命が犠牲となりました。

震災から一カ月後、気仙沼の講演で知り合ったメンバーから「復興が進まないので知恵を貸してほしい」という電話がかかってきました。地元の飲食店主らはその頃、同じような悩みと葛藤を抱えていました。土地があるし、地元を離れたくない。この土地で商売をしたい。かといって全く手付かずの瓦礫の山の中で新しい店舗を構えるのは、お金もかかる。お客が来るのか不安もあるし、一歩が踏み出せない。けれども、何もしないでいる訳にもいかない。仕事をしたい……。

彼らの想いや課題を聞き、何とか支援したいと思った私は、まず現状を把握するために、五月に気仙沼の市長や議員などから話を伺う機会を作ってもらいました。その際に、国が仮設住宅を作るという情報を聞き、仮設住宅を並べて被災者の店舗としたら屋台村を作れるのではないかと考えたのです。

私は気仙沼訪問の初日、早速現地を回り、その日のうちに屋台村の場所を決定しました。それは中心街ではなく、海のそばの約五〇〇坪の駐車場。中心街は復旧が手付かずの状態で、瓦礫の撤去に時間がかかることは目に見えていました。復興は時間との勝負と考えたので、あえて海の見える駐車場を選んだのです。万が一津波が来ても、駐車場裏手の山に五分以内で避難できます。何よりも、観光客には屋台村で地元の名物を味わうのみならず、現地を見ながら被災者である店主の話を聞いてもらうことにより、より深く震災を感じてほしい、そして全国からより多くの人に来てほしいという思いがありました。それこそが被災地への復興支援になる、と。

幸い気仙沼市が、地権者から二年間借り上げて無償で貸与してくれることになりました。国に対しては、人が住まなくても仮設の飲食店が認められるかという問題がありましたが、店舗には全て被災者が入るということで最終的に了解を得ることができました。こうした行政の支援により、土地は市から無償貸与、建物は仮設住宅で賄うというシステムが実現したのです。

さらに、厨房、扉、カウンターなどの設備は出店者の自己負担とするのが一般的ですが、私が青森県のガバナーを務めているライオンズクラブが、今回の震災に対して世界中から集まった義捐金により、気仙沼の屋台村の設備分を負担してくれることになりました。これらにより、出店者は屋台のレンタル料さえ払えば、土地・建物・設備について全くリスクを背負うことなく、それこそ包丁一本で商売を始めることができることになったのです。

六月下旬、関係者や出店希望者を集めて説明会を開催しました。復興屋台村の仕組みはリスクなしで出店できることのほか、各店舗が必ず地元の郷土料理や名物を出すこと、三年契約であることなど。三年区切りは屋台村マニュアルのルールでもありますが、三年もすれば中心街の街並み復旧や区画整理が進むだろうと見込んだうえ、その頃には各店舗が自立して街中に店を構えることにより、街の復興を支えてほしいという思いがありました。気仙沼の人々にとっては、震災を乗り越えて頑張ろうという気持ちを支える、新たな目標となったのです。

屋台村で重要なことは、開業するだけではなく、継続していくこと。そのため、出店希望者には面接を実施して出店者を厳選します。屋台村の成功は店主一人一人にかかっているからです。気仙沼でも例によって出店希望者の面接を行ったのですが、それはこれまで手がけた他の屋台村の面接とは全く違っていました。対象者は全員被災者であり、妻や子ども、夫などが目の前で流され、「自分はたまたま生き残った」と感じている人も少なくありません。涙なしには聞くことができず、殆ど面接にはなりませんでした。最終的に二〇店舗の出店が決まり、予定では八月開業でしたが国との調整に時間がかかった結果、復興屋台村は一一月にオープンしました。

気仙沼の取り組みは同じ被災地からも注目されました。実は六月の出店者説明会に、私は他の被災地にも声をかけて来てもらったのです。その結果、行政とライオンズクラブの支援によりリスクなしに出店できるという気仙沼方式で、一二月には大船渡に、明けて平成二四年には釜石と陸前高田にも屋台村が開業する運びとなりました。気仙沼という見本が一つできたので、後発組はよりスムーズに復興屋台村を実現することができます。

気仙沼に続き、短期間で更に三カ所の被災地屋台村実現をサポートしたわけですが、大変だったのはハードよりもハート、つまり人材育成でした。以前は「他店は関係ない」と考えていた飲食店主達に、屋台村のノウハウと合わせて、屋台村を共同体と考えて支え合い、共同体として市の復興にどんな役割を果たしていくかという方向に意識改革するため、私は何度も気仙沼を訪れては、出店者を集めて研修を行いました。

ところで、他県の復興屋台村実現に奔走していた間、私が運営するみろく横丁に震災の影響はなかったのかというと、そんなことはありません。地震当日は休業したものの、みろく横丁は翌日からろうそくを灯して開業しました。しかし決定的なダメージとなったのは、むしろ四月上旬の二度目の全県的停電です。これで一気に自粛ムードが広がり、その影響は二、三カ月続きました。物流が原発のある福島を経由して来るため、風評被害によって滞ってしまったことも大きな影響を与えました。

このような状況にあって、みろく横丁では三月中から屋台村に募金箱を設置し義捐金を集めました。苦しい中でも予定していた企画は全部実施し、中心街でもイベントを催して集客に努めた結果、お客がお釣りを入れるなどして協力してくれた義損金は六〇万円。みろく横丁はそれを地元八戸市に寄付しました。さらに気仙沼の復興屋台村に対しても義捐金を募り、二〇万円を寄付しました。

震災後も「また来たくなるおもてなし」を続けてきたみろく横丁では、夏場以降で前年以上に売り上げを伸ばし、九年連続の右肩上がりを達成しました。

今、気仙沼の復興屋台村では、復興を目指して「また来たくなるおもてなし」に努力しています。心の傷は決して癒えていません。それでも笑顔で頑張る店主達の姿に、「大したものだ」としみじみ思います。悲惨を通り越えて、働きたいと意欲を奮い立たせる店主達。全員が成功してほしいと、強く願っています。復興屋台村支援活動は全て手弁当で行ってきました。やりがいのあるボランティアです。

（二〇一一年一二月一六日）

◆青森県八戸市

難を逃れた蕪嶋《かぶしま》神社

蕪嶋神社宮司
野澤《のざわ》俊雄《としお》さん（61歳）

権祢宜
古舘《ふるたて》久宣《ひさのり》さん（46歳）

女性神職
野澤《のざわ》寿代《としよ》さん（60歳）

■JR八戸線の鮫《さめ》駅から歩いて一五分程の距離にあり、ウミネコの繁殖地として国天然記念物に指定され、景勝地としても知られる八戸の蕪島《かぶしま》。この島には、弁財天を祀り、七〇〇有余年の永きに渡り、地元の人々の信仰を集めてきた蕪嶋神社がある。当日、津波が一の鳥居まで押し寄せたものの、海抜一九メートルの場所に建つ社は奇跡的に被害を免れた。が、蕪島周辺の海岸沿いの地域では、住宅が流されるなどの被害があり、ほんの数メートルの高低差が明暗を分けた例もあるという。平成八（一九九六）年からここで宮司を務める野澤俊雄さん、夫人であり女性神職でもある寿代さん、そして、権祢宜の古舘久宣さんに、お話をうかがった。当日、朝から昼までは野澤さんご夫妻が、昼から交替して古舘さんが、神社に詰めていたという。

【聞き手／山内美香】

野澤さん　ご存知のように、蕪島はウミネコの繁殖地です。例年、二月の末頃から、産卵のためにウミネコが飛来し始めます。平成二三（二〇一一）年もいつも通り、桃の節句前後から多くのウミネコがやってきて、島はにぎやかになっていました。ところが、三月一一日の朝だけは、なぜか一羽も姿を見せず、家内と「おかしいねぇ」と話していたのです。

私達夫婦は、八戸市の内陸部にある是川《これかわ》という地区で、保育園の運営もしています。あの日は午後から園の仕事があったため、昼頃に古舘さんと交替して、神社を離れました。それから数時間後に、地震と津波が発生したのです。

古舘さん　地震が発生したのが午後二時四六分。大きな地震でしたし、ずいぶん長く揺れましたが、横揺れだったためか、神社では物が倒れたり壊れたりという被害はありませんでした。ただ、地震の規模から考えて、津波が来ることが予測できましたので、すぐに社務所や神殿の火の元の確認と戸締まりをして、避難の準備を始めました。

震源地が少し遠かったので、そうやって冷静に対応できる時間があったのだと思います。蕪島周辺は過去にも地震による津波の被害に何度も遭っており、ご年配の方の中には、昭和八（一九三三）年の三陸沖地震、昭和三五（一九六〇）年のチリ沖地震、昭和四三（一九六八）年の十勝沖地震、平成六（一九九四）年の三陸はるか沖地震を経験したという方もいらっしゃいます。そうした方々の体験談などからも、住民にいざという時の心構えができており、大きな地震が来たらすぐに津波を警戒して高台に避難するという意識が浸透していたので、この地域全体の人的被害が少なかったのだと思います。

津波の第一波がこの付近に到達したのは午後三時四〇分頃ですが、そのだいぶ前に私は下の駐車場に降り、自分の車で避難することができました。地震発生時に、神社に参拝されている方がたまたまいらっしゃらなかったのは幸いでした。

私が避難した後、津波の様子を神社近くの高台からずっと見ていた方のお話によれば、第一波は駐車場の地面から一メートルほど水位が上がったくらいで強さはさほどでもなく、その約一時間後に到達した第二波は、蕪島の左右から猛烈な勢いで押し寄せ、一の鳥居の前でぶつかって、とても大きな水しぶきを上げたそうです。この時の水位は、一の鳥居の右横にある八戸小唄の石碑の台座まで上がっていた痕跡が残っています。

当日、神社の下の蕪島の駐車場に停まっていた漁業関係者の方や海上保安庁の方の車一〇台ほどは、この第二波で流されてしまいました。また、その時間帯に、おそらく野次馬で蕪島にやって来たらしい若い女性四人が乗った車が流されて、道路脇のコンクリートのガードレールに押しつけられて止まり、あわやというところで避難する様子も見えたと聞いています。

境内から見渡せる八戸港には、複数の防波堤が二重に配置されていますが、いちばん長い三五〇〇メートルの防波堤の一五〇〇メートルが破損してしまったそうです。このことからも今回の津波の威力がうかがえると思います。

野澤さん　地震発生時、私はお昼寝中だった園児約七〇名を避難させ、ご家族のご連絡とお迎えを夜まで待っていましたので、神社の様子を見に来られたのは翌日でした。

しかし、水は引いていたのですが、蕪島は立ち入り禁止区域になっており、離れた場所から眺めることしかできませんでした。鳥居をはじめ、神社は無傷のように見えましたが、下の駐車場や公園の電柱や柵はなぎ倒され、公衆トイレは倒壊し、多くの瓦礫が打ち寄せられて、蕪島の様子は一変していました。その有様を目の当たりにしただけに、翌々日、島に入ることが許され、神社に被害がないことを確認できた時は本当にほっとしました。

三陸はるか沖地震の際は、縦揺れの衝撃で蕪島の地盤が抜け、神社にも甚大な被害があったのですが、今回はあれだけの津波が押し寄せながら、ありがたいことに鳥居も石段も無傷でした。大震災の翌日からウミネコ達も早速戻って来ました。

しかし、蕪島周辺の住民の皆さんの被害は大きく、当神社の氏子総代のお宅は一階全体が瞬く間に浸水し、総代は首まで水に浸かったまま、引いていく水に流されないようにつかまっていたそうです。総代を助けに来られた息子さんも、家に着く前に津波が到達し、電柱に必死でしがみついて流されないように耐えたということでした。私達が伺った時には、総代の車が一階の屋根くらいの高さの瓦礫の上に乗っかっていました。

他にも、経営していたアパートがそっくり流され、自宅も水浸しになってしまった方、船が流されないように沖に出て、家族を家に残したまま、海上で二日間を過ごした方、車や船を流されてしまった方など、大変な経験をされた方々がたくさんいらっしゃいます。

それでも、気持ちを前向きに切り替えるのが、皆さんとても早かった。

当神社では、例年、旧暦の三月三日（新暦四月五日）に例大祭を行うのですが、さすがに今年は開催がむずかしいのではないかと思っていたのです。ところが、ずっと電話も不通（四月一〇日まで不通）で不便な中、氏子の皆さんが連絡を取り合って、復興祈願祭として開催することを決め、最終的に一二〇名の方々が集まってくださいました。そして、直会《なおらい》を簡素に済ませた分を義援金として八戸市にお渡しすることもできたのです。

ご自身たちがまだまだ大変な状況の中で、こうして復興に向けて早々と動き始められる八戸市民を頼もしく感じました。

寿代さん　震災発生後にテレビで放映された、蕪島の左右から入って来た波がぶつかり、一の鳥居の前で大きな波しぶきが上がった映像をご覧になって、神社が流されてしまったのではないかとご心配くださった方がたくさんいらっしゃいました。電柱が倒れたために、神社の電話がずっと不通だったので、余計にご心配をおかけしてしまって。

以前から、参拝してくださる方々にはお声をかけるよう心がけてきましたが、今回の震災以降、ほんの一言二言の言葉を交わし合うだけでも、絆のようなものが生まれることを実感しました。以前に訪ねてくださった方が、心配してご連絡をくださったり、被害のないことを知ってまた伺いますとおっしゃってくださることが嬉しいですね。

お陰さまで神社は無傷でしたが、駐車場やその周辺は大変な有様でした。でも、それもゴールデンウィーク前に三〇〇人以上のボランティアの方が参加してくださった瓦礫撤去作業で、ずいぶんときれいにしていただきました。蕪島のみならず、八戸全体が復興に向けて猛スピードで動き、七月には例年通り蕪島海岸の海水浴場も海開きができて、水遊びにはしゃぐ子ども達の姿を見ることができました。

夏休み頃からは、県外からの観光客の方もまた少しずつですがお越しいただけるようになり、海のいい息吹を取り込んで、笑顔でお帰りいただいています。

野澤さん　震災後に韓国から観光でいらした方が、境内からの眺めをご覧になっておっしゃいました。「ここは、左には近代的な海、右には自然のままの海が見える素晴らしいところですね。絶対残していかないといけません」と。

現在、国を挙げて取り組みが始まっている新「三陸復興国立公園」（仮称）計画では、福島県相馬市の松川浦《まつかわうら》県立自然公園を起点、蕪島を終点とする全長三五〇キロに及ぶ太平洋岸の長距離自然歩道の構想があります。復興の証となるその道の終点に蕪島が選ばれた意味をかみしめつつ、損壊したエリアの修復と整備を含め、これまで以上に多くの方々をお迎えし、楽しんで帰っていただくためのアイデアを練っているところです。

蕪島の復興をアピールし、八戸をもっと元気にするために、五年前から行ってきた大晦日から元旦にかけてのイベント「蕪島カウントダウンフェスティバル」を今回も開催します。よさこいの奉納演舞や花火の打ち上げなどもある賑やかなイベントです。

当神社に祀られている弁財天は、商売や芸事の神様として知られますが、ここでは海の神様、大漁の神様としての信仰が厚く、また、癒しの神様ともされています。老若男女が集い、楽しめるこうしたイベントを通じて、より多くの人を癒し、励ますことが、いまの蕪嶋神社にできることです。

蕪島にやってくるウミネコのことを地元では「春告鳥」と呼びます。まだまだ海が荒れている早春に飛来して、春の潮目を教えてくれる大切な鳥です。間もなく、そのウミネコが、春を告げにまた蕪島にやって来ます。

（二〇一一年一二月一九日）

◇青森県八戸市

蕪嶋神社《かぶしまじんじゃ》に守られて

自営業
福士顕一《ふくしけんいち》さん（79歳）

■福士顕一さんは、八戸市の鮫湊《さめみなと》において、二〇歳代でチリ地震、七〇歳代で東日本大震災を経験。港を守る蕪嶋神社と防波堤が、二つの大津波の被害を最小限に食い止める様を眼下に見ていた。

［聞き手／東しいな］

私は八戸市鮫《さめ》町ハンノ木沢《きざわ》で一人暮らしをしながら、何でも屋を営んでいます。頼まれれば鳥獣や珍しい魚の剥製づくりまでこなしてしまうので、漁港関係者を中心に幅広い方々から声をかけてもらっていますが、四五、六歳で今の商売を始めるまでは、鮫湊の岸壁にある製氷工場に勤めていました。

昭和三五年五月二四日。当時二七歳の私は、製氷工場で冷凍機の運転を担当しており、その日の朝は前日から夜勤をしていました。冷凍機は漁港の海水を冷却水に使用していましたが、明け方の二時半から三時頃、冷却水の海水が無くなったので海へ見にいくと、何故か潮が引いて水がありません。幾重にも連なる防波堤の先の、灯台の向こうまで海底が見えていました。海水のない海底に船が上がっていました。

その日は種差《たねさし》海岸でも海が浜に変貌し、アワビの潮干狩に行った方が一人、津波の犠牲となったという話を後日聞きました。

朝六時頃、鮫の漁港に津波は静かにやってきました。

古くから漁業を営んできた鮫湊の南端には、天然記念物ウミネコの繁殖地として有名な蕪島があります。ふもとに赤い鳥居を配し、頂上に蕪嶋神社を戴く蕪島は、海の脅威から鮫湊を守る出島のように位置しているうえ、過去の津波のたびに増えていったと思われる大小の防波堤が、三重、四重に漁港の入り口を塞いでいます。古い防波堤の中には、沈没船をそのまま利用したものもあります。

このような地形と構造により、遠く太平洋を隔てた南米沖から鮫漁港に向かって押し寄せた大津波はまず蕪島の背にぶつかって流れの方向を北に変え、連なった防波堤によって漁港内には進入できないまま、防波堤のない北側の沿岸に勢いよく浸水し、そのまま湾にそって南下して、ようやく鮫漁港に至ったと考えられます。

私は当時、勤務していた製氷工場の工事監督の仕事もしており、岸壁にあるとはいえ工場が頑丈なコンクリート構造であることを承知していましたので、ここなら大丈夫だろうと工場の二階から津波の様子を見ていました。

津波は岸壁から約二メートルの高さまで浸水し、工事中の工場の壁を取り囲んでいた丸太の足場や周辺の小屋なども流されてしまいましたが、予想どおり工場本体はびくともせず、二階にいた私も無事でした。

チリ地震の津波は八戸市沿岸で最大四~五メートルの高さに及んだといいますが、鮫地区ではみな高台や標高のある線路の辺りまで避難し、一人の人災もなかったと聞いています。

チリ地震津波から半世紀を経た、平成二三年三月一一日。地震発生時の午後二時四六分、私は鮫町の高台にある自宅にいました。

地震直後に停電となったためか警報は鳴りませんでしたが、地震とくれば津波と考えるのが港の住民。私も近所に声をかけながら、線路の山側に避難しました。

その辺まで来れば津波の心配はないだろうと思われましたので、鮫漁港が一望できる鮫生活館裏手の高台から、近くの住民と一緒に漁港の様子を見守っていました。今回もチリ地震の時と同じ様に、港から潮が引いて海底が見えていました。

やがて第一波に続き、まだ明るい午後四時半から五時頃に、第二波で大津波が来ました。蕪島と防波堤に守られた鮫漁港は一時間くらいかけて増水し、岸壁ではチリ地震と同じ二メートルの高さまで海水がきました。五一年前と同様に、北側から湾に沿ってやってきた波は大分勢いを削がれ、蕪島や防波堤に行く手を阻まれて漁港内で渦を巻いていました。

そして、引き潮。

引き潮はおっかない、と思いました。

来るときは自然に水嵩が増していったのに比べ、引くときは恐ろしい勢いでした。水にさらわれた港の小屋やコンテナ、フォークリフトが、沖の方に流されながら様々な建物にぶつかっては破壊していく様を、高台の上からただ眺めるだけでした。

一二月現在、津波の残骸はほとんど撤去されていますが、蕪嶋神社のふもとには破損した防波堤と公衆トイレがまだ残されています。その防波堤は私が二〇歳代の頃、実現はしませんでしたが蕪島に特殊潜水艇の基地を建てるという名目のもと兵隊達が作ったもので、チリ地震の津波にも耐えたものです。また公衆トイレは、土台は浅いものの本体はコンクリート製のがっしりした造りです。

それらが陸側へではなく、海側へ向かって大きくなぎ倒されているのを見ると、引き潮の破壊力がいかに大きなものであったかが良く分かります。

私は高台に住んでいるので、直接の被害はありませんでした。鮫地区の海に近い地域では、平屋が流されたり二階建て住宅の一階部分が浸水したりと甚大な被害を受けましたが、みな日ごろお年寄り達から津波の恐怖を聞かされていたため迅速に避難したので、人的被害を免れることができました。

同じ八戸でも北側の沿岸部に比較すると被害がより小さく済んだのは、チリ地震やこれまでの過去の地震と同じように、蕪島や防波堤が鮫の港を守ってくれたからだと感じています。チリの時も今回も、一面が濁流のような黒い海水に埋め尽くされた光景の中で、蕪嶋神社のふもとの鳥居が、根元まで水没しながらも海中で足を踏ん張るようにして、最後まで赤くぽつんと姿を見せていたのを覚えています。

実は、蕪嶋神社の鳥居の横にある大きな岩に、チリ地震津波の際の津波の高さが、誰かの手によってしっかりと刻まれているのです。岩に引かれたラインの意味は、地元でもほとんど知られていません。

チリ地震津波の確かな記録が残されている貴重な岩を、きちんと保存し後世に伝えていかなければ、いずれ誰も知る人がいなくなる時が来るのではないかと心配しています。

ところで、地震の直前には、不思議なことが起こるものです。チリ地震の時には、工事中の工場の足場の丸太が上から落ちてきましたが、何かを感じて危機一髪で直撃を避けることができました。今回の震災でも、地震の後は油不足でみな大変でしたが、私はまだガソリンがあったのに、やはりまた何かを感じて地震直前にガソリンを満タンにしていたので、困ることはありませんでした。

不思議なことといえば、もう一つ。

今は港と地続きとなっている蕪島ですが、戦前まではつり橋で結ばれていました。その辺り一体は、戦後埋め立てによって陸地になったので、私が子どもの頃は、蕪島は海に浮かぶ島だったのです。

興味深いのは、チリ地震の時も今回も、埋め立てた地域で津波の水が来た境界が、小さいときに良く遊んでいた波打ち際の場所だったということです。

海は覚えている。

鮫地区で二度の大津波を経験して、そう思いました。

（二〇一一年一二月一一日）

◎青森県八戸市

津波想定避難訓練を活かす

八戸市立多賀小学校校長

前田《まえだ》英規《ひでき》さん（58歳）

■前田英規さんは八戸市立多賀《たが》小学校に赴任して二年目の校長先生である。一九八一年の日本海中部地震や一九九四年の三陸はるか沖地震の経験を含めて災害について豊富な知見を持っている。東日本大地震及び大津波は初めて体験した授業中の大災害だったが、二〇一〇年八月三〇日に行った八戸市の津波を考慮した総合避難訓練の経験を活かして、児童及び地域住民の安全避難を実現した。その背景には、普段からの教職員・ＰＴＡ・町内会との連携を培ってきた地域コミュニティの核としての小学校を実践してきた努力があった。

【聞き手／月舘敏栄】

午前授業中だったので一四時四六分の地震発生時に、私は職員室でＰＣに向かっていました。地震が二回ほど弱くなったり、強くなることを繰り返して三分ほども続いたであろうか、とにかく長かったです。地震で職員室の本棚が倒れ、なかなか避難指示をだすことができませんでした。また、地震が治まった後、教頭先生が放送を試みましたが、停電で校内放送できませんでした。そのため、教頭先生がハンドマイクで「体育館へ避難」と校内に残っている児童に呼びかけて回りました。本来なら、校庭に避難することが原則ですが、校庭が雪でぬかるんでいること、寒かったこと、履き替え・着替えに時間を要することなどを教頭先生と相談して、急きょ体育館避難へ変更しました。このことが津波が襲ってきたときのスムーズな二階への避難に繋がったと思いました。

　体育館避難を決めた理由は、校庭が雪でぬかるんでいたことや履き替えに時間がかかることなどだけではありません。三月八日に校舎の耐震補強が終わったこと、体育館は耐震補強の必要の無い施設と評価されていたので、この地震でも体育館は大丈夫と判断できる具体的根拠がありました。もちろん、三陸はるか沖地震で体育館の天井材などが落下する被害があったことを知っていましたので、天井材が落ちてくる心配の少ない体育館の前側に児童を集めました。もう一つの理由は、不審者対策の避難訓練を体育館避難で実施してきた経験に基づいてのことです。更に、防寒着への着替えや下足への履き替えにも時間がかかることが大きな理由でした。

　さて、体育館に避難した児童に向かって落ち着いて先生方の指示に従った避難行動を取るように指示をしました。そして、教頭先生と相談して、保護者が迎えに来た場合だけ安全確認をして帰宅させることを決めました。一五時過ぎになると、地域の人々も多賀小学校に避難してきたので、体育館に避難してもらいました。男の先生方を中心に、椅子やゴザなどを体育館に用意しました。さらに、三〇分位過ぎたら五戸《ごのへ》川沿いの浜市川《はまいちかわ》保育園から防災頭巾を被った園児と保育士が避難してきました。体育館の中央に多賀小児童が集まり、体育館の壁側に地域住民や保育園児が固まりました。

　寒くなってきたので児童の防寒着を取りに行かせようと一部のクラスが移動を始めた時に大きな余震が続いたので、体育館に戻らせました。代わりにクラス担任の先生方が防寒着などを取りに行き、体育館内で防寒着を着させました。保護者が迎えに来たので、安全確認をして一部児童を帰宅させました。避難してきた町内会長さん達が避難者達を町内会ごとにまとめて棲み分けしたので、体育館内は大分落ち着いてきました。一六時少し前になると、外を見ていた避難者や保育園児から「津波が来た」との声が上がったので、校庭を見ると五戸川を越えた津波第一波が校庭の三分の一程度まで押し寄せてきました。その直後、津波に流された浜市川保育園長がずぶ濡れ、血まみれになって多賀小に避難してきました。校長室で着替えさせて体を暖めさせました。

「もっと大きな津波が来る」との声もあったので、二階への移動を決意し、一六時頃から二階へ緊急移動を開始させました。二階教室へは児童を避難させ、階段脇の理科室などに地域の人達や保育園児達に避難してもらいました。停電で暗く暖房も使えない校舎に、なんとか石油ストーブ三台を避難室に用意し、急拵えのロウソク立てで廊下・階段・トイレを明るくしました、また、男の先生方が体育館からマットを運んで高齢者の方々に提供しました。

一七時少し前に三階から、第一波の津波が漂っている校庭に真っ黒い津波第二波が校庭を越えて校舎にぶつかってくるのが見えました。津波第二波でプールの更衣室ドア下から浸水したこと、床上の高さに津波の跡が残されていることが確認できたので、校舎一階が浸水したら三階へ避難することを決意し、ピンク電話で市教委や災害対策本部と連絡を取り、一部校舎が津波で浸水したことを報告しました。この結果、「多賀小、津波で浸水」の報道が流されたので、マスコミ対応に追われることになりました。小学校周辺の住宅地は少し小高く、津波が道路を流れていったこともあって大きな被害はありませんでした。

ここまでの段階で、小学校・PTA及び町内会の人達が不安だったのは、停電のために地震や津波情報を入手することができなかったことでした。停電でTVだけでなくラジオも使えませんでしたが、一部の教職員が携帯電話で「震度7の大地震であること、大津波警報が出されたこと」などを確認してくれました。その大津波警報が私に伝わったのは、体育館に児童を移動させている最中でした。私は、大津波を予想していなかったので体育館待機を指示しただけでした。というのは、八戸市のハザードマップでは、多賀小は津波浸水地域に想定されていなかったためです。

私は阪神・淡路大震災の被災状況をイメージしていました。そんな状況に地域住民や保育園児が避難してきたので、私がマスコミ対応や避難所全体の運営担当の役割を分担し、教頭先生は児童及び避難者への対応やPTA・町内会と協力した避難所運営を担当することを確認しました。男の先生方は、椅子やマット・ゴザなどの用意や石油ストーブやロウソク立てなどの用意と施設・設備管理を担当しました。女の先生や担任の先生方は児童や避難者への細やかな心配りや声かけをして回りました。被災者でもある町内会長さんやPTA会長さんも避難所運営に協力してくれたので助かりました。そして、PCや重要書類などを三階へ移動させました。連合町内会長さんが用意した小型発電機と投光器を家庭科室に設置して女の先生方で炊き出しを行いました。炊き出しの食糧にと地元の人達が各家庭から米やのりなど持ち寄ってくれました。また、助かったのは水洗トイレが使えたこと、洋式便器が七基あったことで高齢者も安心してトイレを使うことができたことです。しかし、避難生活がながびくと高架水槽の水が不足する不安を感じました。

八戸市の教育委員会や災害対策本部とピンク電話で連絡を取りましたが、具体的な大津波に関する情報提供は無く、被災状況を一方的に問い合わせるだけでした。多賀小に派遣された八戸市職員の主な役割は「避難者の名簿」を作ることだったので、教職員も協力しました。平成二二年八月三〇日の避難訓練に参加した職員でしたので、炊き出しや海上自衛隊への二次避難への対応も相談しながらスムーズに行えました。やがて八戸市からミルクや缶詰などの配給品も届きました。警官二名も多賀小に派遣され、警察無線を使って被災状況の調査報告などを行っていました。

一九時過ぎには、教職員・PTAや町内会長達の協力により、炊き出し・石油ストーブ・ロウソク・小型発電機・投光器が避難所に用意されて、落ち着いた様子に変わりました。一九時半から二〇時頃になると、海上自衛隊への二次避難が八戸市により決定されました。この決定が如何にして行われたかは知りませんでした。二次避難へ移動決定と共に、一六〇名の避難者に一階へ移動してもらい、避難者名簿の再確認をして玄関に掲示しました。海上自衛隊の大型バスが迎えに来て、第一陣が出発したのは二一時過ぎでした。最後の第三陣の避難者が海上自衛隊に向かったのは二四時近くでした。

海上自衛隊への二次避難が始まると、教職員は避難所になった体育館や二階教室の後片付けを始めました。後片付けが終わって教職員及び市職員が自家用車で帰宅できたのは二四時半過ぎになってからでした。教職員が自家用車で自宅に帰れたのは、津波が引いた二〇時過ぎに教頭と教務主任が道路状態の調査に出かけ、「産業道路が通行できないが四五号が大丈夫であること」を確認しておいたことが活かされた結果でした。余震が続く三月一二日は私と教頭が出校しましたが、教職員は休ませ、三月一四日から学校再開の準備を始めました。

今回の大震災の経験から、災害時の学校対応に多くの課題があることを再認識できました。第一点は、防災マニュアル通りには避難を行えず、災害状況に応じた臨機応変な対応が必要であることを実感したことです。例えば、校庭ではなく、校庭の様子や季節を考えて体育館避難へ変更したことです。その結果、津波第一波来襲で短時間で二階へ移動し、海上自衛隊への二次避難がスムーズにできたことです。

第二点は、教職員と町内会やPTAが連携して避難所運営に当たることの大切さです。そのために、運動会や学習発表会、避難訓練などを通じて協力して行う日常活動が大切であると実感しました。市川地区では、大震災を契機に六月から「市川地区災害に強い街づくり会議」を設置し、自主防災組織を立ち上げ、八戸市に申請しました。この組織に教頭先生も参加しています。

第三点は、何時起こるか判らない災害への対応が校長と教頭だけでは困難なことです。例えば、休日や夜に災害が起こったら、現体制では早急な避難所開設には対応できません。町内会と協力した避難所開設体制を作ることが肝要であると思います。

児童の帰宅について大きな反省点がありました。保護者が迎えにきたので児童を帰宅させましたが、自宅や帰宅途中で被災した児童が少なくありませんでした。今後は、海側の居住者に対しては、学校避難を優先させることを再確認しました。

悩ましいのは、津波浸水した多賀小学校が市川地区唯一の鉄筋コンクリート三階建ての地震や津波に強い建物であることです。一次避難所としては機能することを前提に、桔梗《ききょう》野《の》地区や多賀台《たがだい》地区と連携した避難態勢を整えることが大事だと痛感しています。

（二〇一一年一二月二六日）

◘青森県八戸市

小中野小学校奮戦記

八戸市立小中野小学校校長
三《み》浦《うら》勝美《かつよし》さん（58歳）

■百石《ももいし》町出身の三浦勝美氏は、チリ地震津波・十勝沖地震・日本海中部地震・三陸はるか沖地震を経験してきた児童数四二九名の小中野《こなかの》小の校長先生。明治三陸津波やチリ地震津波で被災経験のある八戸市小中野町は、東日本大震災でも一部学区が浸水し、小中野小学校は津波の避難所に指定されていなかったにもかかわらず一次避難所として地域住民の支援活動の拠点として町内会などと協力して奮戦した。この経験に基づいて、小中野地区自主防災組織が設立された。来る3・11には、八戸市の津波を想定した総合災害訓練の会場に指定された。【聞き手／月舘敏栄】

東日本大震災の日は午前授業だったので、一三時四〇分頃には全員下校したと思っていましたが、一四〇〜一五〇名程度が学校に残っていたようです。一四時四六分大地震発生時、私は職員室にいました。約三分続いた地震が治まった後で、教頭先生を中心に教職員が手分けして校内、私は校舎の外回りの安全点検を行いました。学校に残っていた一〇〇名余りの児童を一階の図書室に避難させて、集団下校の準備を始めました。この段階では「津波」のイメージは持っていませんでした。図書館に避難した児童を落ち着かせて、児童の自宅へ連絡をとることを担任に指示しました。一五時三〇分頃、公民館の工藤《くどう》館長が「大津波警報」の情報と共に小学校に駆け込んできました。続いて、青森銀行などの付近の民間企業の人達も津波の第一波襲来の情報を持って小中野小に避難してきました。八戸市のハザードマップでは、小中野小は五〇センチ程度の津波浸水地域に想定されていましたので、小中野小は津波避難所には指定されていませんでした。

一六時過ぎから一八時頃に掛けて四〇〇人以上の避難者が小中野小に集まってきました。津波の避難所では無かったのですが、一階を使用していたことと体育館が床の校舎より少し低いので、避難所に二階の特別教室などを使うことにしました。畳敷きの養徳館《ようとくかん》には高齢者と身障者に避難してもらい、理科室・PC室・千草室（学習支援室）も避難所に開放しました。更に三階の絨緞を敷いた部屋と教育相談室も加えた計六室を避難所に開放しました。避難者の中には、一旦帰宅した児童と保護者も含まれていたために、災害時の帰宅を再考する契機になりました。

停電のために照明も暖房も使えなくて困っていたら、小中野小を知り尽くしたベテランの技能主事が古い石油ストーブ六台を探し出し、各避難室に石油ストーブを用意してくれたので、大いに助かりました。ダムウェーター（昇降機）のない古い校舎のために一〇リットル入の小型石油タンクを技能主事が用意していたことも役立ちました。校内の設備機器や備品を熟知した教職員が大切なことを実感しました。男の先生方は古いアルマイトの食器を利用したローソク立てを一〇〇個余り作り、理科室にあったローソクを半分にして階段や廊下、トイレに設置しました。全水洗トイレが使えたことで避難者も安心してもらいました。ローソクが不足気味だったので、民生児童協議会長の小向《こむかい》氏に相談すると、小中野町にある山村《やまむら》葬儀店からローソク五〇〇本を調達できて避難者にも安心してもらえました。また、車椅子の二名の避難者を四名の男の先生が二階へ運び上げて養徳館で休んでいただくことができました。腰が抜けた高齢者にも小学校に用意してあった二台の車椅子を活用して対応しました。また、避難者の奥山《おくやま》さんが発電機と投光器を用意してくれたので、階段脇に設置し、階段、家庭科室やトイレなどを照明して避難所運営に役立てました。臨時津波避難所になった小中野小の責任者として、男性教職員や町内会の人達の相互協力に勇気づけられました。

隣の公民館と共に臨時津波避難所の運営体制が整ったの

は、一八時頃でした。八戸市の職員五名が派遣されてきましたが、職員間の役割分担などが曖昧で、具体的に行ったのは、避難者の名簿作りでした。避難所運営の主役は八人の男性教職員でした。校長の私は、マスコミや安否確認などの対外関係を担当し、教頭先生と教務主任を中心に避難所運営に当たり、ストーブやローソクの管理を徹夜で担当しました。二〇名余りの女性教職員は、避難者の健康管理や炊き出しなどを担当して夜間は帰宅してもらいました。避難所閉鎖まで、毎日学校に泊まり、男性教職員は夜間中心、日中は女性教職員が避難所運営に力を発揮してもらいました。私が、最も苦労したのは昔の卒業生からの小中野町居住者に対する安否確認の電話への対応でした。結局、避難者リストを玄関脇に掲示する対応に落ち着きました。

一九時頃になると、夕食を心配する声が避難者達の間から漏れてきました。近所の避難者達が自宅から米や梅干しなどの炊き出しに使える食糧を持参して、公民館の調理室と小学校の家庭科室で炊き出しの準備が始まりました。婦人会や保護者が協力して大量のおにぎり作りを始めたのですが、慣れていなかったので手を真っ赤にしながらの作業になりました。それでも二〇時頃には、各避難室におにぎりを配給することができました。二三時頃になると、毛布二〇枚が市からとどきました。夜中の三時頃には、カップラーメンが配給されたものの、公式の避難所である中学校への配給品であったとして回収されたという笑えないエピソードも発生しました。小学校や公民館で沸かしていたお湯も中学校へ提供しました。

二日目になると、停電が解消したことにより自宅や親戚に戻る避難者も増えて、四〇〇人余りいた避難者は約二〇〇人に減少しました。自らも被災した笹森《ささもり》町内連合会長が避難者全般に気配りをして回ったことで、良い雰囲気で避難所運営ができるようになりました。一日目の炊き出しは教職員が各避難室に配って回りましたが、二日目からは一階に開設した配給所に避難者の方々に取りに来てもらうことになりました。というのは、避難所運営に当たっている教職員や町内会役員の人達も被災者であり、避難者が相互協力して避難所運営に当たることが大切だと考えたからです。また、カップラーメン騒動を契機に小向氏と奥山氏が小学校と中学校間を往復して連絡・調整に当たり、食料や配給品の融通などの相互協力体制を作り上げてくれました。例えば、中学校で余った食料が小学校や公民館に廻ってくるようになりました。苦慮したのは避難者が減ってきて余った食料でしたが、小学校独自の工夫で対応しました。

三日目には、停電も終り、食料販売も始まるなど街の様子が落ち着いたので大半の避難者が自宅に戻り、最後に残った三人の避難者に笹森町内連合会長が「もういいだろ。家に帰ろう」と声を掛けて、避難者の決断を促しました。

こうして、小中野小の臨時津波避難所は三日間で閉鎖することになりました。この間、町内会役員の方々と協力して教職員は二交代で避難所運営に当たったことで、津波避難所に指定されていなかったにもかかわらず四〇〇人余りの避難者に対応することができました。普段から町内会などと協力した活動や人的交流が重要であると思いました。

三月一三日に三日間の臨時津波避難所を閉鎖しましたので、月・火曜日の二日を休校として担任の先生方に児童の安否確認と水曜日から授業再開の連絡を保護者にお願いしました。しかし、避難先などが判らない児童も少なくなく、先生方には大変な労苦をおかけする結果になってしまいました。水曜日から平常授業に戻しましたが、児童の被災状況を把握ができたのは大分時間を要しました。

臨時津波避難所運営は、教職員と町内会役員との連携で巧くいきましたが、児童を迎えに来た保護者の車で小学校前の道路が大渋滞したり、近くの交差点で事故が発生するなど交通安全協会との協力で解決すべき多くの課題も明らかになりました。例えば、四月七日二三時三二分に発生した最大余震の翌日は、先生方が交差点や横断歩道に立って安全指導を行いました。災害時の児童の帰宅問題は大きな課題です。東日本大震災後は、保護者に自宅の安全を確認した上で児童を引き渡すことに変更しました。一〇月七日に「小中野地区自主防災組織」を立ち上げて、小中野小及び公民館を一次避難所に正式に指定してもらうように八戸市に申請しました。

小中野小では、「自分で守る意識の育成」を災害教育のテーマに、地域の安全点検マップ作り、津波想定の避難訓練や災害備蓄食体験などに取り組んでいます。今度の三月一一日には、「小中野地区自主防災組織」と連携して小中野小と公民館を一次避難所に想定した八戸市の津波想定避難訓練を実施する計画です。

（二〇一一年一二月二一日）

◇青森県八戸市

海上保安庁、大津波襲来の瞬間

八戸海上保安部警備救難課長
吉田英樹《よしだひでき》さん（41歳）

■「海の警察官」と呼ばれる、海上保安庁の仕事。海の上での事件を取り締まり、船舶の交通を守り、海難事故が発生した時には救助や捜索に向かう、海のエキスパートだ。八戸海上保安部では庁舎自体も津波の直撃を受け、エリアのライフラインが断絶するなか、どのように動き、対処したのか。警備救難課の吉田英樹課長にお話を伺った。

【聞き手／須藤ゆか】

八戸海上保安部は、宮城県塩竈市にある第二管区海上保安本部の管下にあり、青森県東通《ひがしどおり》村から岩手県野田《のだ》村までを管轄しています。所属している船艇は、「巡視船しもきた」、「巡視船まべち」、「巡視艇むつかぜ」、「巡視艇むつぎく」の四隻です。職員数は、陸上職員及び船艇乗組員あわせて九〇名です。

地震発生時、私は八戸海上保安部の職員三人とともに、八戸市内で行われた会議に出席していました。会場では尋常ではない揺れが続きすぐに停電になったため、会議は中止になりました。私たちは大急ぎで車を走らせ、八戸海上保安部がある八戸港湾合同庁舎に到着したのが一五時二〇分頃です。庁内では、一四時五〇分に「東北地方太平洋沖地震八戸現地対策本部」が設置され、対策本部長である八戸海上保安部長の指揮のもと、巡視船が出動準備をしているところでした。

災害時の対応には段階があり、初期の段階では生存者の人命救助を重点的に行います。その後の段階として、潜水による行方不明者捜索、自治体からの要請による物資輸送などを行います。

私は、八戸港を出航した巡視船艇と無線で連絡を取りながら、地震による被害状況の調査や津波警報発令による避難勧告の周知等を行っていました。

こちらの映像は、津波が押し寄せて沿岸部をのみこむ様子を、うちの職員が庁舎屋上からビデオカメラで撮影したものです。気象庁によれば一五時二二分に引き波で観測された第一波のみが発表されておりますが、その後、複数回にわたり津波の来襲がありました。一六時頃に岸壁を越えるか越えないかくらいの波が来て、いったん引いて一六時五〇分頃に最大波が押し寄せました。庁舎を含め、築港街地区にある建物の一階部分はほとんど水没し、車が何台も波にさらわれていく様子が映っています。JR八戸線の線路の約一メートル下まで津波が押し寄せ、向こうの三叉路に見える「止まれ」表示の手前まで水が来ました。撮影した職員もあまりの光景に唖然とし、「うわあ～」という声しか出なかったと話しています。最大波が引いた後も津波が押し寄せたんですが、庁舎の周囲を歩いている人がいたことから、職員が屋上からハンドマイクなどで避難するよう叫んでいました。

津波の来襲後は、巡視船艇により海上を漂流している人がいないか捜索することにしましたが、引き続き津波が押し寄せていることから、巡視船艇も八戸港内に入ることはできません。当時、北海道の第一管区からヘリコプター搭載型巡視船が派遣されていたことから、一七時三〇分頃にヘリコプターによる捜索及び周辺の状況確認を行いましたが、漂流者等を認められませんでした。

地震の発生とともに商用電源は停電になり、起動していた一階の比較的容量の大きい発電機やテレビの共聴器が津波により浸水し、電気機器のほとんどが使用できなくなってしまいました。辛うじて屋上に海上保安部で設置している小容量の非常用の発電機により無線機と情報通信システムを作動させ、業務を継続することができました。海上保安本部等との内線電話は回線数が限られ、外線も一回線しか使えなかったので、関係機関と連絡をとるのに苦労しました。ラジオだけでは情報を得るのに不十分ということで、資機材がないなかで屋上のパラボラアンテナにテレビを直接つなぐことで一一日の二〇時頃になんとか一台のテレビから警報や各地の被害の情報を入手できるようになりました。

今回の震災で改めて認識させられた出来事が幾つかありました。津波警報が発令されると、係留している漁船等は港外に避難するんですが、乗組員たちは、一刻の猶予もなく着の身着のまま沖に出ていくわけです。水も食料もない状態で避難したわけですから、津波が去ったと思えば入港しようとするわけですが、今回の震災においては一二日の朝になってもまだ津波警報が発令中で避難勧告も継続していたため、入港させることは出来ませんでした。

そんななか、一二日の朝に多くの漁船の乗組員の家族が庁舎に詰めかけました。乗組員たちは糖尿病を患いインスリンを使用したり、血圧の薬を服用するなど持病を抱えている人も多いため、乗組員の家族が、「薬がないと、うちの父ちゃん死んでしまう。すぐにこの薬を届けてほしい」というのです。しかし、港内はガレキだらけで、巡視艇でもプロペラにロープ等が絡まったら動けなくなってしまいます。一隻一隻、「何々丸さんですか?」と、聞きながらまわるわけにもいきません。そこで、家族の方々にお父さんの船が今どこにいるか確認してもらって、その場所まで巡視艇で薬や水、食料を届けることにし全員の依頼に応えることができました。避難している漁船等が水や食料を必要とすることは想定しておりましたが、薬を必要とする乗組員がこれほど多く、その重要性がいかに高いかを認識しました。

今回の震災は災害の規模が大きく、電話回線も十分でなかったこともあり、遭難者や行方不明者の情報を得るため、各自治体にリエゾンと呼ばれる連絡要員を派遣し情報収集に努めました。地震発生直後に八戸市役所へ、また一六時三〇分頃に久慈市役所に連絡要員を派遣しました。道路が寸断され迂回しながら通常の三倍の三時間をかけ久慈市に到着した連絡要員から無線により、「久慈市、被害甚大」という連絡を受け、巡視船艇の捜索勢力を久慈方面にシフトさせました。翌一二日以降、連絡員を三沢市にも追加し二四時間交替で派遣していきました。

久慈市に派遣した連絡要員によれば、久慈市より野田《のだ》村の被害が甚大とのことから、一二日には野田村の対策本部にも連絡員を向かわせ、さらに南のほうの被害が大きいことから一四日には普代《ふだい》村に一五日には田野畑《たのはた》村に連絡要員を派遣しました。連絡要員が被害や行方不明者の状況を随時報告し、各自治体対策本部において関係機関と行方不明者の捜索等について調整したことにより、巡視船艇や潜水士の捜索勢力を的確に投入でき、行方不明者の家族の要望に応えることができたのではないかと思っております。連絡要員の必要性は認識しておりましたが、改めて今回の震災においてその重要性を再認識しました。

今回の震災においては、連絡要員と沿岸を捜索している巡視船を介して無線で辛うじて連絡を取ることができましたが、通信手段の確保が大きな課題であることも再認識させられました。

三月一一日、海上保安部の職員は、文字通り不眠不休で業務にあたり、食事も非常食料が底を尽くかも知れないということで、海上保安部長の指示により、一二日の昼までの分として一人につき食パン二枚が支給されました。一二日になり、「今回は長期戦になるから、休める時に交替で休むように」という海上保安部長の指示もあって、各自床にアルミのマットレスをひいて寝袋に入り、交替で仮眠を取ることになりました。

職員宿舎の一つは、庁舎の近くにあり津波の被害を受けました。そこに暮らす職員の家族は断水、停電により避難所での生活を余儀なくされ、私の家族も避難所で水道、電気が復旧するまでの五日間お世話になりました。家族の無事は確認されているものの、捜索にあたっている巡視船艇乗組員の心労を考えると、早期に避難している家族と面会させてあげないといけないと考えていましたが、すぐにはできず、一五日に巡視艇乗組員と家族を避難所で面会させることができました。私を含む陸上職員も、震災後そのとき初めて家族と面会しました。

私は、前任地である神戸市にある第五管区海上保安部でも東南海・南海地震に備え地震災害の訓練は行っておりましたし、八戸保安部に着任してからも高い確率で地震が発生すると思っておりましたが、まさかここまでの大きい地震、津波が来るとは思っていなかったのが正直なところで、訓練で想定していた以外の出来事もありました。
私たちは、これから転勤でどこの勤務地に行くかわかりません。私は、今回の東日本大震災を踏まえ、今後、予想される東海、東南海、南海地震等が発生した場合にどういう備えをしていくべきか、どのような対応をする必要があるか、この震災を経験していない人たちに伝えていきたいと思っています。

（二〇一一年一二月一四日）

◆青森県八戸市

八戸市市川地区のある家族の記

八戸高等専門学校非常勤職員
類家純代《るいけすみよ》さん（32歳）

■八戸市では漁港や臨海工業地帯の被災の一方で、北部の市川町《いちかわ》沿岸部の住宅地およびイチゴ農家が大きな津波被害を蒙った。市内にある国立高等専門学校事務職員の類家純代さんは市川の分譲地の家で夫君のご両親との二世帯同居。夫婦共働きで三歳の娘を自分の職場近くの幼稚園に毎日送迎している。突然ひっくり返った日常を取り戻そうとする明るい母親の目でふりかえる。

［聞き手／河村信治］

三月一一日の午後、職場でコピーをとっていた最中に、複数の職員の携帯（緊急地震速報）が一斉に鳴り出したと思ったら激しい揺れに襲われました。私はとっさに部屋を飛び出し、でもどうしたらよいかわからず、とりあえず居合わせた人と一緒に玄関内側の卓の下に身を潜めました。揺れは長く続き、恐ろしかった。でも多くの同僚はわりと冷静だったようです。耐震建築なので室内に居て良かったということを後で教えられました。

揺れが治まるとすぐ上司の指示で手分けして校内の点検に回ることになりました。私は同僚と学生寮の点検に出ましたが、余震で古い寮棟の壁が崩れ落ちるのを目の当たりにして、このまま大地が割れてしまうのではないかと思い、これまで経験したことのない地震に怯え半泣きでした。でもさらに気が動転したのはその後でした。

校内放送の避難指示に従って学校のグラウンドに教職員と春休み中登校していた学生たちが集合しました。曇って底冷えのする天気でした。誰か情報チェックしていた人が大津波警報の発令を伝えていました。「子どもが……」その日は幼稚園が午前保育だったので、私の両親に迎えにきてもらい、種差《たねさし》海岸の実家に行っていることになっていました。すでに携帯電話はつながりません。実家には現在両親と九〇過ぎて車イス生活の祖母が住んでいます。東京生まれの祖母は戦中に祖父の故郷八戸に疎開してそのままこちらで暮らしてきました。木材業を営む父は妙に博識で、私は子どものころ父からチリ地震の話などは聞かされてきました。しかし実家は海辺といっても高台で、私自身はこれまで五〜一〇センチ程度の津波しか経験が無く、あまり脅威を現実的に感じたことはありませんでした。このときも市川の自宅や夫の職場のことは全く心配していませんでした。ただ海の近くにいるはずの子どもの安否が確認できないのは、どうにも耐え難い気分でした。

上司から事務室の一部の電話が災害時対応の回線であることを教えられ、私は必死に種差の実家に電話をかけ続け、何度目かにやっとつながりました。この頃私には時間の記憶が無いのですが、この時点で津波はまだ八戸に到達していませんでした。電話に出た父によれば、種差の人たちは全然避難している様子がなく、父も「大丈夫」とのんきに構えているので思わず頭に来て「お父さんはいいけど、子どもを避難させて」と電話口で怒鳴っていました。私の気色に圧されてか両親・祖母と私の娘はクルマでさらに高所に避難することになりましたが、最初に目標にした小学校、自然の家とも、誰も逃げてきていなかったようです。

結局車イスの祖母を慮ってトイレ等の設備が整っている美保野《みほの》のデイサービスまで行き、でも夜間は居られず、その駐車場でガソリンの残り少ない小型乗用車の中で一晩過ごしたそうです。その後も私は事務室の電話か学校校門前の電話ボックスから何度も電話をかけ、ときどきつながって連絡をとっていました。結果的にはさいわい種差の実家には被害はありませんでした。

一方、夫からは義理の両親とともに自宅に近い多賀台《たがだい》の銀行に避難しているというメールがはいりました。夫は運輸業の管理業務で、自宅近くの事業所に勤めています。義父も同じ運輸会社の社員ですが、フェリー埠頭の方の事業所に勤めていました。義父は職場が津波で流されるのを確認してギリギリで逃げてきたそうです。夫と義父・義母はそれぞれの職場と自宅から各々避難所に逃げて合流したようでした。

私自身はそのまま学校に学生と教職員三〇名ほどで泊まりました。一階の事務室と教室の一部が応急の避難所としての体裁を整えられました。直接の被害は停電だけですが、ポンプが動かないことで校舎内の水が出ず、備え付けの暖房機器も稼働しません。近隣の教職員が石油ストーブを持ち込み、食料も持ち寄り、ラジオをつけっぱなしにし、余震に怯えながら一晩を明かしました。また公用車として新しく導入したばかりのハイブリッド車のエンジンをかけたままにして、事務室の窓の外からライトで照らし、車内では交代で携帯電話の充電をしたり、テレビニュースを見たりしました。ただ車載の小さなテレビモニターが繰り返し流す映像は、現実と思えないような東北沿岸各地の断片的で異様な情景でした。その陰で八戸や近隣の沿岸がどうなってしまっているのか状況はわからないままでした。

翌日、私の娘を連れた種差の両親一家は高専に避難してきました。また夫が私たちの様子を見に高専に立ち寄ってくれた際、市川の自宅周辺がたいへんな被害を受けていたことを初めて知らされました。このときまで私は自宅については全然心配していませんでした。夫によれば分譲地一帯は水が引いたものの立ち入り禁止になっているとのことでした。

その日の日没頃になって八戸市内の沿岸を除く大部分は停電から復旧し、学校に避難していた教職員も自宅に戻る人が多くなりました。私たち含め一〇名ほどが学校で二晩目を過ごしましたが、指定の避難所ではないのでいつまでも居るわけにいきません。三日目の一三日に私の両親らは朝のうちにクルマのガソリンを補給し、種差の実家に戻っていきました。私たち家族と義理の両親は、高専に近い根《ね》城《じょう》に夫の祖母の持ち家がたまたま空いていたところにしばらく避難することになりました。

ようやく落ち着いて、自宅を見に行ったときの気持ちは、ちょっと言葉で言い表せません。意味わからない、信じられない……。ショックでした。自宅は分譲地のなかでも最も海寄り、津波でなぎ倒された防風林の松林のすぐ後ろで、我が家よりさらに海側に最近もう一軒新築されたばかりでした。松林が緩衝になって住宅地では津波の勢いは弱められたようで、建屋は流れたり倒れたりはしていませんが、浸水水位二メートルを超え全壊でした。冷蔵庫が跳ね上がったものか、天井に穴が開いていました。どこかのトラックとコンテナが家の前に転がっていて、家に突き刺さらなかっただけラッキーだったか。

いちばん悔しかったのは私が生まれたとき買ってもらったお雛さま。七段の雛壇は父が木製で手作りしてくれたもので、いつも旧暦の節句まで飾っていたのが流されてしまいました。あとで拾い集めましたが何体かは見つからずじまい。拾えたものも髪がすっかり砂泥まみれになってしまって綺麗にならず。娘が生まれて以来のビデオやデジタル写真もみんなデータを失ってしまいました。

もちろん家族全員無事で、この震災の酷い被害から較べたら全然幸運だと思うんですけど。でもここでも被災したのが夜中だったら、たぶんなかなか逃げなかったか、直前にクルマで避難しようとして渋滞でパニックになったか……。想像すると怖ろしい。一時はここに二度と住むのは嫌だとも思いました。近くの港湾工事用の重い砂が流れて来ていて、家の中に大量に堆積していました。それが乾くと二、三カ月は砂塵がひどく窓の桟がザラザラになって閉口しました。でもボランティアの人たちが良かったです。市のボランティアセンターから五、六人ずつで来ていただいて、一週間がかりで家の中の泥出しをしてもらいました。高校野球部の子たちとか中学生とか、一所懸命作業してくれました。

根城の義祖母宅で二カ月間過ごし、やっと五月の連休頃に市の雇用促進住宅に入居することができました。そして市川の自宅は建材の質が良かったおかげで一階部分の改築だけで済む見通しが立ちました。建材が悪いと水を被って腐りやすく改修では済まず、結局家を手放した知り合いもいます。今回は木材に目が利く父に感謝しています。それでも三〇坪の一階部分改築に一〇〇〇万程かかる相場です。オール電化だと三〇〇〇万円くらいかかるようで、ご近所の方は結局戻って来ていません。うちは二階部分が問題なかったため、先に義理の両親が戻り、私たちも七月末に自宅に戻ることができました。

私たち一家が市川に戻ったのは元の住民の中では早い方で、当時は家の灯りが無く怖い感じでした。住人も戻ってこないのではないかと心配でした。一時期は空き巣狙いなど治安の悪化も心配されました。現在は分譲地のうち半分くらいの世帯が戻ってきています。地元の町会長さんがときどき家を訪ねてきてくれています。分譲地では住民の交流はあまりありませんでしたが、最近は近所の方と少し話をするようになりました。我が家の海側で新築早々全壊になってしまったお向かいさんは同世代の世帯ですが、九月頃に戻ってきました。

うちの前にはこの地域特産品のイチゴのハウスが広がっていて、夜にはハウスの電飾がきれいでした。これがこの場所の一番好きなところだったんです。ハウスが流されてしまってイチゴ栽培もどうなるか心配されましたが、夏過ぎからまたハウスが再建されてきているのが嬉しいです。いろいろありましたが、だいぶ生活は元に戻ってきた気がします。以前に比べて地元公民館など地域での活動が活発になっているのか、案内を外でも見かけるようになりました。ほか震災前と変わったことといえば、娘が「地震!」と感じるとすぐ頭を隠すようになったことでしょうか。

(二〇一一年一一月二〇日)

◘青森県弘前市

「帰宅できない」という被害

弘前市役所臨時職員
白石優弥《しらいしまさみ》さん（24歳）

■平成二三（二〇一一）年一二月一日、新語・流行語大賞が発表され、トップテンの中に「帰宅難民」がランクインした。首都圏で五〇〇万人とも言われる帰宅難民は、自宅が遠距離にあるなどの理由で徒歩帰宅を断念し、被災場所周辺に滞留する帰宅断念者と、遠距離徒歩帰宅者を合わせた概念で、中央防災会議などでは「帰宅困難者」と呼称される。関東圏では交通が遮断され、徒歩で帰宅する人々が多くみられ、また、帰宅困難者となり近隣の駅やホテルのロビーなど一時的に提供された場所に待避する人々も宿泊先を求めてあふれかえった。このような破局的被害の周縁で被災する人々は、その数も多く、対応も後手にまわりがちであることから、各々の意識を高めておかなければならない。

　さて、この帰宅困難者は相対的な数は少ないものの地方でも発生しており、特に東北のような北部地域では、自家用車で移動していなかった人々が必然的に帰宅困難に陥った。停電により電車がとまり、危険だと判断したJR青森駅では駅構内を封鎖した。乗合いのタクシーや自家用車などで帰宅する場合も、街灯や信号が消えているためヘッドライトだけを頼りに移動したようだ。また、震災当日は国立大学の後期二次試験前日であったために、受験のために遠方へ出かけていた高校生もおり、彼らも帰宅手段を失ったという。

　このような状況下で、特に考えなければならないのは、子供、高齢者や障害者といった災害弱者であり、健康な成人であっても個別に様々な被災状況が考えられる。ここでは、青森市で帰宅困難者となり、被災場所周辺に滞留した女性に震災当日の話を聞いた。

［聞き手／白石睦弥］

三月一一日、東日本大震災の日、私は帰宅難民となりました。私は弘前市に在住しており、当時は青森市の職場へ電車と徒歩で通勤していました。当日は、ズボンにセーター、コートとマフラーという、いでたちだったと思います。とにかく、地震が起こることなんて考えていませんから、普段の通勤と変わらない持ち物・服装でした。

　金曜日だったので、やっと週末だなという気持ちで、午後までいつも通りの業務をこなしていて、揺れ始めた時も「すぐおさまるだろう」という感じで、周りの人たちと談笑しているくらいの余裕がありました。デスクに座ったまま「ずいぶん長いねえ」程度の会話をしていたと思いますし、同じ事務局の人もそれほど慌てふためいているという感じではありませんでした。大きな地震の経験がほとんどないので、小中学校の時代の避難訓練みたいに、机の下に入って頭を守るとかそういう発想には至りませんでしたね。

ただ、揺れがどんどん大きくなって、自分は簡単に考えているんですけれど、やっぱり管理責任のある事務局長は、私たちの安全確保ということを考えてくれたんだと思うんです。「本棚が倒れたら危ない！　早くこっちに来なさい！」と叫ぶのが聞こえて、それでも、割とのんびりというか、落ち着いて行動していたと思います。揺れで、防火扉のようなものが、開いてしまったのを覚えています。これほど大きな地震の体験はありませんから、どうしたらいいのかわからないというところはあったかもしれません。揺れの途中で電気が消えて、それでもすぐ復旧するだろうと思っていました。

ひととおり、大きな揺れ（本震）がおさまって、余震で揺れる中で携帯電話のワンセグでニュースを見て、ただ事じゃなかったんだと。ただもう、びっくりして、どういう状況か、映像でそれをみても、当初はたぶん良くわかってなかったですね。とにかく停電復旧の目途が立たなくて、職場にいてもどうにもならないので、それぞれ帰宅することになったんです。

職場ではみなさん青森市内在住なので、帰宅できないのは弘前市民の私だけで、電車がとまっていたらホテルに泊まるように指示がありました。職場の人に車に乗せてもらって、青森駅に行ったらもう真っ暗で、これは電車は動いていないだろうということで、そのまま駅前にある青森センターホテルまで乗せていってもらいました。途中も日が傾く中で、当たり前ですけど、信号が動いてないって思いました。これは帰ってから母に聞いたのですが、ラジオで青森駅で帰れなくなっている人が、若い女性が「どうしよう」ってコメントしていたらしくて、その他にも帰れなくなった人たくさんいたと思うし、私だけじゃなかったんだなって思いました。

ホテルは予約の人しか宿泊できないってことで、ロビーで一時間かそのくらい休憩させてもらったんです。私の他にも一〇人前後くらいいました。ペットボトルの水を提供してもらって、まずは同居している母親に連絡しました。電話がなかなかつながらなくて、でも、「車で迎えに行く」って聞いたので、合間に携帯使ってSNSでつぶやいてみたりとか、安否確認メールを家族・友達数十人に同時送信してみたりとか。連絡は同時送信の返信がちらほら、送ってない友達からちらほら、来てた感じかな。夜になってから、北海道に里帰りしてた職場の人から電話があって心配してもらって。災害伝言ダイヤルとかは、今考えると存在を忘れていましたね。あれだけCMやってたんですけど、携帯があるから、何とか連絡つくと思ってました。

そうこうしているうちに、もう暗くなってきて、ホテルのロビーから隣接しているまちなか温泉の方で座敷を開放してくれるという話になって。その場の全員で移動しました。スタッフの人も一〇人くらい。大根の輪切りにロウソク立てたものを廊下の足元に置いてくれて、温泉施設の座敷に移動して。もともと暖房かかってて暖かかった部屋だから、暖房が消えてもそこまで寒くなかった。毛布はビジネスホテルの毛布みたいな固くてザラッとした感じのものでしたけれど、もうそれがあるだけで有り難かった。

途中で、宿泊客が移動してきたのか、人数が増えて、二〇人から三〇人くらいいたのかと思いますが、暗かったですからね。旅行客が着替えから歯ブラシまで持ってきてるのが羨ましかった。こちらは、何もないですから。通勤カバンだけですから。それでも、まだ帰れるかもと思ってたんですけれど、姉から「夜の暗い中で、しかも雪が降ってるのに、運転は危険だから、明るくなってから迎えに行く」と電話があって、もう今日は帰れないと覚悟を決めました。夕食は割と遅くなってから、おにぎりと漬物、途中売店で売ってるスナックや、パンを提供してくれたりですよね。スタッフの方が、本当にいろいろ気をつかってくださって、本当に有り難かった。

携帯の電池は心許ないし、翌朝に連絡がつくのか不安だし、気が気じゃなくて。本当に情報は携帯電話に頼り切ってるんだなって。情報はみんな携帯電話から得ているので、新聞があるかどうかとかまでは気がまわらなかった。翌朝は朝刊があったのかも知れないです。

翌朝になって、携帯電話の電池が切れるか切れないかのところで、姉に電話が通じて、居場所を伝えられたので、良かったです。その時はちょっと安心しました。待っているあいだに、ホテルの方で普段出しているバイキング形式の朝ごはんも出してもらって。いろんな種類があったし、食べている間にも種類が増えていた。おそらく、停電で冷蔵庫が使えなくなって保存がきかないから、たくさん出してくれたのかな。

迎えに来てもらって外に出たら雪が積もってて、帰りに車の中から見て、ああ、やっぱり信号がついてないんだと思いました。自宅に戻って、寒くてびっくりしました。母は布団にくるまっていて、私も姉も居間でダウンジャケット着たり布団にくるまっているしかなかった。それでも、夜になっても、ラジオや懐中電灯があって、家族もいて、安心しましたね。

でも、ラジオでニュースを聞いているうちに、自分が心細いとか思ってたのが申し訳ない気持ちになりました。私はすごく幸運な場所にいたんですよね。

（二〇一一年一二月二五日）

あとがき――本書の成り立ちについて

赤坂憲雄編によるこの東日本大震災聞き書きプロジェクトの立ち上がりは早かった。既に震災直後の昨年の三月末には「やらなければならない」との合意が、編集にあたった私たち〈荒蝦夷〉と赤坂さんとのあいだに成立していた。だが、赤坂さんには学習院大学教授を務めながら、福島県立博物館館長として、岩手県遠野市立遠野文化研究センター所長として、そして国の東日本大震災復興構想会議委員として、福島県復興ビジョン検討委員会委員として、息つく暇もなく震災に立ち向かう日々が待っていた。そして、私たちはといえば、生活再建と業務再開に追われる日々が続いた。そんな私たちの思いを知った藤原書店のみなさんに強力に手を差し延べていただき、聞き書きが本格的にスタートしたのは昨年の夏ごろだったろうか。そしていま、なんとか一年目の記録をここにお届けできることとなった。

このプロジェクトに至るいくつかの経緯があった。

私たちは〈赤坂東北学〉が立ち上がった当初から赤坂さんと行をともにしてきた。赤坂さんと山形県大蔵村在住の舞踏家・森繁哉さんが責任編集にあたった『別冊東北学』（作品社）の企画実務を担当、引き続いて雑誌『仙台学』や『盛岡学』を刊行してきたのが私たち〈荒蝦夷〉だった。〈赤坂東北学〉の大きな柱は聞き書きにあった。二〇〇〇年の『別冊東北学』創刊以来一二年にわたって、私たちスタッフは東北各地に聞き書きの旅を続けた。

思う。

聞き書きとはなにか。インタビューではない。聞き取り調査でもない。コメントが欲しいわけでもない。そして、語り手の人生が透けるような聞き書きは短くては達成できない。私たちは四〇〇字詰め原稿用紙にしてひとり一〇枚の聞き書きを重ねてきた。おそらくこの一二年間、そんな聞き書きを数百人に対して行ったのではないかと思う。

どのような聞き書きを〈赤坂東北学〉が目ざしてきたのかに関しては、東北が生んだ聞き書きの匠である野添憲治さんと赤坂さんの対話をお読みいただきたいが（野添憲治『聞き書き 知られざる東北の技』所収「［対談］わが「聞き書き」四〇年」。二〇〇九年、荒蝦夷）、ひとつだけ例を挙げれば宮本常一の『忘れられた日本人』（岩波文庫）に収録されている「土佐源氏」の世界とでもいえばいいだろうか。もちろん、とてもではないが私たちが宮本常一の域に達しているわけではない。それでも、あの領域を目ざして〈赤坂東北学〉の聞き書きは続けられた。話柄はさまざまだった。戦争体験、戦後の東北開拓の記録、出稼ぎなど高度経済成長期のことども、マタギと呼ばれる狩人たちの生活誌、そして災害の記憶……。話者の語りに寄り添って、私たちは東北の近代史を追体験してきた。

そして、東日本大震災である。凄惨な現場を前に、私たちの世代が語り継ぐべきではないか、それもいち早く取りかかるべきではないかとの思いが去来した。明治二九（一八九六）年の、昭和八（一九三三）年の津波に続く、平成の津波である。未来においても、かならず東北は津波におそわれる。平成の津波に、我々はどのように対処し得たのか。体験者の肉声を記録として残すことは、間違いなく未来への遺産となるに違いない……これが、最初の一歩だった。

次の一歩は、反省だった。私たちはこれまでの聞き書きの旅のなかで、明治の、昭和の津波の遠いこだまを耳にしていた。古老の語る津波の体験談を聞きながら、具体的なイメージをとても持てないまま原稿にしてきた。今回の津波の惨状を目にして、ああ、あの人たちが語ってくれた津波とはこのようなものだったのかと、いまさらながら唇を噛み締めた。

これは聞き書きではないが、今回の津波で過去の歴史的記録として注目を集めた明治期の雑誌に『風俗画報臨時増刊　大海嘯被害録』（東陽堂支店）がある。写真印刷が未だしの時代に、明治の津波を絵師たちが描いた惨状が掲載された雑誌である。この存在を私たちは知っていた。見るも無惨なその絵を私たちは見ていた。だが、明治の絵師たちが「見てきたように筆を走らせたオーバーな描写だろう」と思っていた。ところが、あの絵の惨状が、平成の津波でもこれでもかとばかりに繰り返された。東北の近代史にこだわり続けてきた私たちではあったが、いや、だからこそおのが不明を恥じるしかなかった。

昭和の津波に関しては、先ごろ復刻もされた『アサヒグラフ臨時増刊　三陸震災画報』（朝日新聞出版『完全復刻アサヒグラフ　関東大震災／昭和三陸大津波』）がある。時代は下って、写真印刷である。家が丸ごと流され、巨大な船が陸地に打ち上げられ、自衛隊ならぬ帝国海軍が救援に馳せ参じる。私たちはこの『アサヒグラフ』を、古書店で資料として入手していた。だが、古ぼけた誌面からは音もにおいも色も感じられはしない。切実な思いはこみ上げなかった。今回の津波を経て、もういちど写真を見返して愕然とした。いま目の前にある惨状と、七八年前の記録の切なくなるほどの共通性に、涙しながら恥じ入った。私たちはなにも見ていなかった。学んでいなかった。

だからこそ、東北から聞き書きを始めなければならなかった。

この反省を伴った悔しさが、私たちを本書に向かわせたといっていい。いわば本書は東北に生きる私たちの「反省の書」である。

本書が東北の反省の書ではなく、日本全国の反省の書とならずに終わることを祈りたい。

この聞き書きプロジェクトの実施にあたっては、宮城県を拠点とする私たちだけでなく、フリーランスのライター、新聞記者、作家、研究者などなど東北各地の書き手の協力を求めた。過去一一年にわたって〈赤坂東北学〉

は東北各地に同志を糾合してきた。青森県には雑誌『津軽学』を発行する〈企画集団ぷりずむ〉の面々がいる。岩手県の盛岡市には直木賞作家・高橋克彦さんを中心としたグループが、遠野市には赤坂さんが所長を務める市立遠野文化研究センターのグループがいる。宮城県の私たちと青森・岩手の〈赤坂組〉が本書の中核を担っているといっていいだろう。結果、青森・岩手・宮城の聞き書きが主となり、福島県の聞き書きはごくわずかとなった。赤坂さんは福島県立博物館館長でもある。福島県復興ビジョン検討委員会委員でもある。もちろん、福島県にも〈赤坂組〉はいる。だが、この聞き書きに関しては思いを断たざるを得なかった。むろん、原発事故の故である。

青森・岩手・宮城の惨状に関していえば、明治と昭和の津波の記憶がバックボーンとなった。だが、フクシマは違う。福島の惨状に対する怒りは東北各県ともに共有してはいるものの、正直にいえば「どのように言葉をかけていいのかわからない」とでもいったところだろうか。こんなことがあった。昨年の秋近い夏の終わり、福島市の喫茶店で、やはり〈赤坂東北学〉に志を同じくする福島県内の出版社の代表とこの聞き書きプロジェクトについて話し合った。話すうちに、彼女は泣きくずれた。参加したいけれど、いまはまだできない、と。青森・岩手・宮城とはまた違う福島の現実に、かける言葉はなかった。もちろん、原発事故の悲惨は、県境ごときで分断できるものではない。人間の、行政の線引きなぞ嘲笑うかのように軽々と超えて、さまざまに被害は拡大している。人災はいまも進行中である。福島の聞き書きは、また別のテーマの一冊として他日を期したい。

昨秋、福島をクルマで走った。福島の山野は、自然は、あくまで美しかった。同じ東北に生きる者のひとりとして、ここで多くは語れない、語りたくない、その思いを諒とされたいと願う。

もうひとつ、本書に特色があるとすれば、語り手だけでなく、聞き手もまた被災者であるということだろうか。自らも家族や親族を失い、生活を破壊された聞き手が、同じ境遇の語り手に対峙している。語り手がやがて聞き手となっている例もある。これは、思えば当然のことではある。聞き手も語り手も、等しく東北に縁ある者たちばかりである。震災前から知り合っていた聞き手と語り手がいる。直接の知り合いではなくとも、同じ町に暮らしていたり、共通の知人がいたりと関係性はさまざまだが、震災を契機に「取材」を目的としてのみ向かい合ったわけではないケースが大半となった。地域の悲劇を地域が記録するとはこういうことなのかもしれない。

そして、語り手もまたさまざまである。私たちは本書を「被災者の聞き書き集」にするつもりは毛頭なかった。本書に登場するのは、直接的に被害を受けた人たちばかりではない。被害があってもなくてもいい。テーマはただ「被災地を生きるとはどういうことなのか」だった。それこそがこの災害列島に生きる私たちが日々の生活の基盤として持つべき「情念」なのではないか。そう思ったからである。

まずは、一〇〇人の聞き書きをまとめた。被害の大きさを考えれば、わずか一〇〇人の聞き書きなどなにほどのこともないかもしれない。それでも、あの混乱の日々、聞き手たちは被災地を訪ね歩いた。語り手たちは言葉をほとばしらせた。この聞き書きプロジェクトは三年を目途としている。既に二年目を目ざして動き始めた聞き手たちもいる。三年で、三〇〇人、三〇〇〇枚。そして、その先へ。どこまで続けられるのかわからない。そうではあっても、本書のすべてが未来への遺産となることを信じて、聞き書きの旅を続けたい。

自らも被災しながら聞き書きの旅に赴いた仲間たちに敬意を表して、筆を擱く。

二〇一二年二月六日

荒蝦夷　土方正志

執筆者一覧　五〇音順

東しいな［あずま・しいな］
一九五八年生まれ。地方公務員。スローフード青森事務局長。青森県青森市在住。

小笠原轟［おがさわら・ひとし］
一九四七年生まれ。元ＪＲ東日本職員。「みやぎ聞き書き村」会員。岩手県盛岡市在住。

河村信治［かわむら・しんじ］
一九六〇年生まれ。八戸工業高等専門学校総合科学科教授。青森県八戸市在住。

川元茂［かわもと・しげる］
一九六七年生まれ。株式会社プレスアート取締役。『Ｋａｐｐｏ　仙台闊歩』編集長。宮城県塩竈市在住。

木瀬公二［きせ・こうじ］
一九四八年生まれ。朝日新聞社シニアスタッフライター。岩手県遠野市在住。

黒木あるじ［くろき・あるじ］
一九七六年生まれ。作家。山形県山形市在住。

古関良行［こせき・よしゆき］
一九六六年生まれ。河北新報社震災取材班キャップ。宮城県仙台市在住。

境数樹［さかい・かずき］
一九三九年生まれ。元公務員。「みやぎ聞き書き村」代表。宮城県仙台市在住。

佐藤史隆［さとう・ふみたか］
一九七二年生まれ。株式会社企画集団ぷりずむ勤務。青森県青森市在住。

佐藤正弥［さとう・まさや］
一九四〇年生まれ。元放送局勤務。「みやぎ聞き書き村」準会員。宮城県仙台市在住。

渋谷敦子［しぶや・あつこ］
一九五六年生まれ。主婦。「みやぎ聞き書き村」会員。宮城県名取市在住。

白石睦弥［しらいし・むつみ］
一九八二年生まれ。弘前大学特別研究員。青森県弘前市在住。

杉山陸子［すぎやま・みちこ］
一九四一年生まれ。株式会社企画集団ぷりずむ代表。青森県青森市在住。

須藤文音［すとう・あやね］
一九八七年生まれ。福祉施設職員。宮城県仙台市在住。

須藤ゆか［すとう・ゆか］
一九六二年生まれ。フリーライター。青森県弘前市在住。

関口康雄［せきぐち・やすお］
一九七三年生まれ。共同通信社文化部記者。東京都在住。

関口幸希子［せきぐち・ゆきこ］
一九六八年生まれ。フリーライター。宮城県仙台市在住。

滝沢真喜子［たきざわ・まきこ］
一九六七年生まれ。有限会社荒蝦夷『盛岡学』編集長。宮城県仙台市在住。

千葉由香［ちば・ゆか］
一九六四年生まれ。有限会社荒蝦夷『仙台学』編集長。宮城県仙台市在住。

月舘敏栄［つきだて・としえい］
一九五一年生まれ。八戸工業大学教

授。青森県八戸市在住。

手塚さや香［てづか・さやか］
一九七九年生まれ。毎日新聞社大阪本社学芸部記者。大阪府大阪市在住。

鳥山香織［とりやま・かおり］
一九八二年生まれ。八戸工業大学大学院研究生。青森県八戸市在住。

中津川良子［なかつがわ・りょうこ］
一九四五年生まれ。元小学校教員。「みやぎ聞き書き村」会員。宮城県登米市在住。

西脇千瀬［にしわき・ちせ］
一九七二年生まれ。フリーランス。宮城県仙台市在住。

土方正志［ひじかた・まさし］
一九六二年生まれ。有限会社荒蝦夷代表。宮城県仙台市在住。

安田典子［やすた・のりこ］
一九六〇年生まれ。フリーライター。宮城県仙台市在住。

山内美香［やまうち・みか］
一九六〇年生まれ。フリーライター。青森県青森市在住。

山川徹［やまかわ・とおる］
一九七七年生まれ。ルポライター。東京都在住。

鷲羽大介［わしゅう・だいすけ］
一九七五年生まれ。「せんだい文学塾」代表。宮城県岩沼市在住。

〈コラム〉

熊谷達也［くまがい・たつや］
一九五八年生まれ。作家。宮城県仙台市在住。

斎藤純［さいとう・じゅん］
一九五七年生まれ。作家、岩手町立石神の丘美術館美術監督、もりおか復興支援センター長。岩手県盛岡市在住。

関野吉晴［せきの・よしはる］
一九四九年生まれ。探検家、医師、武蔵野美術大学教授。東京都在住。

高成田享［たかなりた・とおる］
一九四八年生まれ。ジャーナリスト、前朝日新聞石巻支局長、仙台大学教授。宮城県仙台市在住。

山川徹（上掲）

〈写真〉

奥野安彦［おくの・やすひこ］
一九六〇年生まれ。写真家。タイ在住。

亀山亮［かめやま・りょう］
一九七六年生まれ。写真家。東京都在住。

木瀬公二（上掲）

佐藤史隆（上掲）

〈地図制作〉

下河原幸恵［しもかわら・ゆきえ］
一九八〇年生まれ。漫画家アシスタント。宮城県仙台市在住。

編者紹介

赤坂憲雄（あかさか・のりお）

1953年生。学習院大学文学部教授。福島県立博物館館長。遠野文化研究センター所長。1999年、責任編集による『東北学』を創刊。著書『東北学／忘れられた東北』（講談社学術文庫）『岡本太郎の見た日本』（岩波書店）等。

鎮魂《ちんこん》と再生《さいせい》——東日本大震災《ひがしにほんだいしんさい》・東北《とうほく》からの声《こえ》100

2012年3月30日　初版第1刷発行©

編　者　赤坂憲雄

発行者　藤原良雄

発行所　株式会社　藤原書店

〒162-0041　東京都新宿区早稲田鶴巻町523

電　話　03（5272）0301

FAX　03（5272）0450

振　替　00160-4-17013

info@fujiwara-shoten.co.jp

印刷・製本　中央精版印刷

落丁本・乱丁本はお取替えいたします

定価はカバーに表示してあります

Printed in Japan

ISBN978-4-89434-849-3

1989年11月創立 1990年4月創刊

一九九五年二月二七日第三種郵便物認可　二〇一二年三月一五日発行（毎月一回一五日発行）

月刊
機

2012
3
No. 240

発行所　株式会社 藤原書店©
〒一六二―〇〇四一　東京都新宿区早稲田鶴巻町五二三
電話　〇三・五二七二・〇三〇一（代）
FAX　〇三・五二七二・〇四五〇

◎本冊子表示の価格は消費税込の価格です。

編集兼発行人
藤原良雄
頒価 100円

『ルーズベルトの責任』が現在の日米関係と日本外交に示唆するものとは。

日米同盟を結ぶということ

――『ルーズベルトの責任』を読む――

元外交官 **小倉和夫**

第二次世界大戦で、F・ルーズベルトは、非戦を唱えながら日本を対米開戦に追い込んだ――『ルーズベルトの責任上・下』（全二巻）は一九四八年の発刊当時、米国内でも不買運動が起きた問題作だ。昨年一二月から今年一月にかけ小社から翻訳刊行され、話題となっている。本書が現在の日米関係、あるいは日本の外交政策に示唆するものは何か。元外交官で韓国大使、フランス大使、国際交流基金理事長などを歴任した小倉和夫氏による書評を掲載する。

編集部

●三月号目次●

日米戦争はなぜ始まったか

日米戦争は、日本が米国の謀略にはまったことから始まったという見方、ないしそれに近い考え方は、遠く東京裁判の過程においても散見された。米国政府が、解読した日本の暗号情報を、故意にねじまげて翻訳したきらいがあることや、日米交渉の当初から時間稼ぎをもくろみ、誠意ある交渉態度を示さなかったことなどは、多くの人々によって指摘されている。しかし、謀略のきわめつけは、ルーズベルトが、米国の参戦を確実にするために真珠湾攻撃をいわばおとりとして利用したとする見方であろう。この書物『ルーズベルトの責任　上・下』は、まさにその点を歴史家の透徹した分析によってあきらかにしたものと言える。

ルーズベルトは、米国は参戦しないという選挙公約に縛られ、しかも軽々には挑発にのらないドイツを前にして、日本を経済制裁でしめあげて戦争へ追い込んだのであった。このことは、日本外交という見地から見れば、対米情報工作の不備、交渉態度の甘さ、米国における内政と外交とのからみあいに対する理解不足など、多くの歴史的「反省材料」を提供するものだろう。

民主主義的「透明性」

しかし、この書物の著者ビーアドが真に問いただしたかったことは、ルーズベルトの謀略は、実は、大統領の越権行為であり、議会と国民をかやのそとにおいたまま戦争に突入したという意味で、民主主義の基本、そしてアメリカの基本的政治理念に反するものではないかという点である。戦争に至る過程における、民主主義的「透明性」の問題が提起されているのだ。見方を変えれば、盛時における正義と偽善の問題が問われているとも言える。正義のための戦争という化粧をほどこしてしまえば、戦争自体も、そのやりかたも正当化される。アメリカが、日本に対する原爆の使用をいまだに正当化しているのはまさに、目的が手段を正

◀小倉和夫氏

当化するという発想にほかならない。しかも、戦争はえてして時の権力者や権力機構の権力強化の手段となる。

聖戦神話と不戦神話

戦争と権力、目的と手段、正義と偽善といった観点からアメリカ外交と政治を見るとき、アメリカは、依然として、聖戦という神話が生きている国であるとも言える。他方、日本では（少なくとも現行憲法の理念では）、戦争はすべて悪であるという、もう一つの神話が（まがりなりにも）まかり通っている。聖戦神話が生きている国と不戦の神話が生きている国とが、同盟関係を結ぶと言うことは何を意味しているのだろうか——それこそが、日米開戦七〇年を「記念」して出版されたこの書が現代の日本人に投げかけている問いではあるまいか。（おぐら・かずお）

放射能除染の「原理」を身につければ、除染はできる。

除染の原理とマニュアル

山田國廣

放射能除染という短い言葉ですが、「放射能とは何か」「除染とは何か」という、言葉の持つ意味を理解しないと、専門知識を持ち合わせていない人にとっては、「何をどうするのか」がよくわかりません。

福島第一原発事故によって放出され広範囲に降り注いだ放射性物質の除染となると、その中には大都市も含まれ、警戒区域を除いて多くの人々が、子どもたちを含めて、今もそこに生活をしています。このような場所の、生活空間を含めた除染、海や森林を含めた除染については、「人類史上はじめてのこと」です。はじめてのことに「専門家」などいるはずがありません。

私は、一九七九年から瀬戸内海の環境汚染、琵琶湖・淀川汚染、水道水のトリハロメタン、オゾン層破壊、ゴルフ場の環境破壊、地球温暖化、廃棄物問題、環境マネジメントシステム構築、森林の生態系保全などに取り組んできました。放射能や原発の専門家ではありませんが、「環境学」については四〇年以上の経験があります。本書は「汚染された環境から見た除染提案」になっています。

放射能除染については、言葉の定義もあいまいなまま、世間に「除染の話」がひろがりつつあります。これでは混乱をまねきます。「適切かつ着実に除染していくノウハウ」について、人力、組織力に加えて知恵、技術、資金を総結集すべきです。国、自治体はもとより、企業、研究機関、大学、研究者、そして農業、漁業、林業、畜産業者、そして住民も何らかの形で除染に関わっていく必要があります。何より、事故の第一義的責任を有する東京電力こそが除染の先頭に立つのが道理です。

多様な関係者が除染を実施する際に「放射能除染の原理と方法」および「放射能除染マニュアル」を真に理解するため、まず、言葉の意味と、除染を実施する際の基本的認識について説明します。

放射能除染の定義

「除染」とは、福島第一原発から放出され地上に降り注いだ放射性物質およびその付着物を、物理的・化学的・生物的方法を用いて、収集・吸着・吸収・剥離・交換などの方法で取り除き、除去物を人体・生物や生態系・環境への影響がないと考えられる状態で保管・管理・処理することです。

この定義からは、政府が指導して実施されている主要な除染方法である「圧力洗浄」、「高濃度汚染水の希釈」、「(運動場の土の)天地返し」等の方法は、「放射性物質の移動・拡散」であって除染ではありません。雨風による放射線減衰も、放射性物質の拡散であって除染ではありません。半減期による放射線減少も、物理的減衰であって除染ではありません。除染とは、正味に人的努力によって放射性物質を削減・管理・処理できた分を言います。

▲山田國廣氏(1943-)

汚染された可燃物の除染方法

放射性セシウムにより汚染されている可燃物、除染作業で作りだされた可燃性廃棄物については、ダイオキシンが除去できるバグフィルター、電気集塵機、スクラバーなどが付いた焼却炉で適切に焼却処理を行えば、安定的に除染が実施できるという報告(大迫政浩、国立環境研究所、「震災による災害廃棄物の現状と課題」、日本分析化学会、第六〇回年会報告資料、二〇一一年九月十六日)があります。バグフィルター、電気集塵機内では、塩素の質量に比べて放射性セシウム質量は圧倒的に少なくセシウムは反応力が強いので安定的に塩素と結合して飛灰内に取り込まれることが理論的にも想定できます。また、飛灰内のセシウム化合物(塩化セシウム)は水によく溶けることがわかっており、スクラバーでも効果的に除去できると、私は考えています。

その際、排気ガス、放流水などから放射性物質が検出されていないことを連続的に監視・測定し、周辺住民に情報を公開することを原則とします。放射性セシウムが検出限界を超えて出てきた場合は、即時に焼却を中止するのは当然です。可燃性ごみとしては、落葉、雑草、間伐材、剪定枝、稲わらなどが入ります。

十六都県のごみ焼却場で、すでに低レベルの汚染ごみの焼却処理をしています。この焼却について問題なのは、十分な除去設備(バグフィルター、電気集塵機、スクラバーなど）が付いていない焼却炉もあると想定されることです。さらに、排煙から放射性セシウムの放出がないことを監視・測定していないことです。これについては、早急に実態調査をし、放射性セシウムが検出された焼却炉は一旦焼却を中止し、十分な除去設備を設置することが急務です。作業被曝防止策を十分に実施することも必要です。その後に、監視測定を行い、周辺住民へ情報を公開していく必要があります。

　汚染された除染除去物のうちの可燃物については、高濃度汚染が想定されるので、放射性セシウム除去設備を十分に備えた専用の焼却炉で処理します。そして、その焼却炉はまず福島第二原発内に設置すべきです。それ以外の適切な場所（その場所の選定は慎重になされるべきである）に、専用炉を設置することも考える必要があります。

　放射能汚染が濃縮された焼却灰のうち高濃度（八千Bq／kg以上）のものは、コンクリートで固めて福島第二原発内に埋め立て処理をします。低濃度焼却灰については、やはり安全処理をした後に、当該市町村で埋め立て処理をします。

　汚染ガレキ問題に象徴されるように「放射性セシウム汚染ごみを燃やしていいかどうか」はたいへん重要かつデリケートな問題です。私は、先に述べてきたような前提条件付きでありますが「燃やすことの可能性を徹底的に追究すべきである」と考えています。なぜなら、燃やすことによって汚染ごみは体積で二十分の一、重量で十分の一程度に減少させることができるのです。これが燃やせないと、例えば雑草、落ち葉、森林の樹木などの放射性セシウムは枯れて土壌となり、周辺環境中に留まったまま人体・生態系に影響を与え続けるからです。そのリスクに比べれば、焼却灰が汚染されることは「処理可能問題」なのです。

　「安易に焼却をしてよい」と言うつもりは、まったくありません。汚染ガレキ焼却について多くの反対意見があることも十分に承知しています。それにもかかわらず、「焼却の可能性を追究すべき」と主張するのは「焼却ができないと除染が効果的に進まない」と実感しているからです。この問題については、政府、自治体、企業、住民そして東電も、逃げずに議論をトコトンすべきだと願っています。

（やまだ・くにひろ／京都精華大学教授）

東北人自身による東北の声。東日本大震災の記憶／記録の広場へのささやかな第一歩。

鎮魂と再生

赤坂憲雄

広やかな記憶の場を組織するために

ここに収められた一〇〇人の聞き書きは、ささやかなはじまりの石碑《いしぶみ》である。わたしたちはそれぞれに被災地を訪ね、被災された方たちに会い、その語りに耳を傾けてきた。それぞれの聞き書きの旅は始まったばかりだ。東北の復興と再生の日々に寄り添いながら、その旅はきっと五年、一〇年、二〇年とそれぞれに継続されていくことになるだろう。それはいずれ、東日本大震災にまつわる巨大な記憶のアーカイヴの一部を成していくはずだが、いまはまだ、その最終的なかたちを思い描くことはむずかしい。やがて、被災された方たち自身が、みずからその体験と記憶を書き留める仕事にとりかかるにちがいない、そう、わたしは想像している。それは確実に、記憶のアーカイヴのたいせつな核となることだろう。

わたしは〈3・11〉から二週間足らずの頃に、「広やかな記憶の場を」と題したエッセイを書き、『日本経済新聞』（二〇一一年三月二九日）に寄せている。だれもが精神的に変調を来たし、右往左往しながら、縁《よすが》となりそうな言葉を探していた時期だった。このとき、わたしはまだ東京に留まり、動けずにいた。被災地を巡りあるく旅へと踏み出していくのは、それから一週間足らずあとのことだ。

二五年の後に、この大震災はどのように語り継がれているのか。広やかに組織される記憶の場こそが、やがて鎮魂の碑となり、未来へと架け渡される希望の礎となるだろう。息の長い戦いが、いま始まろうとしている。

その後、時を経ずして、わたしはまったく不思議な縁《えにし》に導かれて、震災からの復興のために働くことになった。政府の東日本大震災復興構想会議のメンバーに指名されたのである。

未来のための記憶

それにしても、被災地には数も知れぬ

▶二〇一一年六月八日　石巻市

〈3・11〉が、また〈3・11以後〉が転がっている。ここに収められているのは、そのほんの一部にすぎない。とはいえ、それぞれに紙一重の偶然のなかに生き延びた人々が静かに語った、〈3・11〉や〈3・11以後〉の体験や記憶は、これまでメディアのなかで語られてきたものとは、いくらか肌触りが異なっているかもしれない。マス・メディアだからやれることがあり、やれないことがある。しかも、ここに書き手として参加している者たちは、それぞれに東北とのゆかりが深いジャーナリストやライターであり、どれひとつとして一過性の聞き書きではないことに、注意を促しておきたい。たんなる行きずりの関係からは生まれてこない感触が、そこかしこで感じ取られるのではないか。

　それにしても、わたしはふと、厳粛な思いに打たれている。亡くなった人たちは語ることができないのだ、というあまりに当たり前の現実に気づかされた瞬間があった。記憶とは、いま・ここに在る、かろうじて生き延びた者たちが、これからを生きてゆくためにこそ存在するのかもしれない。喪の仕事も、鎮魂や供養のいとなみも、とても残酷なことに、きっと生ける者たちのために求められるのである。しかし、そうして死せる者たちは生ける者らの記憶の襞深くに宿り、棲みつくことによって、生ける者たちとともに永く生きていくのかもしれない。

　東日本大震災のすべての犠牲者たちを鎮魂するために、そして、生き延びた方たちへの支援と連帯をあらわすために、この書を捧げたいと思う。

　負けられぬ戦いが始まっている。

（あかさか・のりお／福島県立博物館館長）

誰のための、何のための、「国境」なのか？

日本の「国境問題」を現場から考える

岩下明裕

ナショナリズムの道具

本誌は、日本の境界地域に焦点をあて、現地からの声をコラムで、現場の眼差しにこだわる研究者やジャーナリストの見方をエッセイのかたちで編んでみた。特集タイトルは「国境問題」としているが、本特集は主権国家間で法的に確定された、狭い意味での国境ではなく、歴史的に文化的に様々に織りなすラインや空間を分断する壁、境界（ボーダー）に対してより焦点をあてている。これらの境界がある日、突然、なんらかの理由で国境になる。逆にそれまで国境であった場所が単なる通過点になる。日本の歴史を紐解いても、国境は絶えず変動してきた。

私は歴史研究を重視するが、空間に対する歴史的拘束を過剰に評価する本質主義を否定する。対象の固有性を強調することで、ディテールに固執し、他者のまなざしを排除し、比較分析を忌み嫌う独りよがりの論法を拒否する。地理的に「中央」に対置されるものが境界（地域）、ボーダー（ランド）である。今日の境界研究（ボーダースタディーズ）は、世界中のボーダー（ランド）を予断や前提なく比較し、その違いと共通点を抽出し議論する。……

日清戦争による台湾の、日露戦争による南樺太の、第一次世界大戦による南洋諸島の取得といった帝国空間の拡大は、その都度、日本の境界を大きく揺り動かしてきた。

そして敗戦のプロセスで、択捉、国後などの千島列島も、沖縄も、「捨て石」とされ、ソ連と米国の違いはあれ、占領された。米国は島を日本に返したが、基地を残したままロシアは今も居座りつづける。状況は異なるが、（眼前の壁の先に自由に行けない）南北の「境界地域」で暮らす住民たちの苦しみは変わらない。「本土」の人々から見て、日頃は、現地の実態を知らないばかりか、関心さえない対象なのに、何かがあるとナショナリズムの道具に利用されるのが「境界」だ。そしてかつての「境界」は、いまや人々の意識から完全に忘れ去られてしまっている。

近代日本の国家のかたちが確定されたプロセスは、おおよそ次のようである。

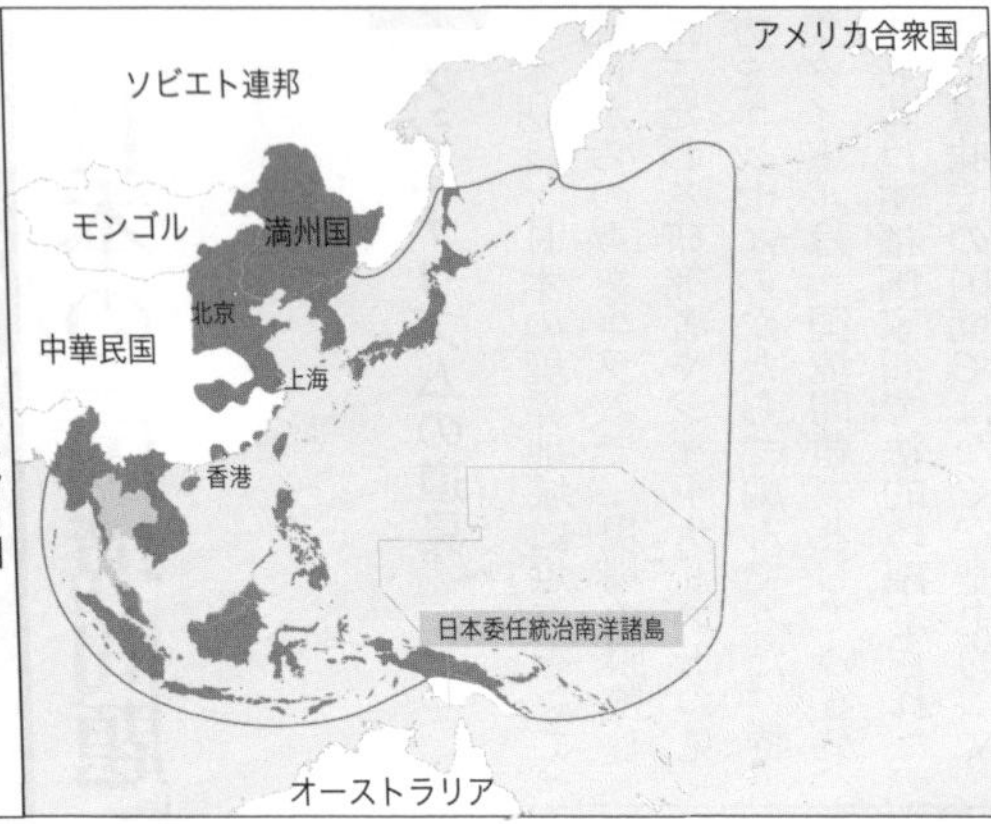

▶戦前の帝国日本の最大勢力圏

南：小笠原の確保、琉球処分・沖縄県の誕生、台湾併合

北：蝦夷の領有・北海道の誕生、南北千島の確保、樺太への進出

さらに近代日本は、その「境界」を以下のように拡大していった（順不同）。

海：南シナ海、日本海、オホーツク海、北太平洋

陸：朝鮮半島、満州、インドシナ

このような帝国の版図拡大の過程で、沖縄や北海道は、「境界」から、むしろ「拠点・中継基地」へと変化していった。この時、沖縄は、むしろ大日本帝国の地理的「中心」に位置していたのである。

境界から日本国家を問い直す

私はこのような問題意識に立ち、過去と現在の国境、そしてその境界の変更に翻弄される地域とそこに暮らす人々の声を集めてみたいと考えた。これらをすべて現地の視座から再構成することを通じて、私たちが普段、（無意識のうちに）東京を軸に権力の側から描いている国家とは異なる日本の実態を描きだしたいと思ったからだ。

中央は島々に目配りをせず、かといって当事者たちは様々な壁の存在に阻まれ、「国境を越えた隣接地域との交流もままならない」「国からの十分な支援もなく、にもかかわらず自立のための自由も享受できない」などなど、袋小路に追いつめられた叫びが地域から聞こえてくる。私たちが普段、意識していない、様々な境界地域の声を受けとめ、それを紡ぐ作業は急務といえる。

（後略　構成・編集部）

（いわした・あきひろ／北大グローバルCOE「境界研究の拠点形成」代表）

誰のための、何のための「国境」なのか？

別冊『環』⑲　岩下明裕編

菊大判　368頁　**3465円**

日本の「国境問題」 現場から考える

■Ⅰ　総　論

国境から世界を包囲する　岩下明裕

「境界自治体」とは何か　古川浩司／境界=「見えない壁」を見つめて　本間浩昭／島嶼と境界　佐藤由紀

「世界の島嶼国境」長嶋俊介／「日本島嶼学会の歩みと国境離島への考え方」鈴木勇次

〈コラム〉田村慶子「国境フォーラム」／竹内陽一「『知られざる国境DVD』シリーズ」／木山克彦「GCOE『境界研究』の博物館展示」

■Ⅱ　千島と根室

「北方領土」とは何か　黒岩幸子／「占守島の戦い」再考　井澗裕／密漁の海で　本田良一

「『国境』と呼べない街・根室」長谷川俊輔／「占領下・勇留島からの決死の脱出」鈴木寛和

〈コラム〉伊藤一哉「ビザなし交流」／遠藤輝宣「領土問題と地元・根室の声」／久保浩昭「国後と根室をつなぐ海底電線」／松崎誉「エトピリカ文庫」

■Ⅲ　樺太と稚内

向こう岸の雲の下　天野尚樹／「中継点」―「端」―「中継点」　中川善博

「国境標石物語」相原秀起

〈コラム〉工藤信彦「無いものについて／佐藤秀志「サハリンとの交流と稚内の発展」／藤田幸洋「サハリンとの経済交流の深まり」

■Ⅳ　朝鮮半島と北部九州・対馬

朝鮮を囲む四つのボーダー　松原孝俊／福岡・釜山超広域経済圏構想　加峯隆義／日韓観光交流に生きる国境の島・対馬　新井直樹

「対馬市の国境交流構想」財部能成／「韓国から最も近い日本・対馬」金京一

〈コラム〉比田勝亨「国際交流としての対馬の観光事業」／武末聖子「防衛の最前線基地としての対馬」／久保実「国境離島としての五島」

■Ⅴ　台湾と八重山

八重山台湾交流史　松田良孝／「与那国・自立へのビジョン」断想　上妻毅／南西諸島における自衛隊配備問題　佐道明広

「与那国町の将来展望」外間守吉／「与那国・中国・台湾の三角貿易構想」吉川博也／「竹富町における海洋政策」小濵啓由

■Ⅵ　大東島

大東島の歴史に連なる兄弟たち　山上博信／ボロジノからボロジノへ　木村崇

〈コラム〉吉澤直美「南大東島観光大使として」

■Ⅶ　小笠原

ディアスポラの島々と日本の「戦後」石原俊／越境してきた小笠原ことば　ダニエル・ロング／「南洋踊り」が物語る歴史　小西潤子／国境と小笠原　渋谷正昭／生態学からみた小笠原　可知直毅／潮目のまなざし　南谷奉良／チリ地震津波の体験　今村圭介

〈コラム〉延島冬生「小笠原諸島の地理と歴史」／越村勲「医師の目からみた小笠原」

居住権の観点から、東日本大震災被災者及び住宅問題と同和住宅問題を捉える。

居住の権利とくらし

家　正治

基本的人権の一つとしての居住権

一九四八年の世界人権宣言の採択のように、人権の国際的保障は、戦後の国際法の一つの大きな特徴であり、思考したり行動する際の大きな価値基準となっている。また、日本国憲法の基本的人権尊重主義は憲法の三大原理の一つとなっている。人権は、日本国憲法が宣明しているように「侵すことのできない永久の権利」であり、「不断の努力」によってこれを保持しなければならないものである。

世界人権宣言は、十分な (adequate) 生活水準についての権利について規定し、その具体的な内容の一つとして住居を含めている。さらに、宣言を条約化した国際人権規約の一つである社会権規約は、住居を一内容とする十分な生活水準・生活条件について定め、もはや居住権は実定国際法上の権利として確立している。

東日本大震災での居住復興の遅れ

東日本大震災による被災者はこの「居住の権利」を奪われたのであり、「被災からの居住の回復は基本的人権の復権」として受けとめられねばならない。右に述べた、世界人権宣言や日本国憲法の原理の実践である。だが、被災地での居住復興は遅々として進まず、多くの被災者は人権回復を果たせずに生活再建に苦しんでいる。

このことは、居住保障を人権の一環として認識しとり組んで来なかった日本政府の日常的怠慢の反映といわねばならない。零細密集過密危険住宅居住による日々の災厄は枚挙に暇がない。交通事故死の倍近い毎年一万三〇〇〇人を超える家庭内事故死、頻発する火災での子ども・高齢者などの焼死、ローン破綻や重い住居費負担が招く家庭崩壊などの諸悲劇、建て替えによる強制立ち退き、様々のかたちでのホームレス、居住差別等々、そして災害は人々を人権侵害の極致に追いやるのである。

日本政府には「居住の権利」を基本的

人権とする認識は希薄であり、前述の国際的諸規範に違反している。また国民自身、自らの権利を自覚することに乏しい。そのことが、この国の貧困、格差、人々の精神的・社会的不安の病巣としての諸弊害、人権侵害を噴出させているように思われる。この状態を変革せずに、安全安心に生きられる社会、将来に希望の持てる未来はつくれない。東日本大震災の居住復興の遅れと非人間性はあらためて極端なかたちで、その課題を私たちに突きつけているのではないだろうか。

▶東日本大震災で破壊された住宅（2011.5.5）

多彩な執筆陣

「行動のない理念は無価値であり、理念な行動は凶器である」という箴言がある。本書は、日常居住差別を受け、居住権確立のために闘っている被差別部落（同和地区）住民を支援する多分野の学者、弁護士、専門家、地方議員、市民、組合運動家など各界各層の人々によって執筆されている。

第Ⅰ部は、居住問題・居住の権利を震災との関連で考察する。また、世界の人々の居住権実現の運動を紹介している。

第Ⅱ部は、被差別部落住人に対する居住権侵害の実態と裁判、部落解放運動の今日的意義について述べている。

第Ⅲ部は、多分野の人たちによる「居住の権利エッセイ」である。

私たちの思いは遥か東日本大震災被災者に、そしてまた居住貧困・居住の権利侵害に苦しみ闘っている人々に向けられている。その思いが少しでも届くことを心から願ってやまない。

（いえ・まさじ／神戸市外国語大学名誉教授）

『居住の権利』とくらし
東日本大震災復興をみすえて
家正治（編集代表）・早川和男・熊野勝之・森島吉美・大橋昌広編
A5判　二四八頁　二五二〇円

異種の資本による支配階級の再生産を解き明かすブルデューの主著。

ブルデューの「資本論」

立花英裕

文体に秘められたブルデューの闘い

訳者にとって、ブルデューの主著とも言われる本書を翻訳するのは並大抵ではなかった。ブルデューが難しいのは誰しも認めるところだが、それにしても、他の作品以上に難事業だったと言いたい気持が抑えがたい。

本書は大部だが、冗長ではない。コンパクトでさえある。各章が緊密に構成され、均整よく階層化されている。他方、教育界、経済界、官庁の世界が事細かに記述されている。人名、学校名、会社名、その他もろもろの固有名詞が星のごとく散りばめられ、訳語をあてるのに難儀した。しかも、観察と思弁の高度な往復運動を日本語に移さなくてはならない。

ブルデューの文体は「引き出しの多い文」と言われている。関係代名詞や分詞が数珠つなぎになっている。どこかプルーストを思わせる。プルーストは、よき趣味の権化のような人で、支配階級の人脈世界を描いた。ブルデューは、支配階級のよき趣味をわざと否定するようなくどくどしい文体で書く。この点で、プルーストとブルデューは水と油だが、にもかかわらず、構文レベルの類似性がある。ブルデューの闘いが捩《ねじ》れたもので、単なる社会科学のレベルだけではなく、否定と肯定を二重に孕んだ存在論的なレベルにもあることを告げている。

翻訳の間、ブルデューの情念がひしひしと感じられて仕方がなかった。「科学的厳密性」を要求する彼の鬼気せまる言葉の裏には、いま述べたような、科学精神には納まりきらない存在論的闘争が秘められている。その彼も、第Ⅳ部の出だしで、つまり第Ⅱ巻の冒頭だが、科学にも飛躍があるとにわかに認める。なぜなら、本書には「大それた構想」があり、それを実現するには、「少年老い易く、学成り難し」だからである。

「国家の魔術」

ブルデューは膨大なデータを駆使しつ

つエリート教育の分析を通して、それがフランス・エスタブリッシュメントの再生産にいかに貢献しているかを微にいり細にいり論じていく。支配者が支配的位置を安定的に維持していくには、支配を自然に見せなければならないが、それには私欲で地位を簒奪したという印象を与えないように、能力の客観的な卓越性によって支配が正当化され、その趣味のよさ、育ちのよさによって正統化されていることを、他の人に証明してもらう必要がある。それを可能にするものの一つが、エリート校の卒業免状である。授かった人は、中世の騎士と同じように社会的に「聖別」される。これをブルデューは「国家の魔術」と呼ぶ。

しかし、話はそこで終わらない。というのも、この認証行為は、社会空間に安定的な区別を設け、近代国家が必要としている社会空間の分化と経済活動の分業を制度化するのであり、その意味で社会組織の根底を支えてもいるのである。ブルデューは、近代国家の成立とは、私欲による闘争が公益という概念を生み出すに至る長いプロセスであると結論づける。

ところで、このプロセスは、経済資本と文化資本という異種の支配手段が絡み合った長大な鎖である。一人の人間の卒業免状とは、親のもつ経済資本と文化資本を投資することによってえられた新たな資本（学歴資本）である。それは一種の交換と変換による再生産である。

一般に、人間社会は、絶えざる交換の上に実現しているが、それは資本主義の論理（経済論理）と贈与の論理（贈り物を受けたら、返礼しなければならないという象徴交換の論理であり、文化権力の源泉）とが絡み合った、弁証法的な分化と統合なのである。その鎖の中で学歴資本を付与する学校に代表される権力は、文化的に支配する一方で、実業界は、経済的な支配権力を握っている。学校は経済的には実業界に支配されているが、文化的には実業界を支配している。ブルデューはこれを「支配の交差的構造」と呼ぶ。ブルデューの権力論の核心である。

ロイック・ヴァカンは、『国家貴族』英語版が出たとき、ブルデューの「資本論」だと評した。異種の資本が自律性を保ちつつも、交換され変換されもする論理を解明している点で、たしかに『国家貴族』は新たな「資本論」なのである。

（たちばな・ひでひろ／早稲田大学教授）

「悲しみの中で立ち続ける、たおやかな詩人の姿が美しい」（水原紫苑）

原初の渚から

石牟礼道子

ひょっとすると、あれが臨死体験というものだったかもしれない。

足許がふわふわしはじめたのは、六、七、八年前くらいだったかしら。何かに摑まらなくては歩けなくなって、そのうちぶっ倒れるぞと思うようになった。

案の定それが現実になった。熊本日日新聞社に、随筆を書いていて原稿を渡す日だった。前後のことは覚えていない。いやそのあと、すってんころりんと転んだのまでというべきか。あとは幻覚に変って、約三カ月間、現世での記憶がどう考えてもまるでない。

転ぶ直前に足がもつれたような感じがした。自分の足が自分の足にひっかかったのかもしれなかった。

というのも、その記者さんが、「バウンドして、頭から倒れなさった」とおっしゃるからである。

千尋の谷底へ、ゆっくり、まっ逆さまに落ちてゆく幻覚がはじめに来た。両足はほぼそろえて、空に向いていた。左の足首のうしろ、アキレス腱というのか、あそこから、蝶のようなものがわたしの体内から出て、今しも離れつつあった。蝶かと思ったのは、ふわりふわりとした、風よりもやわらかい気配だったからである。鳥の羽音ではなかった。

ゆっくりと左の方へ左の方へ、ほぼまっすぐその気配はわたしから離れて行った。気がついた時は、海に面した太古の森の中にいた。

かすかな波の音がしていて、木々の梢の葉っぱたちが、いっせいにふるえはじめるところだった。あまりにたくさんの葉っぱが空いちめんに広がっているので、何の樹々だかわからない。そのうちに葉っぱたちの音が音楽になっているのに気がついた。海風が森の木々を演奏しているのだった。梢が奏でる音楽とともに、非常にかすかな低い通奏低音が木々の根元からおこっている。

それは草の祖たちが奏でる弦楽器のようだった。海風が吹きおこっている茂道《もどう》集落あたりの海岸に似ていた。私は原初

▲石牟礼道子氏（30歳頃）

の渚にいる自分を自覚した。

　私のいるところは、アコーという木の枝の上で、はっきりとは見えないながら、蝶に似た姿をして様々な巻貝たちと一緒に波の上に差し出た枝の上で、羽根のようなものをふわふわさせながら、とまっているのである。

　蝶に似たふわふわはなんだったろう。ひょっとすると時間というものの気配だったかもしれない。

　巻貝たちがアコーの枝をつたって波の中へ入っていく。潮が満ちはじめたのかもしれなかった。砂地の中に山猫の仔が出てきて、いかにも愛くるしい手つきで、潮の中に入っていく巻貝たちに片手を差し伸べ、自分の方に転がしながら、岩の根元へ持っていく。まるでおはじきか、あやとりでもするような手つきで遊びはじめた。

　私は枝の上からそれを見ていて、まだ人間と遊ぶことを知らない仔猫だなと思っている。蝶でも鳥でもない私がそう思うのはいかにもおかしいけれど、幻だからしかたがない。

　磯辺のあちこちには、地下水の出口があって、小さな泉を作っていた。直径七、八〇センチくらいのが、かしこにある。山の地下水なのだけれども、その水は私どもの地方で言うおなご水に違いなかった。飲めばほのかに甘くやわらかいおなご水、かたい味のするのをおとこ水という。どうしてそのようにわかるのか知らない。私は蝶のようなものから、山の土のしたたりのような地下水になってゆく自分を感じていた。

　幻楽始終奏とでも名付けたい音楽は続いていた。この世の出来上がり具合は、始まりがあって、途中のいろいろがあって、終りがあるのだが、それを表現するとなれば、こういう音楽になるのであろう。そういう意味で幻楽始終奏団と名付けていた。

　何という幻覚だったろう。二カ月半くらい経ってから、うつらうつらと現実の世界に戻ってきた。（後略　構成・編集部）

（いしむれ・みちこ／作家）

リレー連載　今、なぜ後藤新平か　78

底知れぬ危うさと魅力

関　厚夫

裸一貫から首相候補に

「今、なぜ後藤新平か」に答えを出すのは簡単ではない。というのも後藤には「功」と「危うさ」そして「罪」が、人並み外れて同居しているからだ。

たとえば、現代の著名人で「後藤型」といえるのはだれか。「小異を捨てて」という条件付きではあるが、筆者の頭に浮かぶのは、大阪市長の橋下徹氏（政治家としての橋下氏の功罪を公正に論じるにはまだ時間が必要だが）である。

議論を深めるために、まずは後藤のキャリアをおおまかに振り返ってみよう。

愛知病院長兼医学校長（名大医学部の前身、二四歳）―内務省衛生局長（三五歳）―台湾総督府民政長官―満鉄初代総裁―逓信相（五一歳）―内相・外相―東京市長（六三歳）―内相（六六歳）―となる。

次に主な功績をみると、明治政府の手にあまっていた台湾経営の成功や不祥事続出だった東京市の再生、内相としての関東大震災への対応（もっとも、日本民俗学の祖、柳田國男はこの時期の後藤に好意をよせながらも、「場馴れた政治家の考へ出しさうな、面白い一趣向を立てたが、数箇月の後には破綻百出で、とんと締めくくりの附かぬものになつた」と回想している）などが挙げられよう。

一八五七年生まれの後藤は、維新期に〝賊軍〟とされた、仙台藩の一門・留守家の家臣の出身。さらに「俺は若い時、負い籠一つ担いで東京へ出てきたのだ」という境遇を考えれば異例の出世である。しかし、「総理大臣に」の声はあってもついに実現しなかった。なぜか。

「後藤は人を使うか人に使われるかだ。ところで後藤を使うということはなかなか難しい」。かつての上司で初代衛生局長、長与専斎の後藤評だが、後藤は彼を「使う人」に恵まれた。初代内閣総理大臣・伊藤博文や日露戦争を勝利に導いた陸軍大将・児玉源太郎、日露戦争時の首相・桂太郎である。

しかしながら、後藤が五〇代の後半にいたるまでに、伊藤は非命に、児玉と桂は病に斃れる。

卓越した個ゆえの蹉跌

▲政治の倫理化運動で演説する後藤新平

筆者は後藤を「官僚政治家」とする見方に与する。後藤が吉田茂（官僚政治家としての彼の栄達の一端は岳父であり、外相や内大臣を務めた牧野伸顕にある）の先達となる〝ワンマン首相〟になれなかったのは、壮年期以降、後ろ盾が次々と志半ばで世を去ったためだといえよう。

加えて、である。

《あれ程の識見と、材幹と、さうして功名心と度量とを有つて居られて、孰れかと云へば、十分に政界に其の驥足を伸ばすことが出来なかつたのは、（中略）主として時勢の産物たる政党の背景を有しなかつた為であつて、後藤伯（爵）ほどの見識家に似合はぬことと思はれて、故人の為に之を惜しむ》

〝ライオン宰相〟、浜口雄幸の追想である。後藤はかなりの後年まで、政党、つまり民主主義と相容れない側面があった。詳細は割愛するが、第一次内相・外相時代の彼に筆者は、ファシズムや独裁・軍国主義の「危うさ」さえ感じる。

後藤が晩年近くに提唱した「政治の倫理化運動」は、そんな過去の自分への決別という、画期的な意味があろう。

しかし彼はまもなく、最初の脳卒中の発作に襲われ、三度目の発作が起きた昭和四（一九二九）年、七一歳の生涯を閉じる。

さて、このコラムの結論である。

後藤新平がいまの世にあったとして、日本が直面している閉塞状況を打破する処方箋となったかどうか、筆者は答えに窮する。

ただ、これだけはいえると思う。もしいま後藤がいれば、少々怪しげではあるが、われわれにとって非常に魅力的な選択肢の一つになったであろう、と。

（せき・あつお／産経新聞文化部編集委員）

Le Monde

■連載・『ル・モンド』紙から世界を読む　108

「私のビジョンは欧州政治連合」

加藤晴久

「ヨーロッパは健在である。われわれの頭の中で。われわれの生活の中で。われわれの歴史の中で。われわれの文化の中で。そしてわれわれの経済の中で。」

『ザ・ガーディアン』(英)、『エル・パイス』(スペイン)、『ズュートドイチェ・ツァイトゥング』(独)、『ラ・スタンパ』(伊)、『ガゼタ・ウィボルツァ』(ポーランド)、そして『ル・モンド』。EUの六大国の中道左派の新聞が共同編集で定期的に発行することにしたEuropaという特集号第一号(一月二六日付)の冒頭で謳いあげられている。

広告のない一六ページのこの特集、なかなか読みでがある。サッカー、川船を住宅にしている人々、演劇、大学交流、ハイテク企業、加盟諸国間の移住者、学生の就職難、高齢者の生活、政治指導者の肖像。さらには各国のEU懐疑派や反EU主義党の動向なども詳しく伝えている。イタリアの作家・記号論学者ウンベルト・エーコのインタビューもある。イギリスの社会学者アンソニー・ギデンズやスペインの元首相フェリーペ・ゴンザレス、ギリシアの作家ペトロス・マルカリスも寄稿している。

圧巻は、いまやEUの盟主となった観のあるドイツで、二〇〇五年以来の長期政権を率いる、そして「マダム・ヨーロッパ」「マダム・ビスマルク」「鉄の宰相」と称される、まだ五七歳のメルケル首相のインタビュー。ギリシアなどの債務危機、それにともなう通貨危機を乗り越えるために、連帯と各国の責任を強調する一方、「いまやすべてがヨーロッパの内政問題になりました」「わたしのビジョンは欧州政治連合です」と力強く宣言している。「ヨーロッパは民主主義、人権、自由の理念、また固有の諸価値でその地域と世界に大きく貢献するものと確信しています。」

言論の自由が存在しない国とは無理だが、Europaのような特集号を韓国の新聞と組んで定期的に発行する日本の新聞があってもよいのではないだろうか。われわれが「日本海」と呼び、韓国の人たちが「(朝鮮)東海」と呼んでいる海が「地中海」になり、「東北アジア連邦」ができる夢を見つつ……。

(かとう・はるひさ/東京大学名誉教授)

リレー連載　いま「アジア」を観る　110

孫文の日本への愛と憎悪

趙　軍

近代日本に対して、中国の改革者や革命家たちは常に複雑な心情を以て付き合っていた。「革命の先駆者」孫文もその一人であった。孫文の言説を見ると、彼の日本に対する愛着と憎悪をが、さまざまな形で発露されていたことは分かる。

中国革命を指導していた三十数年間、孫文は十数回日本へ渡り、延べ九年間以上滞在していた。一九一一年七月一六日の宗方小太郎宛の手紙で、彼は日本を「第二の母国」と呼んで、「私の友人の中に、貴国の方が最も多いので、中国の革命事業に対して、日本人のほうはほかの国の人より関心を持っているのであり、われわれを喜ばせる処ももっと深いものである。将来の唇歯《しんし》輔車《ほしゃ》の間柄は、これに基づくものであろうと信じている」と述べた。このような日本及び日本人に対する親近感と期待は、孫文の日本への「愛着」の感情的な基盤だと言ってもよかろう。

しかし、孫文の日本に対する期待は虚しくつぶされた。そのため、一九一〇年代後半以降の孫文は、日本政府の対中国政策の帝国主義・拡張主義的傾向に警戒心を持ち、中国に対する公然たる侵略活動に憤慨し、これはアジア諸国の期待に対する裏切りだと批判した。特に軍人主導で策定された対中国侵略政策にしばしば強い失望感を表した。晩年の孫文の日本認識には、賛美と批判がつねに織り交ざり、期待と失望が同時に現れていた。軍国主義日本に対する批判は、日本帝国主義への恨みであり、日本および日本国民への愛着のもう一つの表われとも言えよう。

孫文は最後まで日本に対して絶望しなかった。有名な「大アジア主義」演説はその具現であった。

辛亥革命から一〇〇年後の現在においても、孫文の日本認識の複雑さと多元性を言及・論述している人はまだ多くないように思われる。アジアの人々の日本認識をもっと複眼的に見て、なぜそのような結果になったのかの背景と原因をもっと真剣に考えてほしい。

（ちょう・ぐん／千葉商科大学教授）

連載　女性雑誌を読む　47

『女の世界』（一）

尾形明子

『女の世界』は一九一五（大正四）年五月第一巻一号から一九二一（大正一〇）年八月第七巻八号まで、実業之世界社から発刊された全七八冊の女性誌である。社長の野依秀一が編集兼発行人となり、青柳有美《ゆうび》が主筆、主な執筆者には慶應義塾塾長の鎌田栄吉、経済学者の和田垣謙三、幸田露伴、泉鏡花、島村抱月、田村俊子、長谷川時雨、原田琴子と多岐にわたる。さらに主要な執筆者として、「探訪記者」として知られた松崎天民、大逆事件後の〈冬の時代〉を生き続けた堺利彦、白柳秀湖《しらやなぎしゅうこ》、安成貞雄、安成二郎、安成くら、小口みち子等がいる。

政治・経済・思想・文学・社会運動——第一線の執筆者をそろえながら、『中央公論』『改造』といった天下国家を論じる総合誌ではなく、「男でも読む」「毛色の変った」女性誌として出発し、それを最後まで貫いたところに『女の世界』の特色がある。猥雑でありながら、時に真正面から教育や文化、文学を論じる。「大正婦人録」を掲載し、新人女性作家を登場させながらも、『青鞜』のような女性権利の主張とも『婦人公論』的な教養主義とも異なる。といって『主婦の友』『婦人倶楽部』のような実用性・日常性もない。

大正期の女性作家を調べるための資料として、しばしば手にしてきたが、実はあまりに面白くていつも夢中で読んでいた。たとえるなら松崎天民ふう魅力といおうか。女学校の校長にインタビューを申し込み、教育論を拝聴したのちに、校内の売店を訪ねて女学生に人気のリボンや雑誌、化粧品を調べる。都市の裏町を歩き、私娼にルポする。同時に大逆事件にこだわり、管野須賀子に死刑判決がくだった瞬間を目撃し、刑が執行された内山愚童の遺体を追い、関係者に成りすまして落合火葬場に入り込む。それらのルポルタージュが同次元で書かれる。ひとりの人間が本質的に持っている猥雑さ、真面目さの双方を並べた『女の世界』を追うことによって、大正という時代が新たな貌を見せるような気がする。

主筆の青柳有美は、明治女学校で英文学を教え『女学雑誌』にも関わった。『恋愛文学』など、軽妙な恋愛論に人気があった。

（おがた・あきこ／近代日本文学研究家）

■連載・生きる言葉 59

兵馬の権はいずこにありや
——西周の全貌

粕谷一希

「従命法」については、実は、制度上もっとも重要な問題が残されていた。誰を国家意志の発動者にすべきかということと、誰を軍事行動の最高責任者にすべきかという問題である。

（清水多吉著『西周——兵馬の権はいずこにありや』ミネルヴァ書房、二〇一〇年）

西周については、森鷗外の伯父に当ること、また〝哲学〟という日本語の発明者であったということ以外に記述のある本は少ない。今回、清水多吉氏の書いた『西周』（ミネルヴァ書房、二〇一〇年）によってはじめてその全体像を知ることができた。鷗外の伯父という形容は如何にも軽すぎる。

森有礼が結成した日本最初の学術団体「明六社」には、西周のほか、加藤弘之、福澤諭吉、中村正直、津田真道、箕作麒祥らが参加した。明六社に集まった人々はどのような理由で集まったのか。またなぜ一年で機関誌『明六雑誌』の発刊を取り止めたのか。

藩閥政権は自分に近い人間にもっともきびしい。西周がナント参謀本部に所属していた官僚であり、啓蒙思想家であった。幕末のオランダへの留学生であり、津田真道と親しく、最初は徳川慶喜の軍事顧問であった。その西周の問いである〝兵馬の権はいずこにありや〟という発想は、天皇主権の旧憲法の根本命題であり、明治時代のみならず、大正、昭和の太平洋戦争終結まで、日本人はこの問題を解けないまま、大日本帝国の解体に至ってしまった。

西周の問いは意外に合理的であり、異議申し立て権を認めるなどその後の日本の軍閥などよりはるかに近代的である。留学し、内戦を経験した西周の発想は実際的であり、かつ根本的であったといえよう。

（かすや・かずき／評論家）

連載　風が吹く　49

ある日突然

高 英男氏　9

山崎陽子

「ある日　突然」という言葉が二十六回もくり返される作曲家泣かせの詞は、高さんのために書いた二作目のシャンソンだった。

ある日　突然　木登りなんか
つまらなくなり／ある日　突
然　女の子の瞳が　まぶしく
見えて／ある日　突然　半ズ
ボンの足が　恥ずかしくなっ
た／ある日突然　妙にかすれ
た声に気づいて／ある日　突
然　ある日　突然のくり返し
の中で／いつのまにか　少年
の日は　遠ざかっていった

二番も同様で「ある日　突然」恋したり、愛することを知ったり、つまり人生のハイライト、青春時代である。心ときめく「ある日　突然」のくり返しの中で、夫になり、父親になっていく。

三番では、コミカルな曲調に変わり、「ある日　突然」忍び寄る老いに気づく。ひとの名前が思いだせなくなったり、新聞の文字がぼやけていることに愕然、目じりのシワや白髪に気づき、ベルトの穴が足りなくなったり……。

こうしていつか年老いていくであろうことを自覚するのである。

四番では、過去でも現在でもなく、最期を迎える日を思う。

ある日　突然　わたしの愛する全ての
ひとに／ある日　突然　別れをつげる
ときがくるだろうが／けして慌てず
ニッコリ微笑み　心こめて言いたい／
悲しまないでおくれ　力いっぱい生き
てきた人生／とても　満足していると
／ある日　突然　ある日　突然のくり
返しの中で／恋して　信じて　笑って
泣いて／ある日　突然　ある日　突然
のくり返しの中で／愛と感謝の日々を
重ねていきたい

斉藤英美さんの作曲は、素晴らしい出来で、高さんはご満悦だった。

小声で口ずさみながら「そう、この年になるまで、どれだけの『突然』に出会ったことか……」と、遠い目をなさったのが印象的だった。

幼い日に、八人兄弟の末っ子だった高さんが、戸籍上とはいえ伯母の養子になったことなど、おそらく高さんにとって初めての「ある日　突然」であったに違いない。

（やまざき・ようこ／童話作家）

連載

漱石と豆腐屋

帰林閑話 207

一海知義

私が子どもの頃、毎朝のようにリヤカーを引いた豆腐屋が、喇叭《ラッパ》を吹きながら家の前を通った。小ぶりの風呂桶くらいの木の箱に水を張り、大きく切った豆腐を沈めて、売り歩く。近所のおかみさんたちが鍋を持って集まって来ると、親爺は豆腐を左の手ですくい、真鍮色の薄く平たい包丁で切って、鍋に配る。

そんな豆腐屋風景は、明治の頃すでにあったらしく、たとえば、漱石の小説や随筆によく出て来る。

豆腐は「湯槽《ゆぶね》」のごとき箱に入れられ（『草枕』）、「喇叭を吹きながら」売り歩く（『夢十夜』）。

漱石は豆腐屋を庶民の代表、あるいは庶民的職業の代表のごとく考えていたようである。

『二百十日』という小説は、碌《ろく》さんなる人物と、豆腐屋の圭《けい》さんとの対話を主軸にして話を展開させる。そこで話題にのぼるのは、豆腐屋と対蹠的な職業に就いている「華族」や「金持ち」といった上流階級の人間たちである。

ところで、漱石晩年の講演「私の個人主義」（岩波版『漱石全集』第十六巻所収、一九九五年）には、次のようなエピソードが紹介されている。

漱石が「高等学校にゐた時分」、といえば二十歳前後の頃、ある「国家主義的な会」に入ったが、すぐ脱会した。その時の演説にいう。

「国家は大切かも知れないが、さう朝から晩まで国家国家と云つて恰《あたか》も国家に取り付かれたやうな真似は到底我々に出来る話ではない。……豆腐屋が豆腐を売つてあるくのは、決して国家の為に売つて歩くのではない。……然し当人はどうであらうとも其結果は社会に必要なものを供するといふ点に於て、間接に国家の利益になつてゐるかも知れない。」

学生時代のこの演説は、漱石の反権力とまでは言えぬまでも、生涯貫いた非権力の立場をよく示している。豆腐屋贔屓《びいき》は、その象徴の一つであった。

（いっかい・ともよし／神戸大学名誉教授）

二月新刊

ブルデュー国家論の原点

国家貴族Ⅰ

エリート教育と支配階級の再生産

ピエール・ブルデュー　●Ⅱは今月刊

立花英裕訳

膨大な文献資料・統計データを渉猟し、一九六〇—八〇年代のフランスにおける支配階級再生産の社会的基盤を分析し、「権力維持に文化・教育が果たす役割」についての一般理論を展開。権力正当化の究極的な根拠としての近代国家を論じる、ブルデュー国家論の原点。

Ａ５上製　四八〇頁　五七七五円

「デフレ病」克服の処方箋を徹底討論！

日本建替論

100兆円の余剰資金を動員せよ！

麻木久仁子・田村秀男・田中秀臣

経済停滞の長期化で、社会を支える中堅層が非正規雇用の未熟練者で溢れるという恐るべき事態が到来しつつある。日本が内外の危機にさらされる今、大胆な金融政策の速やかな実施と、日本が抱える余剰資金一〇〇兆円の動員による、雇用対策、社会資本の再整備に重点を置いた経済政策を提起する。

四六判　二八八頁　一六八〇円

みすゞファンにはこたえられない一冊

金子みすゞ心の詩集

The Poetry of Misuzu

よしだみどり編［英訳・絵］

〝ロンパールーム〟のよしだみどり先生の、♪英語でたのしむ　♪絵でたのしむ　♪声でたのしむ　♪歌でたのしむ、金子みすゞの世界。ファン必携の一冊！

【ＣＤ付】朗読・歌／よしだみどり　作曲／中田喜直　［オールカラー］

Ａ５変上製　九六頁　二九四〇円

3月15日刊

明治以降〝保育〟はどう行なわれてきたか？

保育と家庭教育の誕生　1890-1930

太田素子・浅井幸子編

太田素子・浅井幸子・藤枝充子・首藤美香子・矢島（小菅）直子・梅原利夫・後藤紀子

家庭教育・学校教育と〝幼稚園教育〟との関係、〝近代家族〟成立との関係、幼稚園・保育所の複線化、専門職としての保育者という視点——これらの課題に取り組むことで、今日の子どもをめぐる様々な問題解決の糸口を摑む試み。

四六上製　三四四頁　三七八〇円

読者の声

保育と家庭教育の誕生■

▼家庭という親密圏が大きくゆらいでいる今日、非常にタイムリーな出版。特に藤枝充子氏の論文は先行研究の水準を一挙に飛び超え、堺利彦の家庭教育論を現代によみがえらせている。教育関係者必読の書である。

（福岡　教育委員会　小正路淑泰）

ルーズベルトの責任■

▼本書の下巻を読み進める内に、監訳者解説の巻末に書かれているイラク・アフガニスタンが私の脳裏にも浮かびました。また、今日のイラン制裁・TPPにも繋がってきているのではないか?と考えるのは無碩学性でしょうか？　アメリカにとって有利なように物事が運ばれていくようです。

　ビーアドについて初めて知りましたが日本（特に関東大震災後の都市計画）の復興等にも尽力してくれ、恩人でもあったのが良く判りました。

　でも、終戦後直ぐに膨大な資料のもとに、また批判をものともせず書き残されたことに対し賞賛を贈ります。

（岡山　社団法人職員　北川善昭　61歳）

▼すでに公然の秘密事項が、開戦七〇年の歳月を経て漸く邦訳刊行されたという現実に接し、史実に関心を抱く者の一人としてさっそく購入したのですが、当時の状勢を、「外観」と「実態」という物事の表裏を対置させて真実に迫ろうとする著者ビーアド博士の論述はとてもわかり易く、興味深く読ませていただきました。下巻の刊行も楽しみにしています。

（兵庫　浅井光明　62歳）

▼このように極めて重要な本をよくぞお出し下さいました。厚く御礼申し上げます。映画「山本五十六」も公開されており、今こそこの大戦の「真実」をイデオロギーにとらわれることなく見直すべき時と存じます。重ねて、ご出版の勇気に感謝申し上げる次第です。（今も、ホルムズ海峡が悲鳴を上げております……）

（埼玉　会社員　田中祥平　62歳）

▼USA全五〇州を二〇年かけて二六回にわたって訪米しました。ルーズベルトには関心は深いですが、四二七頁のこの本全部読み切れるかどうか心配です。

（大阪　医師　細野孟）

▼「原書」を紀伊國屋経由で一九八二（昭和五十七）年に入手しました。少しずつ読み解いておりましたが、文中、会話のやりとりのニュアンスなど微妙な表現など難解な点も処々あり、この度の全訳完成に感謝。「座右の書」No.1として友人・知人たちにも紹介します。

公共図書館・大学図書館には常備の良書No.1。全国の図書館に常備したい本です。

（東京　図書館司書／健康運動指導士　大久保昭男　79歳）

▼上を買って、下が広島ジュンク堂で売り切れになっていた。四二〇〇円の本がだ。我々世代にいかに関心が強い問題かが分る。

　我々世代のものには、真珠湾攻撃であれほどすっきりとFDRの悩みが解消しているものが多いわけである。次の世代は、アメリカと日本が戦争をしたことも知らない世代が続く。

（広島　翻訳　橋本金平　74歳）

別冊『環』⑱内村鑑三■

▼とても良い企画と作品であり、今後永くレファレンスとしても活用されよう！　二〇一二年は新渡戸稲造の生誕一五〇周年です。同種の別冊を期待したい！

（大阪　教員　津崎哲雄　62歳）

内藤湖南への旅■

▼一度は読んでみたいと思っていた人の解説書・入門書として楽しく読めた。（大阪　教員　**久米広数**　62歳）

▼京都府和束町に住んで居た義父から、よく湖南の話をきかされた。京大教授を退官し、秋田杉をとりよせて自宅を建てたこと、また、ざっくばらんに誰とでも話をし、酒を飲んだことなど……。

郡教育委員をしていた義父は、ある時「いい木材は和束にも、吉野にもあるのに、何故、秋田杉なのですか？」とたずねると、湖南先生は、「家の中の空気が違うんだよ」と言われたとか……。

本書は本当に生き生きと書かれていて、著者の呼吸が感じられ、とてもよみやすくて素晴しい。（奈良　**武田好昭**　74歳）

▼歴史学の方からは、筆者の豊富な知識により、面白かったが、もう一つの文化面、特に漢詩の面からのアプローチが無かったので、ちょっと残念でした。（北海道　**大東俊郎**　71歳）

▼内藤湖南が言う父権社会は、毛沢東の人民公社、大躍進政策によって徹底的に破壊された。それにより四五〇〇万人もの農民が餓死したことが、最近の研究（J・ベッカー、F・ディケータ）で明らかにされた。中国民主化運動の原点はここにある。

人類史上最多の餓死者を出して、何が社会主義だと問うている。内藤湖南と小島祐馬の指摘が現実のものとなる日は遠くない。（千葉　**浅見林太郎**　72歳）

▼粕谷一希と内藤湖南の組合せに興味を持った。（東京　会社員　**田中慶司**　51歳）

震災復興　後藤新平の120日■

▼江東区森下文化センター主催の講座「東京を造った人たち」を受講し、全五回の四回目に講師としてこられた春山明哲先生よりお勧め戴き、直接購入した。東日本大震災後の政府の対応があまりにもお粗末であり、本書の文中からほんのひとにぎりでも教訓として学んでもらいなおかつ実行して欲しいものである。

地元江東区で観光ボランティアを始めたが、震災で区の半分が消失したための傷あとや復興の橋・建物が多くあり、これらに関する知識を深めるための資料として入手した。（東京　**松澤康夫**　66歳）

母■

▼二月一二日岐阜県加茂郡白川町教育委員会主催の文化講演で米良美一さんのお話しと歌声を聞き大変感銘を受けました。骨折をともなう身体のこと、その生きざま、ふつうの者なら自ら命を絶つこともあるのに、よく生きられたと涙がとまりませんでした。（岐阜　農業　**佐藤ユキヱ**　74歳）

帝国以後■

▼トッドはすごい思想家だと思います。対象へのアプローチの手法がいつも異なっているところがすごい。すごい本を次々と出されていて感嘆しています、お元気で！（東京　会社役員・編集者　**田中喜美子**）

新しい学■

▼ウォーラーステインの著作を目に付く限り読むことにしているので。（東京　**小屋英史**　63歳）

※みなさまのご感想・お便りをお待ちしています。お気軽に小社「読者の声」係まで、お送り下さい。掲載の方には粗品を進呈いたします。

書評日誌（一・八〜二・二七）

(書) **書評**　(紹) **紹介**　(記) **関連記事**
(テ) **紹介、インタビュー**

一・八　(書)琉球新報「近代日本最初の『植民地』沖縄と旧慣調査　一八七二―一九〇八」

一・二五　(「読書」／「旧慣調査の全容を網羅」／矢野達雄)
(書)東京中日新聞「内藤湖南への旅」(「読書」／「新刊」)
(紹)日経アーキテクチュア「災害に負けない『居住福祉』」(「著者に聞く」／「居住福祉の充実が防災につながる」／高市清治)
(書)北海道新聞「墓のない女」(「ほん」／「闘士の『母』生涯たどる」／小倉孝誠)

一・二六　(紹)聖教新聞「生きる意味」(「時代の閉塞感破る力は魂を揺さぶる対話の中に」)

一・二七　(書)週刊読書人「辛亥革命と日本」(「学術　思想」／「歴史上の一事件を超えて」／「現代の中国や世界の抱える問題も見える」／関智英)

一・二九　(書)信濃毎日新聞『排日移民法』と闘った外交官」(「読書」)
(書)読売新聞「辛亥革命と日本」(「本　よみうり堂」／「日中のタブーに挑戦」／山内昌之)
(書)産経新聞「墓のない女」(「読書」／「女たちの独立戦争鮮やかに」／澤田直)
(記)ひのくに通信「言魂」(「くまもとの風」／「魂の言葉を探し求めて〜石牟礼道子と多田富雄の往復書簡〜」)

一月号　(書)季刊経済理論第四八巻第四号「金融資本主義の崩壊」(「書評」／小倉将志郎)
(書)LaTina「帰還の謎」(「Libro BOOK」／伊高浩昭)
(書)フラン・パルレ一四九号「ハイチ震災日記」(「フラン・パルレ文庫」)
(紹)エンカレッジ「NGO主義でいこう」(「小論文　情報BOX」／『平和』から『グローバリゼーション』と『NGO』を考えるために」)

二・三　(書)週刊読書人「内藤湖南への旅」(「実地調査という『旅』を基本に」／田村紀雄)

二・七　(書)経済界「内藤湖南への旅」(「BOOKS REVIEW　書評」／「日本の『支那学』の創始者内藤湖南の業績を辿る『旅』」／藤原作弥)

二・八　(記)読売新聞(大石芳野・鶴見和子)(「時代の証言者」／「写真で伝える　大石芳野」／「鶴見和子さん特別な存在」／永井一顕)

二・一三　(書)東京新聞「災害に負けない『居住福祉』」(「読書」／「新刊」)

二・一五　(記)毎日新聞「生の裏面」(「文化」／「私とは何者か、実存的な問い　虚構という仮面に映し出す」／棚部秀行)

二・一九　(記)産経新聞『排日移民法』と闘った外交官」(「読書」／「著者に聞きたい」／「言うべきことを言った傑物」／磨井慎吾)
(記)サンデー毎日「ハイチ震災日記」「帰還の謎」(「著者インタビュー」／「読解を続けている『日本』への旅」／棚部秀行)

二・二三　(記)朝日新聞「環」四八号(「論壇時評　オピニオン」／「いま見るべきは　緊急の中にある永遠の課題」／高橋源一郎)

二・二五　(紹)週刊現代「新・環境学III」(「わが人生最高の一〇冊」／「低線量被曝の危険性を教えてくれた『新・環境学III』」／秋山豊寛)

二・二七　(記)毎日新聞(夕刊)『排日移民法』と闘った外交官」(「文化」／「国際社会に積極参与した日本　戦間期一九二〇年代を問い直す」／岸俊光)

二月号　(書)現代化学「福島原発事故はなぜ起きたか」(「BOOKS & INFORMATION」／「PICK UP」)
(書)LaTina「ハイチ震災日記」(「Libro BOOK」／伊高浩昭)

三・一一から一年

環　学芸総合誌・季刊【歴史・環境・文明】

Vol.49　'12春号

【特集】3・11と私

青木新門／青山佾／赤坂憲雄／秋山豊寛／石牟礼道子／伊勢﨑賢治／一海知義／稲賀繁美／猪口孝／今福龍太／上田正昭／宇野重規／王柯／大石芳野／大田堯／小倉和夫／小倉紀蔵／小沢信男／片山善博／加藤登紀子／鎌田慧／川勝平太／河瀬直美／木下晋／窪島誠一郎／熊谷達也／佐藤亜紀／新保祐司／黒田杏子／高銀／子安宣邦／陣内秀信／鈴木博之／高成田享／立川昭二／田中克彦／田中優子／辻井喬／津島佑子／角山榮／中川志郎／中村桂子／中山茂／西垣通／西川潤／西川長夫／西舘好子／野村大成／朴一／橋爪紳也／橋本五郎／早川和男／堀田力／増田寛也／町田康／松井孝典／松岡正剛／松原隆一郎／三浦展／三砂ちづる／水野和夫／武者小路公秀／村上陽一郎／室田武／森崎和江／安丸良夫／吉川勇一／頼富本宏／渡辺京二／渡辺利夫　ほか

〈寄稿〉アルノ・ナンタ／古庄弘枝／川満信一
〈講演〉「四・三事件」金時鐘／〈インタビュー〉大田堯

〈書評・書物の時空〉粕谷一希／岡田英弘／星寛治／原田正純／上品和馬／小川万海子／西脇千瀬
〈連載〉石牟礼道子／金子兜太／小島英記／平川祐弘／小倉和夫／尾形明子／河津聖恵／黒岩重人／能澤壽彦

多田富雄三回忌記念出版

多田富雄新作能全集

多田富雄　笠井賢一＝編
C・ウイリアムス他訳

免疫学の世界的権威として活躍しつつ、能の実作者としても現代的課題に次々と斬込んでいった多田富雄。一九八九年の「無明の井」から最晩年の「花供養」まで、現世と異界とを自在に往還する「能」という芸術でなければ描けない問題を追究した、多田富雄の新作能全九作を収録。

我々自身の「身体」と「美」の来歴

美人の歴史

G・ヴィガレッロ　後平澪子訳

「美人」の基準は、歴史的に変化してきた。とりわけルネッサンス期の「普遍的で絶対的な美」は、現代の「個性的な美」という観念に取って代わられ、「自分を美しくする」技術がかつてないほど重要となった。今日に至って、「美」は、手に入れることがあたかも義務であるかのように存在する。我々自身の「身体」と「美」の来歴に迫る。

本邦初のゾラ書簡集！

ゾラ・セレクション（全11巻別巻一）

11 書簡集 *1868-1902*

E・ゾラ　小倉孝誠編訳・解説
小倉孝誠・有富智世・高井奈緒・寺田寅彦訳

自然主義文学者であり美術評論家、ドレフュス事件の知識人、ゾラ。セザンヌ、マネ、フロベール、ゴンクール、ツルゲーネフ、ロダン宛て他、全二二七通を精選。　［第11回配本］

みすゞファンにはこたえられない！

金子みすゞ心の詩集

The Poetry of Misuzu

普及版

よしだみどり編［英訳・絵］

心あたたまる絵と達意の英語で何度でも楽しめる、金子みすゞの豊かなる詩の世界。〈CDつき特別版〉に続き、手にとりやすい廉価普及版が刊行！　［オールカラー］

3月の新刊

タイトルは仮題、定価は予価。

金子みすゞ 心の詩集 ＊
The Poetry of Misuzu 〈特別付録〉CD
よしだみどり編［英訳・絵］
A5変上製 九六頁全カラー 二九四〇円

放射能除染の原理とマニュアル ＊
山田國廣
A5判 三二〇頁 カラー口絵八頁 二六二五円

鎮魂と再生 ＊ 震災一周年
東日本大震災・東北からの声100
赤坂憲雄編
A5判 四八八頁 三三六〇円

「居住の権利」とくらし ＊
東日本大震災復興をみすえて
家正治（編集代表）・早川和男・熊野勝之・森島吉美・大橋昌広編
A5判 二四八頁 二五二〇円

国家貴族 II ＊ 完結
エリート教育と支配階級の再生産
P・ブルデュー 立花英裕訳
A5上製 三五二頁 五七七五円

別冊『環』⑲**日本の「国境問題」** ＊
現場から考える
岩下明裕編
菊大判 三六八頁 三四六五円

4月刊

〈石牟礼道子全集・不知火〉（全17巻・別巻一）
⑮**全詩歌句集ほか** ＊［第14回配本］
石牟礼道子 〈解説〉水原紫苑
［月報］高橋睦郎／藤原新也／髙山文彦／井上洋子
A5上製布クロス装貼函入 六〇〇頁 八九二五円

『環 歴史・環境・文明』㊾ 12・春号 ＊
〈特集 3・11と私〉
赤坂憲雄／石牟礼道子／川勝平太／河瀬直美／熊谷達也／橋本五郎／早川和男／増田寛也／町田康／森崎和江／渡辺京二 ほか

多田富雄新作能全集 ＊
多田富雄 笠井賢一編
C・ウイリアムス他訳

美人の歴史 ＊
G・ヴィガレッロ 後平澪子訳

ゾラ・セレクション（全11巻・別巻一）
⑪**書簡集 1868-1902** ＊
E・ゾラ 小倉孝誠編訳・解説
小倉孝誠・有富智世・高井奈緒・寺田寅彦訳

好評既刊書

金子みすゞ 心の詩集 ＊ 普及版
The Poetry of Misuzu
よしだみどり編［英訳・絵］

国家貴族 I ＊
エリート教育と支配階級の再生産
P・ブルデュー 立花英裕訳
A5上製 四八〇頁 五七七五円

日本建替論 ＊
100兆円の余剰資金を動員せよ！
麻木久仁子・田村秀男・田中秀臣
四六判 二八八頁 一六八〇円

保育と家庭教育の誕生 1890-1930 ＊
太田素子・浅井幸子編
四六上製 三四四頁 三七八〇円

『環 歴史・環境・文明』㊽ 12・冬号
〈特集 エネルギー・放射能―東日本大震災III〉
イリイチ／井野博満＋鎌田慧＋吉岡斉／ほか
菊大判 四四〇頁 三七八〇円

ルーズベルトの責任 ㊤㊦ ＊
日米戦争はなぜ始まったか
Ch・A・ビーアド
開米潤＝監訳 阿部直哉・丸茂恭子＝訳
A5上製 四四八頁 四四一〇円

鄭《チョン》 喜成《ヒソン》詩選集
詩を探し求めて
鄭喜成 牧瀬暁子＝訳・解説 高銀＝序
A5上製 二四〇頁 三七八〇円

別冊『環』⑱**内村鑑三** 1861-1930
新保祐司編 内村鑑三生誕一五〇周年記念
菊大判 三六八頁 三九九〇円

医師のミッション
非戦に生きる
日野原重明 （聞き手）小池政行
四六上製 一八四頁 一五七五円

＊の商品は今号に紹介記事を掲載しております。併せてご覧戴ければ幸いです。

書店様へ

▼昨年大反響だった『朝日』での来日インタビューに続き、2／15（水）『毎日』（夕）で『**生の裏面**』の**李承雨**さんインタビュー記事掲載で話題再燃です！ ル・クレジオも絶賛し、その作品は英、仏、独、露、中など各国で翻訳され今全世界が注目する李承雨の初邦訳作品『生の裏面』、ぜひ更に大きくご展開下さい。
▼『週刊現代』2／25号「わが人生最高の10冊」欄で元宇宙飛行士の秋山豊寛さんが**市川定夫『新・環境学III』**を1位に紹介され大反響！「低線量被曝の危険性を教えてくれた」。
▼『**「排日移民法」と闘った外交官**』の共著者の一人**チャオ埴原三鈴**さんの来日インタビュー記事各紙誌続々掲載で反響です。日米関係の決定的断絶をもたらした「排日移民法」とは？ 大反響の『**ルーズベルトの責任 ㊤㊦**』の前史を描く一冊としても、ぜひ併売を！
▼2／26（日）NHK ETV特集「花を奉る 石牟礼道子の世界」放送で大反響。東日本大震災から一年を前に、水俣と福島をつないだ石牟礼道子既刊好評書のご展開をぜひ！

（営業部）

多田富雄三回忌追悼

多田富雄三回忌追悼能公演
第四回INSLA講演会

免疫学の泰斗であり、詩人・新作能作者の多田富雄氏。脳死・臓器移植のテーマで大きな反響を呼んだ新作能『無明の井』を能界を代表する能楽師が上演します。

〈基調講演〉「生命と動的平衡」福岡伸一（生物学者）

〈対談〉「多田富雄の新作能をめぐって」柳澤新治（能楽ジャーナリスト）×笠井賢一（演出家）

多田富雄新作能「無明の井」

【日時】4月21日（土）午後2時半

【場所】国立能楽堂

【主催】INSLA【協力】藤原書店ほか

＊お申込み・お問合せは藤原書店まで

出版随想

▼「春三月縊り残され花に舞う」という大杉栄の句が三月になると思い出される。ざわざわした気が漂い落ち着かない。あちらこちらから、芽がいっせいに吹き出してくる気配を感じるからかもしれない。この時期は、心地良いとともに、なぜか不気味さを感じる。

▼先月は、国内の違う二箇所の雪に出逢った。一つは、小樽、稚内の雪。もう一つは、羽黒山の雪。稚内はサラサラの粉雪で、地からも天からも雪が舞っている。羽黒山は、かなり水気を含んだベタベタする雪。オホーツク海圏と日本海圏の違いか、南北に長い日本の風土をよく現している。とくに、羽黒山の雪の中の五重塔の姿は絶品だった。雪景色の中に五重塔がひっそりと佇んでいる姿は、何とも形容できないほどの美しさであった。

▼昨年の東日本大震災から早や一年経とうとしている。多くの犠牲者の方々のご冥福をお祈りすると共に、今後の再生の一歩を築かれることを心から切望している。赤坂憲雄氏からの要望もあり、今後何年かに亘って、東北一帯の被災者の方々の記憶を記録に留めてゆきたいと思っている。まだ大きなビジョンを描いて復興できないのはどうしてなのだろうか？　この大震災が起きて、現在の日本社会での東北の位置——東京を中心とする首都圏の従属下、下請下にあること——が露呈された。東北の企業が止まると、アジアにも影響することが明らかになった。しかも、首都圏の電力も東北が賄っている構造もみえた。その東京電力の福島にある原発が大事故を起こしたのだ。東京都民をはじめとする首都圏の住民のくらしが問われている。

▼最近のA紙でも「除染」の先が見えないという記事が出ていた。除染するしかないというが、果たして除染は可能なのか？と昨春から『ゴルフ場亡国論』来の友人、山田國廣さんと話合ってきた。とうとう先日山田さんから「除染の方法が見えてきた」という興奮した言葉を聴いた時には、本当に驚いた。下旬に『放射能除染の原理とマニュアル』という本を緊急出版する。これで、放射能対策が一歩前進し、次世代の人びとへの借財が少し減るのではないかという希望をもつ。除染は、今や日本全国民一人一人が総力をあげてやらねばならぬ最大の課題だ。三・一一の犠牲者・被災者の方々に。

2012.3.7　合掌（亮）